U0453036

本书为国家社会科学基金项目
"清代以来西南苗疆城市发展研究（17世纪中叶至20世纪中叶）"
（项目批准号：16BZS030）结项成果

清代以来

湘黔鄂渝桂省际毗连区城市发展研究

王肇磊 著

中国社会科学出版社

图书在版编目(CIP)数据

清代以来湘黔鄂渝桂省际毗连区城市发展研究 / 王肇磊著 . —北京：中国社会科学出版社，2020.12
　ISBN 978 – 7 – 5203 – 7726 – 3

　Ⅰ．①清⋯　Ⅱ．①王⋯　Ⅲ．①城市史—研究—中国　Ⅳ．①K928.5

中国版本图书馆 CIP 数据核字（2020）第 271361 号

出 版 人	赵剑英
责任编辑	郭　鹏
责任校对	刘　俊
责任印制	李寡寡

出　　版	中国社会科学出版社
社　　址	北京鼓楼西大街甲 158 号
邮　　编	100720
网　　址	http://www.csspw.cn
发 行 部	010 – 84083685
门 市 部	010 – 84029450
经　　销	新华书店及其他书店
印刷装订	三河弘翰印务有限公司
版　　次	2020 年 12 月第 1 版
印　　次	2020 年 12 月第 1 次印刷
开　　本	710×1000　1/16
印　　张	31.75
插　　页	2
字　　数	578 千字
定　　价	168.00 元

凡购买中国社会科学出版社图书，如有质量问题请与本社营销中心联系调换
电话：010 – 84083683
版权所有　侵权必究

目 录

导 论 …………………………………………………………………（1）

第一章 湘黔鄂渝桂省际毗连区的民族变迁 …………………………（27）
 第一节 湘黔鄂渝桂省际毗连区民族的历史演变 ………………（29）
  一 从"三苗""西南夷（蛮）"到"诸苗" ……………………（29）
  二 从"藩属疆索"到"苗界" …………………………………（33）
 第二节 17世纪以来人们对湘黔鄂渝桂省际毗连区人文地理
    环境的历史认知 ………………………………………（39）
  一 国人的视界：封闭的内地边缘 ……………………………（39）
  二 西人的认知：独特的族群社会 ……………………………（46）

第二章 清代湘黔鄂渝桂省际毗连区城市的发展变迁 ………………（56）
 第一节 清代以前湘黔鄂渝桂省际毗连区城市的发展进程 ……（56）
  一 城市肇兴：先秦、两汉时期城市的兴起与初步发展 ………（57）
  二 羁縻之州：唐宋时期城市的继续发展 ……………………（59）
  三 土司卫所之城：元明时期城市的进一步发展 ……………（63）
 第二节 清代前中期西南湘黔鄂渝桂省际毗连区城市的发展 …（69）
  一 战乱浩劫：明末清初城市的残破 …………………………（69）
  二 城市内化：清前中期城市的恢复与发展 …………………（72）
 第三节 晚清时期湘黔鄂渝桂省际毗连区城市近代化
    的初步转型 ……………………………………………（111）
  一 口岸腹地：城市传统经济的近代化初步转型 ……………（111）

1

二　推陈出新：城市近代文化教育的萌芽与发展 …………… （119）
　　三　脱古趋近：城市社会风尚的变迁 ……………………… （121）

第三章　民国时期湘黔鄂渝桂省际毗连区的城市发展 ………… （124）
　第一节　民国前期城市的发展 ………………………………… （124）
　　一　传统与近代之间：城市经济近代化的继续发展 ………… （125）
　　二　内引外联：城市近代交通的初步发展 …………………… （136）
　　三　近代文教的普及：城市文教事业的进步 ………………… （141）
　　四　拆建并举：城市近代市政建设的开展 …………………… （145）
　第二节　抗战时期城市的发展与繁荣 ………………………… （151）
　　一　战火延烧：日机轰炸下的城市 …………………………… （151）
　　二　战时繁荣：城市经济发展的黄金时期 …………………… （154）
　　三　抗战文教：城市文教事业的快速发展 …………………… （169）
　　四　市制的初步实践：近代市政的规划与建设 ……………… （178）
　第三节　抗战结束后（1946—1949）城市的衰落 …………… （187）
　　一　城市经济的崩溃 …………………………………………… （188）
　　二　城市文教事业的大幅度退步 ……………………………… （194）
　　三　城市日渐衰败 ……………………………………………… （196）

**第四章　清代以来湘黔鄂渝桂省际毗连区城市空间布局、
　　　　　结构与体系** ………………………………………… （200）
　第一节　城市空间格局与形态的变迁 ………………………… （201）
　　一　"率是道耳"：城市布局原则与思想 …………………… （201）
　　二　因地制宜：城市空间分布与内部功能结构的演变 ……… （204）
　　三　因时而化：城市形态的变迁 ……………………………… （216）
　第二节　城市数量变化与规模分析 …………………………… （224）
　　一　设治与调整：城市数量的变化 …………………………… （224）
　　二　有限的发展：城市规模的变迁 …………………………… （229）
　第三节　城市体系的变迁 ……………………………………… （241）
　　一　国家主导：城市行政体系的演变 ………………………… （242）

二 行政左右：城市规模等级体系的变迁 …………………………（249）
三 市场导向：城市市场体系的发展与演变 …………………………（255）

第五章 清代以来湘黔鄂渝桂省际毗连区城市的社会发展与变迁 ……………………………………………………………（275）

第一节 城市社会的控制与管理 ……………………………………（275）
一 镇抚与治安：城市社会的管理与控制 …………………………（275）
二 教化与查禁：城市的社会思想控制 ……………………………（285）
三 官民结合：城市经济的管理模式 ………………………………（289）

第二节 城市社会保障机制的演变 …………………………………（299）
一 减灾赈济：城市灾害的救济 ……………………………………（299）
二 备荒安民：仓储的建置与发展 …………………………………（311）
三 济贫纾困：慈善活动的广泛开展 ………………………………（317）

第三节 清代以来城市"苗汉"交流与社会变迁 ……………………（324）
一 从苗多汉少、汉多苗少到苗汉错处：城市人口结构的演变 ……………………………………………………………（324）
二 "苗变汉""汉变苗"：两种形态的族际交流变迁 ………………（330）
三 从边城到内地：城市与内地社会交流的加深 …………………（340）
四 因时而化：城市的社会变迁 ……………………………………（351）

第六章 清代以来湘黔鄂渝桂省际毗连区城市发展的动力机制与制约因素 ……………………………………………………（380）

第一节 城市发展的动力机制 ………………………………………（380）
一 政治：城市发展的主导力量 ……………………………………（380）
二 移民：推动城市发展的重要外部推动力 ………………………（392）
三 交通：城市发展的推进剂 ………………………………………（398）

第二节 城市发展的制约因素 ………………………………………（410）
一 地理环境：制约城市发展的主要因素 …………………………（411）
二 内耗纷争：阻碍了城市发展内动力的积累、发展 ……………（418）
三 乡村落后：无法为城市发展提供足够的推动力 ………………（422）

第七章 清代以来湘黔鄂渝桂省际毗连区城市发展的基本特征……（428）
第一节 城市发展的滞后性……………………………………（428）
第二节 城市发展的地区差异性………………………………（434）
第三节 城市发展的民族性……………………………………（438）

结　语………………………………………………………………（446）

参考文献……………………………………………………………（451）

后　记………………………………………………………………（501）

导　论

一　研究缘起

自20世纪80年代以来，边疆少数民族区域与社会研究已然成为一门显学。历史学、民族学、人类学、地理学等学科以多学科的视野，开展了具体的综合或专题研究，取得了一系列的丰硕成果，其中也包括湘黔鄂渝桂省际毗连区的研究。尽管湘黔鄂渝桂省际毗连区因多民族聚居从字面上很容易让人想到人类学或民族学研究，但事实上本省际毗连区的研究是一个相当宽泛的研究领域。近四十年来学术界对湘黔鄂渝桂省际毗连区的历史、地理、政治、经济、文化、族群等各个层面都进行了较为广泛而深入的研究，有了初步的整体把握。时至今日，思考如何在历史学路径上将湘黔鄂渝桂省际毗连区的研究推向更深入的这一问题便显得尤为必要了。以往的相关研究，大多是在湘黔鄂渝桂省际毗连区作为中国民族聚居区一部分这个特殊的历史地理意涵的启示下进行的，研究者通常将湘黔鄂渝桂省际毗连区置于西南民族地区的整体而宽泛的考察之中，或进行"湘西""黔南"等碎片化研究。这都缺乏湘黔鄂渝桂省际毗连区的内部区域情况及其特殊性的科学而客观完整的审视。事实上，作为民族地方的湘黔鄂渝桂省际毗连区，与西藏、青海、内蒙古、宁夏、新疆南部等相对单一的民族聚居地区和具有完整的行政区划有着很大的区别，而被赋予了特殊的研究视域。另外，对于湘黔鄂渝桂省际毗连区的历史状况，以现有的研究成果所勾勒出的学术图景仍存在着相当多的模糊地带和待发掘的领域。如果想将湘黔鄂渝桂省际毗连区的研究推向更深入，对本区域的城市发展状况与历史演变进行中观或宏观的研究，加以详细的梳理和考察，或许是一个大有可为的新领域。

(一) 湘黔鄂渝桂省际毗连区城市在西南区域发展中的特殊性

在历史上，湘黔鄂渝桂省际毗连区城市的兴起与发展具有鲜明的地域性、民族性和特殊的历史发展轨迹。她与同处西南地区的四川盆地、滇中地区城市凭借发达的农业、相对便利的水陆交通条件，所形成的长江上游和西南边陲的典型性区域城市有着很大的区别。四川盆地沃野千里，河网纵横、物产丰富，自古以来便是长江流域著名的鱼米之乡，享有"天府之国"的美誉，其城市发展历史悠久。例如成都，据金沙遗址考古结论看，成都建城史可以追溯到3200年前，是中国最古老、历史最悠久的城市之一。自秦汉以降，成都便一直是南方著名的大都邑之一和西南地区政治、经济、文化和交通中心，也是川西最大的城市。重庆地当四川盆地门户，自古便是川东重镇。晚清时期，重庆被辟为通商口岸，被纳入到世界资本主义体系之中，城市发展迅速由传统向近代化转型，城市规模日益扩大，城市影响力更加深远。抗战时期，重庆成为了南京国民政府战时陪都，城市功能结构发生了颠覆性改变，一跃而成为当时全国的政治中心、经济中心和文化中心。此外，四川盆地境内绵阳、泸州、南充、自贡、德阳、广元、遂宁、内江、乐山、宜宾、广安、达州、巴中、眉山、资阳等城市的发展历史亦很悠久。经过数千年的发展演变，各城市间的联系紧密，形成了以成都、重庆为核心的巴蜀城市体系，并为当代川渝城市群的发展奠定了良好的历史基础。滇中地区土壤肥沃深厚，盆地面积较为宽广，河流纵横，气候温和适宜，是云南古代城市孕育发展的最佳场所。区内昆明自先秦两汉始便为云南省的核心城市。后经历代王朝的营建，城市规模日益扩大，人口日渐增多。到元明清时，昆明已是一座"宏伟壮丽的大城市"，①是为云南的政治、经济、文化中心。在昆明城市发展过程中，逐渐与域内大理、玉溪、楚雄、呈贡、江川、澄江等城市形成了以昆明为核心的滇中城市体系。

与四川盆地、滇中地区城市发展相比，湘黔鄂渝桂省际毗连区城市的发展则显得较为落后。虽然湘黔鄂渝桂省际毗连区早在先秦时期就有城市的诞生、发展，但因地理环境、政治、军事原因和民族关系问题的影响而

---

① 李艳林：《重构与变迁——近代云南城市发展研究（1856—1945）》，博士学位论文，厦门大学，2008年。

时兴时衰，且在多数时期，是以军事城堡的形式呈现出来的，城市发展多处于一种不稳定的状态，城市数量也比较少，直至元明清时期才逐渐被完全纳入到大一统的国家政治、经济、文化、交通格局之中，城市才得到了较快的发展。明清时期，国家通过实施改土归流，设置国家直接管理的地方各级行政机构，大规模的移民垦殖、开发山区，修建驿道交通等诸多措施，为地理环境闭塞的湘黔鄂渝桂省际毗连区的发展提供了强大的外部推动力，区域城市数量才有了实质性的增长，并初步形成了本区域城市的空间分布格局。但是，湘黔鄂渝桂省际毗连区位于云贵高原东沿山地，相对于平原地区来说，它的自然生态条件较差，区域经济发展也很落后，无法顺利聚合"人"与"物"等要素以持续支撑并推动城市的发展，致使湘黔鄂渝桂省际毗连区城市规模一般都较小，区域辐射和带动范围有限。同时因地理单元的分割，在交通落后的农业时代，各城市间的交流与联系也受到了很大的限制，没能形成一个以湘黔鄂渝桂省际毗连区范域为辐射圈的中心城市。这在区域城市体系发展上是一个致命缺陷，它直接导致了本区域城市体系发展的碎片化，成为了重庆、贵阳、长沙、武汉等中心城市的经济腹地，而无法发展成为一个层级完整的民族区域城市体系。这一城市发展的历史特征与西藏、内蒙古和新疆南部等民族地区完整有序的城市格局也有着显著的区别，① 却赋予了湘黔鄂渝桂省际毗连区城市发展所独具的区域性特征。当然，这一特征也是造成湘黔鄂渝桂省际毗连区城市发展长期落后的重要原因之一和急需解决的问题。

（二）湘黔鄂渝桂省际毗连区城市发展的现实要求

湘黔鄂渝桂省际毗连区是我国苗、土家、侗、布依、瑶等少数民族聚居区，区域内有两个国家级"集中连片特困地区"②——武陵山区、滇桂黔石漠化区，属于我国最不发达的民族地区之一，其城市发展水平也长期处于中国区域城市发展的下游，城市化水平较低。据 2000 年以来湖南、贵州、重庆、湖北等省市的《统计年鉴》和《统计公报》中的人口城镇化

---

① 关于西藏、内蒙古和新疆南部等民族地区城市体系的发展特征，参阅何一民等著《中国西部农牧地区城市历史变迁研究》，四川大学出版社 2015 年版，第 197—222、251—398 页。

② 目前我国有 14 个"集中连片特困地区"，即六盘山区、秦巴山区、武陵山区、乌蒙山区、滇桂黔石漠化区、滇西边境山区、大兴安岭南麓山区、燕山—太行山区、吕梁山区、大别山区、西藏区、四省（四川、云南、甘肃、青海）藏区、新疆南疆三地州。

率数据看，本区域武陵山区的人口城镇化率在2000年仅为16.74%，2011年也只有32.26%。① 而同期全国人口城镇化率平均为36.22%（2000年）和52.57%（2012年）。② 人口城镇化率低，直接造成了本毗邻区城市产业功能结构的不完善，致使城市带动区域社会发展动能严重不足。虽然进入21世纪以来，武陵山区城镇发展较快，但与周边地区的差距仍然非常明显。其关键性指标——产业城镇化率，在2014年为78.11%，与全国、重庆、湖南、湖北、贵州的差距分别是11.99、13.99、13.29、9.59和9.29个百分点，城镇化的产业带动效应不强，仅为全国平均水平的65%—77%，也与重庆、湖北、湖南、贵州等省市其他区域有着较大的差距，尤其是学术界所称"黎—丘塌陷带"核心区域的苗岭大小麻山、雷公山等滇桂黔石漠化区。③ 同时，因地理环境、经济状况的不同，湘黔毗连的武陵山区、苗岭地区的城镇产业化率和人口化率在内部之间也存在着很大差距，处于一种低端不平衡的状态。④ 总之，湘黔鄂渝桂省际毗连区城市发展水平较低，城市人口规模偏小，城市功能弱化，难以形成大规模人口和产业集聚的基础，城市带动区域社会经济发展的拉力不强，致使区域城市综合性的"极化"⑤ 严重不足，发展水平低下。

作为我国重要的经济协作区之一的湘黔鄂渝桂省际毗连区，因社会、经济等各个层面的发展长期滞后于其他地区，这不仅造成了本地区社会的贫困与经济的落后，还加剧了地区发展的不平衡性，严重地制约了国家的整体发展。为此，国家、地方和社会各界都必须花大气力发展包括湘黔鄂

---

① 冯阳：《基于统计分析的武陵山区县域城镇化发展水平与发展策略研究》，硕士学位论文，吉首大学，2015年。
② 倪鹏飞：《新型城镇化理论与政策框架》，广东经济出版社2015年版，第91页。
③ "黎—丘塌陷带"，指的是自20世纪90年代末至今，随着滇黔桂边界石漠化地区的开发与发展，因地区间的不平衡，导致东起贵州黎平县，西至云南丘北县的广大地区的社会经济发展严重滞后于贵州北部热点发展带（西起贵州钟山，东至凯里）。学术界据此将东起贵州黎平县，西至云南丘北县的广大地区称为"黎—丘塌陷带"。参见游俊、冷志明、丁建军《中国连片特困区发展报告：连片特困区城镇化进程、路径与趋势（2014—2015）》，社会科学文献出版社2015年版，第124—131页。
④ 游俊、冷志明、丁建军：《中国连片特困区发展报告：连片特困区城镇化进程、路径与趋势（2014—2015）》，社会科学文献出版社2015年版，第49—56页。
⑤ 极化（Polarization），是指事物在一定条件下发生两极分化，使其性质相对于原来状态有所偏离的现象。

渝桂省际毗连区在内的国家贫困区。而作为引领区域社会经济发展的火车头——城市，则必然要承担起促进湘黔鄂渝桂省际毗连区全面发展的历史重任。因此，如何开展建设本区域城市，带动民族地区的全面发展，则是一个急需解决的历史问题，也是必须面对的一个现实需要。要解决这一问题，就有必要对湘黔鄂渝桂省际毗连区城市进行深入的研究，尤其是考察历史时期城市发展的状况、路径、经验教训、动力机制、城市发展的基本规律、区域特性等问题。这不仅有利于我们全面认识湘黔鄂渝桂省际毗连区、西南地区，乃至于全国城市发展的普遍性和特殊性，而且还能为当前国家正在实施的城市化和城市现代化战略和解决湘黔鄂渝桂省际毗连区城市发展滞后等现实问题提供有价值的参考和借鉴。

有鉴于此，本课题选取"清代以来湘黔鄂渝桂省际毗连区城市发展（17世纪中叶至20世纪中叶）"作为研究对象，以城市史学的视野阐述清代以来湘黔鄂渝桂省际毗连区城市发展历史脉络和具体状况，力图从中揭示其发展特点，分析其动力机制，总结经验教训，以为当代湘黔鄂渝桂省际毗连区城市建设提供一些有益的历史参考和借鉴。这便赋予了本课题研究的学术价值和现实意义，也是本课题研究的缘起所在。

二 清代以来湘黔鄂渝桂省际毗连区城市发展研究的回顾

内陆省际毗连区城市是"中国城市的重要组成部分，具有与内地城市若干相同的特征，同时也有着与内地城市明显不同的特性，如边防性、军事性、民族性等，其市复合特征更为突出"。[①] 长期以来，学术界对于内陆边疆城市历史研究比较少，就其原因是多方面的，除历史文献记载相对较少，资料不易收集等原因外，也与民族地区语言文字的障碍有着很大的关系。这些地区都是以少数民族为主，一般内地学者多不懂少数民族语言文字，故而影响了相关研究的推进。这导致了中国城市史研究在研究地域上出现了严重的不平衡，即大多数中国城市史研究者所考察的对象是以中国中东部地区的城市为主，而有关中国西部地区的城市史研究相对较少，尤其是对西部内陆地区的城市研究则更少，湘黔鄂渝桂省际毗连区的城市史研究亦如此。但随着20世纪80年代中国城市史研究兴起以来，经三

---

① 何一民：《族性与边疆性：新疆城市发展的特点》，《民族学刊》2015年第2期。

代学人近 40 年的不懈努力，学术界的研究视野也逐渐从中心城市、中东部区域城市转向中小城市（镇）、西部区域城市，拓展了中国城市史研究的范域。在这一学术研究背景下，17 世纪中叶至 20 世纪中叶湘黔鄂渝桂省际毗连区城市史也开始受到学术界的关注，并取得了较多的成果。现将国内外关于清代以来湘黔鄂渝桂省际毗连区城市发展问题的研究成果综述如下：

（一）国内学术界对湘黔鄂渝桂省际毗连区城市发展问题的探讨

自 20 世纪 80 年代城市研究以来，国内关于湘黔鄂渝桂省际毗连区城市发展问题的研究也日益深入，其主要侧重于城市发展的阶段、动力机制、水平、城市化与城市现代化、城乡关系以及历史地理等方面。

1. 关于湘黔鄂渝桂省际毗连区城市发展动力机制的历史考察。关于中国城市发展的动力机制问题，海外学者最早以"冲击—反应"模式[①]来阐释近代中国城市的发展进程，国内早期研究者亦多持此观点。[②] 稍后有学者提出"内外合力"论。[③] 随着研究的深入，更多学者持"多元动力机制"论，认为中国城市发展是"多元因素"推动的结果。[④] 随着动力机制研究与区域城市史研究的日益结合，学术界根据"多元动力机制"理论分

---

① John K. Fairbank（费正清），*China' Response to the West：A Documentary Survey*，HUP，1954；*Resarch Guide for China's Response to the West：A Documentary Survey*，1839–1923，HUP，1954；《美国与中国》，张理京译，世界知识出版社 2000 年版。

② 隗瀛涛：《近代重庆城市史》，四川大学出版社 1991 年版；皮明庥：《近代武汉城市史》，中国社会科学出版社 1993 年版；罗澍伟：《近代天津城市史》，中国社会科学出版社 1993 年版；张仲礼：《东南沿海城市与中国近代化研究》，上海人民出版社 1996 年版等。

③ 何一民：《近代中国城市发展与社会变迁（1840—1949 年）》，科学出版社 2004 年版；何一民：《近代中国城市早期现代化的特点与外力的影响》，《西南民族学院学报》（哲学社会科学版）2000 年第 1 期。

④ 周勇：《重庆：一个内陆城市的崛起》，重庆出版社 1989 年版；曹洪涛：《中国近现代城市的发展》，北京经济学院出版社 1994 年版；王卫平：《明清时期江南城市史研究：以苏州为中心》，人民出版社 1999 年版；张鸿雁：《侵入与接替——城市社会结构变迁新论》，东南大学出版社 2000 年版；张仲礼、熊月之、沈祖炜：《长江沿江城市与中国近代化》，上海人民出版社 2002 年版；戴一峰：《区域性经济发展与社会变迁：以近代福建地区为中心》，岳麓书社 2004 年版；樊树志：《江南市镇：传统的变革》，复旦大学出版社 2005 年版；谢本书：《近代时期西南地区近代化问题的历史考察》，《云南学术探索》1997 年第 1 期；林星：《西风东渐与民初福州城市的近代化》，《党史研究与教学》2001 年第 5 期；郑忠：《论近代中国条约口岸城市发展特征——与非条约口岸城市之比较》，《江海学刊》2001 年第 4 期；张晓辉：《中国近代城市化的发展与动因研究——以镇集高度发达的广东为例》，《学术研究》2002 年第 3 期；郭松义：《农民进城和我国早期城市化：历史的追溯和思考》，《浙江学刊》2011 年第 3 期；谭玉秀、范立君：《改革开放以来多元视角下的中国城市近代化研究》，《理论月刊》2013 年第 11 期；张利民：《我国近代城市发展动力分析》，《人民日报》2014 年 4 月 13 日等。

别从政治、军事、经济开发、交通、人口（移民、民族）等不同的角度，阐释了17世纪中叶至20世纪中叶湘黔鄂渝桂省际毗连区城市发展的动力机制。尤中、吴荣臻、吴曙光、伍新福等学者从民族史的角度在其著作中列专章分别介绍了湘黔鄂渝桂省际毗连区的城市与社会经济发展和变革问题，讨论了国家介入和外来移民对于本地区城市发展的影响。① 陈征平以边疆少数民族内地化为楔入点具体考察了西南少数民族地区近代以来的内地化发展的各个层面，突出了国家政权力量在推进湘黔鄂渝桂省际毗连区城市交通、贸易、工矿企业、民族关系等内地化进程中所起的主导作用。② 潘志成则从法律的角度探讨了国家是如何通过法律的强制力来强化湘黔鄂渝桂省际毗连区的社会与地域控制的，并总结了国家在法律层面保障城市发展的巨大作用。③ 袁翔珠、黄国信、潘志成、石伶亚、石小川、萧蒙等学者亦从法律层面具体探讨了国家法律在湘黔鄂渝桂省际毗连区城市建设及其对地方社会的影响等问题。④ 张园园、吴晓美具体探讨了政府在湘黔鄂渝桂省际毗连区经济建设和商业城镇的发展中所发挥的推动力问题。⑤ 张捷夫、李世瑜、林建增、罗康隆、王缨、马国君、余宏模、方铁、张中奎等学者通过研究清代改土归流等具体问题，从不同的角度考察了国家政治推力对湘黔鄂渝桂省际毗连区城市与社会变迁所产生的历史作用。⑥ 潘

---

① 尤中：《中国西南的古代民族》（续编），云南人民出版社1989年版；伍新福：《中国苗族通史》，贵州民族出版社1999年版；吴荣臻、吴曙光：《苗族通史》，民族出版社2007年版等。
② 陈征平：《近代西南边疆民族地区内地化进程研究》，人民出版社2016年版。
③ 潘志成：《清代贵州苗疆的法律控制与地域秩序》，博士学位论文，西南政法大学，2010年。
④ 袁翔珠：《清政府对苗疆生态环境的保护》，社会科学文献出版社2013年版；黄国信：《"苗例"：清王朝湖南新开苗疆地区的法律制度安排与运作实践》，《清史研究》2011年第3期；潘志成：《清代贵州苗疆的法律控制与地域秩序》，九州出版社2013年版；石伶亚：《近代苗疆商事习惯法研究——基于湘鄂渝黔边区集市贸易的考察》，《史学月刊》2013年第4期；石小川：《论苗族习惯法的四重特质——以清代湘西苗疆为例》，《铜仁学院学报》2017年第11期；萧蒙：《浅谈清代苗疆地区的法律概况》，《法制博览》2016年第20期；李媛：《清代中期湘西"苗疆禁例"研究》，硕士学位论文，吉首大学，2017年等。
⑤ 张园园：《论油桐种植中的政府力量——以民国时期湘西保靖县为例》，《法制与社会》2014年第6期；吴晓美：《明清苗疆治理与边疆商业城镇的形成》，《中州学刊》2018年第3期。
⑥ 张中奎：《改土归流与苗疆再造》，中国社会科学出版社2012年版；张捷夫：《论改土归流的进步作用》，《清史论丛》1980年第2辑；李世瑜：《试论清雍正王朝改土归流的原因和目的》，《北京大学学报》（哲学社会科学版）1984年第3期；林建增：《清朝前期完善贵州省建置、开辟苗疆及其影响》，《贵州民族研究》1992年第2期；罗康隆：《"苗疆六厅"初探》，《中南民族学院学报》（哲学社会科学版）1988年第5期；王缨：《鄂尔泰与西南的改土归流》，《清史研究》1995年第2期；余宏模：《清代雍正时期对贵州苗疆的开辟》，《贵州民族研究》1997年第2期；方铁：《清雍正朝改土归流的原因、策略与效用》，《河北学刊》2012年第3期；马国君：《略论清代对贵州苗疆"生界"的经营及影响》，《三峡论坛》2011年第4期等。

洪钢、郭松义、伍新福等学者以清代"屯政"为视角具体考察了国家施行的"屯政"对湘黔鄂渝桂省际毗连区社会经济与城市发展的影响。①谭必友以"近代重构"为着力点系统论述了湘西民族社区形态、宗教信仰、社区管理等民族事务在外力影响下的演变问题，并在此基础上深入检讨了本区域多民族社区的近代重构经验。②吴曦云、伍孝成、赵月耀、暨爱民等学者则以"边墙"和湘西城镇为研究对象探讨了国家"边政"政策对湘西城镇与乡村社会经济发展的影响。③张应强、马国君、曹端波、朱晴晴、张新民等学者从外地商人开展的木材贸易层面考察了清代清水江流域的木材贸易对本地区城镇发展的推动作用。④石邦彦从军事、商业、手工业的角度详细考察了国家、外来工商业者对清代湘西城市建置和社会经济发展所起的历史作用。⑤古永继、张应强、曹端波、赵树冈等学者还从人口学的角度具体考察了清代以来移民对湘黔鄂渝桂省际毗连区城市与社会发展变迁的作用以及族群认同变化、人口互动等问题。⑥这些研究从国家、外

---

① 潘洪钢：《清黔湘苗区屯政之比较》，《贵州社会科学》1985年第2期；《清代湘西苗族地区屯田的兴起及性质》，《吉首大学学报》（社会科学版）1986年第2期；《清代乾隆朝贵州苗区的屯政》，《贵州文史丛刊》1987年第4期；郭松义：《清代的贵州古州屯田》，《清史研究》1991年第1期；郭松义：《清代湘西苗区屯田》，《民族研究》1992年第2期；伍新福：《试论清代"屯政"对湘西苗族社会发展的影响》，《民族研究》1983年第3期等。

② 谭必友：《清代湘西苗疆多民族社区的近代重构》，民族出版社2007年版。

③ 吴曦云：《边墙与湘西苗疆》，《中南民族学院学报》（哲学社会科学版）1993年第6期；吴曦云：《边墙凤凰的历史文化》，《民族论坛》1994年第3期；伍孝成：《清代边墙与湘西苗疆开发》，《吉首大学学报》（社会科学版）2009年第1期；赵月耀：《论清代湘西苗疆的"边墙贸易"政策》，《怀化学院学报》2009年第9期；暨爱民：《以"墙"为"界"：清代湘西苗疆"边墙体系"与"民"、"苗"区隔》，《中央民族大学学报》（哲学社会科学版）2017年第3期等。

④ 张应强：《从卦治〈奕世永遵〉石刻看清代中后期的清水江木材贸易》，《中国社会经济史研究》2002年第3期；张应强：《区域开发与清水江下游村落社会结构——以〈永定江规〉碑的讨论为中心》，《原生态民族文化学刊》2009年第3期；马国君：《清水江流域林木生产的社会控制研究》，《人文世界》2011年第1期；曹端波：《货币、土地与族群：清水江流域的生计模式与地域社会》，《北方民族大学学报》（哲学社会科学版）2016年第2期；朱晴晴：《清代清水江下游的"会"与地方社会结构》，《开放时代》2011年第7期；张新民：《清水江流域的经营开发与木材采运活动》，《贵州民族大学学报》（哲学社会科学版）2016年第5期等。

⑤ 石邦彦：《清代湘西苗区的商业市场》，《民族论坛》1988年第4期；《清代湘西苗区军事建筑设施考》，《民族论坛》1990年第1期；《清代湘西苗区的手工业》，《中南民族学院学报》（哲学社会科学版）1994年第1期等。

⑥ 古永继：《元明清时期贵州地区的外来移民》，《贵州民族研究》2003年第1期；古永继：《清代外来移民对黔东南苗疆习俗变化的影响》，《西南边疆民族研究》2014年第2期；张应强：《通道与走廊："湖南苗疆"的开发与人群互动》，《广西民族大学学报》（哲学社会科学版）2014年第3期；曹端波：《货币、土地与族群：清水江流域的生计模式与地域社会》，《北方民族大学学报》（哲学社会科学版）2016年第2期；赵树冈：《边地、边民与边界的型构：从清代湖南苗疆到民国湘西苗族》，《民族研究》2018年第1期等。

来人口等外部推力的角度分别探讨了它们对清代以来湘黔鄂渝桂省际毗连区城市发展的促进作用，却较少深入研究城市的内在推动力是如何形成的，是如何影响城市发展和社会变迁的。

2. 关于湘黔鄂渝桂省际毗连区城市发展阶段与水平的探讨。学术界在开展湘黔鄂渝桂省际毗连区城市史研究的过程中，对包括本区域在内的西南地区城市的发展阶段问题也作了有益的探索。学术界认为自清代以来至近代的湘黔鄂渝桂省际毗连区城市发展大体可分为"三阶段"或"四阶段"。其中李旭以1840年、1936年为断将本省际毗连区城市发展分为传统城市发展的高潮、城市的半殖民化和近代化发展、抗战时期城市发展的黄金时期三个阶段。① 谢本书则从近代化视角分析，认为本区域城市发展大致经历了四个阶段，即传统城市的继续发展时期、城市近代化的起步、城市近代化的继续发展和城市近代化快速发展时期。② 其他学者大多持"三阶段说""四阶段说"的城市发展分期的观点。

关于17世纪中叶至20世纪中叶湘黔鄂渝桂省际毗连区城市发展的水平问题，研究者从城市与市镇数量、城市发展空间与体系、城市人口化率、经济、市场化、文教、交通等不同侧面进行了初步研究。焦书乾、张衢、吴晓美等人从城市起源、发展、数量变化的角度分别探讨了贵州、广西、湘西、鄂西南等地区城市发展的历史演变及其发展水平问题。③ 熊理然、曹军、张富杰、王肇磊等学者以城市体系的发展演变为出发点分区域具体考察了湘黔鄂渝桂省际毗连区城市体系的发展与变迁问题，从侧面进一步分析了清代以来本区域城市的发展水平。④ 李中清在其专著《中国西南边疆的社会经济：1250—1850》中通过考察明清时期湘黔鄂渝桂省际毗

---

① 李旭：《西南地区城市历史发展研究》，东南大学出版社2011年版。
② 谢本书：《中国近代城市的发展与近代化历程》，《城市史研究》1990年第3辑；《近代昆明城市史》，云南大学出版社1997年版；《谢本书学术文选》，云南大学出版社2014年版。
③ 焦书乾：《论我国中南、西南民族地区城市的历史演变》，《中南民族学院学报》（哲学社会科学版）1990年第3期；张衢：《湘西沅水流域城市起源与发展研究》，硕士学位论文，湖南师范大学，2003年；吴晓美：《明清苗疆治理与边疆商业城镇的形成》，《中州学刊》2018年第3期。
④ 熊理然：《中国西部城市群落空间重构及其核心支撑研究》，人民出版社2010年版；曹军：《我国民族地区城市体系分析》，《中央民族大学学报》（哲学社会科学版）1990年第6期；张富杰：《贵州城市体系与城市化发展》，《岭南学刊》2007年第6期；王肇磊：《略论抗战时期贵州城市体系的变迁》，《城市史研究》2014年第30辑；王肇磊：《论民国时期武陵山区城市数量、规模与体系的变迁》，《城市史研究》2018年第38辑等。

连区主要治所的建置与分布,国家与社会在地区开发时所采取的原则和政策,深入研究了交通、移民(人口)、粮食生产与分配、矿产采掘等经济要素的发展及其对城市发展的影响,并考察了此期城市化的水平。① 范松根据贵州省古代城市建筑、街区、城垣等遗址的分布、规模,分析了黔东、黔南地区明代至清前期黔中城镇的发展状况与水平,并总结了本区域城市发展的特点。② 石忆邵、万红、曹端波、张晓燕、暨爱民、陈新立等学者在考察中国集贸市场和集市贸易的历史发展与地理分布的过程中,具体分析了清代以来湘黔鄂渝桂省际毗连区集贸市场的发展与分布、市场体系等问题,为学术界研究湘黔鄂渝桂省际毗连区城市发展水平提供了一个窗口。③ 张中奎通过考察集镇和商品经济的发展,初步分析了清代湘黔鄂渝桂省际毗连区农村市场、商业城镇市场和区域中心市场的层次关系,认为清水江、都柳江沿岸的码头城市以厅、堡为中心构建了联系较为紧密的市场网络体系,得出了本区域城镇经济还很落后的结论。④ 宫玉松在探讨中国近代人口城市化时,初步分析了城市发展水平受近代化因素影响的结果,得出了近代湘黔鄂渝桂省际毗连区城市人口数量有一定的提高,城市规模、职能发生了一些近代化变化的结论。⑤ 朱圣钟、吴宏岐具体考察了明清时期鄂西南民族地区聚落的发展及其影响因素,并分析了清代改土归流后鄂西南地区城市的数量变化、城市分布与城市规模变迁等问题,认为政治、经济、人口和民族等制约因素是造成鄂西南民族地区城市发展落后的根本原因。⑥ 黄瓴、暨爱民、魏铭静、陈晨、曾思思等学人以文教为视域研究了清代以来湘黔鄂渝桂省际毗连区城市文教事业发展水平,并分析

---

① 李中清:《中国西南边疆的社会经济:1250—1850》,林文勋、秦树才译,人民出版社2012年版。
② 范松:《试论明至清前期黔中城镇的发展与特点》,《贵州文史丛刊》2012年第2期。
③ 石忆邵:《中国集贸市场的历史发展与地理分布》,《地理研究》1999年第3期;万红:《试论清水江木材集市的历史变迁》,《古今农业》2005年第2期;曹端波:《国家、市场与西南:明清时期的西南政策与"古苗疆走廊"市场体系》,《贵州大学学报》(社会科学版)2013年第1期;张晓燕、暨爱民:《国家在场:地方治理视野下清代湘西苗疆之集场交易》,《贵州民族研究》2018年第6期;陈新立:《清代鄂西南山区社会经济与环境变迁》,中华书局2018年版等。
④ 张中奎:《西南民族研究》,中国社会科学出版社2016年版。
⑤ 宫玉松:《中国近代人口城市化研究》,《中国人口科学》1989年第6期。
⑥ 朱圣钟、吴宏岐:《明清鄂西南民族地区聚落的发展演变及其影响因素》,《中国历史地理论丛》1999年第4期。

了本区域城市文教事业欠发达的多种制约因素。① 何罗娜、汤芸则以《百苗图》为研究对象,为我们展现了清代以来湘黔苗族的风俗习惯、宗教信仰、社会经济活动等历史图景,并初步探讨了当时本区域城市发展水平和社会基础等。② 这些研究成果为我们初步揭示了清代以来湘黔鄂渝桂省际毗连区城市的发展水平,即自17世纪中叶以来湘黔鄂渝桂省际毗连区城市经过数百年的发展,其水平虽有提高,但因历史、地理、经济、人口、交通等诸多因素的制约,发展较为缓慢。其城市发展水平不仅远低于中国中东部地区,也低于近邻四川盆地和滇中地区。

3. 对湘黔鄂渝桂省际毗连区城市化与城市现代化的考察。城市化与城市现代化是学术界考察中国近代城市发展的一项重要指标。学术界试图通过研究中国近代城市化内容③和探析近代中国城市化特征④,来解读近代中国城市化和城市现代化历程,⑤ 认为城市化与城市现代化发展是近代中国城市发展相互关联的两条主线。但在半殖民地半封建社会的背景下,近代中国城市化与城市现代化一直处于双重畸形的状态,最终制约了城市化与城市现代化的发展。关于湘黔鄂渝桂省际毗连区城市化与城市现代化问题,学术界亦有初步的研究成果。曹国成通过对当代湘西苗族地区社会经

---

① 黄瓴:《城市空间文化结构研究:以西南地域城市为例》,东南大学出版社2011年版;暨爱民:《抗战时期湘西民族地区教育的历史考察》,《民族教育研究》2003年第1期;魏铭静:《19世纪湘西苗疆民族教育体系的构建》,《中南民族大学学报》(人文社会科学版)2009年第1期;黄佳熙:《湘西苗疆汉人风俗习惯差异及原因——以〈苗防备览〉为研究对象》,《民族论坛》2015年第8期;陈晨:《书院与清代边疆文化治理的走向》,《贵州民族研究》2018年第3期;曾思思:《清代湘西苗疆书院及其现代启示》,硕士学位论文,华中师范大学,2018年等。

② 何罗娜、汤芸:《〈百苗图〉:近代中国早期民族志》,《民族学刊》2010年第1期。

③ 隗瀛涛:《近代重庆城市史》,四川大学出版社1991年版;罗澍伟:《近代天津城市史》,中国社会科学出版社1993年版;皮明庥:《近代武汉城市史》,中国社会科学出版社1993年版;张海林:《苏州早期城市现代化研究》,南京大学出版社1999年版;张瑾:《权力、冲突与变革:1926—1937重庆城市现代化研究》,重庆出版社2003年版;任银睦:《青岛早期城市现代化研究》,生活·读书·新知三联书店2007年版;姜进:《都市文化中的现代中国》,华东师范大学出版社2007年版;忻平:《现代化进程中的上海人及其社会生活(1927—1937)》,上海大学出版社2009年版;张志强:《东北近代史与城市史研究》,社会科学文献出版社2013年版;王瑞成:《近世转型时期的城市化——中国城市史学基本问题初探》,《史学理论研究》1996年第4期;涂文学:《二十世纪中国城市化与城市现代化论略》,《江汉大学学报》(社会科学版)2011年第5期等。

④ 行龙:《近代中国城市化特征》,《清史研究》1999年第4期;何一民:《从农业时代到工业时代:中国城市发展研究》,巴蜀书社2009年版等。

⑤ [美]罗兹·墨菲:《上海:现代中国的钥匙》,上海社会科学院历史研究院编译,上海人民出版社1986年版;史明正:《走向近代化的北京城》,北京大学出版社1995年版等。

济发展与湖南其他区域以及全国进行比较研究，分析了湘西苗族地区经济和区域现代化发展缓慢的历史原因所在，并提出了相应的对策。① 刘鹤通过检视抗战时期湘西政治、经济、文化教育的发展状况，具体分析了湘西城市社会、经济、文教等在内迁人口和国民政府大力建设湘西这两大动力的推动下所取得的现代化成就，全面透视了抗战对湘西城市现代化的影响。② 龙先琼从近代湘西的开发与社会历史变迁问题入手，结合史实详细阐述了近代湘西的开发与治理及其所引发的社会近代化变迁的历史情况，揭示了在"中央—地方"关系模式下湘西城市化与城市现代化发展的不平衡性和差异性。③ 王礼刚考察了贵州城市化的民族因素，对黔东北城市化进程及其发展水平进行了实证研究。④ 王昌论述了抗战时期湘西在内迁学校的推动下文教事业发展的状况，指出外来院校对湘西城市教育的发展和社会的现代化进程作出了不可磨灭的贡献。⑤ 敖以深以航运开发为切入点分析了乌江流域黔东北人口的变迁及其城镇的兴起与工商业发展和文化融合的具体情况，具体考察了贵州乌江流域黔东北城镇在社会发展近代化变迁的推动下的历史轨迹及其取得的发展成就。⑥ 其他学者亦从不同的视角分别研究了湘黔鄂渝桂省际毗连区城市（镇）化和城市现代化问题。⑦

4. 对湘黔鄂渝桂省际毗连区城市与乡村关系的分析。城乡关系研究一直是中国城市史研究的一个重点领域。有学者认为在传统时期中国的城乡关系既密切联系、统一，又相对孤立，具有较强的稳定性，⑧ 体现出"城

---

① 曹国成：《湘西苗族地区经济发展缓慢的原因及对策》，《民族论坛》1993年第2期。
② 刘鹤：《抗战时期湘西现代化进程研究》，光明日报出版社2012年版。
③ 龙先琼：《近代湘西开发史研究——以区域史为视角》，民族出版社2014年版。
④ 王礼刚：《贵州省各地市州城市化水平综合评价——基于主成分、聚类和GIS分析方法》，《西北民族大学学报》（哲学社会科学版）2011年第2期。
⑤ 王昌：《论抗战时期内迁学校对湘西社会的历史影响》，硕士学位论文，吉首大学，2012年。
⑥ 敖以深：《乌江航运开发与区域社会变迁》，《贵州社会科学》2014年第3期。
⑦ 罗运胜：《明清时期沅水流域经济发展与社会变迁》，社会科学文献出版社2016年版；王朝辉：《试论近代湘西市镇化的发展——清末至民国年间的王村桐油贸易与港口勃兴》，《吉首大学学报》（社会科学版）1996年第2期；贺乐：《改土归流后永顺府市镇经济发展研究》，硕士学位论文，吉首大学，2014年；余翰武：《沅水中上游传统集镇商贸空间研究》，学位论文，华南理工大学，2015年；章睿：《湖南沅水流域传统集镇空间结构研究》，硕士学位论文，湖南大学，2012年等。
⑧ 刘维奇：《中国城镇化功能与城乡关系的演变》，《兰州学刊》2014年第5期。

市乡村化"的特质。① 后随着中国城市近代化大门的开启，城乡关系的"单向流动"开始逐步向"双向流动"过渡，城市在政治经济剥削乡村的过程中，又增加了对抗性和联系性。② 城乡在加强联系的同时又加大了彼此间的差距和对立，最终延缓了中国近代城市化的进程。③ 城市、乡村的发展彼此背离，进而形成了近代中国城乡分割的二元社会结构。④ 对于 17 世纪中叶至 20 世纪中叶湘黔鄂渝桂省际毗连区城乡关系来说，隗瀛涛、田永秀研究了近代以来渝东南地区社会经济的历史变迁，通过论述近代四川（含今渝东南地区）城乡关系的变化，指出由于本地区城市发展相对缓慢，城市对乡村的带动作用还十分有限，加之广大农村地区自然经济解体缓慢且水平低下，使乡村日益成为了城市发展的桎梏，极大地阻碍了本地区城市的进一步发展。⑤ 王笛通过考察近代长江上游城市系统与市场体系，认为包括湘黔鄂渝桂省际毗连区在内的长江上游地区受地理环境的封闭和落后的生产水平所限，使这一地区相对独立，形成了独具特色的城市体系和市场结构，并从市场角度论述了本区域城市与乡村的关系。⑥ 李良品以贵州民族地区集市发展为切入点，具体考察了在国家、社会经济组织和个体的共同作用下，集市所扮演的城市与乡村经济联系的中介角色，并分析了湘黔鄂渝桂省际毗连区地区商业习俗的形成及其对城乡关系发展的影响。⑦ 杨安华则考察了清代湘西山区经济的开发问题，从利与弊的层面论述了清代湘西经济开发对湘西城市与乡村的影响。⑧ 柴焕波从文化的角度讨论了武陵山区古代文化与文明模式在城市与乡村发展演变的过程中所呈

---

① 《马克思恩格斯全集》第 46 卷（上），人民出版社 1979 年版，第 480 页。
② 何一民：《近代中国城市发展与社会变迁（1840—1949 年）》，科学出版社 2004 年版。
③ 隗瀛涛、谢放：《近代中国区域城市研究的初步构想》，《天津社会科学》1992 年第 1 期。
④ 李长莉、左玉河：《近代中国城市与乡村》，社会科学文献出版社 2006 年版；滕建华：《近代中国城乡经济结构失衡的历史原因》，《北方论丛》2003 年第 1 期；马慧琴：《二元结构遗患难消》，《生产力研究》2003 年第 4 期等。
⑤ 隗瀛涛、田永秀：《近代四川城乡关系析论》，《中华文化论坛》2003 年第 2 期。
⑥ 王笛：《近代长江上游城市系统与市场结构》，《近代史研究》1991 年第 6 期。
⑦ 李良品：《明清以来西南民族地区集市习俗及成因——以贵州省为例》，《中南民族大学学报》（人文社会科学版）2011 年第 2 期；李良品：《民国时期贵州的场期制度及成因》，《贵州社会科学》2009 年第 4 期；李良品：《历史时期贵州集市形成路径的类型学分析》，《长江师范学院学报》2009 年第 6 期等。
⑧ 杨安华：《论清代湘西山区的经济开发》，《古今农业》2003 年第 3 期。

现出的地域差异性和相互影响等问题。① 此外，李大旗、王承尧、肖良武等学者分别从不同的视域审视了湘黔鄂渝桂省际毗连区的城乡关系。②

5. 对湘黔鄂渝桂省际毗连区城市历史地理的研究。城市历史地理是城市史研究的重要分支之一，其研究内容涉及城市的起源、类型、分布、内部空间布局等层面。随着清代以来西南地区的开发，湘黔鄂渝桂省际毗连区城市历史地理在当时就引起了政府和社会较为广泛的关注。自20世纪80年代以来，随着中国城市历史地理研究的日渐深入，③ 学术界亦开展了湘黔鄂渝桂省际毗连区城市历史地理的探讨。除《西南通史》《四川通史》《贵州通史》等通史对本省际毗连区相关城市发展的历史地理情况作过一般性的叙述外，④ 一些学者还分别从各自的研究领域有针对性地对湘黔鄂渝桂省际毗连区城市的历史地理发展演变情况进行了较为细致的梳理和探究。蓝勇在《唐宋时期西南地区城镇分布演变研究》的基础上，根据方志史料，系统分析了明清时期湘黔鄂渝桂省际毗连区城镇经济状况、城市行政等级、人口数量、城市规模，并以此为切入点具体考察了明清时期本区域城镇的地理空间格局及其变化。⑤ 焦书乾则考察了我国中南、西南民族地区城市的历史演变进程，具体研究了云、贵、湘西、鄂西以及广西、西藏等地区467座民族城市发展的历史和地理分布与演变的情况。⑥ 张勇在其专著中较全面梳理了不同历史时期西南区域民族地理观的产生背景、内容、特点及变化，并探讨了西南民族区域地理观的历史演变规律。⑦

---

① 柴焕波：《武陵山区古代文化概论》，岳麓书社2004年版。
② 李大旗：《清代湘西"改土归流"后的筑城活动与居民生活的变迁——从湘西地方志中几篇筑城记入手》，《长江师范学院学报》2015年第3期；王承尧、秦加生：《油桐生产在湘西少数民族经济中的历史地位及其作用》，《中南民族学院学报》（哲学社会科学版）1985年第1期；肖良武：《20世纪30年代贵州农村集市研究——以贵定为例》，《贵阳学院学报》（社会科学版）2011年第4期。
③ 顾朝林：《中国城市地理》，商务印书馆1999年版；邹逸麟：《中国历史人文地理》，科学出版社2001年版等。
④ 方铁：《西南通史》，中州古籍出版社2003年版；贾大泉、陈世松：《四川通史》，四川人民出版社1970年版；贵州通史编委会：《贵州通史》，当代中国出版社2003年版；何耀华：《云南通史》，中国社会科学出版社2011年版等。
⑤ 蓝勇：《唐宋时期西南地区城镇分布演变研究》，《中国历史地理论丛》1993年第4期；《明清时期西南地区城镇分布的地理演变》，《中国历史地理论丛》1995年第1期。
⑥ 焦书乾：《论我国中南、西南民族地区城市的历史演变》，《中南民族学院学报》（哲学社会科学版）1990年第3期。
⑦ 张勇：《历史时期西南区域民族地理观研究》，中国文史出版社2014年版。

陆韧、凌永忠对湘黔毗连区"十厅"的地理范围、民族与社会、"十厅"建置以及清政府对"十厅"的政区地理要素进行了深入的研究。①罗康隆、白林文、邰建文等学者则对黔东、黔南"六厅"的历史沿革、地理分布以及改土归流后"六厅"社会经济的发展状况进行了较深入的探讨。②田荆贵还具体考察了湘西吉首、泸溪、大庸、桑植、龙山、保靖、永顺、花垣、古丈、凤凰等城市发展的历史沿革问题。③谭必友以乾隆、道光、光绪本《凤凰厅志》为资料来源探析了凤凰厅城在19世纪的历史发展变迁的过程和具体情形。④朱圣钟、宋祖顺则以土家族地区商业发展的环境为切入点，对土家族聚居地区的自然地理环境和人文环境进行了较为深入的剖析，并探讨了清代以来湘黔鄂渝桂省际毗连区土家族聚居区城镇商业地理的发展与演变问题。⑤此外，熊晓辉、张轲风、林月辉、王肇磊、杨胜勇、赵树冈、邵侃等学者亦分别从不同的视角考察了湘黔鄂渝桂省际毗连区城市发展的历史沿革与历史文化、城镇分布的地理演变、民族区域市场的起源和历史形成、历史时期自然灾害的时空分布等诸问题。⑥

---

① 陆韧、凌永忠：《元明清西南边疆特殊政区研究》，人民出版社2013年版。
② 罗康隆：《"苗疆六厅"初探》，《中南民族学院学报》（哲学社会科学版）1988年第5期；白林文：《清代贵州"苗疆六厅"治理研究》，博士学位论文，华中师范大学，2016年；邰建文：《清代台拱厅研究》，硕士学位论文，贵州民族大学，2018年。
③ 田荆贵：《湘西自治州历史沿革考略》，《吉首大学学报》（社会科学版）1986年第2期。
④ 谭必友：《19世纪民族地方志描述视角的变迁——以乾隆、道光、光绪本〈凤凰厅志〉比较研究为例》，《贵州民族研究》2005年第1期。
⑤ 朱圣钟：《区域经济与空间过程——土家族地区历史经济地理规律探索》，科学出版社2015年版；宋祖顺：《晚清民国时期土家族地区商业地理的初步研究》，博士学位论文，西南大学，2017年。
⑥ 熊晓辉：《清代湘西地区改土归流考》，《重庆三峡大学学报》2011年第6期；张轲风：《历史时期"西南"区域观及其范围演变》，《云南师范大学学报》（哲学社会科学版）2010年第5期；张轲风：《大西南与小西南：抗战大后方战略主导下的西南空间分层》，《中国历史地理论丛》2012年第1期；张轲风：《民初地域政治视野下的"西南"概念》，《文山学院学报》2015年第2期；王肇磊：《清代鄂西南民族地区城镇基本特点分析》，《贵州民族研究》2010年第8期；王肇磊：《抗战时期黔东南民族地区城市发展特点略论》，《江汉大学学报》（社会科学版）2014年第6期；王肇磊：《清代鄂西南民族地区城市分布、形态与规模略论》，《中华文化论坛》2015年第2期；王肇磊：《近代武陵山民族地区城市布局、形态与功能结构研究》，《城市史研究》2016年第35辑；杨胜勇：《生态环境对明清时期苗族经济的制约》，《中央民族大学学报》2001年第3期；邵侃：《历史时期西南民族地区自然灾害的时空分布和发展态势》，《云南社会科学》2015年第2期；赵树冈：《边地、边民与边界的型构：从清代湖南苗疆到民国湘西苗族》，《民族研究》2018年第1期；林月辉：《三峡地区城镇时空演变研究》，硕士学位论文，华中师范大学，2013年等。

除上述研究领域外，游建西、林芊、李斌、王肇磊、敖以深、何磊等学者还据其研究主旨对湘黔鄂渝桂省际毗连区近代"苗人"社会、民族发展变迁对城市的影响、城市疫政、城市发展特点、城市交通、城市兴衰机制等领域分别进行了有益的探索。① 这些研究进一步拓宽了湘黔鄂渝桂省际毗连区城市研究的领域。

（二）国外学者对湘黔鄂渝桂省际毗连区城市与社会的历史考察

湘黔鄂渝桂省际毗连区及其城市发展问题因其独特的地域性和民族性也引起了国外学者的关注。早在19世纪就有一批西方汉学学者和东方学研究者开始运用近代民族学或人类学理论和研究方法对湘黔鄂渝桂省际毗连区进行了考察，并记录或研究了湘黔鄂渝桂省际毗连区部分城市和民族的历史文化和民族类别与差异等问题。在早期的考察、研究中，国外学者主要是从近代民族学、人类学调查的角度开展了湘黔鄂渝桂省际毗连区民族的调查，并撰写了一定数量的考察报告，如《对中国苗子部落的访问》②《在中国西部旅行与调查》③《中国西部的苗族和其他部落》④ 等。这些考察、研究报告和游记对湘黔鄂渝桂省际毗连区各民族的族群特征与差异、社会生活习俗、语言、生产活动、文化等都展开了初步的探讨、研究。同时，西方学者还将湘黔鄂渝桂省际毗连区的文献资料进行了翻译，并带到了西方社会，如《汉文史料中的贵州和云南的苗族》⑤。德国汉学家诺孟（C. W. Neumann）亦于1837年将记载79种苗人的中文稿本译成了德文。⑥这些调查、研究报告和游记以及翻译的汉文文献资料或多或少都涉及到了

---

① 游建西：《近代贵州苗族社会的文化变迁》，贵州人民出版社1997年版；林芊：《明清时期贵州民族地区社会历史发展研究》，知识产权出版社2013年版；李斌：《清代清水江流域社会变迁研究》，贵州出版集团、贵州民族出版社2016年版；王肇磊：《略论疾疫视域下的抗战时期贵州城市公共卫生建设》，《遵义师范学院学报》2012年第5期；敖以深：《跃进与畸变：抗战时期贵州工业的非常态发展》，《贵州大学学报》（社会科学版）2015年第5期；何磊：《明清驿道开辟与贵州的国家化进程——以"偏桥卫"为例》，《怀化学院学报》2018年第7期等。

② Brormton, *A Visit to the Miao-tsze Tribes of South China*, 1881.

③ Baber, *Travels and Researches in Westen Chi-m*, 1882.

④ Samuel R. Clarke, *Among the Tribes in South-west China*, London; Philadelphia: China Inland Mission; London: Morgan & Scott, 1911.

⑤ Playfair, *The Miaotze of Kweichow and Yunan from Chinese Description*, 1876.

⑥ 马国君、张振兴：《近二十年来"百苗图"研究文献综述》，《中央民族大学学报》（哲学社会科学版）2011年第4期。

清代湘黔鄂渝桂省际毗连区城镇发展的问题，并成为了世界苗学研究重要的资料来源之一。① 这不仅扩大了19世纪西方学术界研究西南民族地区的视域，而且还为20世纪西方和日本学术界的"苗学"研究的进一步深入奠定了基础。

1900年以降，西方和日本学术界以及相关机构根据不同的目的和需要将湘黔鄂渝桂省际毗连区调查、研究的范围逐渐扩大并不断深入。例如，日本学者鸟居龙藏曾于20世纪初深入湘黔鄂渝桂省际毗连区对域内各民族进行了详细的人类学考察，并撰写了对中外"苗学"研究产生深远影响的《苗族调查报告》②。伊东忠太亦在1903年对贵州镇远等城市进行了实地调查。③ 神田正雄则通过对四川、湖南、广西三省区的考察编写了《四川省综览》《湖南省综览》和《广西省综览》，详细记录了四川、湖南、广西毗连区苗族、瑶族等民族的生产生活和社会习俗，以及区域内工商业和市场、重要产业、交通、财政、金融、部分城市和名胜古迹等内容。④ 城谷武男则创设《湘西杂志》以专门探讨湘西的社会经济、文化以及历史沿革等诸问题，向日本学术界和社会较系统地介绍了湘西的历史文化和风土人情。⑤ 此外，白鸟芳郎、谷口房男、长谷川清、村井信幸、古岛琴子等日本学者还从不同的研究视角对湘黔鄂渝桂省际毗连区民族史、土司制度、民族文化、神话传说、经济开发等领域进行了探讨。⑥ 除近代日本学术界的考察研究外，出于侵略中国的需要，日本政府和军部借日本东亚同文会之手，在20世纪上半叶组织学生在湖南、贵州、湖北、四川、广西省省际毗连区进行了广泛而深入的调查，并编纂了《中国省别全志》（湖北卷、湖南卷、四川卷、贵州卷、广西卷等）。⑦ 内容涵盖了湘黔鄂渝桂省

---

① 刘芳：《人类学苗族研究百年脉络简溯》，《广西民族研究》2008年第1期。
② ［日］鸟居龙藏：《苗族调查报告》，"国立"编译馆译，上海商务印书馆1936年版。
③ ［日］伊东忠太：《伊东忠太见闻野帖（清国）》，村松伸、伊东佑信解说，东京柏书房1990年版。
④ ［日］神田正雄：《四川省综览》，东京海外社1936年版；《湖南省综览》，东京海外社1937年版；《广西省综览》，东京海外社1939年版。
⑤ 杨洪涛、杨瑞仁：《沈从文研究资料》（下），天津人民出版社2006年版，第846—847页。
⑥ 王晓梅：《日本学者西南少数民族研究综述》，贵州大学出版社2017年版。
⑦ ［日］日本东亚同文会：《中国省别全志》（湖北卷、湖南卷、四川卷、贵州卷、广西卷），台北南天书局1988年影印本。

际毗连区的沿革、人口与民族、气候、资源、民俗、政治、经济、城市（人口、经济组织、规模、市政设施等）、交通、商业贸易、金融、工矿业、农业和主要物产、度量衡等。这在窃取这些地区社会经济、地理信息等国家情报，便利其经济掠夺的同时，也为日本学者对湘黔鄂渝桂省际毗连区进行研究提供了大量的第一手资料。例如，日本学者薄井由根据东亚同文书院的实地调查报告和旅行记录，具体研究了湘黔鄂渝桂省际毗连区城市的地理环境以及工业、商业、社会、政治、文化、交通等各个方面的发展情况。① 欧美学者也开展了相关研究。美国学者肯特·克勒克·史密斯以清雍正时期鄂尔泰治理西南为历史线索，具体考察了清政府在湘黔鄂渝桂省际毗连区所采取的政策是如何促进本区域城镇的建置、社会经济发展以及国家一统化发展等具体情形。② 戴英聪亦具体探讨了在清代国家一统政策之下湘黔鄂渝桂省际毗连区政治、经济、文化等诸多层面所取得的成就，客观评价了清政府的民族政策对湘黔鄂渝桂省际毗连区城市和社会的巨大影响。③ 纪若诚以西南民族地区各族群和各种政治军事力量作为研究对象，深入研究了清代"新辟"西南边疆民族地区的社会经济文化结构，强调了清政府在强化西南边疆省份的政策是成功的，也正是这些区域开发的措施，有力地促进了湘黔鄂渝桂省际毗连区城镇的发展。④ 美国学者斯金纳尔则在对清代城市及人口做定量分析的基础上，得出了湘黔鄂渝桂省际毗连区城市社会经济发展极为落后的结论。⑤ 美国学者赫斯泰特勒（Laura Hostetler）还专门研究了记载民族影像的《百苗图》。⑥ 此外，还有一些西方学术界的研究成果也探讨了湘黔鄂渝桂省际毗连区城镇和社会、文化等诸问题，但因囿于视野，兹不赘言。

上述研究对本课题的研究极具启发意义，也是后续研究的基础。然综

---

① ［日］薄井由：《东亚同文书院大旅行研究》，上海书店 2001 年版。
② Smith, Kent Klark, *Ch'ing Policy and the Development of Southwest China: Aspects of Ortai's Governor-Generalship, 1726 – 1731*, Ph. D. diss. Yale university, 1970.
③ Dai, Yincong, *The Rore of the South-western Frontier Under the Qing, 1640 – 1800*, Ph. D. Dissertation, University of Washington, 1996.
④ C. Pat Giersch, "A Motley Throng: Social Change on Southwest China's Early Modern Frongtier, 1700 – 1880", *The Journal of Asian Studies*, Vol. 60, No. 1, 2001, pp. 67 – 94.
⑤ 蔡云辉：《论近代中国城乡关系与城市化发展的低速缓进》，《社会科学辑刊》2004 年第 2 期。
⑥ 石建中：《"百苗图"——苗族的历史画卷》，《民族论坛》1994 年第 4 期。

合而论，还有一些遗憾。

首先是湘黔鄂渝桂省际毗连区城市发展研究的理论探讨还很薄弱。前述成果虽然从各个角度对本地区城市发展的某些问题进行了较深入的考察，但在民族地区城市发展理论的研究上还很缺乏。大多数成果都是以施坚雅的"中国传统城市发展模式"①及其影响下中国内地学术界形成的"以一个政治、经济、社会、文化诸方面有共同联系和特色的地区的城市体系、城市群体为研究对象的城市史"、区域城市发展道路、"'古今'—'中外'—'城乡关系'"三个维度等理论为指导的。②这虽然在一定程度上为湘黔鄂渝桂省际毗连区城市史研究提供了重要的理论来源，但学术界还没有形成一个基于湘黔鄂渝桂省际毗连区城市发展历史与现实基础之上，并且能够解释本民族地区城市发展历史与现实的概念或者理论。这需要学术界在研究中不断积累并凝华出湘黔鄂渝桂省际毗连区城市发展理论。

其次是关于湘黔鄂渝桂省际毗连区城市发展问题的综合性研究不足。17世纪中叶以来，随着清代改土归流政策的实行和汉族移民迁居西部地区，湘黔鄂渝桂省际毗连区的城市日益发展，其城市数量、规模、形态、发展水平均比以前有了较大的提高，尤其是抗战时期。学术界也对这一时期湘黔鄂渝桂省际毗连区城市发展的相关问题进行了一些有益探索，但存在着研究地域上偏重于湘西、研究时段侧重于抗战时期等问题，从而造成了湘黔鄂渝桂省际毗连区城市研究综合性不足的问题。

再次是关于湘黔鄂渝桂省际毗连区城市的研究视域和研究内容较狭

---

① ［美］施坚雅：《中华帝国晚期的城市》，叶光庭译，中华书局2000年版。
② 张仲礼、熊月之：《东南沿海城市与中国近代化》，上海人民出版社1996年版；隗瀛涛：《中国近代城市不同类型综合研究》，四川大学出版社1998年版；曲晓范：《近代东北城市的历史变迁》，东北师范大学出版社2001年版；刘海岩：《空间与社会：近代天津城市的演变》，天津社会科学院出版社2003年版；何一民：《中国西部农牧地区城市历史变迁研究》，四川大学出版社2015年版；谢放：《中国近代区域城市研究的初步构想》，《天津社会科学》1992年第1期；裴赞芬：《近代河北城市化试论》，《河北师范大学学报》（哲学社会科学版）1998年第4期；张仲礼：《关于中国近代城市发展问题研究的回顾》，《中国近代城市发展与社会经济》，上海社会科学院出版社1999年版；何一民：《20世纪后期中国近代城市史研究的理论探索》，《西南交通大学学报》（社会科学版）2000年第1期；武ških海：《区域：城市文化研究的新视野》，《城市规划》2000年第11期；吴松弟：《港口——腹地和中国现代化的空间进程》，《河北学刊》2004年第3期；任云兰、张利民：《"明清以来区域发展与现代化进程"国际学术研讨会综述》，《中国经济史研究》2010年第2期等。

窄，碎片化趋向突出。虽然学术界对 17 世纪中叶至 20 世纪中叶湘黔鄂渝桂省际毗连区城市史进行了较多的专题性研究，且集中于"改土归流""屯政""边墙""族群及族群关系""文化教育""人物""苗例""社会变迁"等问题，但却较少以城市史研究的范式为指导展开某些领域的系统考察，基本属于碎片化研究，更遑论整体性考察了。

另外，关于湘黔鄂渝桂省际毗连区城市发展的动力机制、功能结构、水平、规模体系、现代化转型、社会变迁等核心问题，还尚待学术界进一步深入发掘、研究。上述问题的解决，以城市史研究为范式来对湘黔鄂渝桂省际毗连区城市发展问题进行整体的综合性研究，或许是一条行之有效的学术研究路径。

三 研究对象、范围、路径

本课题既然是以"清代以来湘黔鄂渝桂省际毗连区城市发展"为研究对象，对"湘黔鄂渝桂省际毗连区"和"湘黔鄂渝桂省际毗连区城市"的界定则是题中应有之意。

当我们回到历史场景中去审视过去的事件，确定其发生的空间场所通常是首先需要进行的工作。湘黔鄂渝桂省际毗连区首先作为一个相对独立的地理单元，武陵山脉和苗岭纵横其间，为中国第二、三阶梯结合地带，高原山地是其主要地理形态。同时，湘黔鄂渝桂省际毗连区作为中国内地的一个民族地区，各民族聚居于此，其历史不算特别悠久，但也并不短暂。她是在长期的历史演变进程中，形成了一个以苗族为主体的非汉系族群且在文化上相对独立的多民族聚居区域，成为中华民族疆域版图上不可分割的重要组成部分。[①] 但自明清以来人们因没有现代民族观念，通常将生活在湘黔鄂渝桂省际毗连区的各少数民族泛指为"苗"，并冠之以"苗界"的称谓。

湘黔鄂渝桂省际毗连区作为一个确指的区域历史地理概念，除在地理上考察外，还需根据民族历史的研究，以历史地理和民族地理为理论指导加以科学界定。为此，本课题讨论湘黔鄂渝桂省际毗连区的范围是基于其

---

① 杨志强、张旭：《前近代时期的族群边界与认同——对清代"苗疆"社会中"非苗化"现象的思考》，《贵州大学学报》2011 年第 5 期。

历史地理沿革流变，结合本区域苗族、布依族、土家族、侗族、瑶族、仡佬族等少数民族聚居情况的客观现实，综合学术界对清代以来湘黔鄂渝桂省际毗连区民族性的界定，认为以腊耳山为中心的贵州思南府、铜仁府、石阡府、思州府与松桃直隶厅，湖南永顺府、凤凰直隶厅和四川酉阳直隶州、永宁直隶州、石柱直隶厅；以雷公山为中心的都匀府、镇远府、黎平府等区域是清代以来湘黔鄂渝桂省际毗连区的民族核心区域。这两大核心区域与其毗邻的湘黔渝鄂桂五省市交界的武陵山区、苗岭苗族、土家族等民族聚居区（即原清初容美、保靖、桑植、酉阳等土司辖地）共同组成了湘黔鄂渝桂省际毗连区。考虑到课题研究的地理单元和民族构成完整性和统一性，将部分远离湘黔鄂渝桂省际毗连区核心区较远且有民族文化共性的城市纳入其中。这样，湘黔鄂渝桂省际毗连区便超出狭义的地理范围而具有广义的民族与文化的历史地理范畴，其范围大致相当于今天的湖南沅陵、泸溪、辰溪、凤凰、吉首、花垣、永顺、张家界、保靖、龙山、桑植、芷江、怀化、麻阳、古丈、新晃、溆浦、会同、洪江、绥宁、城步、靖州、通道、中方；贵州铜仁、万山、玉屏、松桃、印江、沿河、思南、江口、石阡、德江、务川、道真、岑巩、镇远、三穗、天柱、黎平、从江、榕江、丹寨、麻江、凯里、黄平、施秉、锦屏、独山、都匀、雷山、台江、剑河、三都、荔波、惠水、贵定、龙里、长顺、罗甸、紫云、望谟、贞丰、安龙、册亨；湖北恩施、利川、来凤、咸丰、鹤峰、宣恩；重庆黔江、酉阳、秀山、彭水、石柱、武隆和广西融水、三江等81个县市（见图0.1），国土面积共计18.7万余平方公里。①

"湘黔鄂渝桂省际毗连区城市"既是一个地理概念，又是一个历史范畴。首先，地理上的"湘黔鄂渝桂省际毗连区城市"指的是位于湘黔鄂渝桂省际毗连区内的大、中、小城市及相当规模的建制镇。它们的发展是以本地区社会经济发展为基础的。其次，"湘黔鄂渝桂省际毗连区城市"又是一个长期历史发展、变迁的结果。它根植于历史发展进程的基础之上，并对后世本民族区域城市的发展产生了深远的影响。本书以"17世纪中叶至20世纪中叶"为时间段论述"湘黔鄂渝桂省际毗连区城市"的发展即是以地理城市和历史城市为基本载体，结合而成一个具有鲜明地域特色的

---

① 数据据湘黔鄂渝桂省际毗连区各县市政府网站相关行政辖区面积统计计算而得。

图 0.1　湘黔鄂渝桂省际毗连区地理范围图

资料来源：根据《中国县级行政区划图》（http://www.onegreen.net/maps/HTML/48075.html）绘制。

有机统一体的历史过程和结果。这里必须强调的是，历史时期城市的界定并没有一个具体的判断标准。不同的国家和地区，不同的时代，甚至不同的研究视角，对城市评判的标尺也是不一样的，即便当今世界也是如此。同时，我们还不能用现代城市的发展尺度来衡量历史时期的城市。基于此，我们在探讨 17 世纪中叶至 20 世纪中叶湘黔鄂渝桂省际毗连区城市发展问题的时候，就必须结合中国传统城市发展的历史客观实情，进行科学的考察。故本课题以学术界将中国历史时期"政治意义很强烈"的"行政区划的治所"和"基于经济因素而自然形成"的市镇①作为界定的城市标准来考察17世纪中叶至20世纪中叶的"湘黔鄂渝桂省际毗连区城市"。

为厘清清代以来湘黔鄂渝桂省际毗连区城市发展与社会变迁的历史状况，本课题在研究过程中采取了如下的方式：首先，对湘黔鄂渝桂省际毗连区的民族历史演变做了必要的追溯和介绍。这在明确湘黔鄂渝桂省际毗连区城市的地理范围及其发展的历史进程的同时，不至于使所研究的对象——清代以来湘黔鄂渝桂省际毗连区城市发展问题，成为没有根基的空中楼阁。其次，清代以来湘黔鄂渝桂省际毗连区城市发展与变迁的内容非常庞杂，一般包括城市发展所依托的地理环境、政治、经济、文教、人口、空间格局、形态、功能结构与体系、动力机制、管理、社会生活等诸方面。为系统地论述这些内容，必须紧紧把握住湘黔鄂渝桂省际毗连区城市自清代以来的发展与变迁这一主线，并围绕主线展开具体的研究。再次，鉴于清代以来湘黔鄂渝桂省际毗连区城市发展的阶段性和专题性特征十分明显，本课题研究将在湘黔鄂渝桂省际毗连区城市发展自清代以来至民国时期的历史状况进行分阶段的比较论述的基础上，有针对性地开展相关专题研究，从而形成了本课题的研究路径（见图0.2）。

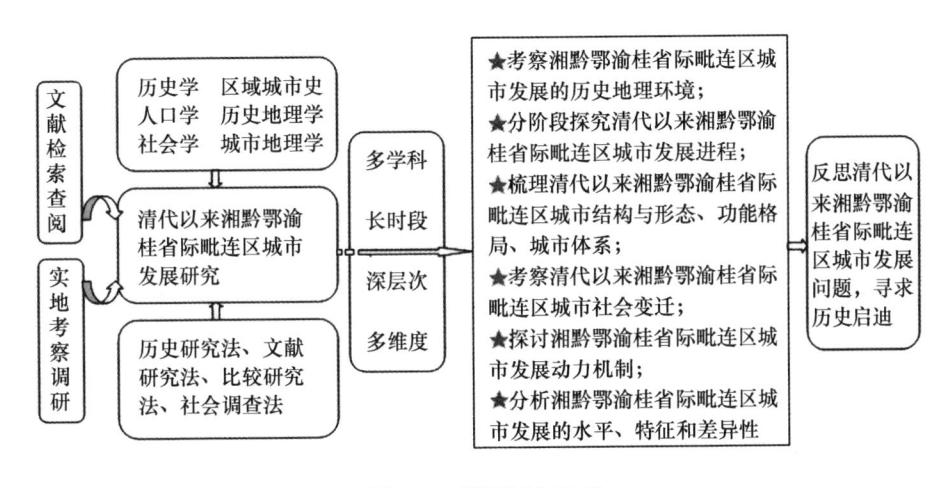

图0.2　课题研究路径

---

① 赵冈：《中国城市发展史论集》，北京新星出版社2006年版，第155—186页。

四　研究内容与创新

（一）研究内容

本课题主要采取了历史学的研究路径，依据历史唯物主义的观点，以历史的视野，综合运用历史学、城市地理学、民族学、人口学、生态学、社会学等学科的知识和理论，以城市史为研究范式，结合学术界的相关研究成果，力求在探究湘黔鄂渝桂省际毗连区自清代以来城市发展过程的准确而丰富的历史事实的基础上，考察其城市发展的详细情况，特别是城市发展与国家政权和内地城市之间的政治、经济、文化等互动及其内地化的客观实际，为人们展现湘黔鄂渝桂省际毗连区城市发展自清代以来的历史真实场景。本课题研究除导论部分外，共分七章。

第一章主要论述了历史时期湘黔鄂渝桂省际毗连区各民族的历史变迁；并通过历史文献解读了17世纪以来国人和西方世界对湘黔鄂渝桂省际毗连区人文地理环境的历史认知等问题。

第二章叙述了清代湘黔鄂渝桂省际毗连区城市的发展变迁。为全面了解清代以来湘黔鄂渝桂省际毗连区城市发展变迁的历史脉络，本章首先追溯了清代以前自先秦、两汉，至唐宋元明各个时期的本区域城市发展的大致情形；并以此为基础，再分清代前中期和晚清两个时段分别讨论了湘黔鄂渝桂省际毗连区城市在明末清初的衰败和清前中期的发展、晚清时期城市近代化的初步转型的具体状况，初步探讨了清代湘黔鄂渝桂省际毗连区城市发展的水平问题。

第三章探讨了民国时期湘黔鄂渝桂省际毗连区城市的发展问题。鉴于民国时期社会发展阶段性强的历史事实，本章分民国前期、抗战时期和抗战后三个阶段解构了湘黔鄂渝桂省际毗连区城市的发展状况。在论述民国前期湘黔鄂渝桂省际毗连区城市发展问题时，本节主要讨论了本区域城市经济近代化的发展、近代交通的起步、近代文教事业的继续发展和市政建设等近代城市发展的核心问题；针对抗战时期本区域城市发展的问题，本节具体论述了战争对城市的破坏、"抗战建国"背景下湘黔鄂渝桂省际毗连区城市经济与文教事业发展和市政规划、建设等具体情形；并对战后本地区城市因抗战胜利而导致西迁人口和近代工矿企业东还以及内战所导致的经济崩溃、文教事业退步、城市日益残破等问题作了一定的探讨。

第四章论述了清代以来湘黔鄂渝桂省际毗连区城市的空间布局、结构与体系的发展与变迁。本章根据湘黔鄂渝桂省际毗连区城市自清代以来至民国时期的发展状况，为探寻本区域城市发展的特征，对城市的空间格局与形态的变迁、内部功能结构的演变等问题进行了历史考察；探讨了湘黔鄂渝桂省际毗连区城市的数量变化与规模变迁的历史事实，并在此基础上进一步考察了本区域城市行政体系、规模体系和市场体系的发展变迁问题。

第五章考察了清代以来湘黔鄂渝桂省际毗连区城市的社会发展与变迁的问题。为厘清这一问题，本章首先探讨了清代以来湘黔鄂渝桂省际毗连区城市治安、社会思想和经济等层面的社会控制与管理问题；其次论述了湘黔鄂渝桂省际毗连区城镇的灾害救济、仓储建置和慈善事业等社会保障机制的建设与演变；再次是从人口学、民族学的角度探讨了"苗汉"族群、湘黔鄂渝桂省际毗连区与内地城市的交流情况以及交流对本区域城市所带来的社会变迁，并揭示了自清代以来至民国时期湘黔鄂渝桂省际毗连区城市社会变迁的一些特点。

第六章专门分析了清代以来湘黔鄂渝桂省际毗连区城市发展的动力机制与制约因素。本章通过国家与社会、内力与外力、地理与民族、中心与边缘、城与乡的考察，具体探讨了国家政治、移民、交通等动力机制和地理环境、内耗纷争、落后的乡村等制约因素，是如何动态地、复合地推动17世纪中叶至20世纪中叶湘黔鄂渝桂省际毗连区城市和社会发展变迁的。

第七章具体探究了清代以来湘黔鄂渝桂省际毗连区城市发展的基本特征，即城市发展的滞后性、地理差异性和民族性。在考察湘黔鄂渝桂省际毗连区城市发展历史的基本特征时，本章还为当代本区域城市发展总结出了一些经验教训：区域城市在规模和空间布局上要平衡发展，合理布局，形成健康有序的城市体系；必须以经济发展为基础，以交通为导向，结合区域城市发展的历史特征，走城市生态安全、资源环境、经济社会发展的空间耦合之路，最终实现具有区域特色的可持续发展的城市功能现代化、城乡一体化。

（二）创新之处

1. 本课题是在前辈学者研究的基础上试图从整体上对清代以来湘黔鄂渝桂省际毗连区城市发展问题进行综合研究，力图突破目前学术界对湘黔鄂渝桂省际毗连区城市发展问题研究碎片化的局限。

2. 本课题作为一项关于湘黔鄂渝桂省际毗连区城市发展变迁问题的综合研究，在学术观点上有所创新：

（1）湘黔鄂渝桂省际毗连区作为中国一个具有鲜明地域特色的民族聚居区，在多民族长期共同开发的进程中，受国家政策、经济开发、民族构成、地理等诸多因素的影响，其城市发展动力机制、发展路径、规律、特征与中国其他民族地区明显不同，也迥异于中东部地区，形成了以湘黔鄂渝桂省际毗连区多民族共同开发为特征的城市发展史。

（2）提出了影响湘黔鄂渝桂省际毗连区城市发展的国家与社会、外力与内力、中心与边缘、城市与乡村等四组对应的八大要素，是如何复合、动态地影响本区域城市发展进程的观点。这为民族区域城市发展的动力机制研究增加了新的思考和研究路径。

（3）地处内地与西南边疆之间的湘黔鄂渝桂省际毗连区城市，因城市功能发展滞后，城市腹地小，且与乡村缺乏有机联系，致使城市发展内动力长期严重不足，从而制约了本区域城市的发展。

3. 研究方法的创新：本课题的研究，依据历史唯物主义的观点，以历史的视野，结合田野考察和比较研究，在综合运用历史学、城市学、城市地理学、人类学、民族学等学科理论与方法的基础上有所创新。

尽管本课题在研究过程中有所创新，但受诸多因素的影响，研究内容、研究方法等还存在若干不足和诸多问题，只好留待以后或后来者弥补，并敬祈方家批评指正。

第一章 湘黔鄂渝桂省际毗连区的民族变迁

地理空间是审视、研究历史事件所必需的前提条件。湘黔鄂渝桂省际毗连区因历史变迁对一般群众而言还是一个较为陌生的地理区域和历史地理概念，即便在学术上也还存在着许多值得争鸣和探讨的领域。与历史时期的行政区域不同，湘黔鄂渝桂省际毗连区因分属数省市，故当今社会对其具体区域了解不多，当今学术界亦对其民族构成及其发展路径多有歧见。它东起沅江流域，毗连洞庭湖平原，与雪峰山北部余脉相接；西至南盘江一带，与贵州兴义市、广西隆林相连；南逾苗岭，接连黔桂；北抵长江，地跨鄂西南、渝东南。地理坐标大致为东经104°59′—111°06′27″，北纬24°55′—31°28′。因地处云贵高原东沿，境内武陵山、苗岭山地高山耸峙，河谷深切，盆地、坝子众多，属于典型的亚热带季风气候区。域内聚居着汉、苗、土家、布依、侗等数十个民族。他们在形成大杂居、小聚居的民族分布格局的历史过程中也创造出了辉煌灿烂的文化，成为中华文明重要的组成部分。其中，苗族作为西南地区的一个发展历史悠久的主体少数民族之一，因历史风云际会而集聚于湘、鄂、渝、黔、桂交界的武陵山——苗岭地区，"苗"的称谓遂逐渐和地域紧密地结合在一起，进而形成了中国历史上著名的多民族聚居的省际毗连区（见图1.1）

湘黔鄂渝桂省际毗连区在历史演变的过程中，受政治、民族迁徙等原因的影响，其范围、内涵均有不小的变化。为准确深入地探讨本课题的主旨：清代以来湘黔鄂渝桂省际毗连区城市发展研究（17世纪中叶至20世纪中叶），对湘黔鄂渝桂省际毗连区民族的历史变迁和17世纪以来人们对本区域人文地理环境的历史认知情况进行专门的考证和历史解读，便是本课题研究开展的前提条件和基础，并避免了研究成为空中楼阁之嫌。

图 1.1 湘黔鄂渝桂省际毗连区所在国家区位图

资料来源：根据《中国县级行政区划图》（http：//www.onegreen.net/maps/HTML/48075.html）绘制。

第一节 湘黔鄂渝桂省际毗连区民族的历史演变

众所周知,苗、土家等民族是在历史大趋势的推动下聚居于湘黔鄂渝桂省际毗连区的。在对少数民族的认知缺少现代人类学和民族学定义的情况下,中央王朝结合民族历史的演变对湘黔鄂渝桂省际毗连民族聚居区的称呼大致经历了"三苗""西南夷(蛮)"和"诸苗"三个阶段。

一 从"三苗""西南夷(蛮)"到"诸苗"

湘黔鄂渝桂省际毗连区的民族历史最早可能要追溯至先秦两汉时期的"三苗""西南夷"。① 苗"在湘、蜀、黔、滇、两粤之间,曰蛮人,曰夷人,曰瑶人,曰僰人,曰仡佬,曰僰僰,曰僰罗,曰僰罗夷,曰倮夷,曰仡僮,曰侾僮,曰侾僙,曰僚、曰峒人,曰革姥,名称不一,皆古三苗,九黎之遗裔也"②。《史记·五帝本纪》说:"三苗在江淮荆州。"为防止南方少数民族对周王朝腹地的侵袭和骚扰,周天子授权于楚以"镇尔南方夷越之乱,无侵中国"③。可见,先秦时期"三苗""夷越"等概念泛指长江流域及以南地区的各少数民族。

汉代南方少数民族区域已分化出"西南夷""百越"等具有地域性指向的民族区域称谓。《史记·西南夷列传》载:"西南夷君长以什数,夜郎最大。其西靡莫之属以什数,滇最大;自滇以北君长以什数,邛都最大,此皆魋结,耕田,有邑聚。其外,西自同师以东,北至楪榆,名为嶲、昆明,皆编发,随畜迁徙,毋常处,毋君长,地方可数千里。自嶲以东北,君长以什数,徙、筰都最大。自筰以东北,君长以什数,冉、駹最大。其俗或土著,或移徙,在蜀之西。自冉駹以东北,君长以什数,白马最大,皆氐类也。此皆巴蜀西南外蛮夷也。"又云:"西南夷君长以百数,独夜

---

① 为表示对少数民族人民的尊重,本课题内容所引用历史文献中凡有从"犭""虫"等偏旁部首带有歧视性称呼少数民族者,全部改为"亻""斜玉旁"等字或现代民族称谓。
② (清)徐珂:《清稗类钞》第4册,"种族类",中华书局1984年版,第1922页。
③ (西汉)司马迁:《史记》卷40,"楚世家第十",线装书局2006年版,第187页。

郎、滇受王印。"① 这样"西南夷"便成为了当时西南地区各民族的总称。

三国两晋南北朝时期，人们仍以"夷"称呼西南少数民族。《华阳国志》载："诸葛亮乃为夷作图谱，先画天、地、日、月、君长、城府；次画神龙，龙生夷及牛、马、羊；后画部主，夷乘马幡盖，巡行安抚；又画牵牛、负酒、赍金宝诣之象，以赐夷。夷甚重之。"②《三国志》则将武陵山区少数民族统称之为"武陵蛮夷"③。晋朝甚至还在西南少数民族地区专设了南夷府和"南夷校尉"，"统五十八部夷族"以管束地方。④ 南北朝时期，南方宋、齐、梁、陈四朝亦将西南少数民族聚居区视为"道远土瘠，蛮夷众多，齐民甚少，诸爨、氐强族，恃远擅命"的"不毛之地"。⑤

唐宋时期，统治者仍习惯将西南少数民族称为"夷""蛮"或"蛮夷"。隋梁毗治西宁州，"蛮夷感悟，遂不相攻击"。⑥ 唐因之，"贞观至开元，夷蛮多内属"。⑦ 唐黔中道治黔州，下辖都督府，领充、明、劳等50州，"皆羁縻，寄治山谷"，以"式遏四夷"。⑧ 宋高宗云："蛮夷桀黠，从古而然。"⑨ 宋人宇文常亦言："自孟氏入朝，艺祖取蜀舆地图观之，划大渡河为境，历百五十年无西南夷患。"⑩ 陆游则将"辰、沅、靖州"仡獠、仡偻、山瑶等土著，俱称之"蛮"。⑪ 范成大在《桂海虞衡志》中也将宋所辖西南羁縻州"洞、瑶、僚、蛮"统称为"西南诸蛮"。⑫

---

① （西汉）司马迁：《史记》卷116，"西南夷列传第五十六"，线装书局2006年版，第481—482页。
② （晋）常璩撰，刘琳校注：《华阳国志校注》卷4，"南中志"，巴蜀书社1984年版，第364页。
③ （晋）陈寿撰，（宋）裴松之注：《三国志》卷50，"吴书第十·黄盖传"，岳麓书社1990年版，第1014页。
④ （晋）常璩撰，刘琳校注：《华阳国志校注》卷4，"南中志"，巴蜀书社1984年版，第363页。
⑤ （梁）萧子显：《南齐书》卷15，"州郡下"，中华书局1972年版，第303页。
⑥ （唐）魏徵等撰：《隋书》卷62，"梁毗传"，中华书局1973年版，第1260页。
⑦ （清）顾祖禹撰，贺次君、施和金点校：《读史方舆纪要》卷5，中华书局2005年版，第232页。
⑧ （后晋）刘昫等：《旧唐书》，志20，地理三，吉林人民出版社1995年版，第1003页。
⑨ （南宋）李心传撰：《建炎以来系年要录》卷105，中华书局2013年版。
⑩ （元）脱脱等撰：《宋史》卷353，"宇文昌龄传"附"宇文常传"，中华书局1977年版，第11149页。
⑪ （南宋）陆游：《老学庵笔记》，青岛出版社2002年版，第73页。
⑫ （南宋）范成大：《范成大笔记六种》，中华书局2002年版，第134页。

第一章　湘黔鄂渝桂省际毗连区的民族变迁

以"苗"指名西南少数民族自宋始，元明逐渐盛行。① 此后，"苗"逐渐成为"蛮"的另一种称呼。② 元朝为治理西南黔、湘、鄂、川、滇、桂六省以苗族为主体的少数民族地区，因"苗族风俗语言异于汉族。治之之法……每用羁縻政策，官其酋长，仍其旧俗，设宣慰、宣抚、招讨、安抚长官等诸土司，及土府、土州县，并令其世袭，掌自治权"。③ "诸夷……不输税赋。"④ 为便于治理地方，元政府还将西南少数民族分别称呼为苗、瑶、僮（又称侬）、仡佬、金齿白夷（又称白夷、白衣）、白人（又称僰人、白蛮）、罗罗（又称乌蛮、爨人）、峨昌（又称阿昌）、黎人等，以示区别，⑤ 但仍习惯以"夷""蛮夷""西南番"或"诸部蛮夷"统称西南诸少数民族。同时，元代在治理西南民族地区的过程中实行了土司制度，置路、府、州、县与蛮夷官，这为明清苗族聚居区的概念及其区域行政地理的形成奠定了基础。

经过元代近百年的"因俗而治"，到明代，"苗"作为宽泛的民族概念，在地理范围上逐渐明确起来。虽然明代因循前代仍以"夷""蛮"或"蛮夷"泛称西南民族区域，⑥ 但对"苗"的概念却日益清晰起来，并开始在地理范围上有意识或无意识地与其他民族地区稍作区别。明人王士性在《黔书》中谈及贵州"苗"民族时曾说："出沅州而西，晃州即贵竹地。顾清浪、镇远、偏桥诸卫旧辖湖省，故犬牙制之。其地止借一线之路入滇，两岸皆苗。……卫所所治皆中国人，民即苗也。土无他民，止苗夷。然非一种，亦各异俗，曰宋家、曰蔡家、曰仲家、曰龙家、曰曾行龙家、曰罗罗、曰打牙仡佬、曰花仡佬、曰东苗、曰西苗、曰紫姜苗。总之，盘瓠子孙。"⑦《黔南学政》亦指出："若黔士之耳目，远不能越川、

---

① 蒙默：《试释〈太平寰宇记〉所载黔州"控临番十五种落"》，《贵州民族研究》2014年第11期。
② 游建西：《近代贵州苗族社会的文化变迁》，贵州人民出版社1997年版，第32页。
③ （清）徐珂：《清稗类钞》第4册，"种族类"，中华书局1984年版，第1923页。
④ （明）宋濂等撰：《元史》卷20，"成宗纪三"，中华书局1976年版，第437页。
⑤ 马大正：《中国边疆经略史》，中州古籍出版社2000年版，第194页。
⑥ 《明太祖实录》卷195，"中央研究院"历史语言研究所1962年校印本。
⑦ （明）王士性著，周振鹤编校：《王士性地理书三种》，上海古籍出版社1993年版，第398—399页。

广，而黔中之衣食，近受窘于苗仲。"① 郭子章《黔记》亦云："贵州本夷地，一路诸城外，四顾皆苗夷，而种类不同。自贵阳而东者，苗为夥，而铜苗九股为悍，其次曰佯佬、曰佯僙、曰八番子、曰土人、曰峒人、曰蛮人、曰冉家蛮、曰杨保，皆黔东夷属也。自贵阳而西，罗罗为夥，而黑罗为悍，其次曰宋家、曰仲家、曰龙家、曰僰人、曰白罗，皆黔西夷属。"②"诸苗"概念遂日益固化。③"诸苗"名称的细化，表明了明代社会根据苗人不同区域、风俗等特征在元代基础上已经作了进一步的划分，对西南"苗"的社会认知也日益深入，并据其与中央、汉族地区的政治、经济、文化联系程度划分为"生苗""熟苗"。④

至清代，人们对西南"诸苗"的社会认知更加细致、明确，其称谓更为繁多。据乾隆《贵州通志》记载，"苗蛮"分为仲家、宋家、蔡家、龙家、东苗、西苗、九股苗、红苗、黑苗、青苗、白苗、花苗、谷兰苗、紫姜苗、平伐苗、阳洞罗汉苗、仡佬、峒人等。⑤ 在清代西南"苗"的社会认知深入的过程中，不同名称的苗人部族的地域性也更加明确。"都匀、八寨、丹江、镇远之清江、黎平之古州，其居山者曰山苗、高坡苗；近河者曰洞苗；中有土司者曰熟苗，无土官者为生苗，衣皆黑色，故曰黑苗。"⑥ 清平苗有"黑苗、西苗、夭苗、仡佬、仲家、佯僙七种"等。⑦

正是在对湘黔鄂渝桂省际毗连区少数民族认知不断深化的基础上，中央政权力量在逐渐将各民族纳入到有效控制、管理的过程中，为治理的方便，也将湘黔鄂渝桂省际毗连区各民族与地域日益结合起来，加以固化，最终在西南湘黔鄂渝桂省际毗连区域形成了一个以苗族为主体，多民族大杂居的具有典型性的民族特色、地域特色、政治历史特色的特殊区域——

---

① （明）刘锡玄：《黔南学政》，杨一凡、刘笃才编：《中国古代地方法律文献》甲编，第9册，世界图书出版公司2006年版，第197页。

② （明）郭子章著，杨曾辉校释：《〈黔记·诸夷〉考释》，贵州人民出版社2013年版，第3页。

③ （清）顾炎武撰：《天下郡国利病书》原编第24册，"湖广上"，《续修四库全书》编纂委员会：《续修四库全书》第597卷，"史部·地理类"，上海书店2013年版，第166页。

④ （明）沈庠修，赵瓒纂：《（弘治）贵州图经新志》，贵州府县志辑，巴蜀书社2006年版，第75页。

⑤ （清）鄂尔泰等修，靖道谟、杜诠纂：《贵州通志》卷7，"苗蛮"，乾隆六年刻本，嘉庆补修本。

⑥ 同上。

⑦ （清）爱必达：《黔南识略》卷11，"清平县"，乾隆十四年修刊本。

"边省疆索"。①

二 从"藩属疆索"到"苗界"

"苗界"成为一个具有特定的政治意涵的历史地理称谓,发轫于元,发展于明,成于清而渐固化,成为当时国家与社会对西南以苗族为主体的少数民族地区的一个泛称。

"苗界"是元明清时期中央政府将西南边疆民族地区逐渐纳入到直接治理过程中形成的。为强化民族地区的控制与管理,中央政府最重要的任务之一便是将其纳入到国家"版图"之内。古人所言"版图"系指登载人口、土地的图册版籍。凡人口、土地载入国家和府、州、县图册版籍的区域即是王朝的"版籍"。在将民族地区纳入到中央政权直接治理的过程中,这些民族区域相对于内地腹里而言便开始了与内地一体化的进程,并随国家力量的深入而成为中华民族不可分割的一部分。② 元代以前,历代中央王朝多数时期未能将湘黔鄂渝桂省际毗连民族地区完全纳入到国家有效的直接管控范围之内。元朝统一全国后,即在湘黔鄂渝桂省际毗连区实行土司制度。例如,至元二十年元军征服黔中、黔南九溪十八洞后,大者设州,小者设县,置顺元蛮夷官,有雍真乖西葛蛮等20余处,俱以土著头人为蛮夷长官,隶属于顺元等路军民安抚司。例如,思州田谨贤"以地归附,乃置万户府",后改思州军民安抚司,由田谨贤统之。③ 播州土官杨邦宪"以播州、珍州、南平军三州之地降",元朝因之"许世绍封爵",历任宣抚使、安抚使、宣慰使等职,子孙承袭之。④ 这些土司辖区虽为元廷称之为"蛮夷腹心之地",⑤ 且这些土司辖区各民族也因多不载于官府户籍图册而非朝廷编户齐民,似乎在国家"版图"之外而处于一种超然的状

---

① 《清世宗皇帝圣训》卷18,第2页,载赵之恒标点《大清十朝圣训》(2),台北文海出版社1965年版,第221页。
② 温春来:《从"异域"到"旧疆":宋至清贵州西北部地区的制度、开发与认同》,生活·读书·新知三联书店2008年版,第170—172页。
③ (明)洪价修,钟添纂:《思南府志》卷1,"地理志",上海古籍书店据宁波天一阁藏嘉靖刻本影印。
④ (明)宋濂撰:《宋学士文集》卷31,"杨氏家传",商务印书馆1937年版,第550—554页。
⑤ (明)宋濂等撰:《元史》卷100,"兵志三",中华书局1976年版,第2558页。

态，但却因元中央政府所实施的"郡县其地"，"今皆赋役之，比于内地"，① 在事实上成为了国家版图内不可分割的一部分。这可视为湘黔鄂渝桂省际毗连民族地区在国家行政地理概念确立之肇始。

　　明朝在承继元代土司制度的基础上在西南部分民族地区改土归流、设卫所、派驻流官，以强化地区控制。明政府在西南民族地区所设卫所"所治皆中国人，民即苗也。土无他民，止苗夷。然非一种，亦各异俗"。"其在黔中者，自沅陵至普安二千里，总称之苗。"② 在治理的过程中，"苗"日渐与特定的某一地理区域结合在一起，如"古州八万诸苗，即今黎平苗也"。③ 明实录中"黔苗""川、湖之苗""四川、湖广、贵州三省红苗""播州苗""两江苗"等称谓即是如此。④ 后因受国家"王化"程度的不同，又逐渐区分为"熟苗"和"生苗"。"近省界者为熟苗。输租服役，稍同良家，则官司籍其户口，息耗登于天府。不与是籍者，谓之生苗。生苗多而熟苗寡。"⑤ 在明代民族认知不断深化的过程，人们也开始根据各民族的风俗而有意识地对之加以区隔。湖广"施州、保靖、永顺正当海内山川土宇之中，反为槃瓠种类盘踞"，为夷汉杂居区。⑥ 云南则为"诸夷杂处之地"，号为"百夷"，是为夷人聚居区。⑦ "㑩㑩"则排除于"苗"外。⑧ 广西柳州、思恩、庆远等地则"纯乎夷，仅城市所居者民耳，环城以外皆徭僮所居"⑨。这些民族地理分布格局的宏观概括，为明代苗界概念的初步形成奠定了基本的认知基础。于是，明朝政府遂将元代所称"蛮夷腹心之地"改视为"苗界"。其文献中亦开始出现了新的地理名称明确的词汇——苗界。《明史·地理志》云："清水江，上流自新添卫流入，经城西，又名皮陇江，北经乘西、巴香诸苗界，而注乌江。"⑩ 刊刻于弘治时期

---

① （明）宋濂等撰：《元史》卷58，"地理一"，中华书局1976年版，第1346页。
② （明）王士性撰，周振鹤点校：《五岳游草·广志绎》，中华书局2006年版，第324—325页。
③ （明）郭子章：《黔记》卷35，"宦贤列传"，万历三十六年刻本。
④ 谢贵安：《明实录之类纂》（湖北史料卷），武汉出版社1991年版，第416—1070页。
⑤ （明）郭子章著，杨曾辉编校：《〈黔记·诸夷〉考释》，贵州人民出版社2013年版，第8页。
⑥ （明）王士性撰，周振鹤点校：《五岳游草·广志绎》，中华书局2006年版，第288页。
⑦ 同上书，第322—323页。
⑧ （清）刘献廷：《广阳杂记》卷1，中华书局1997年版，第45、50页。
⑨ （明）王士性撰，周振鹤点校：《五岳游草·广志绎》，中华书局2006年版，第311—312页。
⑩ （清）张廷玉撰：《明史》卷46，地理7，岳麓书社1996年版，第696页。

的《贵州图经新志》亦将黔东南黎平一带地区通称为"苗界"。① 明末郭子章在《黔记》中亦云"铜仁之苗界在楚黔"。② 湘西宝庆府与鄂西南施州卫所辖"溪峒苗蛮"亦被称为"诸苗"。③ 徐霞客还将西南苗人聚居区和彝族聚居区有意识地作了区分，分别称之为"苗堡"和"彝区"。④

在明代"苗界"认识的基础上，清代国家和社会对"苗界"的认知更加清晰明了。清初，国家和社会仍沿用了明代对"苗人"聚居区的称谓。例如，康熙《彭水县志》载："（彭水）四邻苗界，犬牙交错。"⑤ 康熙《天柱县志》亦云："清水江发源于黔属苗界。"⑥ 鄂尔泰在《云贵事宜疏》中说："不禁其开垦而不来开垦者，缘荒地多近苗界，实虑苗众之抢割。"⑦ 乾隆时，针对保甲册籍编审问题，要求"除去流寓，将土著造报"，"番疆苗界，向来不入编审，不必造报"。⑧ 在清代承继明代改土归流，将西南民族地区施以"一体化"的进程中，湘黔鄂渝桂省际毗连区及其聚居各民族便为国家和社会所熟知。如陆次云《峒溪纤志》、李宗昉《黔记》、檀萃《说蛮》、陈鼎《黔游记》、龚柴《苗民考》、方亨咸《苗俗纪闻》、蓝鼎元《边省苗蛮事宜论》、罗文彬《平苗纪略》、王闿运《湘军志》等著述均大篇幅载录了湘黔鄂渝桂省际毗连区的地理、风俗习惯、族群、社会经济、文化和城镇等内容。这样，湘黔鄂渝桂省际毗连区便成为了具有特定的政治历史意涵的以"苗人"为主体的西南少数民族地区的民族地理名词。

近代以来，随着西方民族学、人类学理论的传入，中国学术界根据民族的特征对湘黔鄂渝桂省际毗连区各民族进行了诸多科学考察。蔡元培在其所著《清史纪事本末》中认为"苗"的核心区域在贵州及其"东南湘

---

① （明）沈庠修，赵瓒纂：《（弘治）贵州图经新志》，贵州府县志辑，第1辑，巴蜀书社2006年版，第76页。
② （明）郭子章著，伍孝成等编校：《〈黔记·舆图志〉考释》，贵州人民出版社2012年版，第16页。
③ （清）顾炎武撰：《天下郡国利病书》原编第24册，"湖广上"，《续修四库全书》编纂委员会：《续修四库全书》第597卷，"史部·地理类"，上海书店2013年版，第166页。
④ （明）徐霞客：《黔游日记》卷12，1924年按廈影山房刊本校印本，第1、30页。
⑤ （清）陶文彬纂：《彭水县志》，"疆域志"，康熙四十九年刻本。
⑥ （清）王复宗修纂：《天柱县志》上卷，"山川"，康熙二十二年刻本。
⑦ （清）魏源：《魏源全集》第17册，《皇朝经世文编》卷86，岳麓书社2004年版，第699页。
⑧ 《皇朝政典类纂》卷30，"户役一"，载沈云龙主编《近代中国史料丛刊续辑》第88辑，台北文海出版社1974年印行，第875页。

桂之交","以古州为中心,地几二千里"。① 后随着西方近代民族学理论的传入,"国立"中山大学历史学研究所、"中央研究院"等科研机构通过对西南民族地区的考察后,根据族群类别对之进行了细化。例如,盛襄子在考察湘西民族的过程中将永顺、保靖、古丈、沅陵、辰溪、溆浦、凤凰、永绥、乾城、麻阳、泸溪、芷江、晃县、黔阳、会同、靖县、绥宁、通道等18县统归于苗区。② 王静寰、王云路则分别考察了湘西苗族分布、种族、语言和人口,指出"苗人居于湘西之保靖永绥及川黔边地,其种族共为二十九宗,言语各异";③ "苗族同胞在湘西,以凤凰、乾城、永绥、古丈、保靖五县散布最多,约有二十多万"。④ 在黔东、黔南,"苗民多接寨而居……其散布之区域既广,生活环境遂异……因天候水土之不同,语言遂生歧异。因生活习惯之差别,服饰亦随之改变,于是苗民称呼乃益烦难矣"。以服饰颜色而分,"则有青苗、黑苗、白苗、红苗";以居住地划分,"则有山苗、高坡苗、平地苗、堤苗";按地区划分,"则有水西苗、加车苗、潦塘苗"等。⑤ 其分布"以黔东各县为中心,散于黔中、黔南及黔西各县"。⑥

在民国诸多学者研究中,以《湘西苗族调查报告》对苗族及分布研究最为全面(见表1.1)。

表1.1 《湘西苗族调查报告》所载湘黔鄂渝桂省际毗连区民族及分布情况

省别	类别	分布地区
贵州	红苗	在毗连湖南的贵州东部,其中心位于铜仁附近
	黑苗	在黔省东南,今之都匀、八寨、丹江、榕江、永从、黎平、剑河、台拱、镇远、施秉、黄平、炉山等县。"在湘黔公路之南,桂黔公路以东一区域之内"

① 蔡元培:《清史纪事本末》,上海国学社1923年版,第52页。
② 《湘西苗区之设治及其现状》,《图书季刊》1944年第5卷第1期。
③ 王静寰:《湘黔边区苗人情况拾零》,《边疆服务》1943年第9期。
④ 王云路:《湘西的苗族》,《新民族》1939年第20期。
⑤ 曹经沅:《贵州省苗民概况》,贵州省政府民政厅1937年编印,第1—3页。
⑥ 贵州省政府教育厅:《贵州省边地教育推行方案》,贵州省政府教育厅1941年12月编印,第1页。

续表

省别	类别	分布地区
贵州	白苗	散处于贵州中部，东起贵定、龙里，经贵筑、修文、黔西，西迄织金、郎岱
	青苗	在贵州中部，以贵阳附近为最多，修文、清镇、黔西、镇宁亦皆有之
	花苗	以贵阳附近为起点，散处黔省北部与西北部，开阳、仁怀、织金、郎岱、水城、安顺等县皆有之
湖南	苗族	东至辰州界，西至四川平头、平茶、西西土司，北至保靖，南至麻阳，东南至五寨司，以凤凰、乾城、永绥三厅最多
	土人[1]	永顺、保靖、古丈、龙山
	仡佬[2]	泸溪、乾城
广西	苗族	分布于桂湘黔滇四省毗连边界。共计凌云、百色、东兰、思隆、南丹、河池、都安、思恩、宜北、罗城、融县、三江、龙胜、西隆、西林、镇边十六县。桂省苗族多为近代移入
四川	苗族	在毗连贵州边境，主要分布于酉阳、秀山等县
云南	苗族	散布区域甚为辽阔。"今日苗族在滇省的人数虽不多，但其迁移尚处在不断进行中"

注［1］［2］："土人""仡佬"在近世多以湘西的非汉民族为苗族。

资料来源：凌纯声、芮逸夫：《湘西苗族调查报告》，上海商务印书馆1947年版，第15—25页。

纵观民国时期学术界对苗族及其生活范围的考察，他们在很大程度上沿袭了清代以来"苗"及"苗界"的历史地理概念的同时，较一致地认为黔东、黔南和湘西为近代"苗"的核心区。亦有学者将其生活范围扩大至"楚黔蜀三省接壤之处"。① 同时，国民政府出于近代民族平等理念的施行和边疆民族地区建设的现实需要，将湘黔鄂渝桂省际毗连民族聚居区改称为"边地"或"边区"。② 1949年以后，随着中国特色的民族区域自治的发展，以"苗"为核心的湘黔鄂渝桂省际毗连民族聚居区被赋予了现代民族意涵的苗（布依、土家等）族自治州（县）所代替，而成为了一个历史

---

① 觉迷：《苗疆风俗志》，《国闻周报》1928年第12期。
② 杨森：《促进边胞文化运动之意义：杨主席在边胞文化研究会座谈会》，《杨主席言论选集》第1集，贵阳西南印刷所1946年版，第273页。

名词或学术词汇。

综考湘黔鄂渝桂省际毗连区的历史研究，研究者大多沿袭旧例将苗族聚居的地跨湘黔边区的武陵山区、苗岭部分区域视为真正意义上的"苗"，而有别于其他民族地区。① 部分学者在此基础上认为还应将鄂西南②、渝东南③部分地区及桂西北融县④、三江⑤等民族"走廊"地区⑥纳入到湘黔鄂渝桂省际毗连区的历史考察范围之内。这样，结合清初以来国家和社会对湘黔鄂渝桂省际毗连区各族历史文化传承的认知以及学术界的相关研究与地理单元的整体性，我们可以初步确定：清代至民国时期湘黔鄂渝桂省际毗连区的研究范围大致相当于今天的湖南沅陵、泸溪、辰溪、凤凰、吉首、花垣、永顺、张家界、保靖、龙山、桑植、芷江、怀化、麻阳、古丈、新晃、溆浦、会同、洪江、绥宁、城步、靖州、通道、中方；贵州铜仁、万山、玉屏、松桃、印江、沿河、思南、江口、石阡、德江、务川、道真、岑巩、镇远、三穗、天柱、黎平、从江、榕江、丹寨、麻江、凯里、黄平、施秉、锦屏、独山、都匀、雷山、台江、剑河、三都、荔波、惠水、贵定、龙里、长顺、罗甸、紫云、望谟、贞丰、安龙、册亨；湖北恩施、利川、来凤、咸丰、鹤峰、宣恩；重庆黔江、酉阳、秀山、彭水、石柱、武隆和广西融水、三江等81个县市。

综上所述，在湘黔鄂渝桂省际毗连民族地区广阔的历史舞台上，因国家政治的需要，湘黔鄂渝桂省际毗连区的民族认知无论是从国家层面还是社会层面都因中央治权在本地区的不断深入而日益深化，经历了一个国家一体化的历史演变过程。在这一历史性的变迁过程中所呈现出的湘黔鄂渝桂省际毗连区少数民族逐渐整合、融入到了国家统一的宏阔画卷，其上演的并不只是刀光剑影的地区政治社会矛盾以及政府和国家政治伦理道德的说教，却有着传统中国大一统政治构架下能够根据形势和地理为地方预留

---

① 谭必友：《清代湘西苗疆多民族社区的近代重构》，民族出版社2007年版，第2—8页。
② 陈新立：《清代鄂西南山区的社会经济与环境变迁》，中华书局2018年版，第69—75页。
③ 渝东南地区所辖秀山、彭水、酉阳、黔江、石砫等县区，现为土家苗族自治县（区），少数民族人口占多数。故地方志亦将之冠以"苗区"的称谓。
④ 魏鼎勋：《广西融罗苗疆丛谈》，《新中华》1936年第16期。
⑤ 刘介：《苗荒小纪》，上海商务印书馆1928年版，"序引"，第1页。
⑥ 曾江：《"古苗疆走廊"研究拓展边疆理论》，《中国社会科学报》2012年4月27日第A1版。

一定的自我表达的空间。在这一空间里，国家根据湘黔鄂渝桂省际毗连区的民族特征采取了一整套灵活的政治、经济、文化等民族地方治理的策略。这在很大程度上有利于传统国家制度和意识形态的渗透和推行，并促进了湘黔鄂渝桂省际毗连区民族地区新秩序的建立、稳定和对国家的认同，最终与国家真正融为一体。

第二节 17世纪以来人们对湘黔鄂渝桂省际毗连区人文地理环境的历史认知

清代以前，湘黔鄂渝桂省际毗连民族地区与中原汉民族地区因交通、地理的阻隔交流较少，国家和社会对这个地区充满了神秘感，缺少全面、客观而科学的历史认知。但随着清代的统一，政府施行了积极的移民垦殖和改土归流政策，极大地促进了湘黔鄂渝桂省际毗连区与内地一体化的发展。这使国家和社会对本民族地区的人文地理环境的认识日渐深入、丰富。民国时期，学术界在近代人类学、民族学等学科理论的指导下，对湘黔鄂渝桂省际毗连区进行了较大范围的民族考察，进一步深化了人们对本地区及各民族的历史认知，从而帮助"外部世界"更好、更全面地了解本民族区域社会，并为湘黔鄂渝桂省际毗连区被动地走出封闭的世界提供了一定的条件。

一 国人的视界：封闭的内地边缘

湘黔鄂渝桂省际毗连区，对于清中央政府而言乃是"居天下之西南，东阻五溪，西控六诏，南连百粤，北距三巴"的"边陲"之地，号称"滇楚锁匙、蜀粤藩屏"。① 由于湘黔鄂渝桂省际毗连区地处云贵高原东沿山区，境内高山耸峙，沟壑纵横，交通极为不便，中原内地官民在17世纪以前较少涉足于此。国家和社会对这里的信息获取相较邻近的四川盆地、长江三峡、洞庭湖平原、黔北黔中地区而言相对要少。随着清初国家统一、政府厉行改土归流和移民垦殖政策，致使大批政府官员、军队和移民进入到了这一封闭的世界，国家和社会透过政治、军事、经济、文化棱镜

---

① 嘉庆《重修大清一统志》卷499，"贵州统部"，第6页，四部丛刊本。

的审视，对这个地区人文地理环境的认知日益丰富。

首先是地理环境认识的深入。长期以来，湘黔鄂渝桂省际毗连区地处内地的"边缘"，① 域内高耸的山脉犹如一道道高墙矗立于汉民族与本区域少数民族之间。这在自然地理层面阻隔湘黔鄂渝桂省际毗连区与外界交流的同时，也给时人留下了极为深刻的独特的高原山地环境的印象。"地势险阻，岗峦错接，跬步皆山，谚云'地无三里平'"，② 即是清人徐家干对黔东、黔南地理的第一印象。《续黔书》对此亦作了更为直观的描述："跬步皆山，上则层霄，下则九渊……石如狼牙，或峰如剑锷，或陡如壁立，或行如穿云，或盘旋屈曲，鸟道羊肠，又或嵚崟巉业，鱼凫虫蚕丛，见者骇魂，闻之怵心，然皆显著奇坡，而无名峻岭不计也。"③《楚南苗志》亦云："自湖而西，如辰、沅、靖，密迩黔蜀。其间重岗复岭，丛簧密菁，复道一线，回旋盘郁。苗处其中，如兔之有窟，蚁之有穴。"④ "苗人所居，皆溪山重阻之处。地高则风劲，谷深则气寒。故暑月有雨则凉，冬间冷冻尤甚。界连黔、粤、蜀三省，多属苗地，绵亘千余里，其中气候亦各不同。大抵近山者多寒，稍平者略暖"，即便是"建城之所，则岚气郁蒸，毒雾时作"。"一州一邑之内，相距数十里之间，气候每多不齐。故谚有之曰'隔里不同天'。"⑤《百苗图》《黔苗图说》《小方壶斋舆地丛钞》《黔书》《平黔纪略》等清代关于湘黔鄂渝桂省际毗连区的地理著作、文献以及各地方志亦作了与上述相类似的描述。总之，"鸟岛蚕丛"，"其地则屹崖毒菁，瘴疠丛生"⑥ 所凸显出来的湘黔鄂渝桂省际毗连区恶劣的高原山地的自然地理环境便是清人的普遍看法。

民国社会对湘黔鄂渝桂省际毗连区独特的自然地理环境亦有同感，皆是"山路崎岖，交通不便"之言。⑦ 近代地理学、地质学传入后，人们获得了比"山路崎岖，交通不便"更丰富而专业的地学知识。如湘西位于

---

① 杨森：《贵州边胞风习写真》，贵州省政府边胞文化研究会1947年印行，第1页。
② （清）徐家干著，吴一文校注：《苗疆闻见录》，贵州人民出版社1997年版，第159页。
③ 张澍：《续黔书》卷1，朝间刻本。
④ 段汝霖撰，伍新福校点：《楚南苗志》序，岳麓书社2008年版，第7页。
⑤ 段汝霖撰，伍新福校点：《楚南苗志》卷1，岳麓书社2008年版，第46—47页。
⑥ 黄永堂点校：《贵州通志·艺文志》，贵州人民出版社1989年版，第153页。
⑦ 王静寰：《湘黔边区苗人情况》，《边疆服务》1943年第9期。

"以沅江以西，酉江以南，辰江以北，及湘黔交界以东范围内"，"其地北、东、南三面环水，西以高山为屏蔽，自成为一自然区"。境内主要山脉名"腊耳山"，"由贵州正大营迤逦而来，……山脉因断层而构成台地的地形。台地之上，苗寨星罗棋布"。"沅、酉、辰三江本流，仅流经（本区）边缘。苗中主要的河流，皆为三江的支流"，境内有武溪、万溶江、高岩河、乌巢河、龙角洞诸水、小凤凰营诸水、沱江、新地溪、万根溪、松桃河、濠乐溪等大小数十条河流。湘西因山川纵横交错而分为西北部"腊耳山台地"、东南部"溪河下游区台地"两大区域，台地海拔"虽有七百公尺之高，然其上小盆地甚多，且多泉塘"。① 地理学者还对川东南、黔东、黔南等区域地理地貌状况进行了地质学考察。例如秀山、酉阳等渝东南苗一带"岩层坚硬，倾斜陡峻……在三叠纪地层分布的地方，多因局部次成河之侵蚀而构成走向溪谷"；因地处石灰岩地层，喀斯特地貌特征显著等。②

其次是国家和社会对湘黔鄂渝桂省际毗连区族群与历史的考察与认知。在近代民族学、人类学理论传入中国之前，人们对湘黔鄂渝桂省际毗连区各族群的认知多以居住地域、所着服饰等加以简单或笼统的区分。以地名而名者，有贵州诸苗、湖南诸苗、腊耳山苗等。例如腊耳山苗，"腊耳山介楚、黔之间，其山自贵州正大营起，北界老凤、芭茅、猴子诸山，东接栗林、天星、鸭保、岑头诸坡，故苗之介居三厅及松桃、铜仁间者，旧史统谓之腊耳山苗"。③ 由于本区域地理单元破碎，人们便以更小的地域概念称呼各族群。民国《贵州通志·前事志》卷13引《平播全书》将镇远、黄平等地各族群细分并称之为"九股、黄岑、寨胆、四牌、七牌诸苗"；施秉、凯里"各苗"，"曰黄飘，曰白堡，曰翁板，曰瓮坝，曰上大坪"。④ 台拱厅"西北九股河，一曰小江……沿河以居者曰九股苗，曰横披苗，统呼之曰黑苗……南冬、南省、南兑、南尧、腮陇、桃懒等苗寨形如棋布，皆黑苗种类"等。⑤ 在以地域划分族群的基础上，国家和社会根据"一体化"程度又将各族群简单地概括为"生苗"与"熟

---

① 凌纯声、芮逸夫：《湘西苗族调查报告》，商务印书馆1947年版，第28—32页。
② 杨克毅、谢觉民、朱克贵：《川东地理考察报告》，《地理专刊》1946年下卷第1期。
③ （清）徐珂：《清稗类钞》第1册，"地理类"，中华书局1984年版，第115页。
④ （清）徐家干著，吴一文校注：《苗疆闻见录》，贵州人民出版社1997年版，第36页。
⑤ 同上书，第38页。

苗"。"湖南苗族有生熟之分",以边墙为界,①"居边墙以外者为生苗;在边墙之内,与汉族杂居,或佃耕汉族之地,供赋当差,与内地人民无异者,则熟苗也"。②

以服饰区别,湘黔鄂渝桂省际毗连区各族群则有白苗、红苗、青苗、黑苗、箐苗等称谓。在贵州,白苗分布在贵定、龙里;红苗居于铜仁府;青苗在贵阳、镇宁、黔西、修文;黑苗聚居在都匀、八寨、镇远、清江、古州;花苗主要生活在贵阳、大定、广顺、黎平;箐苗分布于平远州。湖南"黑苗所居,则自松桃之长冲卡落,乃折东至新寨亢金,东南至黄瓜寨、上下西梁苏麻寨,折东至鸭酉栗林,入镇箪右营所辖鸭保、只喇隆朋廓家大田杨管,南上至得胜营,北入乾州左营所辖平隆、石陇、地母、劳神、鬼猴、鬼冲之属";"红苗所居,则自乾州高岩河西与永溪相接者";"花苗所居,为凤凰厅乌巢河东岸、马鞍山、黄茅坡附近、司门前、太平关、酿水沱、上下猱猴寨、梁项毛都塘、七兜树、两头洋等大小百余寨"。③

在上述族群区分的基础上,人们还根据社会习惯对各族群冠以不同的名称,如爷头苗、洞寨苗、九股苗、黑楼苗、黑生苗、黑脚苗、车寨苗、西溪苗、紫姜苗、平伐苗、古蔺苗、九名九姓苗、克孟牯羊苗、东苗、西苗、尖顶苗、宋家苗、夭苗、罗汉苗、楼居苗、阳洞罗汉苗、短裙苗、杨保苗、葫芦苗、鸦雀苗、郎慈苗、白仲家苗、伶家苗、侗家苗、家苗、侬苗、卡尤仲家苗、补笼仲家苗、青仲家苗、黑仲家苗、清江仲家苗、曾竹龙家苗、大头龙家苗、狗耳龙家苗、白龙家苗、蔡家苗等。居于本区的其他民族族群还有黑㑩㑩、白僳㑩、八番、打牙仡佬、剪头仡佬、水仡佬、木仡佬、锅圈仡佬、披袍仡佬、猪屎仡佬、仡兜、伴僙、獏、瑶、峒人、蛮、冉家蛮、六洞夷、六额子、白额子、白儿子、黑民子等。④ 不仅如此,清人还对各族群聚居区域和分布的历史变迁也有较深的了解(见表1.2)。

---

① 边墙旧址:"自亭子关起,东北绕浪中江至盛华哨,过长坪转北,过牛岩、芦塘至高楼哨、得胜营,再北至木林湾溪,绕乾州城镇溪所,又西北至良章营、喜鹊营止"。
② (清)徐珂:《清稗类钞》第4册,"种族类",中华书局1984年版,第1923页。
③ 江应樑:《西南边疆民族论丛》,珠海大学1948年版,第81—84页。
④ 王文萱:《苗民的分布现状及其类别》,《边声月刊》1940年第1卷第3期。另参见王文光、朱映占、赵永忠《中国西南民族通史》(下),云南大学出版社2015年版,第202页。

表1.2 清代康熙、乾隆、嘉庆时期黔东、黔南各族群地域分布情形

族群名	康熙朝分布地域	乾隆朝分布地域	嘉庆朝分布地域
红苗	铜仁府	铜仁府	铜仁府
白苗	龙里	龙里、贵定等处	龙里、贵定
青苗	镇宁州	镇宁、修文等地	镇宁、修文、贵筑、黔西
花苗	广顺、新贵（后属贵筑县）	贵阳、大定等地	贵阳、遵义、安顺、大定
东苗	新贵（后属贵筑县）	龙里、贵筑	龙里、贵筑、修文、广顺
九股苗	凯里、兴隆	清平	凯里、兴隆
牯羊苗	广顺州	广顺州	广顺州
平伐苗	贵定	贵定	贵定新添营
古蔺苗	定番州	定番州	定番州
阳洞罗汉苗	黎平府	黎平府	黎平府
蔡家	威清（属清镇县）、平远州	修文、贵筑	修文、贵筑、清镇、平远州、威宁州
宋家		贵阳府	贵阳府、安顺府
龙家	宁谷、康佐	普定、永宁等地	镇宁、永宁
佯黄	都匀、黎平、石阡	都匀、黎平等地	都匀、黎平、石阡
八番	定番州	定番州	定番州
杨保	播州	遵义、龙泉	遵义、龙泉
蛮人	新添	都匀、贵定等地	丹江、新添
土人	新贵（后属贵筑县）、广顺	贵筑、广顺	贵阳、广顺
僰人	普安	普安	普安
剪头仡佬	贵定	贵定	施秉、贵定、平远州
木佬	都匀、黔西、贵定	黔西、贵定等地	清平、都匀等地
黑倮倮	大定府、威宁州	大定府、威宁州	大定、威宁州

资料来源：（清）卫既齐主修，吴中蕃、李祺等撰，阎兴邦补修：《贵州通志》卷30，"蛮僚"，康熙三十六年刻本；（清）傅恒、董诰等纂，门庆安等绘：乾隆《皇清职贡图》卷8，"贵州诸夷"，载永瑢等辑《四库全书书目》卷71，史部27，"地理四"，中华书局1965年版；（清）鄂尔泰等修，靖道谟、杜诠纂：《贵州通志》卷7，乾隆六年刻本，嘉庆补修本；李胜杰、马国君：《清代贵州历史民族图志对比研究》，载《西南边疆民族研究》第19辑，云南大学出版社2016年版，第116—125页。

民国时期，学术界根据近代民族学、人类学理论对湘黔鄂渝桂省际毗连区各族群作了新的界定和统计。民国学者于曙峦、愈兄等人根据近代民族语系理论、民族风俗习惯和聚居地等情形，认为本区域苗族、瑶族同属于苗瑶语族，侗族亦与苗族习俗基本相同，侗、瑶二族便因此被划分为"苗"。① 凌纯声等学者则依据近代日本人类学者鸟居龙藏关于苗族划分的理论，认为："纯苗族在贵州又分为红苗、黑苗、白苗、花苗、青苗五种。"其中"红苗的地理分布，为毗连湖南的贵州东部，其中心地为铜仁附近。黑苗分布在黔省东南，地域甚广，今之都匀、八寨、丹江、榕江、永从、黎平、剑河、台拱、镇远、施秉、黄平、炉山等县均有之"。白苗则散处于贵定、龙里、贵筑、黔西、修文、郎岱、织金等黔中地区。青苗集中于贵阳附近，散居于镇宁、修文、黔西、清镇等地。花苗则分散聚居于安顺、水城、开阳、织金、仁怀、郎岱等黔北、黔西北等地区。② 同时，民国学术界和政府还依据近代民族学、人类学理论对包括本省际毗连区在内的"苗夷"族群人口进行了初步统计。例如，据陈国钧20世纪初的调查统计，贵州苗夷区人口约有400多万苗夷民，至少占全省的40%。③ 另据1932年的统计，贵州仅苗民就有200多万，占全省人口三分之一强。④

关于各族群的历史，无论是清代还是民国，人们均认为湘黔鄂渝桂省际毗连区各族群的历史均很悠久，其源于远古时期的"三苗"。"苗族，本是我国最古的土著，和汉族同属兄弟的民族。自从皇帝尧舜迭次和苗民的战争，苗民乃尽失黄河流域的根据地，而退归长江一带，吴起所谓'三苗之国，左洞庭，右彭蠡'就是。后来汉族的势力逐渐扩张，苗民被迫南迁，遂退居到南岭山脉，拣林箐深密的山地聚居起来。汉朝征伐五溪蛮，就是现在湘西的沅陵一带。"⑤ 苗人后来不断向贵州及云南、四川等省山区迁徙，逐渐在中国西南地区形成了一个多民族的聚居区。史谓"苗瑶曰南

---

① 游建西：《近代贵州苗族社会的文化变迁》，贵州人民出版社1997年版，第33页。
② 凌纯声：《苗族的地理分布》，载贵州民族研究所《民国年间苗族论文集》，1983年，第103页。另参见凌纯声、芮逸夫《湘西苗族调查报告》，商务印书馆1947年版，第28—32页。
③ 吴泽霖、陈国钧：《贵州苗夷社会研究》，民族出版社2004年版，第3页。
④ 贵州省档案馆：《贵州近代经济史资料选辑》（上），四川社会科学院出版社1987年版，第117页。
⑤ 欧阳械：《记湘西的苗族》，《申报月刊》1943年复刊号，第102页。

蛮，曰苗蛮。唐宋间谓之莫徭，或曰蛮徭。元明迄清，谓之蛮、僮、徭，或总称曰苗"。① 因交通阻隔，长期处于"王化"之外，"为历代所轻视所鄙弃。所谓'苗匪''南蛮'，所谓'蛮夷''仲（原文均为"犭"旁，下同）、侗、僚、瑶、俍、僮'，都将他们视作草芥、视作犬类、视作虫类，不以人视"，视之为社会政治经济落后的"蛮荒之地"。② 同时，人们还对国家为治理湘黔鄂渝桂省际毗连区先后实行过的羁縻州制度、土司制度、改土归流政策等进行了梳理和考察。上述各族群历史的溯源，从历史的角度揭示了湘黔鄂渝桂省际毗连区各民族自始至终都是中华民族大家庭中不可或缺的重要一员。

再次是本区各民族与汉民族迥异的社会风俗习惯也是人们关注的焦点之一。无论是任职的政府官员，还是来此游历经商的文人贾客，他们都对湘黔鄂渝桂省际毗连区各族人民的衣、食、住、行、信仰等社会风尚留下了极为深刻的印象。例如祭祀，"苗俗神巫鬼，椎牛而祭，祭耗其费"。③ 年节，"本县（都匀）苗胞中有所谓夭家，习俗与汉人无异。每年以夏历十一月寅日为岁首，届时备酒脯养鱼祀祖，击铜鼓，吹芦笙竟日。仲家多居山业农，亦有受近代教育者。服饰习俗，亦同汉人"，④ "岁时击铜鼓为欢"。⑤ 婚俗，都匀苗家"婚礼在通媒以后，男女各杀鸡一只缔约，男家具猪酒财帛送女家，曰敬族。及婚期，男家以男一女一往迎，女家选青年男女六人或八人送之，男家又选青年男女接之。相互杂沓歌唱，饮酒为乐。三日新妇偕新人归宁，是为回门"。⑥ 居所，克孟牯羊苗"择悬崖凿穴而居，架竹梯，有高至百仞者"；洞苗、侗家"近水而居"；箐苗"居依山"；黑山苗"深居穷谷"等。⑦

此外，清代以来学者还较全面地审视了湘黔鄂渝桂省际毗连区各族群具有鲜明民族特色的文化传统和生产生活及发展水平，将于后文备

---

① 邵子风：《两汉以来治理西南边族之策略及今后改进方案》，《边声月刊》1940年第6期。
② 黄文华：《抗战中的西南民族问题》，《东方杂志》1938年第21期。
③ （清）魏源：《圣武记》附录卷14，"坊苗篇"，中华书局1984年版，第540页。
④ 《都匀导游》，《西南公路》1943年第274期。
⑤ （清）鄂尔泰等修，靖道谟、杜诠纂：《贵州通志》卷7，"苗蛮"，乾隆六年刻本，嘉庆补修本。
⑥ 《都匀导游》，《西南公路》1943年第274期。
⑦ （清）无名氏：《苗蛮图说》，清代彩绘本。

述之。

在上述认知湘黔鄂渝桂省际毗连区的过程中，国家还从国家控制与治理的角度对本区域城市在区域政治、军事地理格局方面作了较全面的考察。例如，黔东"平越一带则黔中腹里，往来咽喉之地。安顺半壁锁匙滇南。都匀一隅襟带西粤。思南、石阡、威宁与巴蜀犬牙相错。黎平、镇远、思州、铜仁接连荆楚沅靖。盖四省之屏藩，百蛮之控扼"。①

总之，17世纪以来国人对湘黔鄂渝桂省际毗连区社会的总体印象是封闭、野蛮而落后的，各族群多以"犷悍"著称。诚如道光进士贵阳知府刘书年所言："黔中多苗僚，顽悍素成性。密菁走若飞，荒砦居无定。银环长贯耳，花布略遮胫。刀耕杂男女，山畲辟梯磴。稍稍通语言，嘲嗺劳辨听。来往墟场间，计直必求称。桀骜终未化，剽掠以为命。"② 民国时人亦持类似观念，称之："民情浑厚，风俗野蛮，生活简陋，但克苦耐劳之精神，又非一般人所能及。"③

二 西人的认知：独特的族群社会

与国人审视方式不同，西方人自17世纪以来多以近代民族学、人类学的视角对湘黔鄂渝桂省际毗连区社会、自然地理环境作全景式的观察。这为我们了解、研究清代以来本地区城市与社会发展变迁问题提供了另一个可资参考的窗口。

据文献记载，最早观察湘黔鄂渝桂省际毗连区社会的西方人士，可能是元代来自意大利的马可·波罗。它在游记中简单地描述云南、贵州、四川一带的苗、彝社会时，可能直接或间接地了解到了湘黔鄂渝桂省际毗连区的一些情况，并将之介绍给了西方社会。④

16世纪中叶，罗马教廷在中国澳门设立教区，将中国南方各省划归澳门教区管辖。17世纪末，天主教进入西南四川、贵州、云南等少数民族地

---

① （清）蓝鼎元撰：《鹿洲初集》卷12，"说·贵州全省总图说"，台北文海出版社1977年影印本。
② （清）刘书年：《刘贵阳遗稿》卷3，《黔行日记》，紫江朱氏据原稿印行，第54页。
③ （清）刘少塘：《边区社会概述》，《边声月刊》1940年第6期。
④ ［意］马可·波罗口述，［意］鲁斯蒂谦诺笔录：《马可波罗游记》，余前帆译注，中国古籍出版社2009年版，第255—294页。

区，并在四川彭水县城及文复、桑柘坪两处苗乡修建了教堂。① 1722 年，"方济各会会士王方济定居（湘西）沅州，并建教堂一座"。② 随着西方传教士深入湘黔鄂渝桂省际毗连区，他们中的一些人将其游历的所见所闻编辑成册，刊印于世。例如，1640 年葡萄牙传教士土德·马盖兰斯来华，游历了黔、蜀、滇、桂等民族聚居区，将其所见四省"苗"文化及习俗俱载于《中国新纪实》一书中。③ 后来者亦对湘黔鄂渝桂省际毗连区社会进行了全方位的观察和审视。其中英国传教士克拉克对黔东、黔南苗族和仡佬族进行了较为广泛的考察，并在 1894 年出版的《中国西部的苗族和其他部落》中详细载录了黔东、黔南苗族的地域分布、历史、文化、语言、宗教、习俗及生活的地理环境等内容。④ 柏格理（Samuel Pollard）与邰慕廉（Frank J. Dymond）合著的《苗族纪实》（*The Story of the Miao*）也较详尽地描述了黔东、黔南的自然地理景观、政治、经济状况和风土人情，将石门坎赞誉为"苗族文化复兴圣地"。⑤ 其他西方人士也对本区域地理环境、族群及其地理分布、风俗文化等层面进行了较深入的考察，并将其向西方世界作了介绍。⑥

首先是西方人对湘黔鄂渝桂省际毗连区的地理环境的认知。地理环境是人类活动最基本的条件，亦是城市发展的基本载体，也是塑造民族内在特质的重要因素。为此，包括传教士、学者在内的西方人士和国人一样也是首先从地理环境来感知湘黔鄂渝桂省际毗连区社会的。"彼等所以多集聚于贵州，而他省较少者，由于地势使然耳。盖黔省之地势，位在山上，

---

① 吴荣臻、吴曙光：《苗族通史》（三），民族出版社 2007 年版，第 75 页。
② 湖南省地方志编纂委员会：《湖南省志·宗教志》，湖南人民出版社 1990 年版，第 352 页。
③ 石朝江、石莉：《中外人类学民族学对苗族的考察与研究》，载杨培德编《苗学研究：第 16 届世界大会"苗学论坛"专集》（5），贵州民族出版社 2009 年版，第 44 页。
④ 章立明、马雪峰、苏敏：《社会文化人类学的中国化与学科化》，知识产权出版社 2014 年版，第 18 页。
⑤ Samuel Pollard and Frank J. Dymond, *The Story of the Miao*, London: Henry Hooks, 1919.
⑥ 关于 17 世纪以来西方人对湘黔鄂渝桂省际毗连区地理环境、族群及其地理分布、风俗文化等层面考察的著作较多，其中较有影响的有：《中国》（［美］威廉斯，1848），《关于中国的苗人或土著居民》（［英］洛克哈特，1861），《苗的方言词汇汇编》《苗部落》（［英］埃得肯斯，1870），《在印度支那的旅行调查》（［法］加尼埃，1873），《通过长江咽喉——在中国西部的经商和旅行》《穿兰袍人的地方》（［英］利特尔，1888），《苗法词典》（［法］萨维那，1917），《苗族史》（［法］萨维那，1924）等。参见石朝江《苗学通论》，贵州民族出版社 2008 年版，第 33、34 页。

多数河流俱发源于此，故欲至其地，势非越丛山渡溪涧不可，其困难非笔墨之所能尽言。此种地形不啻自然设有之一大要塞，而苗族之居住于斯地者即以此。"境内"地质多由石灰岩构成"。① "大部分地区都在三千英尺以上"，"极目远眺时，展现在眼前的是岭谷起伏，一望无际，峭壁奇峰多为角锥形与圆锥形，坡地大多是嵯石危岩，光秃贫瘠，很少长有树木，可耕地面积还不到五分之一。这里山谷狭窄，低洼处偶有小面积的平原——坝子，涓涓小溪蜿蜒盘旋在山脚下，时隐时现、出没无常。在这群山中潜伏着数不清的大、小溶洞，其中有些溶洞开阔、深邃，可达数英里"。② 武陵山区苗区亦地处高原，山岳起伏，山路险恶，河流众多，但"舟楫不便"，苗人世居其间。③ 正是这块云贵高原东沿的山地孕育了历史悠久的区域文化，赋予其鲜明的山地民族特征，并深刻影响了这一区域的城市发展。

其次是西方人士对湘黔鄂渝桂省际毗连区民族及其地理分布、社会生产生活的考察。起初，西方人只是直观地考察了湘黔鄂渝桂省际毗连区的族群社会。在其早期考察报告和记录中，他们一般沿用了中国传统关于本区的族群划分和地域分布，并介绍到了国外。例如，布里奇曼（C. Bridgman）曾于1859年将《黔苗图说》译成英文，题为"Sketches of the Miautse"登载于《皇家亚洲文会北中国支会会报》（*Journal of the North-China Branch of Royal Asiatic Society*）上，沿用了"贵州省内之苗族共有八十二种"名称及地域分布情况。④ 后在其著作《苗子部落》中亦沿用了上述说法。德国人在中国内地游历时亦考察湘西"苗瑶"族群的社会生产和社会习俗。例如，他们种植的作物有棉花、水稻、玉米，也饲养牲畜和家禽，其剩余收获物一般卖给"汉人"；其居住在"山上的窑洞或是依山而建的

---

① ［日］鸟居龙藏：《苗族调查报告》，"国立"编译馆译，上海商务印书馆1936年版，第212、257页。

② ［英］塞缪尔·克拉克、塞姆·柏格理：《在中国的西南部落中》，贵州大学出版社2009年版，第10页。

③ ［日］东亚同文会：《中国省别全志（湖北省）》，台北南天书局1988年影印本，第430、431页。

④ ［日］鸟居龙藏：《苗族调查报告》，"国立"编译馆译，上海商务印书馆1936年版，第22—28页。

房子"等。①

随着近代科学的发展，这些进入中国腹地的西方人士便依据人类学、民族学理论对湘黔鄂渝桂省际毗连区民族区域进行了更为深入的考察，并对各族群的地理分布作了人类学区分。例如，英国人塞缪尔·克拉克和塞姆·柏格理在考察贵州后，将黔苗族群按照语言、服饰、社会习惯划分为不同的族群。其中贵州花苗主要分布在黔西、黔西北，人们将其称为"大花苗"；黑苗则主要聚居于黔东南和黔西南兴义府；居住于大定地区的"鸦雀苗"的口音，同40英里以北的白苗（又称高山苗）是一样的；仡兜苗在黄平州与黑苗杂居在一起。② 湘西"苗人""属于黑苗，男人穿黑色，女人则穿红白条纹的衣服"。③ "Lo-Lo部落，其人较杂，居于贵州以及湖南南部、广西北部"山中等。④ 法国人类学家韦尔努以布勒契斯顿所著《在长江上五个月》的资料为基础，在其著作《人类的种族》中亦较详细地叙述了苗族种群的族源、名称及特征情况，认为苗民异于汉族或蒙古人种而与来自中亚细亚雅利安人类似，系古人种的孑遗等。⑤ 西方人以人类学、民族学的视野对湘黔鄂渝桂省际毗连区社会的观察和研究，对民国时期中国学术界关于本地区的民族划分和民族研究都产生了较大的影响。

再次是西方人对湘黔鄂渝桂省际毗连区的风俗文化的体认。风俗文化是一个民族特质的外在表现，它对外部世界具有强大的吸引力。17世纪以来，随着西方人的到来，他们对湘黔鄂渝桂省际毗连区各民族的社会风俗、语言、乐器、舞蹈等风俗文化展现出了极为浓厚的兴趣，并将其详细地记录在考察日志和著作之中。

湘黔鄂渝桂省际毗连区的社会风俗与中国内地和世界其他地区迥异。这对那些来自异域的西方人来说则是莫名惊诧，尤其是年节、婚姻、丧葬、宗教信仰等习俗。例如芦笙节，"所有苗民每年都要过一、二次芦笙

---

① ［德］费迪南·冯·李希霍芬：《李希霍芬中国旅行记》，李岩、王彦会译，商务印书馆2016年版，第306—307页。
② ［英］塞缪尔·克拉克、塞姆·柏格理：《在中国的西南部落中》，贵州大学出版社2009年版，第15页。
③ ［德］费迪南·冯·李希霍芬：《李希霍芬中国旅行记》，李岩、王彦会译，商务印书馆2016年版，第307页。
④ J. Denlker, *Les Races et les Peoples de la Terre*, 1900, p. 444.
⑤ 石朝江：《苗学通论》，贵州民族出版社2008年版，第46页。

节。当问到他们为何举行这个节日时，他们说不吹芦笙，庄稼就要歉收，但也讲不清楚吹芦笙同收成有何内在关系。即便如此，芦笙节也不具备宗教色彩，几乎所有的乡民都参加这一喜庆活动。活动中除了吹芦笙、跳舞外，还有赛马、斗牛"。① 又如"苗民男女缔结婚姻，需由媒人引线，跟汉人不同的是，媒人是男女青年已经相互倾诉爱慕之后才介入的，青年男女大都公开在芦笙节和乡村集市上选择对象"。婚礼一般都很隆重。届时，男女双方亲友身着盛装华服前来祝贺，酒宴、对歌、喧闹要持续三天三夜。② 在信仰上，各族群"并不崇拜鬼神……但在他们的生活中，有一些似乎是跟死人或鬼神沟通的习俗"，属于"泛灵论者"。③ 以至于"苗人"故去，其家人必须延请巫师至家驱魔、定葬期、开路、念经，并举办盛大的丧葬仪式等。④

独特的民族音乐与乐器、舞蹈、民族语言也是西人考察的重要内容。1736 年法国传教士哈尔德（Du. Halde）在其著作《中华帝国和中国鞑靼人的概况》中说："在他们（苗族等少数民族）喜用的乐器中，有一种是用多根竹管捆扎而成，每根竹管上都开有孔，其声缓和悦耳，胜于中原之笙。虽为吹奏乐器，但仍有类似小手风琴的簧片装置。"⑤ 1890 年英国学者霍锡（A. Hosi）在《在中国西部的三年》里也记载了芦笙这一民族乐器，"（苗族）有一种竹制乐器，所使用的竹管长短不一，有 12 英寸至 15 英寸不等，下端插入大而空的圆形木筒，最长的竹管上端冠一圆锥形的竹箨，当地人称这种乐器为 ki。因配有圆锥形装置，故发出隆隆之声"。⑥ 此外，西方人还观察并记载了湘黔鄂渝桂省际毗连区各民族的鼓、钹等民族乐器。且各族群均能歌善舞，每逢节日，男女老少均着华服在广场、坝上等特定场所举办盛大的舞会。例如芦笙演奏和芦笙舞，"演奏者各拿不同规格的芦笙，五人一排。围住大芦笙不断盘旋，同样是五人一排的年轻姑

---

① ［英］塞缪尔·克拉克、塞姆·柏格理：《在中国的西南部落中》，贵州大学出版社 2009 年版，第 34 页。
② 同上书，第 40、41 页。
③ 同上书，第 35 页。
④ 同上书，第 37、38 页。
⑤ Du. Halde, *Decription de l'empire de la Chine et la Tartarie Chinois*, p. 69.
⑥ A. Hosi, *Three Years in Western China*, 转引自黄才贵《影印在老照片上的文化：鸟居龙藏博士的贵州人类学研究》，贵州民族出版社 2000 年版，第 362 页。

娘尾随其后，按乐曲节奏翩翩起舞，她们时而向前，时而后退，时而转圈，这就是苗民的民间舞蹈"。"规模较大的芦笙舞，可以有三、四十支这样十人一队的表演，各奏其调，吸引着数万观众，场面壮观。令人赞叹不已。""各地苗民都有这样的节日，但音乐、舞蹈却各不相同，在花苗和水西苗中，妇女不兴跳舞。由男人演扮成妇女，参加演出。在花苗中，当年所生的婴儿，都由父亲背着参加芦笙节。"①

"为了很好地了解苗族，应从他们的语言开始。但要了解一个民族的语言，还应了解他的邻近民族的语言。"② 因此，西方人在考察湘黔鄂渝桂省际毗连区社会时，便在民族语言辨识方面下了很大的工夫。例如仲家的语言"大多为单音节。辅音多为齿辅音或者喉辅音，很少有鼻辅音。除了字母 r 以外，所有的字母均能找到一个位置或用途。其句子的构成有点像法语。比如他们说'上苍的主宰'时，词的位置顺序和法语、倮倮语一样（主宰上苍）。但是和汉语就不一样了，汉语是把'上苍'放在'主宰'之前。仲家语言的动词不像法语，没有动词变位，补语在名词中心语后。每一类词都有它特定的数词。""仲家"和"苗家"等族群的方言并不是完全互相都听不懂的，在苗家、仲家和倮倮三种地方语言中，"只有不到20％的字是不同的"。③ "在这些语言中，我们对黑苗与仲家的语言最熟悉。这两种语言，形容词通常在名词之后，而汉词形容词通常在名词之前。跟汉语一样，除了'n'和'ng'以外，我们从未发现任何一种苗语方言以辅音结尾。但在这些语言中，有些词首音又是汉语所没有的。如黑苗和彝家所用的，在威尔士语中的'Ll'这个音，在有些苗语方言中读成'Kl'或'Bl'。仲家语的尾音除了'n'及'ng'外，还有 k、m、t。贵州各非汉部落语言的声调都比较复杂，有些方言，有四—六个声调，黑苗方言有八个声调。有些方言可能更多。""不同方言之间差异很大，以至于黔东南黑苗无法听懂黔西、黔西南黑苗的语言。"④ 一些西方传教士和人类

---

① ［英］塞缪尔·克拉克、塞姆·柏格理：《在中国的西南部落中》，贵州大学出版社2009年版，第34、35页。
② ［法］萨维纳：《苗族史》，立人译，贵州大学出版社2009年版，第3页。
③ ［法］高尔迪埃、维亚尔：《早期传教士彝族考察报告》，贵州大学出版社2011年版，第128、129页。
④ ［英］塞缪尔·克拉克、塞姆·柏格理：《在中国的西南部落中》，贵州大学出版社2009年版，第15、16页。

学者在考察过程时，发现苗人没有民族文字，便将拉丁语言和本区各民族语言特点结合，初步创造了苗族的语言文字。①

此外，西方人还考察了故事、歌谣与传说，使之成为他们了解湘黔鄂渝桂省际毗连区社会的一个窗口，并向西方社会作了较为广泛的介绍。诚如美国传教士葛维汉所言："我收集的故事和歌谣如同一面镜子，反映了这片土地上生活的人们丰富的思想和内心生活、理想和愿望。使人们从中了解到，生活在这里的人们是具有自我意识的文化群体的主要原因，以及原始的思想和状况。"②

经过17世纪中叶以来的三个世纪的社会考察，西方人逐渐对湘黔鄂渝桂省际毗连区各民族形成了较为一致的看法："苗人没有独立性，他们是世界上最为依附也最为顺服、最热心助人的一种民族"，具有"敦厚、天真、简单的特性"。③

西方传教士、探险者、学术界在17世纪中叶至20世纪中叶对湘黔鄂渝桂省际毗连区进行社会调查和人类学考察的同时，也开展了一定的科学研究，从历史学、人类学、民族学、社会学等学科角度探讨了本地区社会、政治、经济、文化、历史、宗教等方面的问题（见表1.3）。

表1.3 　18世纪前叶—20世纪中叶部分欧美学术界对湘黔鄂渝桂省际毗连区社会研究情况一览表

作者	国籍	著作名	研究内容
Du. Haide	法	*Description de L'empire de La China et de LA Tartarie Chinoise*（1736）	研究苗族历史、社会发展状况，谬误颇多

---

① 1905年，英国人柏格理同精通英文的汉族教徒李斯蒂文和苗族教徒杨雅各、张武等人一起研究，以拉丁字母为基础，结合苗族服饰上的花纹符号，创造出了一套简明易学的苗族拼音文字。为区别于1949年后的苗文，苗族人将这套文字称为"老苗文"，英语世界则称为柏格理文（the Pollard Script）。

② ［美］葛维汉：《四川苗族的故事与歌谣》，转引自石朝江《苗学通论》，贵州民族出版社2008年版，第27页。

③ ［法］高尔迪埃、维亚尔：《早期传教士彝族考察报告》，贵州大学出版社2011年版，第130页。

续表

作者	国籍	著作名	研究内容
W. Lockhart	英	*On the Miaotze or Aborigines of China*（1861）	研究苗家风俗
R. Verneau	法	*Les races humaines*（1862）	苗族体质
I. Edkins	英	*The Miau-Tsi Tribes*（1870）	据《兴义府志》《苗防备览》所记苗族单词，研究苗族语言
T. de Lacouperie	法	*The Languages of China before the Chinese*（1887）	根据中国历史文献研究中国南部旧土著：苗族，以及语言类别
A. de Quatrefages	法	*Historie générale des races humeines*（1889）	苗族族群考察
G. Deveria	法	*Les Lolos et les Miao-tze*（1891）	引用中国文献，比较研究了苗族、猓猓文字的差异
W. Llark	英	*Kweichow and Yün-nan Provinces*（1894）	记述云贵两省蛮族的历史地理、种类和风俗
A. Hosie	英	*Three Years in Western China*（1897）	黑苗单语及会话、黑苗风俗习惯
P. Vial	法	*Les Lolos*（1898）	研究猓猓和仲家、苗族历史与语言
A. Parker	英	*Up the Yang-tsze*（1899）	研究苗语单词
S. Williams	美	*The Middle Kingdom*（1900）	研究黔、滇等省的苗族社会
E. et O. Reclus	法	*L'empire du Milieu*（1902）	考察湘黔等省苗族历史、地理等

资料来源：[日]鸟居龙藏：《苗族调查报告》，"国立"编译馆1936年版，第7—15页；黄才贵：《影印在老照片上的文化：鸟居龙藏博士的贵州人类学研究》，贵州民族出版社2000年版，第172—177页。

另外，在20世纪上半叶，日本侵略者及其学术界亦对湘黔鄂渝桂省际毗连区进行了广泛而深入的调查研究。日本东亚同文馆编著的《中国省别全志》（湖北卷、湖南卷、贵州卷、四川卷、广西卷），既是日本侵略者对鄂、湘、黔、川、桂省际毗连区的自然环境、人口、种族、地理分布、社会生活、经济发展水平、城镇、交通、资源等方面全面调查的资料集成，又为其侵略和掠夺资源提供了翔实的情报。鸟居龙藏①、伊东忠太②、伊能嘉矩③、山田良辅④等日本学者还深入湘黔鄂渝桂省际毗连区进行了全面的社会考察和研究，成果也较为丰富。⑤

当然，西方传教士和国外学术界对17世纪中叶至20世纪中叶湘黔鄂渝桂省际毗连区的调查与研究远不止上述所叙。但通过上述冰山之一角就足以展现清代以来西方对湘黔鄂渝桂省际毗连区地理知识、社会发展等情况的考察与研究过程及所达到的程度。显然，经过三个世纪的考察、研究，国外研究者到20世纪中叶，在湘黔鄂渝桂省际毗连区人文自然地理知识的探索、了解和研究上，已然后来居上，超过了当时国人的认知和研究水平。诚如民国学术界所坦言："民族研究，中西学者均有所论列，而以西人研究较勤"，⑥相关著作"为数不少"⑦像民族语言调查、研究的"工作反被外国人先做了"。⑧

总之，湘黔鄂渝桂省际毗连区境内自然地理景观雄奇伟丽，山川秀美，类型复杂多样，多民族聚居所共同创造出的独特的山地人文环境，是为中华民族文化圈中重要内容之一。但因其地理单元闭塞，在明清以前长期处于"王化"之外，向因汉人较少进入，而被中央王朝和中原民众视为"内地的边墙"或"内地的边地"。然而在历史上这里并非为外界所未知的秘境。自17世纪中叶以来，随着湘黔鄂渝桂省际毗连区国家"一体化"的加深，本区与内地之间的交流日益频繁，国家和社会对其的认知亦比以前有了更多、更深的了解，但当时的国家和社会对湘黔鄂渝桂省际毗连区社会发展状况的认识仍在较大程度上处于感性阶段。主政者出于政治、军事控制的需要，对这一地区的自然人文地理知识有着极大的热情和丰富的

---

① ［日］鸟居龙藏：《苗族调查报告》，"国立"编译馆1936年版。
② ［日］伊东忠太著，村松伸、伊东佑信解说：《伊东忠太见闻野帖（清国）》，东京柏书房1990年版，第130页。
③ ［日］伊能嘉矩：《苗族一斑》，《人类学杂志》（东京）第17卷第193号。
④ ［日］山田良辅：《印度支那及中国之番人》，《番情研究会志》1899年第1号。
⑤ 关于近代以来日本学术界研究湘黔鄂渝桂省际毗连区的成果，参见王晓梅《日本学者西南少数民族研究综述》，贵州大学出版社2017年版。
⑥ 张凤岐：《西南边疆建设与民族调查》，《时事月报》1937年第1期。
⑦ 毓：《湘西苗族调查报告》，《图书季刊》1947年第3、4合期。
⑧ 吴宗济：《调查西南民族语言管见》，《西南边疆》1938年创刊号。

了解。在国家从政治和军事战略角度认知湘黔鄂渝桂省际毗连区的过程中，汉族知识分子对本地区族群、风俗、文化、经济、交通等诸层面也作了较为全面的观察，这为国家治理留下了丰富的第一手资料。后随着西方传教士、殖民探险者的进入，尤其是国外学者运用近代地理学、人类学、民族学等学科知识理论，对湘黔鄂渝桂省际毗连区的地理、人文环境进行了较广泛的考察与研究，并使之成为他们在中国重点考察、研究的民族地区之一。这样，人们对湘黔鄂渝桂省际毗连区的认知便开始由感性认识阶段逐渐过渡到理性认识阶段。到20世纪中叶，欧美和日本学术界对本民族社会的认知与研究水平后来居上。这在很大程度上刺激了中国学术界的研究情感。于是，中国学术界亦开始对湘黔鄂渝桂省际毗连区城乡社会作了深入的考察和研究，并取得了较为丰硕的成果，出版了《湘西苗族调查报告》《贵州边胞风习写真》等一批有影响的研究成果和考察报告。这都为后世了解、研究湘黔鄂渝桂省际毗连区奠定了极为重要的文献资料基础。

第二章 清代湘黔鄂渝桂省际毗连区城市的发展变迁

城市的发展,从其胚胎时期的社会核心到它成熟期的复杂形式,以及衰老时期的分崩离析,都是一个历史文化过程。① 在这一过程中,后世城市的发展变迁总是以前代为基础,不断演进、变迁。湘黔鄂渝桂省际毗连区城市的发展亦遵循了这一城市发展规律,并因自然地理与人文环境的影响呈现出特有的民族区域性特征。

第一节 清代以前湘黔鄂渝桂省际毗连区城市的发展进程

湘黔鄂渝桂省际毗连区是中华文明的重要发源地之一。早在晚更新世、旧石器时期,远古人类就在湘黔鄂渝桂省际毗连区一带繁衍生息,并在贵州桐梓②、湖南花垣药王洞③等地留下了大量早期人类活动的文化遗迹,创造出了丰富多彩的早期区域文明。据文献考古资料记载,早在先秦时期,湘黔鄂渝桂省际毗连区城市便已开始兴建,后经两汉、唐宋、元明时期的发展变迁,城市的发展水平达到了一个新的历史高度,并为17世纪中叶以后的继续发展奠定了基础、创造了条件。

---

① [美]刘易斯·芒福德:《城市发展史——起源、演变和前景》,宋俊岭、倪文彦译,中国建筑工业出版社2005年版,第1页。
② 吴茂霖、王令红、张银运、张森水:《贵州桐梓发现的古人类化石及其文化遗物》,《古脊椎动物与古人类》1975年第1期。
③ 《花垣边城镇发现史前洞穴遗址》,《民族论坛》2011年第21期。

一　城市肇兴：先秦、两汉时期城市的兴起与初步发展

湘黔鄂渝桂省际毗连区地处亚热带季风气候区，域内山谷交错纵横，植被丰茂，河谷地带因泥沙沉积而形成众多较为平坦的坝子，这为中华民族的祖先的播衍提供了较好的条件。从远古起，勤劳勇敢的各族先民们走出山洞，在山区河谷平坝上开始建造房屋，发展渔猎和农业生产，走向了定居生活，创造出了本地区的早期文明。后又不断吸纳由北方南迁的苗蛮部落的生产技术，促进了本地区的开发。"高辛氏以女配神犬盘瓠入五溪"①"放欢兜于崇山以变南蛮"②"巴五子居五溪而长"③等文献记载，都充分说明了湘黔鄂渝桂省际毗连区早期的社会发展和民族融合推动了本地区社会生产力的提高和文明形式不断向前演进。据现有考古资料来看，在沅麻盆地的辰溪、高村，怀芷盆地的怀化、新晃、芷江以及洪江一带，先后出土了大量石器、罐、釜、碗、壶、钵、纺轮等属于新石器时代的大溪文化、屈家岭文化和龙山文化的文物。④这些文物直接证实了湘黔鄂渝桂省际毗连区至少在新石器时期就已出现了城市的初始形态——聚落，并且数量较多。根据社会发展的一般规律，在一些地理位置相对优越的聚落往往会发展成为中心聚落和城壕聚落。这已为历史考古文献所证实。据《史记·西南夷列传》记载："此（夜郎、滇、邛等地）皆魋结，耕田，有邑聚。"⑤"有邑聚"说明了湘黔鄂渝桂省际毗连区城市的早期形态已开始萌芽。据目前考古与历史文献资料记载，湘黔鄂渝桂省际毗连区最早城市确有记载者可能当属且兰、牂牁、窑头古城等城市。"周之季世，楚顷襄王遣将军庄蹻溯沅水，出且兰（今贵州福泉），以伐夜郎。椓牂牁系船于且兰。既克夜郎，而秦夺楚黔中地，无路得归，遂留王之，号为庄王。以且兰有椓船牂牁处，乃改其名为牂牁。"⑥这些城市的规模也比较大。例

---

①　（南朝宋）范晔撰，（唐）李贤等注：《后汉书》卷86，"南蛮西南夷列传"，中华书局1965年版，第2829页。
②　（西汉）司马迁：《史记》卷1，"五帝本纪第一"，线装书局2006年版，第2页。
③　伍新福：《苗族历史探考》，贵州民族出版社1992年版，第26页。
④　伍新福：《湖南通史》（古代卷），湖南出版社1994年版，第13—24页。
⑤　（西汉）司马迁：《史记》卷116，"西南夷列传第56"，线装书局2006年版，第481页。
⑥　（晋）常璩撰，刘琳校注：《华阳国志校注》卷4，"南中志"，巴蜀书社1984年版，第335页。

如湘西战国窑头古城，位于酉水、沅江汇合处，三面环水，经数千年风雨，全城残存面积仍有6.7万平方米，护城河宽5—12米。城东为墓葬区。① 里耶战国古城位于酉水之滨耶里盆地中部，其城市残存部分面积近2万平方米，城西北部尚露出一段城壕遗迹。② 另外，在里耶古井中出土的秦代简牍中记录有迁陵、临沅、沅陵、阳陵等数十处地名。这些地方应该也是湘西在当时比较有名的城镇或规模较大的村寨。这些古城镇的兴筑为汉中央政府在湘黔鄂渝桂省际毗连区设治建城抚民准备了条件。

在先秦城市发展的基础上，西汉在平定西南民族地区后，为开发、管理西南夷地区，设置了牂牁、益州、武陵等六郡。其中牂牁郡辖且兰、毋敛、谈指、夜郎等县；③ 武陵郡下设充县、酉阳、迁陵、沅陵、辰阳、无阳、义陵、镡成等县；巴郡则辖有涪陵县。④ 共计13座治城。在春秋战国秦汉时期"官成而立邑"的建城原则下，⑤ 且兰、迁陵、涪陵等郡县修筑了具有政治、军事意义的城池则是毫无疑问的。有些府衙甚至还直接设置于当地少数民族所建的聚邑之中而成为国家管理地方的"治城"。例如，"鳖，故夜郎地是也"⑥。此外还有一些少数民族首领修建的城池，如位于贵州福泉市的"废竹王城，在杨老驿东半里，故老相传为竹王所建"。⑦ 后因地方行政管理的需要，两汉在秦代的基础上，增设了"州"一级行政机构，湘黔鄂渝桂省际毗连区的城市行政体系遂由"郡—县"制演变为"州—郡—县"制。这些城市分属于益州和荆州。随着区域开发的深入，尤其是汉中央政府实施"通西南夷道……募豪民田南夷"的措施，⑧ 进一步促进了湘黔鄂渝桂省际毗连区社会经济的开发与发展，农产品和手工业品的交换活动也日益活跃。世居于此的各民族掌握了木皮织绩和用植物染

---

① 胡建军：《沅陵县大洋山楚墓和窑头战国城址》，《中国考古学年鉴（2004）》，文物出版社2005年版，第284—285页。

② 柴焕波：《湘西里耶战国秦汉城址及墓葬》，《中国考古学年鉴（2004）》，文物出版社2005年版，第285—286页。

③ （东汉）班固撰，（唐）颜师古注：《汉书》卷28上，"地理志"，中州古籍出版社1991年据世界书局影印，第268页。

④ 谭其骧：《中国历史地图册》（2），中国地图出版社1996年版，第22—23、29—32页。

⑤ 黎翔凤撰，梁运华整理：《管子校注》卷1，中华书局2004年版，第83页。

⑥ （晋）常璩撰，刘琳校注：《华阳国志》卷3，"蜀志"，巴蜀书社1984年版，第270页。

⑦ （清）瞿鸿锡修，贺绪蕃纂：《平越直隶州志》卷5，"地理"，光绪三十三年刻本。

⑧ （西汉）司马迁：《史记》卷30，"平准书第八"，线装书局2006年版，第134页。

衣布的纺织、染色技术。① 賨布成为了汉代武陵蛮的特有的手工业品。② 汉末冯鲲征伐五溪蛮时，曾"收逋賨布卅万匹"。③ 陶冶业也因汉地技术的传入，其生产水平比汉代以前有了较大的提高。据黔东北沿河洪渡五座汉代陶窑出土陶器文物显示，其制陶技艺、烧窑技术、使用燃料等都呈现出了较高的制作水平。④ 经济的发展为城市的繁荣注入了活力，提供了条件，并与周边地区建立了商业联系。⑤ 例如，石柱县砖瓦溪遗址出土了西汉铁器、铜器、瓷器、陶器138件，"半两""五铢""莽钱"共计400余枚。⑥ 湘西武陵山腹地的保靖县的50余座汉墓亦出土了西汉"半两""五铢""大泉五十""大布黄千"等钱币，以及大量青铜器、陶器和滑石器。⑦ 这些出土文物直接说明了在两汉时期，至少部分湘黔鄂渝桂省际毗连区城镇已被纳入到国家商贸网络之中了。

二 羁縻之州：唐宋时期城市的继续发展

唐宋是中国封建社会发展史上的一个黄金时期，经济繁荣，文化昌盛，城市发达，享誉世界。唐宋时期，湘黔鄂渝桂省际毗连区城市发展与全国一样在不断向前推进，其表现为：城市数量增加，地理分布更加广泛。在隋统一全国后，中央政府在湘黔鄂渝桂省际毗连区设置了清江郡、澧阳郡、沅陵郡、巴东郡、黔安郡、明阳郡、牂牁郡，下辖清江、开夷、盐水、崇义、大乡、沅陵、辰溪、龙标、彭水、涪川、务川、都上、石城等13座县城。⑧

唐代国力强盛，湘黔鄂渝桂省际毗连区的谢龙羽、谢元齐等地方豪族纷纷内附。为有效管理这些民族地区，自贞观始，朝廷设置了数十个

---

① （南朝宋）范晔撰，（唐）李贤等注：《后汉书》卷86，"南蛮西南夷列传第七十六·南蛮"，中华书局1965年版，第2829—2843页。
② 同上书，第2831页。
③ （北宋）洪适：《隶释》卷7，"车骑将军冯鲲碑"，上海涵芬楼据固安刘氏藏明万历刊本影印。
④ 邓辉：《土家族区域的考古文化》，中央民族大学出版社1999年版，第218—220页。
⑤ 屈原著，郭超、夏于全主编：《楚辞》，蓝天出版社1998年版，第39页。
⑥ 郎保利：《石柱县砖瓦溪西汉至南朝遗址》，《中国考古学年鉴（2004）》，文物出版社2005年版，第336页。
⑦ 《保靖县清水坪西汉墓》，《中国考古学年鉴（2004）》，文物出版社2005年版，第287页。
⑧ 谭其骧：《中国历史地图册》（5），中国地图出版社1996年版，第11—12、26—27页。

羁縻州。① 以此为基础，唐中央政权设置了黔中道、岭南道、江南西道"三道"，管辖明州、降昆、琰川、训州、卿州、勋州、南平州、邦州、犍州、峨州、应州（都尚）［注："应州（都尚）"指州县同城，下同］、应江、罗恭、陏隆、姜州、亮州、东停、梓姜、充州（平蛮）、费州（涪川）、思南、多田、渭阳、思王、扶阳、辰水、思邛、思州（务川）、晃州、渭溪、业州（夜郎）、巫州（龙标）、郎溪、潭阳、锦州（卢阳）、麻阳、招谕、辰溪、卢溪、辰州（沅陵）、三亭、洛浦、溪州（大乡）、溆浦、黔州（彭水）、石城、洪杜、南宾、施州（清江）、融州（融水）等50座城镇。② 由于中央王朝治边力量不逮，羁縻州向由朝廷委任当地少数民族首领为官各依习俗管理。各民族首领出于政治、军事利益考虑，这些羁縻州治一般设于其控制的中心地带的寨堡，多为军镇性质，是为后世土司城的雏形，但其规模较小，与内地城市规制有着明显的不同，却为宋元明治理湘黔鄂渝桂省际毗连区，设治建城奠定了一定的基础。

湘黔鄂渝桂省际毗连区城市在唐代数量增长的同时，城市经济因区域的发展而日益繁荣。湘黔鄂渝桂省际毗连区物产丰富，在长期的开发过程中，包括矿物采掘、纺织在内的手工业获得了较快的发展。例如，思州、溪州、黔州、锦州等地所产水银、丹砂因质地上乘而成为朝廷贡品。费州、溪州、思州、黔州所产白蜡、黄蜡亦是本区域特有的贡品。③ 此外，湘黔鄂渝桂省际毗连区还有织绫、制巾、煮盐和纺织竹布、苎麻布等手工业。④ 手工业的发展为城乡贸易提供了丰富的商品来源，促进了湘黔鄂渝桂省际毗连区城市商业的发展。据考古资料显示，黔东北、湘西北、鄂西南等地都发现了数量较多的唐代货币。⑤ 这说明湘黔鄂渝桂省际毗连区城市在唐代与中原地区和邻近的两湖平原城市已有了较为密切的商贸联系。

---

① 范同寿：《贵州简史》，贵州人民出版社1991年版，第52页。
② 谭其骧：《中国历史地图册》（5），中国地图出版社1996年版，第57—60、72—73页。
③ （宋）欧阳修，宋祁撰：《新唐书》卷40、41，"地理志"，中华书局1975年版，第1027—1051页。
④ 朱圣钟：《鄂湘渝黔土家族地区历史经济地理研究》，博士学位论文，陕西师范大学，2002年。
⑤ 《印江大事记》，印江土家族苗族自治县档案馆编印；林时九：《湘西吉首发现窖藏铜钱》，《考古》1986年第1期；邓辉：《土家族区域的考古文化》，中央民族大学出版社1999年版，第292页。

第二章　清代湘黔鄂渝桂省际毗连区城市的发展变迁

两宋时期，北方大量人口南迁，其中部分人口进入到了湘黔鄂渝桂省际毗连区。随着这些北方人口的迁入及其所带来的先进生产技术，进一步促进了本地区社会经济的发展。作为国家边地，两宋朝廷在沿袭唐代治边的基础上，加强了湘黔鄂渝桂省际毗连区的政治军事控制，设立了沅州、施州、黔中等州、军、县等行政、军事机构，并"置义军土丁防守边徼"，为"本朝控制之要也"。① 随着这些国家经制州县的设立，湘黔鄂渝桂省际毗连区城市便依托治所得到了进一步发展。例如北宋熙宁六年，章惇南征开边于五溪蛮，"置沅州，以懿州新城为治所"，②"筑城西偏，一面比晓而毕，东南北三面三日而成"。③ 南宋宝佑五年，朝廷诏令黄平、清浪、中溪置屯驻戍，新筑黄平城，赐名镇远州。④ 据统计，两宋朝廷在湘黔鄂渝桂省际毗连区先后设置了高州、顺州、富州、保顺州、上溪州、永顺州、溶州、下溪州、保静州、辰州、泸溪、辰溪、溆浦、麻阳、卢阳、沅州、黔阳、会同、靖州、通道、绥宁、荔波峒、怀远、安夷、邛水、务川、彭水、黔江、武龙、南宾、清江等31个州县，分属于辰州、沅州、靖州、融州、宜州、思州、黔州、忠州、施州、武冈军；另在中央力所不逮的地区设置了勋州、和武州、乡州、南平州、合江州、罗嵓州、令州、南宁州、陈蒙州、邦州、犍州等11个羁縻州，由黔州所领，⑤ 共计42座城市（镇）。城市数量虽比唐代有所减少，但城市经济却比唐代发达。城市手工业著名者当属"点蜡幔"（湘西、黔东一带的蜡染）。"溪峒爱铜鼓甚于金玉，模取鼓文，以蜡刻版印布，入靛缸渍染，名'点蜡幔'。"⑥ 城市商业亦因本区物产丰阜而兴盛。"湖北路及沅、锦、黔江口，蜀之黎、雅州皆置博易场。"⑦ "被边十余郡，绵亘数千里"，"大抵皆通互市"，⑧ 城市经济

---

① （宋）曾公亮等撰：《武经总要前集》卷19，"边防"，四库全书本。
② （元）脱脱等撰：《宋史》卷493，"西南溪洞诸蛮上"，中华书局1977年版，第14181页。
③ （南宋）王象之：《舆地纪胜》卷71，"荆湖北路·沅州"，江苏广陵古籍刊印社1991年版，第636页。
④ 夏鹤鸣、廖国平：《贵州航运史（古、近代部分）》，人民交通出版社1993年版，第47页。
⑤ 谭其骧：《中国历史地图册》（6），中国地图出版社1996年版，第7—8、72—73页。
⑥ 朱辅：《蛮溪丛笑》，转引自李幹、周祉征、李倩《土家经济史》，陕西人民教育出版社1996年版，第25页。
⑦ （元）脱脱等撰：《宋史》卷186，"食货志下八"，中华书局1977年版，第4564页。
⑧ （元）脱脱等撰：《宋史》卷496，"黔涪施高徼外诸蛮传"，中华书局1977年版，第14244页。

日渐繁荣。是时,湘黔鄂渝桂省际毗连区乡村集市的雏形——草市也日渐发展,①成为城市商业发展重要的商品集散初级市场。城市商业的发展,致使内地通用的"天禧通宝""至和元宝""治平元宝""元丰通宝""绍圣元宝"等国家制钱亦广泛流通于湘西、黔东等地区。②为便于征收商税,北宋熙宁间,朝廷在沅州开设了税务机关。③不久,"凡州县皆置务,关、镇亦或有之"。④随着山区经济的开发、发展,湘黔鄂渝桂省际毗连区城市与内地的经济联系也日益密切。"楚、蜀、南粤之地,与蛮僚溪峒相接者……皆听与民通市。"⑤为保障湘黔鄂渝桂省际毗连区与四川成都、涪州以及两湖地区的联系,两宋朝廷还在黔州、武陵等地的交通要道上"置砦",以"通朝贡并夷僚部落",⑥进而形成了数条通往外界的商路。

经济的开发有力地促进了宋代湘黔鄂渝桂省际毗连区城市的发展。例如建于绍兴五年的永顺灵溪老司城,"凭山作障,即水为池,石碓白马,岩隐青狮,焕雀屏于玳瑁,饰鸳瓦于琉璃,云烘紫殿,雾锁丹墀,袅袅陈宫之景,遥遥楚馆之思"。其城规模宏大,占地方圆数里,城分东西南北四门,房舍相连,店铺颇多,人口"蚁集司城",人称:"城内三千户,城外八百家。"城内外街衢纵横,有紫金街、中街、左街、右街、上街、五铜街、渔渡街和河街八条街衢,道宽约丈余,红褐色花纹鹅卵石铺就。⑦被誉为"五溪之巨镇,万金之边城"。⑧又如宋代黔江县城,旧为隋唐石城县治,占地4万多平方米,其遗址仍残存有城门遗迹和鹅卵石街巷。⑨浦市居沅水中游的沅麻盆地,为辰州上下沅水的中转码头,自宋代立市以来便是湘西的一个工商巨镇,"灯火千家,舟楫如蚁,商贾云集"。⑩洪江则

---

① 宋辰州太守陶弼《题云雾驿》云:"草市人朝醉,畲田火夜明",生动描绘了湘西沅水流域草市的兴盛与繁荣。参见(清)守忠等修,许光曙纂《沅陵县志》卷45,"艺文",同治十二年刻本。
② 方培元:《楚俗研究》第3集,湖北美术出版社1999年版,第219页。
③ (南宋)李焘撰:《续资治通鉴长编》卷270,中华书局1985年版,第6619、6629页。
④ (元)脱脱等撰:《宋史》卷186,"食货志下八",中华书局1977年版,第4543页。
⑤ 同上书,第4564页。
⑥ (北宋)曾公亮等撰:《武经总要前集》卷19、20,"边防",四库全书本。
⑦ 方培元:《楚俗研究》第3集,湖北美术出版社1999年版,第218页。
⑧ 永顺县地方志编纂委员会:《永顺县志》,湖南出版社1995年版,第515页。
⑨ 朱世学:《鄂西古建筑文化研究》,新华出版社2004年版,第90页。
⑩ 泸溪县志编纂委员会:《泸溪县志》,社会科学文献出版社1993年版,第48页。

是"商通滇黔蜀,下达荆扬,舟楫往来,商贾辐辏,百货共集,洵边邑之货,薮四达之通衢也"。①

但在湘西、黔东、黔南等羁縻州和土著罗氏、田氏控制区域内,社会经济发展滞后,城市发展亦如隋唐时期也很落后,多以军事寨堡的形态呈现出来。即时人所言之"州为大土司城堡","各溪洞为小土司寨堡"。②这与国家直接管控的"经制州县"城市发展形成了鲜明的对照。

三 土司卫所之城:元明时期城市的进一步发展

元代也是中国大一统时代。在统一、治理西南民族地区的过程中,元朝政府在湘黔鄂渝桂省际毗连区实施土司制度的同时,还设置了八番、顺元等处宣慰司都元帅府、播州军民安抚司、思州军民安抚司、新添葛蛮安抚司、常德路等较大的行政区(宣慰司、安抚司、路),分属四川、湖广、云南三省。③ 其中常德路辖武陵、桃源、龙阳、沅江等四州县;澧州路辖澧阳(倚郭)、安乡、柿溪三州县;辰州路领沅陵、辰溪、泸溪、溆浦四县;沅州路领卢阳、黔阳、麻阳三县;靖州路辖永平、会同、通道三县;武冈路辖绥宁一县;融州辖融水、怀远二县;八番顺元蛮夷官辖定远府、桑州、章龙州、小罗州、下思同州、上桥县、麻峡县、小罗县、章龙县、罗博县、都匀县、乌山县等府州县;管番民总管辖罗来州、那历州、重州、峡江州、罗赖州、上龙州、白州、白岛州、罗那州、阿孟州等州;思州军民安抚司辖镇远府和沿河、石阡、洪安、思南、印江等地;播州军民安抚司领黄平府;新添葛蛮安抚司则领上黎平、允州、独山州、南渭州等处。绍庆府辖彭水、黔江;怀德府领酉阳州;施州辖清江县;永顺安抚司辖保靖州。这些府、州、县治所的设置,使湘黔鄂渝桂省际毗连区城镇数量在宋代的基础上得以继续增加,达到60个。④ 但在毗连区腹地,因"其

---

① (清)孙炳煜修,黄世昌等纂:《会同县志》卷2,"建置志·市镇",光绪二年刻本。
② 张衡:《试论两宋时期湘西沅水流域城市的形成与发展》,《求索》2006年第7期。
③ 夏鹤鸣、廖国平:《贵州航运史(古、近代部分)》,人民交通出版社1993年版,第40—43页。
④ (明)宋濂等撰:《元史》卷60、63,"地理三""地理六",中华书局1976年版,第1435—1563页。

民散居山箐，无县邑乡镇"，① 甚至一些城市治所也因人口数量少，而被裁并，如施州所辖清江县，于"至元二十二年，并清江于州"。② 这直接导致了湘黔鄂渝桂省际毗连区城市在元代形成了偏重于湘西沅江流域和黔南清水江流域的地理分布格局。同时，出于民族地方控制的需要，元中央政府还在本区部分城市驻扎了数量较多的军队。例如，元至元十七年（1280）十二月，"八番罗甸宣慰司请增戍卒……以三千人戍八番"。③ 至元十八年，石抹按只"领诸翼蒙古、汉军三千人戍施州"。④ 至元三十年五月"命思播黄平、镇远拘刷亡宋避役手号军人，以增镇守"。⑤ 大德三年，"沅州贼人啸聚，命以毗阳万户府镇守辰州，镇巢万户府镇守沅州、靖州，上均万户府镇守常州（今常德）、澧州"。⑥《元史·本纪》亦云："大德元年九月壬戌，八番顺元等处初隶湖广，后改隶云南，云南戍兵不至，其屯驻旧军逃亡者众，仍命湖广行省遣军代之。"其他湘黔鄂渝桂省际毗连区城市也多因驻军屯守而成为了军事要塞。军队的屯守驻防不仅强化了本区城市的军事控制的功能，而且还为明代广设卫所驻防、筑城奠定了基础。⑦ 正是元政府在湘黔鄂渝桂省际毗连区实行了由国家直接控制或土司管理的有区别的治理措施，使之形成了较为独特的城市行政体系（见图2.1）。这为明清湘黔鄂渝桂省际毗连区城市及其体系的发展演变打下了政治、历史基础，并进一步夯实了本民族区域城市发展的空间地理格局。

在国家政治军事控制下，元代湘黔鄂渝桂省际毗连区社会较为稳定，境内金、银、铜、铁、朱砂、竹木等富饶的"山林川泽之产"与前代相比得到了更有效的开发、利用，城市社会经济发展水平亦有一定的提升。据《元史》记载，湖广澧、沅、靖、辰、潭等地产金；沅、潭盛产铁、朱砂和水银；潭州还出产铅、锡、矾等矿藏。元政府还为此迁移大量人口至湘黔鄂渝桂省际毗连区，并设场、纳课以便更好地开发山林和矿产。例如，

---

① （明）宋濂等撰：《元史》卷60，"地理三"，中华书局1976年版，第1445页。
② 同上书，第1443页。
③ （明）宋濂等撰：《元史》卷99，"兵二"，中华书局1976年版，第2541页。
④ （明）宋濂等撰：《元史》卷154，"列传第四十一"，中华书局1976年版，第3640页。
⑤ （明）宋濂等撰：《元史》卷99，"兵二"，中华书局1976年版，第2545页。
⑥ 同上书，第2547页。
⑦ 邹逸麟：《中国历史人文地理》，科学出版社2001年版，第172页。

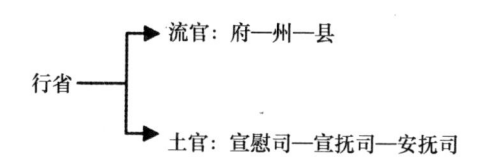

```
          ┌─ 流官：府—州—县
行省 ─────┤
          └─ 土官：宣慰司—宣抚司—安抚司
```

图 2.1　元代湘黔鄂渝桂省际毗连区城市行政结构体系

资料来源：贵州省地方志编纂委员会：《贵州省志·大事记》，贵州人民出版社 2007 年版，第 65—77 页。

至元二十年，朝廷"拨常德、澧、辰、沅、靖民万户"以淘金，并专置"金场转运司"。① "沅州五寨萧雷发等每年包纳朱砂一千五百两；罗管赛包纳水银二千二百四十两"。② 至正十五年，思州在七岩土、黄坑等地设场，采冶朱砂、水银，并规定"水银、朱砂之类，皆因土人呈献而定其输入之课"。③ 随着山林川泽特产的开发，湘黔鄂渝桂省际毗连区城市的商业贸易也得到了相应的发展，部分城镇成为了区域商贸中心。至元十一年元政府在施州设置了互市点，④ 施州因之成为了鄂西南民族地区的商业中心。在湘西北地区，至元三十一年元中央"于会溪设立宣抚司，禁约省民、洞蛮止于会溪交易，仍于沿边隘寨设立巡检司"。⑤ 这则史料一方面说明了会溪因国家所设交易场而成为了当时湘西北的商业中心；另一方面又暗示了湘西北城镇与内地商业交流路径较多，地方贸易也较繁盛，地方政府为加强民族地区的社会管理不得不在沿边隘寨设立巡检司。但总的来说，湘黔鄂渝桂省际毗连区"深山乏舟楫之利，即无重价以招商"，⑥ "民鲜逐末……别无奇赢可挟"，⑦ 极大制约了社会经济开发利用，致使元代湘黔鄂渝桂省际毗连区城乡商业发展有限，以至于对外商业交流也多限于距离汉族聚居区不远且交通相对便利的少数城镇。但这些商业城镇的兴起却为明

---

① （明）宋濂等撰：《元史》卷 94，"食货二"，中华书局 1976 年版，第 2377—2379 页。
② 同上书，第 2381 页。
③ （明）王圻纂辑：《续文献通考》卷 23，"征榷"，现代出版社 1986 年版。
④ 李干：《土家族经济史》，陕西人民出版社 1998 年版，第 49 页。
⑤ （清）鄢翼明纂修：《辰州府志》卷 7，康熙五年刻本。
⑥ （清）松林修，何远鉴纂：《施南府志》卷 29，"艺文志"，同治十年刻本。
⑦ （清）周来贺等修纂：《桑植县志》卷 2，"建置"，同治十一年刻本。

清时期本地区社会经济的继续发展打下了基础，并发展成为国家管控本民族区域的前哨基地。

明代是湘黔鄂渝桂省际毗连区城市发展的一个重要时期。明朝在统一西南地区的过程中，积极推行了一系列政治、经济、军事、文化等政策，尤其是通过贵州建省、设置州县卫所、改土归流等措施不断将湘黔鄂渝桂省际毗连区纳入到国家统一治理之下。贵州在明洪武、永乐年间先后设立了都指挥使司、布政使司和提刑按察使司，辖贵州镇远、思南、思州、铜仁、石阡、黎平、乌罗、新开、新化八府和安顺、镇宁二州，从而在部分湘黔鄂渝桂省际毗连区建立起了一套完整的由国家直接管理的地方行政管理体系。后随着国家治权的不断深入和稳固，明中央便在贵州更广泛的民族地区推行府县制，到明末，贵州布政使司共辖1司、10府、9州、14县。其所辖湘黔鄂渝桂省际毗连区府州县有思南、思州、安顺、铜仁、镇远、都匀、黎平、石阡8府，镇宁、独山、麻哈、黄平、广顺、定番6州和务川、铜仁、施秉、安化、印江、镇远、贵定、永从8县。① 湖广布政使司辖辰州府（领沅陵、卢溪、辰溪、溆浦、沅州4县1州。沅州则另领黔阳、麻阳2县）、靖州直隶州（领会同、通道、绥宁、天柱4县）、永顺军民宣慰使司（治永顺，辖南渭州、施溶州、上溪州3州以及腊惹洞、驴迟洞、麦著黄洞、白崖洞、施溶溪、田家洞等6长官司）、保靖州军民宣慰使司（治保靖州，领五寨、篁子坪2个长官司）以及城步县（宝庆府辖）；② 四川行省在所属湘黔鄂渝桂省际毗连区则设置了黔江、武隆、彭水3县，酉阳、石砫2个宣慰司以及平茶洞、石耶洞、邑梅洞、麻兔洞等4个长官司。③ 广西庆远府、柳州府则分辖荔波、怀远、融县等3县。④ 同时，明政府为保障这些国家"经制州县"的行政管理和安全还在湘黔鄂渝桂省际毗连区施行卫所制度。据史料记载，湖广、四川、贵州、广西四行省在湘黔鄂渝桂省际毗连区境内先后设置了施州卫、辰州卫、沅州卫、永定卫、靖州卫、崇山卫、镇远卫、平溪卫、兴隆卫、偏桥卫、清浪卫、铜

---

① 范同寿：《贵州简史》，贵州人民出版社1991年版，第82—84页。
② （明）薛刚纂修：《嘉靖湖广图经志书》卷1，"司本志"，书目文献出版社1991年影印本，第13—15页。
③ 蒲孝荣：《四川政区沿革与治地今释》，四川人民出版社1986年版，第392—411页。
④ 雷坚：《广西建置沿革考录》，广西人民出版社1996年版，第101、297、298页。

鼓卫、五开卫等十余个卫以及天柱、大庸、①黄平、黎平、平茶、镇溪②等千户所。从而形成了较为严格的地方城市行政军事制度，即"省会—府—州—县""省会—卫—所"相并立、平行的城市体系。这进一步奠定了湘黔鄂渝桂省际毗连区城市的发展格局。

在治理的过程中，明政府秉承"高筑墙"的原则，在湘黔鄂渝桂省际毗连区铜仁、思南、镇远、沅州、乾州等治所大力营建城垣，甚至在一些具有军事战略价值的地方也修筑了坚固的城堡，③并在"上自铜仁，下至保靖汛地""自镇溪所起至喜鹊营"等沿线修筑了长数百里隔离生苗与熟苗的"边墙"，④并将湘黔边界的主要军事要地和部分城市连接了起来。⑤城垣和"边墙"的修筑，不仅为国家控制湘黔鄂渝桂省际毗连区提供了政治、军事据点，而且还为本区域城市的发展奠定了基本的空间格局。

随着城池的修筑和国家"一体化"程度的加深，明代湘黔鄂渝桂省际毗连区城市社会经济也得到了较快的发展。铜仁府城"商贾互集"。⑥思南府城"舟楫往来，商贾鳞集"，⑦为"商旅之康庄，舟在之孔道也"。⑧龙里，"大平伐司有狗坊市、马坊市，城东有蛇坊市"。⑨贵定"土人"，"以渔猎为生，丑戌日为场"，"卫城有早市、晚市"。⑩炉山城内有"十字街市、南关市、龙场市、革场市"。⑪黄平"平原沃址，人多力于耕稼，衣食颇足，敦尚诗礼，而附城诸夷亦渐化焉"，"西门外有龙场市，北门外有牛场市"。⑫都匀，"广以西之唇齿，黔以南之藩篱"，城内有"龙场市、虎

---

① （明）薛刚纂修：《嘉靖湖广图经志书》卷1，"本司志"，书目文献出版社1991年影印本，第13—15页。
② 汤芸、张原、张建：《从明代贵州的卫所城镇看贵州城市体系的形成机理》，《西南民族大学学报》（人文社会科学版）2009年第10期。
③ （清）严如熤：《苗防备览》卷17，"事略·屯堡"，道光癸卯绍义堂重刻本。
④ 湘黔"边墙"后世亦称之为"南方长城"。
⑤ （清）席绍葆修纂：《辰州府志》卷12，"备边"，乾隆三十年刻本。
⑥ （明）谢东山修，张道纂：《贵州通志》卷3，"风俗"，嘉靖三十四年刻本。
⑦ （明）洪价修，钟添纂：《思南府志》卷1，"地理志"，上海古籍书店据宁波天一阁藏嘉靖刻本影印。
⑧ （明）许一德等：（万历）《贵州通志》卷16，"思南府"，书目文献出版社1990年版。
⑨ （明）许一德等：（万历）《贵州通志》卷12，"龙里卫"，书目文献出版社1990年版。
⑩ （明）许一德等：（万历）《贵州通志》卷12，"新添卫"，书目文献出版社1990年版。
⑪ （明）许一德等：（万历）《贵州通志》卷13，"清平卫"，书目文献出版社1990年版。
⑫ （明）许一德等：（万历）《贵州通志》卷13，"黄平所"，书目文献出版社1990年版。

坊市、革场市、新场市、鸡场市"。① 黎平，处"牂舸、武溪之间，据荆湖上流，南接广右，北抵洞庭，襟带湖湘"，城内有三牌坊市、四牌坊市。② 思州府城，"东连沅靖，西抵涪渝，扼盘瓠之襟喉，作湖楚之唇齿"，城厢有新正街市、北街市和南郭市等集市。③ 石阡，"土著夷民，其俗各异，涵濡日久，渐拟中州"，府城内有府前市、司前市、绥阳市、本庄市等市场。④ 施州卫则是"流于行商，而江西、黄州、武昌、四川、贵州为多，衣裳之资亦市之外地"。⑤ 土司城亦是"百货俱集，绸肆典铺，无不有之"。⑥ 一些卫所因交通便利亦发展成为规模较大的市镇。例如，麻阳石羊哨因立哨驻军，而发展成为"千帆云集，舳舻相衔，人烟稠密，商业繁盛的大市镇"。⑦ 凤凰营亦是如此。随着明代社会经济的发展，熟苗乡村也兴起了众多的集场、集市。⑧ 集市（场）的发展则为湘黔鄂渝桂省际毗连区城市工商业的兴盛提供了较强有力的市场支持。

明代湘黔鄂渝桂省际毗连区城市的文化教育事业在国家和社会的推动下也取得了较大的进步。例如，永乐以前黔东、黔南仅"思州因旧宣慰司学为府学，余皆未建"。⑨ 后在官府主导下，湘黔鄂渝桂省际毗连区所属各府、州、县、卫均建有府学、州学、县学、卫学等文教机构，并设学官以职掌地方文教事务。⑩ 王阳明亦在贵州龙场"悟道"，为贵州士子开讲"知行合一"，这对黔东、黔南城市文化教育的发展产生了深远的影响。⑪

---

① （明）许一德等：（万历）《贵州通志》卷14，"都匀府"，书目文献出版社1990年版。
② （明）许一德等：（万历）《贵州通志》卷15，"黎平军民府"，书目文献出版社1990年版。
③ （明）许一德等：（万历）《贵州通志》卷16，"思州府"，书目文献出版社1990年版。
④ （明）许一德等：（万历）《贵州通志》卷17，"石阡府"，书目文献出版社1990年版。
⑤ 利川民族志编纂委员会：《利川民族志》，四川民族出版社1991年版，第132页。
⑥ 顾彩：《容美纪游》，载王锡祺辑《小方壶斋舆地丛钞》第8秩，光绪十七年上海著易堂铅印本。
⑦ （清）姜钟琇、吴兆熙等修，刘士光、王振玉纂：《麻阳县志》卷首，"疆域志·市镇"，同治十三年刻本。
⑧ 朱圣钟：《鄂湘渝黔土家族地区历史经济地理研究》，博士学位论文，陕西师范大学，2002年。
⑨ （明）谢东山修，张道纂：《贵州通志》卷7，"学校志"，嘉靖三十四年刻本。
⑩ 范同寿：《贵州简史》，贵州人民出版社1991年版，第127—128页。
⑪ 廖峰：《从百死千难中得来的"良知学"——王阳明的为政与讲学》，《贵州大学学报》（社会科学版）2015年第6期。

此后，明代湘黔鄂渝桂省际毗连区城市文教事业日渐发展，"民渐知学"，①初改边鄙面貌而"渐华俗"。② 明人谢肇淛称赞之："荆蛮……昔为蛮夷，今入中国矣。"③

这样，经过明代两个多世纪的发展，湘黔鄂渝桂省际毗连区城市因国家采取行政建制、修筑城垣、设立卫所等措施，使以高墙深壕为特征的传统城市形态在本地区日渐普遍，数量比前代有所增加，文教事业亦较宋元进步。同时，随着国家统一市场的发展，湘黔鄂渝桂省际毗连区城市及其腹地的工商业经济因市场的需要而不断发展，且与内地经济联系也日益密切，水平不断提高。这为湘黔鄂渝桂省际毗连区城市的发展与繁荣提供了一定的经济内动力。它在促进本地区城市"内地化"发展的同时，也为清代及后世湘黔鄂渝桂省际毗连区城市的继续发展奠定了历史基础。

第二节　清代前中期西南湘黔鄂渝桂省际毗连区城市的发展

任何现实都是历史发展的客观产物，都具有显著的阶段性特征。清代以来湘黔鄂渝桂省际毗连区的城市发展亦是如此。清代前中期，湘黔鄂渝桂省际毗连区先后经历了明末清初战乱、国家统一、改土归流、社会重建等一系列大事件，这都给本地区城市发展带来了极为深远的影响。经过清代前中期国家和社会的共同努力，湘黔鄂渝桂省际毗连区旧城逐渐从清初残破的废墟中恢复过来，新城因生苗政区设置而渐次修建，并按照国家制度安排走上了"内地化"之路，是为本区城市发展的一个重要阶段，影响极为深远。

一　战乱浩劫：明末清初城市的残破

明末清初是中国历史上的一个大动荡时期。长达数十年的战乱不仅给中国社会发展和城市造成了极大的破坏和巨大的损失，而且还打断了宋元

---

① （明）李时勉：《古廉文集》卷10，"巴陵程大尹墓志铭"，台北商务印书馆1969年影印本。
② （明）薛瑄在《辰阳秋日》诗中写道："（辰州）边氓久已渐华俗，远客频应望帝乡；地气于今同北土，早秋时节雨生凉"。《薛瑄全集》（上），山西人民出版社1990年版，第478页。
③ （明）谢肇淛：《五杂俎》卷3，"地部一"，台北伟文图书出版社1977年版。

明时期湘黔鄂渝桂省际毗连区城市发展的上升势头，使之陷入到停滞、衰败的状态之中。其具体表现为城市人口锐减、经济凋敝、城池残破等方面。

首先是城市人口锐减。人口是城市发展的核心要素。经过明末清初数十年的战乱，使湘黔鄂渝桂省际毗连区原本数量不多的人口或死于战乱，或流徙他乡而大量减少。例如，黔东定番州城在顺治四年二月为农民军攻克，"血甚流杵，城中数百人，上至官司，下逮妇女，竟无一生者"。[1]又如孙可望"陷遵义、入贵阳。屠贵阳城、屠定番、安庄、安南、普定诸城而人烟绝，数百里哀鸿甫集"。[2]据康熙贵州巡抚杨雍建叙述："自镇远以上数百里人烟断绝……百姓流离失所。"[3]湘西亦是"弥望千里，绝无人烟"。[4]永定等县"清顺治初，因遭大乱，以致户无遗种。及康熙时，又遭吴三桂兵蹂躏，其时土著老民，百不存一"。[5]辰溪县"今经兵戈六七载，黄茅百里断炊烟"。[6]辰州则"庄佃书役夺掳逃亡，田地尽为茂草，百里绝无人烟"。[7]沅州仅在顺治五年征伐朱常彪、向登位一役中，"苗兵万人俱死"。[8]康熙时"吴逆变乱，沅城被贼兵盘踞，人民逃散"。[9]麻阳，"明末庚寅辛卯间，遭王马袁刘六镇兵马蹂躏，县城居民逃遁"。[10]黔阳因"（张献忠）寇晋豫入楚蜀，转掠江右，犯粤西二十余年，遂致燎原莫扑"，而"饱受其余毒矣……无前民孑遗"。[11]兴宁"各团乡民趁势如峒焚戮数日殆

---

[1] 刘显世、谷正伦修，任可澄、杨恩元纂：《贵州通志》，"前事志十七"，贵阳文通书局1948年铅印本，第7页。
[2] （清）蓝鼎元：《鹿洲初集》卷11，"论·贵州全省总论"，台北文海出版社1977年影印本。
[3] 杨雍建：《抚黔奏疏》，载贵州省文史研究馆点校：民国《贵州通志前事志》（三），贵州人民出版社1987年点校本，第111页。
[4] 毛况生：《中国人口》（湖南分册），中国财政经济出版社1987年版，第53页。
[5] 王树人修，侯昌铭纂：《永定县乡土志》下编，"户口第八"，1920年铅印本。
[6] （清）徐会云修纂：道光《辰溪县志》，江苏古籍出版社2002年影印本，第519页。
[7] 顺治十三年六月二十三日，户部尚书车克等题。
[8] 刘显世、谷正伦修，任可澄、杨恩元纂：《贵州通志》，"前事志十七"，贵阳书局1948年铅印本，第12页。
[9] （清）盛庆绂、吴秉慈修，盛一林纂：《芷江县志》卷8，"赋役志·户口"，同治九年刻本。
[10] （清）黄志璋纂修：《麻阳县志》卷3，"建置志"，康熙二十四年刻本。
[11] （清）田雯：《黔书》，中国西南文献丛书编委会：《西南稀见丛书文献》（5），兰州大学出版社2004年版，第312页。

尽"。① 虽然湘黔鄂渝桂省际毗连区在明末清初数十年的战乱中人口损失比两湖、四川、江浙等地较轻，但其城乡人口损失巨大亦是不争的事实。

其次是经济凋敝。清代以前湘黔鄂渝桂省际毗连区社会生产力原本就落后于中原及周边地区，多处于"刀耕火种"原始农业阶段。土民"于二三月间薙草伐木，纵火焚之；暴雨锄耕撒种，熟时摘穗而归"；②"向来刀耕火种，不用灰粪"，③ 经济极为落后。这种"无拘旧产"的经济模式也被明末清初数十年的战乱所波及、破坏，致使本区人口或大量死于战乱或逃亡而锐减，城乡经济遂失去了人的生产要素而陷入凋敝状态。康熙四十三年，贵州巡抚陈诜曾上疏朝廷："（贵州）收成歉薄，人牛种艺维艰。"④"沿途村落，民苗困惫。"⑤ 湘西社会经济亦在战争中遭到重大损失。保靖"人民离散，田园荒芜"。⑥ 故时人称："城邑边徼相沿……苗人出作入息，自给非难，难堪苦累，老幼嗟号。"⑦ 偏沅巡抚赵申乔亦云："百姓憔悴虐政已非一日"，以至于百姓"卖儿鬻产，茕茕孑遗，不死即逃"。⑧ 即便受战乱较少的桑植，其"邑民鲜逐末，除力田垦山外，别无奇赢可挟，故耕作勤而盖藏亦寡"。⑨ 这种经济的凋敝状态一直持续到乾隆初年。雍正九年时任贵州学政的晏斯盛曾对本区域的经济情况作了客观的写实：黔东、黔南迭经战乱之后，"初得苏息，而田少山多，土瘠民贫，无食无衣者处处有之，元气未复"，⑩ 且土地抛荒严重。乾隆十四年，湖南巡抚在奏折中仍称湘西"荒地甚多"。⑪ 清初因战乱而导致的经济凋敝，使湘黔鄂渝桂省际

---

① （清）郭树馨、刘锡九修，黄榜元纂：《兴宁县志》卷18，"杂记·纪异"，光绪元年刻本。
② （清）魏式曾增修，郭鉴襄增纂：《永顺府志》卷10，"风俗"，同治十二年刻本。
③ （清）林继钦、龚南金修，袁祖绶纂：《保靖县志》卷2，"风俗"，同治十年刻本。
④ （清）赵尔巽撰：《清史稿》卷274，列传61，陈诜传，中华书局1977年版，第10055页。
⑤ （清）鄂尔泰等修，靖道谟、杜诠纂：《贵州通志》卷35，"艺文志"，乾隆六年刻本，嘉庆补修本。
⑥ （清）林继钦、龚南金修，袁祖绶纂：《保靖县志》卷首，"序"，同治十年刻本。
⑦ （清）戴联璧等纂：《城步县志》卷9，"艺文上"，同治七年刻本。
⑧ （清）赵申乔：《赵恭毅公（申乔）剩稿》卷6，"禁革私派重耗示"，台北文海出版社1966年影印本。
⑨ （清）周来贺纂修：《桑植县志》卷2，"风土"，同治十一年刻本。
⑩ 中国第一历史档案馆等：《清代前期苗族起义档案史料汇编》，光明日报出版社1987年版，第82页。
⑪ 《宫中朱批奏折》，见中国第一历史档案馆编《清代档案史料丛编》第十四辑，中华书局1990年版，第177页。

毗连区城市发展基本丧失了本应由内部生成、积累的物质基础。

再次是城池残破。作为区域政治、经济和军事中心的城市，在战争时期必然会成为各方首先争夺的目标。经过明末清初的连年征战，湘黔鄂渝桂省际毗连区的城池大多残破不堪。辰州，"卫城废，四角楼圮，城垣女墙日就崩毁"。辰州府属溆浦县城"明季皆圮，正城基址尚存"；乾州厅城"岁久渐圮"；凤凰厅城亦是"久而渐圮"。① 会同县城，经明末清初战乱而"渐圮"。② 麻阳县城亦在战乱中"颓坏，城覆于隍"。③ 石砫厅城"明季兵火室庐凋敝，惟此街（小南溪老街）独存"。④ 彭水县城因"焚烧官衙民舍，而城垣圮堞尽没蓬蒿"。⑤ 贵州思南府城"明季城坏"。⑥ 石阡府城"明末屡困苗患，风起尘合，罹祸甚酷……堞圮垣倾陵迟已极"。⑦ 本区其他城市亦多如此。

长期的战乱使湘黔鄂渝桂省际毗连区城市人口大量死亡，城池损毁严重，社会经济凋敝不堪。这不仅使数百年来各族人民所积累的文明成果毁于一旦，而且还加剧了本民族地方与中央在地方治理上的矛盾，尤其是当周边地区随着三藩之乱的平定，城市得到了较快恢复之时，湘黔鄂渝桂省际毗连区却因严重的地方治理问题，以至于清政府不惜使用武力和改土归流的强制措施将其纳入到国家的直接治理。这在一定程度上又迟滞了湘黔鄂渝桂省际毗连区城市的重建与发展。

二 城市内化：清前中期城市的恢复与发展

随着明末清初战乱的平息，为稳定社会秩序、恢复社会生产力和强化地方治理，清政府在湘黔鄂渝桂省际毗连区采取了改土归流等措施，将其全面纳入到了国家直接治理之下，城市遂逐渐从衰败境地中恢复过来，向前迈进，达到传统时期的最高峰，并为晚清本民族区域城市发展的近代化

---

① （清）席绍葆修撰：《辰州府志》卷7，"城池考"，乾隆三十年刻本。
② （清）孙炳煜修，黄世昌等纂：《会同县志》卷2，建置志，光绪二年刻本。
③ （清）黄志璋纂修：《麻阳县志》卷3，"建置志"，康熙二十四年刻本。
④ （清）王槐龄纂修：《补辑石砫厅志》，建置志第五，"市街"，道光二十三年刻本。
⑤ （清）陶文彬修纂：《彭水县志》卷1，"规建志·城池"，康熙四十九年刻本。
⑥ （清）鄂尔泰等修，靖道谟、杜诠纂：《贵州通志》卷5，"城池"，乾隆六年刻本，嘉庆补修本。
⑦ （清）邱任伟修撰：《石阡府志》卷2，"舆地志·城池"，光绪二年刻本。

转型奠定了基础。

（一）实施促进城市发展的措施

为医治湘黔鄂渝桂省际毗连区明末清初的战乱创伤，恢复社会经济、促进城市发展，清政府采取了改土归流、重修城池、鼓励移民垦殖、改善交通、发展经济等措施。

1. 改土归流。"改土归流"是自明代始国家在西南地区开展的一项民族边疆治理政策。清建立全国性政权后便在明代基础上全面实施了这一民族地方的治理措施。诚如云贵总督鄂尔泰所奏："云贵大患，无如苗蛮。欲安民，必先制夷，欲制夷，必须改土归流。"① 鉴于消弭苗患对于国家治理西南民族地区的重要性，雍正批准了鄂尔泰的奏请，并任命他及其岳父迈柱分别为云贵广西总督和湖广总督，主持滇、黔、桂、湘、鄂五省的改土归流事务。② 从雍正四年始，清政府先后将保靖、永顺、桑植、容美、酉阳等土司辖地纳入到中央任命的流官治理范围，到雍正十三年基本完成了湘西和鄂西南少数民族地区的改土归流。诚如贺长龄所言：自此"湖广无土司"。③ 黔东、黔南改土归流则"辟地二三千里，几当贵州全省之半"。④ 渝东南、桂西北等地区亦在此期完成了改土归流。在改流的过程中，根据土司原辖地的地理状况和便于国家管控的原则，清政府在湘黔鄂渝桂省际毗连区节点地区设立了府、厅、州、县等地方军政机构，并修筑了城池。这为本地区城市的发展奠定了政治和地理基础。

2. 移民垦殖，发展经济。湘黔鄂渝桂省际毗连区地处群山峻岭之中，经济落后。随着清政府统一的完成，为"收拾民心"、稳固政权，国家制定了"轻徭薄赋"、鼓励移民垦殖等促进地方社会经济发展的措施。例如，面对明末清初战乱后留下的"地荒""民无孑遗"的满目疮痍景象，清政府为尽快恢复湘黔鄂渝桂省际毗连区的地方经济，多次颁布鼓励移民垦殖政策。凡各处逃亡人民，不论原籍何处，都要广加招徕，编入保甲，使之

---

① 梁聚五：《苗彝民族发展史》（草稿），1950年，中国国家图书馆藏，第219页。
② 赵尔巽撰：《清史稿》卷289，"迈柱传"，中华书局1977年版，第10255页。
③ （清）魏源：《湖南苗防录叙》，载贺长龄辑《皇朝经世文编》卷86，光绪二十五年中西书局石印本。
④ （清）魏源撰，韩锡铎、孙文良点校：《圣武记》卷7，"雍正西南夷改流记（下）"，中华书局1984年版，第292页。

安居乐业。① 实行"更名田",将本处无主荒地拨与开垦耕种,官给印信执照,准为永业。② 鼓励苗民垦荒,发展生产。③ 如苗民"无力耕种者,给以籽种以示抚恤";④ "苗人甫经招徕,不征丁徭,所以休养生息"。⑤ 经过数十年的努力,到乾隆中后期,大量荒田被垦殖为沃土(见表2.1)。为减轻农民负担,雍正时期国家还大力推行"摊丁入亩"的政策,使无地的农民和城市居民不再缴纳丁粮,有地者上交丁粮后不再服徭役。其结果不仅是减轻了封建国家对劳动人民的人身束缚,而且还在客观上有助于生产的恢复和发展,尤其是工商业者不纳丁粮、不服徭役,并不断吸纳剩余的农村人口向城市迁徙,从而有力地促进了湘黔鄂渝桂省际毗连区城市手工业和商业贸易的发展。例如,清江沿岸"商贾络绎于道","牙坪、王寨、卦治三处,商旅几数十万"。⑥ 这为清代中期本区域城市的发展提供了重要的物质条件。

表2.1　　乾隆时期湘黔鄂渝桂省际毗连区部分地区熟田数量

地区	相关熟田数量记载
松桃	"计成熟田二万二百三十亩有奇。"
古州	"计上田六千三百三十六亩,中田一万一千零六十亩,下田六百六十亩,共田一万八千一百七十六亩。"
普定	"有成熟田四万七千七百九十四亩有奇。"
归化	"有成熟田一万六千一百八十一亩有奇。"
清江	"田未经丈量升科,无亩可计,惟赤溪、岑戈等寨汉民有田二百四十三亩。"
台拱	"共田一万二千四百五十五亩有奇。"
永顺	"改流后,已有田1017顷。"
古丈坪	"水田居十分之三,熟地居十分之四,旱地居十分之一;岩山荒地居十分之二。"

---

① 《清世祖实录》卷25,《清实录》(7),中华书局1985年版,第389—390页。
② 《清世祖实录》卷43,《清实录》(7),中华书局1985年版,第636—639页。
③ 《清世宗实录》卷158,台北华文书局1969年影印本,第16、17页。
④ 《清世宗实录》卷54,《清实录》(7),中华书局1985年版,第827页。
⑤ (清)周玉衡修,杨瑞珍纂:《永绥直隶厅志》卷2,"营建门",同治七年刻本。
⑥ (清)爱必达:《黔南识略》卷21,"黎平府",乾隆十四年修刊本。

续表

地区	相关熟田数量记载
保靖	"至乾隆年间，开垦始多成熟。"

资料来源：（清）爱必达：《黔南识略》卷4、13、20、22，乾隆十四年修刊本；（清）林继钦等修，袁祖绶纂：《保靖县志》卷3，"食货志"，同治十年刻本；（清）魏式曾增修，郭鉴襄增纂：《永顺府志》卷4，"赋役"，同治十二年刻本；（清）董鸿勋修纂：《古丈坪厅志》卷11，"物产"，光绪三十三年刻本。

3. 制定城市建设管理制度。关于城市的建设与管理，古人早已有明确的规定。《汉书》云："古者域民筑城郭以居之；制庐井以均之；开市肆以通之；设庠序以教之。"① 清定鼎中原后，为尽快重建国家治理地方的中心——城市，国家在吸收前代经验的基础上作了严格的制度规范，以期建立切实可行的城市建设管理制度。早在顺治时期，为尽快修复或重建城垣，清廷就明文规定："复准各官捐修城垣"，并为清代历朝所沿用。为保障城市建设与管理的顺利开展，清政府还具体规定了城市建设的程序、责任。"凡直省城垣，各督抚察其所属境内之崇广深厚及倾圮与否，详核丈尺，登诸册，以时稽其修废。工省有司则于农隙缮治，工费浩繁者州县申督抚，报部疏请兴举。其有玩视不修不报者，劾之守土官更代，必按籍稽核，有不符者分别先后赔修。"② 如果"漫不修理，将该督抚交部议处"。③ 官员"有城池不预先修理，以致倒坏者，罚俸六月"。④ 为保证城建质量，清政府还制定了严格的勘验制度。"议准官员捐资修理城郭、楼台、房寨、器械等项。该督抚亲身详加勘验报奏。后若不坚固、不如式，三年内坍坏者，仍令该督抚并督工官赔修本工，捐资纪录销去，免其处分。若限内坍坏，该府州县官隐匿不报，被旁人出首者，将该管官革职。如该管官申报督抚隐匿不报，将该督抚各降二级留任。"⑤ 另外，为加强城市建设管理，

---

① 胡鬻修撰：《三合县志略》卷9，"营建略"，1940年铅印本。
② （清）刘炜、程嘉谟等奉敕撰：乾隆《钦定大清会典》卷72，《工部·城垣》，《四库全书》本，第2—3页。
③ （清）托津等奉敕纂：《钦定大清会典事例》卷665，《工部·城垣·直省城垣修葺移建》，载沈云龙主编《近代中国史料丛刊三编》，台北文海出版社1992年影印本，第9页。
④ （清）刘炜、程嘉谟等奉敕撰：乾隆《钦定大清会典则例》卷28，《吏部·修造》，《四库全书》本，第1页。
⑤ 同上。

清政府还专门颁布了《工部工程做法则例》，以规范城市各类官式建筑结构、样式、用料标准、工料估算和验收程序。①

在城市管理上，清政府亦作了具体规定。"各省城垣令督抚率属加意防护，毋纵民登陟，有缺处急修整，严禁逾越以防宄"；"凡城市禁令，内外城楼禁民登临及窃砖者，有犯皆论如律"。② 对于城市市场的管理，清政府制定了"牙行制度"。③ 城乡居民的户政管理则执行"三年编审造册登记"的保甲制度等。④ 此外，清政府还对城市安全、社会救济等诸多方面作了明确规定。鉴于本民族地区的特殊性，为加强湘黔鄂渝桂省际毗连区城市和乡村少数民族的管理，清政府还专门制定了"苗例"。⑤ 例如苗民户口管理"例则"规定："苗民姓氏相同者多，难以分别，应令各照祖姓造报户口清册，以便稽查"等。⑥ 这些制度和规定为清代本民族地区城市发展提供了强有力的制度和法律规范，并深刻地影响了清代湘黔鄂渝桂省际毗连区城市的发展。

4. 发展交通。交通是城市与外部世界联系的纽带，也是推动城市发展的动力机制之一。湘黔鄂渝桂省际毗连区处于万山之中，同外界联系困难，长期以来是一个相对封闭且在经济上基本能够自给自足的地理单元。在清代统一西南的过程中，政府将交通建设视为治理地方、发展区域社会经济、促进湘黔鄂渝桂省际毗连区与内地联系和巩固国家一统的重要措施之一。

首先是疏通水道，发展水运。水路是湘黔鄂渝桂省际毗连区城市与外界联系的重要途径之一。许缵曾在游记中指出："江南镇江府逆流而上，历全楚泝沅江至镇远。"又云："由常德水路至镇远者于西门"，其船只"大者曰辰船，容二十余人，舟至辰沅而止；小者曰艒船，容三四人可泝五溪直达潕水"。⑦ 但这些河道因地理、水文复杂，经常发生阻梗。在地方

---

① 梁思成：《中国建筑史》，生活·读书·新知三联书店 2011 年版，第 15、16 页。
② （清）刘炘、程嘉谟等奉敕撰：乾隆《钦定大清会典》卷 72，《工部·城垣》，《四库全书》本，第 2—3 页。
③ 罗鸿瑛：《我国古代关于市场管理的法律规定》，《现代法学》1989 年第 1 期。
④ 清高宗敕撰：《清朝文献通考》卷 19，"户口一"，新兴书局 1963 年影印本。
⑤ 袁翔珠：《清政府对苗疆生态环境的保护》，社会科学文献出版社 2013 年版，第 12—21 页。
⑥ 《清世宗实录》卷 54，《清实录》（7），中华书局 1985 年版，第 827 页。
⑦ 许缵曾：《滇行纪程摘抄》，载中国西南文献丛书编委会编《西南稀见丛书文献》（5），兰州大学出版社 2004 年版，第 259、264 页。

治理的过程中，清政府便有意识地强化了通往湘黔鄂渝桂省际毗连区河道的疏通工作。顺治时贵州巡抚卞三元组织平越、偏桥、黄平、兴隆等卫营兵及民工千余人，重开潕阳河诸葛洞段，"浚月河，筑水坝"，使潕阳河航道由镇远向上延伸了180里，直抵黄平州。① 鄂尔泰鉴于水运对于治理"三边之腹心"的重要性，于雍正七年"调两省之兵，竭三年之力"，"碎险碛，伐巨林，凿怪石"，疏通了连接都匀和下江的都柳江水道，自此"舟楫上下，邮递往来，无有阻碍"。② 雍正七年、乾隆三年，鄂尔泰和张广泗分别组织疏通了从湘西黔阳到黔南都匀的清水江河道。③ 在湘西沅江，"乾隆二十六年潘善人正琥督率工匠"，凿鬼门滩，工竣称之为"太平滩"。武陵县丞王源洙"凿修青浪滩，险去三分之一"。后屡有疏通沅江航道之举。④ 官方为保证航道的畅通，还颁布了禁止在河道筑设"鱼梁"的法令。⑤ 随着通向外界水道的疏通，清政府在潕阳河、都柳江、清水江、锦江等沿河道节点地区"建城设镇……或营或汛"，⑥ 设立治所，或因商贸活动而兴起了施秉、锦屏、天柱、台拱、清江、省溪、都江、丙妹、铜鼓、新市镇、远口、王寨、茅坪、挂治等城市或规模较大的港埠市镇，⑦ 从而促进了湘黔鄂渝桂省际毗连区城镇的发展。

其次是发展陆路交通。由于湘黔鄂渝桂省际毗连区沟壑纵横，高山耸峙，在许多不通航运的地区，须靠陆路交通来解决城市间联系的问题。故清代中央和地方都很重视湘黔鄂渝桂省际毗连区陆路交通的建设，修筑了

---

① （清）鄂尔泰等修：《八旗通志》，"卞三元传"。转引自何仁仲编《贵州通史》第3卷，当代中国出版社2003年版，第209—210页。
② 《鄂尔泰奏开都江河道疏》，载胡翯修撰《三合县志略》卷5，"水道"，1940年铅印本。
③ （清）吴振棫：《黔语》卷1，咸丰四年刻本，第3页。爱必达：《黔南识略》卷15，"天柱县"，乾隆十四年修刊本。
④ （清）守忠等修，许光曙纂：《沅陵县志》卷4，"山川"，同治十二年刻本。
⑤ 据贵州锦屏县河口乡立于雍正八年的《鄂尔泰为禁筑梁以通水道碑》刻载："查得沿江一带，设立鱼梁，横截水面……种种危害，不可枚举。本部院欲为尔民兴永远之利，若不先除害利者，利何能兴！合就出（告示）仰黔属沿江一带汉夷人等悉知，现在江心设立之鱼梁，统俟示到十日内悉行拆毁……务使渡平岸阔，上下无虞，大舸小舟，往来皆利。"载鄂容安等撰，李致忠点校《鄂尔泰年谱》，中华书局1993年版，第74页。
⑥ 《鄂尔泰奏开都江河道疏》，载胡翯修撰《三合县志略》卷5，"水道"，1940年铅印本。
⑦ 夏鹤鸣、廖国平：《贵州航运史（古、近代部分）》，人民交通出版社1993年版，第111—114页。

湘黔、黔桂等驿路交通。① 例如，黔桂驿道从贵阳出发，经龙里、贵定、平越卫、马场坪、干巴哨、麻江，至都匀、平浪、独山、荔波，入广西南丹，达庆远府。② 平越驿路，"黔省驿站下游黄丝驿至平越府，自平越府至杨老驿，计程八十里，道路崎岖。若由黄丝驿以下之老虎场营分路自鱼梁江直达杨老驿，止五十里，路也平坦。……驿递、商民均属便益"。③ 凤凰厅至溆浦浦市驿路，则由凤凰厅城经马路口、永兴场、三层坡、三湾岭、都歧，抵高山坪，至浦市，全程共计170里。④ 官员和地方社会各界亦积极参与了陆路交通的修建、整治与维护。辰州知府方传穆、里人黄凤善、谕庠生许文辉"雇石工凿（沅陵）纤路，较旧倍宽，越数月始竣，行者称便"。⑤ 印江，"地处边隅，路通川广"的天堂哨，自康熙开设场镇以来，人口不断集聚，经济日渐发展。为改变道路崎岖不利于社会经济发展状况，道光年间，县民集资修筑了丰子湾至车家河路段，使之成为坦途。⑥ 这些驿路将湘黔鄂渝桂省际毗连区核心地区和边缘地区初步联系在一起，组成了一个相对独立的区域陆路交通网络。这个网络通过国家驿路干路与其他区域陆路交通连接在一起，成为国家陆路交通的一个有机组成部分。陆路交通的改善为高原山地之外的人流、物流进入湘黔鄂渝桂省际毗连区提供了一个重要的交通孔道，便利了本区城市与外界的交流，促进了湘黔鄂渝桂省际毗连区的城市发展。

此期交通的发展，不仅为清代及以后的交通建设奠定了基础，而且还为清代湘黔鄂渝桂省际毗连区城市的发展提供了强有力的推力，并影响了本区域城市发展的地理空间格局。

（二）城市的重建

随着清初国家政局的逐渐稳定，以及国家促进地区开发的各项措施的

---

① 李忠清：《中国西南边疆的社会经济：1250—1850》，林文勋、秦树才译，人民出版社2012年版，第71—73页。

② 魏冬冬：《明清贵州诸驿沿线生态状况及研究述评》，《贵阳学院学报》（社会科学版）2016年第3期。

③ 《清世宗实录》卷108，台北华文书局1969年影印本，第34、35页。

④ 徐海瑞：《古驿道佐证浦市陆路繁华》，《潇湘晨报》2008年12月23日。

⑤ （清）守忠等修，许光曙纂：《沅陵县志》卷7，"津梁"，同治十二年刻本。

⑥ 印江土家族苗族自治县志编纂委员会：《印江土家族苗族自治县志》，贵州人民出版社1992年版，第793页。

施行,湘黔鄂渝桂省际毗连区社会经济得到了逐步恢复、发展。这为清代前中期湘黔鄂渝桂省际毗连区城市的重建、发展准备了条件。

1. 兴筑城垣。在将湘黔鄂渝桂省际毗连区纳入国家一体化的历史进程中,早在明代就已在鄂西南、湘西、黔东等地区设置了经制州县和卫所,修筑了"边墙",在一些节点地区修筑了府州县城、卫城、所城以及军事堡垒,并设置了相应的军政机构。这些府州县城、卫城、所城、军事堡垒和土司城①初步构成了清以前湘黔鄂渝桂省际毗连区城市(镇)骨架。但它们却在明末清初战乱中或被战火损毁,或因国家力量的暂时退出,失去了存在的价值而多付予草莽。为尽快将本地区纳入到国家直接管理之中,清政府便将兴筑城垣置诸于重要地位。

首先是旧城重建。城市作为管控治理地方的中枢,在传统时期因"有国者为长治久安计,必有深沟高垒,永奠金汤焉"②而备受国家的重视。随着清政府统治的稳固,湘黔鄂渝桂省际毗连区成为了国家的经制州县,社会经济也逐步得到了恢复发展,同时中央财力也日益充裕,这为大规模进行城池兴筑提供了必要的政治、经济与社会条件。于是,在清政府兴修城垣的严令下,③全国各地在康雍时期出现了一个修筑或修葺旧城的高潮,以后历朝亦屡有兴筑之举。地处中原腹地边缘地带的湘黔鄂渝桂省际毗连区城市亦是如此。城步县城"在巫水之阳。旧城周五里,高八丈,阔八尺,门三:东曰振文,南曰镇阳,西曰永安"。"康熙二十年知县王谦复修。乾隆间知县张方佳、周仕魁、石文成、贾构相继增修。"④长安营城"在城步西南横岭岗。旧为苗地,有城周二里八分,分东西南三门,城基垒石高六尺。国朝乾隆六年移同知及游击等官驻扎其地。四十三年署同知

---

① 土司城规模一般较小,其在元明及清初较为普遍。例如松桃厅就有三处土司城:乌罗府城,"距城一百二十里。明永乐十一年建,正统四年裁改乌罗长官司,城址存";"黑坡城,距城六十里,地名两河口。城周四里七分。明隆庆戊子年乌罗长官司移住于此";旧城,"距城二十五里,在孟溪,亦乌罗长官司移驻处"。(清)徐铭修,萧琯纂:《松桃厅志》卷6,"古迹",道光十六年刻本。
② (清)常明等修,杨芳灿等撰:《四川通志》卷24,"舆地志·城池",嘉庆二十一年重修本。
③ (清)光绪《钦定大清会典》卷72,"工部·城垣",四库全书本。
④ (清)卞宝第、李瀚章等修,曾国荃、郭嵩焘等纂:《湖南通志》卷41,"城池",光绪十一年刻本。

贾构补修"。① 其他城市亦多于康雍乾时期在旧城基础上复建或修葺了城池（见表2.2）。

表2.2　　　清康雍乾时期湘黔毗连区部分城池修葺情形简表

城市	城池修葺大致情形
辰州	"康熙二十年知府刘应中，四十年知府朱国柱踵修，四十四年水溢城圮。知府迟煓修筑，又于各门增建守舍。雍正八年知府白丰、十二年知府李珣重修。"
泸溪	"雍正十一年知县张宏烈重修。"
辰溪	"乾隆六十年知县刘锡绮重修。"
溆浦	"明季兵燹城圮，乾隆中知县韩宗蕃、王宏曾、田泽广、陶金谐详请修筑，以费钜不果。"
沅州	"康熙二年巡抚周召南重筑。""乾隆十八年知府瑭珠、知县王云万复修。三十九年知县会应诏、金成华、庄士宽领帑重修。"
黔阳	"康熙四年知县张扶翼、二十七年知县于栋如、五十三年知县刘讷增修。乾隆四十六年知县高成涟领帑重修。"
麻阳	"康熙二十五年知县黄志璋、三十一年知县陈辉璧复修。乾隆七年署知县宫书禄、五十三年知县陈步蟾复修。"
乾州	"康熙五十三年重修。五十九年同知佟世英因正城湫隘，乃环正城东西北卫以土垣。嘉庆元年苗平后升乾州厅为直隶厅。同知赵贵觅领帑扩建新城，周六百四丈。"
凤凰	"康熙五十四年，题请阖省捐俸修葺，周二里有奇，高丈五尺，东西南北四门，各有楼。乾隆五十一年同知景椿详请奏展笔架城，自西门至北门，围长二百四十五丈，增西门，曰阜成。"
靖州	"康熙元年知州梁浩然修，二十年知州常光裕增修。乾隆二十四年知州吕宣曾领帑重修。"
绥宁	"康熙五年知县杨九鼎修，二十五年知县范成龙，五十五年知县王作楷重修。乾隆二十四年知县陈于宣领帑复修。"
会同	"康熙五年知县何林增修。乾隆二十四年知县裘栋请帑重修。"
通道	"康熙五年知县杜毓秀修；二十一年知县殷道正重修。乾隆二十四年知县罗绅领帑重修，易以石。"

---

① （清）卞宝第、李瀚章等修，曾国荃、郭嵩焘等纂：《湖南通志》卷41，"城池"，光绪十一年刻本。

续表

城市	城池修葺大致情形
都匀	"顺治十八年都清道佥事姚启盛,新镇道丞议徐弘业,知府庞纳铭,佥将龙略,中军守备李子玉重建。寻倾数十丈。康熙六年副使吴◇珍,知府黎际皋,佥将龙略,卫守备崔基重建。"
清平	县城原为清平卫。万历间"砌石城,周围六百六十三丈,高一丈,门四。乾隆二年题请修建。县属凯里城同时题建。"
镇远	明筑石城四十五丈、一百二十丈。明末倾颓。"康熙十年重修。乾隆二年题请修建,除临河岸毋庸建,城外于山上隘口要路分筑城关,列建炮台,共四百四十丈零。"
施秉	"原为偏桥卫城,明洪武二十二年筑,周围一千二百二十八丈,高一丈二尺,外石内土,垛二千二百,城楼四,西角敌楼一,东水关一。国朝康熙二十六年裁卫并县,移县治于卫城。乾隆二年题请修建。县属旧施秉城同时题建。"
思南	"顺治十八年知府叶蕃重修。康熙十二年知府陈龙岩修葺。"
印江	"崇祯十三年改建石城,后毁于兵。国朝康熙十一年知县蒋元捷重修。"
务川	明熊玠筑土城,"明季兵燹,城楼灰烬,墙垣颓圮。国朝康熙十年知县雷起龙重修。"
石阡	明嘉靖"甃以石"。"国朝顺治十八年推官陈龙岩重修。"
思州	万历五年"砌以石","明季毁于兵火"。"国朝康熙八年知府陈龙岩增修,十一年复倾塌四十余丈,知府李敷治重修。雍正九年知府褚世晖加修。"
玉屏	旧为湖广平溪卫城。明洪武建,"周围九里三分,高二丈,门五。国朝康熙五十年守备吴丕烈修。雍正五年隶黔,改卫为县……乾隆二年题修。"
青溪	旧为青浪卫城,明永乐建,周围九里三分,高一丈一尺,门三。"国朝雍正五年隶黔,改卫为县,因为县城,乾隆二年题修。"
铜仁	明景泰时建土城,嘉靖"砌以砖石"。明末"经兵火,楼尽毁"。"国朝顺治七年重修上南、正南、下南诸城楼。"
永从	明万历始筑土城,"明末复圮。国朝康熙重筑。知县王克昌、王◇长相继修葺。"
锦屏	原为铜鼓卫城,隶湖广,"洪武间筑"。"国朝康熙十一年重修。"

资料来源:(清)卞宝第、李瀚章等修,曾国荃、郭嵩焘等纂:《湖南省志》卷41、42,"城池",光绪十一年刻本;(清)鄂尔泰等修,靖道谟、杜诠纂:《贵州通志》卷5,"城池",乾隆六年刻本,嘉庆补修本。

在上述城池修筑复建过程中,国家和地方官府起到了主导作用。清初，国家百废待兴，虽然中央明文规定各地必须兴修城池，但受当时国家与地方财政经济困乏的制约，无法动用有限的国家财政经费应用到各地城池的兴筑上，但在兴修城池时，却一般要由地方官员负责。在此种情形下，地方官员多采取捐俸募捐和动员社会力量等措施来修筑或修葺城池。例如，凤凰厅城，"康熙五十四年，题请阖省捐俸修葺，周二里有奇，高丈五尺，东西南北四门，各有楼"。① 荔波县城，"康熙二十年知县刘萦捐资重建南北城楼"。② 后随着国家和地区经济的恢复、发展，国家财政逐渐充裕，到雍乾时期，修筑城池的经费则主要来源于国家财政资金的拨付。松桃厅城在雍正十三年兴筑完毕时，共花费"帑银一万六千三百四十七两一钱八分"。③ 桑植县城亦是知县连际颖"领帑银九千六百二十七两零，易以砖石"修砌而成。④ 其他如沅州、黔阳、乾州、永绥、会同、通道等府、州、县、厅城亦是"领帑重修"。⑤ 城池的重建或修葺，为清代湘黔鄂渝桂省际毗连区的城市发展和社会经济、文化从明末清初的战乱中恢复过来，并向前发展提供了一个安全容器。

其次是新筑城垣。由于地理阻塞，城市发展落后，以城垣为标志的传统城市在湘黔鄂渝桂省际毗连区腹地至清初时还比较少，除卫所和部分国家经制州县外仍有相当部分城市处于一种自然状态，即无城垣深濠护卫，多沿河循地势发展。例如，湘西晃州厅"署衙临河，并无城郭"。⑥ 贵州镇远府衙、县署"均在北岸，并无城郭。南岸卫城系总镇驻扎之所"。⑦ 陈鼎亦云："镇远府河势纡曲，水由黄平州，万山中来，峰峦丛拔，上出重霄，无城郭，依山为卫，隔河有卫城"等。⑧ 此外，还有相当一部分地区如生苗聚居区和土司辖地因历史原因长期为中原视为"蛮荒之地"，未设有行

---

① （清）卞宝第、李瀚章等修，曾国荃、郭嵩焘等纂：《湖南省志》卷41，"城池"，光绪十一年刻本。
② （清）鄂尔泰等修，靖道谟、杜诠纂：《贵州通志》卷5，"城池"，乾隆六年刻本，嘉庆补本本。
③ （清）徐铉修，萧琯纂：《松桃厅志》卷7，"城池"，道光十六年刻本。
④ （清）周来贺纂修：《桑植县志》卷2，"建置"，同治十一年刻本。
⑤ （清）卞宝第、李瀚章等修，曾国荃、郭嵩焘等纂：《湖南省志》卷41、42，"城池"，光绪十一年刻本。
⑥ （清）刘书年：《刘贵阳遗稿》卷3，《黔行日记》，紫江朱氏据原稿印行，第41页。
⑦ 同上书，第45页。
⑧ （清）陈鼎：《黔游记》，中国西南文献丛书编委会：《西南稀见丛书文献》（5），兰州大学出版社2004年版，第199页。

政治所，是为清初中国城市发展的空白区域。

康雍时期，清政府为强化地方治理，在改土归流的过程中，强化了地方行政管理，在湘黔鄂渝桂省际毗连区腹地及边缘地带先后设立了保靖、凤凰、乾州、永绥、古丈坪、松桃、八寨、丹江、清江、古州、都江、台拱、鹤峰、咸丰、来凤、宣恩、恩施等府厅州县。① 为便于治理，除鹤峰②、桑植③等部分城市因土司城设治外，清政府还在湘黔鄂渝桂省际毗连区腹地及边缘地带具有战略价值的节点区域修建了城池，作为治所。清江厅城，因"公鹅寨据清江形胜"，雍正八年"就其地建城设制，隶镇远府"。④ 松桃老城，"距城十里，即长冲地。雍正八年建城于蓼皋山麓，即以松桃名城"。⑤ 三合县城，"土城也……雍正时州牧陈于中详请修三角土城。至乾隆九年七月，州牧谢国史、州同史金绍始领获公帑，修筑三角坨土城一座，周围一百七十丈，东南西三门，楼三座，炮台四座"。⑥ 又云："乾隆八年因山建立土城，周围二里七分，计一百七十丈，设东南西三门。"⑦ 八寨"自古蛮徼之地，战斗之场。至前清雍乾之际，两次揆度地势，择险要环山凿石以为城。就泉蓄水以为池，从容镇摄地方"；"八寨之有城垣，自前清雍正始。其时……改土归流，人民初附，移都匀府同知坐镇县境。乃择县治东十里许之地筑城居之，以镇抚苗夷。因附近之寨有八，回环围绕，故以八寨名，即今之柔远堡，又称老八寨"。⑧ 榕江县城，乾隆"按察司张钺、赵文英、潘绍周、徐嘉宾通勘上下两江，上自三角坨，下至诸葛营，浚滩凿石，无有阻碍，乃建城于诸葛营，今榕江县治"。⑨ 此外，清政府还新建了永绥、晃州等城池（见表2.3）。

---

① 吴荣臻、吴曙光：《苗族通史》（二），民族出版社2007年版，第458、459页。
② （清）聂光銮等修，王柏心等纂：《宜昌府志》卷4，"建置上"，同治三年刻本。
③ （清）周来贺纂修：《桑植县志》卷2，"建置"，同治十一年刻本。
④ （清）鄂尔泰等修，靖道谟、杜诠纂：《贵州通志》卷24、25，"师旅考""苗疆师旅始末"，乾隆六年刻本，嘉庆补修本。
⑤ （清）徐镛修，萧琯纂：《松桃厅志》卷6，"古迹"，道光十六年刻本。
⑥ 胡嵩修撰：《三合县志略》卷9，"营建略"，1940年铅印本。
⑦ 同上。
⑧ 郭辅相修，王世鑫等纂：《八寨县志稿》卷3，"城垣"，1931年刊本。
⑨ 胡嵩修撰：《三合县志略》卷7，"年纪"，1940年铅印本。

表 2.3　　清前中期湘黔鄂渝桂省际毗连区部分新筑城池情形表

城市	新筑城池大致情形
古丈坪	距永顺县百七十五里，"嘉庆二十四年建。"
保靖	"雍正七年设县，建城周三里三分，计五百九十四丈，高一丈五尺……知县王钦命甃之以石。嘉庆五年知县胡如沅增建外城三，长七百一十九丈。"
龙山	"雍正七年设县，十年建城，周三里三分……知县袁振绪甃之以石。"
乾州	河溪城，"嘉庆二年筑……城周百八十四丈"；镇溪营石城，"嘉庆二年筑，周三百二十一丈，门三"；强虎哨石城，"嘉庆二年筑，周一百五十丈，门二"；湾溪汛石城，"嘉庆二年筑，周一百九十七丈。"
永绥	茶洞城，"嘉庆七年筑，移永绥副将驻之，城周二里许，门四。"
安福	县城在道溪之阳，本永定卫之裴家河地。"国朝雍正七年置县建城。"
定番	大塘城在定番州姑卢。"乾隆三年题建，周围二百九十八丈，城门四，城楼四。"
长寨	"雍正十一年题建，周围四百八十丈，高一丈。"
荔波	旧城在穿来里，明末圮。"顺治十七年知县王家正详请迁于方村莪岭，是为今治，去旧城五十里。筑土垣，周围一百八十二丈，高五尺，厚一尺五寸，开西南北三门，建有草楼，岁久废颓。康熙二十年知县刘菜捐资重建南北城楼。乾隆二年题请改建石城于蒙石里，周围五百二十二丈，城门四，城楼四。"
丹江	"雍正九年题建土城，十一年奏请改建石城，周围六百二十五丈。"
鸡讲城	"雍正九年题建土城，周围三百四十丈，门四。"
小丹江城	"雍正九年题建土城，周围二百六十丈，门四。"
上江城	"雍正九年题建土城，周围六百三十九丈，门四。"
清江	"雍正九年题建土城，十一年改建石城，周围七百九十丈。"
柳罗城	"雍正八年题建土城，周围二百七十丈，门二。"
稿贡城	"雍正八年题建土城，周围二百八十丈，门二。"
柳霁城	"雍正二年题建石城，周围三百四十丈，门三，楼三。"
台拱	"雍正十一年题建石城，周围九百四十二丈，高一丈四尺，门四，城楼四炮台十二座，水关二。"
古州	"雍正八年题建土城，周围七百九十二丈八尺，高一丈二尺，基宽七尺，顶宽四尺，门四。"
郎洞城	"乾隆二年题建石城，周围五百三十二丈，城门四，城楼四。"
来凤	"乾隆元年设县于故散毛司之桐子园，勘定城基，周三里四分。"

续表

城市	新筑城池大致情形
利川	"设县时,勘定城基周三里三分。嗣因僻在山区未建。嘉庆元年……知县陈春波倡筑土城。"

资料来源:(清)卞宝第、李瀚章等修,曾国荃、郭嵩焘等纂:《湖南省志》卷41、42,"城池",光绪十一年刻本;(清)鄂尔泰等修,靖道谟、杜诠纂:《贵州通志》卷5,"城池",乾隆六年刻本,嘉庆补修本;(清)松林修,何远鉴纂:《施南府志》卷5,"建置志·城池",同治十年刻本。

鉴于城池管控、治理地方的重要性和出于节约建城经费的需要,清政府除了重修旧城、兴筑新城外,国家还制定、实施了"省卫入县"的政策,利用部分明代卫(所)城设置了行政治所。"康熙二十六年六月初四日,添设贵州七县,曰贵筑、曰清镇、曰安平、曰安南、曰修文、曰永宁、曰毕节。而偏桥等二十五卫所,悉行裁并。"①施秉县"今治,旧为偏桥卫,本土司地。康熙中省卫入县,建县治于卫城。别设偏桥正长官司,左右两司,分辖民苗各户"。②镇远"今省卫入县,实以守兵"。③黄平等州县亦是如此(见表2.4)。湘黔鄂渝桂省际毗连区一些原明代卫城和所城遂因"省卫入县"政策的实施由军镇而改建为县(厅)级城市。

表2.4 **清代湘黔鄂渝桂省际毗连区部分城市"省卫入县"情形表**

城市名	"省卫入县"设城大致情形
乾州	"康熙四十三年,以辰州府属镇溪所地置乾州厅";"裁镇溪军民千户所,设厅于此。"
凤凰	"凤凰厅城先建于凤凰营后山,居厅之西南隅。康熙间黄澍移建驻镇筸城,因改曰凤凰厅。"镇筸镇,"明五寨司城遗址,嘉靖三十三年移麻阳参将孙贤驻防,三十五年始甃以砖。"
永绥	"厅城旧在吉多坪。雍正十一年……于永绥协右营花园汛修筑城堡,为驻兵之所。嘉庆元年苗平升永绥厅为直隶厅,二年改汛为绥靖镇,建筑石城……七年移厅治于此。"

---

① (清)刘献廷:《广阳杂记》卷1,中华书局1997年版,第15页。
② (清)刘书年:《刘贵阳遗稿》卷3,《黔行日记》,紫江朱氏据原稿印行,第46、47页。
③ (清)陈鼎:《黔游记》,中国西南文献丛书编委会:《西南稀见丛书文献》(5),兰州大学出版社2004年版,第199页。

续表

城市名	"省卫入县"设城大致情形
晃州	"在沅州西百二十里。五代蛮酋田氏筑城。宋熙宁间收复,明属沅州卫,筑堡设兵。""顺治初设汛,乾隆三年甃堡以石,高不盈丈。嘉庆二十二年移凉伞,通判驻此。升直隶厅。"
桑植	"本九溪卫安福所。""明洪武二十五年筑。国朝雍正七年改卫为县。"
黄平	"兴隆卫即古牂牁郡,今省入黄平州,移州治于内焉。"又云:"原为兴隆卫城",明"筑石城,周围五百三十丈,……国朝康熙二十六年裁卫并州,移州治于卫城。"
都匀	"都匀府……明初曰都匀卫。在贵州东南三百里,都匀县附之。"
清平	县城原为清平卫
玉屏	旧为湖广平溪卫城。明洪武建,"雍正五年隶黔,改卫为县。"
青溪	旧为青浪卫城,明永乐建。"雍正五年隶黔,改卫为县,因为县城,乾隆二年题修。"
天柱	"原为天柱所……崇祯六年迁于县东五里之龙塘,后以苗乱复还旧治。国朝雍正五年改隶黔属黎平府,十二年改属镇远府。"
龙里	"龙里本卫也,后改为县。"
贵定	原为新添卫城,"康熙二十六年裁卫并县,迁治于此。"
黎平	"与湖广五开卫同城。"
锦屏	"原为铜鼓卫城,隶湖广。"
恩施	"初尚仍明制,雍正七年改卫为恩施县,直隶归州。"

资料来源:(清)卞宝第、李瀚章等修,曾国荃、郭嵩焘等纂:《湖南省志》卷41、42,"城池",光绪十一年刻本;(清)鄂尔泰等修,靖道谟、杜诠纂:《贵州通志》卷5,"城池",乾隆六年刻本,嘉庆补修本;(清)陈鼎:《黔游记》,中国西南文献丛书编委会:《西南稀见丛书文献》(5),兰州大学出版社2004年版,第203—223页;(清)田雯:《黔书》中国西南文献丛书编委会:《西南稀见丛书文献》(5),兰州大学出版社2004年版,第301—302页;(清)徐家干著,吴一文校注:《苗疆闻见录》,贵州人民出版社1997年版,第44页;陆韧、凌永忠:《元明清西南边疆特殊政区研究》,人民出版社2013年版,第297—282页;同治《恩施县志》卷1,"沿革",1937年重印本,第45页。

当然,也有部分城市因经济、社会或历史等原因未修建城垣。酉阳直隶州"本酉阳宣慰司治。雍正十三年设县,乾隆元年升州,城未建"。石砫直隶厅"本夔州府属石砫宣慰司治。国朝乾隆三十七年改为厅,城未建"。①

综上所述，清前中期湘黔鄂渝桂省际毗连区大部分城池都得到了重建或新筑，这不仅使本地区城市在外观上迅速向中原传统城市形态演化，而且还为湘黔鄂渝桂省际毗连区的城市发展提供了一个可资利用的载体和平台。正是依托这个载体和平台的保障，湘黔鄂渝桂省际毗连区城市在社会经济、文化发展等各个层面都比前代有了显著的进步。

2. 修建衙署、学宫、坛庙和牌坊。在兴筑或修葺城垣的同时，清政府还在湘黔鄂渝桂省际毗连区城市普遍建造或修葺了诸如各级衙署、学宫和具有教化功能的坛庙、牌坊等建筑。

（1）修造衙署。衙署作为封建国家在地方权威的象征，其在明末清初战乱中往往是各方力量反复争夺的重要目标，但凡战火波及之衙署，其结果是损毁殆尽。例如，永顺"丁亥年（1647 年）冬，王马二贼犯境，焚毁衙署，延及宗祠，神主悉成灰烬"。② 麻阳"因吴逆叛乱，衙舍倾塌"。③ 石阡府城各官署亦因"乱兵一炬，尽成焦土"等。④

随着清初战乱渐次平定，社会逐渐恢复往日的平静，出于地方治理的需要，清政府根据国家礼制对毁于明末清初战火或新设府州厅县之衙署进行了修葺或营造。其原因在于各级衙署作为政治建筑物，它不仅要体现中央的意志和尊严，而且还要彰显中央政府在地方上的威信。即人们所常言："公署者，一方之表率，万民之观瞻也。"⑤ 因此，此类建筑有着严格的营建制度规定，尤其是清代《工部工程做法则例》颁布之后。《则例》统一了官式建筑的构件、模数、用料标准和建造方法，以及工料估算和验收程序，从而形成了一套完整的制度，来指导规范地方衙署的建造，以体现官府的威仪，达到通过建筑礼制来控制地方的目的。⑥ 按照《则例》修建的各级官衙一般为抬梁式木结构，有檩椽、梁枋、斗拱等构件，还要进

---

① （清）常明等修，杨芳灿等撰：《四川通志》卷24，"舆地志·城池"，嘉庆二十一年刻本。
② （清）黄德基修，关天申纂：《永顺县志》卷4，"人物志"，乾隆五十八年刻本。
③ （清）黄志璋纂修：《麻阳县志》卷3，"建置志"，康熙二十四年刻本。
④ （清）邱任伟修撰：《石阡府志》卷2，"舆地志·官署"，光绪二年刻本。
⑤ 郭辅相修，王世鑫等纂：《八寨县志稿》卷4，"营建"，1931 年刊本。
⑥ 清代官衙的威仪是以建筑礼制来体现的，即"国家张官置吏，南面而理，堂室寝处，各有仪制"。载（清）盛镒源等修，戴联璧等纂《城步县志》卷2，"城池"，同治七年刻本。

行彩绘、镂刻雕饰，油漆考究，色泽鲜丽明亮。① 其建筑"宜宏敞不宜狭隘"，② 规模远较民间建筑宏大、富丽堂皇，从而满足了当时建造官衙公署的政治和建筑标准："署者，位之表也。夫重檐复霤，冬暖夏凉，诚所以肃观瞻，寄尊重。"③ 衙署遂成为了其所在城市的地标性政治建筑物。例如晃州厅公署，"在城西，后枕晃山，前临囗水，周围数十丈，甃石成基，层累而上者，凡六层。正中为大堂，上谕'循吏'一道。右官厅左内库。外为三公祠。大堂以北为二堂，上署曰'清慎勤'。二堂北为内室。室外有井、等醴泉。二堂左为幕舍，右设寅宾，通以回廊。再右则为室五，楹题曰鸣'莺和鹤之轩'。二堂左砌下为司阍房，其右砌下为司印房。大堂前为仪门。门中为甬道，建木坊，内书曰'师听五辞'，外书曰'教训正俗'。左右六科对峙。仪门而下为头门。门左捕快右皂壮。再左则为监，由是而栅楔而照壁，缭以垣堵，高其辕阀，规模固宏远云"。④ 贵州铜仁府公署在府城正南门内，"中为大堂，左翼为官厅，右为门子房。前露台前甬道中一坊恭悬御颁'清慎勤'三字，背书'尔俸尔禄、民膏民脂、下民易虐、上天难欺'十六字。左为吏、户、礼房，右为兵、刑、工、承发房。前仪门外，右为萧曹祠，左为土地祠，左折为狱。前头门榜'铜仁府'三字，左右为鼓楼。前照墙，左右为辕门。大堂后为二堂，左右有翼室。其东为双桂轩。下堂阶而南，历门入一廊，有桂树二……轩外有池……西为射亭，榜曰'观德亭'……二堂后为内署，左右两厢阶下花木罗列。右厢后为厨，含门子房，外为府仓，周绕以垣"。⑤ 其他湘黔鄂渝桂省际毗连区城市各衙署的修造亦如铜仁府署、晃州厅署一般富丽堂皇。这样做的目的不仅在于"立廨宇，以符体制，以肃观瞻"，⑥ 而且还在于使

---

① 王肇磊：《传统与现代：清代湖北城市发展与社会变迁研究》，中国社会科学出版社2014年版，第57页。
② （清）王槐龄纂修：《补辑石砫厅志》，艺文志上第十，"记"，道光二十三年刻本。
③ （清）黄乐之、平翰等修，郑珍、莫友芝纂：《遵义府志》卷7，"公署"，道光二十一年刻本。
④ （清）张映蛟等修，俞克振等纂：《晃州厅志》卷11，"公署"，道光五年修，1936年铅印本。
⑤ （清）喻勋修纂：《铜仁府志》卷3，"营建志·公署"，光绪十五年刻本。
⑥ （清）徐铉修，萧琯纂：《松桃厅志》卷7，"营建门·公署"，道光十六年刻本。

"吾民睹此严重之地凛然，于政典之不敢干者"。①

（2）营建学宫、书院。学宫、书院自兴起以来便是国家在地方宣扬卫道之理的主要场所，备受统治者注重。清政府为此规定："崇儒重道劝学兴贤，各直省府厅州县皆立学宫，置书院。"② 于是，各级官员、社会贤达等社会精英在国家的倡导下亦将兴修学宫、书院等文教机构作为治理地方、推行教化的一项重要工作。例如，雍正九年，"前宣慰马宗大捐建文庙于今（石砫）厅治之东"。③ 乾隆七年，城步知县张方佳改建了白云书院的书堂等。④

学宫、书院等建筑规模也较宏大。例如，石砫厅学宫建于"厅治之东。大成门五楹，大成殿三楹，东西两庑各五楹。启圣祠三楹，大成门东明伦堂三楹，大成殿西侧房向西三楹，颜挹翠山房为司铎者燕息之所。大成殿前植双桂，四围树柏百余株。戟门泮池犹缺，亦无碑记……乾隆三十九年同知王縈绪增修门池，六月落成。门北植桐，池旁植柳，镌石台前"，规模宏大。⑤ 松桃厅文昌宫，"大殿五楹，更建岑楼其上，至轩敞也，曾费矩工，止前门。后殿均付缺如"。"越十一年"，杨致堂"续建后殿三楹，对厅三楹，宫门一楹，而规模始具。"稍后，"厅主"徐铉"相地制宜，就左右两廊添置厢房各四间，空其中以为陈设祭器之所，且为祭祀时，各文武员弁憩息地，后叠花砖以为障，前开麂眼以为棂，堂皇堦除幔以贞石。由是宫制以备"。⑥ 城步白云书院，其"正庭二座，各二间，后为书屋，中为讲堂，前为门楼。左右两厢前后各二座，共十二间……其后右厢之中有门，可至白云洞"等。⑦

湘黔鄂渝桂省际毗连区其他城市学宫、书院等建筑亦如石砫厅学宫、松桃厅文庙、城步县白云书院一样气势恢弘，规模宏大，也是其所在城市的标志性建筑之一。随着学宫、书院的修建与普及，初步改变了湘黔鄂渝

---

① （清）吴念椿等修，程寿昌等纂：《续云梦县志略》卷1，"营建志·公署"，光绪九年刻本。
② （清）王槐龄纂修：《补辑石砫厅志》，学校志第四，道光二十三年刻本。
③ 同上。
④ （清）盛镒源等修，戴联璧等纂：《城步县志》卷3，"学校上"，同治七年刻本。
⑤ （清）王槐龄纂修：《补辑石砫厅志》，艺文志上第十，"记"，道光二十三年刻本。
⑥ （清）徐铉修，萧琯纂：《松桃厅志》卷八，"记"，道光十六年刻本。
⑦ （清）盛镒源等修，戴联璧等纂：《城步县志》卷3，"学校上"，同治七年刻本。

桂省际毗连区部分城市在归于国家一统前"无学"的落后状况,① 城乡文风因学宫、书院的普及而渐开,文教事业亦比改土归流前有了很大的进步。

（3）兴筑坛庙。在城市官方建筑中,坛、庙因在传统社会中被认为是关乎城市兴衰命运且具有宗教色彩的建筑,历来为国家和地方官府所重视。各地均建有社稷坛、厉坛、先农坛、风雨雷电山川坛、城隍庙等敕建建筑,以供地方开展国家祭祀,教化民众。清初伊始,官方就很重视此类建筑的兴筑,并作了具体而详细的规定。例如坛庙的建筑方位。根据"建国之制,右社稷而左宗庙"的规定,② 各城市一般结合地理环境因地制宜地将坛庙建于符合规制的地方。例如,石阡府城风雨雷电山川坛（又称厉坛）建于城外北郊；社稷坛和先农坛建于城南门外；城隍庙则建于城中。③ 荔波县将社稷坛、先农坛、厉坛和城隍庙俱建于县城北门之外。④ 因坛庙为"奉文"而建,各地方都严格地遵循国家规制进行修造。例如铜仁府城社稷坛,"累石为之,北向,纵横各二丈五尺,高三尺,四出阶各三级,缭以周垣,门四向,围五百十五步,旁设库厨、宰牲房、洗牲池、斋房、瘗坎。石主一,长二尺五寸,方一尺,埋于坛上正中,近南距坛边二尺五寸,止露圆尖,余埋土中。神牌二,以木为之,朱漆青字,高二尺四寸,广六寸,座高五寸,广九寸五分"。⑤ 其他具有国家祭祀功能的坛庙亦如社稷坛按制修建。

城隍庙作为地方守护神祭祀的场所,官府和民间对其修建也很重视。为便于民众的祈福禳灾,城隍庙一般建于城内或城郊的重要地段,且建筑较宏大精致。例如乾州城隍庙（见图2.2）,始建于康熙十一年,占地约700平方米,其中建筑面积378平方米。整个建筑坐北朝南,建筑结构为硬山穿斗抬梁式砖木结构。

此外,类似于城隍庙的龙王庙、火神庙、痘神庙等宗教建筑也因承担着维系城市安全的功能,在湘黔鄂渝桂省际毗连区传统城市格局中亦占有

---

① （清）王槐龄纂修：《补辑石砫厅志》,学校志第四,道光二十三年刻本。
② （清）卫既齐修,薛载德等纂：《贵州通志》卷26,"祠祀",康熙二十六年刻本。
③ （清）邱任伟修撰：《石阡府志》卷5,"典礼志·祭祀",光绪二年刻本。
④ （清）苏忠廷修,董成烈纂：《荔波县志》卷3,"营建志·城池",光绪元年刻本。
⑤ （清）喻勋修纂：《铜仁府志》卷3,"营建志·坛庙",光绪十五年刻本。

图 2.2　清代乾州城隍庙

图片来源：作者自拍。

相当地位，其一般建筑于与神祇身份相符合的城内或城郊相应的位置。

牌坊作为封建国家信仰、社会伦理的"物化"物，因具有较强的地方教化作用，在传统时期常为官方和社会所看重而被广泛建造，是为中国古代城市重要的代表性建筑物之一。例如，玉屏县城有百岁坊、都护坊、四牌坊、总兵坊、三牌坊、孝子坊（三座）、书香坊、天乙坊、东明坊、中和坊、太乙坊、洪氏孝女坊、唐公遗爱坊、黄氏贞节坊、刘氏贞节坊、张氏贞节坊（二座）、夏氏贞节坊、郑氏贞节坊、王氏贞节坊、陈公遗爱坊、孟氏贞节坊、江氏贞节坊、戴氏贞节坊等20余座牌坊。[①] 湘西会同县城有江汉秋阳、金声玉振坊、儒林坊、文经坊、梯云坊、举人坊、步云坊、文魁坊、贞节坊、武纬坊、登云坊、进士坊、折桂坊、敏政坊、同风坊等21座牌坊。[②] 其他湘黔鄂渝桂省际毗连区城市亦修建了数量不等的牌坊。

---

① （清）赵沁修，田榕纂：《玉屏县志》卷3，"坊表"，乾隆二十二年刻本。
② （清）孙炳煜修，黄世昌等纂：《会同县志》卷2，"建置志·街坊"，光绪二年刻本。

这些牌坊因被赋予了特定的文化内涵而被修建得较为壮丽（见图2.3），成为城市街衢重要的标志性建筑。于是，许多城市街巷便以这些牌坊来命名，如黎平城内的三牌坊市、四牌坊市①和龙山县城内的文华坊、迎恩坊等坊街。②

图2.3　清代镇远邹泗钟祠牌楼③

资料来源：《建国后消失的古建筑》，载http://www.sohu.com/a/167201803_181003，2017年8月25日。

府衙、学宫、敕建坛庙、城隍庙、龙王庙、牌坊等建筑物的复建或修造，不仅完善了传统时期湘黔鄂渝桂省际毗连区城市的功能设施，而且还

---

① （明）许一德等：（万历）《贵州通志》卷15，"黎平军民府"，书目文献出版社1990年版。
② （清）符为霖修，刘沛纂：《龙山县志》卷2，"城池"，同治九年修，光绪四年重刊本。
③ 镇远邹泗钟祠牌楼建于1813年，毁于20世纪六七十年代。牌楼为六柱五间三层重檐庑殿塔式牌楼，门楣上方竖刻"敕建邹太常公祠"楷体石额，曾是镇远县城最雄伟的牌楼。

增加了城市美感层次，并使之成为城市的标志性建筑和城市发展演变的核心要素。以这些建筑物为依托，清代湘黔鄂渝桂省际毗连区城市逐渐形成了功能不同的分区，进而塑造了城市的内部空间格局。

3. 兴办公共市政工程。随着清前中期社会经济的恢复与发展，为满足城市发展的需要，湘黔鄂渝桂省际毗连区城市普遍兴建了护城堤、码头、供水、交通等市政工程。

（1）兴修护城堤、码头。湘黔鄂渝桂省际毗连区城市一般建于滨江沿河地带，在多雨季节极易发生严重的洪涝灾害。为了保障城市的安全和开发利用水利的需要，那些滨水且易发生洪水泛滥的城市一般都在相应河段修建了护城堤。镇远，"卫城沿河低处，多遭水患，今将旧城加宽为堤，堤上建城垣，高七尺，又塞南北门硐，另建楼开门，可以永防水患"。① 石阡府城西南上下河坝石堤，"商贾聚集，当夏秋雨大，江水涨发，市肆概在水中，店舍漂没。乾隆二十八年，（罗）文思到任，捐俸独修，以防其患……无复如前泛溢矣。二十九年又修上堤"；在城南关外迎恩硚，"郡守罗文思于乾隆二十九年修石堨以护下堤"，"土人呼寺沟硚"。② 这些护城堤的修建在一定程度上保障了城市居民的生命财产安全，为城市政治、经济、文化的发展提供了一个安全屏障。

在兴筑护城堤的同时，为开发利用水利，一些具备通航条件的城市还在滨河岸线修建了水陆码头。贵州三合县"旧时原有上下两码头，相传为八景之二。上码头石砌俨如新月。下码头曰江头渔火"。③ 平溪卫城北通河桥码头，为"泊舟集货"之所，"历称小江南"。④ 在沅水、潕水、酉水、澧水等通航河流沿线的镇远、乾州、辰州、永顺、芷江、晃州、洪江、辰溪、沅陵、保靖等城市，甚至一些镇市也在沿河岸线修建了码头。一些码头镇市还在清代传统航运业的推动下成为了著名的码头港市。例如，位于湘西沅陵、泸溪、辰溪三县交界处的浦市"列肆喧嚣，为舟航辐辏之

---

① （清）鄂尔泰等修，靖道谟、杜诠纂：《贵州通志》卷5，"城池"，乾隆六年刻本，嘉庆补修本。
② （清）邱任伟修撰：《石阡府志》卷2，"舆地志·关梁"，光绪二年刻本。
③ 胡鬻修撰：《三合县志略》卷5，"水道"，1940年铅印本。
④ （清）郑逢元纂：《平溪卫志书》，不分卷本，"津梁"，康熙十二年刻本。

所"。① 湖南晃州厅与贵州思州府交界地带的龙溪口亦是"市廛稠密，为水程巨镇"。② 滨江码头的修建为城市经济发展提供了一个有效平台。它在航运的推动下承担起了城市主要的商贸功能，促进了湘黔鄂渝桂省际毗连区城市社会经济的发展和城市功能格局的演变。

（2）兴建给排水设施。湘黔鄂渝桂省际毗连区城市虽滨水而建，但地处山区，居民上下台阶汲水多有不便。为解决这个问题，各城市一般采取修建引水设施或凿掘水井等措施，以便利城市居民的日常用水。城步县城，早在明代"于城南西，就势开便河引水入城，东进西泄，水道通流，民皆便于取汲，后淤塞多年"。"康熙壬戌知县王谦捐赀鸠工，复开故道，通泄如初。"③ 秀山县亦因居民"汲引颇艰"而屡次"募工疏浚（城壕）引水"。④ 在不便于兴建引水渠道的地方，则开凿水井。例如，荔波知县钱壎在东门月城中掘井引泉，"四周围以石并砌石梯数十级，名曰永济，便民汲食，亦以资保障"。⑤ 会同县城则在县署、东门内、南门外、西门外等处分别开凿了仁惠井、大井、白屋井、黄泥井、仙人井和插剑井。⑥ 综考地方志发现，有清一代湘黔鄂渝桂省际毗连区城市内和城郊均开凿了一定数量的水井。

湘黔鄂渝桂省际毗连区城市地处亚热带季风区，雨量集中且充沛，这要求各城市必须修建有效的排水设施，使城市免于内涝的侵害。故清代湘黔鄂渝桂省际毗连区的地方官府和民间社会在城市建设过程中一般都比较注意排水设施的修建。例如，乾州在修筑石城时，在东门、南门、新正街、正街、新城门、南墙湾等主要街巷都修砌了阳沟或阴沟以排水，并经杨氏宗祠、新城门、南门、东门等城墙基座预留的泄水涵洞流入护城河和万溶江。⑦ 沅州府城则建水门以宣泄城内积水。"水东门，用以泄郡治左支之水；其右之水，则自西城暗渠出焉"。⑧ 思南府城为排泄雨季城内积水或

---

① （清）刘书年：《刘贵阳遗稿》卷3，《黔行日记》，紫江朱氏据原稿印行，第34页。
② 同上书，第41页。
③ （清）盛镒源等修，戴联璧等纂：《城步县志》卷2，"城池"，同治七年刻本。
④ （清）王寿松等修，李稷勋等纂：《秀山县志》卷4，光绪十七年刻本。
⑤ （清）苏忠廷修，董成烈纂：《荔波县志》卷3，"营建志·城池"，光绪元年刻本。
⑥ （清）孙炳煜修，黄世昌等纂：《会同县志》卷1，"方舆志"，光绪二年刻本。
⑦ 吉首市志编纂委员会：《吉首市志》，湖南出版社1996年版，第379页。
⑧ （清）张官五修，龚琰纂，吴嗣仲等续修：《沅州府志》卷6，"城池"，同治十二年刻本。

污水，在府署至梯子坎修建了两条明渠，污水由东门口排出；由关帝庙至城隍庙则另修两条排水沟，水分别从北门、东门排出；在城中心街道也修有两条排水沟，水分别从东门和南门排出。其余街巷及民宅亦修建水沟与城内主要排水沟渠相连接，从而保证了府城内雨水或污水的排泄。① 这些给排水设施的修建，不仅完善了城市的基础设施，便利了人们的生活，而且还美化了城市环境。

（3）架设桥梁、设置津渡。架设桥梁、设置津渡也是传统城市主要的市政设施建设项目之一。湘黔鄂渝桂省际毗连区城市在城内和城郊江河溪流上一般都架设了桥梁或设置了津渡，以便居民出入和商旅往来。平溪卫城西二里"天星桥"，为"黔楚通津，春夏水泛，波涛汹涌，行旅病涉。今新建石桥七洞，名天星桥，亦胜观焉"。② 松桃"东、南门二桥创始最先。东门桥圮，旧支以木经。今厅主徐铉倡捐督造而东门桥以成"。南门桥"建自乾隆元年。厅主宋佑倡修石桥三洞。数年后圮。厅主顾复行修建，名曰镇固桥"。③ 八寨"五里桥"，"一在城正南二里；一在城东南二里；一在正东二里，均系绅民募款修于清乾隆间"。④ 玉屏县城南"诸山溪水，由水窦入城，凡历桥八，绕兔儿坪，由北水窦入于大江"。⑤ 同时，部分城市还在一些不利于建造桥梁且地跨河流两岸的交通节点上设置了津渡。松桃厅在厅城北门外、城东、城南分别设置了争锁渡、水塘渡和牛角河三处官渡。⑥ 镇远则在府城大码头设置了普安渡，后为浮桥所替代。⑦ 桥梁的架设和津渡的设置进一步完善了湘黔鄂渝桂省际毗连区城市的基础设施，促进了城市发展水平的提升。

此外，部分城市还根据城市发展的需要，对街巷作了重新规划和改建。黔阳县城河街"旧址近水，列店茅茨不久。每岁春夏水涨漂没无遗，或遇火灾，临江风烈火猛，延烧殆尽。街民受困，几无宁日。康熙四十八

---

① 岑巩县志编纂委员会：《岑巩县志》，贵州人民出版社1993年版，第601页。
② （清）郑逢元纂：《平溪卫志书》，不分卷本，"津梁"，康熙十二年刻本。
③ （清）徐铉修，萧琯纂：《松桃厅志》卷5，"津梁"，道光十六年刻本。
④ 郭辅相修，王世鑫等纂：《八寨县志稿》卷7，"关梁"，1931年刊本。
⑤ （清）赵沁修，田榕纂：《玉屏县志》卷2，"关梁"，乾隆二十二年刻本。
⑥ （清）徐铉修，萧琯纂：《松桃厅志》卷5，"津梁"，道光十六年刻本。
⑦ （清）蔡宗建修，龚传坤纂：《镇远府志》卷3，"关梁志"，贵州省图书馆1965年据乾隆刻本影印。

年，邑绅危调、潘漾、傅应太等首倡改街之议，欲去卑就高，绕城筑室，请于前令刘君克允所请具详"，经改造"而就今市。不数月间诛茅剪地……顿改旧观。历年既久，商贾云集，货物辐辏，水害既迩，火灾无闻。街以前屏山带河，动登临之兴，街以后倚城傍郭，怀安土之思，熙熙攘攘商民称便。然则兹市之兴也，故赖刘君毅然改建，而危调诸君倡议之力尤不可没也"。①

总之，湘黔鄂渝桂省际毗连区城市经清前中期的建设，城市市政设施日臻完善，这为此期及以后本区域城市的继续发展创造了条件。

（三）城市经济日益发展

随着清前中期改土归流以及城池和各项市政设施建设的渐次完成，湘黔鄂渝桂省际毗连区的社会经济在国家一统的政治背景下比前代也有了显著的进步。

1. 农业的恢复与发展。清前中期湘黔鄂渝桂省际毗连区城市经济的发展首先得利于本区域农业的恢复和发展。在清初顺康时期，国家就出台了"召集流亡"、屯田垦殖等诸多恢复地区经济的措施。在国家政策的推动下，大批汉族移民"一路扶老携幼，肩挑背负者，不绝于道"，② 源源不断地迁入湘黔鄂渝桂省际毗连区，远至其西部边缘地带的兴义府属各厅县。③ 松桃厅"城市乡场，蜀、楚、江西商民居多"。④ 施秉县则是"湖南客半之"。⑤ 台拱亦因移民的到来而呈"灯火万家"之象。⑥ 一改清初"城中土著寥寥数家，关厢侨寓之客仅百十户而已"的人烟稀少、⑦ "荆榛载道"的衰败景象。⑧ 随着人口的持续增加，湘黔鄂渝桂省际毗连区的土地得到

---

① （清）陈鸿作等修，易燮尧等纂：《黔阳县志》卷8，"文论·改河街记"，同治十三年刻本。
② （清）刘锦藻撰：《皇朝续文献通考》卷13，"道光上谕"，上海商务印书馆1955年版，第11页。
③ （清）罗绕典：《黔南职方纪略》卷2，成文出版社1974年据道光二十七年刻本影印，第50页。
④ （清）爱必达：《黔南识略》卷20，"松桃直隶同知"，乾隆十四年修刊本。
⑤ （清）蔡宗建修，龚传坤纂：《镇远府志》卷9，"风俗志"，贵州省图书馆1965年据乾隆刻本影印。
⑥ （清）徐家干著，吴一文校注：《苗疆闻见录》，贵州人民出版社1997年版，第38页。
⑦ （清）郑逢元纂：《平溪卫志书》，不分卷本，"建置"，康熙十二年刻本。
⑧ （清）朱黼修纂：《清浪卫志略》，"序"，康熙二十三年刻本。

了有效的开发。永顺，"道旁隙地，种植日广"。① 鹤峰，"常德、澧州及外府之人入山承垦者众，老林初开"。② 酉阳，"深林穷谷开垦略尽"。③ 秀山，"四郊盛山，旧时林木不可胜用，今垦辟皆尽"。④ 经过近百年的垦殖，湘黔鄂渝桂省际毗连区"地日加辟，人日加聚，从前弃为区脱者，今皆尽地垦种之"。⑤ 其腹里的生苗地区也因"向化已久，男子耕鏊""授田而耕"。⑥ "黔省自平溪、清浪以下，无地非山，间有四山不相连，旷且平者，若四、五里，或五、六里，即建县治。若只一里半里，即是村镇。房屋城池遍满，无隙可耕。"⑦ 湘黔鄂渝桂省际毗连区遂由"昔日禽兽窠巢"变为"今皆膏腴之所"。⑧ 一些农业条件优越的地方，如偏桥、平越，其"田畴衍沃不殊内地"，⑨ "几于中州"。⑩ 随着农业的发展，传统农耕生产逐渐取代土司时期的刀耕火种、渔猎经济而成为湘黔鄂渝桂省际毗连区各族人民最主要的经济活动之一，且耕作技术亦有较大的提高，粮食作物和各类经济作物种植也日益普遍。⑪ 这为清代前中期湘黔鄂渝桂省际毗连区城市工商业经济的发展提供了较丰富的原材料来源和重要的销售市场，从而促进了城市经济的繁荣。但是我们必须承认：清前中期湘黔鄂渝桂省际毗连区农业虽因移民大量垦殖获得了较大的发展，但受山区农业地理条件的制约与其他区域相比仍很落后，还无法完全满足城市发展对农产品的基本需求，使城市经济的发展在很多时候不得不依靠外部世界的支持。这对湘黔鄂渝桂省际毗连区城市发展来说是相当不利的。

---

① （清）魏式曾增修，郭鉴襄增纂：《永顺府志》卷11，"檄示"，同治十二年刻本。
② （清）吉钟颖修纂：《鹤峰州志》卷14，"杂述志"，道光二年刻本。
③ （清）王麟飞等修纂：《增修酉阳直隶州总志》卷末，"杂事志"，同治二年刻本。
④ （清）王寿松：《秀山县志》卷12，"货殖志"，光绪十七年刻本。
⑤ （清）多寿修纂：《恩施县志》卷7，"风俗志"，同治三年麟溪书院刻本。
⑥ （清）俞渭修，陈瑜纂：《黎平府志》卷2，"地理志第二（下）·苗蛮"，光绪十八年刻本。
⑦ 中国科学院民族研究所贵州少数民族社会历史调查组、贵州分院民族研究所：《〈清实录〉贵州资料辑要》，贵州人民出版社1964年版，第23页。
⑧ 《山羊隘沿革纪略》，载鹤峰县委统战部编《容美土司史料汇编》，1983年内部版，第492页。
⑨ （清）鄂尔泰等修，靖道谟、杜诠纂：《贵州通志》卷7，"苗蛮"，乾隆六年刻本，嘉庆补修本。
⑩ （清）瞿鸿锡修，贺绪蕃纂：光绪《平越直隶州志》，贵州府志辑第22辑，巴蜀书社2006年版，第591页。
⑪ 朱圣钟：《鄂湘渝黔土家族地区历史经济地理研究》，博士学位论文，陕西师范大学，2002年。

2. 城市工商业的发展。随着清中期国家政局的稳定、城池的兴筑、人口的增加和农业的开发，湘黔鄂渝桂省际毗连区城市工商业也随之得到了恢复、发展并日趋活跃。

（1）手工业的发展。湘黔鄂渝桂省际毗连区手工业发展历史悠久，到明代时，已出现了纺织、采矿、矿冶、榨油、烧炭、陶瓷、制靛、制蜡、酿酒、造纸、制茶、建筑等众多的手工业门类，号称"百工"。[①] 清改土归流后，湘黔鄂渝桂省际毗连区城乡手工业得到了进一步的发展，手工业门类不断增多。例如，镇远有"钿镂之工""车辂乐器之工""平漫刀鞘（似为'鞘'）之工""矢镞竹器之工""冠冕弁帻之工"，还有"染者""胶漆者""铁者""缝者""皮者""梓者""陶者""圬者"，其手工业门类"自古所未尝有也"。[②] 思南府手工业匠人有木匠、泥水匠、篾匠、铜匠、铁匠、机织匠、弹花匠、染布匠、爆竹匠、油子匠、油榨匠、针匠、陶器匠、整容匠、石匠、砖瓦匠、桶箍匠、锡匠、银匠、成衣匠、丝线匠、纸伞匠、戥秤匠、土香匠、笔匠、椶绳匠、纸扎匠、雕刻匠、倾泻匠（银匠别种）、粉面匠、烧炭匠、丝烟匠、补锅匠、灯笼匠、藤匠、净菜匠、草鞋匠、烤酒匠、皮匠、帽匠、补碗匠、碾磨匠、冶匠，凡43种。[③] 随着城乡手工业的发展，其内部分工也日益细化，"各有专司"。[④] 在清前中期湘黔鄂渝桂省际毗连区城乡众多的手工业部门中，以纺织业最为发达。例如棉纺织业，古州棉产最多，品质上佳，其棉制品，"几为农妇必营之副业"。[⑤] 思南府"处处皆种（棉花），居民纺织为布"。[⑥] 黎平府"苗妇勤于纺织"。[⑦] 松桃"女工不养蚕，地亦不出棉。棉皆取资湖南，买以供纺织"。[⑧] 荔波县"洞家苗"亦"善种棉，女自纺织"。[⑨] 八寨厅"喜

---

① 恩施市地方志编纂委员会：《恩施市志》，武汉工业大学出版社1996年版，第282页。
② （清）蔡宗建修，龚传坤纂：《镇远府志》卷9，"风俗志"，贵州省图书馆1965年据乾隆刻本影印。
③ 马震昆修，陈文燾纂：《思南县志稿》卷3，"食货志·工商"，1920年刊本。
④ （清）林继钦等修，袁祖绶纂：《保靖县志》卷1，"天章志"，同治十年刻本。
⑤ 李绍良纂：《榕江乡土教材》第2章第4节，"物产"，1943年未刊本，第17页。
⑥ （清）鄂尔泰等修，靖道谟、杜诠纂：《贵州通志》卷15，"农桑"，乾隆六年刻本，嘉庆补修本。
⑦ （清）罗绕典：《黔南职方纪略》卷6，"黎平府"，成文出版社1974年据道光二十七年刻本影印，第157页。
⑧ （清）徐铉修，萧琯纂：《松桃厅志》卷6，"风俗"，道光十六年刻本。
⑨ （清）李宗昉：《黔记》卷3，道光十四年刻本。

于棉而异于帛……较之蚕丝普遍"。① 印江县业土布者在乾隆时期有织工6000人户，年产土布30余万匹。② 永顺府农家妇女"治木棉勤纺织"。③ 来凤"城乡四时纺织不绝，村市皆有机房"。④ 丝织业则以织"苗锦"为盛。据《峒溪县志》记载："苗锦大似苧布，以为巾悦，甚佳。其妇女衣缘领袖皆缀。"《杂俎》亦云："藻彩云霞悉非近致，谓之花练，土俗珍之。"⑤ 黎平亦"多苗锦"。⑥ 湘黔鄂渝桂省际毗连区木器制作业在清前中期极负盛名。"攻木之工，莫精于偏桥，山峒多产黄杨，巨者围尺余，偏桥之工善攻之，梳枷簪珥脂粉交罗，所以饰妆台者，最为妇女所爱。至文房之玩，尤为珍美，色如蒸粟，黄润有光，比德于玉，不复知其刻木。"⑦ 湘西爆竹业较为发达。乾隆年间，沅陵、永绥、乾城、泸溪、凤凰、芷江、晃县、会同、靖县"均为爆竹制造之中心地"。⑧

清代湘黔鄂渝桂省际毗连区其他手工业亦有较大的发展。据研究，清代湘黔鄂渝桂省际毗连区的手工业门类比明代更多，且遍及城乡（见表2.5）。一些手工业部门似乎还出现了早期资本主义生产关系的萌芽。例如，婺川县在道光十八年时，署理知县陈文衡"以县民不知纺织，艰于谋衣，募邻邑女工来县教习，租城北民房一所为纺织局，制备纺车，谕阖邑妇女报名学习。四十名为一班，资其薪水。勤敏者奖以银牌，学成出局给以车价，俾自制车，仍给棉花纺纱，优其工值。复募男女织匠制机装织具，分局教织，每班男妇各十人。男局设于城隍庙，均给薪水，以两月为率。贫无力者并给以织机，令领纱织布。第其工之粗细分别奖赏。县城向

---

① 郭辅相修，王世鑫等纂：《八寨县志稿》卷17，"农桑"，1931年刊本。
② 印江土家族苗族自治县志编纂委员会：《印江县志》，贵州人民出版社1992年版，第515页。
③ （清）魏式曾增修，郭鉴襄增纂：《永顺府志》卷10，"物产"，同治十二年刻本。
④ （清）李勋修，何远鉴、张钧纂：《来凤县志》卷28，"风俗志"，同治五年刻本。
⑤ （清）喻勋修纂：《铜仁府志》卷7，"物产"，光绪十五年刻本。
⑥ （清）许缵曾：《滇行纪程摘抄》，载中国西南文献丛书编委会编《西南稀见丛书文献》（5），兰州大学出版社2004年版，第258页。
⑦ （清）檀萃：《黔囊》，载王锡祺辑《小方壶斋舆地丛钞》第7秩，光绪十七年上海著易堂铅印本。
⑧ 实业部国际贸易局：《中国实业志：湖南省》第七编，实业部国际贸易局1935年印行，第426（庚）页。

无棉铺，招商领本于南门内开设棉店，交易棉纱以便"。① 思南府城亦在道光二十年设立了类似于婺川县所举办的纺织局。②

表 2.5　清前中期湘黔鄂渝桂省际毗连区城乡手工业制品种类简表

区域	手工业制品种类
永顺府	土布、土绢、土绸、土锦、斑布、苗布、苗被、桐油、木油、菜油、黑油、黄蜡、峒酒、蜂蜜、土纸、草纸、铜矿、铅矿、铁矿、硝石、煤、炭、石灰等
永定县	棉布、棉纱、机布、绸缎、丝、桐油、木油、茶油、漆、竹器、蓝靛、牛皮、冰糖、红白糖、蔗糖、葛粉、酿酒、瓷器、纸张、火纸、制碱、制硝、砖瓦、木炭、柴炭、煤炭、生铁等
泸溪县	土布、火布、白蜡、丹砂、水银、铁等
凤凰厅	棉布、夏布、斑布、葛布、火麻布、土绢、土绸、桐油、茶油、黄蜡、白蜡、蓝靛、石灰、黑炭等
永绥厅	苗锦、土绢、土绸、土布、夏布、斑布、麻布、葛布、苗带、白铅、麸金等
乾州厅	苗锦、棉布、斑布、火麻布、夏布、葛布、土绸、土绢、苗巾、桐油、漆、麻油、菜油、黄蜡、白蜡、铅、煤、白炭、桴炭、黑炭等
铜仁府	苗锦、诸葛锦、麻布、葛布、金、银、铜、铁、铅、丹砂、水银、桐油、茶油、菜油、麻油、乌桕油、漆、纸、烟、茶、黄白蜡、糖霜、蓝靛、芦笙等
思南府	桐油、漆、柏油、蜡、楮纸、水银、石灰、朱砂、煤等
黎平府	苗锦、金矿、铁、弩矢、芦笙、兽皮、竹器、窑器、瓦器、皮纸、麻布、诸葛锦、绒锦、丝、白蜡、生漆、茶、蓝靛、桐油、茶油等
松桃厅	棉布、麻布、土锦、黄丝、菜油、茶油、麻油、木油、桐油、白蜡、桴炭、黑炭、白炭、煤炭、石碱、石灰等
酉阳州	花斑布、竹布、蚕丝、香油、菜油、茶油、木油、油枯、桐油、漆、盐、碱、靛、饴糖、蔗糖、白蜡、黄蜡、瓷、纸、铁锅、水银、朱砂、石灰、沙金、铁、铅、煤、炭、硝等
黔江县	家机布、纸、靛、碱、饴糖、油、漆、笠、枯、白蜡、黄蜡、铁、硝、煤、炭、石灰等

---

① （清）夏修恕、周作楫修，萧琯、何廷熙纂：《思南府续志》卷 2，"公署"，道光二十一年刻本。

② 同上。

续表

区域	手工业制品种类
秀山县	布、茶油、木油、菜油、桐油、秀油、酒、蓝靛、石灰、水银、丹砂、煤等
彭水县	木器、竹器、铁器、铜器、粗瓷器、瓦器、漆、桐油、麻油、茶油、菜油、卷油、烟油、石灰、煤炭、碱、漆蜡、黄蜡、靛、饴糖、粗纸等
石砫厅	铜、黑铅、白铅、铁、煤等
施南府	家机布、麻布、土绢、麻油、木油、菜油、茶油、桐油、漆、白蜡、黄蜡、漆蜡、蓝靛、牛毛毡、碱、石灰、硝、磺、纸、炭、煤炭等
鹤峰州	桐油、漆、茶油、葛粉、黄蜡、竹麻纸、蓝靛、铜矿、铅矿、铁矿、硝、磺、煤、炭等

资料来源：（清）蔡宗建修，龚传坤纂：《镇远府志》卷9，"风俗志"，乾隆五十四年刻本；（清）夏修恕、周作楫修，萧琯、何廷熙纂：《思南府续志》卷3，"土产"，道光二十一年刻本；（清）喻勋修纂：《铜仁府志》卷7，"物产"，光绪十五年刻本；（清）俞渭修，陈瑜纂：《黎平府志》，食货志第三，"物产"，光绪十八年刻本；（清）陈鼎：《黔游记》，载中国西南文献丛书编委会编《西南稀见丛书文献》（5），兰州大学出版社2004年版，第199页；朱圣钟：《鄂湘渝黔土家族地区历史经济地理研究》，博士学位论文，陕西师范大学，2002年。

（2）城市商业日渐兴盛。清前中期农业和手工业的发展，为城市商业发展提供了较丰富的商品来源，并随着与内地商品交流增多，湘黔鄂渝桂省际毗连区城市商业也日益兴盛，并带动了乡村集场贸易的快速发展。

改土归流以前，湘黔鄂渝桂省际毗连区大致处于一种与外界隔绝的状态，即所谓的"蛮不出境，汉不入峒"。[①] 甚至部分府州县还设置了阻隔与汉族地区正常交往的关卡、寨堡，[②] 以图"汉、土相安"。[③] 在此背景下，本区域的城市商业发展有限，"民鲜逐末，除力田垦山外，别无奇赢可挟"。[④] 清初改土归流后，湘黔鄂渝桂省际毗连区封闭的状况因国家政治统一、封禁政策的废除和汉族移民的大量迁入而被打破，各省的商人纷纷来此开展商贸活动，并深刻地影响了本地区各族人民的经济观念而较广泛地

---

① （清）李勖修，何远鉴、张钧纂：《来凤县志》卷18，"武备志"，同治五年刻本。
② （明）徐学谟：《湖广总志》卷30，"兵防二"，万历十九年刻本。
③ 《汉土疆界碑》，载鹤峰县委统战部《容美土司史料汇编》，1983年内部版，第120页。
④ （清）周来贺纂修：《桑植县志》卷2，"风土"，同治十一年刻本。

从业于商业。① 据《苗防备览》记载：仡佬"贵鱼盐，至浦市易之"；②"往来浦市、泸溪经商贸易者，能言客话，与外人无异"。③ 又云"苗民入市与民交易，驱牛马，负土物与杂粮、布、绢诸类以趋市场，易盐，易蚕种，易器具，以通有无"。④ 甚至苗族女子亦参与其中。"每冬月苗女子采（刺梨）入市，江浙楚豫客买之。苗女喜曰利市，得佳客交易也。本省人为之买，则倍其价。"⑤《松桃厅志》亦云："城市贸易，苗妇居多，其与汉民居相近者，言语皆与汉民同。"⑥ 这样，外地商人与本地各族人民一道促进了清代前中期湘黔鄂渝桂省际毗连区城市商业的发展。保靖县，"城乡市铺贸易往来，有自下路装车者，如棉花、布匹、丝、扣等类，曰杂货铺；如香纸、烟、茶、糖食等类，曰烟铺。亦有专伺本地货物涨跌以为贸易者，如上下装运盐、米、油、布之类，则曰水客。至于本地出产，如桐油、五棓子、碱水、药材各项，则视下路之时价为低昂"。⑦ 永绥厅治花垣，"列肆者已有其人"，"鱼盐布匹一切食用之物，皆取给于内地"，"商人行盐城中"。⑧ 芷江"上下舟楫少停蚁泊，凡油、豆、米、谷、煤、铁之属，皆集于此路，为滇黔所必经，行客信宿"，"人烟愈密"。⑨ 永定县城大庸，"邑中出木棉蚕丝而货市俱集"。⑩ 贵州镇远府城因"水路上阻，诸葛洞之塞，止可到此。故舟车辐凑，货物聚集"，⑪ 为湘黔货物贸易中转中心。古州向为苗汉聚居之所，"改土归流"后，因市上专设有两广海盐盐埠，吸引了大批江西、湖南、两广等省商人前往贸易，建立会馆，商务日

---

① 游建西：《近代贵州苗族社会的文化变迁（1895—1945）》，贵州人民出版社1997年版，第125—128页。
② （清）严如熤：《苗防备览》卷8，"风俗上"，道光癸卯绍义堂重刻本。
③ （清）严如熤：《苗防备览》卷9，"风俗下"，道光癸卯绍义堂重刻本。
④ （清）席绍葆修纂：《辰州府志》卷14，"风俗考三·厅苗俗"，乾隆三十三年刻本。
⑤ （清）陈鼎：《黔游记》，中国西南文献丛书编委会：《西南稀见丛书文献》（5），兰州大学出版社2004年版，第217—218页。
⑥ （清）徐铉修，萧琯纂：《松桃厅志》卷6，"苗蛮"，道光十六年刻本。
⑦ （清）林继钦等修，袁祖绥纂：《保靖县志》卷2，"舆地志·市场"，同治十年刻本。
⑧ （清）周玉衡修，杨瑞珍纂：《永绥直隶厅志》卷1，"地理门"，同治七年刻本。
⑨ （清）盛庆绂、吴秉慈修，盛一林纂：《芷江县志》卷5，"市集"，同治九年刻本。
⑩ （清）金德荣修，熊国夏、王师麟纂：《永定县志》卷4，"风俗志"，道光三年刻本。
⑪ （清）陈鼎：《黔游记》，载中国西南文献丛书编委会编《西南稀见丛书文献》（5），兰州大学出版社2004年版，第199页。

臻繁荣，渐有"衣冠文物，日渐饶庶"之称。① 三合县城，"位于黔桂之交，水陆互市。在昔南越以财物役属；蜀贾以蒟酱窃市，皆会集而交易于此"。② 经雍正时期"凿江开道，从古化外之域，今为水陆之通庄"。③ 城市经济日益繁盛，"四时风帆上下，商贾往来，为黔南商埠之重心焉"。④ 黎平府城则因"苗妇勤于纺织"，致使近府邻省贸易者纷沓而来，成为清代黔东、黔南客商重要的集聚地之一。⑤ 松桃厅，"商贾来松厅者，蜀之盐楚之布，其大较也。地产桐茶二树，除给用以外其余运出辰、常，而桐油为甚"。⑥ 玉屏所产棉花亦远销他乡。⑦ 如此兴盛的传统商贸景象不胜凡举。

在清前中期商业贸易发展的推动下，湘黔鄂渝桂省际毗连区城市呈现出传统时期的繁盛景象。贵州"铜仁省溪、提溪、乌罗、平头四土司，民苗杂处，农勤稼穑，力田务本……兼之舟楫可通、商旅所集，风景犹类中州"。⑧ 独山"屋舍比连，绣壤交错，望万家之灯火，数百家之仓廥，富庶之乡，宛如中州"。⑨ 江口县城早在顺治时期即是"商贾云集，三年之间铺行不下五六百计，须称小盛"。⑩ 嘉道时期，古州"自设盐阜以来，广东、广西、湖南、江西贸迁成市，各省俱建会馆，文物日渐饶庶。今则上下河街俨然，货布流通不减内地"。⑪ 湘西沅州府城西门外石桥，"桥上建屋以为市廛，万瓦鳞鳞，壅蔽成拱，行人往来肩摩踵接"。⑫ 四川石砫厅城"大

---

① （清）林博：《古州杂记》，载劳亦安辑《古今游记丛钞》卷40，"贵州省"，上海中华书局1936年再版，第24页。
② 胡翯修撰：《三合县志略》卷9，"营建略"，1940年铅印本。
③ （清）爱必达：《黔南识略》卷9，"都江通判"，乾隆十四年修刊本；胡翯修撰：《三合县志略》卷5，"水道"，1940年铅印本。
④ 胡翯修撰：《三合县志略》卷5，"水道"，1940年铅印本。
⑤ （清）罗绕典：《黔南职方纪略》卷6，"黎平府"，成文出版社1974年据道光二十七年刻本影印，第157页。
⑥ （清）徐铉修，萧琯纂：《松桃厅志》卷6，"风俗"，道光十六年刻本。
⑦ （清）蒋琛修纂：《思州府志》卷4，"物产"，康熙六十一年刻本。
⑧ （清）严如熤：《苗防备览》卷9，"风俗下"，道光癸卯绍义堂重刻本。
⑨ （清）刘岱修，艾茂、谢庭薰纂：《独山州志》卷3，"地理志"，乾隆三十四年刻本。
⑩ 《严老太爷恩免江市扮春遗爱碑记》，载江口县志编纂委员会编《江口县志》，贵州人民出版社1994年版，第441页。
⑪ （清）林博：《古州杂记》，载劳亦安辑《古今游记丛钞》卷40，"贵州省"，上海中华书局1936年再版，第24页。
⑫ （清）刘书年：《刘贵阳遗稿》卷3，《黔行日记》，紫江朱氏据原稿印行，第39页。

街由北而南，人烟辐辏"。① 城市街巷名称或因商人属地而名，或因市场属性而名，如松桃厅麻阳街、南市街，② 秀山县城麻阳街、清正街（鸡市）、柴巷等，③ 恩施县城珠市街，宣恩城内铁匠街等。④ 其他城市亦大抵相似。虽然地方志所载内容有夸大之嫌，但城市因经济的恢复发展而呈蒸蒸日上之态，却是不争的事实。

清代前中期城市商业的发展还可从会馆的设立和数量管窥一斑。随着商业的发展，商人为平衡利益、维系原乡和行业情感纽带，在湘黔鄂渝桂省际毗连区城市兴建了数量较多的会馆。三合县地处"黔粤水陆交冲"，"素称商贾繁盛之区"，为便于商业活动，各省商人在县城建有五省会馆、湖南会馆、江西会馆、湖广会馆。⑤ 荔波县城有湖广会馆（万佛寺）、江西会馆（万寿宫）、两广会馆（玉虚宫）、福建会馆（天后宫）。⑥ 其他城市亦"俱建会馆"（见表2.6）。⑦

表2.6　清代前中期湘黔鄂渝桂省际毗连区部分城市所建会馆名称

城市	会馆名称	城市	会馆名称
石砫	湖广会馆	保靖	福建会馆
彭水	湖广会馆、广东会馆	晃州	江西会馆、湖南会馆
秀山	湖广会馆、江西会馆、福建会馆	永定	江西会馆
黔江	湖广会馆、陕西会馆	永顺	江西会馆、福建会馆
都匀	江西会馆、四川会馆、湖广会馆、福建会馆	溆浦	江西会馆、江苏会馆、福建会馆、长沙会馆
铜仁	四川会馆、福建会馆	芷江	江西会馆
龙里	江西会馆	乾州	江西会馆

---

① （清）王槐龄纂修：《补辑石砫厅志》，建置志第五，"市街"，道光二十三年刻本。
② （清）徐铉修，萧琯纂：《松桃厅志》卷3，"疆域"，道光十六年刻本。
③ （清）王寿松等修，李稽勋等纂：《秀山县志》卷4，光绪十七年刻本。
④ （清）松林修，何远鉴纂：《施南府志》卷6，"建置志·坊市"，同治十年刻本。
⑤ 胡蒿修撰：《三合县志略》卷12，"祠祀"，1940年铅印本。
⑥ （清）苏忠廷修，董成烈纂：《荔波县志》卷3，"营建志·城池"，光绪元年刻本。
⑦ （清）林博：《古州杂记》，载劳亦安辑《古今游记丛钞》卷40，"贵州省"，上海中华书局1936年再版，第24页。

续表

城市	会馆名称	城市	会馆名称
广顺	江西会馆、四川会馆	桑植	江西会馆
独山	江西会馆、四川会馆、湖广会馆、广东会馆	龙山	江西会馆、宝庆会馆、辰沅会馆、长沙会馆、湖南会馆
玉屏	江西会馆、湖广会馆	沅陵	福建会馆
思州	江西会馆	城步	江西会馆
剑河	江西会馆、湖广会馆、福建会馆	会同	江苏会馆、靖州会馆、辰沅会馆
思南	江西会馆、湖广会馆、福建会馆	黔阳	江西会馆、福建会馆、宝庆会馆
天柱	江西会馆、福建会馆、江南会馆	鹤峰	江西会馆
沿河	江西会馆、四川会馆、湖广会馆	咸丰	江西会馆、河南会馆、福建会馆、湖广会馆、黄州会馆、湖南会馆
石阡	江西会馆、四川会馆		
黄平	江西会馆、湖广会馆、四川会馆		
镇远	江西会馆、湖广会馆、福建会馆、山陕会馆	恩施	江西会馆、陕西会馆、福建会馆、湖广会馆、湖南会馆、黄州会馆
永绥	江西会馆		
凤凰	江西会馆	来凤	江西会馆、浙江会馆、河南会馆、陕西会馆、福建会馆、广东会馆、湖南会馆
靖州	江西会馆、两江会馆、永州会馆、宝庆会馆、衡州会馆、长沙会馆、广东会馆、福建会馆、贵州会馆	宣恩	江西会馆、四川会馆、河南会馆、湖广会馆、湖南会馆、汉阳会馆

资料来源：各清代府州县厅地方志；另参见中国会馆志编纂委员会编《中国会馆志》，方志出版社2002年版，第126—144页。

在城市商业的带动下，湘黔鄂渝桂省际毗连区的市镇经济也得到了较快的发展，呈现出繁荣景象。湘西黔阳县洪江市"上通滇、黔、粤、蜀，下达荆、扬，舟楫往来，商贾辐辏，百货云集，洵边邑之货薮，四达之通衢"，①"为一州三县之总汇"，至乾隆时即是"庐烟数千"，②"连屋层楼，栉比而居，俨然西南一都会"。③刘书年亦云：洪江市"水程巨镇也。其繁嚣与浦市埒。上通黔蜀，下接吴楚。估客帆樯往来如织"。④晃州厅龙溪口，月以三、八为市，"江浙闽粤之货亦毕集于此"。⑤桃源县陬市"大江躏城，舳舻帆楫……所聚，百货辏集，人语欢声，辄喧午夜"，"为桃邑巨镇"。⑥龙山县牛厂，"川贵牛只聚集，陆续驱至。自辰（州）、常（德）以及长沙，大半从此市去。有牛自桃源者，亦此间贩去者也"。⑦是为湘西北牛只交易的主要集散市场。贵州松桃厅所属孟溪，距"城西六十里"，"为松桃一大乡镇，距两河口六里，百货辐辏，商贾汇集，郡士绅多居于此"。⑧胜秉，"即施秉旧县地，在清水江北岸……土人呼为老县，为苗夷互市处，月以三、七相递，每岁七十二市"。⑨利川，"汪家营地方昔年偏僻"，因地处川鄂驿道节点，经济日益活跃，到乾隆时期其繁庶为一县之最，"今成巨镇，人烟稠密，商贾络绎，实为川楚咽喉扼要之区"。⑩商民甚至还以桥梁为载体发展商业，进而形成集市。例如芷江江西桥，"由沅水驿向西过江西桥，桥长半里，上铺大板，下有十六（洞）。每洞基上构木为屋，列肆贸易，两旁成市，中为长街。入楚以来，此桥最为弘厂"。⑪

综上所述，作为促进城市发展的重要内在动力机制的经济因素在清前中期的恢复和发展，有力地推动了湘黔鄂渝桂省际毗连区城市的发展。但我们必须注意到，清前中期湘黔鄂渝桂省际毗连区城市的经济发展水平在

---

① （清）孙炳煜修，黄世昌等纂：《会同县志》卷1，"方舆志"，光绪二年刻本。
② （清）魏德畹纂修，觉罗隆恩续修，汪尚友续纂：《直隶靖州志》卷13，"艺文志"，道光十七年刻本。
③ 《洪江育婴小识》，转引自周秋光《湖南慈善史》，岳麓书社2010年版，第290页。
④ （清）刘书年：《刘贵阳遗稿》卷3，《黔行日记》，紫江朱氏据原稿印行，第36页。
⑤ （清）张官五修，龚琰纂，吴嗣仲等续修：《沅州府志》卷7，同治十二年刻本。
⑥ （清）谭震修纂：《桃源县志》卷1，"疆域志"道光三年刻本。
⑦ （清）缴继祖修，洪际清纂：《龙山县志》卷7，"风俗志"，嘉庆二十三年刻本。
⑧ （清）徐铉修，萧琯纂：《松桃厅志》卷4，"形胜"，道光十六年刻本。
⑨ （清）徐家干著，吴一文校注：《苗疆闻见录》，贵州人民出版社1997年版，第72页。
⑩ 《奏为今昔不同请施南府同知移驻利川汪家营地方以资巡缉事》，光绪十六年三月十六日，中国第一历史档案馆《宫中档》，全宗号：04—01—12—0547—116。
⑪ （清）陈鼎：《滇黔纪游》，载国家图书馆分馆编《清代边疆史料抄稿本汇编》第34册，线装书局2003年版，第359页。

国家区域经济层面上仍处于一种整体落后的状态，正如《镇远府志》所云："夫施（秉）之苗布仅足自给；偏（桥）竹席不能行远，其又何足以言工哉？"手工业尚且如此，其农业、商业与其周边城市相比亦较落后。"地瘠民穷，素乏千金之蓄"，① 便是清前中期湘黔鄂渝桂省际毗连区城市经济发展水平的一种整体常态。这在很大程度上制约了本区域城市发展水平的进一步提升。

（四）传统文教不断播衍

湘黔鄂渝桂省际毗连区的文化教育长期落后于内地及周边地区。② 随着清初改土归流的完成，湘黔鄂渝桂省际毗连区成为国家统一的政治、经济秩序之中不可分割的一部分。为教化民众，清政府便将传统文教制度移植到了湘黔鄂渝桂省际毗连区城市，从而促进了本区城市文教事业的内地化发展。

1. 兴办传统教育机构。为维护封建国家道统，清中央和地方各级政府采取了兴儒学、建书院和设义学等措施，极力推广传统文化教育，以实现"边郡立学，欲其从化"的教化目的。③

（1）大兴儒学。清初，湘黔鄂渝桂省际毗连区的儒学教育极为落后。康熙时，黔东、黔南已设国家经制州县中还有"永宁、独山、麻哈三州，贵筑、普定、平越、都匀、镇远、安化、龙泉、铜仁、永从九县尚俱未设学校"，④ 且"无文献之足"。⑤ 地域广阔的生苗区还因国家未设行政治所而为文教"遐荒之地"。为教化民众，"格其心思"，⑥ 清初贵州巡抚王艳在《请添设学校疏》中曾明确指出："黔地民苗杂处"，开办学校使"蛮夷亦得观感于弦诵诗书，以柔其犷悍，诚渐被遐荒之要道也"。⑦ 为此，清

---

① （清）蔡宗建修，龚传坤纂：《镇远府志》卷9，"风俗志"，贵州省图书馆1965年据乾隆刻本影印。
② 吴荣臻、吴曙光：《苗族通史》（二），民族出版社2007年版，第461—466页。
③ 《明宣宗实录》卷32。转引自张学强《明清多元文化教育研究》，民族出版社2006年版，第14页。
④ （清）谢圣纶辑，古永继点校：《滇黔志略点校》卷21，"贵州·学校"，贵州人民出版社2008年版，第262页。
⑤ （清）蓝鼎元：《鹿洲初集》卷11，"论·贵州全省总论"，台北文海出版社1977年影印本。
⑥ （清）傅鼐：《治苗论》，载湖南省少数民族古籍办公室编《湖南地方志少数民族史料》，岳麓书社1992年版，第339页。
⑦ （清）王艳：《请添设学校疏》，转引自吴荣臻、吴曙光编《苗族通史》（二），民族出版社2007年版，第462页。

政府严令各府州县厅广兴儒学,"建学育才"。^①例如,清改土归流后,湘西即在新设的沅州府设府学,"置教授一员",芷江、黔阳、麻阳三县设县学,各置教谕一名;沅州设州学,置学正一名,并分建学宫、学署。^②永顺府、辰州府、镇远府、铜仁府、思南府、黎平府、施南府、酉阳直隶州等府州及其所辖州县厅与沅州府一样,各在府治设有府学,县治、州治和厅治则设县学、州学和厅学,这在一定程度上解决了湘黔鄂渝桂省际毗连区各民族士子文教和科举需求的现实问题,促进了当地传统儒学教育的发展。

(2)广建书院。书院是中国传统社会时期一种特有的社会文化教育组织,承载着传统文化传承和社会教化的功能。^③清代以前,各地书院向由民间举办,独立于官学之外。清建立全国性政权后不久,因担心书院被汉族知识分子利用为反清基地,而采取了限制的政策,直至雍正时期诏令地方书院由官方"筹划","资其膏火",将其纳入到官学系统之中,才重获发展的生命力。^④在国家强制下,经各级地方官员的大力推行,湘黔鄂渝桂省际毗连区书院渐次兴办了起来。例如,玉屏县"聚星书院,在棂星门右,雍正十一年,知县唐枚建"。^⑤八寨厅龙泉书院,"清道光二十三年建,设城西门内"。^⑥定番州建有"中峰书院"。^⑦施南府南郡书院在府城南关外,灵溪书院在西门外金华桥南,凤山书院和崇化书院则在府城内。咸丰县蔚文书院在文昌宫内。来凤县岐阳书院原在城内白鸟巷,嘉庆二年"移建东门外桐梓园"。鹤峰直隶州鹤鸣书院则建于城外八峰山下。^⑧其他各府州县厅亦均在治所建有书院。书院的兴建,不仅增加了湘黔鄂渝桂省际毗连区城市文教机构数量,而且扩大了接受教育群体的范围,推动了本民族

---

① (清)田雯:《黔书》,中国西南文献丛书编委会:《西南稀见丛书文献》(5),兰州大学出版社2004年版,第305、306页。
② (清)张官五修,龚琰纂,吴嗣仲等续修:《沅州府志》卷16、17,"学校",同治十二年刻本。
③ 盛朗西:《中国书院制度》,上海中华书局1934年版,第7页。另参见陈谷嘉、邓洪波编《中国书院制度研究》,浙江教育出版社1997年版。
④ 清高宗敕撰:《清朝文献通考》,"学校考八",(台北)新兴书局1963年影印本。
⑤ (清)赵沁修,田榕纂:《玉屏县志》卷4,"学校志",乾隆二十二年刻本。
⑥ 郭辅相修,王世鑫等纂:《八寨县志稿》卷4,"营建",1940年刊本。
⑦ (清)年法尧修,夏文炳纂:《定番州志》卷8,"学校",康熙五十七年稿本。
⑧ 吕调元等修纂:《湖北通志》卷59,"学校志五·书院",1921年湖北公署刻本。

区域城市传统文教事业的发展。

（3）普设义学。义学亦为清代湘黔鄂渝桂省际毗连区地方政府所重视，要求"府州县多设立，教孤寒生童，或苗蛮黎瑶子弟之秀异者"，以广教化。① 为此，地方官员、士绅和好善乐施者在清前中期一般通过捐资或置义田的形式设立地方义学。经过努力，湘黔鄂渝桂省际毗连区城市的义学日益普及。据光绪《湖南通志》记载，湘西会同、绥宁、靖州、永绥、芷江、乾州、凤凰、龙山、辰溪、泸溪、沅陵、永顺、辰州、桑植等城市无一不设有义学。② 黔东、黔南城市亦是如此。③ 例如，定番州义学，"在学宫前，康熙五十年知州李朝柱建"。④ 三合县义学，"乾隆五年始立"。⑤ 但在义学发展过程中，各城市因经济、社会发展程度不同，其所建义学数量亦有差异，少者一所，多者达十所。例如，安福县设义学两所，一在城内，"又一义学在县东十二里"。⑥ 而芷江县建有"义学十所。一明新、一诚正、一格致、一敏慎、一忠恕、一克复、一崇徒、一进修、一谨言、一博约"。⑦ 义学的发展，进一步扩大了城市教育的范围。它作为官学的补充，也在一定程度上促进了清前中期湘黔鄂渝桂省际毗连区传统文教事业的发展。

上述各类文教机构的兴办，不仅促进了城市传统文教事业的发展，增强了城市的文教功能，提升了城市的发展水平，而且还在文化教育层面有力地推动了湘黔鄂渝桂省际毗连区"苗"变"汉"的历史进程。

2. 效果。随着清前中期以官学、书院、私学为载体的传统文教机构的日益普及，传统文教的教化功能亦日益深入，初步改变了之前湘黔鄂渝桂省际毗连区城乡文教风气滞后的状态，成效较为显著。例如，铜仁府"近

---

① 赵尔巽撰：《清史稿》卷106，"选举一"，中华书局1977年版，第3119页。
② （清）卞宝第、李瀚章等修，曾国荃、郭嵩焘等纂：《湖南省志》卷68，"学校"，光绪十一年刻本。
③ 刘显世、谷正伦修，任可澄、杨恩元纂：《贵州通志》，"学校四·义学"，贵州文通书局1948年铅印本。
④ （清）年法尧修，夏文炳纂：《定番州志》卷8，"学校"，康熙五十七年稿本。
⑤ 胡翯修撰：《三合县志略》卷9，"营建略"，1940年铅印本。
⑥ （清）卞宝第、李瀚章等修，曾国荃、郭嵩焘等纂：《湖南省志》卷68，"学校"，光绪十一年刻本。
⑦ 同上。

城士知向学，弦诵不绝……近日人文振起，彬彬礼乐之乡。黔东诸郡，此为秀美"。① 古州文教风气渐开，以至于近城苗民亦"悉敦弦诵。数年来，入郡庠者接踵而起，且有举孝廉者一人"。② 松桃厅，"其俊秀者诵读诗书，讲明礼仪，旧染汙俗，咸与维新焉"。③ "户诗书，人礼乐，士气蒸蒸，文风日上，逮厅学建而掇科者，文武两榜雀起蝉联，方兴未艾，可二盛矣。亦更有进焉者，士先德行后文章，厅之地风俗淳庞，山川灵秀，重以皇仁远被文教。"④ 蓝鼎元亦云：黔东、黔南"文风日振日上，而苗蛮亦薰以弦诵，渐为衣冠人物之人民，生苗亦树之风声"。⑤ 随着传统文教的不断深入，本区科举亦渐有起色。秀水县"山川明丽，人物都雅。土著之家，绝无僚蜑气习。士勤呫哗，能文章，每岁生童，与州合考，数少于州，而岁科所入过之"。⑥ 黎平府的黑脚苗、白衣苗、水西苗和花衣苗近已多"读书应试"。⑦ 可见，湘黔鄂渝桂省际毗连区城乡传统文教事业在清前中期的发展，已取得了为社会广泛认可的显著效果。

综上所述，经过清前中期一百多年的发展，湘黔鄂渝桂省际毗连区社会经济得到了恢复、发展，城市建设也比前代有了显著的进步，尤其是改土归流之后，中央将湘黔鄂渝桂省际毗连区纳入国家直接治理，以国家意志促进当地城市的发展日趋内地化，即城垣、官署、文教机构等城市基础设施和核心建筑物无一不以国家规范加以建造和修葺。城市功能亦以内地传统城市为蓝本。即城市作为国家在地方施政的战略支点，承担着控制地方政治、军事和教化功能；城内市街或城外关厢、码头则扮演着城市经济中心的角色。但湘黔鄂渝桂省际毗连区城市的经济功能受多重因素的制约一直处于相对弱化的境地。这与清前中期内地传统城市经济功能日益突出，尤其是江南、两湖地区商业都市不断发展的历史趋向有着很大的差异。其根源在于湘黔鄂渝桂省际毗连区城市在清代发展过程中始终存在着

---

① （清）严如煜：《苗防备览》卷9，"风俗下"，道光癸卯绍义堂重刻本。
② （清）林博：《古州杂记》，载劳亦安辑《古今游记丛钞》卷40，"贵州省"，上海中华书局1936年版，第24页。
③ （清）徐铉修，萧琯纂：《松桃厅志》卷6，"苗蛮"，道光十六年刻本。
④ （清）徐铉修，萧琯纂：《松桃厅志》卷8，"学校"，道光十六年刻本。
⑤ （清）蓝鼎元：《鹿洲初集》卷11，"论·贵州全省总论"，台北文海出版社1977年影印本。
⑥ （清）严如煜：《苗防备览》卷9，"风俗下"，道光癸卯绍义堂重刻本。
⑦ （清）爱必达：《黔南识略》卷21，"黎平府"，乾隆十四年修刊本。

国家与地方之间历史性、地域性和政治性的矛盾。这使得湘黔鄂渝桂省际毗连区城市必须不断突出其政治与军事功能，强化民族地区的管控。其直接后果是相对弱化了国家和社会促进本地区城市经济发展的力度，影响了城市内部动力机制的进一步发展。即便如此，湘黔鄂渝桂省际毗连区城市的发展在清前中期还是取得了历史性的进步，城市意象也由清初蛮荒丘墟的荒凉景象而渐有"中州"气象。这为晚清本地区城市的近代化转型和后世的继续发展奠定了历史基础。

第三节　晚清时期湘黔鄂渝桂省际毗连区城市近代化的初步转型

所谓"城市转型"（City Transformation），实际上是指一种城市功能、结构的整体性变迁。其基本含义是它要通过较长时期的持续性的调整和改革，促进城市功能结构、社会质变的一个过程，是一种全面的结构性过渡。晚清湘黔鄂渝桂省际毗连区城市发展的近代化初步转型即含有此意。湘黔鄂渝桂省际毗连区城市的近代化转型是随着西方殖民侵略势力不断深入内地，将之纳入到世界殖民体系之中而被迫沦为半殖民地半封建社会，致使其城市的文明形态、功能属性等都发生了历史性的改变，并开始从传统状态向具有早期近代化特征的城市演化。

一　口岸腹地：城市传统经济的近代化初步转型

湘黔鄂渝桂省际毗连区城市的近代化初步转型首先是从经济层面开始的。近代以来中国城市发展出现了新的模式，即中国沿海、沿江、沿边出现了上海、广州、天津、南京、汉口、沙市、宜昌、重庆、蒙自、亚东等一批约开口岸城市和岳州、常德、长沙等自开口岸城市。[①] 这些城市因其地理、经济的区位门户优势而成为西方殖民国家掠夺中国社会财富和资源的主要据点和中国早期近代化发生、发展的中心和基地，首先踏上了城市近代化变迁之路，并带动或影响了其腹地城市商业贸易领域从传统向早期近代化转型。

---

① 张九洲：《论近代中国的"自开商埠"》，《河南大学学报》（社会科学版）1996年第1期。

(一) 传统商业的近代转型

自1840年鸦片战争以来，西方经济侵略势力不断向内地扩张，并深入到了地理封闭的湘黔鄂渝桂省际毗连区。殖民侵略者通过倾销洋布、洋纱、鸦片等洋货的方式，掠夺湘黔鄂渝桂省际毗连区丰富的茶叶、桐油、皮毛、矿产等资源和财富，并将其纳入到了西方殖民者主导的资本主义世界市场体系之中，使晚清湘黔鄂渝桂省际毗连区城市的传统商业不断向近代转型。

1. 近代商业贸易的迅速发展。随着西方殖民者经济侵略的触角伸向西南内陆，湘黔鄂渝桂省际毗连区"野蛮的闭关自守的与文明世界隔绝的状态被打破了"，① 与国内开埠口岸城市建立起了比传统时期更为紧密的联系，并开始被动地纳入到西方主导的世界资本主义市场体系之中，使具有半殖民地属性的近代商业贸易在湘黔鄂渝桂省际毗连区城市获得了迅速的发展。

首先是洋货充斥各级市场。近代中国国门被打开后，西方殖民者便通过不平等条约向湘黔鄂渝桂省际毗连区倾销洋布、洋纱等工业制品和鸦片，"靡所不至"，充斥市场。② 早在19世纪50年代初，洋纱即已倾销到了本毗连区西缘的兴义府。此后，洋布、洋纱输入与日俱增，独山等城市逐渐发展成为外国棉纺织品倾销的集散中心。③ 其他城市的洋纱、洋布销售亦日渐广泛。荔波县，素有"家家种棉，户户织布"的习惯，自洋纱输入后，其所产"水家布"遂改以洋纱为经，土纱为纬织布。榕江县亦是舍土纱，改购洋纱织布。④ 思南，"入口则以鄂布、洋纱、洋油为多"。⑤ 台拱厅苗族商人将其运回的洋布洋纱还"转运到外地销售"。⑥ 兴义府黄草坝因"每年输入大量印度棉纱及该镇和邻近地方用印度棉纱织布而闻名。据

---

① 《马克思恩格斯选集》第2卷，人民出版社1972年版，第2页。
② 柯来泰：《救商十要》，载求自强斋主人《皇朝经济文编》卷45，光绪二十七年刊刻本，第18页。
③ 《贵州六百年经济史》编辑委员会：《贵州六百年经济史》，贵州人民出版社1998年版，第265页。
④ 同上书，第269页。
⑤ 马震昆修，陈文燨纂：《思南县志稿》卷3，"食货志·物产"，1920年刊本。
⑥ 杨开宇、廖唯一：《贵州资本主义的产生与发展》，贵州人民出版社1982年版，第72页。

估计每年在该地共销售每包重四百磅的棉纱达一千包"。① 其他洋货亦在本地区有较大的销售量。据统计，1887年由汉口销往湖南、贵州的洋货价值高达175.3万两白银，其中湖南160万两、贵州15.3万两。这些洋货有相当部分是销往湘西、黔东地区的。② 其中由岳州关入口洋纱的70%经常德转销至永顺、保靖、龙山、会同、晃州等城市和乡村。③ 此期，鸦片也成为了西方殖民者在湘黔鄂渝桂省际毗连区市场上倾销的重要货物。"粤东贩烟之奸商，东南从古州入境，东北从铜仁入境"，④ 将鸦片运销至独山、贵定、都匀、龙里、铜仁、古州等城市，⑤ 从而靡费了大量的社会财富，恶化了湘黔鄂渝桂省际毗连区城乡市场发展的正常环境，并毒化了本区域各族人民的身体健康。此外，煤油、钟表、呢绒、肥皂、火柴、五金、香烟、砂糖等洋货也充斥于本地城乡各市场。⑥ "虽僻陋市集，靡所不至。"⑦ 与此同时，桐油、皮货、猪鬃等农林土特产因西方工业发展的需要而逐渐成为湘黔鄂渝桂省际毗连区外销的大宗商品。例如，本地"皮业之主要业务，在于收集内地零星之牛羊皮，整批转售于外商洋行"。⑧

在殖民经济侵略势力的冲击下，湘黔鄂渝桂省际毗连区民族市场迅速成为了洋纱、洋布等洋货的倾销市场和为满足西方国家工业生产的原材料产地，致使本区域市场的贸易结构发生巨大改变，从而赋予了湘黔鄂渝桂省际毗连区城市贸易和市场发展的半殖民地特征。

其次是与沿海沿江开埠口岸城市的商贸联系更为密切。近代以前，湘黔鄂渝桂省际毗连区城市主要与长江和珠江流域的汉口、广州等少数城市

---

① Burnett, H. W., *Report of the Mission to China of the Blackburn Chamber of Commerce 1896–7*, Nabu Press, 1989, pp. 55–56.
② 《通商各口岸英国领事商务报告》（*Commercial Reports from Her Majesty's Consuls in China*），1878—1880年，汉口，第22页；1887年，汉口，第13页。
③ 游俊、李汉林：《湖南少数民族史》，民族出版社2001年版，第201页。
④ 林满江：《清末本国之替代进口鸦片（1858—1906）——近代中国"进口替代"个案研究之一》，（台北）《"中央研究院"近代史研究所集刊》1980年第9期。
⑤ 何一民、李朝贵：《晚清贵州鸦片问题初探》，《贵州社会科学》1989年第8期。
⑥ 游俊、李汉林：《湖南少数民族史》，民族出版社2001年版，第201页。
⑦ 柯来泰：《救商十要》，载求自强斋主人《皇朝经济文编》卷45，光绪二十七年刊刻本，第18页。
⑧ 《武汉之工商业——皮业》，《汉口商业月刊》1935年第2卷第10期。

建立了较为密切的商贸联系，皆为其经济腹地。① 近代以后，随着西方殖民侵略者将经济掠夺的矛头转向汉口、宜昌、重庆等水运便利的港口城市，他们通过不平等条约将这些城市开辟为通商口岸，② 使湘黔鄂渝桂省际毗连区城市与外界联系的主要路径由"沅水通道"和"都柳江通道"③增至四条。其大致情形为：一是以汉口（1861年开埠）为起点，经岳州（1899年自开商埠），沿沅江、澧水等河流，进入湘西、黔东各城市、乡镇；一是以宜昌（1876年开埠）、沙市（1895年开埠）为起点，沿清江及陆路进入恩施、咸丰、鹤峰、宣恩等鄂西南地区；一是以重庆（1891年开埠）、涪陵为起点，进入酉阳、彭水、武隆、印江、思南等渝东南和黔东北苗区；一是从广州入口，以广西北海（1876年开埠）、梧州（1897年开埠）等地区为起点，沿都柳江进入桂西北三江、黔东南、黔南古州、八寨、榕江、独山、从江等雷公山地区。④ 随着与外界联系的商贸路线的增多，洋纱、洋布等西方工业制品和鸦片等洋货便通过口岸城市大量转输至湘黔鄂渝桂省际毗连区城乡，在各级市场大肆倾销。同时，为达到西方殖民者掠夺湘黔鄂渝桂省际毗连区社会财富和各类资源的目的，列强通过买办大量收购本地土特产以供出口。于是，湘黔鄂渝桂省际毗连区成为了洋货重要的倾销市场和商品原材料产地。例如，日本在汉口的三井、三菱洋行雇佣买办商人"花帮"将日制棉纱、棉布、呢绒、化妆品等产品运销至天柱、锦屏等地，并将所产杉木运至汉口、南京等地销售，其采购杉木数量最多时竟高达10万两码（注：1两码相当于1.2立方米，下同），约占清水江流域木材外销量的80%。⑤ 在西方殖民者以掠夺财富为主要目的的外力推动下，通过殖民化的进出口贸易，湘黔鄂渝桂省际毗连区城市在成为开埠口岸城市经济腹地的过程中与口岸城市的经贸联系也日益增强。这

---

① （清）刘献廷：《广阳杂记》卷4，中华书局1992年版，第193页。
② 王铁崖：《中外旧约章汇编》第1册，生活·读书·新知三联书店1957年版，第155、349页。
③ "沅水通道"是湘西、黔东地区利用沅水航道与沅水下游的常德，及湖南门户岳州及长江中游的汉口进行商业贸易的孔道；"都柳江通道"则是雷公山地区通过珠江支流都柳江与柳州等珠江流域城市建立商贸联系的主要路线。参见陆韧、凌永忠《元明清西南边疆特殊政区研究》，人民出版社2013年版，第382—385页。
④ 吴荣臻、吴曙光：《苗族通史》（三），民族出版社2007年版，第83页。
⑤ 《贵州六百年经济史》编辑委员会：《贵州六百年经济史》，贵州人民出版社1998年版，第267页。

一经贸联系的加强是建立在严重侵蚀湘黔鄂渝桂省际毗连区城市经济基础和社会财富基础上的。它虽在一定程度上促进了本区域城市经济形态近代化初步转型，但却在根本上弱化了推动本毗连区城市发展的内在经济动力的积累。这对晚清及民国时期湘黔鄂渝桂省际毗连区城市社会经济发展的近代化变迁来说是极为负面的。

2. 近代商业机构的设立。近代以前，由于国家财政来源主要依靠土地，故官方较少对商业活动进行直接管理，使城市商业活动多由从业者所建立的会馆、商帮等组织进行"自我"经营和管理，湘黔鄂渝桂省际毗连区城市亦是如此。进入近代以后，随着西南内陆山区被纳入西方经济侵略的势力范围，买办制度被引入到了湘黔鄂渝桂省际毗连区城镇，并逐渐成为了口岸城市和本区乡村之间的中介。于是，沅水、都柳江、澧水等流域一带规模较大的城镇一般都设有为西方洋行代销代购服务的机构或洋行直接开设的货栈或店铺。这些商业机构因湘黔鄂渝桂省际毗连区半殖民地半封建的经贸属性而被迫依附于通商口岸城市商业体系之上，并在其影响下开始了缓慢的早期近代化转型。同时，在西方近代商业影响下，出于"开利源"的现实需要，晚清政府设立了商部，并鼓励地方成立商会组织。① 例如，来凤县商会设立于1909年。② 到1911年，湘黔鄂渝桂省际毗连区城市已普遍设立了商会，甚至一些规模较大的市镇也成立了商会分会，如"晃州龙溪口商务分会""龙山县商会里耶分会"等。③ 商会的普遍设立，标志着晚清湘黔鄂渝桂省际毗连区城市商业早期近代化转型的范域在不断扩大和深入，并在经济领域直接推动了本地区城市经济发展的早期近代化转型。这样，商会在国家推动下开始逐渐取代会馆、行帮等传统商业组织的地位，并与传统行帮、会馆等一道在经济格局中"潜行着历史发展的二重逆反运动"，④ 尽管传统商业组织仍在湘黔鄂渝桂省际毗连区各城镇发挥着主要作用。

---

① 《商部奏定商会简明章程二十六条》，载上海市工商业联合会、复旦大学历史系编《上海总商会组织史资料汇编》（上），上海古籍出版社2004年版，第54—56页。
② 来凤县县志编纂委员会：《来凤县志》，湖北人民出版社1990年版，第289页。
③ 游俊、李汉林：《湖南少数民族史》，民族出版社2001年版，第219页。
④ 马敏、朱英：《传统与近代的二重变奏——晚清苏州商会个案研究》，巴蜀书社1993年版，第122—140页。

(二) 传统手工业的式微与近代工矿业的起步

在近代西方工业产品倾销的冲击下,湘黔鄂渝桂省际毗连区以自给和市场为导向的传统手工业日渐式微,其中尤以纺织业最为明显。黔东南八寨等城乡因洋布、洋纱的输入,其"女红之利尽为所夺,种棉者以无利益不得不改而他图,邑中织妇几如凤毛麟角"。① 平坝等地因湖广以洋纱所织布匹的输入而"纺织大停",② "近更惟有苗布"。③ 兴义府则因印度棉纱的输入,"在土纱业中引起了一个革命,排斥了手纺土纱。今日差不多走到任何一家农户都可以看到,过去曾为不可少的纺车都摆在一边,满布着灰尘,被遗弃了"。④ 与手工纺织业一样,湘黔鄂渝桂省际毗连区其他传统手工业部门大都在洋货的冲击下日渐式微,缓慢地走到了历史的尽头。

在传统手工业日渐衰落的同时,湘黔鄂渝桂省际毗连区工矿业因西方殖民者的掠夺和国人"实业救国"、发展近代工业的需要得到了初步发展,尤其是矿冶业。矿冶业作为湘黔鄂渝桂省际毗连区主要的手工业部门在清代前中期就已有较大的发展,有炼铜、采铅、掘金、水银冶炼等部门,甚至出现了资本主义早期萌芽的手工工场,如丹江铅厂和思南、天柱金厂等。⑤ 晚清时期,西方殖民者在中日甲午战争后取得了在中国的开矿权和设厂权后,便将掠夺矿产资源的侵略触角伸到了湘黔鄂渝桂省际毗连区。1899年,英法商人在铜仁开办了"英法水银公司",强占万山汞矿。德国礼和洋行亦在铜仁开设冶炼厂,开采梵净山锑矿等。⑥ 在西式近代工矿业的影响和中国沿海、沿江口岸城市民族工矿业的示范下,湘黔鄂渝桂省际毗连区民族近代矿冶业开始萌芽、发展。同治时期,陈际台在四川秀山开办水银工场,"未数年成富室"。⑦ 1886年,贵州从英国购得炼铁炉和全套

---

① 郭辅相修,王世鑫等纂:《八寨县志稿》卷12,"选举",1931年刊本。
② 丁世良:《中国地方志民俗资料汇编》(西南卷下),书目文献出版社1991年版,第564页。
③ 江钟岷修,陈廷棻纂:《平坝县志》第五册,"业产志",1932年铅印本。
④ Burnett, H. W., *Report of the Mission to China of the Blackburn Chamber of Commerce 1896-7*, Nabu Press, 1989, p. 270.
⑤ 彭泽益:《中国近代手工业史》第一卷,生活·读书·新知三联书店1957年版,第367—388页。
⑥ 《贵州六百年经济史》编辑委员会:《贵州六百年经济史》,贵州人民出版社1998年版,第267页。
⑦ (清)王寿松等修,李稽勋等纂:《秀山县志》卷12,光绪十七年刻本。

机器，开办了官办的清溪铁厂（见图2.4），雇佣工人近1000人，日产生铁25吨。① 1899年，鄂商史鹤松等人先后组织协成、黔兴、福源等公司，开采梵净山锑矿。1907年，贵州省为平息"商民之争"在铜仁设立了"铜松思石矿务总局"，资本额5.7万两白银，委官办理。② 湘西近代矿冶业也有初步进展，先后创办了沅陵兰溪、怡溪铁矿和沃溪锑矿，麻阳咸池坳、兔垒山铅矿，永绥厅小排吾铁厂和洞里炼铁厂，古丈坪三道河、冷水溪、黑潭坪煤矿和清油铜矿等厂矿。这些矿、厂开始使用水力鼓风机等近代机械，提高了生产力。③ 乾州厅苗族甚至还掌握了较高的制碱技术，利用桐壳制碱，色白质优，年产数万斤，畅销上海、汉口等城市。④

图 2.4　青溪铁厂的炼铁遗物

资料来源：https：//m.sohu.com/a/197838458_737190。

---

① 范同寿：《贵州简史》，贵州人民出版社1991年版，第168—169页。
② 《贵州省志》编委会：《贵州省志·有色金属工业志》，贵州人民出版社2002年版，第253页。
③ 石邦彦：《清代湘西苗区的手工业》，《中南民族学院学报》（哲学社会科学版）1994年第1期。
④ 《湘西苗族》编写组编：《湘西苗族》，吉首大学学报编辑委员会1982年，第37页。

此外，湘黔鄂渝桂省际毗连区城市地处湖广、川、滇、桂等省连接点上，因国家政治、军事、经济发展的需要，各城市纷纷开办了电报、近代邮政等业务，其近代邮政、电信事业也得到了初步的发展。例如，湖南省在醴陵、辰州、洪江等城市设立了电报局；开通了常德至镇远、津市至永顺、辰州至秀山等步班邮路。① 黔东、黔南城市也开办了近代邮政事业（见图2.5）。近代邮政业务的开展，为湘黔鄂渝桂省际毗连区传统通信的近代化变革和接受外界新事物、促进本区城市的近代化转型等创造了有利条件。

图2.5 晚清镇远邮局邮筒

资料来源：作者拍于镇远古城。

图2.6 晚清时期镇远滨河码头繁荣的贸易景象

资料来源：作者拍于镇远县博物馆。

总之，晚清时期随着西方经济侵略势力不断深入西南民族地区，湘黔鄂渝桂省际毗连区逐渐成为了西方殖民市场体系的一部分，与口岸城市间的经济贸易联系不断增强，尤其是联系汉口、重庆等口岸的镇远、洪江等门户城市，因外贸的刺激而呈现出了某种畸形的繁荣景象（见图2.6），率先开启了湘黔鄂渝桂省际毗连区城市发展的近代化转型之路。同时，晚清政府和国人出于自救的美好愿望也在一些城市开办了近代工矿企业、邮政、电信等近代事业。这进一步促进了湘黔鄂渝桂省际毗连区城市社会经

---

① 刘泱泱：《湖南通史（近代卷）》，湖南出版社1994年版，第390—391页。

济的发展和早期近代化的缓慢转型。

二 推陈出新：城市近代文化教育的萌芽与发展

晚清时期，湘黔鄂渝桂省际毗连区城市早期近代化转型在文化教育领域也取得了一定的进展，其具体体现在新式文教事业的创办和传统教育近代化转型两个层面。

（一）新式文教事业的创办

进入近代后，湘黔鄂渝桂省际毗连区虽僻处中国封闭的内陆腹地，但在国家走向世界的趋势不断深入的过程中，其新式文教事业也开始萌芽并得到了初步发展。

首先是西方教会学校的设立。湘黔鄂渝桂省际毗连区是西方传教士较早到达的地区。为传播所谓的"基督福音"，从思想和信仰上改变各族人民的传统理念，传教士利用传教权在湘黔鄂渝桂省际毗连区城镇建立了一些教会学校。1896年传教士塞廖尔·克拉克在清平县筹建了傍海教堂，其为新教在黔东建立的第一座教堂。1905年伯格理在石门坎建造了教堂。[①] 稍后，都匀、务川[②]、独山、镇远、兴义[③]等城镇也修建了基督教堂。另外，湘西辰州、武陵、沅陵、安福等府州县城也都建有教堂，[④] 如辰州的益德教堂等。[⑤] 这些教堂一般都附设有西式教育的学校，如安顺基督教堂在水洞街开办的苗民学校（后改为乐育高等学校）。[⑥] 石门坎则有党居仁、伯格理创办的初级小学。这些教会学校所教授的有国语、算术、社会、体育、卫生、艺术、自然、历史、地理、英文、方言等课程。[⑦] 这与中国传统的侧重于四书五经的教育模式有着很大的不同。教会学校的创立为湘黔

---

① 游建西：《近代贵州苗族社会的文化变迁》，贵州人民出版社1997年版，第91—92页。
② 《贵州通史》编委会：《贵州通史》（第3卷），当代中国出版社2003年版，第450页。
③ 王玉清：《多民族多宗教地区基督新教的传播学解读——基于近现代贵州石门坎与青岩的比较》，硕士学位论文，贵州大学，2010年。
④ 《教务教案档》第六辑（二），（台北）"中央研究院"近代史研究所1980年编印，第1171—1178页。
⑤ 郑佳明、陈宏：《湖南城市史》，湖南人民出版社2013年版，第275页。
⑥ 吴荣臻、吴曙光：《苗族通史》（五），民族出版社2007年版，第448、449页。
⑦ 邱纪凤：《民国年间苗族论文集滇黔边境苗胞教育之研究》，贵州民族研究所1983年编，第235页。

鄂渝桂省际毗连区带来了科学知识，开阔了人们的视野，对当地新式教育的发展产生了较大的影响，并在一定范围内促进了本毗连区社会思维的近代化改变。诚如民国学人所评价："远在清末，苗民就有正式的新式教育……这一地区的苗胞，差不多百分之五六十以上已经为英人所化。"① 但这些教会学校是传教士带着"开荒"的宗教使命，② 依托不平等条约的庇佑所建立的独立于中国文教主权之外的"世外桃源"；是西方侵略中国的一个文化楔子，严重地损害了中国的主权。③

其次是官办新式学校的普及。随着中国近代西学的兴起和洋务运动的开展，国家急需大量各类新式人才。为改变传统教育无法承担培养新式人才的窘境，清政府成立了学部，在各城市兴办各类新式学校，积极推行新式教育。1898年八寨厅设立了师范速成科学堂四所。1900年乾州厅创办了乾州高等小学堂。随后台拱、清平、凯里、黎平、古州、永从、丹江、麻哈、黄平、施秉、思州、天柱、镇远、雷山、剑河、三江、凤凰、乾州、永顺、晃州、城步等城市及规模较大的市镇亦开设了一定数量的中小学堂以及师范传习所。④ 恩施则兴办了中学堂、农业学堂等八类新式学堂（见表2.7）。这些新式学校（堂）的兴办，为湘黔鄂渝桂省际毗连区城市发展培养了一定数量的新式人才。

表2.7　　恩施县宣统二年（1910年）十月新式学堂举办情形

学堂类别	数量（所）	学生（人）	学堂类别	数量（所）	学生（人）
府甲等农业学堂	1	60	府劝工所	1	64
府立中学堂	1	154	府初等小学堂	4	179
施鹤道初等小学堂	1	20	县高等小学堂	1	105
县初等农业学堂	1	50	县初等小学堂	24	707

资料来源：恩施市地方志编纂委员会：《恩施市志》，武汉工业大学出版社1996年版，第498页。

---

① 邱纪凤：《民国年间苗族论文集滇黔边境苗胞教育之研究》，贵州民族研究所1983年编，第235页。
② 洪云：《西方传教士与近代贵州（1861—1949）》，博士学位论文，浙江大学，2013年。
③ 王肇磊：《传统与现代：清代湖北城市发展与社会变迁研究》，中国社会科学出版社2014年版，第123页。
④ 吴荣臻、吴曙光：《苗族通史》（五），民族出版社2007年版，第436—437页。

（二）传统书院的转型

随着西学东渐的深入，传统书院亦在新式教育的影响下逐渐转型，改制为中小学堂。1902年城步县城白云书院改为初等小学堂。① 清平县将炉峰书院改制为官立高等小学堂，龙江书院改为初等小学堂。丹江将丹阳书院改为学堂。八寨龙泉书院亦于光绪三十一年改为两等学堂。台拱三台书院和莲花书院则分别改为初等小学堂和县立高等小学堂。② 当清王朝覆亡时，湘黔鄂渝桂省际毗连区城市的传统书院已有相当部分改制成了新式学堂。但与新式学校创办、发展相比，城市传统书院的转型相对较慢，有的书院近代化转型直至北洋政府时期才完成。其中永顺县灵溪书院直至1916年才改制为高等小学堂。③

近代文教事业的萌芽和初步发展所培养的宝贵建设人才，为湘黔鄂渝桂省际毗连区城市和社会发展、文化教育的进步注入了一丝丝新的活力，促进了城市社会风气和社会趋新思维的近代化转变。但受社会经济发展滞后和传统文化教育时空延续性等因素的影响和限制，在晚清时期能够接受新式教育的湘黔鄂渝桂省际毗连区人口数量还比较少，新式文教事业的覆盖面还不广。这与此期周边城市文教事业近代化水平相比还存在着相当大的差距。

三 脱古趋近：城市社会风尚的变迁

随着近代中国国门的打开、新经济形态的出现和新式教育的萌芽与初步发展，湘黔鄂渝桂省际毗连区城市的社会风尚遂在近代新鲜事物的影响下逐渐从传统状态缓慢向近代新风尚趋近。

首先是部分精英将视界由封闭的高原山区转向了山外、转向了世界。近代以来，随着湘黔鄂渝桂省际毗连区新式文教事业向纵深发展，部分精英分子在接受新式教育的过程中，开阔了眼界，他们在面对民族危亡之际，和中国其他地区的社会精英一样，也在思考救国救民的出路。他们中的一部分人试图通过留学来寻找道路解决中国近代国家衰落的问题。例

---

① 城步苗族自治县志编纂委员会：《城步县志》，湖南出版社1996年版，第464页。
② 贵州省教育科学研究所：《贵州少数民族教育研究资料集》（1），贵州省教育科学研究所1984年编，第25页。
③ 郑佳明、陈宏：《湖南城市史》，湖南人民出版社2013年版，第279页。

如，鄂西南恩施县仅在光绪二十八年至三十一年间就有20余人留学日本和欧美国家，其中王莲还是湖北省第一个留日的女学生。① 另据文献记载，晚清时期田应全（凤凰人）、王济辉（务川人）、张吉光（沅陵人）、廖名缙（泸溪人）、吴传声（麻江人）等知识分子也漂洋过海留学日本、法国。② 这些留学生成为了湘黔鄂渝桂省际毗连区首先睁眼看世界的一批人。他们学成回国后，有的选择了教育救国、有的选择军事救国、有的选择了实业救国。他们从实际行动上为湘黔鄂渝桂省际毗连区开启了一扇通往世界的窗户，促进了本区域城乡社会思想的近代化发展，社会思潮亦在他们的宣传和推动下日益活跃。在清末各类社会思潮发展、碰撞过程中，首先走出这片内陆山区的一部分思想先进者选择了变法救国或革命救国之路。例如，熊希龄（凤凰人）在湖南长沙曾任"时务学堂"总理，提倡科学，注重时务，组织"南学会"，创办《湘报》，积极宣传变法运动。吴慕尧（锦屏人）在赴日本考察学务时，加入了同盟会和"南社"。谢龙光（彭水人）大学毕业后，加入同盟会，积极传播革命思想。③ 他们的改革和革命思想对湘黔鄂渝桂省际毗连区社会各阶层、各民族都产生了较大的影响。这为民国时期本区革命运动的广泛开展打下了初步基础。

其次是人们的社会职业观念也发生了改变。在传统时期，人们恪守着"士农工商"的职业界限，但随着社会思潮近代化之风吹拂湘黔鄂渝桂省际毗连区大地，人们传统的"四民"职业观念在悄然间发生了历史性的改变。例如从军，传统时期人们对军人长期持一种鄙视心态，有"好男不当兵"之说。但到19世纪末，一些受过新式教育或传统教育的学生和部分知识分子因科举制度的废除一改陈腐的社会职业观念而投笔从戎。例如，清末松桃县秀才吴勉安，为救国而弃笔从戎，后在民国时期升职为中将参谋长。王宪章（安龙人）曾在兴义府中学堂接受新式教育，后保送到贵阳师范学堂学习，不久便投身军营。当他发现旧军营与其报国救民、奋发向上的思想格格不入时，改进警察学校，后到武昌投军于湖北新军工兵营。在其影响安排下，安龙青年到湖北武昌当兵、求学成为当地的一种时尚。④

---

① 恩施市地方志编纂委员会：《恩施市志》，武汉工业大学出版社1996年版，第495页。
② 吴荣臻、吴曙光：《苗族通史》（五），民族出版社2007年版，第14、15、21、55、112页。
③ 同上书，第63、108、114页。
④ 吴荣臻、吴曙光：《苗族通史》（五），民族出版社2007年版，第11、60页。

可见，湘黔鄂渝桂省际毗连区在晚清时期"秀才当兵，已成了较常见的社会现象"。①

此外，湘黔鄂渝桂省际毗连区社会在女子教育、②从商③等观念上亦开始从传统转向近代。近代邮电邮政事业的发展，也逐渐改变了本区城市过去传统汇兑、信件投寄等传统习惯。④煤油、钟表、呢绒、香烟、火柴等外来洋货的输入，说明湘黔鄂渝桂省际毗连区民众已开始接受西方物质文明，至少是城镇居民在中西器物观念上已然发生了历史性的变化。但必须说明的是，由于地理、交通的封闭，尽管透过开埠通商口岸城市迎来了所谓近代化的"欧风西雨"，但受晚清湘黔鄂渝桂省际毗连区社会、经济、文化等多重因素的制约，其城市发展的早期近代化转型之路在总体上还是相当有限的，传统城市的风尚特征依然显著，其近代化转型直至20世纪中叶仍未完成。这对后世本区域城市的发展影响极大。

---

① 温楚珩：《辛亥革命实践记》，《辛亥首义回忆录》（第1辑），湖北人民出版社1979年版，第50页。
② ［英］埃利奥特肯德尔辑：《伯格里日记》，东人达译，贵州毕节地区民族事务委员会1991年编，第116—117页。
③ 游建西：《近代贵州苗族社会的文化变迁》，贵州人民出版社1997年版，第130—144页。
④ 贵州地方志编纂委员会：《贵州省志·民族志》（上），贵州民族出版社2001年版，第56页。

第三章　民国时期湘黔鄂渝桂省际毗连区的城市发展

中华民国在内地存在的时间虽不到40年,但却是近代中国一个重要的历史转折时期。一方面西方国家对中国的侵略进一步加深,并爆发了日本帝国主义悍然发动的全面侵华战争,给中华民族带来了巨大的灾难;另一方面国政不靖,内战和革命交错,社会动荡不宁,这都给中国城市的发展产生了极为严重的负面影响。与此同时,政治、经济、社会、思想与文化等方面的近代化变革自晚清始如潮水般地冲击着古老的中华大地,对湘黔鄂渝桂省际毗连区的影响也越来越深远。虽然其城市发展水平不高,滞后于全国,但城市发展在此期的质变却是十分明显,无论是城市经济、文化、市政建设,还是城市社会与治理,都比晚清有了较为明显的进步。

第一节　民国前期城市的发展

武昌首义民国肇兴,不久便被袁世凯窃取了民主革命的果实。袁世凯就任中华民国临时大总统和大总统后,在政治上竭力摧毁资产阶级在辛亥革命中所取得的民主成果,并剥夺了他们的政治发言权、政治自治权和地方管理权,迫使资产阶级远离政治,将精力集中于经济的发展上。另一方面,袁世凯及其继任者北洋政府以及南京国民政府均采取了稳定财政、改革货币制度、完善商业立法、奖励工商、发展教育等一系列措施,力图推进城市近代化的发展。这使得包括湘黔鄂渝桂省际毗连区城市在内的中国城市经济、市政建设、城市管理和文教事业等在晚清的基础上能够得以继续向前曲折发展。

一 传统与近代之间：城市经济近代化的继续发展

民国前期湘黔鄂渝桂省际毗连区远离国家政治漩涡中心，受政治格局变化影响相对较小，这为本区城市经济在晚清的基础上继续向前缓慢发展提供了有利条件。

（一）城市工业的发展

晚清时期，湖南、贵州等省曾在所属会同、沅陵、溆浦、永定、泸溪、辰溪、麻阳、桑植、凤凰、辰州、清溪、铜仁等地区兴办了炼金、冶锑、制铁等近代厂矿。① 鄂西南施南府官办铜铅矿仅在1897年就开采了硫磺五万余斤以及净铜、净铅若干斤。② 林子成、吴春圃还分别在鹤峰开设了铜矿开采厂。③ 进入民国后，在国家工商政策的鼓励和近代工业的示范下，振兴实业在当时蔚然成风，"一时工商界踊跃欢快，咸谓振兴实业在此一举，不几年而大公司大工厂接踵而起"，④ 形成了一股社会潮流。此期亦被人们称为"一个黄金发展的时期"。⑤ 这股创办实业的风潮也逐渐由上海、武汉、重庆、长沙等大城市扩展到了封闭的湘黔鄂渝桂省际毗连区。其中一些城市在晚清近代工矿业发展的基础上，又陆续兴办了一些纺织、冶金、采矿、木材加工等近代产业。例如1912年黔阳创办的兴业织布工厂，有织机40台，资本额5400（银）元，雇佣工人95人。⑥ 湘西其他城市的纺织工业在黔阳织布工厂的影响下"膨胀甚速"。⑦ 经过民国前期的建设发展，湘黔鄂渝桂省际毗连区城市建立起了数十家近代工厂（工场）（见表3.1）。

---

① 陈真、姚洛合：《中国近代工业史资料》（第一辑），生活·读书·新知三联书店1957年版，第212—221页。
② 苑书义等主编：《张之洞全集》卷127，公牍42、咨札42，河北人民出版社1999年版，第3501—3502页。
③ 李捷：《湖北矿产调查》（鄂西北部分），湖北省建设厅1949年版，第137页。
④ 徐建生：《民国初年经济政策的背景与起步》，《民国档案》1998年第2期。
⑤ 张忠民：《艰难的变迁——近代中国公司制度研究》，上海社会科学院出版社2002年版，第75页。
⑥ 彭泽益：《中国近代手工业史资料》第二册，生活·读书·新知三联书店1957年版，第375页。
⑦ 傅角今：《湖南地理志》，武昌亚新地学社1933年版，第261页。

表3.1　　　　　民国前期部分湘黔鄂渝桂省际毗连区
　　　　　　　城市兴办近代厂矿、工场大致情形

城市	厂矿名称	开办大致情形
铜仁	生泰公司、立达公司	1913年,贵州省主席刘显世组建生泰公司、立达公司,利用土法开采锑矿,其中官洞日产锑砂半吨多
	梵净山金矿	1915年贵州省电饬镇远道派员会同铜仁矿务局黄总办查勘梵净山金矿,呈文获批,由黄总办设厂开采
石阡	本庄河锑矿	1920年县人在本庄河闪渡雷洞设厂开采锑矿
	石阡铁厂	1928年县人张洪科建土炉炼铁
	服装加工厂	1929年唐汉臣在县城购置两部缝纫机开办服装加工厂
	轻工机具手工作坊	1930年,谭东才在石阡县城兴办轻工机具手工作坊
黄平	集义火柴厂	生产黄磷火柴
印江	印江造纸厂	
省溪	省溪朱砂矿局	1936年,贵州省建设厅投入资金4.5万(银)元,在省溪县设朱砂矿局,开子矿3处。当地富商亦集资开办了4家水银朱砂厂,其中德镒和水银朱砂厂资本500银元,工人76人
罗甸	荣盛铁厂	1928年张西林筹建蛮瓦铁厂。1930年试炉冶炼成功。1933年定名荣盛铁厂。1936年张西林又在罗悃镇罗苏纳庆开办铁厂,全厂有技工10人,工人30余人
龙山	龙山汞矿	1912年龙洲卿在江家垭设厂开采铅矿;1916年满溢昌开设锅厂;1921年包轸在白竹园设场开采汞矿
	龙山贫民工厂	1924年县设织布、印刷、服装、木漆等项的贫民工厂
凤凰	造枪局、军械修理厂	1929年,陈渠珍延聘长沙、常德等技术人员,购置功率5千瓦的发动机一台,车床一台,制造枪支和子弹,1935年解散
	印刷厂、被服厂、皮革厂、木工厂、笔工厂、玻璃厂	
晃县	酒店塘汞厂	1929年,晃县人张平刚在酒店塘设厂开采汞矿,雇佣工人150多人,日夜轮班作业,盛极一时
	晃县贫民工厂	1929年,县政府利用赈灾款1.2万元,购置织布机、织袜机、缝纫机、石印机等设备,开办贫民工厂,雇佣工人约200人
洪江	洪江贫民工艺厂	

第三章　民国时期湘黔鄂渝桂省际毗连区的城市发展

续表

城市	厂矿名称	开办大致情形
麻阳	甘蔗制糖厂	
沅陵	中兴公司	
溆浦	和盛公司、宝德福公司	
辰溪	霞发公司	
酉阳	贫民织布厂	1924年渝涪帮负责人李益枝到酉阳设立贫民工厂。这是酉阳铁机织布之始，亦是第一个织布厂，有织工260余人
恩施	大丰电灯公司	1933年吕汉卿等合资创办于北门外万寿宫，装机30千瓦发电机1台。1939年6月被日机炸毁
来凤	广雅石印局	1923年，县城商民任少云从常德购回石印机一部，开设"广雅石印局"，印制"市票"，业务甚为兴隆

资料来源：《建厅令印江县改进造纸工业》，《贵州省政府公报》1931年第58期；傅角今：《湖南地理志》，武昌亚新地学社1933年版，第258、572页；陈真：《中国近代工业史资料》第3辑，生活·读书·新知三联书店1961年版，第1266页；龙山县修志办公室：《龙山县志》，1985年内部版，第217页；来凤县县志编纂委员会：《来凤县志》，湖北人民出版社1990年版，第155页；石阡地方志编纂委员会：《石阡县志》，贵州人民出版社1992年版，第242—249页；伍新福：《湖南通史》（近代卷），湖南出版社1994年版，第784页；罗甸县志编纂委员会：《罗甸县志》，贵州人民出版社1994年版，第326页；恩施市地方志编纂委员会：《恩施市志》，武汉工业大学出版社1996年版，第286页；贵州地方志编纂委员会：《贵州省志·民族志》（上），贵州民族出版社2001年版，第372—287页；《酉阳县志》编纂委员会：《酉阳县志》，重庆出版社2002年版，第208页；龙先琼：《近代湘西的开发与社会变迁研究》，博士学位论文，湖南师范大学，2011年。

此外，在一些规模较大的市镇也创办了具有近代意义的手工工场。例如，晃县龙溪口织布工场在1931年拥有手工织布机300余台，染布踩压机60多具。①

工业的发展使湘黔鄂渝桂省际毗连区的城市意象由传统渐趋近代。诚如时人所见辰溪县城镜像："辰溪的郊景很可观。我看见烟筒矗立的煤矿

---

① 新晃侗族自治县文史资料研究委员会：《工商史料（民国时期）》，1986年铅印本，第61、64页。

公司灰色砖头的高楼大厦。那里面不时还有些散了厂的矿工涌出。他们的头上戴了一个铁圈顶,在头顶上的那盏瓶子灯便被两根绳索绊住在铁圈上。他们浑身乌黑,几乎使人连他们的白眼珠和黑眼珠也分不出很显然的界限……有这样的高楼宽社,有这样的煤矿公司……辰溪很不错!谁说他是陋小的县份?"①

近代工业的建设,为民国前期湘黔鄂渝桂省际毗连区城市商业的兴盛提供了部分物质来源,也为城市建设准备了一定的条件。但大多数城市受经济、社会、地理等多方面因素的制约,发展还相当有限,在总体上"尚未达萌芽时代",而多处于手工工场、作坊阶段。②

(二) 城市商业日渐兴盛

民国前期,湘黔鄂渝桂省际毗连区城市商业大致经历了北洋政府时期继续发展和南京国民政府"黄金十年"③两个阶段,在总体上仍保持着一个向上发展的势头。同时,本区丰富的农林特产因中国中东部和西方近代工业发展的需要而成为与当时国内、国际市场进行贸易的主要商品,湘黔鄂渝桂省际毗连区城市商业活动遂在贸易的推动下更趋活跃,初现近代商业繁荣景象。

1. 市场相对繁荣。民国前期湘黔鄂渝桂省际毗连区城市商业的继续发展首先体现在市场的相对繁荣上。例如,洪江"四通八达,毗邻桂粤蜀鄂诸省,居滇黔与沪汉之间。凡湘西金融之汇兑,百货之转运,均以此为枢纽。故其商业之盛,虽不及通商大埠,亦大有可观。输入货物以线、纱、布疋为大宗,年约七八百万元,绸缎年约五六十万元,煤油卷烟约五十万元,南货年约三四十万元,苏广货约五六十万元,纸张颜料约十余万元,其他零星货品亦在十万元以上。湘西上游各县之食盐,亦经洪江,年可三十票。输出货物以桐油、木材、特货为大宗。特货约二万担,值一千五百万元;木材约簰六百头上下,值五百万元;桐油往年出口可达七百万元,本年则不足二百万元"。④ 在贸易最盛的1929年、1930年,洪江每年商品

---

① 方捷:《湘西杂记》,《前途杂志》1936年第6期。
② 傅角今:《湖南地理志》,武昌亚新地学社1933年版,第543页。
③ 所谓"黄金十年",是指南京国民政府统治期间1927—1936年的一个说法。
④ 直之:《湖南洪江之主要商业调查》,《工商半月刊》1935年第9期。

输入总额达 1000 余万元，输出商品价值总额则高达 2000 余万元。① 黔江盛产生漆，市场繁荣，"近则出售万县，或湖北施南来凤各地，或由该地漆庄派人来县收买，或由本地人收齐发并"。② 独山，在 1933 年黔桂线丹池公路通车后，③ 商业日趋繁荣。洋纱、洋布、煤油、汽油、纸烟、化学原料、传统百货等从外地源源不断地运至独山，并将本地所产布匹、桐油、茶叶、烟叶、鸦片、牛马、纸张等大宗商品输出外地市场，贸易额也较大。④ 沿河在 20 世纪 30 年代初贸易亦很兴盛。据 1937 年统计，沿河输入棉布、棉纱、食盐、煤油等工业品的价值 10.98 万元（法币）；收购外运桐油 35 吨、柏油 30 吨、菜油 10 吨、生漆 3.3 吨、牛皮 7000 张，输出价值 2.98 万元（法币）。⑤ 安顺等其他城市市场亦较繁荣（见图 3.1）。

图 3.1　民国初期的安顺

资料来源：《民国时期的安顺》，http://szb.anshun.gov.cn/ywgz/dqyl/assq/201801/t20180119_25105298.html。

---

① 王彦根：《洪江经济概况调查》，《湖南省银行月刊》1931 年第 1 卷第 2 期。
② 《黔江商讯》，《川边季刊》1935 年第 2 期。
③ 《联合桂黔两省交通之丹池公路完成》，《山东建设月刊》1933 年第 3 卷第 9 期。
④ 贵州地方志编纂委员会：《贵州省志·民族志》（上），贵州民族出版社 2001 年版，第 177 页。
⑤ 同上书，第 377 页。

随着民国前期湘黔鄂渝桂省际毗连区城市商业的不断发展，市场不断扩大，部分城市为满足商业发展的时代要求还开辟了新的商业市场。例如，三合县"今新开者共有十数场之多"。①

城市商业与市场的发展也带动了民国前期湘黔鄂渝桂省际毗连区乡村集市、场市的兴盛。据民国《德江县志》记载，全县有合朋、共和、铺子塆、清水塘、牛渡滩、潮砥、新场、煎茶溪、七星场、杉树堡等41处乡场，"每场相距十余里或二十余里不等"，每月集期或五日集或十日集，"便于集散"商品。② 其他地区亦有大量的乡村集市和场市（见图3.2）。它们作为城市市场的补充发挥着城市市场商品的集散功能，扩大了城市商业与市场的影响，并促进了湘黔鄂渝桂省际毗连区城市商业的繁荣和市场体系的发展。

图3.2 湘西乾城市集热闹情形

资料来源：《湘西苗民：赶集》，《中华（上海）》1937年第56期。

2. 大宗商品贸易的兴盛。在民国前期湘黔鄂渝桂省际毗连区城市市场发展过程中，以桐油、木材等为代表的大宗商品交易起着非常重要的作

---

① 胡翯修撰：《三合县志略》卷9，"营建略"，1940年铅印本。
② 任震修，黎民怡纂：《德江县志》卷1，地理志，"附场市表"，1942年石印本。

用，是为本区域城市市场发展的重要支柱之一。

（1）桐油贸易。近代以来因西方工业发展的需要，桐油成为中国主要输出的特种商品之一，① 湘黔鄂渝桂省际毗连区是其主要的输出地之一。其盛产的桐油，产量巨大。据统计，渝东南彭水县年产桐油250万斤；黔江年产量则高达1000万斤。② 秀山所产之秀油，在汉口桐油出口中亦"占极重要之地位"。③ 酉阳、石砫等县亦有大量桐油输出。④ 湘西桐油年产量则高达42万担。⑤ 如此巨量的桐油大都经汉口销往海外市场。⑥ 晃县每年外销桐油30余万斤。在1920—1924年间，每年经永绥县城市场集散外销的桐油高达数百万斤。1927—1928年间，每年经乾州所里外销的桐油都在1000万斤以上。⑦ 洪江桐油输出量也很大，"输出桐油达20万担以上，值七百万元"，专营桐油之"油商乃极为发达，鼎盛时期，同业有十六、七家之多"。⑧ 黔东沿河县桐油年产80余万斤，概经黔江运销至巴县（今重庆）。⑨ 镇远年产桐油数十万斤；青溪有13万—14万斤桐油经潕阳河外销。玉屏、岑巩等县也有大量桐油运销至汉口。⑩ 桐油贸易还促进了产区桐油贸易专业市镇的形成与发展。湘西乾州所里、晃县龙溪口、大庸永定镇、龙山里耶、永顺王村、古丈罗依溪、永绥茶洞等市镇在抗战前都是著名的桐油集散专业市场。其中王村每天交易的桐籽、桐油在1万斤以上，每年桐油外销量达4万—5万桶（旧度量衡17.6两为1斤、100斤为1桶），形成了长达五里专门经销桐油的长街，热闹非凡。⑪

（2）木材贸易。木材贸易自清代以来便是湘黔鄂渝桂省际毗连区对外

---

① 《吾国桐油之调查概况》，《实业杂志》1922年第56期。
② 《彭水每年物产表》《黔江每年物产表》，《四川月报》1934年第1期。
③ 《湖北经济状况》，《汉口商业月刊》1934年第1卷第7期。
④ 谭清宣：《民国时期渝东南民族地区桐油生产贸易与区域经济的发展》，《农业考古》2014年第4期。
⑤ 《湘西桐油贸易调查》，《贸易》1936年第84期。
⑥ 据上海商业储蓄银行编《汉口之桐油与桐油业》（1932年，第22、23页）记载，汉口外销桐油主要来源地之一的南桐产地主要为澧水、沅水、酉水、资水一带。黔江、秀山等地则为另一重要桐油产地，称之为川桐。
⑦ 游俊、李汉林：《湖南少数民族史》，民族出版社2001年版，第216页。
⑧ 直之：《湖南洪江之主要商业调查》，《工商半月刊》1935年第9期。
⑨ 严新农：《贵州省》1934年2月，转引自《贵州日报》2016年4月26日第12版。
⑩ 夏鹤鸣、廖国平：《贵州航运史（古、近代部分）》，人民交通出版社1993年版，第161页。
⑪ 湖南省地方志编纂委员会：《湖南省志·贸易志》，湖南出版社1990年版，第471页。

输出的大宗商品之一，到民国前期依然较为兴盛。湘西、黔东木材大多经沅水、酉水等水道运至汉口销售，因数量巨大，人们习惯将来自湘西、黔东地区的木材称之为"西湖木"。① 从1921年至1933年，经洪江运销的木材数量为347.7万两码，年均26.7万两码。1921年、1931年木材输出量最多，各在40万两码。在输出量最少的1925年、1926年也有5.5万两码。木材贸易的兴盛，使洪江成为了本区重要的木材转运市场。1934年洪江有木商13家，资金总额共计33000（银）元，年营业额68万（银）元。② 黔南榕江县的木材年贸易额也有60万—90万（银）元。③

此外，洋货、近代工业产品和其他大宗土特产的交易活动亦对湘黔鄂渝桂省际毗连区城市市场的兴盛起到了较大的推动作用，促进了民国前期本区城市近代商业的继续发展。

3. 商业机构日渐增多，从业人口甚众。民国前期湘黔鄂渝桂省际毗连区城市商业日渐兴盛，还体现在商业机构日益增加，从业人口众多上。晚清时期，国家为鼓励民族工商业的发展，在各地组建了商会。进入民国后，随着城市商品经济的进一步发展，在商会组织架构下，湘黔鄂渝桂省际毗连区城市各类商业机构和商业个体数量迅速增加。湘西洪江，"工商组织向分十三帮，即钱帮、油帮、木帮、绸布帮、盐帮、药业帮、广货帮、南货帮、磁业帮、粮食帮、首饰帮、纸帮、烟酒帮是也。自工商同业公会法规公布后，各业纷组同业公会，已成立者有洪油业、钱业、绸布业、药材业、书纸业、金银首饰业、苏广业、磁铁业、油盐南杂业、粮食业、烟酒业、衣庄业及特商、木行、木商等共十六同业公会。除特、木三同业公会外，余均隶属于洪江市商会"。④ 各同业公会之下商号众多。例如，1934年洪江有粮食号56家，油盐南货号40家，绸布庄30家，苏广洋货号28家，药材铺25家，木行13家，瓷器店12家，成衣铺11家，金银首饰店10家，洪油庄7家，纸张行6家，共计坐商238家。⑤ 晃县自民初以来，县城店铺数量增加较多。同时市镇也出现了常年性的店铺和作

---

① 《汉口之木材贸易》，《湖北实业厅月刊》1925年，转引自曾兆祥《湖北近代经济贸易史料选辑》（4），湖北省志贸易志编辑室1986年，第212页。
② 湖南省地方志编纂委员会：《湖南省志·贸易志》，湖南出版社1990年版，第158页。
③ 夏鹤鸣、廖国平：《贵州航运史（古、近代部分）》，人民交通出版社1993年版，第162页。
④ 直之：《湖南洪江之主要商业调查》，《工商半月刊》1935年第9期。
⑤ 湖南省地方志编纂委员会：《湖南省志·贸易志》，湖南出版社1990年版，第149页。

坊。1936年，仅龙溪口经营百货、花纱、布匹、绸缎、油盐、牙行、文具、医药、南杂、粮食等行业的商店共计420余户。① 黔东沿河县城有华西公司、同济泰、结义、九泰、全益、同益、新生、建记、洪记、华康等40余家商号。② 其他城市商业机构和商业个体在民国前期亦增加不少。

随着湘黔鄂渝桂省际毗连区城市商业机构的增长，使从事商业贸易的人口亦有较大的增加。例如洪江，"据该市公安局估计，（1935年）全市有三千七百余户，男子二万四千二百余人，女子一万三千三百余人，总计三万七千六百余人。从事商业之经营者一万三千人，几及总数之半"。③ 龙山县里耶镇在1934年有商户423家，从业人员750人。④ 永顺王村有商号204家，从业人员630人。⑤ 沿河县仅流动小商贩就有600多家，辗转于各乡场集镇。⑥ 其他城镇亦有较多的商业从业人口。

商业机构和从商人口的增加，充分说明了民国前期湘黔鄂渝桂省际毗连区城市商业获得了较大的发展。商业活动已然成为许多城市民众日常谋生的一种方式。这都在一定程度上促进了本区域城市经济功能和社会生活的发展与变迁。

（三）传统近代之间的城市金融业

中国近代金融始于晚清，经国人不断努力，其机构和业务逐渐由开埠口岸城市、省会城市向中小城市拓展。湘黔渝鄂桂省际毗连区城市地理封闭，其近代金融业的发展程度较其他区域滞后，直至民国初年才在一些商业较发达的城镇有所发展。民国初年，因清水江木业发达，中国银行曾在贵州三江⑦、湖南辰州（沅陵）、洪江⑧等城市设立分行，开展相关金融业

---

① 新晃侗族自治县文史资料研究委员会：《工商史料》（民国时期），1986年铅印本，第39—40页。

② 贵州地方志编纂委员会：《贵州省志·民族志》（上），贵州民族出版社2001年版，第376页。

③ 直之：《湖南洪江之主要商业调查》，《工商半月刊》1935年第9期。

④ 政协湘西自治州文史资料研究委员会：《湘西文史资料：湘西名镇》第22、23辑（合刊），"湘西名镇·里耶镇"，1991年。

⑤ 同上。

⑥ 贵州地方志编纂委员会：《贵州省志·民族志》（上），贵州民族出版社2001年版，第376页。

⑦ 同上书，第45页。

⑧ 湘西土家族苗族自治州地方志编纂委员会：《湘西州志》，湖南人民出版社1999年版，第907页。

务。交通银行亦于1915年、1916年分别在辰溪、麻阳、龙山、泸溪开设了常驻汇兑所。①

近代金融对湘黔鄂渝桂省际毗连区城市发展影响最大的当属地方近代金融机构的组建及其业务的开展。1912年，湖南官钱局改制为湖南省银行，在沅陵、洪江设分行，开展汇兑业务。② 1918年湖南省银行倒闭，洪江分行业务随之停办。辰州（沅陵）分行则改为湘西银行。③ 1929年湖南省银行重建后，即于1933年9月在洪江开设分支机构，开展放款、汇兑业务，当年其汇兑额即达400万元。④ 1935年湖南省银行洪江支行和沅陵汇兑处升为支行，洪江支行辖绥宁、通道、靖县、黔阳、会同等行、处。沅陵支行则负责麻阳、溆浦、芷江、泸溪、辰溪、晃县以及浦市等分支机构的业务。⑤ 此外，湘西还于1932年组建了湘西农村银行，设有龙山、凤凰、乾城、沅陵、麻阳、古丈、泸溪、辰溪、保靖、永顺、永绥以及贵州铜仁等12个代办处。⑥ 贵州省银行则由晚清贵州官钱局于1912年改制而来，该行将原官钱局设在镇远、铜仁、黎平等地的分支机构改设为分行，开展相关金融业务，但因贵州政局不稳而大受影响，该行业务直至抗战时期才走上正轨。⑦ 四川、湖北、广西等省银行亦在其所属川（渝）东南、鄂西南、桂西北城市设立了相应的金融机构。

此外，各城镇邮政所还开办了汇兑、简易人寿保险等金融业务。⑧ 这对民国前期湘黔鄂渝桂省际毗连区城市近代金融业的发展也起到了一定的促进作用。

虽然民国前期湘黔鄂渝桂省际毗连区城市近代金融业有所发展，但受

---

① 怀化地区地方志编纂委员会：《怀化地区志》，生活·读书·新知三联书店1999年版，第1568页。
② 洪江市志编纂委员会：《洪江市志》，生活·读书·新知三联书店1994年版，第319页。
③ 刘鹤：《抗战时期湘西现代化进程研究》，博士学位论文，湖南师范大学，2009年。
④ 直之：《湖南洪江之主要商业调查》，《工商半月刊》1935年第9期。
⑤ 怀化地区地方志编纂委员会：《怀化地区志》，生活·读书·新知三联书店1999年版，第1568页。
⑥ 湘西土家族苗族自治州地方志编纂委员会：《湘西州志》，湖南人民出版社1999年版，第907页。
⑦ 《贵州银行》（1912年2月—1949年10月），贵州省档案馆藏，全宗号：M56。
⑧ 贵州地方志编纂委员会：《贵州省志·民族志》（上），贵州民族出版社2001年版，第284、379页。

社会经济发展水平总体滞后和人们传统金融习惯的影响,近代金融业对此期本区城市发展的影响还相对有限,多数城市的金融业务仍主要由钱庄、当铺等传统金融机构来承担,尤其是钱庄享有"特别之地位"。① 例如洪江钱庄,在清季只有二三家,"改元以后,家数陡增",现有鸿记、开源和等七家,其资本额、营业额都较大(见表3.2)。在一些社会经济更落后的城镇,诸如松桃等城市,其金融业务则完全由当铺、钱店等机构来承担。② 甚至部分城镇因金融的极度落后,还在一定范围内存在着原始的物物交换的市场交易行为。例如,1932年外地商人在黔东南从江县收购土特产时,曾"以10根针交换1张兽皮,1斤红糖换兽皮3张"的比价进行交易,"其价值差额高达七八十倍,甚至百倍"。③

表3.2　　20世纪30年代初洪江钱庄资本额、营业额一览表　单位:元(银元)

钱庄名	资本额	营业额	钱庄名	资本额	营业额
鸿记庄	300000	3500000	德盛昌	30000	1500000
开源和	40000	3000000	长春荣	10000	1000000
裕庆昌	40000	2500000	荣丰庄	10000	400000
同义和	30000	1500000			

资料来源:直之:《湖南洪江之主要商业调查》,《工商半月刊》1935年第9期。

民国前期湘黔鄂渝桂省际毗连区城市金融业的发展,尤其是近代金融机构开办的汇兑等业务,在促进区域社会经济发展的同时,也为抗战时期及以后本毗连区城市近代金融业的继续发展打下了初步基础。但与此同时,因近代金融制度尚未完全建立起来,湘黔鄂渝桂省际毗连区城市还广泛地存在着钱庄、当铺等传统的金融机构。这些传统金融机构虽然也能为本区城市经济的发展提供一定的金融支持,但其落后的经营理念和方式又在一定程度上制约了湘黔鄂渝桂省际毗连区城市经济的发展和近代金融制

---

① 直之:《湖南洪江之主要商业调查》,《工商半月刊》1935年第9期。
② 姜宏业:《中国地方银行史》,湖南出版社1991年版,第1123页。
③ 章有义:《中国近代农业史资料》第3辑,生活·读书·新知三联书店1957年版,第337页。

度的建立与完善。

总的来说，民国前期湘黔鄂渝桂省际毗连区社会经济因近代工矿业的兴办、商业的发展和近代金融业的起步获得了一定的发展，但受各方面不利因素的制约，其发展还相当有限，就湘黔鄂渝桂省际毗连区城市总体而言，其社会经济的发展程度仍界于传统与近代之间。

二 内引外联：城市近代交通的初步发展

晚清时期，当中国中东部地区以及部分西南地区近代航运、铁路、公路等新式交通不断发展之时，湘黔鄂渝桂省际毗连区仍在沿用传统的交通工具，依靠有限的驿路和帆船进行彼此间的人员、经贸交流与联系而处于落后状态之中。民国肇兴后，随着湘黔鄂渝桂省际毗连区社会封闭状态进一步解构，出于地方社会经济发展、对外联系和稳固地方统治的需要，部分具有近代化意识的地方主政者也在一定范围内开展了一些近代交通建设。

（一）近代陆路交通的起步

湘黔鄂渝桂省际毗连区地处高峻起伏、沟壑纵横的高原山区，除部分河段传统航运较为便利外，其他地区则主要依靠简陋的陆路交通与外界发生联系，社会交流极为不便。为打破交通不畅的瓶颈，民国前期湘黔鄂渝桂省际毗连区近代交通的建设首重于近代公路、铁路等陆路交通的修筑上。到1927年，贵州兴筑了贵北路、贵西路、贵南路和贵东路，其中贵南路由贵阳经都匀至独山。后又兴建三合等公路，连接都匀、独山、八寨、麻江等县级城市。贵东路则由镇远向东横贯并延伸至湖南，成为湘黔公路重要组成部分，并将沿线毗连区城市联系在一起。[①] 1933—1935年间，湖南在湘西修筑了狮子铺至沅陵长达61.71公里的狮沅公路。[②] 1935年3月至1936年6月，湖南湘黔公路工程处据国民政府军事委员会电令，采取分段兴筑的办法，修筑了自常德经桃源、沅陵、辰溪、芷江至晃县鲇鱼铺段，长456公里，与贵州湘黔线西段（贵东路）连通。湖南修筑"泸溪抵蜀秀山之湘川公路（湖南段），亦近完成，即

---

① 杨德惠：《贵州公路近况》，《道路月刊》1933年第42卷第2号。
② 《湘省修筑公路状况》，《工商半月刊》1935年第9期。

可正式通车营业"。① 川湘线四川段自綦江经蒲河、万盛、南川、白马、江口、彭水、黔江、酉阳、龙潭、秀山至川湘交界茶洞止，长707公里，亦在1933年修筑完工，② 与川湘公路湖南段连为一体，便利了川湘公路沿线毗连区城市的交通往来。与此同时，与湘黔、川湘等主干公路线相通，连接湘黔鄂渝桂省际毗连区腹地城市的支线公路的建设也有较大的进展，如贵州铜玉公路、陆三公路等。③ 至1936年，湘黔鄂渝桂省际毗连区初步形成了以湘黔线、川湘线为主干的近代公路网（见图3.3），这为抗战时期湘黔鄂渝桂省际毗连区公路建设的进一步发展奠定了重要的基础。

在湘黔鄂渝桂省际毗连区，对中国中东部城市和云南近代陆路交通影响最大的铁路也于民国前期开始筹办。20世纪30年代初国民政府西南政务会决议为筹建粤桂黔铁路，设立了筹建委员会，④ 并对铁路建设作了前期规划。⑤ 这为抗战时期黔桂铁路黔南段的修筑和部分开通打下了重要基础。

近代公路的修建和铁路的筹办，标志着湘黔鄂渝桂省际毗连区近代陆路交通的起步、发展。它们不仅改善了本区落后的交通运输条件，而且还为城市发展提供了比传统时期更强的推动力，直接促进了湘黔鄂渝桂省际毗连区城市发展的近代化转型。

（二）水运条件的改善

与陆路交通近代化发展相比，湘黔鄂渝桂省际毗连区近代航运业则稍显滞后。这或许与航道多穿行于多险滩峡谷的河流水文环境有着密切关系。这种航道水文环境对载重量相对较大、吃水较深的近代轮船来说是相当不利的，但对帆船来说却是可以通行的。即便如此，能通航的河道也只有沅水、酉水、乌江、都柳江等少数几条大河的部分河段。为满足湘黔鄂渝桂省际毗连区城市近代化发展的需要，近代航运在民国前期也得到了地

---

① 《交通渐辟之湘西概况》，《中国经济评论》1936年第3卷第10期。
② 交通部公路总局西南公路工务局：《西南公路史料》，1944年，第1—4页。
③ 贵州省公路管理局：《抗战四年来之贵州公路》，"养路"，1941年，第2—4页。
④ 《西南筹筑粤桂黔铁路》，《交行通信》1932年第1卷第18号。
⑤ 《西南筹筑钦渝铁路》，《路政》1933年第1期。

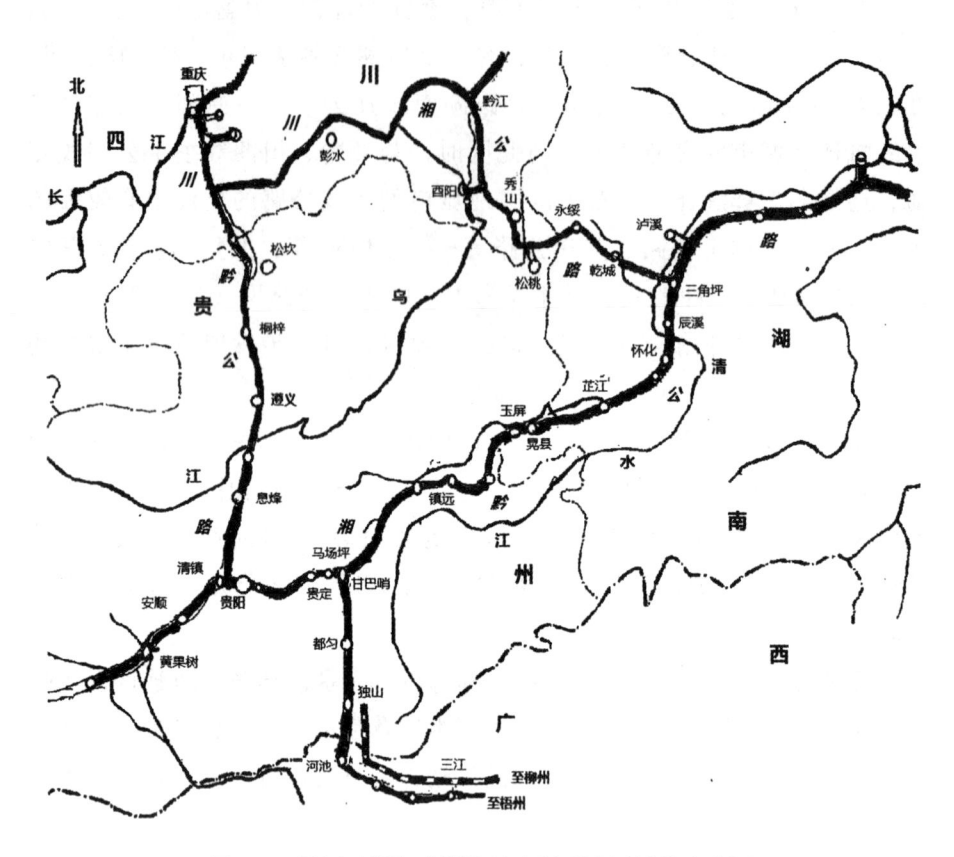

图3.3 民国时期湘黔鄂渝桂省际毗连区近代公路网

资料来源：据《西南公路略图》(《西南公路》1943年第257期，第1281页)、民国地图绘制。

方政府的重视，并采取了疏浚航道、修建码头等措施，改善航运条件，促进了本区城市近代航运业的发展。

首先是疏浚航道。1912年为解决川盐入黔问题，贵州工商业家华之鸿出资白银五万两，倡议开凿乌江航道。贵州省商会会长徐屏臣主持开凿了乌江部分险滩及支流石阡至修文的黄沙河段，经三年努力完成了工程量的80%。[①] 贵州潕水河、都柳江、清水江以及湖南沅江干支流等具有通航条

---

① 平刚：《故绅华之鸿事实清册》，《贵州档案》1991年第4期。

件的河流亦在民国前期得到了较大的整治。① 其次是修建码头。为便于物资运输，那些拥有航运之利的湘黔鄂渝桂省际毗连区城市均在临河港区修建了码头。镇远在㵲阳河左岸修建了8座码头，其岸线长达200多米，专供施秉、旧州的粮船靠泊卸载，为镇远的米码头；另建其他货船的专门作业区。右岸则建有3座码头，岸线70余米，为土特产、百货、进出口物资的转运码头。铜仁在西门、便水门、后水门、中南门、下南门外修建了五处码头，年货物吞吐量达1万多吨。思南则建造了食盐和米粮两处专用码头，并附设有仓库。② 三合在前清时即建有上、下两码头。1928年又将上、下两座码头扩建、改造联为一体，码头岸线遂延长到200米左右。③ 其他拥有航运之利的城市也在此期修建或改造了码头。于是，码头在这些城市物资转输方面，发挥着越来越重要的作用，有力地推进了湘黔鄂渝桂省际毗连区城市地方社会经济的发展，并改善了这些城市的内部空间格局和功能结构。

随着沅江、乌江等航段航运条件的改善，近代航运业在湘黔鄂渝桂省际毗连区也有所发展。在便利轮船航行的河段，少数城市还开辟了固定的航运班线。例如，湖南在沅江航道开辟了沅陵到长沙、常德、桃源等城市的班轮航线。"轮船可往来之地，计溯湘流而上，可抵湘潭、衡州；沿湘而下，至靖港；由靖港可入宁乡；由乔口可入益阳；由常德可至桃源、沅陵等地。"④ 但因大部分河段不利于轮船航行，民国前期湘黔鄂渝桂省际毗连区城市的航运仍主要依靠传统的苗船、歪尾船等各式帆船，将本地盛产的桐油、五棓子、木材、药材、山货等物产运销至汉口、重庆等城市，并运回本区所需食盐、洋纱、苏广杂货等物资。⑤ 水运条件的改善和近代航运业的初步发展，又为湘黔鄂渝桂省际毗连区城市的继续发展种下了一颗重要的动力种子。

---

① 夏鹤鸣、廖国平：《贵州航运史（古、近代部分）》，人民交通出版社1993年版，第175—177页。
② 同上书，第179—180页。
③ 同上书，第181页。
④ 曾继梧等：《湖南各县调查笔记》（上），1931年铅印本，第4页。
⑤ 夏鹤鸣、廖国平：《贵州航运史（古、近代部分）》，人民交通出版社1993年版，第159—162页。

(三) 近代邮电事业的进一步发展

湘黔鄂渝桂省际毗连区近代邮电事业在晚清时期已有初步发展。民国建政后，本区城市的邮电事业因时代的进步在前清的基础上有了更进一步的发展。多数县城、商贸集镇、水陆码头较普遍地设立了邮政、电信机构，并开通了邮递、电报等业务。① 例如，1934 年贵州在黔东、黔南设立了三合、都匀、镇远、黎平、贞丰、独山、锦屏、铜仁、安龙、荔波、榕江等 11 个电报局。② 其城乡电话线路亦在 20 世纪 20 年代末大体铺设完成。③ 思南、松桃、平塘、三合、镇远、玉屏、德江、定番、清溪、独山、紫云、荔波、都江、都匀、江口、罗甸、龙里、印江、黄平、石阡、岑巩、锦屏、广顺、炉山、八寨、省溪等城镇在 1936 年还开设了城乡电话。④ 同时，贵州在黔东、黔南开通了贵定至六寨、旧州至湄潭、安龙至兴仁、都匀至丹江、安龙至龙广、务川至后坪、铜仁至晃县、贞丰至安龙、贵阳至罗甸、镇宁至紫云、贵阳至三都、清溪至龙头坳、德江至煎茶溪、黄平至旧州、定头至贞丰、黎平至永从、黎平至中潮、独山至通州、定番至通州、遵义至思南、三穗至黎平等数十条邮路。⑤ 这些邮路与湘西及云南、四川、重庆、湖北、广西等地区的邮路联系在一起，形成了一个通往外界的联系网络，便利了与外界的信息交流。据统计，思南邮务局在 1927—1929 年三年间邮递信函总计 84027 件，包裹 183 件（计重 728 公斤）。⑥ 其他湘黔鄂渝桂省际毗连区城市的邮政、电信业务量也有较大的增长。本区城市近代邮政电信事业虽在民国前期有了较大的发展，但在整体上还很滞后，仍有从江、雷山、台江、长顺等部分城市因各种原因而未设

---

① 贵州地方志编纂委员会：《贵州省志·民族志》（上），贵州民族出版社 2001 年版，第 284、379 页。
② 贵州省邮电管理局史志办公室：《贵州省邮电志资料汇编》（第一分册·电信部分 1887—1949）（上），1987 年版，第 27 页。
③ 贵州地方志编纂委员会：《贵州省志·民族志》（上），贵州民族出版社 2001 年版，第 57 页。
④ 贵州省邮电管理局史志办公室：《贵州省邮电志资料汇编》（第一分册·电信部分 1887—1949）（上），1987 年版，第 236 页。
⑤ 刘显世、谷正伦修；任可澄、杨恩元纂：《贵州通志》，建置志，"邮局"，贵州文通书局 1948 年铅印本。
⑥ 贵州地方志编纂委员会：《贵州省志·民族志》（上），贵州民族出版社 2001 年版，第 379 页。

立邮局,也未开通电信线路和邮路。① 即便近代邮政电信事业发展相对较好的湘西在民国前期仍存在许多问题。例如电报,湘西永顺"县城无电报,须寄至沅陵拍发,非常迟滞。客岁友人由长沙拍一四等电,同时发专函,两至三日,电报始至,其延宕如此"。② 这都需要进一步完善。

综上所述,民国前期湘黔鄂渝桂省际毗连区近代交通与邮电事业比晚清都有了长足的进步,也有力地推动了城市经济、社会的发展。但受地理环境、社会经济发展水平等诸多因素的制约,近代交通带给湘黔鄂渝桂省际毗连区城市的发展动力并不很强劲。这与周边地区近代公路、航运、铁路、邮政电信的发展及其对城市发展所起到的巨大推动力相比较,形成了一个极为鲜明的反差。这或许就是湘黔鄂渝桂省际毗连区城市发展动力不足、发展速度不快,区域城市总体发展滞后的一个重要原因。因此,要加快湘黔鄂渝桂省际毗连区城市化进程就必须将发展、改善与外界沟联的交通置于重要的地位。

三 近代文教的普及:城市文教事业的进步

近代新式文教事业自晚清在湘黔鄂渝桂省际毗连区城镇举办以来,经过民国前期国家和地方社会的共同努力得到了进一步的发展,其具体表现在以下几个方面:

（一）新式学校教育日益普及

民国建立后,为了发展近代教育,国家制定了《中华民国教育宗旨及其实施方针》③《教育部实施义务教育暂行办法大纲》④ 等一系列推进近代教育发展的法律法规。为配合国家教育政策的落实,湘黔鄂渝桂省际毗连区所属地区也制定了地方性的推进新式教育的办法和措施。例如,湘西十县统一制定了《湘西十县教育施行计划草案》,规定:实施义务教育,"凡七岁至十三岁之男女均须受第一期小学教育,其普及期限预定四年";"各

---

① 贵州省邮电管理局:《贵州邮电事业的成就》,贵州人民出版社1960年版,第6页。
② 曾继梧等:《湖南各县调查笔记》(上),1931年铅印本,第188页。
③ 中国第二历史档案馆:《中华民国史档案资料汇编》第五辑第一编·政治(二),江苏古籍出版社1994年版,第101—102页。
④ 中国第二历史档案馆:《中华民国史档案资料汇编》第五辑第一编·教育,江苏古籍出版社1994年版,第611页。

县各乡教育责成县知事、劝学所、县视学督促办理"等。① 经过努力推行，成绩较为显著。据 1924 年统计，湘西永顺、保靖、龙山、桑植、凤凰、乾州、永绥、古丈、大庸、麻阳等十县大小城镇共建有中小学校 908 所，其中以保靖县最具代表性。1924 年保靖县在城关建有联合师范讲习所、联合中学校、联合女学、联合女子职业学校、联合模范小学校、联合茶业讲习所、联合乡政讲习所、保姆养成所、幼稚园各一所。② 其他湘西城市亦根据本地实际情况在县城和较大的市镇兴办了一定数量的各类学校（见表3.4），近代文教事业日益普及。黔东、黔南城市近代教育亦获得了较大进展。仅 1936 年，贵州在惠水、罗甸、丹江、黄平、丹寨、台江、荔波等城市设立了初级小学十余所。③ 至于渝东南秀山、酉阳、黔江、石砫、彭水④以及鄂西南恩施、咸丰、来凤、鹤峰⑤等毗连区城市的新式教育在民国前期也取得了较大的成绩。在近代新式教育发展的推动下，"苗胞"也开始自办学校，就近解决苗族青少年入学接受教育的问题，其中保靖苗胞自办学校七所；古丈苗胞自办小学四所等。⑥ 新式教育的推行、发展与普及，为湘黔鄂渝桂省际毗连区城市文化教育水平的提升，改变其落后的人文面貌提供了一个基本条件。

表 3.4　　　　民国前期湘西部分城镇新式中小学兴办情况

城市	新式学校兴办情形	城市	新式学校兴办情形
城步	高小 1 所、初小 1 所	桑植	县立小学 1 所、女子小学 1 所
辰溪	高小 1 所、私立两等小学 2 所、初级小学 1 所、女子两等小学 1 所、平民小学 1 所、夜校 2 所	沅陵	高小 1 所、女子小学 1 所、初级小学 2 所、私立民生小学 1 所、第八联合中学 1 所；教会学校：朝阳中学、高初小学 1 所、求真小学、尚智小学
永顺	县立第一、第二国民小学，女校		

---

① 《湘西十县教育施行计划草案》，《明治报》1924 年第 2 期。
② 李云航：《湘西教育之回顾》，《教育杂志》1924 年第 4 卷第 6 号。
③ 贵州地方志编纂委员会：《贵州省志·民族志》（上），贵州民族出版社 2001 年版，第 79 页。
④ 熊明安等：《四川教育史稿》，四川教育出版社 1993 年版，第 245—248 页。
⑤ 湖北教育厅编审委员会：《民国二十二年湖北教育概况统计》，汉口新昌印书馆 1934 年版，第 43—54 页。
⑥ 盛襄子：《湘西苗区之设治及其现状》，独立出版社 1943 年版，第 9 页。

续表

城市	新式学校兴办情形	城市	新式学校兴办情形
古丈	县立高小1所、私立高小1所、县立模范小学1所、县立女子小学1所	芷江	县立高等小学、女子小学各1所,东南西北四团各有初级小学
麻阳	县立高小、女子学校、初小、区立高小各1所	靖县	县立高小、模范初小各1所,三江东初小
会同	县立第一、第二、第三高小,共3所	洪江	第二高小、宝庆小学、江西小学、辰沅小学
绥宁	农村师范1所、高级小学5所		

资料来源:曾继梧等:《湖南各县调查笔记》(下),1931年铅印本,第66—118页。

(二) 接受近代新式教育的学生人数不断增多

新式学校在城镇的普遍建立,为湘黔鄂渝桂省际毗连区广大适龄青少年接受近代教育提供了有利条件,越来越多的各族青少年顺应历史潮流进入新式学校,积极接受与传统教育迥异的近代教育。例如,永顺"各校异常发达,人数均在二百以上"。① 保靖联合中学成立于1923年,时有学生百余人,"年级同而依程度分为三班";1924年"添招新生一班,五六十人"。保靖联合女学校,"完成于十三年春,分师范、保姆、职业、小学四部";其中"师范一班,十四年添一班,共六十余人";"小学两班,十四年增一班,共百三十人"。② 为保障新式教育的快速发展,提高师资水平,1936年湖南省还在吉首创办了湘西特区师资训练所,从凤凰、怀化、通道、辰溪、麻阳、溆浦、乾城、永顺、保靖等地招收学员100人,第二届又招收学员100人。③

黔属毗连区青少年亦多在城镇接受新式教育,其数量相对于晚清来说增长不少。据松桃学务情形调查,本县学生在民国前期求学"尚形踊跃"。④ 另据1937年黔东、黔南部分城市省立初级小学办学情形的调查,

---

① 曾继梧等:《湖南各县调查笔记》(下),1931年铅印本,第188页。
② 李厚孚:《湘西教育一瞥》,《湖南教育杂志》1925年第4卷第5号。
③ 贵州省教育科学研究所:《贵州少数民族教育研究资料集》(一),贵州省教育科学研究所1984年编,第36页。
④ 《松桃教育状况》,《贵州省政府公报》1930年第49期。

其在校学生除个别地方外一般都在百人以上（见表3.5）。

表3.5　1937年黔东、黔南部分城市省立初级小学在校人数统计　　单位：人

校名	初三级	初二级	初一级	合计	校名	初三级	初二级	初一级	合计
荔波初小		59	59	118	黄平初小	60	52	49	161
台拱初小		61		61	定番初小		67	81	148
丹江初小		35	44	79	罗甸初小		74	71	145
八寨初小		62	64	126	合计	60	410	368	838

资料来源：吴泽霖、陈国钧：《贵州苗夷社会研究》，民族出版社2004年版，第43页。

鄂西南城市恩施的近代新式教育在民国前期也发展较快。据统计，恩施公立中学（省立十三中学）在1923年有学生154人，分为5班。到1935年学生增加到250人，比1923年增加了近100人。[①]其他毗连区城市和规模较大的市镇在民国前期接受近代教育的学生人数亦较晚清增加较多。接受新式教育的学生人数的增多，对提升湘黔鄂渝桂省际毗连区城市近代教育水平有着直接的促进作用，进一步改变了本区教育落后的状况，并为未来城市教育事业的继续发展储备了基本的人力资源。即便此期湘黔鄂渝桂省际毗连区城市近代教育水平仍落后于其他地区，但却是一个巨大的历史性进步。

（三）文化事业不断推进

随着民国前期社会近代化的发展，湘黔鄂渝桂省际毗连区的近代文化事业也取得了一定的进展。一些城市出现了报刊、图书馆、阅览室、体育馆等文化传媒、文化场馆等有利于文化事业发展的基础设施和媒介。报纸作为纸质传媒，通过向大众介绍新鲜事物、传播科学知识、引导社会生活，开阔了人们的视野，促进了大众文化向纵深发展。鉴于城市居民对报刊有较大的需求，有的城市还自办了报纸。例如，洪江创办了《洪江日报》，每日出版一小张。[②]辰溪县教育会为倡导、推广社会教育，于1929

---

① 恩施市地方志编纂委员会：《恩施市志》，武汉工业大学出版社1996年版，第501页。
② 傅角今：《湖南地理志》，武昌亚新地学社1933年版，第572页。

年创办了《通俗周刊》,1930年改名为《辰溪民报》。① 另外,《中央日报》《申报》《大公报》《西南日报》《力报》《敢报》等在当时有影响的报刊在湘西城市也有较大的发行量。② 为满足人们阅读和接受新生事物的需求,凤凰县于1931年2月"始于县城内,成立通俗图书馆、通俗讲演所和通俗阅报社各一所"。③ 辰溪县"教育局已设图书馆、阅报社"。④ 沅陵县城"有通俗讲演所一"。⑤ 芷江县图书馆"设立已有成议。李绅永瀚允以藏书,捐归同好。故又有上乡图书馆之设";"阅报处亦拟次第推行"。⑥ 此外,鄂西南城市恩施还建造了一座体育馆。⑦ 随着湘黔鄂渝桂省际毗连区城市居民业余文化生活的日益丰富,部分城市为满足居民追求近代文化享受的需要还开办了俱乐部,如辰溪县城悦来俱乐部。⑧ 电影也开始在民国前期进入到了湘黔鄂渝桂省际毗连区城市。⑨ 这些在民国前期中东部城市还相当罕见的文化设施的设立还曾引起了从大山之外进入湘西的游客的莫名"诧异"。⑩

总之,民国前期湘黔鄂渝桂省际毗连区城市近代文化教育事业在国家和社会的共同努力下,取得了较大的成就。但我们必须看到,与此期中东部地区及周边区域相比,湘黔鄂渝桂省际毗连区城市的这些进步还相当有限,仍有相当部分的城市处于近代文化的荒漠之中,急需加以建设,以至于时人呐喊疾呼:"不由文化着手,一切都无成效。"⑪

四 拆建并举:城市近代市政建设的开展

自晚清西方近代市政思想传入中国后,经国内市政学者广泛的讨论和

---

① 辰溪县志编纂委员会:《辰溪县志》,生活·读书·新知三联书店1994年版,第673页。
② 黔阳县地方志编纂委员会:《黔阳县志》,中国文史出版社1991年版,第420页。
③ 曾继梧等:《湖南各县调查笔记》(下),1931年铅印本,第111页。
④ 同上书,第99页。
⑤ 同上书,第98页。
⑥ 同上书,第105页。
⑦ 湖北教育厅编审委员会:《民国二十二年湖北教育概况统计》,汉口新昌印书馆1934年版,第72页。
⑧ 方捷:《湘西杂记》,《前途杂志》1936年第6期。
⑨ 据《辰溪县志》(生活·读书·新知三联书店1994年版,第675页)记载:1936年,进驻辰溪的湘军62师师部曾于县城辰阳小学操场放映《黄袍怪》《荒江女侠》等电影。
⑩ 方捷:《湘西杂记》,《前途杂志》1936年第6期。
⑪ 苓生:《举一废百话榕江》,《新生》1935年第4期。

争鸣①以及对中国传统"城市病"的思考②与城市主政者的实践，到民国前期，近代西方市政思想与国政日益结合，开始形成中国近代市政建设与管理的思想。这对民国前期及以后中国近代市政的建设与管理都产生了深远的影响，湘黔鄂渝桂省际毗连区城市当然也不例外。

湘黔鄂渝桂省际毗连区近代市政建设与管理思想的引入与实践因地理人文原因虽滞后于中东部地区，但随着民国前期一些具有近代市政意识官员的到来，也带来了一些先进的近代市政理念，并在一定范围内加以实践，从而引导了湘黔鄂渝桂省际毗连区城市市政建设的近代化转型。

（一）市政建设机构的设置

城市的建设与管理，在传统时期一般由知县、知州、知府等地方官员主持，但受行政机构人员、经费、制度的制约仅限于修筑城垣和有限的公共设施的建设。近代以后，新的城市建设与管理理念伴随着西方的侵入而逐渐引入到了中国开埠口岸城市中的租界，在租界市政建设的示范下，西方市政建设理论逐渐被国人所接受，并在上海、天津、汉口等城市得到了部分实践，首开近代市政建设管理之风。于是，传统城市建设、管理便开始逐渐让渡于近代城市的建设与管理。这一变化首先体现在市政建设管理机构的设置上。

1. 县制改革。中国近代县制萌芽于20世纪初。③民国初肇，北洋政府便对晚清时期混乱的县制进行了改革，在法律上对县级地方行政机构的组织办法、办事章程、县的性质、行政体制与职权、社会职能等都作了具体而明确的规定，使城市市政建设管理体制趋于近代化、科学化。④南京国民政府建立后，又对县级政权作了进一步改造，将之前按部所设"三科、四科"改为财政、公安、建设、教育四局。⑤其市政建设管理职责有清户口、立机关、定地价、修道路、垦荒地、设学校，实行地方自治等。⑥遵

---

① 董修甲：《市政问题讨论大纲》，青年协会书局1929年版。
② 陆琢之：《近代都市之畸形发展》，《广州市市政公报》1931年，第358页。
③ 魏光奇：《官治与自治——20世纪上半期的中国县制》，商务印书馆2004年版，第73页。
④ 陈冰伯：《今日之县政》，同文图书印刷公司1933年版，第8—10页。
⑤ 同上书，第8页。
⑥ 王述先：《县政建设刍议》，《收音期刊》1935年第3期。

照中央办法,湘黔川鄂等省在1930年10月前均完成了县政的改革。① 这为湘黔鄂渝桂省际毗连区城市的近代市政建设与管理作了组织和制度上的准备。

2. 设立专门的市政建设管理机构。随着民国前期县政改革的初步完成,为加强城市治安、堤防、道路、卫生等市政设施的建设与管理,各城市均专设了市政建设与管理的机构。例如,黔东、黔南各县根据国家制定的"县政府组织法",实行了县长负责,分科管理的体制,即第一科管民政;第二科管财政;第三科管教育;第四科管建设。② 其中城市市政的建设与管理一般由建设科执掌,其他部门参与。③ 渝东南石砫县的市政建设则由县府各局筹划交通、电信建设。④ 为强化社会治安,湘黔鄂渝桂省际毗连区城市还另设有保警队或民团等治安组织。如渝东南石砫县设民团,以"保境安民";创八德会,"以维持市面安定"。⑤ 榕江则设置了"榕(江)永(从)下(江)都(江)四县民团指挥部",以维持社会治安。⑥ 其他本区域城市亦因社会发展的需要设置了相应的市政建设管理机构。这些市政机构的设立,在促进民国前期湘黔鄂渝桂省际毗连区城市市政建设活动开展的同时,也在一定程度上提升了城市建设与管理的水平。

(二)市政建设活动的开展

民国前期受社会经济发展制约的影响,湘黔鄂渝桂省际毗连区城市的市政建设项目并不多,且主要集中于城垣的拆除、街道的整治、部分公共市政建设等少数项目上。

首先是拆除城垣。城垣作为传统城市的标志,在传统时期极具军事价值,承担着护卫城市安全的功能。进入近代以后,城垣所具有的传统军事功能因近代军事技术的进步愈发显得不合时宜,且严重束缚了城市空间的拓展。为此,自晚清始中东部城市首先开展了拆除城垣,代之以马路的市

---

① 省府秘书处:《县政调查表》,《四川县训》1935年第2卷第8期。
② 中国人民政治协商会议贵州省委员会文史资料委员会:《贵州文史资料选辑》(第33辑),1996年,第178页。
③ 印江土家族苗族自治县志编纂委员会:《印江县志》,贵州人民出版社1992年版,第519页。
④ 《石砫县政一瞥》,《四川月报》1934年第5卷第6期。
⑤ 同上。
⑥ 苓生:《举一废百话榕江》,《新生》1935年第4期。

政建设活动。例如，1900年天津拆毁了城垣。① 1906年汉口拆除汉口堡垣并在城基上修筑了后城马路，为汉口向北发展开拓出了一大片广阔的地理空间。② 自天津、汉口拆城伊始，后延及全国，在民国前期（1912—1936年）形成了一个拆城高潮。③ 湘黔鄂渝桂省际毗连区城市亦渐被波及，一些城市或主动或被动地将城垣予以拆除或部分拆除。三合县城，"纯用黄土筑成，历二百余年风雨剥蚀犹未全圮，门洞炮台俱用石砌。民初建县。赵知事永霖移石料修造监狱。民十七都三支路兴工。王县长华宸复撤南段土城，新辟为市街马路"。④ 黄平城垣因1930年湘黔公路修建，穿城而过，拆除东、南两门，嗣因城市发展拆墙建屋，城垣便因此废毁。⑤ 岑巩则在1919—1930年间，因战事不断致使东、南等门的城垣被拆毁等。⑥ 虽然民国前期湘黔鄂渝桂省际毗连区开始的拆城活动一直持续到民国中后期，但受社会经济发展滞后的影响，多数城市在民国时期仍囿于城墙范围之内，城墙虽有破败，却并未大规模拆毁，大部分仍保存较好。直至20世纪50年代以后，出于现代城市建设的需要，大部分城市的城墙才被拆除了。例如，龙山于1950年始拆除城垣，取砖石作建筑材料之用。⑦ 石阡县城城墙直至20世纪50年代初因取城墙砖石修建县委、县政府等办公楼，经连年拆除，至1977年仅存南门城垛。⑧ 岑巩县残存城垣在新中国成立后因城市工业、建筑、交通、住宅、街衢的发展，余下城墙陆续被拆除。至20世纪70年代，岑巩古城墙残存无几，城郭遂湮于街巷之中，了无痕迹。⑨ 这些消失的古城墙成为了大部分湘黔鄂渝桂省际毗连区城市的历史回响。但仍有少数城市如乾州古城、凤凰古城因各种原因而未被拆除，为本区域保存了一些传统城市的风貌。这不仅为我们研究传统时期湘黔鄂渝桂省际毗

---

① 张绍祖：《天津城垣沿革记》，《天津成人高等学校联合学报》2004年第1期。
② 侯祖畲修，吕寅东纂：《夏口县志》卷9，"交通志"，1920年刻本，第5页。
③ 江沛、秦熠、刘晖：《中华民国史专题史·城市化进程研究》，南京大学出版社2015年版，第341页。
④ 胡翯修撰：《三合县志略》卷9，"营建略"，1940年铅印本。
⑤ 黄平县地方志编纂委员会：《黄平县志》，贵州人民出版社1993年版，第309页。
⑥ 岑巩县志编纂委员会：《岑巩县志》，贵州人民出版社1993年版，第595页。
⑦ 龙山县修志办公室：《龙山县志》，1985年内部版，第53页。
⑧ 石阡县地方志编纂委员会：《石阡县志》，贵州人民出版社1992年版，第252页。
⑨ 岑巩县志编纂委员会：《岑巩县志》，贵州人民出版社1993年版，第595页。

连区城市的发展与变迁提供了十分宝贵的实物标本，而且还为当今本区域城市发展保存了传统城市的美感和城市之根。

总的来说，城墙的拆除，为城市发展拓展了新的地理空间。城市因之由封闭的"城"渐变为具有近代性质的"市"。"市"也就从传统时期的城市边缘而逐渐变成了近代城市的中心。这赋予了城市发展的多重性的经济文化意义。① 尽管此期湘黔鄂渝桂省际毗连区城市发展还很落后，但城市近代化发展的意涵却因城墙的拆除而愈发浓厚了。

其次是整治街道。受地形地貌影响，湘黔鄂渝桂省际毗连区城市"街道甚为狭小，房屋参差不齐"。② 随着近代市政建设管理理念的传入，湘黔鄂渝桂省际毗连区一些城市对街道进行了整治，以图改变狭小逼仄的街衢形态。民国前期，这些街巷整治活动主要集中于20世纪二三十年代。1930年，黄平县城因湘黔公路由城内通过，沿公路街道因此被全面拓宽，改建为砂石路面；并新辟新街、中街两条街道。③ 岑巩县城在1932年对城区街道进行了全面整修加宽。④ 1932年，彭水县城将原有街道重新划分为8条，将正街由北至南划分为北门中街、中南中街、上南中街；原衙门巷改称十字街；原文明街改名为北门下街，原旧街改为南门上街；长寿街仍沿用旧称；与旧街平行而下至南渡沱的街巷，依习定名为草鞋街。1936年5月，县城大火后，又将受灾的北门中街、中南中街和十字街房屋退后，街道加宽至5米。⑤ 1936年，酉阳县城借川湘公路建成之际，拓宽街道，并将石板街改造成为三合土路面。⑥ 其他城市亦有一些类似的建设举措。

当然，民国前期湘黔鄂渝桂省际毗连区城市有计划的街道整治活动还比较少，多是零星进行的。这一状况直到抗战时期才有较大的改变。这主要是因为战时繁荣对城市的市政建设提出了新的时代要求，湘黔鄂渝桂省际毗连区城市遂以此为背景普遍有计划地加强了城市街道的拓宽整治，较大地改变了市政落后的城市面貌。尽管民国前期城市街道的整治活动有

---

① 涂文学：《中国近代城市化与城市近代化论略》，《江汉论坛》1996年第1期。
② 咸丰县志编纂委员会：《咸丰县志》，武汉大学出版社1990年版，第221页。
③ 黄平县地方志编纂委员会：《黄平县志》，贵州人民出版社1993年版，第310页。
④ 岑巩县志编纂委员会：《岑巩县志》，贵州人民出版社1993年版，第599页。
⑤ 彭水县志编纂委员会：《彭水县志》，四川人民出版社1998年版，第347页。
⑥ 酉阳县志编纂委员会：《酉阳县志》，重庆出版社2002年版，第215页。

限，但却是湘黔鄂渝桂省际毗连区城市近代市政建设的一个新尝试，并为抗战时期的街道整治和建设提供了一些经验和借鉴。

再次是兴办公共市政设施。民国前期，出于城市居民生产、生活、出行等方面的考虑，湘黔鄂渝桂省际毗连区城市还比较重视桥梁津渡等重要公共市政设施的建设。例如，思南县在1915年将高亲沟桥移建至河狭处，"两岸沿岩麓石磴高约二丈余，新建凉桥三座。其岩腰凿石修路工程，费约四百余金，越三年戊午告竣，更名积善桥"。① 印江"甲山桥"，又称西城桥，1920年重建，为3孔2墩，长121米，宽5米的木凉桥，桥面上建四柱二挂、青瓦屋面，中行侧坐凉亭一座。② 沿河县城"据乌江两岸，向无公渡，往来多感不便。1936年始由地方绅耆筹款设置"。③ 此类公共市政建设在其他城市也较普遍，史料记载颇多，限于篇幅，不一一枚举。

在举办上述传统意义上的城市市政设施外，部分湘黔鄂渝桂省际毗连区城市在电话、电灯、公园等近代市政项目上亦作过一些擘画和建设。在电话建设方面，本区大部分城市在民国前期根据实际情况铺设了电话线，政府机关和部分商户也安装了电话。例如，沿河在1927年架设了城乡电话，共安装西门子话机10部。④ 电灯作为近代新鲜事物，在民国前期也开始出现在了湘黔鄂渝桂省际毗连区城市，如1922年洪江成立的电灯公司。⑤ 这为湘黔鄂渝桂省际毗连区城市市政建设增添了一抹明亮的近代色彩，但大多数城市此期仍处于传统的松（桐、菜）油照明阶段。中国园林在传统时期主要是以私家园林的形式呈现出来的。作为公众闲暇休憩娱乐场所的公园则是近代社会发展的产物。例如，黔南三合县城在1928年利用"三支路建筑工竣"之际，"邑长王华宸鉴民力尚可鼓其余勇，遂将长堤改造一气呵成，成长约半里，阔丈余"，供人们闲暇休憩的公园。⑥

电话、电灯、公园的出现，虽为湘黔鄂渝桂省际毗连区城市发展增加了一些近代意涵的色彩，但因地方经济落后、社会闭塞，这些具有近代特

---

① 马震昆修，陈文燽纂：《思南县志稿》卷2，"营建志"，1920年钞本。
② 印江土家族苗族自治县志编纂委员会：《印江县志》，贵州人民出版社1992年版，第521页。
③ 杨化育修，覃梦松纂：《沿河县志》卷2，"舆地志"，1943年铅印本。
④ 杨化育修，覃梦松纂：《沿河县志》卷首，"舆地志"，1943年铅印本。
⑤ 《实业消息·本省》，《实业杂志》1922年第56号。
⑥ 胡嵩修撰：《三合县志略》卷5，"水道"，1940年铅印本。

征的市政建设活动开展得还比较少，城市的市政建设在总体上还很落后，仍属于传统市政范畴，直至抗战时期才有较大的改变。

综上所述，湘黔鄂渝桂省际毗连区城市在民国前期的发展虽有一定的进步，但受政治、经济、交通等方面的限制，其发展步伐还很缓慢，大多数城市发展仍处于早期近代化的黎明时期。这与中东部和周边城市的近代化发展与转型相比尚有相当大的差距，有待进一步的"开化"。

第二节 抗战时期城市的发展与繁荣

抗日战争对中国城市发展来说是一场巨大的劫难，在长达14年的战争中，东北、华北、华东、华中、华南等近代中国城市发展的精华区域先后沦陷，饱受战火的摧残和日本侵略者的劫掠，中华民族苦心经营积累的城市发展成果毁于一旦，沦陷区城市迅速沦入到衰退之中，打断了沦陷区城市自晚清以来的近代化进程。湘黔鄂渝桂省际毗连区作为抗战时期（1937—1945）[①] 中国西南大后方的前沿，虽然部分城市在战争中也遭到了日本侵略者飞机的狂轰滥炸而损失巨大，但因战时中东部工矿企业、人口等促进城市发展的核心要素不断迁入和国家为培育后方基地而采取了诸多建设西南大后方的措施，湘黔鄂渝桂省际毗连区城市发展遂因这一个宝贵的历史契机而获得了长足的进步，是为本区城市化发展的一个黄金时期。

一 战火延烧：日机轰炸下的城市

抗战时期，湘黔鄂渝桂省际毗连区城市不仅是西南大后方的东部前沿，而且还是中东部地区工业、学校、军政机关、人口内迁的重要地区之一。为打击大后方中华民族的抗日意志和打通侵略西南的通道，日本侵略者对部分湘黔鄂渝桂省际毗连区城市进行了较大规模的空袭、轰炸，并占领了数座城市，给这些城市造成了巨大的生命财产损失。例如，恩施县城在抗战时期为西迁湖北省政府所在地和第六战区司令长官部驻地，也是经

---

① 本课题根据抗日战争的历时态及抗战对湘黔鄂渝桂省际毗连区城市发展影响的实际情况，将湘黔鄂渝桂省际毗连区抗战时期限定为1937年7月7日—1945年8月15日。这与中华民族长达14年的伟大的抗日战争从1931年9月18日开始至1945年8月15日胜利结束有所区别。

宜昌到重庆的战略节点城市，肩负着拱卫陪都重庆和大后方的军事重任，城市内外军政机关、学校、人口数量众多。日本侵略者自1938年12月发动对重庆的大规模空袭以来，也对恩施县城及鄂西南其他城市进行了较大规模的轰炸。据统计，抗战时期恩施、来凤等鄂西南城市先后遭到日机80多批次、800架次的轮番轰炸，炸死炸伤1320多人，2350多栋房屋被炸毁。① 其中恩施县城遭受侵略者军机27次共228架次的轰炸，投弹530余枚，炸死153人，炸伤327人，损毁房屋929栋。② 来凤县城在1939年9月至1941年7月间亦遭到日本侵略者轰炸9次，炸毁房屋694栋3399间，瓦砾遍地，3600余居民流离失所。③ 劫后的来凤县城"简直没有一所完整的房子"。④ 鄂西南城市及部分重要镇市，在抗战时期"都无一例外地遭到了日机的轰炸"。⑤

  湘西城市也是日本侵略军飞机轰炸的重点目标之一。沅陵，在抗战时期（1937—1945）为湖南省政府的迁驻地，县城内集聚了大量内迁人口，是当时湘西和湖南全省的后方重镇，也是日军空袭轰炸的重点目标城市之一。据统计，日军从1939年8月18日至1944年9月23日，共出动飞机221架次，轰炸22次，累计投弹1165枚，炸毁房屋3099栋，死亡平民953人，致伤1110人，直接经济损失高达980万元。⑥ 芷江、乾城、辰溪、泸溪、溆浦等湘西主要城市也屡遭日军飞机轰炸，损失惨重。1939年4月21日，日机18架轰炸了芷江县城内各街及城外工艺街、南门外街、南寺巷、东紫巷等街巷，炸毁房屋655栋，炸死炸伤327人。7月23日，日机29架又轰炸了芷江城内江西街、黄甲街等街巷，损毁房屋567栋，伤亡76人。据战后芷江县政府统计，在1938年11月8日至1945年2月21日，芷江先后遭受日军轰炸38次，投弹4700余枚，共炸死炸伤838人，毁坏房屋3756栋。其他湘西城市亦遭到日机无差别的轰炸（见表3.6），

---

① 《抗战记忆：恩施遭遇空袭的那一刻》，《恩施日报》2015年7月16日第10版。
② 周许：《防空洞遗址：遭遇空袭时的避难所》，《恩施日报》2015年8月27日第2版。
③ 来凤县志编纂委员会：《来凤县志》，湖北人民出版社1990年版，第183页。
④ 徐荫祥：《从来凤到重庆》，《旅行杂志》1946年第2期。
⑤ 徐旭阳：《湖北国统区和沦陷区社会研究》，社会科学文献出版社2007年版，第439页。
⑥ 湖南省委党史研究室：《湖南省抗日战争时期人口伤亡和财产损失》，中共党史出版社2015年版，第398—415页；另参见《日寇暴行又添新证》，《湖南日报》2015年5月9日第3版。

损失惨重。

表3.6　　　　　　抗战时期日机轰炸部分湘西城市次数表

城市	轰炸次数	投弹枚数	城市	轰炸次数	投弹枚数
城步	2	17	龙山	1	1
泸溪	1	104	黔阳	2	30
溆浦	1	64	辰溪	22	1047

资料来源：湖南省政府统计室编：《湖南省抗战损失统计》（1946年12月），转引自刘国武《抗战时期湖南的现代化》，甘肃人民出版社2006年版，第248页。

日军飞机还对僻处西南大后方腹地的黔东、黔南独山、龙里、后坪（今属沿河）、务川、习水、三都、丹寨、安龙、玉屏等九个县城进行了较大规模的轰炸。其主要目标集中在这些城市里的政府机关、商业区、军工厂矿、交通要道、军事基地、桥梁、港口以及平民住宅区、居民疏散区。日机甚至还专门选择集期进行惨无人道的轰炸，以图给这些城市造成更大的损失，打击大后方人民的抗战意志。例如，1939年7月29日正值独山县麻尾老街赶集日，却突遭7架日军飞机轰炸，导致250人被炸死，75人受伤，大半条街道被夷为废墟。① 除被日军飞机轰炸外，黔东南独山、荔波、三都等城市还在1944年黔南事变中惨遭沦陷，其中损失最为惨重的是独山。全县被日军杀害及冻饿病死的民众高达19800多人，城内19000余栋房屋几乎全被烧为灰烬，直接财产损失高达11亿元（折合1945年法币361.4亿元）。②

重庆秀山、彭水两个县城也遭到了日机的轰炸，造成了较大的人员伤亡和财产损失。其中1939年10月10日6架日机轰炸了秀山县城，造成1260户受灾，受灾民众达5700人。③

桂西北融县（今融水县）城关亦于1944年7月至8月间遭到日机轰

---

① 龙国辉：《贵州抗战档案（五）——日军暴行下的贵州（下）》，《贵州民族报》2015年8月25日A4版。
② 罗元涛：《黔南军民抗日战争的记忆》，《贵州民族报》2015年8月25日A4版。
③ 重庆市委党史研究室：《重庆市抗日战争时期人口伤亡和财产损失》，中共党史出版社2014年版，第7—10页。

炸，造成 3 死 1 伤。三江县则被日本侵略者杀害了 112 人。①

抗战时期湘黔鄂渝桂省际毗连区城市虽处于大后方，但部分抗战前沿城市因其具有重要的政治、军事地位而屡遭日本侵略者无差别的轰炸，并被占领数座城市，造成了大量的人员伤亡和巨额的财产损失，损毁了大量的城市基础设施，给这些城市历经艰辛而积累的文明成果造成了相当惨重的损失，为其继续发展带来了极大的负面影响。尽管如此，本区各族人民在"抗战建国"的激励下，经过艰苦卓绝的建设，各项事业蒸蒸日上，是湘黔鄂渝桂省际毗连区城市发展的一个黄金时期。

二 战时繁荣：城市经济发展的黄金时期

1937 年"七七事变"至 1938 年 10 月，日本侵略者迅速占领了华北、华中、华南等广大地区。南京国民政府为了应对日本帝国主义的侵略制定并实施了中东部工矿企业内迁和发展西南大后方的战略方针。湘黔鄂渝桂省际毗连区因地处西南大后方的东部抗战前沿，地势险要，物产丰富，且具有极高的抗战战略价值而成为了国家抗战建国的重要基地之一。在国家建设和内迁工矿企业的推动下，湘黔鄂渝桂省际毗连区城市经济得到了迅速发展，呈现出战时繁荣景象。

（一）城市近代工业的快速发展

民国前期，湘黔鄂渝桂省际毗连区近代工业已取得了一定的进展。1937 年日本帝国主义全面扩大侵华战争后，大批中东部工业企业在国民政府的主导、安排下有序地迁移到川、渝、黔、滇、桂、湘西、鄂西南等西南大后方，其城市是为重要的迁驻地之一。同时，部分城市在内迁工业的示范下也积极兴办近代企业，从而促进了湘黔鄂渝桂省际毗连区城市近代工业的迅速发展。

1. 中东部工矿企业的迁驻。1938 年武汉会战期间，原迁至武汉的上海、南京等地的东部企业和武汉本地工业以及湖南长沙、衡阳、常德等地企业的一部分沿着长江、湘江、沅江等水路和湘黔、川湘、汉施等公路辗转迁移到了湘西、黔东、鄂西南等城市。② 其中中国煤气机制造厂于 1938

---

① 广西壮族自治区委党史研究室：《广西抗日战争时期人口伤亡和财产损失》，中共党史出版社 2014 年版，第 30—32 页。
② 刘国武、李朝辉：《抗战时期的湘西工业区》，《衡阳师范学院学报》2015 年第 4 期。

年春自汉口迁至长沙，旋又内迁至贵州龙里。① 1938年秋湖南第一纺织厂迁往沅陵县柳树汊"筹备复工，旋迁黔阳县属安江镇设厂复工"。② 其他区位优势较为明显的湘黔鄂渝桂省际毗连区城市也有一定数量的近代工业的迁入（见表3.7）。部分城市还因迁驻了数量较多的中东部近代企业而成为抗战时期大后方重要的工业基地，如辰溪、沅陵等。辰溪自1937年始陆续有河南巩县兵工厂、汉阳兵工厂、中国植物油厂、资源委员会电厂、湖北大冶华中水泥厂、宝华玻璃厂（后改名湖南省第一玻璃厂）、利生纱厂、机械厂、制革厂等30余家迁入，③到1943年3月迁往辰溪的工厂共计有48家。④ 其城市工业化意象因这些近代工矿企业的迁入而日益显著。"自抗日以来，前方工厂相继迁辰……目前工厂林立、纵横10余里，每值华灯初上……恍如武汉三镇夜景"。⑤ 辰溪因此成为了新兴的工业城市。沅陵县城亦因内迁工厂企业57家而成为抗战时期湘西的工业中心城市。⑥ 此外，恩施等城市亦迁入了数量较多的中东部工矿企业。⑦

表3.7　　　　　　　　抗战时期迁至湘西的中东部近代工业数量表（截至1940年12月）

迁驻地	外省内迁数	湘省内迁数	总计	迁驻地	外省内迁数	湘省内迁数	总计
沅陵	50	7	57	辰溪	36	5	41
芷江	1		1	泸溪	2		2
洪江		4	4	浦市	2		2
安江		1	1	合计	91	17	108

资料来源：据《工矿调整处驻湘办事处工作报告》（1939—1940）"表三"统计，中国第二历史档案馆藏，档案号：819/294。

---

① 陈真：《中国近代工业史资料》第3辑，生活·读书·新知三联书店1961年版，第1265页。
② 国民党四联总处：《工商调查通讯》第264号，1943年9月23日。
③ 郑佳明、陈宏：《湖南城市史》，湖南人民出版社2013年版，第407页。
④ 《工矿调整处中南处关于改组迁湘西工厂联合会事项》（1942—1943年）第1辑（上册），第12页，中国第二历史档案馆藏，卷宗号：八一九/4001。
⑤ 辰溪县志编纂委员会：《辰溪县志》，生活·读书·新知三联书店1994年版，第6页。
⑥ 《工矿调整处驻湘办事处工作报告》（1939—1940）"表三"，中国第二历史档案馆藏，档案号：819/294。
⑦ 恩施市地方志编纂委员会：《恩施市志》，武汉工业大学出版社1996年版，第283页。

内迁近代工矿企业的到来，为封闭落后的湘黔鄂渝桂省际毗连区城市工业化发展注入了一道强劲的推动力。在其示范与国家的推动下，湘黔鄂渝桂省际毗连区城市兴起了一个工业建设的浪潮，其工业近代化进展显著。

2. 城市近代工业的建设。随着抗战时期国家建设重心转向大后方以及内迁中东部近代企业的示范，湘黔鄂渝桂省际毗连区城市的近代工业因得到了国家层面的推动而发展迅速。诚如时人所言："廿四年以后，中央力量逐渐到达，继以'七七事变'发生，全面抗战开始，本省政治封锁之环境始被打破，其时沿江沿海……各种技术人才与有关工矿之一切设备亦均逐渐西移，贵州处于大后方，为西南重镇之一，故转地而来者非常之多，此为工矿建设之绝好机会。同时战事范围日益扩大，长期支持，必赖后方资源之大量开发与夫民生必需品之大量生产，方克增强力量安定人心，此又为促成本省工矿踏入建设途径之一。"① 这对其他区域城市而言亦是如此。于是，湘黔鄂渝桂省际毗连区城市兴起了一股兴办近代工业的热潮，近代工矿企业数量和工业门类不断增多。例如，恩施兴办了省营造纸厂、纺织厂、印染厂、机器米厂、硫磺厂等近代工业，其中省营造纸厂和纺织厂雇佣工人1000余人。②

重庆黔江在1937年以前，"几无所谓近代工业可言……至抗战后，增加炼油厂二处，资本各约二百万元。国光企业公司工厂一处，资本约二百万元。振亚化工厂一处，资本约二百五十万元。汽车修理厂二处，资本各约三百万元，其余制革厂一家、纸烟厂三家"。③

湘西沅陵，"新兴工业，如雨后春笋。其规模较大者，有胜兴机器厂、云记机器厂、惠民染织厂、福甡纺织厂、兴华酒精厂、光明肥皂厂、民生工厂等数家"，其中福甡纺织厂资本额400万元，雇佣工人300人以上，年产布匹四五千疋。④ 辰溪在西迁工厂的带动下，本地的民族工业也得到了快速发展。据1941年统计，辰溪县城共兴建有纺织、发电、化工、煤炭、卷烟、机械、制革、玻璃、水泥等大小工厂170余家，工人7820人，

---

① 何辑五：《十年来贵州经济建设》，南京印书馆1947年编印，第56页。
② 恩施市地方志编纂委员会：《恩施市志》，武汉工业大学出版社1996年版，第283—286页。
③ 钟子扬：《黔江经济概况》，《四川经济月刊》1945年第1期。
④ 邱人镐：《战时常德沅陵工商概况》，《新工商》1943年第5、6合期。

"堪称沅水中游工业之中心"。① 洪江工业"向称落后，工厂规模亦小。现有洪江造纸厂为私营，资本十余万元。建设厅设湖南造纸厂……资本四、五万余元。合群酒精厂私营，资本十余万元"。② 据统计，在1937—1944年间，湖南省开办了纺织、染漂、机械、五金、电工器材、化学、染料、玻璃、造纸、食品、服饰等民营工厂350余家，其中相当数量的工厂设立于湘西城市（见表3.8）。③ 为保障上述工厂煤、锑、硫磺等矿产资源的供应，湖南省还在芷江、沅陵、溆浦等地设矿开采金、锑、煤、铁、汞、硝、硫磺等矿产（见表3.9、表3.10），为国家生产出了大量的战略物资，有力地支持了中华民族的长期抗战。另据时人易克秉在湘西所作的工业调查统计，20世纪40年代初湘西兴建有58家大小工厂和矿山，雇佣工人达5万余人。这只是当时湘西兴办近代工业的"一小部分工厂"。④ 其中在西南大后方有较大影响的重要工厂有数十家（见表3.11）。这都印证了抗战时期湘西城市工业发展较快的历史事实。

表3.8　湘西部分城市新建各类工厂分布统计表（至1940年12月）

地区	机器五金	电气	陶器玻璃	化工	饮食品	文具印刷	纺织	其他工业	总计
沅陵	41	1		7	4	1	3	15	72
辰溪	39	1	1	1				1	43
洪江		1	1		1	1	1	1	6
泸溪	1				1	1			3
浦市							2		2
晃县	1								1
安江							1		1
芷江	1								1
麻阳					1				1
合计	83	3	3	8	5	3	8	17	130

资料来源：《工矿调整处驻湘办事处工作报告》（1939—1940），中国第二历史档案馆藏，卷宗号：八一九/294。

---

① 辰溪县志编纂委员会：《辰溪县志》，生活·读书·新知三联书店1994年版，第7页。
② 《湖南洪江经济状况》，《湖南省银行经济季刊》1943年第2期。
③ 《湖南工业状况》，《中国工业》1945年第26期。
④ 易克秉：《湘西生产建设之我见》，《边声月刊》1940年第6期。

表3.9　　　　　　　　　　　湘西四县矿区建设情形

县别	矿区数	矿区面积（公亩）	矿产类别	县别	矿区数	矿区面积（公亩）	矿产类别
芷江	1	2967	金	溆浦	6	8408	锑、煤、硫磺
沅陵	2	3882	锑	辰溪	2	6001	煤

资料来源：易克秉：《湘西生产建设之我见》，《边声月刊》1940年第6期。

表3.10　　　　　　　　　　　湘西矿产开发概况

县别	煤	铁	汞	锑	硝	沙金
永顺	日产数百石				年产3000斤	
龙山				月产800吨		
桑植	日产2000斤	年产10万斤				
辰溪	日产160吨					日产六七两
凤凰				年产800斤		
泸溪	年产1.5万石					
黔阳	日产200石					日产六七两
晃县			月产20市石			
绥宁		年产7600石				

资料来源：盛襄子：《湘西经济概况》，《湖南省银行经济季刊》1943年第2期。

表3.11　　　　　　　　　　　湘西重要工厂分布及经营概况

城市	工厂名称	经营主体	经营概况	备注
沅陵	"中央电瓷厂"	国营	年产电瓷用具值五六百万元	
	"湘西电厂"	资源委员会	供给全沅陵市电力	
	"第二被服厂"	军政部	制造军用服品	
	"特约联合被服厂"	麟笙十四厂	生产军用服品及大量服装	
	"粮秣厂"	军政部	买办加工军粮面	
	"中国植物油料厂"	经济部	现自营购销并着手提炼植物汽油及机油	
	"炼硝厂"	财政部硝磺处	产额保密	
	"裕民纺织纱厂"	商营	每年产十六支纱一百四十大包	

续表

城市	工厂名称	经营主体	经营概况	备注
辰溪	华中水泥厂	"官商合办"	每月可产水泥500桶	原大冶厂
	"湖南第一玻璃厂"	湖南建设厅	制造玻璃器具	原宝华玻璃厂
	"酒精厂"	西南公路局	所产酒精供路局需用	
	"湘西电厂分厂"	资源委员会	供给辰溪电源	
	"中和炼油厂"		提炼汽油	待开办中
会同	"光雄电灯厂"	商办	供给洪江电灯电源约25000盏	资本15万元
	"洪江造电厂"	大业贸易公司	年产低等花胚共四千令	资本20万元
	"若水造纸厂"	私营	年产纱贡、川纸四千令	资本15万元
	"洪江贫民工厂"	公营	经营鞭炮、缝纫线、布、毛巾等	资本4.5万元
	"会同民生工程"	私营	制造钉头、袜纸盒等	资本3.64万元
	"华成木器厂"	私营	每年营业约10万元	资本3万元
黔阳	"湖南纺纱厂"	湖南建设厅	每日可产纱20件	
永顺	"永顺造纸厂"	湖南建设厅	年产花胚、丁贡、牛皮等纸约300担	

资料来源：沅陵中国农民银行：《湘西各县经济概况》，《西南实业通讯》1944年第9卷第6期。

抗战时期，资源委员会在黔东、黔南先后设立了都匀"锑业管理处贵州分处"、汞业务川印江工程处和三八、贞册、务川、铜仁四个事务所等工矿企业。① 这些企业为抗战生产了急需的煤、铁、汞、金等工矿产品（见表3.12）。贵州企业公司在锦屏设有贵州木业公司。② 安龙则兴建了贵州糖厂。中国农业机械公司设立了龙里分厂。③ 都匀、普定、盘县等城市亦新办了数座酒精厂。榕江还成立了开发锑矿的锰源公司。铜仁、兴义、惠水、镇远、贵定、马场坪等城镇，还分别兴建了小型火力发电厂。④ 于

---

① 孔宁：《资源委员会在贵州的活动》，《贵州社会科学》1997年第5期。
② 陈真：《中国近代工业史资料》第3辑，生活·读书·新知三联书店1961年版，第1264页。
③ 贵州省政府秘书处：《黔政五年》，南京印书馆1943年编印，第64—65页。
④ 顾朴光：《抗战时期贵州工矿业的发展》，《贵州民族学院学报》（社会科学版）1999年第3期。

是,都匀、龙里、贵定、麻江、黄平、镇远等城市"工业渐渐兴起",以至于"夜静附近的机器马达声,打破了黑夜中旅客的寂寥"。①

表 3.12　抗战时期黔东、黔南各县(部分)矿产生产概况表

县别	煤	铁	刁黄	砂金	硝磺	汞
印江	6000 石	1200 石				
思南		700 石	700 石		100 石	
石阡	200 石	1000 石			300 石	
天柱	100000 石			500 两		
锦屏				600 两		
省溪						5000 公斤
正安	30000 石	1200 石				
务川	3600000 石	75 石			70 石	300 公斤
德江		300 石				
凤冈		1200 石				
合计	3796200 石	15675 石	700 石	1100 两	470 石	5300 公斤

资料来源:《鄂湘川黔边绥靖主任公署第六清剿区各县矿产概况表》,《边声月刊》1940 年第 6 期。

抗战时期,湘黔鄂渝桂省际毗连区城市近代工业的发展,还带动了一批城市传统手工业向近代工场制转变。②甚至在一些邻近城市的乡村也渐有了工业化的味道,以致时人写下了"每当夜深人静,恒听见轧轧轧的声响,俨然是身临工业化的乡村"这样富涵诗意的文字。③乡村近代工业化的初步发展也有力地推动了湘黔鄂渝桂省际毗连区城市工业化的进程,进一步促进了本区城市经济的战时繁荣。

(二)城市商业的暂时繁荣

抗战时期,湘黔鄂渝桂省际毗连区因大后方战时经济的发展、人口的

---

① 李显:《镇远行》,《西南公路》1941 年第 174 期,第 614 页。
② 张肖梅:《贵州经济》,中国国民经济研究所 1939 年,第 L1—L58 页。
③ 不污:《大庸素描》,《兑泽校刊》1941 年第 1 期。

增加，其城市商业亦呈现出一片繁荣景象。

首先是大宗商品贸易的快速增长。在1937—1945年间，国家和地方加大了湘黔鄂渝桂省际毗连区资源开发的力度，使包括桐油、矿产在内的大宗商品的贸易量激增。例如桐油，"民国二十五年以后……内销之数巨增，外销亦渐成我国际贸易中之一主力。于是栽培特盛，而以黔东为尤多，年产约五万担；黔东各县，又以铜仁、玉屏、松桃、镇远为显著"。① 渝东南石砫、秀山、酉阳、黔江、彭水等县的桐油贸易量也很大（见表3.13）。鄂西南、湘西地区桐油在抗战时期亦有较大的生产量和销售量。② 此外，猪鬃、茶叶、五棓子、锑等大宗商品的贸易量亦增加迅速，并出口到国外，为国家换回了大量急需的外汇，③ 有力地支持了中华民族的抗战事业，并推动了湘黔鄂渝桂省际毗连区城市战时贸易的发展与商业的繁荣。

表3.13　　　　　1942—1944年渝东南桐油产销情况　　　　　单位：市担

县名	总产量	内销量	外销量	县名	总产量	内销量	外销量
石砫	13000	5000	8000	秀山	30000	8000	22000
酉阳	25000	5000	20000	黔江	25000	4000	21000
彭水	29000	5000	24000	总计	122000	27000	95000

资料来源：蒲祖政：《民国时期酉阳自然地理与社会经济概况》，《酉阳文史资料选辑》1986年第8辑。

其次是城市商业的发展与繁荣。抗战时期，湘黔鄂渝桂省际毗连区工矿业的发展、农林特产资源的开发利用、大宗商品贸易的兴盛和中东部人口的大量内迁，极大地促进了此期本区域城市商业的繁荣。例如黔东重镇——江口县城，抗战时期是中国中东部地区进入西南的交通孔道。外地

---

① 丁道谦：《贵州经济地理》，重庆商务印书馆1944年版。另参见贵州省档案馆等编《贵州近代经济史资料选辑》（上），第二册，四川社会科学院出版社1987年版，第278页。
② 傅汝楳：《鄂西特产之调查》，《新湖北季刊》1941年第1卷第2期；盛襄子：《湖南经济概况》，《湖南省银行经济季刊》1943年第3期。
③ 谭刚：《西南土产外销与大后方口岸贸易变迁（1937—1945）——以桐油、猪鬃、生丝和药材为中心》，《近代史研究》2012年第2期。

工商业者不断迁居于此，并开设了黄怡寿、黄怡德、逢发祥、杨德兴、陈源顺、杨德和、姚恒发、陈泉记、刘杰记、裕元和号、三友益号、济群等商号行铺，经营食盐、生漆、桐油、卷烟、南杂、蓝靛、粉坊、糕点、槽坊、花纱、布匹、油脂、中草药、京果等商品。此外，还有卷烟业29户、盐杂业20家、布业14家、旅栈业12家、酒业12家、百货业11家、爆竹业7家、肉屠业7家、文印纸张业5家、肥皂业4家、草药业3家、瓷铁业3家、酱醋业2家、西药业1家等中小店铺130家。① 辰溪县城商业在抗战时期也很兴盛，有百货业、油业、绸布业、烟酒业、金银首饰业、饮食业等273家，商业从业人员3739人。② 彭水县城是涪陵至龚滩贸易线上的"一个经济上的中点"，因食盐、桐油贸易而兴盛。"今城厢内外共住1042户，5254人，大小栈房40家，大小饮食铺21家，茶馆12家"。③ 恩施，"本为群山环绕中的一座山城，生产硗薄，民生极苦，又僻处鄂西，不为人注意"。"可是近日来因武汉撤退，省府西迁"，使"这个偏塞的山城也在闹着人口问题。南门到北门二里路，这小小的城圈，人塞得满满的，每家客店都是客满"，热闹异常，④ 城市商业日益繁荣，商铺日增（见表3.14）。地处鄂西南偏僻的小县——咸丰县城，其"市况相当热闹"。⑤ 贵定，城内以东街、大街、东大十字、小十字口最为热闹。⑥ 务川县城"行商云集……赶起场来，有几千人，非常的拥挤，有面馆，有布店，有成衣铺，有食盐行……马马虎虎的还算完全"。⑦ 兴义县城"商店铺户很多……贸易之盛及进出口货物之大宗，甲于全省"。⑧ 晴隆，"夜间，街上的商店都在煤气灯光下显得非常辉煌，市景也很可观"，"花绿的酒帘飘满了每一条街道"。⑨ 大庸，"澧水流域的城市，除津、澧外，没有赶得上大

---

① 江口县志编纂委员会：《江口县志》，贵州人民出版社1994年版，第441页。
② 辰溪县志编纂委员会：《辰溪县志》，生活·读书·新知三联书店1994年版，第7页。
③ 王成敬：《四川东南山地区之经济地理与经济建设》，（重庆）四川省银行经济研究处1944年，第67页。
④ 章一梁：《今日的恩施》，《全民抗战》1939年第54期。
⑤ 徐荫祥：《从来凤到重庆》，《旅行杂志》1946年第2期。
⑥ 贵阳市档案馆：《抗战期间黔境印象》，贵州人民出版社2008年版，第12页。
⑦ 同上书，第145页。
⑧ 同上书，第360—362页。
⑨ 同上书，第378、383页。

庸的。她几乎是上游货物集散地，输出品多半是油类果品（桐油、菜油、茶油、梓油、柚子、柑橘），输入的则不外是棉花及工业制造物"，人称"小南京"。① 晃县，"这个数年前还是穷荒闭塞的山城，今日已兴隆繁盛了。这也可以说为抗战以来收获之一"。② 凤凰县城亦因商业的发展吸引了大批苗人进城定居，从事药材贸易。③ 其他城市的商业在抗战时期亦比1937年以前更加兴盛，呈现出一派繁荣景象。

表3.14　　　　　　　　1943年恩施县城私营商户统计表

行业	户数	行业	户数	行业	户数	街道	户数	街道	户数
绸布业	56	旅栈业	67	钢铁业	42	东正街	57	鼓楼街	10
百货业	42	蔬菜业	31	烟酒业	45	南正街	54	北门外	103
杂货业	261	菜饭业	67	照相业	14	西正街	12	菜市场	36
文具业	42	理发业	30	屠宰业	21	北正街	107	土桥坝	58
糖食业	20	寄售业	27	国药业	7	珠市街	12	舞阳坝	34

注：1. 行业内未统计商运、洗染等行业；2. 住址统计内未计算流动商贩和行商；3. 外地在恩施商户有：黄陂49户、江西15户、河南32户、武汉91户、湖南9户。

资料来源：恩施市地方志编纂委员会：《恩施市志》，武汉工业大学出版社1996年版，第360页。

一些规模较大的市镇的商业活动也较为活跃。例如，江口县闵家场在抗战时期为沅江—乌江水陆运输的中转枢纽，往来商品运输极为繁忙，搬运脚夫昼夜川流不息，夜间各商户汽灯高悬，通明如昼。④ 彭水县乡场，"大的有三百多家"，"一到场期，却热闹得很"。⑤ 秀山县平凯镇，为县城外"唯一大商场"，每逢场期，"四乡各县所来之人常在四万以上"。每年在此成交棉花约2500市担、棉纱约85000斤、土纱36000斤、土布约

---

① 不污：《大庸素描》，《兑泽校刊》1941年第1期。
② 枫人：《湘川道上》，《边声月刊》1940年第6期。
③ 沈从文：《湘行散记》，北京十月文艺出版社2013年版，第153页。
④ 江口县志编纂委员会：《江口县志》，贵州人民出版社1994年版，第441页。
⑤ 必青：《彭水县经济状况》，《四川经济月刊》1938年第9卷第3期。

10000 疋。① 秀山县龙口镇则因桐油贸易发展成为"房屋壮丽、人口稠密"的专业市镇等。②

抗战时期湘黔鄂渝桂省际毗连区城市商业的发展亦可从商业机构数量增加上管窥一斑。例如，恩施县城商户在1926年仅有210多户，分属漆业、盐业、百货等10个同业公会。到1936年发展到300多户。1943年则增加至801户。1945年则又增加了111户。③ 沅陵县城在1937年仅有商店921户；辰溪则相对较少，只有314户。但到1938年底，"前者已增至1357户，后者亦达607户"，分别增加了436户和293户。④ 其他城市的商业机构亦有一定的增量。

抗战时期湘黔鄂渝桂省际毗连区城市在传统商业继续发展的同时，现代性因素也日益显现：商会组织日益广泛；⑤ 新式商场、百货公司亦开始在部分城市出现，并有所发展，⑥ 从而有力地推动了城市近代商业的发展，并使湘黔鄂渝桂省际毗连区城市"在历史上第一次进入到全国经济发展的主流圈内，成为战时经济链条中不可或缺的一环"。⑦ 当然，也有一些地理位置极为偏僻的城市却因多种因素的制约"尚无现代商业可言"。⑧

（三）近代金融业的快速发展

1937—1945年是湘黔鄂渝桂省际毗连区城市近代金融业快速发展的一个时期，其表征是城市近代金融机构的发展及其金融业务的普遍开展。

1. 近代金融机构的广泛设立。湘黔鄂渝桂省际毗连区近代金融业在民国前期就已有初步的发展。抗战时期国民政府西迁陪都重庆后，为培育后方经济，在中央四行"四联总处"和所属各省府的擘画下，湘黔鄂渝桂省际毗连区近代金融业在此期获得了较快的发展。

---

① 陈鸿佑：《秀山县农业概况》，《四川经济季刊》1945年第2卷第1期。
② 李堂印：《清乾隆至民国时期秀山商业流通领域面貌》，《秀山文史资料》1988年第4辑，第28页。
③ 恩施市地方志编纂委员会：《恩施市志》，武汉工业大学出版社1996年版，第358—359页。
④ 徐一贯：《湘西电厂事业概况》，《资源委员会月刊》1940年第2卷第2、3合期。
⑤ 贵州省人民政府财政经济委员会：《贵州财经资料汇编》，1950年内部版，第475页。
⑥ 李显：《镇远行》，《西南公路》1941年第174期。
⑦ 《贵州六百年经济史》编辑委员会：《贵州六百年经济史》，贵州人民出版社1998年版，第322页。
⑧ 贵州省政府秘书处：《黔政五年》，南京印书馆1943年编印，第66页。

第三章 民国时期湘黔鄂渝桂省际毗连区的城市发展

首先是各县银行和县合作金库的组建。国民政府西迁重庆后，为加强大后方金融业的建设和管理，配合地方财政自治和协助新县制改革，颁布了《县银行法》。于是，湘黔鄂渝桂省际毗连区城市遵照中央训令，先后组建了县银行。例如，1941年黔东、黔南天柱、印江、铜仁、平坝、思南和台拱等县城筹建了县银行。到1945年，松桃、独山、黎平、长顺、贵定等县城也先后成立了县银行。① 鄂西南恩施、来凤、咸丰、鹤峰、利川②和重庆彭水、秀山、武隆③等城市亦在1943年5月至1945年6月间组建了县银行。湘西沅陵、永顺、龙山、泸溪、辰溪、会同、乾城、芷江、黔阳等16个城市不仅组建了自己的县银行，而且还设立了湖南省银行各分支机构。④

为进一步促进近代金融的发展，湘黔鄂渝桂省际毗连区城市还根据国民政府的金融政策，设立了县合作金库。据1945年《贵州统计年鉴》统计，到1940年，黔东、黔南已有贵定、龙里、炉山、定番、罗甸、麻江、都匀、丹寨、榕江、独山、平塘、紫云、思南、德江、镇远、施秉、黄平、三穗、玉屏、岑巩、铜仁、松桃、江口、贞丰、安龙等25座城市设立了县合作金库。⑤ 湘西溆浦、泸溪、辰溪、会同、乾城、永顺、芷江、黔阳、晃县、凤凰、龙山、大庸、保靖、通道、靖县、沅陵等16座城市，也于1937—1945年间创办了合作金库，其相关业务则由湖南省银行代办。⑥ 其他区域的城市亦有合作金库的创设。

其次是中、中、交、农四大银行和部分内迁商业银行在湘黔鄂渝桂省际毗连区城市开设了数量较多的分支机构。自1937年始，出于抗战建国、建设西南大后方对金融的需要，以中央"四行"为首的金融机构纷纷在湘

---

① 贵州金融学会、贵州钱币学会、中国人民银行贵州省分行金融研究所：《贵州金融货币史论丛》，《银行与经济》编辑部1989年出版，第149—158页。

② 湖北省志·金融志编纂委员会：《湖北省金融志》（上），1985年油印本，第123—124页。

③ 王沿津：《中国县银行年鉴》（1948年），台北文海出版社1977年影印本，第129—162页。

④ 据《湘西各县经济概况》（续）（沅陵中国农民银行，《西南实业通讯》1944年第10卷第1、2合期）载：在抗战时期的1937—1945年间，湖南省银行在湘西各县均设有分支机构。

⑤ 贵州金融学会、贵州钱币学会、中国人民银行贵州省分行金融研究所：《贵州金融货币史论丛》，《银行与经济》编辑部1989年出版，第179—184页。

⑥ 《湖南省银行代办县库各县库存比较表（1940年底）》，《湖南省银行统计提要》1942年，第54页。

黔鄂渝桂省际毗连区城市开设办事处、营业网点（见表3.15），开展金融业务，有力地促进了本区部分城市近代金融业的发展。

表3.15　　中央、中国等银行分支机构在湘黔鄂渝桂省际毗连区部分城市的分布情况（1937—1945年）

城市	开设分支机构的银行名称
沅陵	"中央银行""中国银行""交通银行""中国农民银行""上海银行""金城银行""湖南省银行""聚兴诚银行"
辰溪	"中央银行""交通银行（在×工厂内）""中国农民银行""湖南省银行""金城（在湖大内）"
会同	"中央银行""中国银行""交通银行""中国农民银行""湖南省银行""复兴银行（由醴陵农民银行改组而成）"
麻阳	"湖南省银行""农商储蓄银行"
芷江	"中央银行""中国农民银行""贵州省银行"
晃县	"中国农民银行""湖南省银行"
都匀	"中央银行通讯联络处""聚康银行都匀办事处""中国通商银行桂林分行代办处"
独山	"中国银行联络处""广东省银行办事处""交通银行办事处""广西省银行办事处""复兴实业银行渌口办事处"
镇远	"邮政储金汇业局镇远局""复兴实业银行湘潭支行办事处"
贵定	"交通银行办事处"
黄平	"交通银行临时办事处"
清镇	"交通银行临时办事处"
安龙	"交通银行办事处"
锦屏	"中国农民银行农贷通讯处"
天柱	"中国农民银行农贷通讯处"

资料来源：沅陵中国农民银行：《湘西各县经济概况》（续），《西南实业通讯》1944年第10卷第1、2合期；贵州省地方志编纂委员会：《贵州省志·金融志》（上），方志出版社1998年版，第160—211页；《聚康银行分支机构一览表》，贵州省档案馆藏，档案全宗号：50宗，第515卷；交通银行总管理处：《交通银行总处通告》（1945年1月），青岛市档案馆藏，全宗号：B0040，案卷号：00106。

抗战时期，湘黔鄂渝桂省际毗连区近代金融机构设立后，便积极开展了相关金融服务业务，为城市发展和经济开发提供了十分宝贵的金融支持，有力地促进了本区域城市工商业的发展和农林经济的开发利用。

2. 金融业务的广泛开展。随着县银行、县合作金库、中央四行和部分商业银行分支机构在湘黔鄂渝桂省际毗连区的成立或开办，城市近代金融业务遂得到了较为普遍的开展。下以中央信托局、中国银行、中国农民银行、交通银行在黔东、黔南地区农贷业务的区域划分为例说明。1941年贵州省根据中央四行"四联总处"调整各行局业务和统筹农贷的指示，对各行局的金融业务作了地域上的划分。中央信托局主要在罗甸、安龙、长寨、册亨、紫云、贞丰、望谟、平塘等八县开展业务；中国银行的业务集中于榕江、天柱、永从、下江、剑河、台拱、都江、三合、荔波等九县；中国农民银行的业务地域范围则为思南、沿河、印江、黄平、炉山、贵定、麻江、八寨、铜仁、三穗、务川、德江、石阡、施秉、镇远、岑巩、青溪、玉屏、江口、省溪、松桃、定番、龙里、黎平、锦屏、都匀、丹江、独山、平舟（平塘）、后坪（属沿河）等30个城镇及其乡村。交通银行则主要在广顺、平坝、镇宁等11县开展农贷业务。① 此外，中央"四行"和西迁的金城银行、聚兴诚银行、复兴银行、上海银行等银行还在上述部分城市开展了存贷款、汇兑等业务。② 中央金融机构和部分全国性的商业银行开办的金融业务及其在地域范围上的划分，都说明了湘黔鄂渝桂省际毗连区城市近代金融业的发展已被完全纳入到了国家统一的金融体系之中。这不仅有利于本区各城市的各项建设获得国家和社会金融的广泛支持，而且还有力地促进了湘黔鄂渝桂省际毗连区城市金融业的发展和近代化转型。

湘黔鄂渝桂省际毗连区地方举办的县银行和合作金库等金融机构也在本区域范围内积极开展了相关金融业务，其中以信贷、汇兑为主（见表3.16）。

---

① 贵州金融学会、贵州钱币学会、中国人民银行贵州省分行金融研究所：《贵州金融货币史论丛》，《银行与经济》编辑部1989年出版，第179页。
② 沅陵中国农民银行：《湘西各县经济概况》（续），《西南实业通讯》1944年第10卷第1、2合期。

表3.16　　黔东、黔南各县合作金库在抗战时期历年业务经营状况　　单位：元法币

县名	存款	放款	汇兑	县名	存款	放款	汇兑
贵定	1745915	609469	3361651	三穗	51577	59274	513347
龙里	322335	204011	3246830	黄平	34	5897	
炉山	341671	370410	2448341	施秉	206102	327410	4020692
定番	1161433	1441969	9758211	镇远	144	467800	
罗甸	6156	375817	1981072	德江	18043	222790	1485793
麻江	564516	752445	8286176	思南	724905	274000	13738631
都匀	22692	412190	4613323	紫云	116065	545100	1577313
丹寨	670912	418444	3804806	平塘	86130	659809	5005444
榕江	887348	567203	5481278	独山	104711	185222	8054906
玉屏	113288	258953	6513080	铜仁	1208	348280	
岑巩	11970	188207	1921149	松桃	426601	511205	1343525
江口	814020	642360	2174792	贞丰	758245	511895	6899882

资料来源：贵州金融学会、贵州钱币学会、中国人民银行贵州省分行金融研究所：《贵州金融货币史论丛》，《银行与经济》编辑部1989年出版，第180—183页。

抗战时期湘黔鄂渝桂省际毗连区近代金融业的发展，不仅为城市的各项建设提供了资金上的支持，① 而且还在广度和深度上改变了本区域城市的金融业结构。在近代金融发展的冲击下，民国前期曾盛极一时的城市传统的金融机构——钱庄与典当业，"近数年来，已趋没落，不复存在"，尤其是湘西地区。② 这都极大地促进了湘黔鄂渝桂省际毗连区城市的发展及其经济功能的提升。当然，我们也应看到近代金融在各城市的发展是不平衡的，"其中湘西金融业要相对发达一些"。③

---

① 抗战时期，湘黔鄂渝桂省际毗连区城市工商业的快速发展与近代金融机构的贷款有着一定的关系。例如洪江织布、织巾二社获得贷款11990余元；芷江工和事务部织布等产业获得贷款20000余元；溆浦工业纺织工业得到贷款支持共计59650元。参见唐甫仁《由湘西的工业资源谈工合的发展》，《工业合作月刊》1942年第3卷第4、5合期。
② 沅陵中国农民银行：《湘西各县经济概况》（续），《西南实业通讯》1944年第10卷第1、2合期。
③ 据《湘西各县经济概况》（续）（沅陵中国农民银行，《西南实业通讯》1944年第10卷第1、2合期）载：在抗战时期的1937—1945年间，湖南省银行在湘西各县均设有分支机构。

总之，经过抗战时期的发展，湘黔鄂渝桂省际毗连区城市经济的近代化发展取得了较为显著的进步，是为本区域城市近代经济发展的一个黄金时期。

三 抗战文教：城市文教事业的快速发展

1937年日本侵略者发动全面侵华战争后，中东部沦陷区各类学校和大批教师、文化人士与其他知识分子向西迁入到了湘黔鄂渝桂省际毗连区及其他大后方城市。国民政府迁渝后为建设抗战后方战略基地，制定并推行了包括发展边地教育在内的一系列促进大后方文化教育发展的政策。两者通过大后方抗战这一时空的结合有力地促进了湘黔鄂渝桂省际毗连区城市文教事业的发展。

（一）近代教育的进一步发展

抗战时期，湘黔鄂渝桂省际毗连区城市也是中东部沦陷区城市大中学校西迁的重要避难所之一。例如，"国立"湖南大学迁至辰溪。"国立"商专迁到了所里。中央政治学校新闻系迁至芷江。[①] 广西大学内迁至黔南榕江办学。平越则有"国立"交通大学北平铁道管理学院、"国立"交通大学唐山土木工程学院和桂林师范学院等内迁高校。[②] 湖北省立农业专科学校（后改为省立农学院）迁入恩施等。[③] 此外，还有数量较多的中东部中学和其他中等教育机构西迁到了湘黔鄂渝桂省际毗连区城市，其中湖南省立第八中学、省立屯区各县联立中学、私立贞信女子初级中学、"国立"第八中学等学校在武汉会战后相继迁到湘西各城市继续办学。[④] 本区其他城市亦迁入了一定数量的中学或中等教育机构（见表3.17）。

表3.17　　抗战时期湖北省部分联中分校内迁鄂西南城市概况

城市	学校内迁概况
利川	1941年省立第一高级商业职业学校自巴东迁入

---

① 李震一：《湖南的西北角》，宇宙书局1947年印行，第10页。
② 唐正芒：《抗战时期的高校西迁述论》，《云梦学刊》2002年第5期。
③ 汪洋：《抗战时期内迁恩施学校的艰难处境探析》，《理论月刊》2016年第2期。
④ 石启贵：《湘西苗族实地调查报告》，湖南人民出版社1986年版，第218页。

续表

城市	学校内迁概况
咸丰	1940年联中长阳初中、秭归初中、巴东初中迁入
宣恩	1940年联中建始分校迁入；1941年省立女子职业学校、省立第四女子高级中学自巴东迁入，省立第一女师自建始迁入
恩施	1944年省立第四女子高级中学自宣恩迁入

资料来源：恩施市地方志编纂委员会：《恩施市志》，武汉工业大学出版社1996年版，第501—502页；利川市地方志编纂委员会：《利川市志》，湖北科学技术出版社1993年版，第409页；咸丰县志编纂委员会：《咸丰县志》，武汉大学出版社1990年版，第433页；宣恩县志编纂委员会：《宣恩县志》，武汉工业大学出版社1995年版，第345页。

这些内迁学校为湘黔鄂渝桂省际毗连区的教育发展提供了十分宝贵的师资力量和强有力的智力支持，有力地推动了这些区域文教事业的发展。1937年以前，湘黔鄂渝桂省际毗连区城市文教事业虽有一定的发展，但在总体上仍还较落后，部分城市还"相当落后"，①尤其是"受过中等教育者，实在寥寥无几"，②被时人称之为"荒凉原始的山坡"。③这种落后状况随着沦陷区文教机构西迁，并为湘黔鄂渝桂省际毗连区培养了数量较多的适龄青少年，而有了较大的改变。诚如当时社会所评价的那样："仅借外来学校之力"，就使湘西"得以增加二、三千的中等学校毕业生"。④西迁学校便成为了抗战时期湘黔鄂渝桂省际毗连区城市教育事业发展的直接动力源泉。

同时，为改变湘黔鄂渝桂省际毗连区落后状态，促进民族教育事业的发展，抗战时期国家和地方均出台了鼓励"民族边区"发展教育事业的政策和措施，并提出了都市文化建设的建议，以提升城市品质。⑤例如，国民政府于1938年4月专门颁布了《战时各级教育实施方案纲要》，要求各地严格执行。⑥本毗连区所属各省亦根据《纲要》"督促改进边疆教育"

---

① 振声：《舞阳河畔的镇远》，《贵州日报》1945年5月3日。
② 农夫：《今日从江》，《贵州日报》1945年10月29日。
③ 谭辅之：《贵州与新西南》，《建设月刊》1946年第1期，第16页。
④ 李震一：《湖南的西北角》，宇宙书局1947年印行，第12页。
⑤ 魏希文：《都市文化之重要及其建设》，《贵阳市政》1942年第1期。
⑥ 中国第二历史档案馆：《中华民国史档案资料汇编：教育一》（第五辑、第二编），凤凰出版社1997年版，第13—16页。

的精神制定了促进本民族地区文教发展的纲要、方法或方案。其中湖南在1940年6月颁布了《湖南省各县保国民学校及乡镇中心学校实施办法》《湖南实施国民教育五年计划纲要》等文件,要求各县在五年内必须完成设校规划和实施国民教育计划;① 并采纳了由石宏规等人提出的要求发展民族教育的《湘西苗民文化经济建设方案》,由湖南省教育厅在湘西统一实施"二年制短期义务教育"。② 贵州省政府为推进"边地教育"也于1941年颁布了《贵州省边地教育推行方案》等法规条文。③

遵照民族地区教育推行规划方案,实施国民教育计划,湘黔鄂渝桂省际毗连区城市"大都设立了各级小学校",从而促进了本毗连区城市小学教育的快速发展。④ 例如,黔南荔波等县在20世纪40年代初即建有10所省立小学,在校小学生共计2259人。⑤ 1940年湖南省在湘西永绥、乾城、保靖三县共设立了287所国民小校,在校学生共计19074人。⑥ 同时,为扩大小学教育的范围,湘西永绥、古丈、乾城、保靖、泸溪、麻阳、凤凰等七县还在1937年下半年先后开办短期小学96班,专收苗族学生。1939年又增设64班,共计160班,"颇见成绩"。⑦ 恩施县亦在1937年设立公立短期小学87所,少数中心小学还附设了短期班,⑧ 扩大了小学教育规模。

中学(等)教育也有较大的发展。例如,凤凰县城在晚清、民国前期曾设立过凤黔永晃四厅中学堂、湖南省第十二联合中学,但于1926年因水旱灾害和战争而停办。直至1944年秋才在县城文庙创办县立初级中学,招收新生两个班,共计120人。⑨ 龙山县亦于1942年在县城文庙设立初级中学,设2班,共招收学生98名。1945年增加到6个班,学生248人。⑩

---

① 刘国武:《抗战时期湖南的现代化》,甘肃人民出版社2006年版,第240页。
② 石启贵:《湘西苗族实地调查报告》,湖南人民出版社1986年版,第215—216页。
③ 贵州省政府教育厅:《贵州省边地教育推行方案》,1941年,第1—21页。
④ 杨森:《建设贵州之理论与实践》,贵州省政府秘书处1946年印行,"蒋主席训词",第6页。
⑤ 贵州省政府教育厅编审室:《贵州教育统计》,贵州省政府教育厅编审室1942年编印,第21—31页。
⑥ 石启贵:《湘西苗族实地调查报告》,湖南人民出版社1986年版,第218页。
⑦ 同上书,第217页。
⑧ 恩施市地方志编纂委员会:《恩施市志》,武汉工业大学出版社1996年版,第499页。
⑨ 凤凰县志编纂委员会:《凤凰县志》,湖南人民出版社1988年版,第241页。
⑩ 龙山县修志办公室:《龙山县志》,1985年内部版,第516页。

1943年怀化成立了县立初级中学。① 1944年惠水县将城关私立凤山中学、县立农业职业学校合并成立高初中及教师馆，共十二班。镇远县城则设有省立高中一所，并另建县立中学一所于清溪，"未设高中"。锦屏有县立中学一所。② 三穗、天柱、剑河、石阡、思南、德江、岑巩、沿河、印江、江口、省溪、玉屏、青溪、独山、都匀、铜仁等城市也均建有初级中学或高级中学。③ 本区其他城市中学（等）教育在此期亦有较大的发展。

随着城市中小学的逐渐普及，幼儿教育在民国前期的基础上也获得了一定的发展。1939年，龙山里耶镇创办了幼稚园一所，招收幼儿30余人。④ 同年，乾城中心国民学校附设幼稚班两班，入班幼儿60人。随后，乾城其他中心国民学校也设班招收幼儿。⑤ 恩施亦于1938年湖北省政府迁至恩施后设置了幼稚园，后定名为实验幼稚园；私立教会文德小学也附设幼稚园1所等。⑥

此外，民众教育也取得了较大的成绩。例如，龙山县民众教育机构在1938年以前，仅有省立、中山、民族三校，后经省政府饬令，全县各小学附设民校共计26所。1939年增加至30所，并新成立民众教育馆1所。⑦ 独山民众教育馆所举办各项事务，均"成效显著"。⑧ 除独山外，贵州还在包括黔东、黔南在内的44个民族地区城市设立了45所民众教育馆。⑨ 其他城市的民众教育也发展较快。这在一定程度上扩大了教育受众范围，促进了湘黔鄂渝桂省际毗连区教育的整体发展。

随着教育的快速发展，为改善师资，湖南、贵州、湖北三省还分别在湘西、黔东和恩施兴办或扩建"国立"茶洞师范学校、省立第八师范学

---

① 怀化市志编纂委员会：《怀化市志》，生活·读书·新知三联书店1994年版，第664页。
② 贵州省政府秘书处：《贵州省政府县参观团工作报告书》，贵州省政府秘书处1947年编印，第17—139页。
③ 刘少墉：《边区社会概述》，《边声月刊》1940年第6、7期。
④ 龙山县修志办公室：《龙山县志》，1985年内部版，第523页。
⑤ 黔阳县地方志编纂委员会：《黔阳县志》，中国文史出版社1991年版，第527页。
⑥ 恩施市地方志编纂委员会：《恩施市志》，武汉工业大学出版社1996年版，第499页。
⑦ 桑植县政府：《桑植教育》，《湖南教育月刊》1940年第4期。
⑧ 《贵州省立独山民众教育馆》，《社会教育辅导》1945年第4期。
⑨ 贵州省政府教育厅编审室：《贵州省教育统计》，1942年，第21—31页。

校、省立第九师范学校、省立所里师范学校、凤凰简易乡村师范、永绥县立初级中学附设简易师范班等师范学校（班）①，贵定、台江两个省立国民学校师资训练所②和恩施乡村师范学校（1941年改名为省立第七师范学校）。③ 这些师范学校的设立为抗战时期湘黔鄂渝桂省际毗连区城市教育事业的发展培养了一定数量的师资力量，直接促进了本毗连区城市教育事业的进步。

总的来说，经过抗战时期的发展，湘黔鄂渝桂省际毗连区城市的教育"已相当普及"，以至于出现了"家弦户诵，共跻平等……置身化外"积极主动接受教育的社会热潮。④ 学校教育也逐渐形成了一个从初级教育、中等教育到高等教育较为完整的教育体系。恩施、黔阳等区域中心城市因构建起了完整的教育体系而成为区域文教中心。恩施在抗战时期建有大专院校四所，职业技术学校五所，普通中学四所和数量较多的小学，被湖北省政府评定为"国民教育示范区"。⑤ 湘西黔阳亦拥有从基础教育到高等教育的完整的教育体系，⑥ 而成为抗战时期湘西的教育中心。这为后世湘黔鄂渝桂省际毗连区教育事业的继续发展奠定了较坚实的历史基础。

（二）文化的繁荣

1937年"七七事变"后，北平、上海、南京、武汉、广州等中东部城市的知识分子、文化人士也随着高校和文化机构大批内迁至西南大后方。其中有闻一多、萧乾⑦、翦伯赞、廖沫沙、周立波、胡乔木等著名文化人士曾迁住或停留于湘黔鄂渝桂省际毗连区城市。⑧ 著名文人沈从文等人亦从外乡回到阔别已久的故乡热土。⑨ 随着高校、文化机构⑩的内迁和大批知识分子、文化名人的到来，以及教育的快速发展，湘黔鄂渝桂省际毗

---

① 石启贵：《湘西苗族实地调查报告》，湖南人民出版社1986年版，第218页。
② 贵州省政府教育厅编审室：《贵州省教育统计》，1942年，第21—31页。
③ 恩施市地方志编纂委员会：《恩施市志》，武汉工业大学出版社1996年版，第502页。
④ 《屯苗代表的呈文》，载熊中根《湘西土家族苗族自治州民族中学志》，黄山书社1996年版，第461—462页。
⑤ 恩施市地方志编纂委员会：《恩施市志》，武汉工业大学出版社1996年版，第498页。
⑥ 怀化市志编纂委员会：《怀化市志》，生活·读书·新知三联书店1994年版，第659—675页。
⑦ 吴世勇：《沈从文年谱》，天津人民出版社2006年版，第204页。
⑧ 李万青：《文化名人在湘西》，《档案时空》1994年第6期。
⑨ 吴世勇：《沈从文年谱》，天津人民出版社2006年版，第202页。
⑩ 沅陵县地方志编纂委员会：《沅陵县志》，中国社会科学出版社1993年版，第599页。

连区城市的文化呈现出了一派战时欣欣向荣的景象。

首先是城市文化设施的不断增多。抗战时期,湘黔鄂渝桂省际毗连区城市集聚了大量知识分子和具有阅读能力的人口。这对城市文化设施的完善提出了更高的要求。在这一特殊历史背景下,湘黔鄂渝桂省际毗连区各级政府和各阶层为了满足社会日益增长的文化需求,在民国前期文化设施的基础上加大了建设力度。经过建设,湘黔鄂渝桂省际毗连区城市的图书馆(图书室、借阅处)、阅报社(处)更为普遍。例如,沅陵县14所中学在抗战时期均设有图书室,藏书达14.1万册。[①] 在中东部大城市里很普遍的书店也较普遍地出现了在湘黔鄂渝桂省际毗连区城市,尤其是共产党人创办的进步书店(见表3.18)。报纸杂志不仅种类多(见表3.19),而且发行量大,各报刊平均每期发行量为200—300份,是为湘黔鄂渝桂省际毗连区城市报刊出版发行的一个高峰期。[②]

表3.18 抗战时期湘黔鄂渝桂省际毗连区部分城市共产党人创办书店的情形

城市	书店名	书店地址	创办时间	大致情形
来凤	"生活书店"	县城江西街	1938年	共产党员田仿宇经办,暗中发行《新华日报》等进步书刊。1940年11月停业
沅陵	"新路书店" "生活书店"	县城法院街和西关	1938年11月	新四军开办,旨在宣传马列主义和进步思想
沅陵	"乐群书店"	县城	1939年	由中共党员林乐恒、彭少等人主办,出售进步书刊
乾城	"垦荒书店"	模范小学门外	1938年冬	中共党员熊谟远与黄增顾开设,售卖《新华时报》等进步书刊及课本
乾城	"生力书店"	县城	1939年	由中共党员赵自觉、韦远裕、谌鸿章经理,出售进步书刊
泸溪	"战时书店"	县城	1939年1月	中共党员段延禄等开办,初称"垦荒书店",2月更名为"战时书店",出售进步书刊,1940年被查封
辰溪	"新路书店"	县城	1939年	由中共党员岳中俊经办,出售进步书刊

---

① 沅陵县地方志编纂委员会:《沅陵县志》,中国社会科学出版社1993年版,第598页。
② 李瑞生:《民国时期湘西报刊出版钩沉》,《吉首大学学报》(社会科学版)2002年第4期。

续表

城市	书店名	书店地址	创办时间	大致情形
咸丰	"祥兴书店"	县城西门	1939年4月	中共地下党开设，除一般图书外，还秘密出售进步书刊

资料来源：来凤县志编纂委员会：《来凤县志》，湖北人民出版社1990年版，第417页；咸丰县志编纂委员会：《咸丰县志》，武汉大学出版社1990年版，第467页；吴荣臻、吴曙光：《苗族通史》（五），民族出版社2007年版，第454页。

表3.19　抗战时期（1937—1945）湘西部分城市报刊发行概况一览表

城市	报刊发行概况
永绥	《永绥民报》（1940年创办，下同）、《反侵略半月刊》（1940年）、《忠贞报》（1941年）、《青年报》（1941年）、《永绥青年报》（1943年）
乾城	《乾城民报》（1938年）
桑植	《桑植民报》（1939年）、《桑植简报》（1942年）
古丈	《古丈民报》（1940年）
保靖	《中山日报》（1938年，1939年9月改名《保靖民报》）、《模小学生》（1939年）
龙山	《龙山民报》（1939年）
永顺	《湘西民教》（1939年）、《八师学生》（1940年）、《永顺青年报》（1944年）
凤凰	《凤凰民报》（1937年）、《凤凰震报》（1938年）、《大众呼声》（1938年，综合性抗战期刊）
泸溪	1939年复办《泸溪民报》（1929年8月创办，后因经费短绌而停办）；同时发行宣传抗日救国的油印快报
大庸	《铎声报》（1938年）、《大庸青年报》（1939年）、《抗建报》（1940年）
怀化	《怀化民报》（1944年4月15日创刊，1948年停刊）

资料来源：李瑞生：《民国时期湘西报刊出版钩沉》，《吉首大学学报》（社会科学版）2002年第4期；怀化市志编纂委员会：《怀化市志》，生活·读书·新知三联书店1994年版，第743页。

此外，部分湘黔鄂渝桂省际毗连区城市还修（筹）建了体育馆、公园等文体设施。例如，来凤县城在抗战时期修建了民众体育馆一座。[①] 1938

---

① 来凤县志编纂委员会：《来凤县志》，湖北人民出版社1990年版，第408页。

年彭水县在县城小北门外石嘴兴建了汉葭公园,占地约 2 亩。园内东北角建有中山纪念堂,供奉彭水抗日阵亡将士;旁设国术馆、音乐室和图书馆。入园处为仰禹厅。公园主体建筑物中题咏甚多,多出自川中名士和国民政府中央大员手笔。公园建成后便成为了县城重要的文化休闲娱乐及抗战宣传的重要场所。① 1943 年咸丰县成立修建委员会,拟将高乐山辟建为中山公园,因财力匮乏仅建成凉亭一座等。②

其次是广泛开展了以抗日为主题的文宣活动。抗战时期,为坚定中华民族的抗战决心,鼓舞抗战斗志,湘黔鄂渝桂省际毗连区社会各界采取了多种形式,广泛深入地开展了以抗日为主题的文化宣传活动。例如来凤县城,采取每周出墙报和印刷简明新闻、张贴标语于要道街口的方式供群众阅读、观看,以宣传抗战救国思想。同时,来凤城关初级中学和部分小学组成宣传队,与湖北省"二七巡回剧团","战时社教工作团第四、第十四队"等机构组织一道利用话剧和民间传统的演唱形式,在街头巷尾演出文艺节目,广泛宣传抗日救国。节目有:《放下你的鞭子》《壮丁上前线》《别离》《好男儿》等。③沅陵县则充分利用民众教育馆开展讲座、读报、书报阅览、公民教育、收录公布新闻、市民艺术辅导等活动的机会,配合抗日战争宣传。④本毗连区其他城市的文化宣传工作者亦采取丰富多彩的形式大力开展抗战文化宣传活动,诸如抗日漫画展示、张贴抗日标语(见图 3.4)、散发抗日传单等,效果显著。在湘黔鄂渝桂省际毗连区各城市大力开展抗日宣传活动的基础上,为扩大宣传影响,湖南省还在湘西专门组建了"一致抗敌宣传队"和"沅陵行署抗敌流动话剧队"两支宣传队。"宣传队"沿湘黔公路在芷江、麻阳、辰溪、沅陵等城市开展演出宣传活动;"话剧队"则沿川湘公路在永绥、凤凰、乾城、泸溪、沅陵进行巡回演出。他们聚焦抗日主题,在湘西大小城镇演出了《塞上风云》《送郎上前线》《大刀向鬼子们的头上砍去》《打回老家去》等节目或剧目。⑤

---

① 彭水县志编纂委员会:《彭水县志》,四川人民出版社 1998 年版,第 355 页。
② 咸丰县志编纂委员会:《咸丰县志》,武汉大学出版社 1990 年版,第 224 页。
③ 来凤县志编纂委员会:《来凤县志》,湖北人民出版社 1990 年版,第 408 页。
④ 沅陵县地方志编纂委员会:《沅陵县志》,中国社会科学出版社 1993 年版,第 596 页。
⑤ 吴荣臻、吴曙光:《苗族通史》(五),民族出版社 2007 年版,第 453、454 页。

图3.4 贵州三都县的抗战标语遗迹

资料来源:《三都发现一幅抗战标语》,《贵州都市报》2011年5月29日A4版。

除上述抗日文化宣传教育活动外,湘黔鄂渝桂省际毗连区城市还组织了戏剧、音乐队,开展演戏和歌咏活动,并将其与民间舞龙灯、舞狮子等传统民俗、体育结合起来,从而引导了广大民众的正当娱乐生活,丰富了人们的日常文化生活。①

综上所述,经过抗战时期的建设、发展,湘黔鄂渝桂省际毗连区城市的文化教育建设呈现出了一派战时繁荣景象,进一步改变了本毗连区城市文化教育落后的状态。诚如时人所评价的那样:"因为抗战的关系,湘西已成了人文荟萃的地方,文化事业亦突飞猛进……报纸、杂志、壁报、组织团体尤以沅陵、芷江、晃县、洪江、黔阳各县为多。抗日情绪之浓厚,令人兴奋……今日的文化方面已不次于湘南、湘北各县矣。"② 这一关于湘西城市文化教育发展与进步的评语亦可冠之于黔东、黔南、渝东南、鄂西南以及桂西北等毗连区城市身上。

---

① 城步苗族自治县志编纂委员会:《城步县志》,湖南出版社1996年版,第501页。
② 王善哉:《今日之湘西》,《黄埔》1941年第13期。

四 市制的初步实践：近代市政的规划与建设

湘黔鄂渝桂省际毗连区城市市政建设在民国前期因城市近代化转型的需要有所展开。抗战时期，东中部沦陷区人口、近代工业、国家机关、学校的迁入，使原本落后的市政设施远不能满足此时湘黔鄂渝桂省际毗连区城市社会发展的需要，需要加强建设。同时，近代市制和城市规划理论也随着西迁的潮流在大后方城市得到了更广泛的实践，成为了湘黔鄂渝桂省际毗连区城市规划建设的理论指南，直接促进了本毗连区城市市政规划和建设的发展。

（一）城市建设的规划

近代以前，中国传统城市一般是以官衙为中心、以城垣为范围对城市进行规划建设，且侧重于政治、军事功能。但自近代以来随着城市近代化的发展，传统城市街道狭小、脏乱、市政设施极不完善的弊病日益突出，严重制约了湘黔鄂渝桂省际毗连区城市的进一步发展。为促进城市近代化的发展，20世纪20年代末国民政府以及广州、南京等城市借鉴西方城市建设理论和实践经验，制定、颁布了《建设委员会组织法》《市组织法》等市政建设法规，并在广州等城市开展了规划与建设的实践。[①] 南京国民政府抗战西迁后，出于大后方城市建设的现实需要，分别于1939年、1942年制定、颁布了《都市计划法》《县乡镇营建实施纲要》《建筑法》等市政规划建设法案。湘黔鄂渝桂省际毗连区所属省政府亦秉承市制建设精神，根据实际情况分别制定并颁布了本地区的城市市政建设计划。其中贵州省制定、颁布了《整理各县市政计划》，并附有《市街工程标准规程》《整理市街路街房建筑暂行办法》《整理市街路街房拆修费暂行办法》《取缔市街建筑物暂行规则》等城建法规，要求"确定市政建设计划，次第施工。对于各地城镇，不能不通盘筹划，力使改进"。规定凡人口2000人以上或户口500户以上的城镇，均应施行。经贵州省政府批准，印制成册，分发各县及各厅局，饬令各县据以编制各县的市政规划建设计划。[②]

---

① 牛锦红：《民国时期（1927—1937年）城市规划机制探析》，《城乡规划》2011年第9期。
② 贵州省地方志编纂委员会：《贵州省志·城市建设志》，方志出版社1998年版，第151—153页。

湘、鄂、渝、桂等省也制定、颁布了一系列与贵州省类似的城市规划建设法规或办法。①

上述法规或办法的制定与颁布有力地推进了湘黔鄂渝桂省际毗连区城市建设的规划工作。部分城市还以其所属省份制定、颁布的城市规划建设法规或方案为蓝本制定了更为详细的城市建设规划，并呈报给了所属省政府。例如，岑巩县政府于1939年10月颁布《修整县城街道办法》。② 1941年镇远、麻江、三穗、锦屏、贵定、剑河、施秉、大塘、望谟、榕江、思南、长寨、广顺、三都等14个城市亦分别制定了《市政建设初步计划》，并上报至贵州省政府。务川、岑巩、锦屏、三穗、丹寨、炉山、婺川、道真、望谟等九县则在1944年、1945年分别上报了县乡镇营建计划。③ 这些规划或营建计划内容均较详实，涵盖了城市建设的各个方面。例如，镇远县制定的《三十年（1941年）度市政建设计划》涵盖了街道系统规划、房屋建筑、卫生设施与公共场所建设等几乎所有的市政项目。④ 湘西乾城县于1943年遵照国民政府和湖南省相关市政建设指令制定的《乾城县政府所在地建设计划》亦是如此。其规划具体涉及了县道、公署、会场、市场、卫生院、电话、水源、公厕、排水沟、防空洞等市政建设项目。⑤ 这些城市的市政建设规划一般还结合城市街区格局绘制了详细的规划建设蓝图（见图3.5）。但有些城市的市政规划还较滞后。其中湘西芷江直至1947年才完成县城的建设规划工作。⑥ 根据规划，将芷江县城建成受降纪念城，在受降签字地辟建公园，建造国民党空军殉难英雄纪念铜像，扩大市区面积，以飞机场和湘黔铁路为分界线，新区主要发展铁路、公路、车站等近代交通，兴建住宅新区，并将其建设成为工商业核心区；旧城区则

---

① 吉首市志编纂委员会：《吉首市志》，湖南出版社1996年版，第372页。
② 岑巩县志编纂委员会：《岑巩县志》，贵州人民出版社1993年版，第599页。
③ 贵州省地方志编纂委员会：《贵州省志·城市建设志》，方志出版社1998年版，第151—153页。
④ 黔东南苗族侗族自治州地方志编纂委员会：《黔东南苗族侗族自治州志·城建环保志》，贵州人民出版社2005年版，第336—338页。
⑤ 吉首市志编纂委员会：《吉首市志》，湖南出版社1996年版，第372页。
⑥ 湖南省地方志编纂委员会：《湖南省志·建设志》（城乡建设），湖南出版社1997年版，第77—83页。

保留城墙及部分建筑物原状，为传统城市保护区。①尽管抗战时期部分湘黔鄂渝桂省际毗连区城市进行了初步的市政建设规划，但受时代、社会经济发展滞后以及抗战时期国家工作重心等因素的影响，这些市政建设规划并未完全按照计划实施，只是在少数市政领域开展了一些建设，但也取得了一定的成效，使城市发展在传统的基础上增加了较多的近代意象。

（二）市政建设的开展

抗战时期，虽然部分湘黔鄂渝桂省际毗连区城市作了较为详细的市政建设规划，但受诸多因素的制约，这些建设规划并未能按计划全面展开，只是对此期城市发展急需的部分市政项目进行了建设，即主要集中于整治街道、改善城市卫生环境、兴办公园等少数项目上。

1. 街道整理。街道整理是抗战时期湘黔鄂渝桂省际毗连区城市开展的最为普遍的市政建设项目之一。根据史料记载，本毗连区所属各县无论有无制定市政建设规划都在县城开展了街道拓宽和街道整治的建设活动，相关活动枚举数例如下：

1939年10月，岑巩县政府颁布《修整县城街道办法》，通过地方财政划拨和社会募集的357.72（银）元，征调民工1351人整治街道，加宽民生路、中正路等三条街巷，并疏理主街两侧的明沟以利排水。1944年再次整修街道，铺筑了长700米的三合土土瓦型路面，并按汽车通行的标准将新街至南门桥的街道加宽至4米。②

1944年印江县政府以行政手段，将县城正街两侧木屋占地约一根柱子的建筑物拆除，拓宽了从大门到西门的街道。③

1944年石阡将县城河街由原3米拓宽至7米，并以三合土铺就街面。1947年又将西门口至河街一段的房屋拆除，形成丁字形街道。④

1944年天柱县重新规划命名了中华路、中山路、民生路、民权路、民

---

① 《建设芷江受降城》，（长沙）《大公报》1947年6月10日第3版。
② 岑巩县志编纂委员会：《岑巩县志》，贵州人民出版社1993年版，第599页。
③ 印江土家族苗族自治县志编纂委员会：《印江县志》，贵州人民出版社1992年版，第526页。
④ 石阡县地方志编纂委员会：《石阡县志》，贵州人民出版社1992年版，第252页。

第三章　民国时期湘黔鄂渝桂省际毗连区的城市发展 ◆

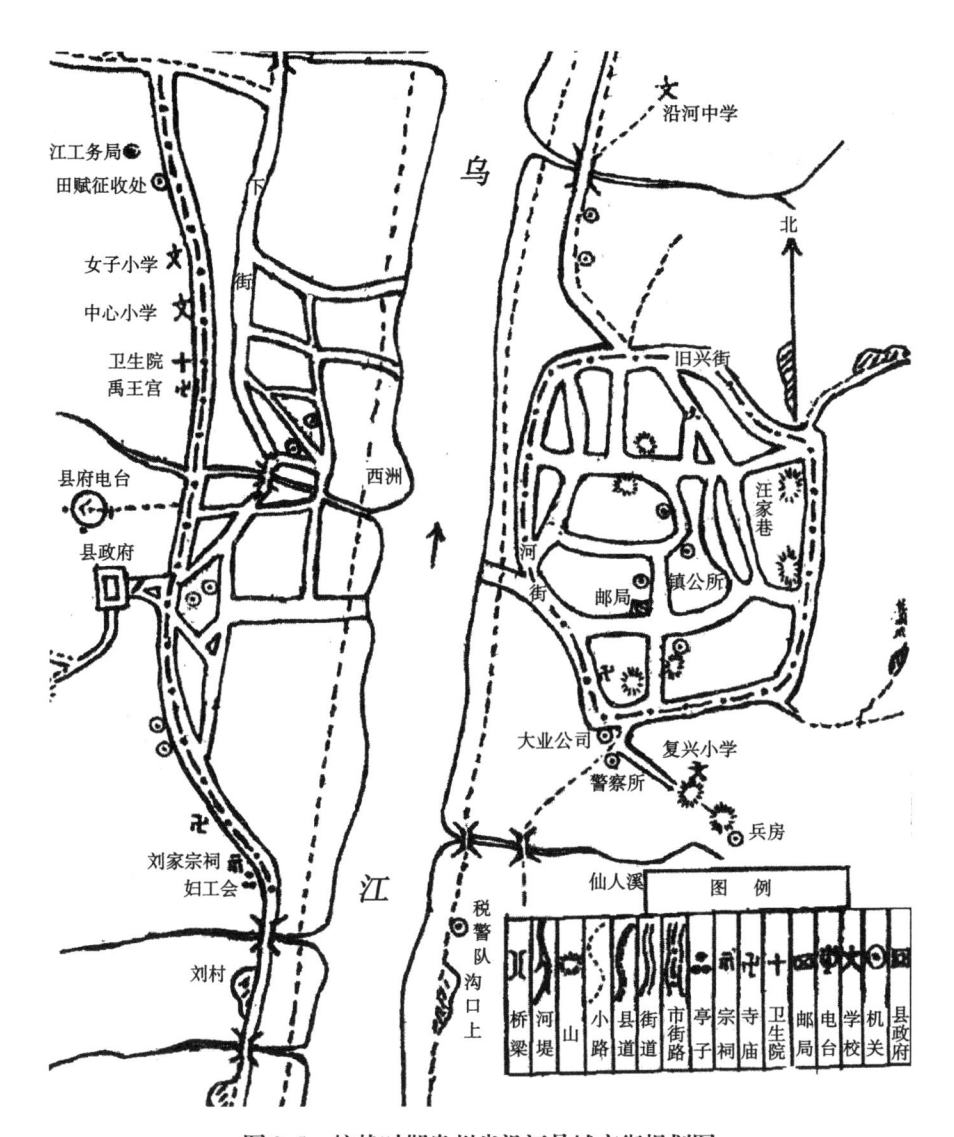

图 3.5　抗战时期贵州省沿河县城市街规划图

资料来源：杨化育修，覃梦松纂：《沿河县志》卷首，"舆地志"，1943 年铅印本。

族路，并搬迁部分民居，加宽改造街面，以利汽车通行。①

---

① 黔东南苗族侗族自治州地方志编纂委员会：《黔东南苗族侗族自治州志·城建环保志》，贵州人民出版社 2005 年版，第 5 页。

1945年黎平县辟中湘门，连通黎锦公路，拆县政府壁照，填府井巷，将平街改铺为碎石路面，并拆除了沿街参差不齐的雨棚及二厦，把纷乱的菜市场迁往后街和向家坡，使县城街巷面貌有了较大的改观。①

湘西辰溪县城在1943—1946年间先后整治、拓宽了正街、南正街、新市街、大道路等街巷（见表3.20），其中仅新市街和大道路的整治、拓宽就花费了141家商户，共计法币93.23万元的捐款。②

表3.20　　　　　抗战时期辰溪县城部分街道整治、拓宽情形

街道名	整治、拓宽情形
南正街	今名中山路。原为3米宽岩板路面，1944年拓宽为4.5米三合土路面
正街	今名解放路。原为3米宽岩板路面，1940年改名中正街，1944年拓宽为4.5米三合土路面
大道路	建于1935年5月，1943年5月至1944年10月，对路面进行了翻修

资料来源：辰溪县志编纂委员会：《辰溪县志》，生活·读书·新知三联书店1994年版，第558—559页。

其他城市亦在抗战期间开展了街道整治活动，城市硬件设施和市貌因此得到了一定的改善。

2. 改善城市卫生环境。民国前期，因市政不善，加之城市居民"缺乏公众利益观念，随处便溺、唾涕、污垢不除、秽屑乱掷……为害民生"，③湘黔鄂渝桂省际毗连区城市的卫生环境一般较为恶劣。例如镇远，"城区沿河民众，因住地狭窄，多将污水污物，抛弃河中，以致水质不洁"。④沈从文还从文学的角度对湘西城镇居民清晨当街便溺情形作了写实性描写。⑤即便有些城市或石砌排污沟或建石板暗沟，但皆因不成系统，且无人管理

---

① 黎平县志编纂委员会：《黎平县志》，巴蜀书社1989年版，第373页。
② 辰溪县志编纂委员会：《辰溪县志》，生活·读书·新知三联书店1994年版，第558页。
③ 吴鼎昌：《励卫生工作》，《贵州卫生》1942年第1卷第1期。
④ 何辑五：《十年来贵州经济建设》，南京印书馆1947年版，第390页。
⑤ 沈从文在《街》一文中对城镇居民当街便溺场景作了写实性描写："男女小孩子出来站到门限上洒尿，或蹲到门前洒尿"，就连小狗"也时时刻刻照规矩在人家墙基上翘起一只腿洒尿"。沈从文：《湘西散记》，北京十月文艺出版社2013年版，第5页。

而失养失修，坍塌堵塞，排污不畅，导致污水满街，"于生活上无卫生之可言"。① 例如，辰溪县城在1937年以前城内街巷多以明沟排水，但因市政维护管理滞后，大多堵塞，污泥浊水时常横溢。② 卫生环境不佳还经常性地引发时疫流行，严重地影响了城市居民的日常生活。③ 为解决这个问题，抗战时期的湘黔鄂渝桂省际毗连区城市根据"清洁、整齐、朴实、安详"的原则，④ 要求"卫生行政必求普遍推行"，⑤ 并积极开展"街道清洁，垃圾处理"和"改善厕所"等工作，以整顿城市环境卫生。⑥ 为此，首先，大多数城市整治了城区排污系统。例如，1941—1944年，岑巩县借推行新生活运动的契机，提倡卫生改良，对县城街巷进行整治，拓宽加深排水沟，部分沟面铺以石板以暗沟排水，并清除了污水凼。⑦ 1942年，兴义县城修砌了暗沟1300米；印江则在县城街道两侧修建了明暗排水沟。1943年，安龙在城区主要街道两侧建有石砌暗沟2538米；麻江在城内主街两侧修建了数百米长的明沟等。⑧ 辰溪县城亦在抗战时期整修中山街、正街等街道时，增设了排水暗沟，市容市貌和街巷卫生环境有所改观。⑨ 其次，是新建或改良城市公共厕所。1937年以前，湘黔鄂渝桂省际毗连区城市少有公厕，只有近城墙根设有所谓的"狗爪棚""野茅坑"，或在街头巷尾设置"简易尿池"。⑩ 这极大地影响了城市的市容面貌，也是西方社会长期诟病中国城市卫生环境差的感官之所在。为了改变这一状况，部分湘黔鄂渝桂省际毗连区城市开展了厕所改良运动。即在封闭部分不合卫生要求的厕所的同时，兴建或改造了数量不一的城市公共厕所（见表3.21）。

---

① 国钧：《贵州苗夷民族概况一览》，《贵州教育》1942年第7—9合期。
② 辰溪县志编纂委员会：《辰溪县志》，生活·读书·新知三联书店1994年版，第562页。
③ 王肇磊：《略论疾疫视域下的抗战时期贵州城市公共卫生建设》，《遵义师范学院学报》2012年第5期。
④ 郑一平：《贵阳市政设施新姿态》，《新市政》1943年第2期。
⑤ 吴鼎昌：《本年工作，兵役第一》，《西南日报》1939年1月1日第1版。
⑥ 贵州省政府秘书处：《黔政五年》，南京印书馆1943年编印，第103—107页。
⑦ 岑巩县志编纂委员会：《岑巩县志》，贵州人民出版社1993年版，第601页。
⑧ 贵州省地方志编纂委员会：《贵州省志·城市建设志》，方志出版社1998年版，第126—322页。
⑨ 辰溪县志编纂委员会：《辰溪县志》，生活·读书·新知三联书店1994年版，第562页。
⑩ 恩施市地方志编纂委员会：《恩施市志》，武汉工业大学出版社1996年版，第334页。

表3.21　　1944年黔东、黔南部分城市改造公共厕所完成情况表

城市	封闭厕所		新开公厕			改良公厕		
	公厕	私厕	开工	进行	完成	开工	进行	完成
天柱	35	106	20	20	1	27	57	40
印江	172	226	64	45	6	175	144	59
望谟	—	—	2	—	—	—	—	—
黎平	75	373	16	14	14	7	63	122
安龙	—	—	2	2	1	—	—	—
三穗	—	—	1	1	—	—	1	1
晴隆	2	8	1	2	—	2	4	1
玉屏	—	—	2	—	2	—	2	2
平坝	1	4	—	—	—	1	1	1

资料来源：贵州省地方志编纂委员会：《贵州省志·城乡建设志》，方志出版社1998年版，第336页。

此外，部分湘黔鄂渝桂省际毗连区城市还在大街两侧安设了垃圾箱，并雇请清道夫清运街道垃圾，以保证城市街道的清洁卫生。[①]

为维护城市公共环境卫生，湘黔鄂渝桂省际毗连区城市还实施了强化民众的卫生教育、建立防疫制度、设立卫生警察等措施。[②] 这都有利于城市环境卫生的改善和维护。由于固有的不良卫生习惯转变需要一个较长期的过程，因此，大多数湘黔鄂渝桂省际毗连区城市的卫生状况在总体上仍未得到根本的改观，卫生环境依然如同独山县城一样"龌龊不堪"。[③] 直至新中国建立后城市街道不整洁的卫生状况才得到了较为彻底的改观。

3. 路灯、公园等公共市政设施的建设。抗战时期，在进行街道整治、城市环境卫生治理的同时，部分湘黔鄂渝桂省际毗连区城市还开展了路

[①] 贵州省地方志编纂委员会：《贵州省志·城市建设志》，方志出版社1998年版，第126—322页。
[②] 贵州省政府秘书处：《黔政五年》，南京印书馆1943年编印，第103—107页；另参见王肇磊《略论疾疫视域下的抗战时期贵州城市公共卫生建设》，《遵义师范学院学报》2012年第5期。
[③] 张琴南：《入川纪行》，《旅行杂志》1936年第6期。

第三章　民国时期湘黔鄂渝桂省际毗连区的城市发展

灯、公园等公共市政设施的建设活动。

路灯是城市一项重要的公共市政设施。随着抗战时期西迁人口将中东部城市的生活方式带入到了湘黔鄂渝桂省际毗连区，其城市的夜生活也日益丰富。为了满足城市社会生活发展的新需要，部分中东部人口集聚的湘黔鄂渝桂省际毗连区城市开始在街巷两侧安设路灯。例如，辰溪县城在1943—1944年间在中山街、汽车站等地设置路灯九盏，以便行人。① 酉阳县城在抗战前沿街无路灯设施，只有少许客栈、商铺为招揽顾客而悬挂的灯笼。至抗战时期，才有为数不多的沿街富户和政府机关使用美孚煤油灯，以充街灯。② 晴隆县城，"夜间，街上的商店都在煤气灯光下显得非常辉煌，市景也很可观"。③ 黄平、麻江、施秉、榕江等城市也在街头巷口安设了路灯。其路灯一般为木枋框纸糊灯笼，内置油灯，悬于木杆顶端，顶端有灯棚遮蔽风雨，并设滑轮、绳索以便升降，由居民轮流值守，定时添油点灯。一些富户、店铺和客栈则于屋檐下悬挂街灯。④ 来凤县城"家家户户门首都挂着一个方形的太平灯，一律用白纸糊着，四面的题句也是一律的：'抗战救国''剿匪救民''打倒坏人''扶助好人'"，形成了一道道泛着幽光的街道夜景。⑤ 随着抗战时期湘黔鄂渝桂省际毗连区城市电力工业的初步发展，电灯也出现在了沅陵、洪江等少数城市的大街两侧。⑥但本毗连区大多数城市此类路灯的安设却是抗战胜利和新中国成立之后的事情了。例如，1946年镇远在兴隆街安装了四盏电灯，以作路灯。⑦ 1949年初，辰溪县城亦在主街两侧安装了十盏电灯等。⑧

公园作为城市品质提升的标志之一，也是一项重要的公共设施建设项目。部分湘黔鄂渝桂省际毗连区城市在抗战时期为满足社会各个阶层闲暇

---

① 辰溪县志编纂委员会：《辰溪县志》，生活·读书·新知三联书店1994年版，第555页。
② 酉阳县志编纂委员会：《酉阳县志》，重庆出版社2002年版，第219页。
③ 贵阳市档案馆：《抗战期间黔境印象》，贵州人民出版社2008年版，第378页。
④ 黔东南苗族侗族自治州地方志编纂委员会：《黔东南苗族侗族自治州志·城建环保志》，贵州人民出版社2005年版，第69—71页。
⑤ 徐荫祥：《从来凤到重庆》，《旅行杂志》1946年第2期。
⑥ 沅陵县地方志编纂委员会：《沅陵县志》，中国社会科学出版社1993年版，第423页；湖南省地方志编纂委员会：《湖南省志·建设志》（城乡建设），湖南出版社1997年版，第252页。
⑦ 黔东南苗族侗族自治州地方志编纂委员会：《黔东南苗族侗族自治州志·城建环保志》，贵州人民出版社2005年版，第70页。
⑧ 辰溪县志编纂委员会：《辰溪县志》，生活·读书·新知三联书店1994年版，第561页。

生活的需要，力所能及地开展了一些公园建设。例如，都匀将县城东山北麓荷花池、龙王井、龙王庙一带加以整修，改建为中山公园，后经顾震所属部队扩建，成为了都匀县城著名的风景名胜区。① 1941年恩施在第七行政督察区专员公署遗址上兴建了中山公园。园内有假山、水池等景观，每逢晴日，游人如织。② 沿河县亦于1945年在城西建成中山公园，是为居民闲暇之余来此观赏游玩之所。③ 湘西凤凰县城亦在练军大教场的河对岸，"依水傍山建立了一座新式公园"等。④

此外，为纪念保家卫国牺牲的抗日英烈，湘黔鄂渝桂省际毗连区城市还修建了抗战纪念建筑物。其中德江县在城南桥头修建了"抗敌殉难忠烈官民纪念碑"。⑤ 沿河县在中山公园内亦建有抗日阵亡将士纪念碑。⑥ 这些纪念物的建造不仅为人们凭吊那些抵御外辱而牺牲的英烈提供了一个场所，而且还为湘黔鄂渝桂省际毗连区城市文化的传承与发展增添了新的蕴涵。

另外，湘黔鄂渝桂省际毗连区城市公共交通在抗战时期也得到了初步发展。例如，在中东部大中城市中较为普遍的人力车也出现在了晃县等城市的大街小巷及通往城郊公路上，"还是求过于供"。⑦ 城市公共汽车交通也在恩施等城市开始建设。⑧ 本毗连区所属城市的桥梁、近代邮政通信事业等市政建设亦在抗战时期获得了显著的进步。

经过抗战时期近代市制的初步实践，相当部分的湘黔鄂渝桂省际毗连区城市面貌为之焕然一新。沅陵，"八年的抗战，赐予了沅陵的繁荣，战前那狭窄的凹凸不平的街巷，现在已改成宽大的三合土马路了；两旁低矮的房屋也焕然一新，变成两层三层的洋房了……最繁华的，莫过于中山东路和中山西路，整个街道差不多尽是绸缎铺、金店以及拥有大资本的各种

---

① 贵州省地方志编纂委员会：《贵州省志·城市建设志》，方志出版社1998年版，第601页。
② 恩施市地方志编纂委员会：《恩施市志》，武汉工业大学出版社1996年版，第334页。
③ 沿河土家族苗族自治县志编纂委员会：《沿河县志》，贵州人民出版社1993年版，第356页。
④ 沈从文：《凤凰往事》，江苏人民出版社2014年版，第173页。
⑤ 任震修，黎民怡纂：《德江县志》卷2，"建置志第二"，启明石印局1942年石印本。
⑥ 沿河土家族苗族自治县志编纂委员会：《沿河县志》，贵州人民出版社1993年版，第356页。
⑦ 沈从文：《凤凰往事》，江苏人民出版社2014年版，第69页。
⑧ 恩施市地方志编纂委员会：《恩施市志》，武汉工业大学出版社1996年版，第7页。

商行。临河的旅店和饭馆真所谓'鳞次栉比'"。① 黄平县城在抗战期间，因人口骤增，商业兴盛，"街面上出现了二三层木瓦结构的西式楼宇，市容较前稍有改观"。② 婺川县城亦是"屋宇整齐"。③ 其他城市的市貌亦因市政建设的开展或多或少都发生了一些改变。

综上所述，经过抗战时期的建设、发展，湘黔鄂渝桂省际毗连区城市的经济、文化、教育、市政等各项建设均进步显著。"一切建设已粲然大备"，④ 各项事业"颇有进步"，⑤ 城市近代化因素不断增长。⑥ 部分城市的意象一改过去"冷静，生活的安闲"的状态，呈现出"活跃姿态"。⑦ 诚如沈从文归乡琐记中所说："这地方（凤凰县城）到今日此时……一切皆以一种迅速的姿态在改变，在进步。"⑧ 因此，可以说抗战时期是湘黔鄂渝桂省际毗连区城市发展的一个黄金时期。

第三节　抗战结束后（1946—1949）城市的衰落

1945年8月15日，日本帝国主义宣布战败投降，中华民族伟大的抗日战争取得了最后的胜利。不久，国民政府还都南京，抗战西迁的中东部工矿企业、文教机构、政府机关、人口亦随之东归。南京国民政府的工作重心亦由抗战和大后方建设重新转移到中东部地区城市的重建和消灭中国共产党。这对在自然地理条件、社会经济发展水平等都不如中东部地区的湘黔鄂渝桂省际毗连区城市来说，无疑是釜底抽薪。它使本毗连区的城市顿时失去了国家政策和来自于中东部经济、文教、人口等外来动力机制的支持，加之大规模内战对社会经济的制约而迅速衰落下去了。

---

① 修衡生：《湘西的重镇——沅陵》，《正中儿童》1946年第17期。
② 黄平县地方志编纂委员会：《黄平县志》，贵州人民出版社1993年版，第310页。
③ 贵阳市档案馆：《抗战期间黔境印象》，贵州人民出版社2008年版，第145页。
④ 同上书，第378页。
⑤ 同上书，第114—122页。
⑥ 都匀市史志编纂委员会：《都匀市志》（下），贵州人民出版社1999年版，第960—969页。
⑦ 杨恒新：《活跃的建始》，《黄埔》1941年第2期。
⑧ 沈从文：《湘行散记》，北京十月文艺出版社2013年版，第300页。

一 城市经济的崩溃

抗战胜利后不久,湘黔鄂渝桂省际毗连区城市经济发展便因中东部工矿企业的迁离而逐渐停滞下来。同时,南京国民政府为消灭中国共产党领导的解放区,动员国统区全部力量发动了全面内战,致使湘黔鄂渝桂省际毗连区通货膨胀、民族工业倒闭、商业萧条,其城市经济因此陷入了全面崩溃的境地。

(一)通货膨胀的恶性发展

湘黔鄂渝桂省际毗连区的通货膨胀在抗战时期就已发生,但在抗战大局和民族大义面前,并不很严重的通货膨胀对湘黔鄂渝桂省际毗连区社会来说,在当时还能够被广大爱国民众所克服。抗战胜利后,国家本应集中力量医治战争创伤及其带来的后遗症,全面恢复和发展社会生产力以厚培国力。然而南京国民政府为了国民党一党私利枉顾国家急需重建和全体国人要求全面发展社会生产力,实现国家民主的现实而悍然发动了全面内战,致使战后千疮万孔般的国家经济雪上加霜,根本无法支撑其反动行径。为解决巨额内战经费问题,国民政府采取了滥发纸币的方法,大肆劫掠人民大众的财富,致使包括湘黔鄂渝桂省际毗连区在内的国统区出现了恶性通货膨胀问题(见表3.22),严重影响了本毗连区城乡的社会生产和人民生活。

表3.22 1947年1—12月桑植县陈家河圩场主要商品价格上涨情况

商品名称	单位	1月份价格(百元)	12月份价格(百元)	涨幅(%)	商品名称	单位	1月份价格(百元)	12月份价格(百元)	涨幅(%)
食盐	担	15.2	925	6085	大米	担	12.1	647	5337
棉花	担	105	5985	6700	茶油	担	47.5	2678	5638
官布	匹	18.4	999	5429	土布	匹	12.5	728	5824

资料来源:中国人民政治协商会议湘西土家族苗族自治州委员会文史资料研究委员会:《湘西文史资料》1989年第14、15合辑。

面对通货膨胀的恶性发展,南京国民政府也曾试图通过货币改革的方式加以解决,并于1948年8月发行金圆券。规定：金圆券一元兑换三百万法币、美金一元兑换金圆券四元、一两黄金兑换金圆券二百元、银元一元兑换金圆券二元。金圆券的发行由于缺乏必要的经济基础和充足的外汇、黄金储备作支撑,自其发行伊始,便重蹈了法币恶性通胀、迅速贬值之覆辙,加剧了湘黔鄂渝桂省际毗连区城乡物价的飞涨,致使城市各类商品市场抢购成风,极大地恶化了工商业发展环境。[1] 于是,湘黔鄂渝桂省际毗连区各城乡市场纷纷拒绝使用金圆券,重返以物易物的原始的贸易方式。[2] 恶性通货膨胀不仅严重地扰乱了正常的金融、工商业秩序,而且还极大地恶化了国统区经济运行的环境,直接导致了本毗连区城市大批民族工业倒闭,商业也随之陷入到了萧条的境地,使湘黔鄂渝桂省际毗连区城乡社会经济彻底丧失了在抗战时期所迸发出的发展活力,迅速走上了停滞、衰落之路。

（二）工业大量迁离或倒闭

抗战胜利后,西迁厂矿在政治、经济规律导向下纷纷迁回原地,湘黔鄂渝桂省际毗连区城市的工业生产能力遂因此迅速下降,近代企业不断倒闭。例如,辰溪兵工厂在抗战时期原有工人1万余人。战后国民政府将其10个制造所中的9个迁回武汉,设立第十一兵工厂总厂,辰溪仅留一个制造所,工人裁减至3700余人。[3] 辰溪其他工矿业亦因通货膨胀、物价飞涨而纷纷停产、倒闭。据统计,1949年辰溪40家煤矿因市场需求锐减而大部分停产,3000余名矿工失业,个体手工业也纷纷破产；是年,辰溪全县工农业总产值仅为1597万元,其中工业只有232万元。[4] 这个在抗战时期兴起的湘西工业中心因工矿业的迁离、倒闭或减产,迅速失去了城市发展动力,衰落下去了。抗战时期形成的城市工业化意象亦迅速淡化了。沅陵在抗战时期有湘西电厂等六家西迁国营工厂和自建、义民、难民、民生等四家纺织工厂,私营手工作坊500余家,厂矿60余家,产品种类100余

---

[1] 中国人民政治协商会议湘西土家族苗族自治州委员会文史资料研究委员会：《湘西文史资料》,第14、15合辑,1989年,第251—252页。
[2] 《金圆券发行后的湘西：辅币奇缺物价涨》,《珠江报》1949年第（新）55期。
[3] 湖南省地方志编纂委员会：《湖南省志·工业矿产志》（机械工业）,湖南出版社1992年版,第5页。
[4] 辰溪县志编纂委员会：《辰溪县志》,生活·读书·新知三联书店1994年版,第7、45页。

个。战后，国营厂矿迁离，自办工厂、矿场等工矿企业因时局动荡和通货膨胀而纷纷歇业或倒闭。到1949年，沅陵仅存厂矿2家和414家手工业作坊在困境中艰难挣扎，年产值仅为400万元。① 来凤县在抗战时期建立起来的私营工厂到1949年因社会经济环境的全面恶化而大都倒闭了，城镇手工业作坊的生产总值仅为35万元。② 本毗连区其他城市的工矿企业也因恶性通货膨胀所带来的"平息不了'物价''工资'争相激涨的滔天巨浪"，也"无力扭转当局一错再错的买办经济政策"，"纷纷的倒闭了，拆迁了，即使是尚在勉力撑持，也是奄奄一息的"。③

正是因为近代工矿业在抗战胜利后短短数年间的大量迁离或倒闭，使在抗战时期艰难建立起来的能为湘黔鄂渝桂省际毗连区城市发展提供强大的内在的近代工业物质力量突然间极大地被削弱，甚至消失了。各城市便在猝然间失去了发展的动力而不可避免地迅速走上衰落之路。

（三）商业萧条

抗战结束后，随着西迁东中部人口和国家军政机关、近代工矿企业东归，迁回上海、南京、武汉、长沙等城市，以及本地工矿业大量倒闭，加之恶性通货膨胀巨大的负向影响，使湘黔鄂渝桂省际毗连区城市商业发展失去了重要的商品来源和广阔的消费市场，抗战时期短暂的繁华景象遂转瞬即逝而陷入萧索境地。例如，锦屏在抗战时期从事淘金业者，日约万人，商贾收买制成金条，向外销售，获利匪浅。贵阳、长沙等地业金之商人"多有来往于锦屏收买"。抗战胜利后，在国家社会经济迅速恶化的大环境下不可避免地陷入困顿，"惜乎年来生活日昂，淘金者每日所获，不敷维持生活，是以相率改业，近更无执此业者矣"。④ 晴隆县商业在战后受恶性通货膨胀等因素的影响，到1947年10月城内"仅有杂货及布疋四家，资本不满千万元（法币），其余小店有七八家因利微货滞随时变动"。⑤ 丹寨县城"市场仅油盐柴米之交易耳"。⑥ 湖南辰溪县城自1946年

---

① 沅陵县地方志编纂委员会：《沅陵县志》，中国社会科学出版社1993年版，第357页。
② 来凤县县志编纂委员会：《来凤县志》，湖北人民出版社1990年版，第129—131页。
③ 黄克夫：《搁浅中的西南工业》，《西南实业通讯》1946年第14卷第5、6合期。
④ 黎平县政府：《黎平特产——砂金》，《贵州经济建设月刊》1947年第3卷第1、2合期。
⑤ 晴隆县政府：《晴隆县建设概况》，《贵州经济建设月刊》1947年第3卷第1、2合期。
⑥ 丹寨县政府：《丹寨经建概况》，《贵州经济建设月刊》1947年第3卷第1、2合期。

始市面日益萧条冷落,时仅有大小商户244家,资本总额不过43亿元(法币)。① 通道县城在新中国成立前夕商户仅存180家,商业贸易十分萧条。② 本毗连区其他城市此期的商业萧条状况亦大抵如此。

湘黔鄂渝桂省际毗连区城市商业的萧条还体现在五棓子、桐油等大宗土特产贸易的急剧萎缩上。五棓子是本毗连区著名特产之一,③ 1937年仅湘西的外销量就高达400余万元。抗战胜利后五棓子产量急剧下降,到1949年湘西的输出量仅为1万担左右。④ 桐油贸易也一落千丈。曾经繁盛的湘西桐油贸易中心——王村,商旅罕至,市面清冷萧索,店铺所剩无几。至新中国成立前夕,王村经营桐油的商户仅余19家,外销桐油也只有1万余桶,分别比1937年前减少了90%和54%。⑤ 秀山在抗战结束后不久,其桐油贸易即迅速萎缩,1946年运销至湖南常德的桐油下降到1.1万担,⑥ 1949年秀山桐油产销量又降至95万斤,仅为民国初年的30%。⑦ 黔江的桐油贸易亦是如此。据1950年桐油贸易统计,1949年黔江桐油贸易公司收购桐油量只有120余万斤,比1938年、1939年减少了50%。⑧ 此外,其他农林土特产贸易在解放战争期间也呈现出急剧萎缩之态。这都使湘黔鄂渝桂省际毗连区城市商业由抗战时期的繁荣景象迅速走向了萧条之路,城市亦因工商业活力的丧失而衰落了。

(四)鸦片广泛种植及其贸易的畸形繁荣

与促进城市进步的工商业日益衰落的情形形成鲜明对照的是湘黔鄂渝桂省际毗连区鸦片种植及其贸易的畸形兴盛。

---

① 中国人民政治协商会议、湖南省辰溪县委员会文史资料委员会:《辰溪文史》第5、6辑,1990年,第162页。
② 《通道侗族自治县概况》编写组:《通道侗族自治县概况》,湖南人民出版社1986年版,第72页。
③ 《湘西盛产五棓子》,《湖南经济》1948年第3期。
④ 湘西土家族苗族自治州民族事务委员会:《民族志》,湖南人民出版社1999年版,第44页。
⑤ 邓必海:《试论湘西民族集镇的形成和发展》,《吉首大学学报》(社会科学版)1986年第3期。
⑥ 秀山土家族苗族自治县志编纂委员会:《秀山县志》,中华书局2001年版,第332页。
⑦ 谭清宣:《民国时期渝东南民族地区桐油生产贸易与区域经济的发展》,《农业考古》2014年第4期。
⑧ 李堃生:《民国时期黔江的油桐业》,《黔江文史》1990年第5期。

湘黔鄂渝桂省际毗连区鸦片种植始于道光年间,① 尤以贵州普遍,"黔人呼罂粟为芙蓉,自清镇以西弥望皆是"。② 民国时期虽开展了"禁种""禁绝鸦片"的禁烟措施,但受各种因素的影响而收效甚微。③ 到抗战结束之时,黔东、黔南所属剑河、天柱、雷山、荔波、榕江、从江、三都、独山、黎平、罗甸、册亨、望谟、安龙、贞丰、紫云、务川、沿河、铜仁、松桃、江口、长顺、惠水、龙里等23个县均有大规模种植。④ 湘西各县也有大规模的鸦片种植。⑤ 在保靖、永顺、黔城一带的山谷中,"望起去,绿沉沉的一片片"。⑥ 据湖南省政府督察所铲除的烟苗统计,"其数竟达一千八百万余株"。⑦ 其产量也很高。据估计,古丈、龙山、永顺等县"鸦片年产约在一千担左右"。⑧ 虽然此期国家和地方政府也开展了许多禁绝鸦片的行动,但多属官样文章,"查禁不力"。不仅如此,地方县长、乡镇长和警察对本辖区的鸦片种植和贩运因利益牵涉而熟视无睹,甚至"有意包庇"。"土栈烟馆皆照章纳税,受当地军警保护",⑨ 致使湘西及其毗邻的黔、川、鄂等毗连区城镇烟馆林立,"烟毒""猖獗起来了"。⑩ 鸦片成为了湘黔鄂渝桂省际毗连区城乡一大社会公害。洪江在新中国成立前城内烟馆有60余家,⑪ 是湘西鸦片烟的交易中心。⑫ 湘西龙山县城和各乡场在新中国成立前夕有大小、明暗烟馆5000余家。⑬ 凤凰县城仅东门大桥上就有十家烟馆,其中三家还可以买到黄吗啡。⑭ 遵义城内有"烟馆多达400余家,烟

---

① 《贵州烟毒流行回忆录》,载中国人民政治协商会议贵州省委员会文史资料研究委员会《贵州文史资料选辑》第7辑,贵州人民出版社1981年版,第152页。
② 《苗疆风俗考四》,载王锡祺辑《小方壶斋舆地丛钞》第8秩,光绪十七年上海著易堂铅印本。
③ 贵州省档案馆、贵州社会科学编辑部、贵州历史文献研究会、贵州省人口学会:《贵州近代经济史资料选辑》第二卷(上),四川社会科学院出版社1987年版,第250、258页。
④ 《全省种烟概况》,《贵州民意月刊》1948年第4卷第4、5合期。
⑤ 湘西土家族苗族自治州民族事务委员会:《民族志》,湖南人民出版社1999年版,第44页。
⑥ 力迅:《湘西的鸦片》,《社会评论》(长沙)1948年第64期。
⑦ 刘谈夫:《分期肃清湘西烟毒》,《湖南省政府公报》1947年第45期。
⑧ 《湘西鸦片泛滥》,《武汉日报》(宜昌)1947年4月7日。
⑨ 沈从文:《湘行散记》,北京十月文艺出版社2013年版,第78页。
⑩ 刘谈夫:《分期肃清湘西烟毒》,《湖南省政府公报》1947年第45期。
⑪ 《洪江古商城:一座被遗忘了的城》,http://www.huaxia.com/wc/lytz/569612.html。
⑫ 沈从文:《湘行散记》,北京十月文艺出版社2013年版,第290页。
⑬ 苏智良、赵长青:《禁毒全书》,中国民主法制出版社1998年版,第460页。
⑭ 沈从文:《湘行散记》,北京十月文艺出版社2013年版,第153页。

味充斥大街小巷，被称为'烟毒世界'"。① 平越县城烟馆亦有20余家。② 本毗连区其他城市的烟馆数量也较多。另外，湘黔鄂渝桂省际毗连区各市集小镇也有数量较多的烟馆以供瘾君子吸食鸦片。例如黔东马场坪有烟馆20余家；牛场镇烟馆竟有70多家。③ 湘黔鄂渝桂省际毗连区所产鸦片不仅畅销本区城乡，而且还远销周边各省区。④ 其中仅经独山运送的鸦片，"普通每月入桂货数为三、四十挑，二、三月份往往多至三、四千挑，每年税收约在三、四百万元左右"。⑤ 抗战胜利后仍有相当数量的鸦片经独山运销至广西。湘黔鄂渝桂省际毗连区城乡不仅烟馆数量众多，烟土销量甚多，而且吸食鸦片的瘾君子极多，使城乡社会饱受烟毒祸害之苦。即便是在严行"禁政"时期，往来于川黔公路上的背盐力夫中间，"十之七八皆染有烟癖"。⑥ 抗战胜利后随着"禁政"的松弛，湘黔鄂渝桂省际毗连区吸食鸦片的人数迅速增加。据资料不完全统计，新中国成立前夕，贵州全省吸食鸦片者高达300万人左右，接近全省总人口数的30%。⑦ 洪江镇吸食鸦片者占其人口总数的"十之六、七"。⑧ 本毗连区其他城镇亦有相当数量的"瘾君子"。

  鸦片广泛种植、贸易的结果，不但没有使农村经济富裕起来，反而摧毁了本就落后且脆弱的农村经济基础，⑨ 并使湘黔鄂渝桂省际毗连区城市发展失去了农村在经济、市场以及社会劳动力上的支持。同时，鸦片的畅销极大地侵蚀了湘黔鄂渝桂省际毗连区城市原本贫乏的社会财富，致使能推动本毗连区城市发展的资本原始积累更加匮乏。另外，烟毒泛滥还给广

---

① 赵翔：《毒品问题研究——从全球视角看贵州毒品问题》，中国人民公安大学出版社2005年版，第187页。
② 齐霁：《中国共产党禁毒史》，中共党史出版社2013年版，第112页。
③ 同上。
④ 《泰丰字号运销鸦片的经过》，载中国人民政治协商会议贵州省贵阳市委员会文史资料研究委员会编《贵阳文史资料选辑》第6辑，1982年。
⑤ 向尚：《独山有名无实的西南酒店》，《西南旅行杂志》1936年。向尚等：《西南旅行杂写》，上海中华书局1937年版，第122页。
⑥ 张肖梅：《贵州经济》，中国国民经济研究所1939年编印，第Q13页。
⑦ 苗青：《近代贵州鸦片毒患问题述论》，《许昌学院学报》2010年第3期。
⑧ 曾昭柱：《盛极一时的鸦片业》，载中国人民政治协商会议会同县文史资料研究委员会《会同文史资料》第7辑，1992年版。
⑨ 《全省种烟概况》，《贵州民意月刊》1948年第4卷第4、5合期。

大城乡人民的身体健康和家庭造成了严重的伤害。例如，仅 1949 年保靖城关就有因吸食鸦片而倾家荡产者 17 户，致死 39 人，致残 6 人，沦为盗贼 4 人，卖儿卖女 21 家。① 由此可见，鸦片种植和贸易的畸形繁荣极大地弱化了湘黔鄂渝桂省际毗连区城市发展所需的"人"与"物"的推力源泉。

总之，抗战胜利后因南京国民政府政策的倒行逆施和中东部人口、工矿业和文教事业迁离湘黔鄂渝桂省际毗连区，极大地弱化了本毗连区城市发展的社会经济环境，区域经济迅速恶化，致使促进城市发展的内生经济动力严重不足的问题愈加突出。城市遂因此丧失了政治、经济、人口、社会、文教等各个层面的发展动能，加剧了湘黔鄂渝桂省际毗连区城市的衰败。

二 城市文教事业的大幅度退步

抗战胜利后，因西迁中东部城市的文教机构东归与国民党政权不顾国家前途命运悍然发动内战，使南京国民政府无暇也根本没有精力发展事关国家前途的教育事业。这直接导致了湘黔鄂渝桂省际毗连区城市的文教事业不但没有进步或维持，反而大幅度退步了。

（一）教育经费严重短绌

解放战争时期，国民党反动政权为消灭中国共产党动用了国统区几乎所有的政治、经济、财政、军事资源，致使湘黔鄂渝桂省际毗连区所属各县用于文化教育事业发展的财力和经费极为有限，文化教育的发展因此举步维艰。例如，湖南"廿五年度之县教育文化费为 3923893 元，卅五年度县教育文化经费预算数为 80377350 元，较廿五年度增加二十倍，折合廿五年度币值（以五千倍计算）数 16075 元，比值数抵廿五年度百分之口点四口"。② 另据《四川教育通讯》报道："我国战后县地方文化教育经费普遍减少，而以湘省为甚。根据教育部实地调查所获资料"，湘、赣等文教经费"战前廿五年度与战后卅五年度两相比较，仅为战前百分之口点四"，而"湘省降至二十五分之一，亦即二十五年可有二十五人受教育，而今仅一人而已"。③ 辰溪县教育文化经费在 1946 年为 2841.58 万元，仅占全县

---

① 罗海兵：《近代湖南鸦片问题及其治理》，硕士学位论文，湖南师范大学，2004 年。
② 《省县教育经费锐减统计》，《中国建设（上海1945）》1948 年第 5 卷第 4 期。
③ 《战后地方教育经费普遍减少》，《四川教育通讯》1948 年第 33 期。

财政总支出36838.99万元的7.71%。①黄平县因内战筹集经费，教育支出减少，1947年全县教育预算支出为1781.42万元，仅占同年全县财政总资产预算的3.42%。因经费的大幅度减少，学校与师生数都有较大的减少。②而经济条件稍差的地区，其教育经费则更少，根本无法维持有限的教学规模。不仅如此，教育经费的严重短绌还直接导致了湘黔鄂渝桂省际毗连区各级学校无法正常聘任教师，使学校教育质量严重下滑。③湘黔鄂渝桂省际毗连区文教事业的发展便丧失了抗战时期蓬勃向上的势头而大幅度退步了。可见，经费的短绌是导致湘黔鄂渝桂省际毗连区文化教育事业退步的一个重要因素。

（二）大批学校停课或停闭或被裁撤，学生失学严重

在抗战胜利后的四年多时间里，湘黔鄂渝桂省际毗连区因全面内战而社会经济凋敝、物价飞涨、社会动荡，加之国家文教事业经费预算支出严重不足，使广大学校没有足额的经费保证而无法维持，相当一部分学校不得不停闭。同时，战后国家和地方经济的迅速衰退，也加剧了湘黔鄂渝桂省际毗连区城乡居民的贫困程度。这直接导致了本毗连区城乡学生因贫困而大量失学。例如，受物价飞涨、湘西事变等因素的影响，泸溪县简易师范、县立初中和省立第八师范等学校苦撑至1949年才不得不停课闭校；省立第八中学24个班，也仅余学生384人。泸溪县未入学的学龄儿童多达9168人，占学龄儿童的比例高达59.4%。④龙山县小学在1941年有181所，在校学生12128人，到1949年，骤降至29所，在校学生仅为2075人，比1941年分别减少了83.97%、82.89%。中学生人数则由1946年的296人减少至1949年的196人。⑤永顺联中和凤凰、保靖、龙山、永顺四县县立初中等学校到新中国成立前夕缩减为31个班，学生693人。⑥黔东、黔南经济困难更甚于湘西。在抗战后期财政就已艰困的贵州省自

---

① 黔阳县地方志编纂委员会：《黔阳县志》，中国文史出版社1991年版，第479页。
② 黄平县地方志编纂委员会：《黄平县志》，贵州人民出版社1993年版，第382页。
③ 贵州省地方志编纂委员会：《贵州省志·教育志》，贵州人民出版社1990年版，第17页。
④ 湘西土家族苗族自治州地方志编纂委员会：《湘西土家族苗族自治州志》（下），湖南人民出版社1999年版，第1021、1026页。
⑤ 龙山县修志办公室：《龙山县志》，1985年内部版，第512、516页。
⑥ 湘西土家族苗族自治州地方志编纂委员会：《湘西土家族苗族自治州志》（下），湖南人民出版社1999年版，第1026页。

1945年开始便不断压缩全省教育事业经费，对全省中小学进行整顿，大量裁并学校。据1947年不完全统计，黔南册亨县裁撤学校数达四分之三以上，独山县裁撤三分之二以上，都匀、惠水等县被裁学校达二分之一以上，镇远等47县亦裁撤了三分之一的学校。对于抗战时期兴办的国民教育，不少湘黔鄂渝桂省际毗连区城镇将保国民学校一律交由基层自筹经费办理，致使绝大多数学校停闭。① 其中雷山县以"时局紧张"为由通令全县各中心国民学校及保国民学校一律停办。② 本毗连区其他城市各类学校也因物价飞涨、经费缩减、经济贫困和社会动荡不已，或停课闭校或因学生锐减而不得不减少了教学班级数量。

此外，严重的匪患也破坏了湘黔鄂渝桂省际毗连区文教事业的发展。例如，1949年湘西匪氛大炽，致使各城乡校产被劫一空、师生离散。其中龙山县八所中心小学遭劫，古丈县全县学校停课，湘西教育遂陷入全面瘫痪状态之中。③

三　城市日渐衰败

抗战胜利初期，湘黔鄂渝桂省际毗连区还处于一个短暂的相对平静时期。部分城市在中东部工矿企业、文教事业和国家机构东归后，仍有一定的城市建设举措，还能维持着一种缓慢向前的发展势头。例如，湘西永顺县在1946年设立了省立永顺医院。黔阳县城和安江镇亦在1946年1月设立了电灯公司，发电供两城镇照明。④ 恩施县城也于1946年12月在胜利街至行易桥架设电线820米，沿街安装15瓦白炽灯15盏，"光如萤火"，以便行人。⑤ 1948年永绥县甚至还开工修筑了县城至保靖县的公路。⑥ 但这些建设随着内战的全面爆发、扩大，湘黔鄂渝桂省际毗连区社会经济迅速陷入困顿而被迫中断。其城市建设遂丧失了最基本的内在动力源泉而停

---

① 贵州省地方志编纂委员会：《贵州省志·教育志》，贵州人民出版社1990年版，第17页。
② 政协雷山县文史资料委员会：《雷山县文史资料选辑》第1辑，1989年，第63页。
③ 湘西土家族苗族自治州地方志编纂委员会：《湘西土家族苗族自治州志》（下），湖南人民出版社1999年版，第1021页。
④ 黔阳县地方志编纂委员会：《黔阳县志》，中国文史出版社1991年版，第17页。
⑤ 恩施市地方志编纂委员会：《恩施市志》，武汉工业大学出版社1996年版，第334—335页。
⑥ 湘西土家族苗族自治州地方志编纂委员会：《湘西州志》，1999年版，第53—54页。

滞了下来。同时，战乱、匪患和频发的灾害也加剧了战后湘黔鄂渝桂省际毗连区城市衰落的程度。

首先是战乱和匪患对城市的破坏。1949年2—3月，原桑植县湖南省保安十团团长汪援华、警察局局长曹振亚、永顺县警察局督察长周海寰率部攻占了永顺、沅陵两座县城，史称"湘西变乱"。沅陵在湘西变乱中惨遭浩劫，被烧、杀、奸、抢十余天，焚毁房屋200余栋，抢劫3418户。① 城内"稍称繁荣街市，无不洗劫一空"，甚至连"学生衣被，公用柴米，均被劫去"。大西关和"中南门临河街一带大火延烧"，损失尤其惨重。永绥县城亦在此变乱中"什物掠空"而破坏严重。② 又如1949年11月15日，宋希濂所属"彭水县城警备司令部"司令陈康粟，率部纵火毁城，城内八个机关单位和主街243户居民房屋一夜之间化为灰烬。③ 本毗连区其他城市也或多或少遭受到了战乱的破坏。

湘黔鄂渝桂省际毗连区自清代以来便以匪患著称，抗战胜利后因民失生计，匪患更胜于前。其对地方社会的破坏性影响也由广大的乡村蔓延至城市，并给城市发展造成了巨大的破坏性影响。例如，都匀、兴仁两地"盗匪每恃为逋逃多于此，裹协良民肆行抢掳"。④ 印江、沿河等县则屡遭"神匪"蹂躏，"地方财物已被劫掠殆尽"。⑤ 定番、平舟、大塘、贵定等县亦存在着数量较多的匪患。⑥ 恩施在新中国成立初的四个月内仍发生了土匪抢劫集市，残杀商民四百余起，共烧毁民房2000多间。⑦ 湘西匪患更炽。⑧ 如前文所述龙山、古丈等城市被匪患蹂躏之情形。

其次是自然灾害对城市发展的破坏性影响。自然灾害也是解放战争时期造成湘黔鄂渝桂省际毗连区城市衰落的一个重要因素，尤其是火灾和水

---

① 湘西土家族苗族自治州地方志编纂委员会：《湘西州志》，1999年版，第54页。
② 《湘西变乱中之沅陵浩劫》，《中华基督教会全国总会公报》1949年第21卷第5期。
③ 彭水县志编纂委员会：《彭水县志》，四川人民出版社1998年版，第350页。
④ 《贵州省建设厅：本厅工作报告案》（1935年10月），贵州省档案馆档案，全宗号M60，目录号1，案卷号446（2）。
⑤ 《贵州省建设厅：本厅工作报告案》（1935年8月），贵州省档案馆档案，全宗号M60，目录号1，案卷号446（1）。
⑥ 《贵州省建设厅：本厅工作报告案》（1935年11月），贵州省档案馆档案，全宗号M60，目录号1，案卷号446（2）。
⑦ 恩施市地方志编纂委员会：《恩施市志》，武汉工业大学出版社1996年版，第187页。
⑧ 彭夏欢：《民国时期湘西匪患研究》，硕士学位论文，吉首大学，2017年。

灾。1946年10月，沅陵县城连发两次大火，共焚毁房屋1013栋，损失惨重。① 1948年12月14日，古丈县城失火，大火延烧17个小时，致使300余栋房屋被烧为白地，500余户，2000多人受灾。② 1949年5月，石阡暴雨成灾，县城街道水深1米左右，造成县城大桥西拱和城内部分建筑物被水冲毁，临江楼下四座高大坚固的石碑亦被截断，"损失甚巨"。③ 印江县城亦因洪水进城，遭到了重大财产人员损失。④ 同时，湘黔鄂渝桂省际毗连区农村地区亦频遭水、旱、疾疫等自然灾害或次生灾害的破坏，⑤ 加剧了农村的贫困。这在一定程度上又制约了此期湘黔鄂渝桂省际毗连区城市的发展。

再次是人口的大量迁离，使城市发展丧失了"人"的推动因素。抗战胜利后随着中东部地区人口迁还故土，致使湘黔鄂渝桂省际毗连区城市人口急剧减少。人口的大量减少不仅使湘黔鄂渝桂省际毗连区城市失去了抗战时期的热闹景象，而且还使为西迁人口兴建的新城区陷入到了空寂寥旷之中，日渐荒芜。例如，辰溪县城在抗战胜利后，外来人员和单位相继返迁，双溪两岸和沿江一带为"难民"修建的房舍陆续被弃毁。到1948年底，这座曾在抗战时期拥有10余万人口的县城仅存房屋694栋，面积11.6万平方米，1.5万余人。⑥ 鄂西南恩施作为湖北省战时省会在抗战时期集聚了各级西迁的政府机关和大量的军事人员、工商人士、知识分子、学生和其他人口，城市人口骤增，仅老城、土桥坝、龙凤坝和东北、西南、城北郊区就有15万人。⑦ 抗战结束后，随着内迁人口的回还故地以及因内战造成的城市经济凋敝而导致恩施城区人口锐减，到1949年仅余2.41万人。⑧ 本毗连区其他抗战时期迁居人口较多的城市亦如此情形。

---

① 沅陵县地方志编纂委员会：《沅陵县志》，中国社会科学出版社1993年版，第27页。
② 湘西土家族苗族自治州地方志编纂委员会：《湘西州志》，1999年版，第54页。
③ 石阡县地方志编纂委员会：《石阡县志》，贵州人民出版社1992年版，第21页。
④ 印江土家族苗族自治县志编纂委员会：《印江县志》，贵州人民出版社1992年版，第165页。
⑤ 广西壮族自治区第二图书馆：《广西自然灾害史料》，1978年内部版，第34—49页。
⑥ 辰溪县志编纂委员会：《辰溪县志》，生活·读书·新知三联书店1994年版，第112、113、557页。
⑦ 中国人民政治协商会议恩施市文史资料委员会、中共恩施市委统战部：《恩施文史资料·恩施文史资料统战专辑》，1997年第8辑，第51、56页。
⑧ 恩施市地方志编纂委员会：《恩施市志》，武汉工业大学出版社1996年版，第59页。

综上所述，抗战胜利后，随着中东部西迁人口、工矿企业、文教机构、国家机关等外来推动力的纷纷离去，湘黔鄂渝桂省际毗连区城市的发展引擎遂失去了最重要的动力源泉。而本地在抗战时期历尽艰辛建立起来的经济、文化、教育等近代事业却因内战及其导致的恶性通货膨胀和社会持续动荡而陷入一种停滞、倒退状态。严重的匪患和频仍的水、火等灾害又给湘黔鄂渝桂省际毗连区城市带来了严重的破坏性影响，这进一步加剧了本毗连区城市的衰败程度。当然，造成湘黔鄂渝桂省际毗连区城市在抗战胜利后迅速走向衰落的直接原因却是南京国民政府罔顾民意、国家前途所发动的全面内战。它使抗战胜利后湘黔鄂渝桂省际毗连区城市"正力求推动建设、整理城镇市容、灵通电讯联系"的市政建设，却因"值斯戡乱"，使所属各县"县政极端看重充实自卫力量""支援前线"而不得不中断。① 于是，湘黔鄂渝桂省际毗连区城市发展在经历抗战时期的繁荣后不久便不可避免地迅速沦入衰退的境地。诚如时人对这一时期湘西城市发展困境所评价的那样：抗战胜利后，"如火如荼热闹一时的湘西，顿成了酒阑人散的局面，工厂走了，学校搬了，富人带了他的国难财所得结伴还乡，国家在'复员'，湘西在'复员'"，"十二年以后的今日的湘西，虽然受过了抗战的洗礼，乱、穷、愚，似乎远没有被抗战的洪流完全冲激以去"。② 真可谓"其兴也勃焉，其亡也忽焉"。这一衰退直至20世纪50年代初，才在中国共产党领导下经湘黔鄂渝桂省际毗连区各族儿女的共同努力得到了根本扭转，迈向了城市发展的新时代，揭开了城市发展的历史新篇章，走上了一条阔步发展的康庄大道。

---

① 《民国时期档案·三穗县政府工作报告》，黔东南州档案馆档案，全宗号1，目录号1，案卷号67。

② 李震一：《湖南的西北角》，宇宙书局1947年印行，第12页。

第四章　清代以来湘黔鄂渝桂省际毗连区城市空间布局、结构与体系

任何一座城市都是一定时空的地理实体，它所依托的地理环境（包括自然地理环境和人文地理环境）在整体上促进或制约着城市的发展与演变，并进而塑造出具有显著区域地理特征的城市空间形态。这个地理环境就是城市起源、发展、演变的基础。于是，城市便在这个人类"精神所进行表演的场地"中孕育、发展。① 人类所有的文明活动不仅要受到她的影响，而且还与人类在这个地理环境中所创造的人文环境发生着密切的联系，并创建出城市这一"适应其生产目的的人文物质景观的后果"。② 在这个历史进程中，城市作为地理空间中的一个"孤立的点"，③ 它在进行自身的"空间生产"，④ 建构具有特质"空间形式"⑤ 的同时，还在政治、意识形态和经济的综合作用下，⑥ 组合成与之"相适应的空间结构"。⑦ 这样，作为"政治和策略"的"空间""反应物"⑧ 的城市在地理环境的影响下便形成了各具特色的形态，并深刻地影响着区域城市的空间格局、结构和体系的形成与变迁。

---

① ［德］黑格尔：《历史哲学》，王造时译，上海书店2006年版，第85页。
② 蔡禾：《城市社会学：理论与视野》，中山大学出版社2003年版，第177页。
③ 赫曦滢：《历史的解构与城市的想象》，社会科学文献出版社2015年版，第10页。
④ Lefebvre, H. Space, Difference, Everyday Life, London: Routledge, 1999, pp. 159–160.
⑤ 余琪：《转型期上海城市居住空间的生产及形态演进》，东南大学出版社2011年版，第19页。
⑥ Castells, M., The Urban Question: A Marxist Approach (translated from the French by Sheridan, A), London: Edward Arnold, 1977.
⑦ 刘怀玉：《历史唯物主义的空间化解释》，《河北学刊》2005年第3期。
⑧ Lefebvre, H., "Reflections on the Politics of Space", in R. Peet (ed.), Radical Geography Chicago, Maaroufa Press, 1977, p. 34.

第四章　清代以来湘黔鄂渝桂省际毗连区城市空间布局、结构与体系

第一节　城市空间格局与形态的变迁

城市作为人类文明高度组织化的一个特殊有机体，它是社会的活力、权力和财富广泛动员的产物，其起源、发展是一个不断突破乡村的局限和狭小天地的过程。这就决定了城市起源、发展必然只能局限于一些大河流域得天独厚的地区，① 并在地理环境上决定了城市发展的空间格局。

一　"率是道耳"：城市布局原则与思想

中国城市在漫长的历史变迁中，历代城市营造者都非常注重城市的选址和布局，始终秉承着"凡立国都，非于大山之下，必于广川之上。高毋近旱，而水用足。下毋近水，而沟防省"，"因天才，就地利"的基本原则。② 即城市必须建于水陆交通便利、高下适宜、地形有利、水源丰富、物产丰盈，且适于建城的广阔平原上。③ 后随着阴阳五行学说的发展，城市建造者还要考虑城市所在地区的风水、八卦、阴阳，即城市的四围山水走向、八卦方位是否与风水、卦象相吻合，是否"相其阴阳之和"，④ 并逐渐系统化、制度化，且与政治制度高度结合在一起，最终形成了中国传统城市规划建设思想，并深刻影响了中国传统城市的规划建设。⑤ 故"官斯土者筑城凿池，相阴阳观流泉。虽未明言其坐向、环卫之势若何，而证之形□□□□无上不□合也"，⑥ 便成为了中国传统城市建筑的指导思想和基本原则，即筑城者所言之"率是道耳"。⑦

这些建城思想和原则对中国传统城市的建设也产生了决定性的影响。"大都相度阴阳，以定其地。"⑧ 松桃厅城兴筑即是如此。"松厅设城由来

---

① ［美］刘易斯·芒福德：《城市发展史——起源、演变和前景》，宋俊岭、倪文彦译，中国建筑工业出版社2005年版，第61页。
② 黎翔凤撰，梁运华整理：《管子校注》（上），中华书局2004年版，第83页。
③ 马正林：《中国城市历史地理》，山东教育出版社1999年版，第22—27页。
④ （北宋）司马光：《资治通鉴》卷15，中华书局1992年版，第488页。
⑤ 董鉴泓：《城市规划历史与理论研究》，同济大学出版社1999年版，第186页。
⑥ 王晓宁：《恩施自治州碑刻大观》，新华出版社2004年版，第88页。
⑦ （清）王复宗汇辑：《天柱县志》上卷，"形胜"，康熙二十二年刻本。
⑧ （清）徐铉修，萧琯纂：《松桃厅志》卷7，"城池"，道光十六年刻本。

久矣。迄今且再葺焉。城基来脉绵远敦厚，建城之地背山面河。南屏拥于前，太乙踞其后，山势重沓周于四围。小江逶西而南，汇于东北之大江，以下达于楚。山环水抱，类智者所设施"。① 又如乾州，"命名之初，村民度地形，谓其地平坦而微起者三，又乾象焉。所居又乾巽向，潕溪自离方曲，曲朝抱离之先，天乾也，当名乾村。后小河其来，自兑会乾，艮水由后绕之，地在诸水中而高，有州之义，名其村曰乾州"。② 在城市营建过程中，还普遍遵循"巽方说"，即"以为巽巳木火有文明之象，青□天王□□诸书亦未有不以此为最吉者"。③ 沅州"郡城形胜指水，东门离巽之交，宜建阁，以表郡属文峰"。④ 如果在建城或城市发展的过程中，发现有风水、八卦缺陷时，人们往往还会根据风水、八卦理论，在城市中或城郊建造高塔以镇之，或修建魁（奎）星楼、水星楼（阁）等建筑物以克之。⑤ 永顺县城，因砖石堵塞北门，以致城中多火灾，咸丰九年知府彭庆钟"兼得其故，以为北与南配，北为坎、为水；南为离、为火，北门闭南门开，水不胜火，故灾。因建水星阁以克之"。⑥ 再如恩施城东培风塔，"寺名团凸，形势突兀，旁得长岗环绕，远来山色，金字联云，近映水光，玉镜倒影，钟灵之秀意在斯乎？操风鉴者谓其人曰：此地虽属天造，久赖人力以培之。若鬐文笔擎世界，藉白石以成台，干青云而直上，则人文将蔚起矣！众闻之，涣然欣悟"。⑦ 这类具有风水、八卦功能的塔、楼、阁等建筑物在湘黔鄂渝桂省际毗连区城市比比皆是，极为普遍。

城市官方建筑物在营造时亦恪守阴阳学说的设计。例如城市坛庙等祭祀建筑的空间安排与建造，用圆丘祭天，方丘祀地，以合"天圆地方"，祭天圆丘置于南门外，祀地方丘建于北门外，以合天：圆、南、阳；地：方、北、阴的阴阳风水观。⑧

---

① （清）徐铉修，萧琯纂：《松桃厅志》卷7，"城池"，道光十六年刻本。
② （清）林书勋修，蒋琦溥纂：《乾州厅志》卷1，"沿革志·沿革"，同治十一年刻本、光绪三年续修本。
③ 王晓宁：《恩施自治州碑刻大观》，新华出版社2004年版，第88页。
④ （清）张官五修，龚琰纂，吴嗣仲等续修：《沅州府志》卷16，"学校"，同治十二年刻本。
⑤ 王晓宁：《恩施自治州碑刻大观》，新华出版社2004年版，第88页。
⑥ 胡履新修，张孔修纂：《永顺县志》卷7，"建置志·城池"，1930年铅印本。
⑦ 王晓宁：《恩施自治州碑刻大观》，新华出版社2004年版，第234页。
⑧ 亢亮、亢羽：《风水与城市》，百花文艺出版社1999年版，第36页。

第四章 清代以来湘黔鄂渝桂省际毗连区城市空间布局、结构与体系

为管控地方，明清以来中央政权在湘黔鄂渝桂省际毗连区施行改土归流，将其纳入国家直接治理的过程中，出于国家政治、军事的目的，在营建城市时一般都会充分考虑它的政治地理和军事地理的实际情况，将其修建于具有军事战略和最大限度发挥政治控制功能，且利于与内地保持有效沟通的区域。即清人严如熤所言："城以卫民，崇垣高墙，近厅县治者得所凭恃矣。而地当扼要，民众之所围聚者，或未有以蔽之。各当事是以有建堡之议也。其间有地虽冲要，而狭隘不能建堡者，则议作坉以栖壮丁……司牧所为为斯民奠磐石者，用心亦良苦矣。"① 又云："设险守其国，凡山谿之可凭为固者险也，而或在苗巢或当民地，且经分冲僻，尤有要不要之殊。"② "各汛相通有营路；居民取径往来有民路；转输军资有驿站。"③ 各城市因之成为国家管控湘黔鄂渝桂省际毗连区的战略据点，并通过水陆交通和内地城市连为一体。例如黔阳，"县治居沅水东岸，背倚龙标山，三面临江，形势俨然成半岛，可称湘黔门户"，"循潕水西北而上，可通芷江及贵州之铜仁；循沅水西南而上"，可通本省会同和贵州镇远；"若顺流东北而下，可达辰常一带"。④

此外，经济利益的价值取向也在一定程度上影响了湘黔鄂渝桂省际毗连区城市空间格局的形成和发展，尤其是在城市内部功能结构的安排上。在城市内部除了各级官署为控制城市按照军事、政治原则一般修建于城内地势较高的地方或城市中心外，有些街道则因经济发展的需要，根据其价值取向承担着城市的经济功能。这在城市街道命名上便可管窥一斑。据考察，本毗连区几乎每座城市都有一些特定的街道（巷）以行业、会馆来命名的现象。例如松桃厅城的正市街、南市街，⑤ 秀山县城的香巷、鸡市、柴巷等。⑥ 这些街巷占据着城市内部的经济空间，从而反映出了湘黔鄂渝桂省际毗连区城市建设布局的经济因素。

---

① （清）严如熤：《苗疆城堡考》，王锡祺辑：《小方壶斋舆地丛钞》第 8 秩，光绪十七年上海著易堂铅印本。
② 同上。
③ 同上。
④ 曾继梧等：《湖南各县调查笔记》（上），1931 年铅印本，第 200 页。
⑤ （清）徐铉修，萧琯纂：《松桃厅志》卷 3，"疆域"，道光十六年刻本。
⑥ （清）王寿松等修，李稽勋等纂：《秀山县志》卷 4，光绪十七年刻本。

在上述地理、风水、八卦、政治、军事、水陆交通、经济等因素的共同作用下，并受时空和社会发展变迁的影响，湘黔鄂渝桂省际毗连区城市最终形成了独具特色的空间分布和内部功能结构的山城形态。

二 因地制宜：城市空间分布与内部功能结构的演变

在中国传统城市规划建设"率是道耳"思想的指导下，湘黔鄂渝桂省际毗连区城市因地制宜形成了独特的地域分布格局。

（一）城市的区域分布

湘黔鄂渝桂省际毗连区城市的区域空间格局是在中国传统城市建设思想、社会经济条件和地理环境等诸因素共同作用下的产物。本区地处云贵高原东缘，境内高山耸峙、河川纵横，那些位于河流两侧台地上地势相对低平，且面积较大的盆地或坝子便成为了城市建筑的理想之所。这在地理上决定了这些城市的区域分布格局，即坐卧群山、沿江河上下分布，进而形成了极为显著的区域特征。

1. 依水靠山的城市布局。江河山川既是大地的血脉，也是城市建设和布局的关键。早在先秦时期，人们就认识到水对城市建设、发展的重要作用。"水者，地之血气，如筋脉之通流者也……而水以为都居。""故圣人之处国者，必于不倾之地，而择地形之肥饶者；乡山左右经水若泽，内为落渠之写，因大川而注焉。"① 经过长期的发展演变，湘黔鄂渝桂省际毗连区城市一般都是临河枕山而建。镇远府"河势纡曲，水由黄平州万山中来，峰峦耸拔，上出重霄。无城郭，依山为衙。隔河有卫城"。② "松桃城建岩疆，地居险要，山延川脉，水潟楚流……二水环城，千山抱郭。"③ 清浪卫城"前临江后抱北山，地势平衍，居民亦稠"。④ 三合县城，独山江"达县治长堤"；"都江、凤饮河在城南"。⑤ 湘西茶洞镇，"镇市建筑在低

---

① 黎翔凤撰，梁运华整理：《管子校注》（上），中华书局2004年版，第814、1050、1051页。
② （清）陈鼎：《黔游记》，载中国西南文献丛书编委会编《西南稀见丛书文献》（5），兰州大学出版社2004年版，第199页。
③ （清）徐铉修，萧琯纂：《松桃厅志》卷4，"形胜"，道光十六年刻本。
④ （清）许缵曾：《滇行纪程摘抄》，载中国西南文献丛书编委会编《西南稀见丛书文献》（5），兰州大学出版社2004年版，第243页。
⑤ 胡嵩修撰：《三合县志略》卷5，"水道"，1940年铅印本。

洼近松桃水的盆地，从公路的车站下去要走数十级的石台。城里一条狭长的街道，城外近水的地方亦是平形线的一条城脚跟的街道，居屋有四百多家"。① 其他城市（镇）亦是如此（见表4.1）。

表4.1　湘黔鄂渝桂省际毗连区部分城市空间布局位置简表

城市	城市所处地理环境	城市	城市所处地理环境
沅陵	城跨飞霞、紫宸诸山，南临沅水	印江	楠溪北门外，白马岩在城东
泸溪	县城在沅水西北	广顺	县治居"天马山之阳"，临玉带河
辰溪	依山为城，东西北皆山，南临沅水	石阡	长河襟带；五老峰"郡治之屏障"
溆浦	县城在溆水之阳，山势环绕	铜仁	一面依山，三面临水
永顺	府城在酉水之北，"跨溪环岭"	黄平	依山为固，阻江为险，右临渡口
古丈	四面高峰层叠……溪流环绕	都匀	北依七星山，滨文德河
保靖	滨西水之阴，在"山岭川谷崎岖之中"	贵定	阳宝山为其北隅，南门稍近山，滨瓮城河
凤凰	厅城在鸟巢江南镇筸镇，四面青山环绕	独山	南有马潭北有汉池，文笔虎地东西对峙
桑植	在澧源之阳，"南是高山不设门"	玉屏	玉屏山在城北隅，"依江"
沅州	"山高水迅"，"城临大江"	省溪	"北连梵净，水带小河"
黔阳	县城在沅水之阳，踞龙标山上	清江	城中皆山，大河如带
麻阳	县城在辰水之阳，峰峦嵩耸如列屏	八寨	环山凿石以为城，就泉蓄水以为池
乾州	厅城在武溪之阳	台拱	背倚崇山，面临小河
靖州	城在渠江之阳，南扼侍郎山，五老峰与飞山东西对峙	荔波	带溪东注龙江，方林北连烂土，玉屏北峙天马
永绥	厅城旧在吉多坪，"山延蜀脉，水溯黔流"，"北面依水为带"	施秉	面水，西高而东下；城内外有九龙、马鞍、佛顶等山
晃州	厅城前临大河，背负崇岭	古州	"岗峦西绕江水东环"
龙山	山梁如屏障横卧西北，河绕东南	天柱	控茨岭临鉴江

---

① 张锦熙、朱之华：《湘西旅途随笔》，《旅行杂志》1941年第15卷第2号。

续表

城市	城市所处地理环境	城市	城市所处地理环境
绥宁	县城在竹舟江之南，治东、西有金鸡山、虎豁山	定番	"门西北滨牂牁江，东襟丹健二水，至三洞合流城南。西枕杨梅坡"
会同	天马金龙之峻峭，沅江郎水之潆洄	秀山	三面临水，一面靠山
通道	县城在渠江东北，苗岭三面高耸	三江	在浔江右岸，诸山环拱
黎平	"四围俱山"，"河流环曲"	恩施	东北带清江，南环溪水，天然城堑
永从	"万山萃巍二水潆洄"	鹤峰	负山临河
锦屏	"左枕玉屏右肩旗鼓"，"东桥桃水"	利川	东、西、南三面以河为池，北有山

资料来源：（清）鄂尔泰等修，靖道谟、杜诠纂：《贵州通志》卷5，"城池"，乾隆六年刻本，嘉庆补修本；（清）卞宝第、李瀚章等修，曾国荃、郭嵩焘等纂：《湖南省志》卷41、42，光绪十一年刻本；（清）黄志璋纂修：《麻阳县志》卷1，康熙二十四年刻本；（清）年法尧修，夏文炳纂：《定番州志》卷2，康熙五十七年稿本；（清）刘岱修，艾茂、谢庭薰纂：《独山州志》卷3，乾隆三十四年刻本；（清）胡章纂修：《清江志》卷2，乾隆五十五年刻本；（清）李台修，王孚镛纂：《黄平州志》卷2，嘉庆六年刻本；（清）敬文修，徐如澍纂：《铜仁府志》卷2，道光四年刻本；（清）徐铉修，萧琯纂：《松桃厅志》卷4，道光十六年刻本；（清）郑士范修纂：《印江县志》卷1，道光十七年修1935年石印重印本；（清）金台修，但明伦纂：《广顺州志》卷3，道光二十七年广阳书院刻本；（清）方傅质修，龙凤翥纂：《绥宁县志》卷7，同治六年刻本；（清）林继钦等修，袁祖绶纂：《保靖县志》卷2，同治十年刻本；（清）周来贺纂修：《桑植县志》卷2，同治十一年刻本；（清）苏忠廷修，董成烈纂：《荔波县志》卷2，光绪元年刻本；（清）孙炳煜修，黄世昌等纂：《会同县志》卷1，光绪二年刻本；（清）王寿松等修，李稽勋等纂：《秀山县志》卷4，光绪十七年刻本；（清）俞渭修，陈瑜纂：《黎平府志》卷2上，光绪十八年刻本；（清）林佩纶等修，杨树琪等纂：《续修天柱县志》卷2，光绪二十九年刻本；（清）董鸿勋修纂：《古丈坪厅志》卷2，光绪三十三年刻本；（清）董鸿勋修纂：《永绥厅志》卷5，宣统元年铅印本；丁尚固修，刘增礼纂：《台拱县文献纪要》，"城池"，1919年石印本；贵定县采访处：《贵定县志稿》，1919年钞呈本，第11、16页；朱嗣元修，钱光国等纂：《施秉县志》卷1，1920年稿本；吴剑佩、陈整修，舒立淇纂：《溆浦县志》卷5，1921年刊本；窦全曾修，陈矩纂：《都匀县志稿》卷4，1925年铅印本；郭辅相修，王世鑫等纂：《八寨县志稿》卷3，1931年刊本；李世家：《玉屏县志资料》，1944年版，第2章，第1页；周田华修，冯翰先纂：《石阡县志》卷1，贵州省图书馆1965年据石阡县档案馆藏民国稿本复制；龙山县修志办公室：《龙山县志》，1985年内部版，第53页；《通道侗族自治县概况》编写组：《通道侗族自治县概况》，湖南人民出版社1986年版，第1页；靖州苗族侗族自治县建设局：《靖州城乡建设志》，1989年内部版，第101页；沅陵县地方志编纂委员会编：《沅陵县志》，中国社会科学出版社1993年版，第422页；《凤凰县建设志》编纂委员会：《凤凰县建设志》，中国建筑工业出版社1993年版，第7页；辰溪县志编纂委员会：《辰溪县志》，生活·读书·新知三联书店1994年版，第556页。

第四章　清代以来湘黔鄂渝桂省际毗连区城市空间布局、结构与体系

虽然上述城市依山傍水而建，因地理环境的不同在形态上存在着巨大的差异，但从总体上看湘黔鄂渝桂省际毗连区城市的发展都与自然融为一体，为世人展示出了本区传统城市的空间美学：在一个较广阔而相对封闭的空间，城市置身其中，连绵起伏的群山、郁郁葱葱的翠林、婀娜多姿的奇峰峭壁环抱四周，清澈的河流滨城或穿城而过，使城市巧妙地与自然山水环境融合在一起，呈现出山中有城，城中有山，城映水中的城市空间美学意象。沈从文曾以游者的身份为我们描画了沅陵这一山城的空间美学意象："由沅陵南岸看北岸山城，房屋接瓦连椽，较高处露出雉堞，沿山围绕；丛树点缀其间，风光入眼，实不俗气。由北岸向南望，则河边小山间，竹园、树木、庙宇、居民，仿佛各个都位置在最适当处。山后较远处群峰罗列，如屏如障，烟云变换，颜色积翠堆蓝……绕城长河，每年三四月春水发后，洪江油船颜色鲜明……一切如画。"① 1903年日本著名建筑学家伊东忠太在考察贵州镇远府城时，则以画家独特的视角将"景色奇拔的镇远山城"描绘成了"一幅理想的现实山水画"，为世人展示出了"天下无比的景观"。②

2. 水阻山隔的城市区域分布。探讨区域城市空间问题，还有必要对区域城市总体空间格局进行分析。这是因为城市的整体空间格局在其形成、发展、变迁的过程中都极大地影响了区域城市体系的发展与变迁。

湘黔鄂渝桂省际毗连区城市经过千百年的发展，到清雍乾时期，其城址大都得到了确定，城市总体格局基本形成，即以水系为纽带的区域城市空间格局。

湘黔鄂渝桂省际毗连区分属长江、珠江两大流域，境内有沅江、清江、乌江、清水江、都柳江、酉水等大川大河十余条。这些河流自古以来便是本区域通往外部世界的交通孔道，同时也是各城市彼此沟通联系的重要桥梁，并将它们联结成一个相对独立的城市网络系统。例如，在沅江流域，"沅江一水为今滇黔孔道……沅水出牂牁，且兰县为旁。沟水又东至镡城县为沅水。其支流从黄平州出诸葛洞，下镇远府为潕水，始通舟。流平溪与思州水合。经洪江过沅州与黎平水合。又过江口与溆水合。潕水过

---

① 沈从文：《湘行散记·湘西》，人民文学出版社2017年版，第125页。
② ［日］伊东忠太著，村松伸、伊东佑信解说：《伊东忠太见闻野帖（清国）》，东京柏书房1990年版，第130页。

黔阳城下与渠水、大江合，其流始大。又过辰溪与锦水（即麻江水）合。东至泸溪及辰水与酉水合。又东下壶头，经怡望、常德府城南，东注龙阳与沧浪水合。有渐水，一名澹水，出汉寿"。① 地方志亦云："潕水，即今贵州之镇洋江，源自镇远府，经旧黄平、施秉县、镇远县，又经思州府、清溪县、玉屏县入湖南晃州。沅水即今都匀府之清江，源自都匀，经麻哈州、清平县；又一源经黄平来会，过台拱、清江，入黎平府开泰县，又经镇远天柱县入湖南靖州，至黔阳县入潕水。"② 上述沅江流域城镇沿河分布的情形亦在沅江船民调中有所体现。"常德、河洑、桃源县，剪市、界首、青浪滩。北溶、沅陵、泸溪县，浦口、江口，到铜湾。安江、洪江，黔阳县，四十八站到镇远。"③ 于是，沅江便成为了湘西、黔东城市交通联系的纽带，进而形成了本区域重要的区域城市群体（见图4.1）。其中作为沅

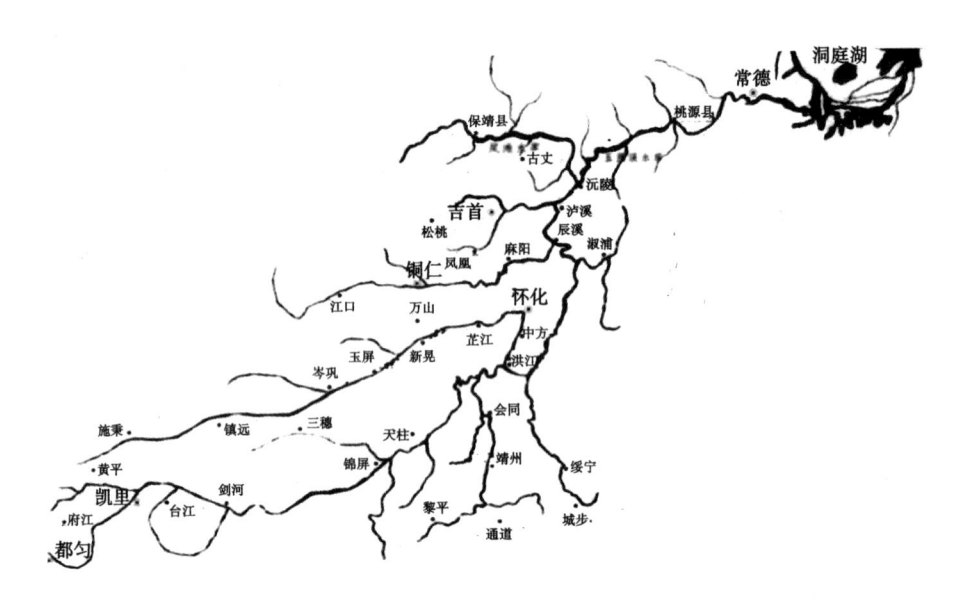

图4.1　沅江流域城市的分布

资料来源：https://image.baidu.com/search/detail? ct。

---

① （清）许缵曾：《滇行纪程摘抄》，载中国西南文献丛书编委会编《西南稀见丛书文献》（5），兰州大学出版社2004年版，第270页。
② 郭辅相修，王世鑫等纂：《八寨县志稿》卷2，"沿革"，1931年刊本。
③ 怀化地区交通志编纂委员会：《怀化地区交通志》，中州古籍出版社1991年版，第223页。

江主要支流的清水江滨江两岸就有都匀、麻江、凯里、台江、剑河、锦屏、天柱等十余个城市。清江、乌江、都柳江等流域亦是如此。清江将鄂西南恩施、利川、咸丰、宣恩等城市串联在一起；乌江沿岸则有思南、沿河、石阡、酉阳、彭水、武隆、黔江等城市；都柳江是珠江水系西江干流黔江段支流柳江的上源河段，沿江上下则有独山、三都、榕江、从江、三江等城市。

同时，湘黔鄂渝桂省际毗连区有武陵、苗岭两大山系，在长期历史演化进程中，其城市遂因山系不同在地理空间上形成了武陵山和苗岭两块相对独立的区域城市（见表4.2）。

表4.2　20世纪30年代中期武陵山区和苗岭的城市分布大致情况

所处区域	城市名称	数量
武陵山苗区	鹤峰、恩施、咸丰、利川、宣恩、来凤、石砫、黔江、彭水、西阳、秀山、黔阳、芷江、晃县、靖县、会同、绥宁、通道、乾城、凤凰、永绥、古丈、保靖、麻阳、沅陵、泸溪、辰溪、溆浦、永顺、龙山、大庸、桑植、洪江、城步、道真、务川、沿河、德江、印江、松桃、思南、江口、铜仁、石阡、省溪、后坪	46
苗岭苗区	定番、龙里、贵定、广顺、长寨、炉山、麻江、镇远、施秉、黄平、岑巩、天柱、台拱、清溪、三穗、剑河、锦屏、玉屏、独山、榕江、黎平、都匀、平舟、荔波、永从、下江、八寨、丹江、三合、都江、大塘、罗甸、紫云、安龙、贞丰、册亨、融县、三江	38

资料来源：傅林祥、郑宝恒：《中国行政区划通史（中华民国卷）》，复旦大学出版社2007年版，第206—337页。

在湘黔鄂渝桂省际毗连区城市发展过程中，由于受高山大川层层阻隔，在现代交通未发展之前，仅靠有限的驿路或不发达的县级道路的沟联，致使各流域城市横向间的联系并不很密切，多依靠水道和数条官马大道进行纵向联系，从而使本区城市在空间上呈现出以水系为依归的区域分割发展的空间格局。这一发展趋势直至20世纪30年代，随着大规模的近代陆路交通的修建才有较大的改变，各城市间的横向联系遂日益密切。即便如此，由于湘黔鄂渝桂省际毗连区城市所属省份的不同，各省所辖城市在区域行政力量的高度介入下，分别与其所在省份的省会城市建立起了更为密切的联系，使本区城市体系的碎片化发展更趋显著，从而制约了湘黔鄂渝桂省际毗连区城市体系化的发展，其影响持续至今。

（二）城市内部空间功能结构的发展与演变

芒福德曾说："城市的主要功能就是化力为形，化权能为文化，化朽物为灵活的艺术造型，化生物繁衍为社会创新"；"贮存文化、流传文化和创造文化，这大约就是城市的三个基本使命"。① 城市作为一个功能实体，在其发展变迁的过程中，因政治控制、人民生活和社会发展的需要，在城厢内外因地制宜地形成了不同的功能空间结构，并与其所在地区的地理环境紧密地结合在一起。

城市在其发展历程中，政治、军事因素始终发挥着关键作用。湘黔鄂渝桂省际毗连区自明清改土归流纳入国家直接治理后，其城市便依据中国传统城市的规制进行了建设。即所谓"有城郭焉，其所在山川各异，则规模亦殊，有公署焉，有学校焉，有庙社焉，其所在方所虽异而制度则同"，② 呈现出符合中国传统城市礼制设计的特征，即以公署为核心进行相应的功能安排。

湘黔鄂渝桂省际毗连区高原山地广阔，河谷纵横，适宜建造城市的面积较大的平地较少，受这一地理环境的制约，本区城市规模一般较小。随着元明清国家政治、军事力量进入以来，本区城市无论所在区域如何、行政地位高低和规模大小，其城市格局基本上都是以政治、军事功能为核心，在有限的地理空间中进行制度上的安排，其外在表现为城市内部结构的功能分区。

清代、民国时期，湘黔鄂渝桂省际毗连区城市规模小，结构相对简单，城市的功能分区主要是为控制城市而设置的，进而形成一个相对严整的城市控制格局，体现出了当时本区城市的政治、经济、文化和社会秩序与结构。这样，湘黔鄂渝桂省际毗连区城市空间格局便理所当然地以官署为核心来展开布局。其原因在于官署是地方权力中心，即人们所常言：

---

① ［美］刘易斯·芒福德：《城市发展史——起源、演变和前景》，宋俊岭、倪文彦译，中国建筑工业出版社2005年版，序言，第14页。

② （明）赵廷瑞修，马理纂：《陕西通志》卷37，"土地五·建置沿革"，嘉靖二十一年刻本，《西北稀见方志》。

"官之有署宁第安其身已哉",①"文以抚绥武以控御,乃立廨宇以符体制,以肃观瞻"。② 鉴于此,各级政府对之建设均较为重视,并根据城市的行政等级和军事重要性的不同,建有数量不等的官署。例如镇远,清政府在府城和卫城共设置了镇远府署等15个衙署,其中在江北府城沿江大街以镇远府署为中心,分别设置了分巡贵东道署、经历司署、教授署、镇远县署、典史署、教谕署、训导署、督学行署等行政文教机关;在江南卫城中则以镇远镇总兵署为中心,环以镇标中营游击署、守备署、左营游击署、县守备署等军事机构。③ 恩施府城西南部集中了施南府署、经历署(在府署右)、府学署、县学署、协署、中军都司署、城守把守署等衙署(见图4.2)。其他府级城市亦有数量较多的官署机构。县级城市则建有县署、县丞署、县学宫、守备署等官衙。例如,松桃厅城有厅署、经历署、儒学训导署、驻城协府署、驻城都司署、驻城千总署、驻城把总署等官衙。④ 这些公署衙门一般都以城中最高行政府衙为中心相对集中分布于城内某一特定区域,进而形成了城市的衙署区,承担着城市行政管理、军事控制的功能。这些清代所设各级官署后多为民国继承并改置为相应的政府机关。这样,湘黔鄂渝桂省际毗连区封建时代的衙署区遂演变成为了近代城市的行政区。

各级衙署虽因其所处地理环境不同而在形制、规模上不太一样,但作为控御地方所起的作用却都是相同的。诚如美国学者施坚雅对清代各级官衙所评述的那样:"在清政府各级的无数的司署中,县级衙门对当地人民生活影响最大",它是人们在基层所见到的"最直接、最经常碰到的皇权形式",⑤ 也是封建国家意志的体现者。它维系着朝廷的威严,故其建筑一般都较威严宏阔。"署者位之表也。夫重檐复霤,冬暖夏凉,所以肃观瞻表尊崇也。"⑥ 同时,为便于管控地方,维护城市社会稳定,地方政府一般

---

① (清)蔡宗建修,龚传坤纂:《镇远府志》卷11,"公署",贵州省图书馆1965年据乾隆刻本影印。
② (清)徐铉修,萧瑄纂:《松桃厅志》卷7,"公署",道光十六年刻本。
③ (清)蔡宗建修,龚传坤纂:《镇远府志》卷11,"公署",贵州省图书馆1965年据乾隆刻本影印。
④ (清)徐铉修,萧瑄纂:《松桃厅志》卷7,"公署",道光十六年刻本。
⑤ [美]施坚雅:《中华帝国晚期的城市》,叶光庭译,中华书局2000年版,第445页。
⑥ (清)喻勋修纂:《铜仁府志》卷3,"营建志·公署",光绪十五年刻本。

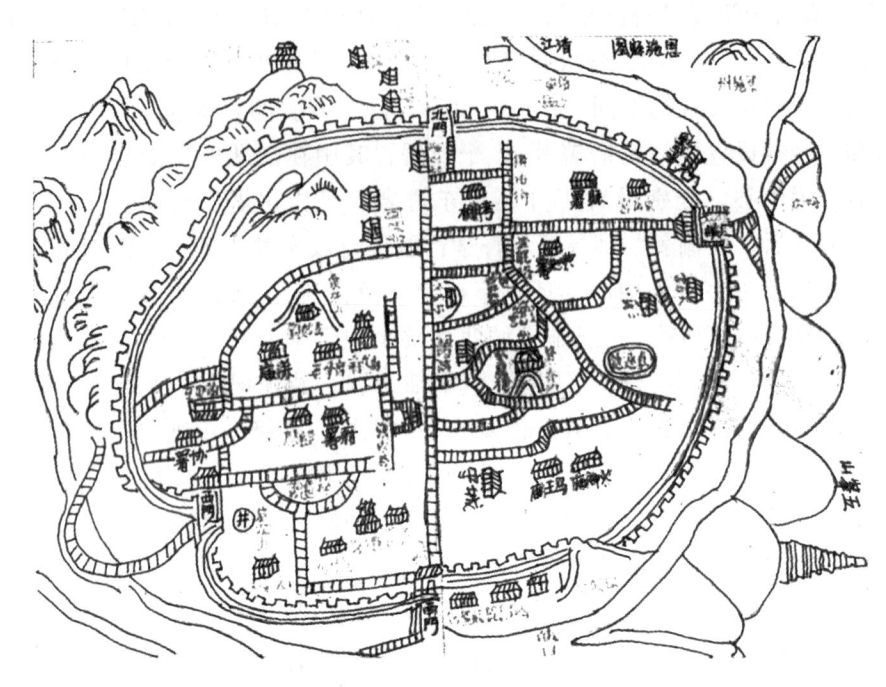

图 4.2　清代恩施县城官署分布图

资料来源：（清）多寿等修纂：《恩施县志》卷首，"各图"，同治三年刻本。

都将衙署修建于城内地势优越、易于控制城内安全的核心区域。晃州厅署在城西，"后枕晃山，前临潕水，周围数十丈甃石成基，层累而上者凡六层"，① 为全城之制高点。贵定县城建于"平阜之上，南门近山，东西北则城高，而田涧低"，县署便建在县城地势较高的西南隅，"署之左为且兰驿，右为典史署"，都司署亦在附近，"易于据守"。② 宣恩县衙则"位居全县之要领，珍山似屏，贡水如带，群峰环堵，有若方城。地势之雄，为施南各县之冠"。③ 其他湘黔鄂渝桂省际毗连区城市的主要官署亦根据其城市地势建造在易于控制城市的核心地段上。这样的布局不仅有利于城市的控御，而且还体现了政治行政权力在城市中的核心地位，并深刻地影响了

---

① （清）张映蛟等修，俞克振等纂：《晃州厅志》卷11，"公署"，道光五年修，1936年铅印本。
② 贵定县采访处：《贵定县志稿》，1919年钞呈本，第15、16页。
③ 《县政府记事碑》，王晓宁：《恩施自治州碑刻大观》，新华出版社2004年版，第244页。

第四章　清代以来湘黔鄂渝桂省际毗连区城市空间布局、结构与体系

本区城市内部空间功能结构的形成与发展。

与占据城市核心区域的衙署区不同，湘黔鄂渝桂省际毗连区城市还按照城市建设布局的礼制和方位，在城市合适的位置建有社稷坛、厉坛、风云雷雨山川坛、先农坛等具有国家祭祀功能的敕建坛庙。它们因在城市发展过程中扮演着重要功能，历来为地方所重视，并将之建筑在城郊或城内合适的地方。思南府城社稷坛、厉坛分别建在城北一里、二里；山川风云雷雨坛筑于城南二里；先农坛则置于城内府治左，"与县文庙邻"。① 咸丰县城社稷坛在南门外东岳宫左侧；先农坛、山川坛、厉坛亦俱在县南门外。② 其他城市的敕建坛庙建造亦大抵如此，只是所建区域位置有所差别罢了。此外，城隍庙、火神庙、龙王庙等因维系地方安定，亦为官方与地方社会所重视，将其按照祭祀神祇和社会影响建筑于城中或城郊相应的位置上。上述建筑物一般相对集中，可以视为清代湘黔鄂渝桂省际毗连区城市重要的宗教祭祀场所。这些建筑自进入民国后，随着社会的近代化变迁而被逐渐废弃，或被改建为承担其他功能的建筑物。

城内十字街、城外河街因承担了城市主要的经济功能，是为城市商贸区域。黎平府城"四鼓楼街，商贾辐辏之所，日无闲焉"。③ 锦屏县城鼓楼十字街，"为向来商贾辐辏交易处，间设旅店，往来行人均住宿于此"。④ 沅陵"城内市街房屋，多依山势之高下而建，惟东南隅及西南隅地稍平衍，以通东西门之大街，为商业中心点"。⑤ 湘西沅州府城（今芷江）西门外石桥河街，"桥上建屋以为市廛，万瓦鳞鳞，瓮蔽成拱，行人往来肩摩踵接"。⑥ 古州上下河街在嘉道时期"俨然货布流通不减内地"，⑦ 是为古州城的商业中心市场。其他湘黔鄂渝桂省际毗连区城市十字街或城外河街亦承担着"市"的功能，并一直持续到近代及以后。

---

① （清）夏修恕、周作楫修，萧琯、何廷熙纂：《思南府续志》卷2，"坛庙"，道光二十一年刻本。
② （清）张梓修，张光杰纂：《咸丰县志》卷6，"典礼志·坛庙"，同治四年刻本。
③ （清）俞渭修，陈瑜纂：《黎平府志》卷2上，"城池"，光绪十八年刻本。
④ 同上。
⑤ 傅角今：《湖南地理志》，武昌亚新地学社1933年版，第515页。
⑥ （清）刘书年：《刘贵阳遗稿》卷3，《黔行日记》，紫江朱氏据原稿印行，第39页。
⑦ （清）林博：《古州杂记》，载劳亦安辑《古今游记丛钞》卷40，"贵州省"，上海中华书局1936年再版，第24页。

城内和城郊文庙、学宫以及书院和各级学校则承担着城市的文化教育功能，是为湘黔鄂渝桂省际毗连区城市的文教区域。到近代时因新式文教事业的发展，文庙、学宫、书院大多被改建或改制为近代学校。

此外，由于湘黔鄂渝桂省际毗连区为多民族聚居区，在城市的发展过程中，还出现了一类因民族不同而形成的城市族群聚居空间。例如，台拱厅城内有台雄山，"在城西南，有大小台雄及台盘，山径峭仄，苗民依山而栖，结屋如巢"，形成了厅城"苗人"聚居区。① 甚至有些城市内部因族群差异而划分为"苗城"和"汉城"。天柱县城，"自龙井以西至南门为苗城，由南门以东至龙井为民城，民苗各为修葺"。② 这一城市空间结构类似于清代荆州、成都等城市的"满城"和"汉城"。后随着民族融合的日益深入，湘黔鄂渝桂省际毗连区城市空间的民族差异不断消弭，只是在城市建筑上仍残留着其历史发展的印记。

因湘黔鄂渝桂省际毗连区城市规模较小，其城市功能分区在街衢格局上还不是十分明显，城市功能叠加于某些街衢的现象较为普遍，尤其是城市居民因生活方便的需要而相对集中居住于城市相应的位置。但随着城市的发展，传统城市的功能结构日益复杂，到晚清民国时期本区城市的功能结构分区开始向近代缓慢转型，部分城市的近代功能分区日益显见。镇远，"潕水一泓，静静地、悠悠地淌着，将这个狭长的山城，剖分为两个带状的市区：街城的清幽，代表着文化和住宅区应具备的安逸条件；府城的繁盛，是近代商业外表的雏形"。③ 定番（1941 年更名为惠水县）县城各级官署"居县内西北地。县城街市以东西大街为最繁盛，店肆居多。凤山路为县府体育场、公园、城区小学校等处的所在地；他如新街、沿塘街、红道街等处均为住宅区"。④ 湘西沅陵、辰溪、洪江等城市因近代工业的发展，还出现了专门的工业生产区。其城市的近代功能分区更为显著，呈现出典型的"现代化"特征。⑤

---

① （清）蔡宗建修，龚传坤纂：《镇远府志》卷 5，"山川志"，贵州省图书馆 1965 年据乾隆刻本影印。
② （清）王复宗汇辑：《天柱县志》上卷，"城池"，康熙二十二年刻本。
③ 贵阳市档案馆：《抗战时期黔境印象》，贵州人民出版社 2008 年版，第 531 页。
④ 吴泽霖：《定番县乡土教材调查报告》第 1 章，1939 年稿本，第 26 页。另参见张少微等撰《惠水县乡土教材调查报告》，贵州省图书馆 1965 年据 1947 年刊本油印本，第 19 页。
⑤ 王肇磊：《近代武陵山民族地区城市布局、形态与功能结构研究》，《城市史研究》第 35 辑，社会科学文献出版社 2016 年版，第 150 页。

第四章　清代以来湘黔鄂渝桂省际毗连区城市空间布局、结构与体系

除以功能分区外，湘黔鄂渝桂省际毗连区城市还以街巷为经纬将城区划分为具有基层管理性质的厢或坊，进而形成了中国传统城市的厢坊空间结构。例如，黔阳县"在城坊一坊，以其近附县城，故以在城名坊也。其田地山塘错入附近里甲中，而民之附趾城关等坊，各有社以事神，四时祈报焉。东门则有阳和、永吉、太和、文昌、朝阳、儒林、彩金等名；南则有兴隆、仁爱、兴贤、永兴、长宁、雍熙、宁恩等名；北有长寿、永宁、崇祯、通龙等名；西有里仁、爱敬、通远等名"。①龙山则将城内街区划分为东街文华坊、隆兴坊、庆丰坊；南街青云坊；西街永盛坊、新兴坊、兴贤坊、新营坊；北街承恩坊、迎恩坊、文德坊；东门外迎春坊；南门外宁寿坊、清泰坊、永隆坊和新兴坊等16坊。②黎平府城（开泰县附郭），在清代分为13厢，即东隅厢（东门坡一带）、后街厢（后街，在县署右）、庆远厢（东门坡脚南，城内宋家巷、姚家巷、大井街、双井街、马家巷、张家巷）、正南厢（向家坡迤西，兰花园严家巷）、南隅厢（鼓楼坡一带）、四牌楼厢（向家坡下迤西梅家鼓楼）、中央水井厢（府井巷一带）、三牌楼厢（鼓楼坡下迤五贵冲、左所坡）、德胜厢（双井街西至考棚，南至胡家坪，东至夜［似为"叶"］家坡）、广运厢（在北门内，南至炎帝庙，迤东至下武街，迤西至螺蛳井）、正西厢（在西门内，东至府前街，南至晏家井、易家街）、清平厢（东至副爷脑、西至毛家桥）、迎恩厢（在城东门外长街），③"计城内八堡十三厢，城外屯庄三百有奇"。④其他城市亦有类似的坊厢空间结构。这一空间结构显然是与中国传统城市基层管理制度一脉相承的，⑤只是各城市在实践厢坊制时存在着一些差异罢了。

还有部分城市因山川地理而形成夹江而峙的"双城"空间结构。镇远，"滨潕江两岸，交错分二城：在江之南岸者曰卫城，江之北岸者曰府城"（见图4.3）。⑥晃县，居潕水之滨，"河之东为老晃县城街，河西为兴

---

① （清）陈鸿作等修，易燮尧等纂：《黔阳县志》卷3，"坊乡论"，同治十三年刻本。
② （清）符为霖修，刘沛纂：《龙山县志》卷2，"城池"，同治九年修，光绪四年重刊本。
③ （清）俞渭修，陈瑜纂：《黎平府志》卷2上，"城池"，光绪十八年刻本。
④ 李平凡、颜勇：《贵州世居民族迁徙史》，贵州人民出版社2011年版，第90页。
⑤ 钟翀、方毓琦等：《宋代以来常州城中的"厢"——城市厢坊制的平面格局及演变研究之一》，《杭州师范大学学报》（社会科学版）2016年第1期。
⑥ 贵阳市档案馆：《抗战时期黔境印象》，贵州人民出版社2008年版，第525页。

隆街"。① 沿河县城亦是夹乌江而立的"双城"。②

图 4.3　清代镇远城市空间格局图

资料来源：（清）蔡宗建修，龚传坤纂：《镇远府志》卷 2，"舆图"，乾隆五十六年刻本。

综上所述，湘黔鄂渝桂省际毗连区城市自清代以来其内部空间结构的发展与变化因"人化"的深入而被赋予了厚重的历史空间感观。即随着城内、城门、桥、亭、街巷、山体、水体等造型、色彩、地势高下的变换，人在"界"之内外，自然而然地产生出空间层次的明确感：即通过山水、街巷的通联，造就了本区城市独特的"始"与"终""阻"与"通""界"与"渗"的空间美学的层次感，③并因各城市历史地理的不同而呈现出多样性特征。

三　因时而化：城市形态的变迁

"方城"是中国传统时期中原城市的主要形态。④ 但受地形地貌的影

---

① 吴中量：《晃县小志》，《西南公路》1941 年第 132 期。
② 杨化育修，覃梦松纂：《沿河县志》卷首，"舆地志"，1943 年铅印本。
③ 魏挹澧等：《湘西城镇与风土建筑》，天津大学出版社 1995 年版，第 22—24 页。
④ 董鉴泓：《城市规划历史与理论研究》，同济大学出版社 1999 年版，第 186 页。

响，一些城市"因天材、就地利"而呈现出不规则的形态，尤其是山区城市。使本应符合礼制的传统城建倾向被湘黔鄂渝桂省际毗连区高下不平、形态复杂多样的地形地貌所抵消，从而造就了城市以城墙为标志的形态的多样性。这种多样性随着近代中国城市的发展，尤其是陆路交通发展和近代市政建设的需要，传统城墙大都被拆除，致使湘黔鄂渝桂省际毗连区城市的传统形态发生了巨大改变，并向近代城市不断演化。

（一）形态各异的传统城市

湘黔鄂渝桂省际毗连区地跨武陵山、苗岭两大山脉，其城市大多"用条石砌筑、沿山脊围城"① 而形成方形、或近似矩形、或圆形、或不规则的形状。

1. 对称规则型城市。对称规则型城市主要有方形（或近似矩形）和圆形（半圆形、近似圆形或椭圆形）两种形态。

方形（或近似矩形）城市。这类城市主要分布在山区地势较为开阔平坦，面积较大和河流流向较平直的盆地，特别是规模"较小的城，形状常呈正方形"，② 如湘西芷江，③ 贵州玉屏，④ 鄂西南来凤（见图4.4）、利川⑤等城市。

圆形（椭圆）城市。受山区地貌的影响，部分城市因地制宜地与山势、盆地地形相结合而修筑成为圆形（半圆形）或椭圆形。例如台拱县城"势倾斜，作椭圆形"。⑥ 沅陵，"城作东西之椭圆形，南北甚狭，东西殊长"。⑦ 其他城市如贵州松桃（见图4.5）、天柱、务川、印江、石阡，⑧ 湘

---

① 五峰土家族自治县地方志编纂委员会：《五峰县志》，中国城市出版社1994年版，第233页。
② 陈正祥：《中国文化地理》，生活·读书·新知三联书店1983年版，第77页。
③ （清）盛庆绂、吴秉慈修，盛一林纂：《芷江县志》卷2，"舆图志"，同治九年刻本。
④ （清）赵沁修，田榕纂：《玉屏县志》卷首，"图说"，乾隆二十二年刻本。
⑤ 王肇磊：《清代鄂西南民族地区城市分布、形态与规模略论》，《中华文化论坛》2015年第12期。
⑥ 丁尚固修，刘增礼纂：《台拱县文献纪要》，"城池"，1919年石印本。
⑦ 傅角今：《湖南地理志》，武昌亚新地学社1933年版，第515页。另参见沅陵县地方志编纂委员会编《沅陵县志》，中国社会科学出版社1993年版，第51页；
⑧ （清）王复宗修纂：《天柱县志》上卷，"舆图"，康熙二十二年刻本；（清）夏修恕、周作楫修，萧琯、何廷熙纂：《思南府续志》卷1，"舆图"，道光二十一年刻本；石阡县地方志编纂委员会：《石阡县志》，彩页，贵州人民出版社1992年版。

西黔阳、永顺、永定、会同,① 鄂西南恩施、咸丰②等城市或为圆形或为椭圆形。

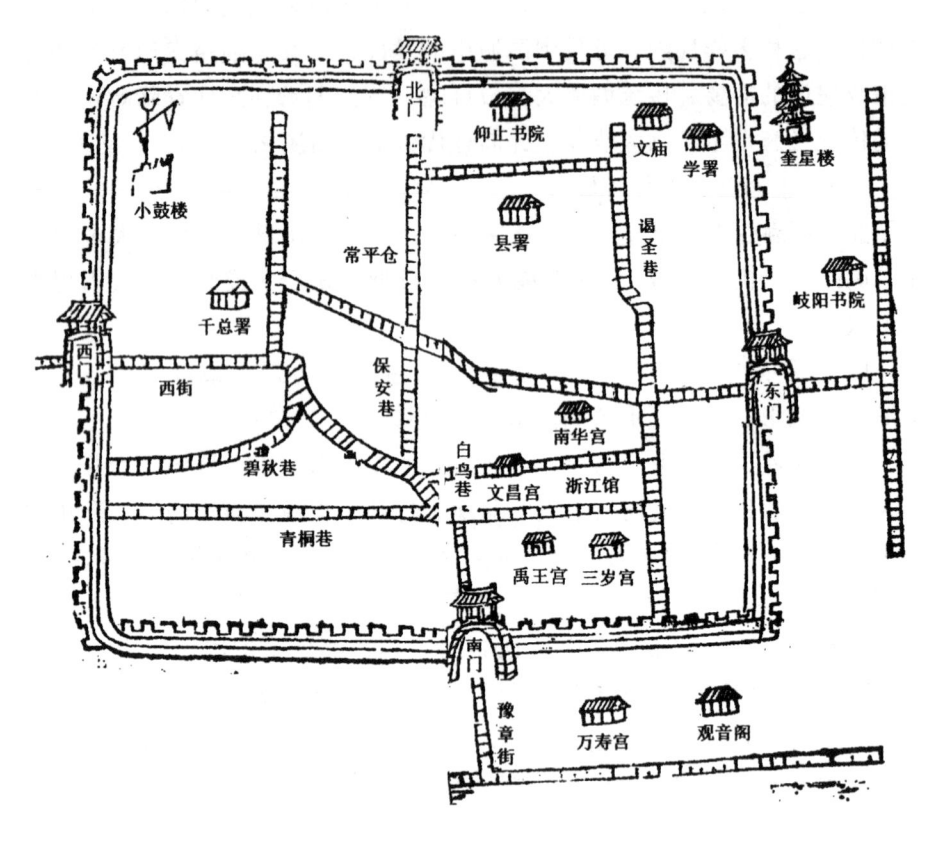

图 4.4 来凤县城形态图

资料来源：（清）松林修，何远鉴纂：《施南府志》卷首，"各图"，同治十年刻本。

此外，渝东南城市彭水外观呈半圆形状（见图 4.6）。贵州铜仁县城则是略呈三角对称的特殊外观形态（见图 4.7）。

---

① （清）金德荣修，熊国夏、王师麟纂：《永定县志》卷 2，"图考"，道光三年刻本；（清）陈鸿作等修，易燮尧等纂：《黔阳县志》卷 1，"舆图"，同治十三年刻本；（清）孙炳煜修，黄世昌等纂：《会同县志》卷首，"图考"，光绪二年刻本；胡履新、张孔修纂：《永顺县志》卷 1，"县城图"，1930 年铅印本。

② 王肇磊：《清代鄂西南民族地区城市分布、形态与规模略论》，《中华文化论坛》2015 年第 12 期。

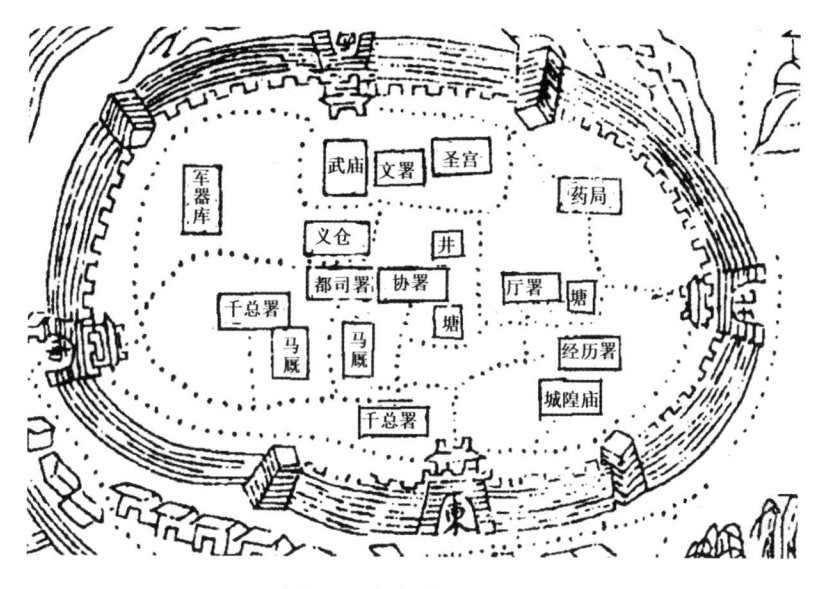

图 4.5　松桃县城形态图

资料来源：（清）徐锟修，萧琯纂：《松桃厅志》卷 3，"舆图"，道光十六年刻本。

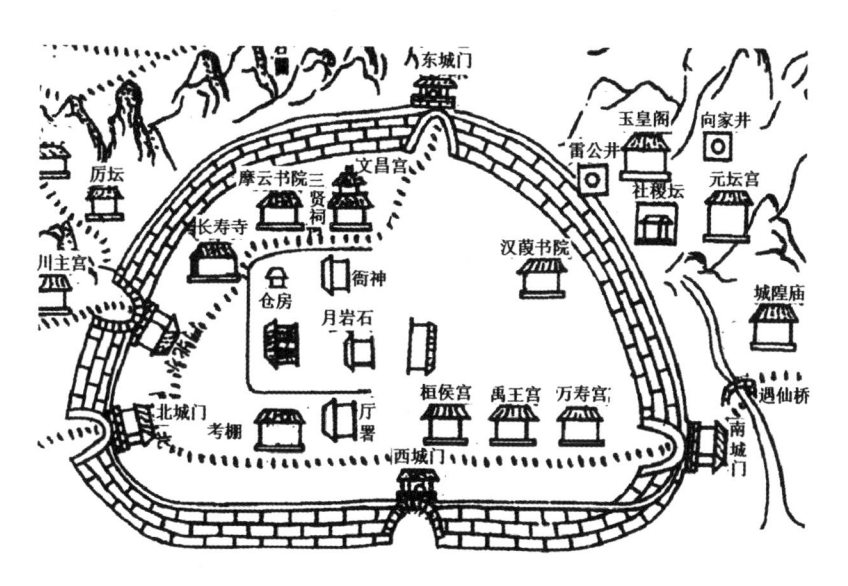

图 4.6　彭水县城形态图

资料来源：彭水县志编纂委员会：《彭水县志》，四川人民出版社 1998 年版，第 79 页。

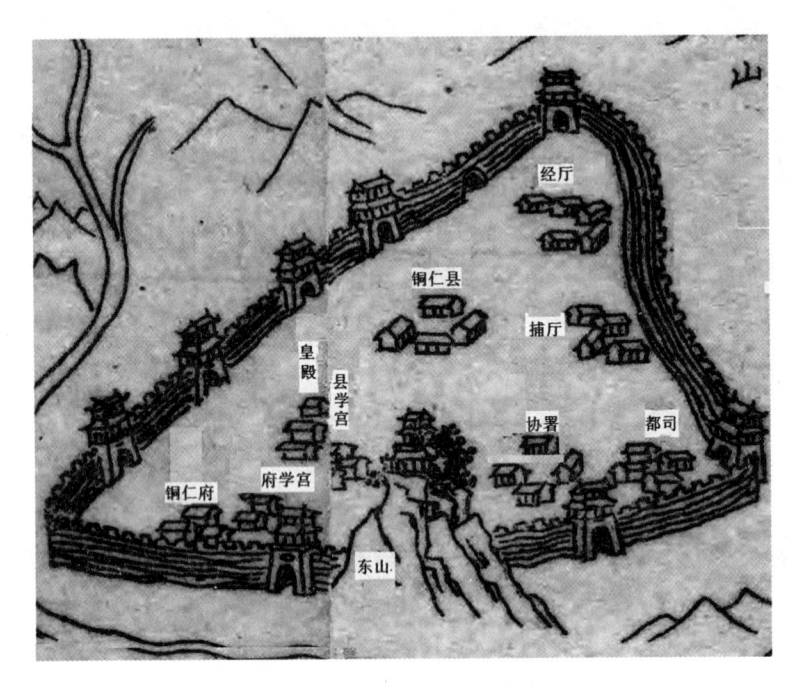

图 4.7 铜仁县城形态图

资料来源：（清）敬文修，徐如澍纂：《铜仁府志》卷 2，"铜仁府城图说"，道光四年刻本。

2. 不规则城市。由于本区地势高下不平，适于建城的山间河谷台地和盆地并不多，且面积较为狭小，可资修筑城垣的平畴之地严重不足，这使得相当部分的湘黔鄂渝桂省际毗连区城市建设不得不借助山体，同时还要考虑城市"龙脉"走向等问题，① 最终导致鹤峰（见图 4.8）②、思南③等城市被修筑成为不规则的外观形状。在形态不规则城市中，还有一类特殊城市，即夹江而立的双城格局，如前文所述镇远、晃县、沿河等城市。

此外，本区还有少数城市因多种因素影响而未修筑城墙，只是以一条大街或数条街巷的形态体现出来，如宣恩等城市（见图 4.9）。

---

① （清）袁景晖修纂：《建始县志》卷 1，"方舆志"，道光二十二年刻本。
② （清）聂光銮修，王柏心纂：《宜昌府志》卷 1，"鹤峰州·疆域"，同治三年刻本。
③ （清）夏修恕、周作楫修，萧琯、何廷熙纂：《思南府续志》卷 1，"舆图"，道光二十一年刻本。

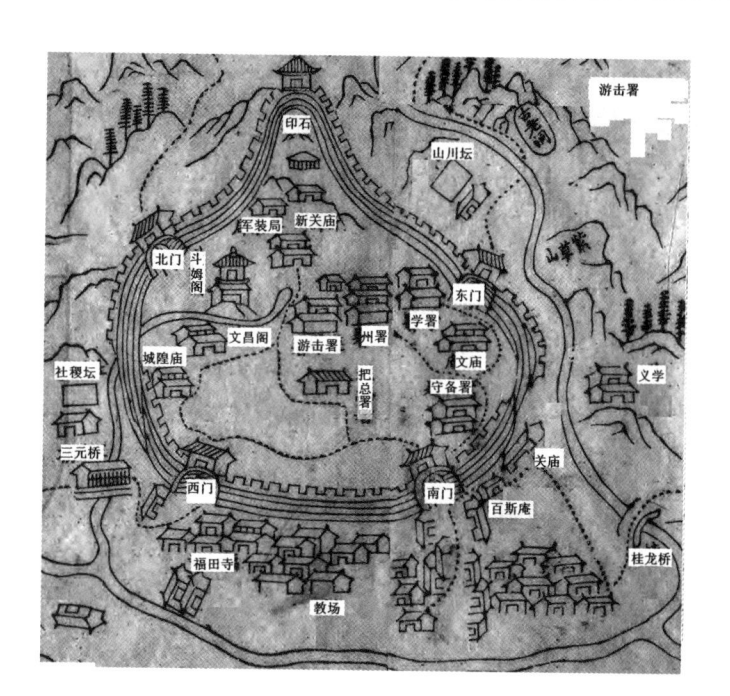

第四章　清代以来湘黔鄂渝桂省际毗连区城市空间布局、结构与体系 ◆

图4.8　清代鹤峰州城形态图

资料来源：（清）吉钟颖修，洪先焘纂：《鹤峰州志》卷首，"舆图"，道光二年刻本。

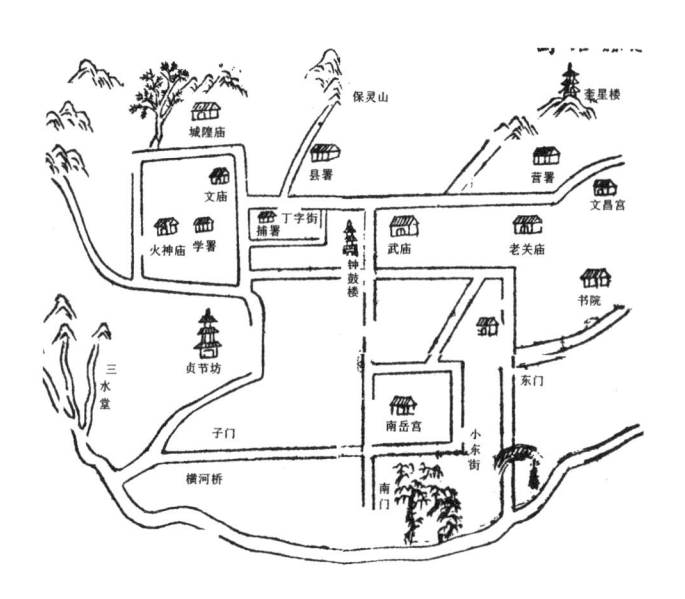

图4.9　清代宣恩县城图

资料来源：（清）松林修，何远鉴纂：《施南府志》卷首，"各图"，同治十年刻本。

（二）城市形态的近代变迁

上述城市形态到民国时期因城市近代化的发展而开始发生历史性的改变。其标志是为适应近代城市社会经济发展和市政建设与其他需要，城垣被拆建为街巷、马路，市区在清代突破城垣限制的基础上进一步向外拓展，湘黔鄂渝桂省际毗连区城市形态的近代化特征日益显著。

1. 城垣被拆毁。城垣作为传统城市形态的标志，其所承担的军事防卫功能到近代以后不仅失去了传统时期应有的军事防卫价值，而且还制约了城市的发展空间。自晚清始各地便兴起了拆城运动，到民国前期达到了一个高潮。[①] 湘黔鄂渝桂省际毗连区城市拆城活动始于民国前期。三合县城，"民初建县，赵知事永霖移（城墙）石料修造监狱。民十七都三支路兴工。王县长华宸复撤南段土城，新辟为市街马路"。[②]

岑巩则在1919—1930年间，因战事不断致使东、南等门的城垣被拆毁。残存城墙亦在新中国成立后因城市建设的需要被陆续拆除了。[③]

黄平县城垣因1930年湘黔公路穿城而过，拆除东、南两门，嗣因城市发展拆墙建屋，城垣便因此逐渐废毁。[④]

沅陵县城，在1939年为满足抗战时期外地军政机关、厂矿、学校迁入的需要，将城垣全部拆建为街巷，主街延至3000米，大小街巷增加到35条。[⑤]

印江则于1944年拆除清定门至玉华门石墙，城区扩大到城西南部的马路街、西街和下河街，墙基成为街道，形成了43条大小规则不一的街巷。[⑥]

来凤县城的城垣也在抗战时期被拆除。[⑦]

---

① 江沛、秦熠、刘晖：《中华民国史专题史·城市化进程研究》，南京大学出版社2015年版，第341页。
② 胡鬻修撰：《三合县志略》卷9，"营建略"，1940年铅印本。
③ 岑巩县志编纂委员会：《岑巩县志》，贵州人民出版社1993年版，第595页。
④ 黄平县地方志编纂委员会：《黄平县志》，贵州人民出版社1993年版，第309页。
⑤ 沅陵县地方志编纂委员会：《沅陵县志》，中国社会科学出版社1993年版，第65页。
⑥ 印江土家族苗族自治县志编纂委员会：《印江土家族苗族自治县志》，贵州人民出版社1992年版，第518页。
⑦ 来凤县志编纂委员会：《来凤县志》，湖北人民出版社1990年版，第183页。

第四章　清代以来湘黔鄂渝桂省际毗连区城市空间布局、结构与体系

受社会经济发展和城市近代化滞后的影响，本区多数城市在民国时期仍囿于城墙范围之内，城墙虽有破败，但大部分仍保存完好。直到20世纪50年代以后，由于城市建设的需要，包括石阡①、龙山②等在内的大部分城市的城墙才被拆除了。

城墙的拆除，为城市发展提供了新的发展空间。城市遂因之由封闭的"城"渐变为具有近代性质的"市"。"市"也就从传统时期的城市边缘而逐渐变成了近代城市的中心。③ 这便赋予了湘黔鄂渝桂省际毗连区城市发展多重性的经济文化意义。

2. 城市形态的重塑。在城市形态演变的过程中，公路发挥了建设性的作用。近代公路的兴建不仅扩大了湘黔鄂渝桂省际毗连区城市的发展空间，而且还重塑了它的形态。传统时期，本区城市依山滨水而建，沿江河上下发展。民国时期，随着玉秀、桂穗、遵思等县际公路的建成，以及湘黔、川黔、川湘、川鄂等省际公路穿境而过，湘黔鄂渝桂省际毗连区近代陆路交通得到了很大的改善，到抗战时期本区成为了"自湖南通四川、贵州、云南"的"西南公路网"的重要组成部分。这些公路在将湘黔鄂渝桂省际毗连区大多数城市串联于一起的同时，也使沿线城市一改沿江河发展而为沿公路交通向城郊不断延展的格局。

恩施县城沿巴石公路向城郊舞阳坝、土桥坝等地拓展，两旁房屋拔地而起，街道增至27条，主街6条，总长近4公里。1943年清江大桥建成后，城区正式向清江东岸舞阳坝发展。④

彭水县城垣于1938年为修筑通城公路，除小北门一段城垣外，其余皆被拆除。城市遂向乌江西岸、郁江北岸发展。⑤

镇远，"所有她的精华，都荟萃在（湘黔）公路的两旁。在酷热、喧嚣和沉闷交织而成的氛围中，新的建筑物如雨后春笋般的起来。……这些建筑物，因适应事实的需要，沿着公路，尽量地、不断地在向西扩展之

---

① 石阡县地方志编纂委员会：《石阡县志》，贵州人民出版社1992年版，第252页。
② 龙山县修志办公室：《龙山县志》，1985年内部版，第53页。
③ 涂文学：《中国近代城市化与城市近代化论略》，《江汉论坛》1996年第1期。
④ 恩施市地方志编纂委员会：《恩施市志》，武汉工业大学出版社1996年版，第332—334页。
⑤ 彭水县志编纂委员会：《彭水县志》，四川人民出版社1998年版，第247页。

中，将一个带状的长街，拉得更长了"。①

在近代陆路交通发展的推动下，本区其他城市亦或多或少地沿公路上下拓展。这不仅在城市滨江沿河分布格局的基础上增加了新的内容，而且还在空间外观上重新塑造了湘黔鄂渝桂省际毗连区城市的形态。这对后世本区城市格局与形态近代化的继续演化、变迁具有深远的影响。

第二节 城市数量变化与规模分析

湘黔鄂渝桂省际毗连区城市经过历史时期的发展，城市数量到清中晚期时已达到传统时期的最高值。进入民国后，国家出于地方治理和社会发展的需要，对行政区划作了数次调整，本区城市数量亦随之发生了一些变化，城市的区域分布格局也得到了进一步优化。同时，湘黔鄂渝桂省际毗连区城市因区域社会经济的发展与进步，其城市规模不断扩大，进而形成了城市的规模等级结构，从而促进了湘黔鄂渝桂省际毗连区城市体系的发展与变迁。

一 设治与调整：城市数量的变化

城市数量是衡量一个地区社会发达与否的重要标志之一，也是城市区域布局和城市体系演变的基础和重要内容。湘黔鄂渝桂省际毗连区地处中国内陆民族地区，千百年来随着区域经济的开发，社会日益进步，人口不断增多，在一些地理位置优越的地方人口渐聚成邑，城市数量不断增多，到明代中后期国家已在湘黔鄂渝桂省际毗连区设置了黎平、都匀、石阡、思州、黄平、沅陵、黔江、独山、麻哈、荔波等37个府、州、县和平溪、清浪、偏桥、镇远、五开、施州等31个拥有"实土"的卫、所，其中州县治所和卫（所）治共处一城者有清平县与清平卫、都匀府与都匀卫、沅陵县与辰州卫、沅州府与沅州卫等4个，共计64座城市（见表4.3）。这为清代及以后本区城市的继续发展奠定了基础。

---

① 贵阳市档案馆：《抗战时期黔境印象》，贵州人民出版社2008年版，第531—532页。

表 4.3　　　　明代中后期湘黔鄂渝桂省际毗连区城市数量表

类别	城市名称	数量
行政治所	黎平、都匀、思州、石阡、定番、独山、麻哈、清平、黄平、永从、安化、务川、印江、思南、镇远、施秉、铜仁、黔江、彭水、武隆、沅陵、卢阳、泸溪、辰溪、溆浦、麻阳、沅州、黔阳、天柱、会同、靖州、绥宁、通道、城步、荔波、融县、怀远	37
军事卫所	平溪、清浪、偏桥、镇远、五开、施州、大田、靖州、天柱、辰州、沅州、汶溪、铜鼓、城步、永定、九溪、添平、安福、隆里、平茶、大庸、新化、兴隆、都匀、黄平、龙里、新添、清平、重安、安笼、黔江	31

资料来源：郭红、靳润成：《中国行政区划通史（明代卷）》，复旦大学出版社 2007 年版，第 99—227、415—523、569—570 页。

入清后，清政府为加强西南地区的治理，通过改土归流，废除土司制度，设府置县建厅、省卫入县的方式，在湘黔鄂渝桂省际毗连区完全建立起了由中央直接管控的府州县厅等地方政权，并在大多数治所重修或新筑了高大而坚固的城墙，其城市数量遂在明代的基础上有所增加，由明中后期的 64 座增加到清中期的 69 座（见表 4.4）。

表 4.4　　　　清中期湘黔鄂渝桂省际毗连区城市设置情形一览表

所在区域	城市名称	数量
湘西	沅陵、泸溪、辰溪、溆浦、芷江、黔阳、麻阳、凤凰、乾州、永绥、永顺、保靖、桑植、龙山、古丈坪、靖州、会同、通道、绥宁、城步、晃州	21
黔东、南	贵定、定番、龙里、广顺、长寨、思州、玉屏、清溪、镇远、清江、台拱、天柱、黄平、铜仁、松桃、黎平、永从、锦屏、古州、下江、贞丰、独山、都匀、八寨、丹江、都江、荔波、清平、麻哈、石阡、罗斛、务川、安化、印江、归化	35
鄂西南	恩施、鹤峰、宣恩、来凤、咸丰、利川	6
渝东南	酉阳、黔江、彭水、秀山、石砫	5
桂西北	融县、怀远	2

资料来源：傅林祥、林涓等：《中国行政区划通史（清代卷）》，复旦大学出版社 2013 年版，第 336—354、436—458、524—536、587—601 页。

清中期湘黔鄂渝桂省际毗连区城市虽然在数量上仅比明代增加了五座，但在地域分布上更加均衡。例如鄂西南在明代仅有施州卫和大田所两座军事城镇。清政府通过改土归流在鄂西南广袤的土司故地设置了施南府及所辖恩施（附郭）、来凤、利川、宣恩、咸丰五县以及鹤峰直隶州（清中期属宜昌府，光绪三十年升直隶厅）等六座城市（见表4.5）。这使鄂西南城市数量增加到六座。渝东南则由明代的四座城市增加至清中期的五座，二者在数量上共增加了五座城市。这改变了这两个区域城市分布数量偏少的问题。

表4.5　　　清代鄂西南地区改土归流新设县级城市情形表

县（州）	今址	原土司辖地
鹤峰州	鹤峰县容美镇	容美土司
利川县	利川县城关镇	忠孝、忠路、沙溪、建南四土司及施南土司所属官渡灞等处
来凤县	来凤县翔凤镇	毛大旺、卯峒、漫水、腊壁、东流诸土司
宣恩县	宣恩县珠山镇	施南忠建、忠峒、石虎、木册、高罗、东乡诸土司
咸丰县	咸丰县乐山镇	唐崖、龙潭、金峒三土司及旧大田所

资料来源：潘新藻：《湖北省建置沿革》，湖北人民出版社1987年版，第917—931页；鹤峰县史志编纂委员会：《鹤峰县志》，湖北人民出版社1990年版，第36页；利川市地方志编纂委员会：《利川市志》，湖北科学技术出版社1993年版，第6页；来凤县县志编纂委员会：《来凤县志》，湖北人民出版社1990年版，第13页；宣恩县志编纂委员会：《宣恩县志》，武汉工业大学出版社1995年版，第175页；咸丰县志编纂委员会：《咸丰县志》，武汉大学出版社1990年版，第56页。

与鄂西南、渝东南城市数量增加相反，黔东、黔南、湘西则因清政府通过裁并卫所[①]、省卫入（州）县的方式，其城市数量有所减少，但却使之在地理分布上更趋合理。例如，乾州"康熙四十三年，以辰州府属镇溪所地置乾州厅"；[②]"裁镇溪军民千户所，设厅于此"。[③] 贵定县在"明洪武

[①] （清）刘献廷：《广阳杂记》卷1，中华书局1997年版，第15页。
[②] （清）昆冈：《钦定大清会典事例》第152卷，"户部一·疆里"，光绪二十五年重修本。
[③] （清）林书勋修，蒋琦溥纂：《乾州厅志》卷1，"沿革"，同治十一年刻本、光绪三年续修本。

二十二年置新添千户所，属贵州卫，二十三年改为新添卫……国朝康熙二十六年，省卫入县，移至卫城"。① 施秉县治在明时以施秉为治所，康熙二十六年省卫入县，将县治迁入偏桥卫。② 都匀府"明初曰都匀卫。在贵州东南三百里，都匀县附之"。③ 黄平"兴隆卫即古样牁郡，今省入黄平州，移州治于内焉"。④ 又云：州治"原为兴隆卫城"，明"筑石城，周围五百三十丈……国朝康熙二十六年裁卫并州，移州治于卫城"。⑤ 镇远"今省卫入县，实以守兵"等。⑥ 湘西、黔东等熟苗地区因裁并卫所、省卫入县其城市数量比明代减少许多。在熟苗地区城市数量减少的同时，生苗地区则因清政府设置了都江、古州、丹江、台拱、清江、八寨、乾州、永绥、凤凰等"新厅"而增加了九个城市。这样，湘黔熟苗地区的城市数量虽然在裁并卫所、省卫入县的过程中减少较多，但生苗地区因"新厅"的设置而出现了新的城市。这使城市在地理空间格局上得到了优化，促进了清代湘黔鄂渝桂省际毗连区城市的区域均衡化发展，并为民国时期本区域城市数量的增减和空间格局的继续优化打下了基础。

民国时期，为加快地方近代化转型的步伐，国家在承继前清行政制度的前提下，在湘黔鄂渝桂省际毗连区先后进行了厘定县制、县政改革、调整县级行政区划等改革，使其城市数量因区域不同而有所变化，处于动态发展之中，但在总体上还是比较稳定的。

北洋政府时期，国家为加强边地治理，根据行政地理的实际情况在黔南新设了大塘、平舟、三合等八座县级城市（见表4.6）。使本区城市数量由清中期的69座增加至民国初期的77座。这为南京国民政府对湘黔鄂渝桂省际毗连区城市区划的进一步调整和城市区域空间结构的优化作了进一步铺垫。

---

① （清）爱必达：《黔南识略》卷2，"贵定县"，乾隆十四年修刊本。
② 刘禹东、邵彧双：《中国县市概况》，中国人事出版社1998年版，第2761页。
③ （清）徐家干著，吴一文校注：《苗疆闻见录》，贵州人民出版社1997年版，第44页。
④ 谢圣纶辑，古永继点校：《滇黔志略点校》，贵州人民出版社2008年版，第232页。
⑤ （清）爱必达：《黔南识略》卷15，"黄平州"，乾隆十四年修刊本。
⑥ （清）陈鼎：《黔游记》，中国西南文献丛书编委会：《西南稀见丛书文献》（5），兰州大学出版社2004年版，第199页。

表 4.6　　　　　　　北洋政府时期黔南新设县治大致情形

县治	新设县治大致情形
大塘	1913 年 9 月，析清代定番州属大塘州判辖地置县，治所因驻所平湖镇西大塘而得名
平舟	清代为都匀县。辛亥革命后并入都匀府，在平舟设弹压委员。1913 年 9 月，以原都匀县地复置县，移置平舟，并改名
三合	1913 年 9 月，析独山州属三角地州同辖区置县，治三合镇
三穗	1913 年 9 月，贵州以清镇远县属邛水县丞辖区置邛水县，以驻所得名。后改现名
后坪	1913 年 9 月，贵州析务川县属后坪弹压委员所辖地方置县。因驻地得名
省溪	1913 年 9 月，贵州析铜仁府省溪司地置县。因驻地得名
册亨	1913 年 9 月，贵州以清代贞丰州属册亨州同辖区置县，以驻所得名
长寨	1913 年 9 月，贵州以清代广顺州属长寨州判辖区置县，以驻所得名

资料来源：《政府公报》第 637 号，1914 年 2 月 15 日第 22 册，第 357 页。

南京国民政府时期，国家对湘西、黔东、黔南的行政区划作了进一步的调整，增加了道真、望谟、怀化、雷山等四县（见表 4.7）；将永从、下江、平舟、大塘、三合、都江、长寨、长顺等八县分别合并为从江、平塘、三都、长顺等四县；①废除了后坪、省溪、清溪等三县（见表 4.8）。这样，湘黔鄂渝桂省际毗连区城市的数量到 20 世纪 40 年代初便由民国初期的 77 座调整为 74 座，进一步优化了本毗连区城市的区域空间分布格局。

表 4.7　　　　　南京国民政府时期黔东、黔南、湘西新置县情形

县治	新设县治大致情形
道真	1932 年 9 月，国民政府核准析正安县置县
望谟	1940 年冬，贵州省在贞丰县王母置王母县，后改望谟县
怀化	1942 年 4 月，析辰溪、芷江、黔阳三县毗邻地置县，因治所怀化驿得名

---

① 内政部方域司：《中华民国行政区域简表》（11 版），商务印书馆 1947 年版，第 106 页；贵州省地方志编纂委员会：《贵州省志·地理志》（上），贵州人民出版社 1985 年版，第 96—97 页；贵州省政府秘书处：《黔政五年》，南京印书馆 1943 年编印，第 15—16 页。

续表

县治	新设县治大致情形
雷山	1943年11月，析丹寨、台江地置雷山自治局，1948年10月升县

资料来源：《国民政府公报》洛字第50号，1932年11月3日，第11页；《民国政府公报》渝字第627号，1942年12月1日，第18页；贵州省档案馆：《民国贵州省政府委员会会议辑要》，贵州人民出版社2000年版，第264页；贵州省地方志编纂委员会：《贵州省志·地理志》（上），贵州人民出版社1985年版，第95页；傅林祥、郑宝恒：《中国行政区划通史（中华民国卷）》，复旦大学出版社2007年版，第217页。

表4.8　　　　　　　　南京国民政府时期黔东废县情形

县治	废县大致情形
省溪	1941年5月撤销，并入铜仁、玉屏两县
后坪	1941年8月撤销，并入务川、沿河两县
清溪	1942年5月裁撤并入镇远、天柱两县

资料来源：《民国政府公报》渝字第452号，1942年3月28日，第17页；《民国政府公报》渝字第463号，1942年5月6日，第18页；贵州省地方志编纂委员会：《贵州省志·地理志》（上），贵州人民出版社1985年版，第88页。

湘黔鄂渝桂省际毗连区城市经过历史时期的发展，其地理空间分布格局由秦汉时期的点逐渐向面扩展，城市数量不断增多，到元明时期，随着国家治理地方力度的加强，为强化地方的管控，设置了一系列国家经制府州县，并设立了数量众多的卫（所），其城市数量因此增加较多。至清代，随着国家统一的完成，清政府在湘黔鄂渝桂省际毗连区通过改土归流、设府置县、省卫并县等措施，将其完全纳入到了国家直接治理的范围之内。其城市数量遂达到了传统时期的最高值。民国肇建后，国家通过县制改革、调整行政区划等措施，使湘黔鄂渝桂省际毗连区城市数量在清代的基础上又有了新的变化，城市的地理空间分布也因数量的变化比前代更均衡、合理。这为后世本区城市的发展奠定了基本地理格局，并为区域城市体系的发展与变迁打下了基础。

二　有限的发展：城市规模的变迁

受高原山区地理环境和社会经济发展水平等因素的制约，湘黔鄂渝桂省际毗连区城市规模一般都较小，且多囿于城墙之内。后来随着清代中叶至民国时期经济的开发与人口的增加，湘黔鄂渝桂省际毗连区城市因"人"与"物"等要素的积聚而逐渐突破城墙的限制向城郊地带或滨河码头缓慢地拓展。其城市规模亦有所扩大，并随时代的演进而不断变迁。

（一）城市人口规模

人口是城市发展的决定性要素之一。任何城市都是人口的集聚区，其规模的大小在很大程度上决定了城市的发达与否，并受制于它所处区域社会经济的发展程度。即任何一个地区只有拥有一定数量的人口，才能使多数可以利用的土地得到开垦；同样也只有人口增加到一定的量级，才能使农业从粗放型农业向精耕细作和多种经营方向发展，提高农业商品化水平，从而能为手工业和商业发展提供社会剩余劳动力和具备一定的消费人口，[1] 并通过经济等手段促使这些人口集聚于城市。因此，分析湘黔鄂渝桂省际毗连区城市自清代以来的规模发展状况，就必须首先了解她的人口生产及其规模情况。

众所周知，在近代以前中国社会是以传统农业为核心，建构于城乡一体之上的"乡土社会"。国家基于农业税收的需要，对人口的统计是以县为单位，结合坊里制度进行户籍登记管理的，却很少准确统计城市的人口数量。笔者查阅湘黔鄂渝桂省际毗连区相关史料，据目力所视仅见清代台拱厅城等少数城市有较详细的人口数据。[2] 因此要分析传统时期本区城市人口规模全貌，就需另辟蹊径。其中之一便是利用地方志所载相关人口数据，结合当时城市化率来推断出湘黔鄂渝桂省际毗连区城市的人口规模，其结果虽不很准确，但就目前的研究而言则可能是最接近历史实际的。

总体而言，自清初以来湘黔鄂渝桂省际毗连区人口处于一种长期增长态势。例如，湘西、黔东、黔南和渝东南的人口从乾隆四十一年（1776年）的475.5万人增加到嘉庆二十五年（1820年）的576.9万人，在短短的45年间人口总数增加了101.4万人（见表4.9）。如果考虑到各地方

---

[1] 葛剑雄：《中国移民史》（一），福建人民出版社1997年版，第97页。
[2] （清）罗绕典：《黔南职方纪略》卷6，"镇远府"，成文出版社1974年据道光二十七年刻本影印，第175页。

还有一定数量的漏登人口,① 可以想见此期湘黔鄂渝桂省际毗连区人口的总数及增量应比表4.9所列数据要高一些。

表4.9　清乾嘉时期湘西、黔东、黔南、渝东南人口数量增长情况表　单位：万人

府、州	乾隆四十一年	嘉庆二十五年	府、州	乾隆四十一年	嘉庆二十五年
辰州府	80.6	90.9	石阡府	12.2	15.9
沅州府	55.0	60.0	黎平府	28.2	33.6
永顺府	49.8	71.6	镇远府	48.9	58.3
靖州	50.5	53.7	思州府	10.6	12.6
湘西四厅	19.0	24.7	铜仁府	10.1	13.1
酉阳州	44.8	66.2	松桃厅	9.2	1.6
石砫厅	7.5	10.8	思南府	49.1	63.9

资料来源：曹树基：《中国人口史（清时期）》，复旦大学出版社2001年版，第154、264、324页。

随着区域人口的持续增加，必然会有一部分人口因超过农村土地承载力或为政治、经济等因素的吸引而迁居城市，从事工商、运输以及苦力等谋生之"艺"。罗绕典在《贵州巡抚嵩溥奉旨饬禁汉人私入苗寨》中言道："当经委员逐细编查……住居城市乡场及隔属买当苗人田土客民一千九百七十三户，并住居城市乡场买当苗民全庄田土客民及佃户共四千四百五十五户。"② 这则史料说明了在清前中期已有大量汉族移民和苗民移居到了湘黔鄂渝桂省际毗连区城市。这在各方志中亦有较多的文学性描述。例如，独山"屋舍比连，绣壤交错，望万家之灯火，数百家之仓箓"。③ 湘西沅州府，西门外"万瓦鳞鳞，壅蔽成拱，行人往来肩摩踵接"。④ 洪江在乾隆时便已是"庐烟数千"⑤的"西南一都会"。⑥ 四川石砫厅城也是"人烟

---

① 林芊：《明清时期贵州民族地区社会历史发展研究——以清水江为中心、历史地理的视角》，知识产权出版社2012年版，第232页。
② （清）爱必达：《黔南识略》卷1，"总叙"，乾隆十四年修刊本。
③ （清）刘岱修，艾茂、谢庭薰纂：《独山州志》卷3，"地理志"，乾隆三十四年刻本。
④ （清）刘书年：《刘贵阳遗稿》卷3，《黔行日记》，紫江朱氏据原稿印行，第39页。
⑤ （清）魏德畹纂修，觉罗隆恩续修，汪尚友续纂：《直隶靖州志》卷13，"艺文志"，道光十七年刻本。
⑥ 《洪江育婴小识》，转引自周秋光《湖南慈善史》，岳麓书社2010年版，第290页。

辐辏"之地等。①

但受山区经济发展总体滞后的影响，湘黔鄂渝桂省际毗连区城市人口规模一般比较小。例如，清代思州府"居民附郭不满百家"。②台拱厅"城内汉民四百三十七户，两千零七十名口"。③荔波县"城厢内外汉民七百六十五户"。④石阡"附郭之家不及千户"。⑤本区其他城市人口的记载亦相类似，很少有具体的数据统计。为弄清清代中前期湘黔鄂渝桂省际毗连区城市的人口规模，唯有通过清代县（厅）人口数据和当时人口城市化率相结合的方式进行考察。根据这一研究方法，曹树基已研究了清乾隆时期湘、黔、川（含今重庆市）三省人口的城市化率。如果以曹树基所研究乾隆时期湖南、贵州、四川三省人口城市化率计算的话，此期湘黔渝省际毗连区城市的人口总数为244844人（见表4.10）。考虑到湖南、贵州、四川等省的长沙、贵阳、成都、重庆等大中城市人口数量较多的实际情况，那么这三省毗连区此期的城市人口比例显然要低于5.％、4.8％和7.0％的水平，其城市人口总数也应该少于244844人。这无疑是符合历史事实的。这在20世纪40年代末人口统计中得到了部分证实。据不完全统计，1947年炉山县城区人口共计1842人，其城市人口仅占全县人口的1.81％。⑥1949年1月岑巩县城区人口总数为1858人，其城市人口所占全县人口比重仅为2.54％。⑦天柱县1949年5月城区人口共计2725人，其城市人口比率也只有2.10％。⑧即便是按照此时湘黔川三省的全省城市人口比例计算，清代湘黔渝省际毗连区城市人口规模也不大。如果将其城市人口比例往下修正，清乾隆时期湘黔渝毗连区城市人口规模则更小。其他

---

① （清）王槐龄纂修：《补辑石砫厅志》，建置志第五，"市街"，道光二十三年刻本。
② 李平凡、颜勇：《贵州世居民族迁徙史》，贵州人民出版社2011年版，第89页。
③ （清）爱必达：《黔南识略》卷13，"台拱同知"，乾隆十四年修刊本。
④ 何光渝、何昕：《贵州社会六百年》，贵州人民出版社2014年版，第365页。
⑤ 《石阡物产记》，载国家图书馆分馆编《清代边疆史料抄稿本汇编》第37册，线装书局2003年版，第448页。
⑥ 《炉山县县政概况报告（1947年）》，黔东南州档案馆藏：民国时期档案，全宗号1，目录号1，案卷号82。
⑦ 《岑巩县户籍统计月报表（1949年）》，黔东南州档案馆藏：民国时期档案，全宗号1，目录号1，案卷号122。
⑧ 《天柱县户籍统计月报表（1949年）》，黔东南州档案馆藏：民国时期档案，全宗号1，目录号1，案卷号123。

区域的城市人口规模亦大抵如此。另据张朋园对湖南城市人口的研究，清末湘西芷江、凤凰、大庸三个城市处于约10000人的人口等级，低于湖南同一层级城市平均人口数13000人的水平，其他湘西各层级的城市人口规模亦低于湖南同一层级城市的平均人口数（见表4.11）。[①] 这进一步印证了清代湘黔鄂渝桂省际毗连区城市的人口规模比较小，明显落后于毗邻的湘江流域、四川盆地等周边区域城市人口规模水平的论断。

表4.10　　　　乾隆四十一年湘黔渝毗连区城市人口数量　　　　单位：万人

省份	府县州	人口总数	城市人口比例（%）	城市人口	省份	府县州	人口总数	城市人口比例（%）	城市人口
湖南	辰州府	80.6	5.0	4.03	贵州	石阡府	12.2	4.8	0.5856
	沅州府	55.0		2.75		黎平府	28.2		1.3536
	永顺府	49.8		2.49		镇远府	48.9		2.3472
	靖州	50.5		2.525		思州府	10.6		0.5088
	湘西四厅	19.0		0.95		铜仁府	10.1		0.4848
重庆	酉阳	44.8	7.0	3.136		松桃厅	9.2		0.4416
	石砫	7.5		0.525		思南府	49.1		2.3568

资料来源：曹树基：《中国人口史》（清时期），复旦大学出版社2001年版，第154、264、324、828页。

表4.11　　　　　　　　清末湘西城市等级与人口

等级	本区城市	个数	湖南其他城市	个数	平均
约2万人	沅陵	1	益阳、桃源、岳阳、武冈、新化、宁远、零陵、醴陵、安化、湘乡	10	2.5万人
约1万人	芷江、凤凰、大庸	3	汉寿、耒阳、茶陵、石门、平江、常宁、道州、祁阳、攸县、宁乡、浏阳、湘阴	12	1.3万人

[①] 张朋园：《中国现代化的区域研究——湖南省（1860—1916）》，台北"中央研究院"近代史研究所1984年版，第379—383页。

续表

等级	本区城市	个数	湖南其他城市	个数	平均
约0.5万人	靖县、黔阳、麻阳	3	衡山、江华、永明、新宁、新田、临湘、沅江、永兴、资兴、华容、慈利、临澧、澧县、兴宁、宜章	15	0.7万人
约0.25万人	城步、溆浦、永绥、泸溪、保靖	5	东安	1	0.35万人
<0.25万人	辰溪、永顺、龙山、桑植、晃县、绥宁、通道、会同、乾县	9	桂阳、嘉禾、蓝山、桂东、郴州、临武、汝城、安仁、酃县	9	0.15万人

资料来源：张朋园：《中国现代化的区域研究——湖南省（1860—1916）》，台北"中央研究院"近代史研究所1984年版，第379—383页；曹树基：《中国人口史》（清时期），复旦大学出版社2001年版，第819页。

清代湘黔鄂渝桂省际毗连区城市人口规模小的状况一直持续到民国中期。据1918年《中华归主》统计，本区达到50000人的城市只有沅州1座；35000人的城市有洪江1座；32000人的城市有铜仁1座；拥有30000人规模的城市有镇远①、辰州2座，其余城市人口规模均在25000人以下。② 例如，台拱县城"民国三年改厅设县，遂为县城，居民四百九十四家"。③ 玉屏县城人口仅"二千七百五十二口"。④ 松坎在1932年有4227户，16758人。三合县1932年城内有1859户，6942人。榕江1934年有1500余户，人口8000人以上。⑤ 1935年岑巩县城内外200余户。⑥ 古丈

---

① 另据夏鹤鸣、廖国平《贵州航运史（古、近代部分）》（人民交通出版社1993年版，第179页）载，镇远在1932年有1500余户，人口近万人，与《中华归主》（中华续行委办会调查特委会编，蔡咏春等译，中国社会科学出版社2007年版）所统计的30000人的人口规模有较大的出入。
② 侯杨方：《中国人口史（民国时期）》，复旦大学出版社2001年版，第480—482页。
③ 丁尚固修，刘增礼纂：《台拱县文献纪要》，"城池"，1919年石印本。
④ 贵州省档案馆、贵州社会科学编辑部、贵州历史文献研究会、贵州省人口学会：《贵州近代经济史资料选辑》第二卷（上），四川社会科学院出版社1987年版，第27页。
⑤ 夏鹤鸣、廖国平：《贵州航运史（古、近代部分）》，人民交通出版社1993年版，第180—181页。
⑥ 岑巩县志编纂委员会：《岑巩县志》，贵州人民出版社1993年版，第17页。

"居民三百户"。黔阳县城有"二千余户"。会同县城"合计不满千家"。① 甚至有的县城仅有百余人。②

1938—1945 年是近代湘黔鄂渝桂省际毗连区城市人口规模迅速扩大的一个时期。自淞沪会战、武汉会战、广州会战爆发后，大批中东部人口不断迁入到湘西、黔东、黔南、鄂西南、渝东南等大后方地区，部分城市人口遂迅速增加，尤其是地理位置较好、社会经济发展程度相对较高的城市。例如，辰溪县城人口在抗战时期骤增至近 10 万人。③ 洪江人口从 4 万激增至 10 万。新晃县城也由几千人骤增至 4 万余人。④ 贵州都匀的城市人口则由 1937 年的 1 万余人⑤增至 1945 年的 9 万人。⑥ 独山县城人口规模在此期亦急剧增加，其中仅本地人就"约五万人左右"。⑦ 镇远，"全县拥有七十万人口，城里约占十万人，中央机关设办事处于此者甚多，往来人群多半异乡之客"。⑧ 鄂西南恩施县城的人口因武汉等外地人口的大量迁入而骤增至 15 万人。⑨ 此外，沅陵、泸溪、凤凰、铜仁等城市的人口规模亦在此期增加较多。但多数地理位置偏僻的城市的人口规模依然处于较小的状态之中（见表 4.12），与抗战前相比并无明显的变化。⑩

表 4.12　　　　抗战时期黔东、黔南部分城市的人口规模

城市	人口规模情况
彭水	1938 年县城有 2000 余户人家
龙里	"全城的户口有四百户左右。"
印江	1938 年县城有居民 1192 户

---

① 曾继梧等：《湖南各县调查笔记》（上），1931 年铅印本，第 189、201、208 页。
② 贵州省地方志编纂委员会：《贵州省志·地理志》（上），贵州人民出版社 1985 年版，第 401 页。
③ 辰溪县志编纂委员会：《辰溪县志》，生活·读书·新知三联书店 1994 年版，第 556 页。
④ 郑佳明、陈宏：《湖南城市史》，湖南人民出版社 2013 年版，第 406、407 页。
⑤ 贵州师范大学地理系：《贵州省地理》，贵州人民出版社 1990 年版，第 237 页。
⑥ 蓝东兴：《我们都是贵州人——贵州移民心态剖析》，贵州人民出版社 2000 年版，第 51 页。
⑦ 贵阳市档案馆：《抗战时期黔境印象》，贵州人民出版社 2008 年版，第 61 页。
⑧ 李显：《镇远行》，《西南公路》1941 年第 174 期。
⑨ 中国人民政治协商会议恩施市文史资料委员会、中共恩施市委统战部：《恩施文史资料·恩施文史资料统战专辑》1997 年第 8 辑。
⑩ 潘治富：《中国人口（贵州分册）》，中国财政经济出版社 1988 年版，第 74 页。

续表

城市	人口规模情况
紫云	"县城居千户。"
望谟	县城住民三百余户；一说"县城总共二百多家，人口仅三千人"；一说"四百余家。"
册亨	"顺着山腰二百户矮屋，凑成一个小小的城市。"
道真	"县府所在地——土溪……约一百户人家。"
婺川	"县城内有千多户人家，共五千余人口。"
德江	"城区共六百多户。"
炉山	"城内居民不过二百余家。"
麻江	"城内不过三百余家。"
从江	县城丙妹镇在1945年只有30户百余人

资料来源：必青：《彭水县经济状况》，《四川经济月刊》1938年第9卷第3期；贵阳市档案馆：《抗战时期黔境印象》，贵州人民出版社2008年版，第3—397页；贵州省地方志编纂委员会：《贵州省志·地理志》（上），贵州人民出版社1985年版，第401页；印江土家族苗族自治县志编纂委员会：《印江县志》，贵州人民出版社1992年版，第79页。

抗战胜利后，随着中东部人口回迁故地，湘黔鄂渝桂省际毗连区城市人口规模遂在战后急剧缩小，重回1938年及以前的人口规模状态，甚至有些城市人口规模因战后的社会动荡而缩小较多。例如，辰溪县城在抗战时期曾拥有10余万人口，但到1948年底仅余1.5万余人。[1] 恩施县城由抗战时期的15万人[2]锐减至1949年的2.41万人。[3] 大多数城市人口都低于5000人的规模。例如，1949年印江县城只有4120人。[4] 彭水县城的居民总数为3218人。[5] 永顺县城在新中国成立前夕仅为4000多人。[6] 可见此期湘黔鄂渝桂省际毗连区城市的人口规模也是比较小的。

---

[1] 辰溪县志编纂委员会：《辰溪县志》，生活·读书·新知三联书店1994年版，第112、113、557页。
[2] 中国人民政治协商会议恩施市文史资料委员会、中共恩施市委统战部：《恩施文史资料·恩施文史资料统战专辑》，1997年第8辑，第51、56页。
[3] 恩施市地方志编纂委员会：《恩施市志》，武汉工业大学出版社1996年版，第59页。
[4] 印江土家族苗族自治县志编纂委员会：《印江县志》，贵州人民出版社1992年版，第518页。
[5] 彭水县志编纂委员会：《彭水县志》，四川人民出版社1998年版，第347页。
[6] 永顺县地方志编纂委员会：《永顺县志》，湖南出版社1995年版，第56页。

总而言之，湘黔鄂渝桂省际毗连区城市受地理环境、社会经济发展水平等因素的制约，其城市人口的生产自清代以来除少数时段外长期处于一种低水平的发展状态，人口总量一直较低。这既不能为城市发展聚合足够的人口规模，也无法聚集各种有利于城市发展的社会生产要素，致使湘黔鄂渝桂省际毗连区城市人口规模相对较小，当然也就不能像大中城市那样发挥其强大的辐射带动作用，促进区域社会经济的全面发展。

（二）城市用地规模

清代以来随着区域城市人口的增加、经济的开发，部分城市还突破了城墙的限制向城外关厢或滨河码头一带发展，使城市的用地规模有所扩大。但对清代湘黔鄂渝桂省际毗连区大部分城市来说，它们的主体部分仍在城墙之内。故在清代没有现代测绘资料的情况下可以通过分析城垣长度的方法，来探究清代城市的用地规模。

清政府在统一的过程中，继承了明代的治边方略，在湘黔鄂渝桂省际毗连区具有政治、军事价值的区域设府置县立厅，建立地方行政体系，并修筑城垣，力图通过国家手段治理地方。这样，行政治所便成为了国家控制湘黔鄂渝桂省际毗连区的一个个支点。这些治所修筑的城垣因其行政军事地位的高低而长短不一，用地规模有异。例如松桃，"砖城一座，周围二里八分，长五百零六丈，高一丈，广一丈，起脚石砌入土三尺出土一尺，收顶七尺，垛口九百五十一座，门四"。[①] 八寨，"东南西北四门，炮台四座。周围计六百零五丈五尺，合三里三分有奇"。[②] 定番州，"石城，周围三里三分，五百一十丈五尺"。[③] 其他城市城垣周长参见表4.13。

表4.13　　　　清代湘黔鄂渝桂省际毗连区部分城垣周长一览表

城市	城垣长度	城市	城垣长度
辰州	"城周九百六十六丈"	黄平	"周围五百三十丈"
泸溪	"筑石城周三里七分"	都匀	"周围一千七十二丈"
辰溪	"城周四百七十丈"	麻哈	"周围四百丈"

---

① （清）徐铭修，萧琯纂：《松桃厅志》卷7，"城池"，道光十六年刻本。
② 郭辅相修，王世鑫等纂：《八寨县志稿》卷3，"城垣"，1931年刊本。
③ （清）年法尧修，夏文炳纂：《定番州志》卷2，"城池"，康熙五十七年稿本。

续表

城市	城垣长度	城市	城垣长度
溆浦	"城周二里三分"	清平	"周围六百六十三丈"
永顺	"城周五里三分,计九百四十四丈"	荔波	"周围五百二十二丈"
古丈	"城周二百四十三丈有奇"	施秉	"周围一千二百二十八丈"
保靖	"城周三里三分,计五百九十四丈";"嘉庆五年增建外城三,长七百一十九丈"	镇远	治城"共四百四十四丈零";卫城未载
		丹江	"周围六百二十五丈"
龙山	"城周三里三分,计五百九十四丈"	青溪	"周围九里三分"
桑植	"城周三里三分,计五百九十四丈"	天柱	"周围一百八十丈有奇"
黔阳	"城周五里,甃以石"	清江	"周围七百九十丈"
麻阳	"城周四百四十一丈"	台拱	"周围九百四十二丈"
乾州	"城周六百四丈"	思南	"周围七百七十丈"
凤凰	厅城"周二里有奇";乾隆年间"同知景椿详请奏展笔架城,自西门至北门,围长二百四十五丈,增西门,曰阜成"	印江	"周围五百一十二丈有奇"
		务川	"周围五百四十丈"
		石阡	"周围六百六丈"
沅州	宋筑砖城"三里有奇,高二丈三尺";明"复拓二里有余";清重筑	思州	"周围三百二十丈",后"筑后山石城一百二十丈"
永绥	"厅城周三里一分有奇"	玉屏	"周围九里三分"
靖州	"城周九百一十六丈四尺"	古州	"周围七百九十二丈八尺"
绥宁	城"周一里八分有奇"	铜仁	"周围三百六十九丈"
会同	城"周三里"	松桃	"周围五百六丈"
通道	城"周一里有奇"	黎平	"周围一千二百二十四丈"
定番	城"周围五百一十丈"	永从	"周围一百五十丈"
龙里	城周七百三十八余丈	锦屏	"周围六百二十五丈"
贵定	城"周围一千七十丈"	石砫	厅治"周围计五里有奇"
长寨	城"周围四百八十丈"	咸丰	"城周五百丈有奇"

资料来源:(清)卞宝第、李瀚章等修,曾国荃、郭嵩焘等纂:《湖南省志》卷41、42,"城池",光绪十一年刻本;(清)鄂尔泰等修,靖道谟、杜诠纂:《贵州通志》卷5,"城池",乾隆六年刻本,嘉庆补修本;(清)王槐龄纂修:《补辑石砫厅志》,建置志第五,"市街",道光二十三年刻本;(清)松林修,何远鉴纂:《施南府志》卷5,"城池",同治十年刻本。

第四章 清代以来湘黔鄂渝桂省际毗连区城市空间布局、结构与体系

清代城市规模到底如何，何凡能、葛全胜、郑景云等学者基于城垣周长，运用现代地理测绘技术对清代各行省所属府州县城的用地规模进行了研究和探讨。① 这无疑是研究清代湘黔鄂渝桂省际毗连区城市规模的有效途径之一。据其估算，清代湖南、贵州、四川、湖北四省府级（含府级直隶州、直隶厅）城市用地平均面积分别为 1.38 平方公里、0.71 平方公里、1.42 平方公里和 1.75 平方公里；县级城市用地平均面积则为 0.32 平方公里、0.28 平方公里、0.70 平方公里和 0.48 平方公里。如果考虑到各省平原城市与山区城市之间的差异，即平原城市用地规模普遍比山区城市要大的客观事实，那么湘黔鄂渝桂省际毗连区城市的用地规模除极少数城市外，要普遍小于何凡能等人估算的数据。例如，清代湖南永顺府城的城区面积为 0.5 平方公里，② 远低于同期湖南同级城市 1.38 平方公里的用地规模。鄂西南府城恩施的城区面积在晚清时期也只有 0.5 平方公里，③ 也远低于湖北同期同级城市的 1.75 平方公里。当然，也有极少数湘黔鄂渝桂省际毗连区城市的用地规模比同级城市偏大的情况。如清代贵州玉屏、清溪两座县城，其城周长度均超过了 9 里，远超过了同期贵州府城 5.28 里的城垣长度，几乎快达到了贵州省会城市贵阳 10.37 里的水准。④ 这或许是因为这两座城市处于本毗连区的核心区域，出于控制地方的需要，必须将其规模修筑大一些，以利于充分发挥其军事控制的功能。尽管如此，清代湘黔鄂渝桂省际毗连区城市的用地规模普遍偏小却是一个不争的事实。

当然，以城垣长度来估算清代湘黔鄂渝桂省际毗连区城市用地规模不是很准确。这主要是因为到清中后期及以后随着社会经济的发展，在不断消除传统城市功能结构阻力的过程中，湘黔鄂渝桂省际毗连区城市开始较普遍而缓慢地突破了城垣的限制向城外关厢或码头地区发展。例如，沅州龙溪口，"临水架楼而列肆者为新街，又蹑坎而上，俗呼为老街"。⑤ 广顺

---

① 何凡能、葛全胜、郑景云：《中国清代城镇用地面积估算及其比较》，《地理学报》2002年第6期。
② 永顺县地方志编纂委员会：《永顺县志》，湖南出版社1995年版，第355页。
③ 恩施市地方志编纂委员会：《恩施市志》，武汉工业大学出版社1996年版，第332—334页。
④ 何凡能、葛全胜、郑景云：《中国清代城镇用地面积估算及其比较》，《地理学报》2002年第6期。
⑤ （清）瑭珠等修，朱景英等纂：《沅州府志》卷7，"乡都·市镇"，乾隆二十二年刻本。

县"北关，在小街之外。康熙四十六年州牧张承明捐赀建，第系荒郊，群盗出入。自建关后，移民二十余户，给银一两，民赖无恐，近为场地，烟户日稠，逢卯日集"。① 松桃厅城，其城内街巷有东城内（大街、巷子口、西瓜陀），南城内（正市街、南门湾、辕门口），西城内（库房湾、西门坡、吊井湾），北城内（厅前街、顺城巷、北门湾、药局墰）等13条街巷；后在东、南、北三门外先后兴起了东城街、顺河街、正街、兴隆街、麻阳街、水塘街、永宁街、南市街、官田街、卡外街和卡房街等11条街巷，② 城外街巷数仅比城内少两条。本毗连区边缘地带的城市亦是如此。例如，安福县城：东兴街六十户，在东城内；福兴街四十八户，在西城内；上圣街七十二户，德政街四十一户，升平街三十九户，兴隆街四十二户，东兴街五十一户，俱在南城外；永兴街七十二户，在河街。③ 鄂西南恩施亦突破了城垣的限制，在城外因人口的不断增加，工商业的发展逐渐形成了武胜坊、文高坊、联升坊等工商业街衢。④

当然，本区还有相当部分的城市随着社会经济的发展突破了城垣的限制而向外拓展，其城市用地规模亦有所扩大，但城区面积扩大有限，在此不一一赘述。

民国肇建后，湘黔鄂渝桂省际毗连区城市随着近代工业、交通、商业、文教事业、市政等建设和发展，城市用地规模亦在清代基础上进一步扩大，尤其是在抗战时期。例如，湘西辰溪县城自清初康熙朝始因工商业的发展，城区范围逐渐扩大。晚清时其城区东起祥云庵，西至柳树湾，南迄沅水河岸，北抵罗家巷，面积为0.98平方公里。抗战时期，城区因人口骤增至近10万人而不断向外扩展，向东北拓至七里台，向南扩展至南庄坪、大路口，向西发展到麻田村一带。⑤

永顺县城在清代城区面积为0.5平方公里。民国时期其城市发展大体沿袭了清代的格局，但城市用地规模扩大至0.7平方公里。⑥

---

① （清）金台修，但明伦纂：《广顺州志》卷3，"营建志"，道光二十七年广阳书院刻本。
② （清）徐铉修，萧琯纂：《松桃厅志》卷3，"疆域"，道光十六年刻本。
③ （清）姜大定修，褚维垣纂：《安福县志》卷7，"城池"，同治八年刻本。
④ （清）松林修，何远鉴纂：《施南府志》卷6，"建置志·坊市"，同治十年刻本。
⑤ 辰溪县志编纂委员会：《辰溪县志》，生活·读书·新知三联书店1994年版，第556页。
⑥ 永顺县地方志编纂委员会：《永顺县志》，湖南出版社1995年版，第355页。

乾州（今吉首）县城在1922年时，其城区东迄万溶江岸，西抵杨氏宗祠，南至鳌头坡隘门，北达校场坪，面积2平方公里，其中建成区0.4平方公里。1947年，建成区增至0.5平方公里。1949年，城区及近效面积则增至3平方公里，建成区则增为0.6平方公里。①

恩施县城在清代发展极为缓慢，虽累次扩建，到晚清时，城区面积也仅为0.5平方公里。民国初期，恩施城区继续向城墙外拓展，但规模变化很小。直至抗战时期湖北省府西迁至恩施后，因人口骤增，加之恩施机场扩建、清江大桥建成通车和巴石公路穿城而过，城区遂沿巴石公路向土桥坝、栖凤桥、舞阳坝等地拓展，城区面积增至0.8平方公里，城区房屋面积达到17.66万平方米，街道增至27条。②

其他城市如镇远、铜仁、都匀、沅陵、泸溪、凤凰等城市都因近代工商业和交通的发展向城外不断拓展，但拓展有限。至于那些地理位置稍偏的城市也随着民国时期近代公路交通的发展而沿着公路向外拓展，但相比上述城市而言，其城区面积的扩大则要小一些。只有部分地理位置极为偏僻且交通闭塞的城市的用地规模或拓展极小或未拓展，其城市发展格局大体上仍以清代城墙为限。

由上述可见，自清初以来，随着区域社会经济的发展，城市人口不断增加，使原本狭小的城垣之内的区域无法承载这些增量人口，也不能承担日益发展的城市功能。于是，湘黔鄂渝桂省际毗连区城市突破了城墙的限制向关厢或滨河码头地带发展，城市用地规模亦有有限的扩大。在这一过程中，因各城市所处区位的不同，它们在规模发展上出现了分化，彼此间的差异度日益显著，初步形成了一个有序的等级结构，并与城市的地方行政级别紧密结合在一起，形成了一个规模、行政等级体系，深刻地影响了湘黔鄂渝桂省际毗连区城市的发展。

第三节　城市体系的变迁

城市体系是在一定区域范围内，以中心城市为核心，各种不同性质、

---

① 吉首市志编纂委员会：《吉首市志》，湖南出版社1996年版，第371页。
② 恩施市地方志编纂委员会：《恩施市志》，武汉工业大学出版社1996年版，第332—334页。

规模和类型的城市相互联系、相互作用的城市群体组织。① 它是在政治、经济、交通、文化等纽带的作用下形成的一个有机系统，是区域社会经济发展到一定阶段的产物。在传统时期，中国城市体系的发展与变迁主要体现在城市行政体系和市场体系两个层面。恰如施坚雅所说：传统中国的社会结构是由各具特色的等级体系构成的，即行政体系和市场体系。②

一　国家主导：城市行政体系的演变

在世界城市发展历程中，国家始终扮演着最重要的角色，它运用"国家的工具手段"，通过各种形式对地方进行"各方面的控制和严密管辖"，建立起一种行之有效的行政管理秩序。③ 中央政府为便于控御地方，往往会根据区域城市在国家战略格局中的不同地位派驻不同行政等级的官员进行城市社会管理，从而赋予了城市的行政等级，经过历史演变，逐渐形成了国家和地区城市行政等级体系。

（一）城市行政等级体系的确立

清代以前，历代王朝也曾在湘黔鄂渝桂省际毗连区尝试建立国家统一的地方行政管理系统，但受时代和政治、地理、社会、民族等诸因素的制约，中央王朝不得不在本地区长期施行间接行政治理的"羁縻州制度"和"土司制度"，直至明代改土归流，才在部分地区设置了国家直接治理的经制府州县和卫所，初步建立了与内地一致的地方行政管理体系。清初，中央政府亦"划土分疆，一如明制"④，继承了明代的行政建置、军事卫所制度和土司制度。这使湘黔鄂渝桂省际毗连区城市的行政管理秩序在雍正以前较为混乱，既有国家设置由流官直接治理的府州县厅，又有为强化军事控制而建的各级卫所，还有面积广大、叛服无常的土司辖区。这样，湘黔鄂渝桂省际毗连区形成了行省（布政使）—府（直隶州）—县（散州）、都（行都司）—卫（守御所）—所和由吏部与兵部直接管理的土司辖区

---

① http://baike.baidu.com/view/636123.htm?fr=ala0_1_1。
② ［美］施坚雅：《中国农村的市场和社会结构》，史建云、徐秀丽译，虞和平校，中国社会科学出版社1998年版，第55页。
③ ［美］刘易斯·芒福德：《城市发展史——起源、演变和前景》，宋俊岭、倪文彦译，中国建筑工业出版社2005年版，第546—550页。
④ 赵尔巽撰：《清史稿》卷54，"志二十九·地理一"，中华书局1976年版，第1892页。

"土府州县及宣慰、宣抚、安抚、长官诸司之制"并行的地方行政管理模式。① 后虽经顺治康熙两朝及雍正初年裁革卫所制度,② 但仍实行着流官与土官并治的行政管理形式（见图 4.10），城市的行政秩序较为混乱。这对于湘黔鄂渝桂省际毗连区区域城市行政体系的整体发展来说是相当不利的。

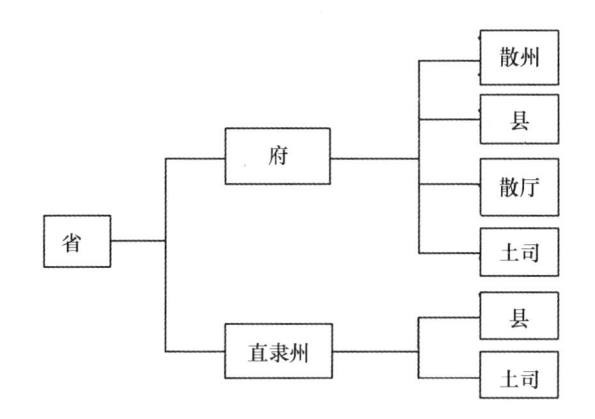

图 4.10 清初湘黔鄂渝桂省际毗连区城市地方行政系统构架图

资料来源：据许正文《中国历史行政区划与管理沿革》，陕西师范大学出版社 1990 年版，第 137 页绘制。

雍正四年，为将湘黔鄂渝桂省际毗连区全面纳入到国家的直接控制与管理，雍正批准了鄂尔泰的《改土归流疏》,③ 并指派鄂尔泰与迈柱主持西南的改土归流大局。④ 于是，清政府或采取武力手段或接受土司主动纳献的方式，先后将容美、保靖、永顺、桑植、酉阳等土司辖地纳入到了国家直接治理的行政构架之中，到雍正十三年基本完成了西南的改土归流。⑤

---

① 魏源撰，韩锡铎、孙文良点校：《圣武记》卷 7，"雍正西南夷改流记"（下），中华书局 1984 年版，第 297 页；另参见《民政部奏各省土司拟请改设流官折》，《政治官报》第 1216 号，宣统三年二月二十二日，第 42 册，第 342 页。
② 彭勇：《明代卫所制度流变论略》，《民族史研究》，民族出版社 2007 年版，第 172 页。
③ 鄂尔泰在《改土归流疏》中指出："改土归流，将富强横暴者（指土司）渐次擒拿，懦弱昏者（亦指土司）渐次改置，纵使田赋兵刑，尽心料理，大端就绪。"王国荣编著：《历代名臣奏议选注》，岳麓书社 2012 年版，第 320—321 页。
④ 赵尔巽撰：《清史稿》卷 289，"迈柱传"，中华书局 1977 年版，第 10255 页。
⑤ （清）贺长龄：《皇朝经世文编》卷 86，"湖南苗防录叙"，中西书局光绪二十五年石印本。

同时，清政府还推行了直隶州改革，所有的属州（散州）不再领县；并在"生苗"地区新设置了丹江、都江等直隶厅（见表4.14），从而形成了"生苗"地区的直隶厅制度。湘黔鄂渝桂省际毗连区的地方行政层级遂因此演变为省—府（直隶州）—县（厅、州）的三级制和省—直隶厅的两级制两种形式，即所谓清代的"府州县厅制度"。[①] 后因地方治理和城市发展的需要，国家对本区行政建置进行了调整，其城市行政等级结构也随之发生了一些变化（见表4.15）。

表4.14　　康雍乾时期湘黔川毗连区散厅、直隶厅设置情形表

所属省	府	厅名	设置年份	所属省	府	厅名	设置年份
湖南	辰州府	乾州厅	康熙四十三年	贵州	黎平府	古州厅	雍正七年
湖南	辰州府	凤凰厅	康熙四十三年	贵州	铜仁府	松桃厅	雍正八年
湖南	辰州府	永绥厅	雍正八年	贵州	镇远府	清江厅	雍正八年
贵州	贵阳府	长寨厅	雍正四年	贵州	镇远府	台拱厅	雍正十一年
贵州	都匀府	都江厅	雍正六年	贵州	南笼府	归化厅	雍正十二年
贵州	都匀府	丹江厅	雍正六年	四川	夔州府	石砫厅	乾隆二十二年
贵州	都匀府	八寨厅	雍正六年				

资料来源：[日] 真水康树：《清代"直隶厅"与"散厅"的"定制"化及其明代起源》，《北京大学学报》（哲学社会科学版）1996年第3期。

表4.15　　乾隆、光绪时期湘黔鄂渝桂省际毗连区城市行政等级演变情形表

省份	时期	城市行政等级		
		省城	府、直隶州、直隶厅	散州、县、散厅
湖南	乾隆	长沙	永顺府、辰州府、沅州府、靖州	城步、[沅陵]、泸溪、辰溪、溆浦、[芷江]、黔阳、凤凰、乾州、麻阳、永绥、[永顺]、保靖、桑植、龙山、绥宁、会同、通道、晃州
	光绪		永顺府、辰州府、沅州府、凤凰厅、乾州厅、永绥厅、晃州厅、靖州	城步、[沅陵]、泸溪、辰溪、溆浦、[芷江]、黔阳、[永顺]、麻阳、保靖、桑植、龙山、古丈坪、绥宁、会同、通道

---

① 《高宗实录》卷147，乾隆六年七月丁亥，《清实录》（10），中华书局1985年版，第1118页。

续表

省份	时期	城市行政等级		
		省城	府、直隶州、直隶厅	散州、县、散厅
贵州	乾隆	贵阳	思州府、思南府、镇远府、石阡府、铜仁府、黎平府、都匀府、南笼府	贵定、定番、广顺、龙里、长寨、玉屏、清溪、[安化]、婺川、印江、[镇远]、施秉、天柱、清江、台拱、铜仁、松桃、[开泰]、古州、下江、永从、锦屏、贞丰、清平、麻哈、独山、八寨、丹江、都江、荔波、[都匀]、黄平
	光绪	贵阳	思州府、思南府、镇远府、石阡府、铜仁府、黎平府、都匀府、兴义府、松桃厅	贵定、定番、广顺、龙里、罗斛、玉屏、清溪、安化、婺川、印江、[镇远]、施秉、清江、台拱、天柱、黄平、铜仁（迁江口）、永从、[开泰]、古州、下江、归化、贞丰、清平、麻哈、独山、八寨、丹江、都江、荔波、[都匀]
四川	乾隆	成都	酉阳州、石砫厅	彭水、黔江、秀山
	光绪	成都	酉阳州、石砫厅	彭水、黔江、秀山
湖北	乾隆	武昌	施南府	鹤峰直隶州、宣恩、来凤、咸丰、利川
	光绪	武昌	施南府、鹤峰直隶厅	宣恩、来凤、咸丰、利川
广西	乾隆	桂林		怀远、融县
	光绪	桂林		怀远、融县

注：[沅陵]为府（州）城附郭，下同。

资料来源：傅林祥、林涓等：《中国行政区划通史》（清代卷），复旦大学出版社2013年版，第742—781页。

从表4.14、表4.15中我们可以看出，清代湘黔鄂渝桂省际毗连区城市行政制度虽时有调整，但都有一个城市行政级别层次分明，且与各自所属省会联系紧密的行政体系：省城—府（直隶州、厅）城—县（散州、厅）城。乾隆时期，本区城市共计69座，其中府级城市15座，县级城市除府州附郭县8个列入府级城市外为54个，府县城市比例为15∶54。到清末光绪时期，府级（含直隶州、直隶厅）城市增加至21个，县级城市（含散州、散厅）则减少为50个，两者比例演变为21∶50。府县城市比例的提高说明清代湘黔鄂渝桂省际毗连区城市的行政等级结构得到了进一步的优化，这有助于本区域城市的均衡化发展。

民国时期，随着近代县政改革的逐步推进，湘黔鄂渝桂省际毗连区的行政区划亦屡被调整，其城市的行政等级结构亦时常变化。

辛亥革命后，清代府、厅、州等均改置为县，设道管理。如施鹤道辖鄂西南鹤峰、宣恩、来凤、咸丰、利川、恩施等六县及建始县，治恩施县，1927 年废。① 湖南、贵州、四川等城市亦改为"道—县"的行政管理体系（见表 4.16）。"道""县"比例为 3∶78，道所辖县的数量太多，极大地增加了"道"的行政管理难度，不利于城市行政管理的有效开展。这一比例显然不如清代湘黔鄂渝桂省际毗连区城市"府—县"的层级结构比例，是不合理的。同时，在"道"所在城市还未形成规模较大、辐射能力

表 4.16　　　　民国初期湘黔渝桂省际毗连区城市
"道—县"行政管理大致情形

省份	道（治所）	所属县城
湖南	湘江道（长沙*）	城步
	辰沅道（沅陵※）	大庸、沅陵、泸溪、晃县、永绥、凤凰、乾城、通道、会同、绥宁、靖县、古丈、桑植、龙山、保靖、永顺、麻阳、黔阳、芷江、溆浦、辰溪
贵州	黔中道（贵阳）	丹江、都江、八寨、三合、独山、麻哈、荔波、炉山、平舟、都匀、罗斛、长寨、广顺、大塘、定番、贵定、龙里
	镇远道（镇远）	镇远、松桃、后坪、婺川、印江、沿河、德江、思南、玉屏、清溪、思县、省溪、江口、铜仁、下江、榕江、永从、锦屏、黎平、剑河、台拱、黄平、邛水、施秉、天柱
	贵西道（安顺*）	册亨、贞丰、紫云、南笼
四川	东川道（巴县*）	酉阳、彭水、黔江、秀山、石砫
广西	柳江道（马平*）	融县、三江

注："※"指驻地有较多变化。辰沅道在 1913 年为辰沅永靖道，观察使驻沅陵；1914 年改置辰沅道，驻凤凰；1915 年移驻沅陵；1916 年，移治芷江。

"*"指长沙、安顺、巴县、马平等城市不属湘黔鄂渝桂省际毗连区城市。

资料来源：傅林祥、郑宝恒：《中国行政区划通史（中华民国卷）》，复旦大学出版社 2007 年版，第 210—211、223、285、323 页。

---

① （台北）"国史馆"：《中华民国史地理志（初稿）》，台北"国史馆"1980 年版，第 34 页。

第四章　清代以来湘黔鄂渝桂省际毗连区城市空间布局、结构与体系

有限的情况下，恩施、沅陵、镇远等次区域中心城市显然是无法带动其他城市发展的，这需要对湘黔鄂渝桂省际毗连区城市的行政体系结构进行优化。

南京国民政府建立后，为强化地方控制，将原"道—县"行政管理体制改为"督察区—县"的行政管理模式。1932年11月，湖北省将恩施、利川、来凤、咸丰、宣恩、鹤峰等六县和建始、巴东二县，划归第十督察区管辖，专署驻恩施县。① 湘黔渝桂毗连区城市的行政管理结构亦在此期作了相应的调整（见表4.17）。其城市的行政管理演变为"督察区—县"和"省—县"两种层级模式，其中"督察区—县"两级行政比例为7∶67；"省（贵阳）—县"比例则为1∶6。这显然是对民国初期湘黔鄂渝桂省际毗连区城市行政结构比例不合理的一种调适，使其行政等级结构趋向合理，从而促进了本区域城市间的行政联系和区域城市的整体发展。

表4.17　　　　20世纪三四十年代湘黔渝桂毗连区
城市"督察区—县"制大致情形

省份	行政督察区	所属县城
湖南	第一区（驻洪江）	晃县、芷江、通道、会同、绥宁、黔阳、靖县、怀化
	第五区（驻沅陵）	乾城、沅陵、永绥、凤凰、麻阳、辰溪、泸溪、溆浦
	第六区（驻邵阳*）	城步
	第八区（驻永顺）	永顺、大庸、桑植、龙山、保靖、古丈
贵州	省政府直辖	长顺、炉山、贵定、龙里、惠水、麻江
	第一区（驻镇远）	镇远、剑河、三穗、江口、印江、锦屏、玉屏、石阡、沿河、台江、天柱、岑巩、黄平、施秉、松桃、铜仁、思南
	第二区（驻独山）	独山、罗甸、平塘、荔波、三都、都匀、丹寨、榕江、从江、黎平
	第三区（驻安顺*）	望谟、册亨、安龙、贞丰、紫云
	第五区（驻遵义*）	道真、德江、婺川

---

① 傅林祥、郑宝恒：《中国行政区划通史（中华民国卷）》，复旦大学出版社2007年版，第207—208页。

续表

省份	行政督察区	所属县城
四川	第八区（驻酉阳）	酉阳、石砫、秀山、黔江、彭水、武隆
广西	第二区（驻柳江*）	三江、融县

注："*"指邵阳、安顺、遵义、柳江等城市不属湘黔鄂渝桂省际毗连区城市。

资料来源：傅林祥、郑宝恒：《中国行政区划通史（中华民国卷）》，复旦大学出版社2007年版，第218、219、235、336页。

抗战胜利后，国家因城市发展的实际需要对本毗连区城市的行政管理体系又作了细微的调整（见表4.18），取消了"省—县"行政管理模式，"督察区—县"两级行政比例遂演变为8∶68。这为20世纪后半期湘黔鄂渝桂省际毗连区城市的行政结构体系的继续优化奠定了基础。

表4.18 战后湘黔鄂渝桂省际毗连区城市"督察区—县"制大致情形

省份	行政督察区	所属本区县城
贵州	第一区（驻镇远）	镇远、剑河、台江、炉山、锦屏、天柱、三穗、岑巩、施秉、黄平、雷山
	第二区（驻独山）	独山、麻江、丹寨、榕江、从江、黎平、三都、荔波、罗甸、平塘、都匀
	第三区（驻兴仁*）	望谟、贞丰、册亨、安龙、紫云
	第五区（驻遵义*）	道真、婺川
	第六区（驻铜仁）	铜仁、石阡、思南、剑河、德江、印江、玉屏、江口、松桃
湖南	第六区（驻邵阳*）	城步
	第八区（驻永顺）	永顺、大庸、桑植、龙山、保靖、古丈
	第九区（驻沅陵）	乾城、沅陵、永绥、凤凰、麻阳、辰溪、泸溪、溆浦
	第十区（驻洪江）	晃县、芷江、通道、会同、绥宁、黔阳、靖县、怀化
四川	第八区（驻彭水）	彭水、酉阳、秀山、黔江、武隆
	第九区（驻万县*）	石砫
湖北	第七区（驻恩施）	恩施、利川、来凤、咸丰、宣恩、鹤峰

续表

省份	行政督察区	所属本区县城
广西	第二区（驻柳江*）	融县
	第八区（驻兴安*）	三江

注："*"指邵阳、兴仁、遵义、万县、柳江、兴安等城市不属湘黔鄂渝桂省际毗连区城市。

资料来源：傅林祥、郑宝恒：《中国行政区划通史（中华民国卷）》，复旦大学出版社2007年版，第208、218、236、300、337页。

综上所述，自清代以来随着国家治理地方政策和措施的演变，湘黔鄂渝桂省际毗连区城市的行政等级在国家的主导下因时代需要进行过多次调整，由清代的"府—县"层级结构逐渐演变为"督察区—县"模式，并赋予了城市不同的行政等级，从而形成了清代和民国时期湘黔鄂渝桂省际毗连区的城市行政等级结构体系。在这一发展变迁过程中，本毗连区城市与其所属省区的省会城市在行政架构上日益密切，使湘黔鄂渝桂省际毗连区城市在行政体制上未能形成一个完整的行政区划。这既制约了湘黔鄂渝桂省际毗连区城市行政等级结构的一体化发展，又为其城市发展设置了政治和行政上的障碍，影响了本区域城市规模等级体系和市场体系的发展。

二 行政左右：城市规模等级体系的变迁

"城市规模"是一个现代城市地理学概念，它包括人口规模、用地规模、经济规模等内容，在实际中一般使用人口规模和用地规模数据来对现代城市发展状况进行研究。但对中国缺乏具体而详实的城市人口和城市建设用地数据的传统时期而言，[①] 以人口规模和用地规模为视角对传统城市规模展开研究均不具有可操作性。尽管如此，中国在传统时期为了解地方政情、社会状况，各地方均极为重视地方志的修撰工作，尤其是地方志对城池的修筑、城垣长短状况等一般都作了较详细的记载。这为我们研究传统时期中国城市规模问题打开了一扇门窗，学术界遂以此为切入点开展了

[①] 城市人口、用地规模等数据的缺失是世界古代城市发展的一个通病。对此，著名的城市史学者刘易斯·芒福德曾深刻地指出："历史城市研究最严重的一个缺陷在于，缺少关于城市面积、密度和人口的特定的统计信息"。转引自相欣奕《量化城市：耶鲁大学6000年全球城市发展史开放数据集》，http://www.360doc.com/content/17/0523/14。

相关研究，取得了一些成果。①

鉴于中国传统时期城市规模一般是以城垣长度为基础的，因此研究传统时期城市规模，就必须对城垣的长度进行考察比较。笔者在前文已对湘黔鄂渝桂省际毗连区城市的城垣长度作了初步考察，从方志中摘录了清代本区域城市城垣的相关数据（见表4.19）。据表4.19数据分析，清代湘黔鄂渝桂省际毗连区城市以城垣长度为尺度初步形成了较为明了的规模等级，若以传统时期规模较大的城市标准5—6里统计，本毗连区城市有15个，其中9里以上有3个；其他51个城市则在5—6里以下。除去3座未建城垣的城市，湘黔鄂渝桂省际毗连区城市在清代便形成了3∶12∶51的规模等级结构。

表4.19　同光时期湘黔鄂渝桂省际毗连区府、县两级城市规模统计　　　单位：里

城市规模	无城	1—2	2—3	3—4	4—5	5—6	6—7	7—8	8—9	9以上	合计
府级城市	1	0	5	6	1	6	2	0	0	1	22
县级城市	2	4	8	23	4	1	3	0	0	2	47
合计	3	4	13	29	5	7	5	0	0	3	69

注：清代方志中关于城垣周长的记载一般以"里""丈"为单位统计，为便于比较，表中数据根据清代度量衡间的关系：1里＝180丈转换为"里"而得，下同。

资料来源：湘黔鄂渝桂省际毗连区各所属省志、府志、州志、县志、厅志。

由于中国城市在发展进程中受国家行政制度的影响极大，在一般情况下，城市规模与其政治行政级别存在着密切的关联，即行政级别高的城市，其城市规模亦一般较大。即便表4.19所列数据中有部分县级城市规模比府级城市规模大，但如果将其置于其所属府同一行政区范围内考察，则亦符合城市的行政级别，下以黔东、黔南城市为例说明之（见表4.20）。

---

① 学术界对清代中国城市规模问题的研究主要有：陈正祥：《中国文化地理》，生活·读书·新知三联书店1983年版；何凡能、葛全胜、郑景云：《中国清代城市用地规模面积估算及其比较》，《地理学报》2002年第6期；成一农：《清代的城市规模与行政等级》，《扬州大学》（人文科学版）2007年第3期等。

表4.20　　　　清代黔东、黔南城市规模与城市行政级别间的关系

府级城市	城垣周长	县级城市（州、厅、县）				
		6里及以上	5—6里	4—5里	3—4里	2—3里及以下
贵阳府城	9里余		贵定		龙里、定番、广顺	
都匀府城	5里余			独山、清平	荔波、丹江、八寨	麻哈
镇远府城	2里余			清江		天柱、黄平、施秉
思南府城	4里余				婺川	印江
石阡府城	3里余					龙泉
思州府城	2里	青溪（9里余）	玉屏			
黎平府城	6里余		锦屏	古州	下江	永从
兴义府城	6里余				贞丰	
安顺府城	9里余				归化	

注：据乾隆《镇远府志》记载，镇远由府城和卫城组成，其中府城城垣周长"四百四十四丈"，而卫城城垣未载，但参考乾隆时期镇远"舆图"，卫城城垣长度与府城大致相似。故可推测，镇远两城城垣长度应在4里左右。另松桃厅为直隶厅，没有属县；铜仁府辖铜仁一县，清大部分时期府县同城，故未列表中。

资料来源：（清）鄂尔泰等修，靖道谟、杜诠纂：《贵州通志》卷5，"城池"，乾隆六年刻本，嘉庆补修本；（清）蔡宗建修，龚传坤纂：《镇远府志》卷10，"城池"，乾隆五十四年刻本；（清）夏修恕、周作楫修，萧琯、何廷熙纂：《思南府续志》卷2，"城池"，道光二十一年刻本；（清）张瑛修，邹汉勋、朱逢甲纂：《兴义府志》卷6，"城郭"，咸丰四年刻本；（清）常恩修纂：《安顺府志》卷18，"城郭"，咸丰元年刻本；（清）俞渭修，陈瑜纂：《黎平府志》卷2，"城池"，光绪十八年刻本；中共贵州省铜仁地委档案室、贵州省铜仁地区政治志编辑室：《铜仁府志》卷3，"城池"，贵州人民出版社1992年据民国缩印本点校整理本。

表4.20中除思州府城、镇远府城小于其所属清溪县城、玉屏县城和清江厅城外，其他城市一般与其行政等级相一致。这或与清溪、玉屏两县地处湘黔分界处，清江厅居于本毗连区腹地，国家为控制这些地方扩大城池规模以增加管控力量有着较大的关系。例如清江厅城，"公鹅山在城南，峰峦突兀，气势深厚，四山环抱如拱，卫城自河侧延袤而上，将至山之半。兵民凿梯架椽，层累而上，堞起伏而雉飞，瓦参差而鳞次，与公鹅大

寨烟火相望，声势相连，屹屹为雄镇焉"。① 且厅治亦是清江协的驻地，驻防有数量较多的国家经制军队。② 可见，湘黔鄂渝桂省际毗连区城市的规模与其行政等级是大致相符合的。这进一步证明了陈正祥关于传统时期中国城市规模体系与行政等级体系的论断："地方行政的等级，显然左右城的规模。国都之城概较省城为大，省城概较府州城为大，而府州之城又较县厅城为大。"③ 这在某种意义上说，清代湘黔鄂渝桂省际毗连区城市的规模等级结构是以其行政等级结构体系为载体的。

清代城市规模等级结构体系的发展，为民国时期进一步演变奠定了历史基础。民国肇兴后，国民政府为保证基层社会控制的稳定性，将前清府治、州治定为一等县，其余城市则分为二、三两个县等级，进而形成了民国初期的城市行政等级结构。

随着社会经济的发展，为改变过去县域人口、面积、政令不一的混乱状态，南京国民政府于1929年以县域面积、人口、经济、文化、交通等五项指标为依据，颁布了《各县厘定县等办法》，对县制进行了改革。④ 根据《各县厘定县等办法》，湘黔鄂渝桂省际毗连区各属省份根据本省实际情况先后核准了本省的县等级，后因县制屡次调整和地方区情不同，各城市等级演变情形亦不相同（见表4.21、表4.22、表4.23）。

表4.21　　　　　　　　　　1930—1940年湘西城市等级变迁情形

1930年的湘西城市等级		1940年的湘西城市等级		
等级	城市名称	等级		城市名称
一等	沅陵	一等	甲级	
			乙级	沅陵、芷江
二等	溆浦、芷江、黔阳、绥宁、永顺	二等	甲级	永顺、会同、溆浦
			乙级	绥宁、龙山、凤凰、辰溪、晃县、黔阳

---

① （清）胡章纂修：《清江志》卷2，"地理志·山川"，乾隆五十五年刻本。
② 刘显世、谷正伦修，任可澄、杨恩元纂：《贵州通志》，"前事志十九"，贵阳文通书局1948年铅印本，第45页。
③ 陈正祥：《中国文化地理》，生活·读书·新知三联书店1983年版，第73页。
④ 湖北省地方志编纂委员会：《湖北省志·政权》，湖北人民出版社1996年版，第238、239页。

续表

1930 年的湘西城市等级		1940 年的湘西城市等级	
等级	城市名称	等级	城市名称
三等	城步、大庸、泸溪、辰溪、麻阳、靖县、会同、通道、保靖、龙山、桑植、古丈、乾城、凤凰、永绥、晃县	甲级	桑植、大庸、保靖、永绥、乾城
		乙级	城步、通道、麻阳、泸溪、靖县、古丈

注：1942年怀化建置后，其县等级为二等。

资料来源：傅角今：《湖南地理志》，武昌亚新地学社1933年版，第78、79页；《两年来的湖南民政》，载《湘政二年》，湖南省政府秘书处公报室1941年编印，第87页；傅林祥、郑宝恒：《中国行政区划通史（中华民国卷）》，复旦大学出版社2007年版，第87页。

表4.22　　　　抗战时期黔东、黔南城市等级结构演变情形

等级	1937年	1941年	1943年
一等	定番、镇远、独山、黎平、榕江、安龙、铜仁、松桃、思南	惠水、镇远、独山、黎平、铜仁、思南	惠水、思南、松桃、铜仁、独山、镇远
二等	龙里、贵定、黄平、岑巩、台拱、天柱、锦屏、施秉、都匀、荔波、平舟、罗甸、贞丰、婺川、紫云、江口、玉屏、石阡、沿河、德江、后坪	龙里、贵定、黄平、岑巩、台江、天柱、锦屏、施秉、都匀、荔波、平塘、道真、榕江、罗甸、安龙、贞丰、紫云、婺川、江口、松桃、玉屏、德江、沿河、石阡	龙里、贵定、黄平、天柱、台江、炉山、锦屏、荔波、都匀、黎平、平塘、罗甸、榕江、贞丰、安龙、紫云、道真、婺川、玉屏、德江、印江、沿河、石阡
三等	长寨、广顺、三穗、青溪、剑河、炉山、八寨、丹江、三合、都江、大塘、永从、下江、麻江、册亨、省溪、印江	长顺、三穗、剑河、炉山、丹寨、三都、从江、麻江、望谟、册亨、印江	长寨、广顺、三穗、岑巩、江口、册亨、望谟、麻江、从江、三都、丹寨、施秉、剑河

资料来源：贵州省地方志编纂委员会：《贵州省志·地理志》（上），贵州人民出版社1985年版，第99—101页。

表 4.23　　　　20 世纪三四十年代鄂西南县等演变情形

等级	1932 年	1935 年	1941 年
一等		恩施	恩施
二等	恩施		
三等	宣恩、利川、来凤、咸丰、鹤峰		利川、来凤、咸丰
四等		宣恩、利川、来凤、咸丰、鹤峰	鹤峰、宣恩

注：1935 年湖北省将县等级中的三等级划分出一部分为三等小县，使湖北县等级出现了四个等级，为便于对比，将 1935 年从三等县划分出的三等小县归于四等县。

资料来源：湖北省地方志编纂委员会：《湖北省志·政权》，湖北人民出版社 1996 年版，第 239、240 页。

广西各县等级始划于何时，尚缺史料明证确指。在 1932 年 6 月前全省将所属各县划分为二等二级制，1932 年 7 月至 1933 年 2 月改为三等级制，1933 年 3 月至 1936 年 1 月又定为五等级制，1936 年 2 月至 1939 年 9 月则为五等二级制（其中一至四等分甲乙二级），以及 1939 年 10 月以后为五等二级制（五个等级均分为甲乙二级）。广西融县、三江两县的县等级亦因此屡被调整（见表 4.24）。

表 4.24　　民国时期桂西北融县、三江两县等级变更情形一览表

县名	1932 年 6 月前	1932 年 7 月	1933 年 3 月	1936 年 7 月	1938 年 10 月	1946 年 12 月
融县	一等乙级	二等	三等	三等乙级	三等甲级	三等甲级
三江	二等乙级	三等	三等	三等乙级	三等乙级	三等乙级

资料来源：广西壮族自治区地方志编纂委员会：《广西通志·行政区划志》，广西人民出版社 2001 年版，第 173 页。

四川省县等级的划分因长期军阀混战和地区、民族差异巨大，直至抗战后期才完成。其中酉阳、秀山为二等县，石砫、黔江、彭水三县为三等县，武隆为五等县。[①]

[①] 傅林祥、郑宝恒：《中国行政区划通史（中华民国卷）》，复旦大学出版社 2007 年版，第 94、95 页。

第四章　清代以来湘黔鄂渝桂省际毗连区城市空间布局、结构与体系 ◆

在民国时期县等级改革的过程中，因现代交通、经济发展的推动，湘黔鄂渝桂省际毗连区城市的空间格局也发生了较大的变化，尤其是一些城市"因设治条件不足"，规模太小而"均被裁并"。① 例如，贵州省通过抗战时期整理行政区划，将"清溪县裁废，并入镇远、天柱两县"；"丹江县裁废，并入八寨、台拱两县，八寨改名丹寨、台拱改名台江"；"永从、下江两县合并，改名从江县，设治于丙妹"等。②

总的来说，民国时期湘黔鄂渝桂省际毗连区城市在沿袭了清代的等级体系和行政结构的基础上，根据本区域城市规模的发展状况，进行了数次调整，客观再现了民国时期本区城市规模及其体系发展的真实情况。即民国时期湘黔鄂渝桂省际毗连区城市的规模都比较小，绝大多数城市因行政等级较低而居于国家城市规模等级结构体系的低端层级。这对后世本毗连区城市发展来说极为负面。

三　市场导向：城市市场体系的发展与演变

经济是城市发展的核心内动力之一。与城市行政体系一样，城市市场体系里必须有一个或几个具有核心影响力的经济首位城市。它们一般位于某一个地理单元的门户位置，拥有广阔的经济腹地或市场辐射区域，并遵循客观经济规律，通过市场网络（商路），使其所影响或辐射的同一地理单元的其他城市成为以本区域内经济中心城市为核心的市场体系中的一个个节点。这些节点在区域经贸及其市场网络的发展过程中，市场这只无形的手将处于区域商贸网络节点上的每座城市按照经济体量和市场辐射力大小的原则配置于不同的市场层级，从而形成了以一个或数个城市为经济中心，大小有序，彼此联系密切的区域市场网络体系。

（一）城市市场的发展

市场是商品交易的场所，其类型多样，以贸易区域为标准划分，有外贸市场和地方市场之别；因贸易对象不同可划分为综合市场和不同的专业市场；因城乡差别，又可分为城市市场和乡镇市场等。自明清西南山区开发以来，其社会经济与内地交流日益密切，湘黔鄂渝桂省际毗连区及其城

---

① 贵州省政府秘书处：《黔政五年》，南京印书馆1943年编印，第19页。
② 同上书，第15—16页。

市便在整体上逐渐成为了全国经济体系之中的重要一环。在国内市场格局之下,区域市场随着社会经济的发展而日益成熟。在经济规律和商业贸易发展的作用下,湘黔鄂渝桂省际毗连区逐渐形成了"生苗"—"熟苗""熟苗"—"省民"、毗连区—内地之间彼此联系密切且类型多样、层级较为分明的区域市场格局(见表4.25)。

表4.25　　清代以来湘黔鄂渝桂省际毗连区的主要市场及类型

市场类型	主要市场
区际贸易市场	沅陵、洪江、晃县、松桃、镇远、恩施等承担部分区域对外贸易的城市
县域贸易市场	除沅陵、洪江、晃县、松桃、镇远、恩施等区际贸易市场之外的其他县级城市,如铜仁、施秉、来凤、龙山、秀山等大部分城市,它们一般以本县域为贸易范围
基层贸易市场	县城以下各市镇、场、集等

从表4.25我们不难看出,湘黔鄂渝桂省际毗连区的市场发展虽呈现出多样化的特征,但在总体上还处于低水平阶段,尤其是中心市场的缺失。这主要是因为本毗连区受社会、经济、地理、交通等诸要素的制约而长期滞后于周边地区,在市场规律的支配下,成为了汉口、长沙、重庆、贵阳等区域经济中心城市的基层市场之一,处于市场体系中的低级圈层,是为上述中心市场重要的经济腹地,使湘黔鄂渝桂省际毗连区各级市场深深依附于上述中心城市。"山中产麻最佳,多粤岭人来贩去。"[1] "土著之家贩猪而贸易","百十为群,驱贩荆宜等处"。[2] 盐、铁、棉等物则依靠外地市场大量输入。[3] 这一市场格局经历史时期的演变而不断固化,并深刻地影响了清代以来湘黔鄂渝桂省际毗连区城市市场体系的发展。

1. 区际贸易市场。湘黔鄂渝桂省际毗连区多高山峡谷,交通梗阻,地理区域相对独立。在清代以前,封建国家出于地方治理的需要长期奉行

---

[1] (清)詹应甲撰:《赐绮堂集》卷12,"诗",《续修四库全书》编纂委员会编《续修四库全书》第1844卷,"集部·别集类",上海古籍出版社2002年版,第398页。
[2] (清)王协梦修,罗德坤纂:《施南府志》卷10,"典礼志",道光十七年刻本。
[3] 陈新立:《清代鄂西南山区的社会经济与环境变迁》,中华书局2018年版,第179—190页。

第四章 清代以来湘黔鄂渝桂省际毗连区城市空间布局、结构与体系

"汉不入山,蛮不出峒"的禁令,① 使本毗连区与中原及周边地区的联系不很密切,加剧了经济发展的封闭状态。随着明清时期湘黔鄂渝桂省际毗连区与内地政治、经济、交通一体化进程的加深,其社会经济渐次得到了有效的开发,与周边地区的商贸联系也日益密切,并成为国家经济体系的一个有机组成部分。其所产木材、茶叶、药材、山货等物产遂大量运销至国内其他各个市场。在商贸活动的刺激下,一些位于交通门户的城市便承担起了区际贸易市场的角色。

沅陵,"本城因当沅水中流,上承洪江,下达常德,在昔市况繁盛"。"山间平地产米,惟不敷本县之需,仍赖辰溪输入,以补不足。此外产果实尚饶,橘红柚子,均颇有名。并产茶、木材、薪炭、桐油、牛皮等,运销常德各埠。"② 是沅水中游重要的区际贸易市场。

晃县,为"湘西之门户,湘黔两省交通之枢纽,循沅江而下,可抵桃源常德",下达沪汉。③

黔阳洪江,"其旁支则通广西清江南北两岸及九股一带,虽多复岭崇岗而泉甘土沃,桐油、白蜡、棉花、毛竹、桤木等物,若上下舟楫无阻,财货流通不特",④ 以致"黔楚商船,千帆箕张,云翔上下",⑤ "估客云集"。⑥ 于是,湘黔的木材、铜铅以及土产"而洪江,而常德,而汉阳,凡四十八程,汉商而转运,遂达于四方矣"。⑦ 洪江因之成为湘黔鄂渝桂省际毗连区重要的食盐、木材、铜铅及土特产的转输贸易中心,被誉为"七省通衢"。⑧

松桃"与川湘毗连,是黔东的门户"。"水运有河流会渚于长江,船舶直达常(德)、(武)汉,输出以桐油、木材、五棓子、柑橘为大宗,输

---

① (清)松林修,何远鉴纂:《施南府志》卷29,"艺文志",同治十年刻本。
② 傅角今:《湖南地理志》,武昌亚新地学社1933年版,第515—516页。
③ 贵阳市档案馆:《抗战时期黔境印象》,贵州人民出版社2008年版,第511页。
④ (清)方显:《平苗纪略》,同治十二年武昌郡廨刊刻本,第2页。
⑤ 刘显世、谷正伦修,任可澄、杨恩元纂:《贵州通志》,"前事志十九",贵阳文通书局1948年铅印本,第28页。
⑥ (清)魏源:《西南夷改流记》,载王锡祺辑《小方壶斋舆地丛钞》第8秩,光绪十七年上海著易堂铅印本。
⑦ (清)吴振棫:《黔书·续黔书·黔记·黔语》,贵州人民出版社1992年版,第363页。
⑧ 尹红群:《湖南传统商路》,湖南师范大学出版社2010年版,第201页。

入以棉纱、布帛、杂货为多"。①

镇远，"长江大河，舟楫便利，辰沅以此为上游，云贵以此为门户，商贾辐辏，物货富饶，亦徼外一都会也"。城厢内外市场有州街市、东关市、辰州市、沙湾市、江西市、饶州市、南京市、抚州市、普定市等。②其因"水运东通沅江可直走武汉三镇"，③是为黔东、黔南物产向汉口运销的最主要的区际贸易市场。

恩施，"四外流人闻风渐集，荆楚吴越之商，相次招类偕来"。④土产苎麻、药材以及山货，经湘赣等省商人"概负载闽粤各路"，并"市花布绸缎以归"，"土著亦能贸易，多贩米粮"，⑤为清代鄂西南地区中转贸易的中心市场。

上述城市因其区位门户优势，承担着当地及其周边地区商品、土特产向中心市场中转贸易的中介作用，是为湘黔鄂渝桂省际毗连区的次区域中心市场。

2. 县域贸易市场。县域贸易市场是以县城或县域内一些商业发达的市镇为中心，将其所辐射的集市、场镇通过商贸联系而建立起来的县域性贸易市场。它们一方面把县域内各集市、场镇的手工业品、农副产品集中起来输送到上一级市场或外地市场；另一方面又将外地市场或上一级市场的商品转输到其能辐射到县域内的各个集镇、场市和广大的乡村，起着将次区域中心市场和农村集镇贸易网络联通起来的作用。

以县城为中心的湘黔鄂渝桂省际毗连区县域贸易市场在明代就已有较大的发展，部分城市还出现了专业市场。例如，都匀府城内有"龙场市、虎坊市、革场市、新场市、鸡场市"。⑥黎平城内有三牌坊市、四牌坊市等。⑦思州府城厢有新正街市、北街市和南郭市等市街。⑧石阡府城内有府

---

① 贵阳市档案馆：《抗战时期黔境印象》，贵州人民出版社2008年版，第516页。
② （明）许一德等：（万历）《贵州通志》卷15，"镇远府"，书目文献出版社1990年版。
③ 贵阳市档案馆：《抗战时期黔境印象》，贵州人民出版社2008年版，第526页。
④ （清）多寿修，罗凌汉纂：《恩施县志》卷7，"风俗"，同治三年麟溪书院刻本。
⑤ （清）松林修，何远鉴纂：《施南府志》卷10，"典礼志·风俗"，同治十年刻本。
⑥ （明）许一德等：（万历）《贵州通志》卷14，"都匀府"，书目文献出版社1990年版。
⑦ （明）许一德等：（万历）《贵州通志》卷15，"黎平军民府"，书目文献出版社1990年版。
⑧ （明）许一德等：（万历）《贵州通志》卷16，"思州府"，书目文献出版社1990年版。

前市、司前市、绥阳市、本庄市等市场。① 黄平"西门外有龙场市，北门外有牛场市"等场市。② 清初以来，随着社会经济的进一步开发，湘黔鄂渝桂省际毗连区县域贸易市场亦发展较快。古州，"（都柳）江内现有小船，装载盐货，就近贸易"。③ 贵州独山县龙场，"在城次东门外，辰亥日集，每辰日集次。已午二日牛马，诸货间有"。④ 永顺，"城乡市铺，贸易往来"，"其货有由常德、辰州来者，有由津市、永定来者，必土人担负数十百里外至。本地出产如桐油、茶油、五棓、碱水、药材等类，或铺户装出境，或庄客来市招收，均视时为低昂，莫之或欺"。⑤ 溆浦，"桐茶油、白蜡、甘蔗、橘柚及半夏、桔梗、香附之类皆货于远域"。⑥ 泸溪县行商"挟高资往来江湖间，下武汉，上黔蜀，多盐铁油蜡鱼之利，舟楫相衔不绝"。⑦ 本区其他各县域贸易市场亦有较大的发展。关于湘黔鄂渝桂省际毗连区县域贸易市场发展的实际情况，一些"乡土志"亦曾作了较详细的记载（见表4.26）。

表4.26　　　　　　光绪年间永定县域市场商品运销情形

类别	商品名	销行地区	价值
本境所产之物	苎麻	销行江西、广东汕头，水运出洋	每岁约计五千捆，估值十余万钱
	阿（鸦）片烟	销行本境及常德、澧州各属县	每岁约计四万余两，估价十万以上
	木料	销行澧州湖乡	每各处岁多寡不等，估值约以万计
	黄杨等名贵木材		岁出无定数，较为稀贵
	煤	运销本境	岁约万余石
	煤灰		每岁约烧百余窑，每窑或数千斤或数万斤不等

---

① （明）许一德等：（万历）《贵州通志》卷17，"石阡府"，书目文献出版社1990年版。
② （明）许一德等：（万历）《贵州通志》卷13，"黄平所"，书目文献出版社1990年版。
③ 《鄂尔泰奏八万古州一带苗民情形折》，载中国第一历史档案馆、中国人民大学清史研究所、贵州省档案馆编《清代前期苗民起义档案史料汇编》（上），光明日报出版社1987年版，第6页。
④ 王华裔修纂：《独山县志》卷5，"城池"，1915年稿本。
⑤ （清）魏式曾增修，郭鉴襄增纂：《永顺府志》卷10，"风俗续编"，同治十二年刻本。
⑥ （清）齐德五修纂：《溆浦县志》卷8，"物产"，同治十二年刻本。
⑦ （清）朱崧修纂：《泸溪县志》卷8，"风俗"，乾隆十六年刻本。

续表

类别	商品名	销行地区	价值
本境所产之物	柴灰		每岁约烧数十窑，多少不等
	生铁	销行本境	岁出无多
	木炭	销行本境、澧州、津市一带	岁数万斤
	牛皮	销行武汉一带	
	猪毛	销行武汉各处	岁计约二万缗
	葛仙米	销行武汉各处	岁计值二千缗
	甘蔗	销行本境	
	柑橘橙柚	销行澧、津、沙市一带	每岁计值约三千缗
	五棓子等	销行武汉出洋	岁约计万缗
	化香等染料	武汉各岸口	岁采约数千捆
	木棉花	销行来凤，上及四川	每岁约近千万包
	丝、茶	销行本境	
	叶烟	销行本境	岁约数千捆
	药材	时运销津、沙一带	岁无定数
	棕	销行本境及他境	岁以数千计
	落花生	销行本境	岁以千计
本境所制之品	蓝靛	销行本境及澧州、津市各染坊	岁估值约万缗以上
	桐油	销行武汉各处	估值约十万缗以上
	茶油	销行津、沙及武汉各处	估值约十二万缗以上
	菜油	销行本境	
	木油	销行津、沙及武汉各处	估值约五千缗以上
	碱水	销行津、沙及武汉各处	岁约值八千缗以上
	火纸	销行本境及常澧一带	岁计值五千缗以外
	机布	销行本境	岁约数千
	通草片	销行河南各府县	
	甘蔗糖	行销本境及永辰旁境	岁计值约五千缗以内
	酒	行销本境及旁县	岁约万斤以上
	漆	行销本境	岁无定数
	葛粉、石耳	行销本境及他境	岁多少不等
	竹器	行销本境及他境	岁无定数
	樟脑		
	砖瓦	行销本境及他境	约以巨万

续表

类别	商品名	销行地区	价值
他境运入货物	淮盐		计值五万缗以上
	川盐		计值二万缗以外
	海产		计值二三千缗内外
	红白糖		岁计五千余包
	冰糖		岁计四五百包
	胡椒		岁销约百余包
	药材		计值万缗以外
	绸缎		计值约四五千缗不等
	洋纱		计值约万缗以内
	棉纱		计值约二三万缗以内
	洋布		计值万八千缗以内
	洋绸缎		约万缗内外
	广杂货		岁计值五千缗以外
	棉花		岁计值约五千缗以上
	棉布		岁计值约万缗以上
	丝		岁销计值万缗以外
	瓷器		岁计值五千缗内外
	纸张		岁计值约八千缗以上
	叶烟		岁约三万捆内外
	洋油		岁计值万缗以上
	水鱼、干鱼		岁计值约五千缗以上
	鱼秧		岁以万缗计

资料来源：王树人修，侯昌铭纂：《永定县乡土志》卷4，"商务"，1910年铅印本，第14—19页。

随着清代以来县域商贸与市场的发展，各地商人为争夺商业利益，在湘黔鄂渝桂省际毗连区县域贸易的中心——县城，均组建了具有地域性或行业性的工商业会馆或商帮组织。例如，来凤县城有江西会馆、湖南会馆、广东会馆、浙江会馆、福建会馆、陕西会馆、四川会馆等七大会馆。[①]咸丰县城有湖南会馆、江西会馆、四川会馆和黄州会馆等四大会馆。[②] 本毗连区其他城市作为县域贸易中心市场亦因经贸的发展，也出现了各地商人组建的具有"乡缘"或"业缘"的会馆或行帮组织，其相关情形酌参见前文。牙行也多集中于县城。例如来凤县城有13家牙行，其中4家牛行、2家布行、2家花行、2家米行、1家纱行、1家杂粮行和1家猪行。[③] 部分城市因经济和市场的发展，作为经济载体的坊市出于商品交流的方便而迁移至城郊地带，形成了新的工商业街衢，如恩施县城在城外的武胜坊、文高坊、联升坊。部分县城内还出现了明显的手工业、商业功能分区，向专业化发展，如恩施城内的珠市街、宣恩城内的铁匠街等。[④]

3. 基层贸易市场。基层贸易市场的主体是市镇和场集，它们是介于县城与村落之间的具有相对独立性的经济实体，[⑤] 是乡村手工业商品和农副产品的销售市场，扮演着城市与广大乡村之间沟通的中介角色，是城市市场网络的有机组成部分。[⑥]

湘黔鄂渝桂省际毗连区虽僻处云贵高原大山深处，社会经济发展亦长期滞后于周边丘陵平原地区，但随着明清以来区域经济的开发，在一些地理条件相对较好、交通便利的地方，因社会经济发展的需要，逐渐形成了集镇或定期举办的场集，且数量众多（见表4.27、表4.28）。

表4.27　　　　　　　　清代沅水流域部分县域市镇数量

州县厅名	时间	市镇集场数	州县厅名	时间	市镇集场数
沅陵	嘉庆	26	溆浦	乾隆	4
	同治	46		同治	17

[①] （清）李勋修，何远鉴、张钧纂：《来凤县志》卷9，"建置志·坛庙"，同治五年刻本。
[②] （清）张梓修，张光杰纂：《咸丰县志》卷7，"典礼志·寺观"，同治四年刻本。
[③] （清）李勋修，何远鉴、张钧纂：《来凤县志》卷13，"食货志·杂税"，同治五年刻本。
[④] （清）松林修，何远鉴纂：《施南府志》卷6，"建置志·坊市"，同治十年刻本。
[⑤] 任放：《我国传统市镇浅谈》，《光明日报》2001年9月11日。
[⑥] 陈学文：《明清时期湖州府市镇经济的发展》，《浙江学刊》1989年第4期。

续表

州县厅名	时间	市镇集场数	州县厅名	时间	市镇集场数
黔阳	雍正	2	会同	同治	7
	同治	7		光绪	17
泸溪	乾隆	1	古丈坪	光绪	8
辰溪	道光	14	凤凰	道光	14
麻阳	同治	5	晃州	道光	7
芷江	同治	4	乾州	光绪	8
绥宁	同治	10	永绥	宣统	11
龙山	光绪	20	靖州	光绪	13
保靖	同治	15			

资料来源：（清）张扶翼修纂：《黔阳县志》卷3，"市镇"，雍正十一年刻本；（清）朱樾修纂：《沪溪县志》卷1，"封域志·街市"，乾隆十六年刻本；（清）张映蛟修，俞克振纂：《晃州厅志》卷36，"风俗·村市墟期附"，道光五年刻本；（清）徐会云修纂：《辰溪县志》卷16，"风俗志·墟期"，道光元年刻本；（清）黄应培修，孙钧铨、黄元复纂：《凤凰厅志》卷2，"疆里·集场"，道光四年刻本；（清）盛庆绂、吴秉慈修，盛一林纂：《芷江县志》卷5，"市镇"，同治九年刻本；（清）姜钟琇、吴兆熙等修，刘士光、王振玉纂：《麻阳县志》卷1，"疆域·市镇"，同治十三年刻本；（清）方傅质修，龙凤翥纂：《绥宁县志》卷5，"疆域"，同治六年刻本；（清）林继钦等修，袁祖绶纂：《保靖县志》卷2，"舆地志·市场"，同治十年刻本；（清）守忠等修，许光曙纂：《沅陵县志》卷8，"里社"，同治十二年刻本；（清）齐德五修纂：《溆浦县志》卷5，"疆域"，同治十二年刻本；（清）陈鸿作等修，易燮尧等纂：《黔阳县志》卷6，"乡都·市镇"，同治十三年刻本；（清）吴起凤修，劳铭勋纂：《靖州直隶州志》卷1，"地理志·街市"，光绪五年刻本；（清）董鸿勋修纂：《古丈坪厅志》卷8，"建置五·市场纪略"，光绪三十三年刻本；（清）林书勋修，蒋琦溥纂：《乾州厅志》卷2，"疆里·集场"，同治十一年刻本，光绪三年续修本；（清）孙炳煜修，黄世昌等纂：《会同县志》卷2，"建置志·市镇"，光绪二年刻本；（清）符为霖修，刘沛纂：《龙山县志》卷1，"地舆志·墟市"，同治九年修，光绪四年重刻本；（清）董鸿勋修纂：《永绥厅志》卷15，"食货门三·商业·各场市商业情形"，宣统元年铅印本；吴剑佩、陈整修，舒立淇纂：《溆浦县志》卷2，"舆地志·疆域"，1921年刊本。

表4.28　　　　　　　　**黔东德江县集镇场市一览表**

场别	距城里数	场别	距城里数	场别	距城里数	场别	距城里数
本城		合朋	三十	大石垭	六十	西沙溪	四十

续表

场别	距城里数	场别	距城里数	场别	距城里数	场别	距城里数
共和	三十	铺子塆	四十	堕平	九十	塘坝	四十
清水塘	四十	牛渡滩	四十	庙头	六十	偏岩子	五十
长堡	六十	潮砥	六十	方家寨	七十	黄家坝	六十
新场	二十五	煎茶溪	四十五	宛平堡	四十	分水垭	三十
杉树堡	六十	七星场	七十	红坳	五十	隆兴场	二十
梅子沟		冷板垭	五十	袁家塆	八十	栏杆子	七十
龙溪垭	六十	明溪	六十	黄家堡	六十	龙阡坝	六十
杉原	八十	洋塘	十二	铁孔坝	八十	角口	四十
望牌	八十	苗堡	六十	泉寺	一百二十	乾溪	五十
枫香溪	八十	新滩	六十				

资料来源：任震修，黎民怡纂：《德江县志》卷1，"地理志·附场市表"，1942年石印本。

湘黔鄂渝桂省际毗连区市镇或场集的商贸活动与江南市镇工商业活动的专业化、常态化①有着明显的不同。它们主要是以定期的"墟期"开展商品交流的。例如，辰溪县域场集分别以一、六日（十里铺场、锄头坪场、石马湾场），二、七日（黄溪口场、王家坪场、大洑潭场），三、八日（龙头庵场、水沙溪场、藕塘铺场），四、九日（铜湾场、中河铺场、山塘驿场），五、十日（仙李湾场、小龙门场）为集期。②鄂西南利川县，"民间米盐交易，或期以三日，或期以五日，其交易之区曰场，亦有以市镇街店称者"。③本区其他乡村集市（镇）亦根据商贸习惯形成了各自的场集和交易日期。各场集与集期的安排虽有不同，但都较周密，以便于流动商贩"赶场"，这极大地便利了集场贸易活动的开展。集场贸易也因此颇为兴盛。"邑中墟场，每值场期，远近商贩搬运粮食、衣布、牲畜集货，俱于日中辏集该处交易，谓之赶场。其场分较大者，于场期次日尚有买卖，谓之赶冷场。"④湘西黔阳县江西街，"在县南二十里，托口下流，倚沅水

---

① 单强：《近代江南乡镇市场研究》，《近代史研究》1998年第6期。
② （清）徐会云修纂：《辰溪县志》卷16，"风俗志·墟期"，道光元年刻本。
③ （清）黄世崇：《利川县志》卷10，"户役志"，光绪二十年刻本。
④ （清）徐会云修纂：《辰溪县志》卷16，"风俗志·墟期"，道光元年刻本。

岸，市颇饶居积，而附近场墟，凡各邻邑行商聚货，每月二七期交易往来，多至数千百人不等，盖邑中第一大墟也"。① 渝东南秀山县平凯镇，为县城外"唯一大商场"。每逢场期，"四乡各县所来之人常在四万以上"，每年在此成交棉花约2500市担、棉纱约85000斤、土纱36000斤、土布约10000疋。② 彭水县乡场，"大的有三百多家"，"一到场期，却热闹得很"。③ 本区其他县域市镇、场集自清代以来亦有较大的发展。市镇与场集的发展，不仅便利了广大乡村商业贸易活动的开展，而且还密切了城市与乡村之间的商贸联系，促进了湘黔鄂渝桂省际毗连区城乡社会经济的交流与发展。诚如时人所言："多数乡民（苗瑶在内）须用食盐、棉纱及装饰品等类，则由小商贩供给其需要；而城中居民又须用油、米、柴、炭、芋、酒及杂粮等物品，必取给于乡民，所谓交易而退，各得其所。"④

随着清代以来商品经济的发展，专业市场也出现在了湘黔鄂渝桂省际毗连区，其中以桐油市场、木材市场以及牛马市场最为著名。例如，湘西乾城所里、晃县龙溪口、大庸永定镇、龙山里耶、永顺王村、古丈罗依溪、永绥茶洞等市镇在抗战前都是著名的桐油集散市场。仅王村每天交易的桐籽、桐油有1万斤以上，每年桐油外销量达4万—5万桶（旧度量衡17.6两为1斤；100斤为1桶），形成了长达五里专门经销桐油的长街，热闹非凡。⑤ 龙口镇亦因桐油贸易发展成为"房屋壮丽、人口稠密"的专业市镇。⑥ 来凤县卯洞亦是鄂西南的桐油集散中心。⑦

苗岭和武陵山区盛产杉木、松木等良材。随着清代以来湘黔鄂渝桂省际毗连区山林的开发，木材贸易便成为了本区对外输出的主要大宗商品之一。一些靠近木材产地的市镇逐渐发展成为木材贸易的专门市镇。例如洪江，在1921—1933年间经本地运销木材数量为347.7万两码，年均26.7万两码。1921年、1931年木材输出量最多，各在40万两码。输出量最少

---

① （清）陈鸿作等修，易燮尧等纂：《黔阳县志》卷6，"乡都·市镇"，同治十三年刻本。
② 陈鸿佑：《秀山县农业概况》，《四川经济季刊》1945年第2卷第1期。
③ 必青：《彭水县经济状况》，《四川经济月刊》1938年第9卷第3期。
④ 罗骏超：《册亨县乡土志略》第6章第18节，"交易"，1936年刊本。
⑤ 湖南省地方志编纂委员会：《湖南省志·贸易志》，湖南出版社1990年版，第471页。
⑥ 李堂印：《清乾隆至民国时期秀山商业流通领域面貌》，《秀山文史资料》1988年第4辑，第28页。
⑦ （清）李勷修，何远鉴、张钧纂：《来凤县志》卷13，"食货志·杂税"，同治五年刻本。

的1925年、1926年也有5.5万两码。木材贸易的兴盛，使洪江成为了重要的木材转运市场。1934年洪江有木商13家，资金总额共计33000（银）元，年营业额68万（银）元。① 黔东南王寨、卦治、茅坪等市镇因木行大兴而空前繁荣，是为黔木交易中心市场。② 到20世纪40年代锦屏"赖木行为生"的经营者仍有"一百二十余户，卦治七十余户，茅坪一百五十余户，一共约三百余户"。③

龙山县牛厂则是著名的牛市场，为湘西北牛只的主要集散地。"川贵牛只聚集，陆续驱至。自辰（州）、常（德）以及长沙，大半从此市去。有牛自桃源者，亦此间贩去者也。"④

鹤峰州五里坪则因茶业兴盛，设有八家茶行，是为鄂西南著名的"茶市"。⑤

上述各级市场在经济规律的主导下，逐渐形成了一个以商路为骨架的经贸联系密切的区域市场体系，并与全国市场体系紧密地联系在一起。

（二）市场体系的发展与变迁

随着清代以来商品经济和市场的发展，湘黔鄂渝桂省际毗连区各城市间的经济联系和交流日益密切，并通过交流的纽带——商路，将本区域各个市场与国内其他区域市场，甚至与国际市场联系在一起，使之融入到了广阔的全国市场体系乃至世界市场体系之中。

商路的拓展和交通运输的进步，是区域市场体系发展的基本条件。随着明清时期长途贸易的深化和扩大，全国性市场逐渐形成。⑥ 贸易对象亦由民生贸易取代奢侈品贸易而居于主流地位。⑦ 在这一过程中，长江流域长途贸易的发展对湘黔鄂渝桂省际毗连区市场体系的影响尤为深远。长江流域经过历代开发，尤其是明清时期随着两湖地区、四川盆地、西南山地

---

① 湖南省地方志编纂委员会：《湖南省志·贸易志》，湖南出版社1990年版，第158页。
② （清）爱必达：《黔南识略》卷21，"黎平府"，乾隆十四年修刊本。
③ 贵州编写组：《侗族社会历史调查》，贵州民族出版社1988年版，第36页。
④ （清）缴继祖修，洪际清纂：《龙山县志》卷7，"风俗志"，嘉庆二十三年刻本。
⑤ （清）长庚、厉祥官修，陈鸿渐纂：《续修鹤峰州志》卷7，"物产志"，光绪二十五年刻本。
⑥ 李伯重：《中国全国市场的形成（1500—1840）》，《清华大学学报》（哲学社会科学版）1999年第4期。
⑦ 吴承明：《论明代国内市场和商人资本》，《中国的现代化：市场与社会》，生活·读书·新知三联书店2001年版，第116页。

第四章 清代以来湘黔鄂渝桂省际毗连区城市空间布局、结构与体系

等区域的深度开发,长江已然成为了当时国家最主要的长途贸易黄金路线之一,仅长江中上游的粮食东运就已蔚为壮观。西南山区盛产的木材、药材、山货、生铁、铜铅等货物亦顺流源源而下,江南所产手工业品、日用杂货、丝绸织品以及食盐等则大量溯流而上,运销至长江中上游各个区域。这一商路亦为清代以来湘黔鄂渝桂省际毗连区对外商贸联系的最主要的路径。本毗连区遂因之成为了汉口、长沙、重庆等经济中心城市的市场腹地。汉口因其"天下四大聚"之一的角色而理所当然地成为了长江中上游的中心市场。它处于一个横跨几千里、异常活跃的市场体系的中心,是清代"中国最大的商业城市,也是世界上最大的商业中心之一"。① 汉口通过长江干流,循其支流湘江、沅江、澧水、清江等河流将其市场辐射力扩展深入到了湘黔鄂渝桂省际毗连区,直至镇远、贵阳等地,乃至云南。②

上海开埠前,两湖平原、湘黔鄂渝桂省际毗连区的出口商品多溯湘江,经长沙、湘潭、衡阳、郴州,逾南岭至乐昌、韶关,抵广州,远销国外。这条商路"行旅客商络绎不绝",极为繁盛。③ 长沙因其省城政治地位,又居湘江中枢,而成为湘西、黔东地区外销商品转输贸易的门户市场之一。

重庆是西南贸易中心,"有舟航转运之利,蜀西南北,旁及康藏,以至滇黔之隅,商货出入必会于重庆,故重庆者,蜀物所萃,亦四方商贾辐辏地也"。④ 它同时也是长江支流乌江流域商业贸易通向外界的门户城市。

此外,本毗连区还有部分城市利用珠江航道与珠江流域沿岸城市建立了较为密切的商贸联系。例如,黔南古州"江临其前,又有都江潆其右,溶江绕其左,二水回抱,汇合南流,直达广西怀远县界"。⑤

---

① [美]罗威廉:《汉口:一个中国城市的商业和社会(1796—1889)》,江溶、鲁西奇译,中国人民大学出版社2005年版,第28页。
② 戴鞍钢:《近代上海与长江流域商路变迁》,《近代史研究》1996年第4期。
③ (清)朱偓修,陈昭谋纂:《郴州总志》卷21,"风俗",嘉庆二十五年刻本。
④ 朱之洪修,向楚纂:《巴县志》卷3,"商业",1943年重印本。
⑤ 《鄂尔泰奏八万古州一带苗民情形折》,载中国第一历史档案馆、中国人民大学清史研究所、贵州省档案馆编《清代前期苗民起义档案史料汇编》(上),光明日报出版社1987年版,第6页。

在陆路商路方面，经过有清一代的努力，国家在湘黔鄂渝桂省际毗连区修筑了云贵大道、辰溪大路、镇篁官路、卫篁民路、镇篁铜仁府正大营营路、镇篁永绥营路、泸溪乾州官路、乾州保靖永顺路、永绥绥靖镇营路、永顺府古丈坪营路、麻阳铜仁府营路、铜仁永绥厅营路、松桃永绥路、松桃铜仁路、松桃镇篁路、秀山铜仁官路、秀山永绥路、秀山保靖路、镇篁清溪哨营路、镇篁靖疆营路、镇篁得胜营路等近百条官路、民路或营路，几乎覆盖了本毗连区的主要区域。① 民国时期，国家和地方在清代基础上修建了湘黔公路、川黔公路、川湘公路、黔桂公路等公路干线以及铜玉公路、陆三公路等众多的支线公路，初步形成了一个较完整的公路交通网。② 这些陆路交通在串联起了整个湘黔鄂渝桂省际毗连区城市及较大市镇的同时，也为清代及民国时期各城市及其市场腹地的联系架起了一座座沟通的桥梁，从而促进了本区域城市市场及其体系的发展与演化。

上述商路在本区域市场发展的主导作用，因历史时期国家中心市场的变迁而屡有变化。在一口（广州）通商时代，湘江沿岸城市长沙和衡阳利用沟通长江和珠江两大水系的航运条件，而成为了湖南境内最重要的转口贸易城市，"商务异常繁盛"。③ 其毗邻黔东、湘西等地所产之竹木、药材、粮食、蓝靛、山货等，多经长沙、衡阳、常德等市场销往汉口、广州等城市。长沙、衡阳亦因此成为汉口、广州中心市场和湘黔毗连区基层市场之间的中间市场。

通商口岸时代，随着上海、汉口、宜昌、重庆等城市的开埠，使湘黔鄂渝桂省际毗连区循湘江至广州的贸易线路日渐衰落，④ 而长江商路却因口岸城市近代商业贸易的发展更趋繁盛。这使本毗连区大部分物产直接通过沅江、清江、乌江流域运销至汉口、重庆、上海等中心市场。沅江流域

---

① （清）严如煜：《苗疆道路考》，《小方壶斋舆地丛钞》第8秩，光绪十七年上海著易堂铅印本。
② 贵州省公路管理局：《抗战四年来之贵州公路》，"养路"，1941年，第2—4页。
③ 陈先枢、黄启昌：《长沙经贸史记》，湖南文艺出版社1997年版，第105页。
④ 据光绪《湘潭县志》记载："五口开，汉口、九江建夷馆，县市遂衰。"《郴州直隶州乡土志》（庆绥修，罗云阶、谢馨槐、杨彬元纂，卷下，"贸易"，光绪三十三年抄本）亦载"河街店栈，落落晨星，仅存数家"。

市场遂以常德、岳州为中间市场。清江流域则以宜昌为中间市场。乌江流域市场则通过涪陵与长江上游中心城市重庆建立起了更为密切的商贸关系。都柳江、北盘江流域市场则通过柳州、梧州等中间市场与珠江下游广州继续保持着传统的商贸联系。而长沙、衡阳在湘黔毗连区城市市场体系中的影响日益缩小，丧失了中间市场的地位。

随着湘黔鄂渝桂省际毗连区区域市场的发展和与外部世界经济联系的加强，以城镇为基本载体的市场便在市场规律的作用下，形成了经济联系较密切的区域市场网络。于是，作为区域经济网络上的节点——城市，通过市场网络的纽带——商路，必然会形成一个相对独立的市场体系，即区域城市市场体系。它与城市行政影响力有着天然的联系，有时还会受到其决定性的影响。这是因为在中国城市发展史上，城市的行政级别往往决定了城市的经济发展水平。美国学者施坚雅便因此认为，"一个特定的中心地可以通过它在连续空间体系内的地位来分类，而在这个空间体系内，经济只能是与城市等级层次相联系的"。① 并以此为据将中国市场体系划分为中心市场、中间市场和基层市场三个层级。在此，我们借鉴这一市场体系理论，认为湘黔鄂渝桂省际毗连区市场作为一个相对独立的经济地理单元，因域内缺失经济中心城市，而从未能建立起过一个拥有中心市场、中间市场和基层市场的完整体系。反而在商路不断发展的前提下，各次级市场通过商贸纽带，与外界的汉口、重庆等中心市场建立起了更为紧密的商贸联系，并成为了这些中心城市的市场腹地，最终形成了一口通商和口岸时期湘黔鄂渝桂省际毗连区独特的市场体系。即本区各次级区域市场通过长江、清江、乌江、沅水、都柳江、北盘江等航道以及湘黔、川黔、黔桂公路及其支线陆路交通分别与汉口、重庆、广州等中心市场建立起市场网络，使市场体系呈现出分割发展的特征（见表4.29）。这一市场体系直至20世纪30年代中期因上海、武汉、广州等经济中心城市在抗战时期沦陷后才发生了历史性的改变。

---

① ［美］施坚雅：《中国农村的市场和社会结构》，史建云、徐秀丽译，中国社会科学出版社1998年版，第5—7页。

表 4.29 清代湘黔鄂渝桂省际毗连区城市市场体系表

中心市场	中间市场	基层市场	所属水系
武汉（汉口）	长沙*、岳州*、常德*	沅陵、泸溪、保靖、龙山、辰溪、凤凰、麻阳、洪江、新晃、乾州、古丈、永顺、花垣、龙山、怀化、芷江、黔阳、会同、靖州、通道、溆浦、城步、绥宁、松桃、江口、铜仁、玉屏、镇远、凯里、天柱、三穗、岑巩、都匀、贵定、黄平、施秉、麻江、台江、黎平、锦屏、剑河、秀山、酉阳	沅江
		桑植、鹤峰	澧水
	宜昌*	恩施、利川、宣恩、来凤、咸丰	清江
重庆	涪陵*	德江、思南、印江、务川、沿河、石阡、彭水、武隆、黔江	乌江
	万州*	石柱	长江干流
广州	柳州*	独山、荔波、榕江、下江、都江、三合、长寨、融水、三江	都柳江
	梧州*	贞丰、册亨、安龙、紫云、罗甸、定番、大塘、平舟	北盘江

注：长沙*等标注"*"为非湘黔鄂渝桂省际毗连区城市，下同。

资料来源：[日] 东亚同文会：《中国省别全志（贵州省）》，南天书局1988年影印本，第162—352页；[日] 斯波义信：《中国都市史》，北京大学出版社2013年版，第114—120页；湖南省地方志编纂委员会：《湖南省志·商业志》，湖南出版社1990年版，第5、139—153、468—476页；傅润华、汤约生：《陪都商业年鉴·物产》第9编，文信书局1945年版，第32—33页。

1937—1945年间，日本帝国主义全面扩大对中国的侵略，使包括上海、武汉、广州、宜昌等中东部主要城市先后沦入敌手，并切断了大后方城市与武汉、上海、广州等中心市场的经贸联系。于是，湘黔鄂渝桂省际毗连区城市不得不通过川鄂、川湘、湘黔、川黔等战略公路和玉秀、桂穗、遵思等干支线公路所组成的"自湖南通四川、贵州、云南"的"西南公路网"（见图4.11），[①] 与战时迅速崛起的重庆、贵阳等区域中心城市建立起了密切的经贸关系。湘黔鄂渝桂省际毗连区城市将其市场腹地所产并

---

① 中国第二历史档案馆：《中华民国史档案资料汇编》第五辑第二编"财政经济"（十），江苏古籍出版社1997年版，第8—9页。

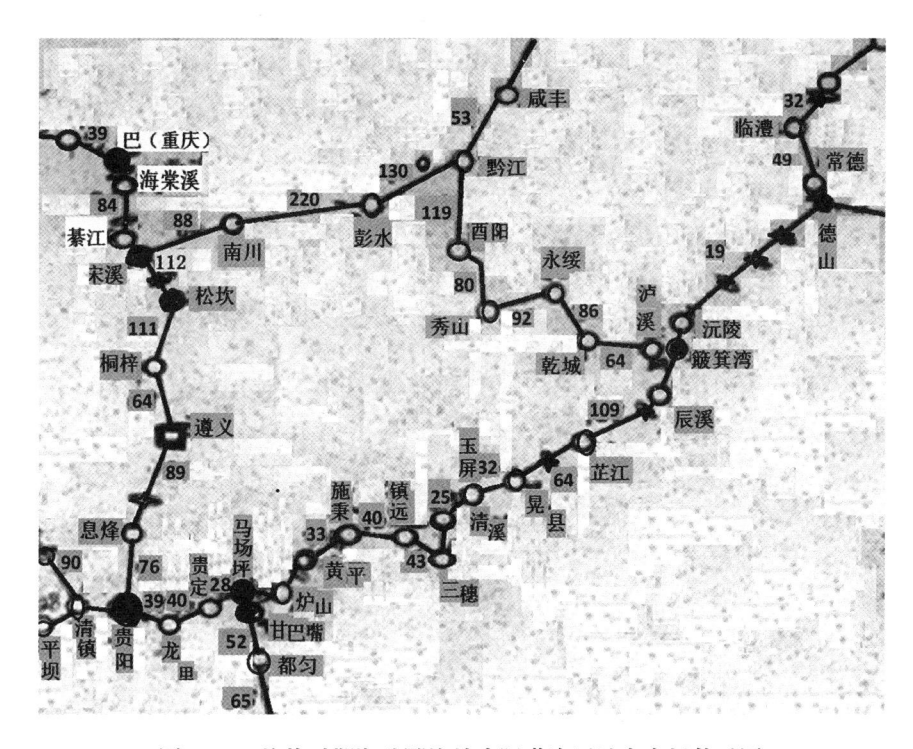

第四章　清代以来湘黔鄂渝桂省际毗连区城市空间布局、结构与体系

图 4.11　抗战时期湘黔鄂渝桂省际毗连区城市市场体系图

资料来源：何一民：《抗战时期西南大后方城市发展变迁研究》，重庆出版社 2015 年版，第 735 页。

销往武汉的桐油、猪鬃、山货、矿产、工业品等各类商品转输至重庆、贵阳等大后方中心城市，从而形成了本区域的战时城市市场体系。铜仁"自湘黔公路通车后，因公路经铜（仁）南、晃县而入黔，各种商品，除一部分仍由水道运输外，其大部分则取道公路……而以前向被人漠视之晃县（俗名龙溪口），商业却日趋繁盛"。① 镇远，"从湖南输入本（贵州）省的货物，须在这里起岸……为黔东商务上的吞吐口"。② 这些湘西、黔东城市便依托湘黔公路及支路与"绾毂西南五省之交通"③ 的贵阳形成了经济联

---

① 贵阳市档案馆：《抗战时期黔境印象》，贵州人民出版社 2008 年版，第 515 页。
② 同上书，第 526 页。
③ 中国航空建设协会贵州分会《建航旬刊》编辑部：《贵阳指南》，贵州文通书局 1938 年版，第 5 页。

系紧密的市场体系。"抗战期间西南各省地往来,贵阳成为必经的孔道。例如,由长江下游至陪都重庆的路线,自宜昌沦陷以后,大多数的客运与货运,都取道湘西的公路经由贵阳。"① "南来北往,输入进出的货物,大多经过贵阳集散和转运,贵阳实为西南最大的商业转运中心。"② 商路的改变,直接导致了贵阳、重庆在大后方经济格局中的地位上升,"逐渐成为后方重地"。③ 贵阳成为了湘西、黔东、黔南市场体系的中心城市。重庆成为陪都后,迅速发展成为西南地区经济中心城市。④ "不惟为川省第一商埠,且为黔、滇、陕、甘等省货物之集散地。"⑤ 它通过长江航道和川鄂、川湘、川黔等公路将部分武陵山城市直接纳入到其经济腹地,形成了以重庆为中心的城市市场体系(见表4.30)。

表4.30　　抗战时期湘黔鄂渝桂省际毗连区城市市场体系

中心市场	中间市场	基层市场	主要联系纽带
重庆* 贵阳*	镇远沅陵	武陵、辰溪、芷江、麻阳、怀化、晃县、城步、溆浦、洪江、靖州、通道、绥宁、会同、城步、玉屏、岑巩、三穗、江口、石阡、松桃、铜仁、天柱、锦屏、黎平、剑河、台江、榕江、雷山、施秉等	湘黔、秀玉公路、桂穗公路等
	遵义*	秀山、沿河、务川、德江、印江、思南等	遵思、遵秀、遵松公路
	都匀	三江、融水、从江、榕江、三都、独山、荔波、平塘、罗甸、望谟、册亨、安龙、紫云、贞丰、麻江等	黔桂公路及支线,都柳江、北盘江航道等
		长顺、惠水、龙里、贵定等	
	万州*	石砫	长江、乌江航道,川鄂公路等
		恩施、利川、鹤峰、宣恩、咸丰、龙山等	

---

① 何辑五:《贵州政坛忆往》,中外图书出版社1982年版,第36—37页。
② 陈征平:《近代西南边疆民族地区内地化进程研究》,人民出版社2016年版,第307页。
③ 叔简:《抗战中的昆明》,《申报》1938年7月12日。
④ 傅润华、汤约生:《陪都商业年鉴·物产》第9编,文信书局1945年版,第32—33页。
⑤ 薛绍铭:《黔滇川旅行记》,中华书局1938年版,第164页。

第四章　清代以来湘黔鄂渝桂省际毗连区城市空间布局、结构与体系

续表

中心市场	中间市场	基层市场	主要联系纽带
重庆* 贵阳*	涪陵*	彭水、黔江、酉阳、秀山、永绥（花垣）、所里（吉首）、保靖、古丈、沅陵、永顺等	川湘公路及支线

资料来源：《四川省民政厅》，四川省档案馆，全宗号54，目录号7，案卷号9922，第74页；奇无、兵孙：《长期抗战内西南通海孔道一要埠：遵义经济调查》，《四川经济月刊》1938年第5期；陈鸿佑：《下川东的六大特用作物》，《四川经济季刊》1946年第3卷第2期，第165页。徐萌祥：《从来凤到重庆》，《旅行杂志》1946年第2期；叶弈颐：《从沅陵到贵阳》，《国讯》1939年第11期；胡士俊、彭治平：《各地动态》，《经济新闻》1944年第42期；傅润华、汤约生：《陪都商业年鉴·物产》第9编，文信书局1945年版，第32—33页；任震修，黎民怡纂：《德江县志》卷1，"地理志"，1942年石印本；《湘黔公路上的艰难故事一个接一个》，《潇湘晨报》2015年7月4日。

抗战胜利后，随着中东部城市的光复与重建，使湘黔鄂渝桂省际毗连区城市及其所属市场在继续与重庆、贵阳等西部中心市场城市保持密切联系的同时，与上海、武汉、长沙、广州等中心市场城市的经贸联系也得到了恢复。本区各级市场遂成为了上海、武汉、重庆、长沙、贵阳等中心城市共同的市场腹地，但在市场占有率上重庆、贵阳、长沙的比重升高了。

在湘黔鄂渝桂省际毗连区城市市场体系发展、演变过程中，受政治、经济、交通等因素的影响，尤其是民国时期县政改革和抗战时期西南近代交通的建设与重庆、贵阳的快速发展和城市地位的提升，这在很大程度上改变了湘黔鄂渝桂省际毗连区大部分城市与武汉、上海等中心城市所建立起来的直接的经济关系，也成为重庆、贵阳、长沙等城市的经济腹地，且日益稳固。这一市场体系后随湘黔鄂渝桂省际毗连区与贵阳、长沙、武汉等省会城市和重庆交通的改善而有所变化。特别是在行政制度和省会城市经济"首位度"不断提升对市场需求扩大的双重推动下，本区域城市遂按照行政区划分别成为了其所属省份省会城市或中心城市的辐射市场，使湘黔鄂渝桂省际毗连区城市内部间的横向联系不断弱化，从而无法也不可能培育出本地区的中心城市。尽管本区域城市彼此间仍然普遍存在着较为密切的经济联系，但已然无法形成一个层级有序的市场系统，而只能是一个条块分割的分散型市场体系，呈现出碎片化的特征。这最终制约了清代以

来湘黔鄂渝桂省际毗连区城市区域市场体系的整体化发展。

综上所述，清代、民国时期湘黔鄂渝桂省际毗连区城市在国家主导下形成了具有行政层级明显的城市行政体系。这个体系又在市场的主导下形成了本区相对独特的城市市场体系。同时，随着城市的发展，其规模也在缓慢扩大，各城市因其行政级别差别和经济发展水平不同而规模有所不同，并进而形成了湘黔鄂渝桂省际毗连区城市的规模体系。在本区城市规模体系和市场体系的发展变迁过程中，又因国家政治的高度介入而与城市的行政体系几乎融为一体。但却因国家分治地方的治理传统，这个体系因各城市分属不同的省份而呈碎片化特征。这在赋予清代以来湘黔鄂渝桂省际毗连区城市体系发展变迁特征的同时，也制约了本区域城市体系整体化发展，影响极为深远。

第五章　清代以来湘黔鄂渝桂省际毗连区城市的社会发展与变迁

清代以来随着湘黔鄂渝桂省际毗连区政治、社会经济和文化的发展，它在为城市创造、集聚社会财富并为城市发展提供经济动力和城市所需各类资源的同时，也丰富了城市多彩的社会生活方式。在城市政治、经济、文化与社会生活的吸引下，各地工商业者和部分农村人口不断迁居城市，使本区域城市人口数量亦有所增加，且对外联系与族际交流也日益广泛，城市社会生活形态更趋复杂多样。这直接影响了清代以来湘黔鄂渝桂省际毗连区城市的治理及其社会的发展与变迁。

第一节　城市社会的控制与管理

城市自其诞生伊始，便是一个高度"人化"的实体。相较乡村而言，除经济富庶、文化荟萃之外，城市因其人口众多、社会结构复杂多样而成为诸多社会矛盾的集中地。作为多民族聚居区，它的社会结构和社会矛盾更为复杂，这为湘黔鄂渝桂省际毗连区城市的社会控制与管理增加了难度。为此，清代以来国家和本区域地方政府为使各族人民遵从社会规范、恪守社会秩序，在城市治安、社会控制等层面都采取了一系列强有力的措施，以图达到城市社会秩序井然而稳定的目的。

一　镇抚与治安：城市社会的管理与控制

中国城市发展虽然历史悠久，但在漫长的传统时期，却没有建立起类似欧洲城市为法律所确认的独立的市政管理机构。为有效管理地方社会，国家长期执行着城乡合一的地方行政管理体制,即所谓的"城市乡村化"。① 基于这一制度安排,中国传统城市的控制与管理便分别由不同类型的官吏或地方政权机关来负责,一是国家的军事系统;一是地方保甲、团练以及警察。除警察外,其他机构的设置虽不职掌城市社会控制和管理,但却又都在城市实际管理中被赋予了这一职责,直至晚清民国时期中国城市行政近代化转型才开始向近代城市管理体制转变。

(一)城市驻军

军队,不仅是国家政权稳固的支柱,而且还是镇抚地方、维持地方社会秩序稳定的重要保障。为配合中央和地方政府的有效行政,自元明设置军屯、卫所驻扎军队以来,清政府更是在此基础上向湘黔鄂渝桂省际毗连区各城镇派驻了数量较多的军队,其意图在于"镇抚"与防范苗人"凶狡""反侧",②并"禁约汉奸播弄搆衅……查察熟苗私人勾引,朋比为奸",维护城市和地方社会的稳定。③

清代湘黔鄂渝桂省际毗连区的城市驻军主要是绿营兵。据《贵州通志》记载,雍正时期,为强化城市与社会控制和"分防弹压",清政府在上江"置一协,设副将一、游击二、守备二、千总四、把总八,兵二千二百名,分左右营;下江置一营,设游击一、守备一、千总二、把总四,兵八百名;九股适中之台拱置一营,设参将一、守备二、千总二、把总四,兵一千名,分为左右营;其古州镇原议驻城兵三千名内拨五百名分布各汛;清江协分防柳罗之兵内抽出二百名,以一百名防守大营后山,一百名添驻公鹅城内(即清江厅治);至黄施营原设游击一、千总一、把总二,应裁兵五百名,拨归台拱营新设兵丁之内,仍令分驻旧施秉、稿贡二处,所余黄施守备一、千总一、把总二,兵二百名即改为专营。以上各协营俱归古州镇统辖。再于都匀府设理苗通判一,驻扎上江、永从、开泰、天柱等县,增设县丞三,分驻下江、古州、清江等处……新疆之丹江营、台拱营与内地之铜仁、镇远、黄施、天柱、石阡、平越等协营俱归管辖,其余

---

① 《马克思恩格斯全集》第46卷(上),人民出版社1979年版,第480页。
② (清)鄂尔泰等修,靖道谟、杜诠纂:《贵州通志》卷24,"武备·师旅考",乾隆六年刻本,嘉庆补修本。
③ 刘显世、谷正伦修,任可澄、杨恩元纂:《贵州通志》,"前事志二十",贵阳文通书局1948年铅印本,第6页。

都匀协、黎平营并新设之上江、下江诸协营仍隶古州镇管辖"。① 湘西乾州设"副将一员、都司一员，皆驻乾州厅城……千总四员，一驻棒棒坳、一驻乾州厅、一驻三岔坪、一驻桂岩坡；把总三员，一驻乾州厅，一驻强虎汛、一驻湾溪汛……马兵二十二名，战兵四百一十名，守兵四百五名"。② 辰溪设绿营辰州协右营，分防辰溪县城及山塘驿汛；守备署设县城中南门，全营共计320人。③ 其他城市亦驻防了一定数量的国家经制军队，即清代文献所言之"城防营"。

在探索治理湘黔鄂渝桂省际毗连区的过程中，根据本区域民族社会发展和地方治理的现实，清政府还设置卫屯防驻军（见表5.1），其中黔东、黔南设有"九卫"④，"设堡百有九，屯军八千九百三十户"。⑤ 湘西则在国家主导下重修边墙，广建屯堡和营汛，设屯丁与练勇，施行所谓的"兵民一体相卫"的"屯防制度"。据统计，清代湘西凤凰、乾州、永绥、古丈坪和保靖等五州县共设屯防壮丁7000名。⑥ 另设练勇，并建"汛堡屯卡碉哨台炮台关门共一千一百余座。除分驻官兵外余八百座派勇驻守，其中凤凰厅防丁四千名、乾州六百名、永绥二千名、古丈坪一百名、保靖县三百名"。⑦ 卫屯驻军的设置进一步构建了清代湘黔鄂渝桂省际毗连区城市的军事驻防体系。这在弥补绿营兵镇抚社会力量不足的同时，进一步强化了本区域城市的社会控制与管理。正基于"屯兵之力"的鼎持，城乡遂"垂今三十余年，附近石岘各村寨，民情安帖，无犬吠之警"，⑧ 达到了"民苗为二以相安"的社会治理效果。⑨

---

① 刘显世、谷正伦修，任可澄、杨恩元纂：《贵州通志》，"前事志十九"，贵阳文通书局1948年铅印本，第45页。
② （清）卞宝第、李瀚章等修，曾国荃、郭嵩焘等纂：《湖南通志》卷79，"武备志二·兵制二"，光绪十一年刻本。
③ 辰溪县志编纂委员会：《辰溪县志》，生活·读书·新知三联书店1994年版，第253页。
④ 贵州"九卫"指的是清政府设置的古州左卫、古州右卫、台拱卫、清江左卫、清江右卫、八寨卫、丹江卫、黄平卫（后改为黄施卫）和凯里卫。
⑤ （清）爱必达：《黔南识略》卷22，"古州同知"，乾隆十四年修刊本。
⑥ 彭武麟：《中国近代国家转型与民族关系之建构》，中央民族大学出版社2017年版，第179页。
⑦ （清）但湘良：《湖南苗防屯政考》卷8，"碉堡"，台北成文出版社1968年据光绪十六年刻本影印。
⑧ （清）徐铉修，萧琯纂：《松桃厅志》卷18，"屯兵"，道光十六年刻本。
⑨ （清）卞宝第、李瀚章等修，曾国荃、郭嵩焘等纂：《湖南通志》卷85，"武备志八·苗防五"，光绪十一年刻本。

表5.1　　　　　清代黔东、黔南六厅卫屯驻防军情形表

厅名	卫	堡	卫千总	屯军（户）	厅名	卫	堡	卫千总	屯军（户）
古州	2	40	2	2519	清江	2	22	2	1918
台拱	2	22	2	1786	丹江	1	12	1	830
八寨	1	11	1	810	合计	8	107	8	7863

注：都江厅未专设卫屯驻防军。

资料来源：陆韧、凌永忠：《元明清西南边疆特殊政区研究》，人民出版社2013年版，第352—353页。

鉴于湘黔鄂渝桂省际毗连区复杂的地理环境和民族成分，清政府还采取了"以苗治苗"的治理策略。即在绿营兵、卫屯驻防军之外，起用了一批熟悉地方事务的苗族军官，统带一定数量的苗兵，以"管束苗民"。[①] 例如，凤凰厅设"中营（苗）守备二名、（苗）千总四名、（苗）把总九名、（苗）外委三十名；左营（苗）守备二名、（苗）千总三名、（苗）把总六名、（苗）外委十五名；右营（苗）守备四名、（苗）千总七名、（苗）把总十三名、（苗）外委十一名；前营（苗）守备三名、（苗）千总六名、（苗）把总十二名、（苗）外委十四名，苗兵共二千名"。[②] 乾州、永绥、永顺、保靖等湘西厅治也有数量较多的苗兵，由苗守备、苗千总、苗把总和苗外委统领，[③] "各于该管各寨要地巡查防守"。[④] 黔东、黔南亦如湘西在各治所设置了苗守备、苗千总、苗把总和苗外委等职官（见表5.2）。他们不仅属于军事组织，同时还归地方政府管辖，服从行政领导，执行地方社会控制任务，直接管理基层社会。[⑤]

[①] （清）但湘良：《湖南苗防屯政考》卷3，"征服上"，台北成文出版社1968年据光绪十六年刻本影印。

[②] （清）卞宝第、李瀚章等修，曾国荃、郭嵩焘等纂：《湖南通志》卷79，"武备志二·兵制二"，光绪十一年刻本。

[③] 同上。

[④] （清）黄应培修，孙均铨、黄元复纂：《凤凰厅志》卷8，"屯防一"，道光四年刻本。

[⑤] （清）林书勋修，蒋琦溥纂：《乾州厅志》卷1，"沿革"，同治十一年刻本、光绪三年续修本。

表5.2　　　　　　　　清代黔东北地区苗兵职官设置情形

职官	松桃厅	铜仁府	铜仁县	安化县	合计
苗守备	7		1		8
苗千总	24	1	2	1	28
苗把总	34	2	2	1	39
苗外委	48	5	2	1	56

资料来源：（清）昆冈等修纂：《钦定大清会典》卷45，"兵部"，《续修四库全书》编辑委员会、复旦大学图书馆古籍部据清光绪石印本影印，上海古籍出版社2003年版。

可见军队驻防在保障清代湘黔鄂渝桂省际毗连区城市行政建制和社会安定等方面都扮演了十分重要的角色。

进入民国后，上述城市虽然没有像清代那样普遍派驻军队，但仍有部分城市因其战略地位较高而驻扎了一定数量的军队。例如，辰溪县城在民国时期分别驻扎有北洋军第6师（师部驻文昌巷文昌宫）、护国军（湘西护国军肖汝霖部驻县城考棚、黔军周西成部驻县城文昌巷）和国民革命军（先后有湘省保安旅一团、新编34师第2旅、第15师、第16师、第68军补充旅、宪兵11团、独立30师第32旅、新编独立第1旅、海军陆战队第1旅、陆军步兵第3团第2营等）。① 恩施县城在民国时期先后驻扎有民军第5师、北洋军第18混成旅、湖北靖国联军第1军第1师、湖北第七区保安司令部、第6战区长官司令部、恩巴警备司令部、湖北绥靖司令部等部队和军事机关。② 本区其他重要的城市也驻扎了一定数量的军队。此期城市驻军除执行军事任务外，还部分负有维护防区内治安、侦缉防范盗匪、清查保甲户口、检查旅馆、车站码头以及公共娱乐场所等职责。③ 当然不可否认的是，这些旧军队因军纪败坏而存在一些扰乱本区城市社会、危害城市发展的现象，也是一种常态。这与中国共产党领导的人民军队对于城市治安和社会稳定，促进城市发展所起到的积极作用形成了极为鲜明的对照。

---

① 辰溪县志编纂委员会：《辰溪县志》，生活·读书·新知三联书店1994年版，第254—255页。
② 恩施市地方志编纂委员会：《恩施市志》，武汉工业大学出版社1996年版，第172—173页。
③ 同上书，第173页。

总的看来，军队驻防对于湘黔鄂渝桂省际毗连区城市社会治安的维护和保护城市社会经济安全等层面还是发挥了积极的作用。

（二）推行保甲、团防

城市作为地方政治、经济、文化中心，人口众多，各社会群体间不可避免地因政治、经济、文化、族群等原因发生着各种各样的联系，当涉及彼此间的利益关系时便会发生纷争，甚至会酿成社会成员或族群间激烈的冲突或严重的流血事件，从而影响城市社会的安定。为了强化和严密地方社会的控制管理和保障城市的日常社会秩序，主政者根据"抵掌文事武备，与夫督属安民、剔衙奸、苏邮困诸善政"①的地方治理原则，在湘黔鄂渝桂省际毗连区各城市推行保甲制度，以弥补城镇驻军在城市社会控制力量上的不足。

清承明制，在城乡推行保甲制度。早在清初顺治时期，国家就谕令："凡州县乡城，每十户立一牌头，十牌立一甲长，十甲立一保正。每户给印牌四，书姓名、丁数，出则记其所往，入则稽其所来。其客店亦令各立一簿，将每夜宿客姓名、所带行李、牲口及作何生理、往来何处，逐一登记明白。至于寺观亦分给印牌，上书僧道人数、姓名、稽察出入。如有奉行不力或徒委吏胥需索扰害者，参劾照例议处。"②康熙三十七年（1698年）清政府再次重申严格推行地方保甲法。③雍乾时期又将士绅、旗民、客商、卫所军户和少数民族等概纳入其中，④进一步强化了城市保甲制度。例如清代恩施县城"编户三里，东曰崇宁里、南曰市郭里、北曰都亭里，每里百户设乡约、保正各一名，牌头十名，按编户分里"；乡村则由"县丞分治里甲""巡检分巡里甲"和"典史分列里甲"分类管理。⑤黎平等县亦在"保下设甲，甲下设牌"，厉行保甲制度。⑥

民国建立后，北洋政府虽仍在地方上施行保甲制度，但因"内政不

---

① （清）朱希白等修，沈用增纂：《孝感县志》卷21上，"艺文志·艺文"，光绪九年刻本。
② 光绪《钦定大清会典则例》卷115，兵部，"诘禁·保甲"。
③ 清高宗敕撰：《清朝文献通考》卷22，"职役二"，新兴书局1963年影印本。
④ 清高宗敕撰：《清朝文献通考》卷19，"户口一"，新兴书局1963年影印本。
⑤ （清）松林修，何远鉴纂：《施南府志》卷6，"建置志·保甲"，同治十年刻本。
⑥ 黎平县志编纂委员会：《黎平县志》，巴蜀书社1989年版，第486页。

修"而致其在地方控制管理上日渐松弛。① 南京国民政府建立后，出于剿共和进一步强化地方和社会控制的需要，在吸纳前清地方治理的经验与教训的基础上，进一步强化了地方保甲制度。按照"编户以定甲，编甲以定保"的原则，"由保之一方起，顺序比邻之家屋，自左至右，自前至后，挨户编组，在街市上街道两边，不得相对编组"，编定保甲，并填写户口调查表（见图5.1）。尤其是"街市上朝来晚归无人住宿之临时铺户或小贩，在其原住地编组，一人有二以上之住所及居所，时来时去，应同时编组，惟须注明其原住宿地，在清查户口时填注明白"。② 针对城乡苗汉杂居的情况，湘黔鄂渝桂省际毗连区各地方政府还按民族类别分别编定保甲。"汉人编为普通保甲，苗夷则为特编保甲。"③ 在国家强制

其他	县内办理保甲窒碍情形	运用保甲效能情况	清理待编保甲实况	民有枪支存纪情形	保甲及壮丁队训练情形	保甲长拟定情形	区保经费收支实况	户口异动等级情形	保甲会议召集情形	保甲规约拟定情形	实施五户联保状况	项别	整理保甲户口报告表（二）	说明	合计			区别	等级	保数	甲数	户数	整理保甲户口报告表（一）
													保甲整理委员会　年　月　日于　填造			男女合计	口数						保甲整理委员会　年　月　日于　填造
																						壮丁备考	

图5.1　民国时期黔东、黔南城乡保甲登记表

资料来源：曹经沅：《贵州省保甲概况》，贵州省政府民政厅1937年编印，第120—122页。

---

① 郭清：《边区各县保甲之检讨及其改进》，《边声月刊》1940年第1期。
② 曹经沅：《贵州省保甲概况》，贵州省政府民政厅1937年编印，第36—39页。
③ 吴泽霖：《定番县乡土教材调查报告》第2章，1939年未刊稿本，第5页。

下，本区各城市按照规定均制定了保甲编组的经费来源、户口清查表式①、人员构成、职责等具体而详尽的措施，②全面施行了严格的保甲制度。为更有效地强化保甲制度的施行与管理，沿河③、永顺④等城市还专门设立了保甲局。

在深入贯彻保甲制度的过程中，地方主政者和社会精英逐渐发现保甲制度还不足以对整个基层社会进行完全有效的绝对控制。于是，湘黔鄂渝桂省际毗连区城市一些士绅为绥靖地方，借鉴保甲制度，创设了一种全新的社会控制组织——团练（防）。⑤例如，思州于咸丰、同治年间在城内建团练总局，设总团首，下辖各保团练分局，专理兴办团练。⑥因团练能更好地控制地方，经中央政府"批饬各州县悉遵行之"。⑦各城市遂递次举办了团练。永顺亦于同治九年"奉知府魏式曾札办理团防，以为团练"。光绪时，知府张曾岩"听总分局见有踪诡秘者，密为报闻，立时缉捕。仍未议募练兵勇，购置器械也。惟宣统末民军起义，普天响应，知府李见荃为防患计，乃汲汲于办团募勇，然只城中一总团也。民国四年知事车赓亦尝以办团，谕境内其时地方未大糜滥，故咸视为具文。五年以后各乡苦于盗劫匪扰，始纷纷继续进行。然声气尚未尽联络也。七年夏知事曾镜心重摄县篆，聚合县士绅议决改良办法，畛域不分。厥后团改为区，区改为乡。名目虽殊保卫之意一也"。⑧光绪二十六年溆浦邑绅陈遐林等"奉令练团，并购奥国来复枪百支，教练德操，编成军队……溆邑团防，为之一振"。到1929年，溆浦"团防改变七队，分区驻扎；守望队由县挨户团计划，现已编竣十余家"。⑨经晚清民初的发展，湘黔鄂渝桂省际毗连区各城市团

---

① 《湘西绥靖要闻：核示大庸保甲会议记录》，《四路军月刊》1936年第1卷第4期。
② 曹经沅：《贵州省保甲概况》，贵州省政府民政厅1937年编印，第90—112页。
③ 杨化育修，覃梦松纂：《沿河县志》卷12，"武备"，1943年铅印本。
④ 胡履新修，张孔修纂：《永顺县志》卷7，"建置志·局所"，1930年铅印本。
⑤ 《永顺县志》（胡履新修，张孔修纂，卷25，"团防"，1930年刊本）在记载的办团练经过中，论述了保甲与团练之间的关系："欲精团练，必先行保甲。保甲行然后由保选丁训丁护团"。
⑥ 岑巩县志编纂委员会：《岑巩县志》，贵州人民出版社1993年版，第260页。
⑦ （清）松林修，何远鉴纂：《施南府志》卷17，"武备志·团练附"，同治十年刻本。
⑧ 胡履新修，张孔修纂：《永顺县志》卷25，"团防"，1930年刊本。
⑨ 曾继梧等：《湖南各县调查笔记》（下），1931年铅印本，第44页。

练日渐普及（见表5.3）。团练遂成为国家管控本区域的"一平情公所"。①

表5.3　　　　民国时期湘西部分城市办理团练（防）情形

城市	团练（防）办理情形
城步	挨户团，有枪兵三队，分为三排。"素著功效，只以城步"
桑植	县团防共编四队，内外各半。每队设队长一人，枪兵九十名
会同	县有常备队四队，每队队兵九十名，多系土著人民
洪江	洪江市团队，原有两队，计枪一百二十枝，后改编为一队，兵仅六十人
永顺	县常备队五队，有枪四百五十枝。土造者占十分之八九，形式颇为整齐

资料来源：曾继梧等：《湖南各县调查笔记》（下），1931年铅印本，第15—52页。

（三）实施警政

中国近代警察制度发轫于19世纪末叶由黄遵宪参照日本警视厅和上海租界巡捕制度在长沙创设的湖南保卫局。② 其职责为"去民害、卫民生、检非违、索罪犯"。③ 清末新政期间，清政府通令全国仿效天津警政，在省会或市政要地设立警察机构，再推行至各州县。其设于州县者称之为"警察局"或"巡警局"，具体办理州县地方的警察行政。④ 例如自1903年长沙创设警务总局后，湖南省在湘西各府城、直隶州城亦开始试办警政，改保甲局为警务局。1902年，辰溪设巡警署；⑤ 溆浦设警察局，1909年改称巡警局，1911年改置警察署；⑥ 永顺县则于1905年改捕厅署为警务公所。⑦ 经过数年施行，湘西城市警务局建制渐成体系，日臻完备。1908年，湘西各府州县警务局、警务分局相继改为巡警局。宣统三年湖南巡警道颁布《湖南各厅州县警务章程》，规定巡警数额在100名以上者为一等

---

① 胡履新修，张孔修纂：《永顺县志》卷25，"团防"，1930年刊本。
② 常兆儒：《中国近代警察制度的形成》，载中国社会科学院法学研究所、法制史研究室《中国警察制度简论》，群众出版社1985年版，第299页。
③ 唐才常：《论保卫局之益》，《湘报》1898年3月8日，第2号。
④ 常兆儒：《中国近代警察制度的形成》，载中国社会科学院法学研究所、法制史研究室《中国警察制度简论》，群众出版社1985年版，第308—309页。
⑤ 辰溪县志编纂委员会：《辰溪县志》，生活·读书·新知三联书店1994年版，第222页。
⑥ 吴剑佩、陈整修，舒立淇纂：《溆浦县志》卷12，"武备志·警察"，1921年刊本。
⑦ 永顺县地方志编纂委员会：《永顺县志》，湖南出版社1995年版，第183页。

局，70 名以上者为二等局，50 名以上者为三等局，30 名以上者为四等局。以此为标准，湘西靖州、沅陵、芷江等三州县为二等局；黔阳、麻阳、会同、溆浦、永顺、大庸、泸溪、辰溪等厅、州、县为三等局；城步、通道、绥宁、保靖、桑植、乾州、凤凰、永绥、晃州、古丈坪等厅、州、县则列为四等局。① 鄂西南恩施、咸丰等县也在晚清时期创办了警政，开办城厢警察或巡警，管理"驱摊棚""洁街道""重卫生""迁菜摊""查户籍""封烟馆""禁赌博""设消防"等八项警务。② 本毗连区其他城市亦按规定设立了警务局或警务分局。晚清湘黔鄂渝桂省际毗连区城市的警察之设，其职责与现代警察多有不同。其职掌不仅包括街道、马路站岗巡逻，还受理刑事案件和有关户口、土地、债务、婚姻之类的民事案件。凡举市政建设、城市消防、环境卫生等都在其管辖职责范围之内，它实际上是一个管理现代城市的综合职能部门。③ 晚清警政的兴起，是城市管理向近代化方向转型的一个标志性事件，它对湘黔鄂渝桂省际毗连区城市的近代化发展具有十分重要的意义。

民国建立后，沿袭了晚清的地方警察制度。湘黔鄂渝桂省际毗连区各县均在县政府机构中专门设立了警务科或公安局等机构，下设警察所，警员派驻县城或重要市镇。例如，德江县在县府之下忝设财政、教育、公安、建设、征收等局，后将公安局改组为警佐办事处、保安警察队。④ 沿河县在"民国八年成立警备队一队。民国九年由警备队改为保安警察队。民国十五年改为公安队。民国十八年归并公安局，二十一年裁公安局改为公安队；二十四年改为警佐办事处；二十六年改为保安警察，分为三分队。三十年接受后坪一分队，三十一年成立特务一分队，合组一大队"，共有枪支 158 支。⑤ 按照"县区域内之繁盛地方得设警察分所"的规定，⑥在县城以下规模较大且经济相对发达的市镇亦设有警察所或警察分局。晃

---

① 周正云、周炜：《湖南近现代法律制度》（1），湖南人民出版社 2012 年版，第 60—72 页。
② 徐大煜纂修：《咸丰县志》卷 5，"武备志·警察"，1914 年劝学所刻本，第 60 页；恩施市地方志编纂委员会：《恩施市志》，武汉工业大学出版社 1996 年版，第 147 页。
③ 皮明庥：《武汉近代警务之始》，《武汉文史资料》2009 年第 10 期。
④ 任震修，黎民怡纂：《德江县志》卷 2，"建制志·里治组织变迁"，1942 年石印本。
⑤ 杨化育修，覃梦松纂：《沿河县志》卷 12，"武备志"，1943 年铅印本。
⑥ 吴剑佩、陈整修，舒立淇纂：《溆浦县志》卷 12，"武备志·警察"，1921 年刊本。

县警察所有警员10人，治所在老晃县城；龙市警察分所有警员17人，驻地在龙市龙王庙；凉伞警察分所有警员12人，驻址在凉伞坪。① 溆浦县于1913年首先在城内开办警察分所，随后设立了一区、二区、三区、四区、五区、六区等区警察分所。② 部分城市为弥补警力不足的问题，还成立了巡查队，以加强地方治安巡查工作。例如晃县，"凡属取缔娼嫖、严禁赌博、清查户口、缉拿盗窃和违法新生活运动之事，概归巡查队办理"。③ 本区域其他城市也在民国时期积极兴办警政，招募人员，设立了警察局（所）或公安局或保安警察队等组织机构。民国时期湘黔鄂渝桂省际毗连区城市的警政建设不仅促进了城市管理水平的提升和城市管理的近代化转型，而且还为城市社会的有序发展提供了一定保障。诚如时人评价："确足为人民之保障。"④

湘黔鄂渝桂省际毗连区城市警政经过晚清民国时期的建设、发展，警政体系自城至镇初具规模，成效较著。但不可否认的是，因办警经验有限和时局不靖，近代城市的警政建设还存在着承担社会管理职责过多、专业化欠缺、从警人员不足与执行能力低下等诸多问题。尽管如此，晚清民国时期的警政建设与发展，对此期城市社会秩序的维护和城市管理水平的提升还是起到了重要的推动作用。它不仅是当时湘黔鄂渝桂省际毗连区城市社会发展的重要稳定器，而且还充当了反动政权镇压人民反抗的工具。

二 教化与查禁：城市的社会思想控制

在湘黔鄂渝桂省际毗连区由"边"到"内"的历史变迁进程中，皇朝中央政府经过长达近两千年的内地化经营，不仅表现在开边拓土和有效的行政治理，还体现在充分利用内地政治经济优势与文化的典型性功能对本区域少数民族进行潜移默化的观念影响，达到"树统一之基者，实赖开化较早民族，将其文明移植各地"，⑤ 并"以王权为中心的政治系统，通过宣讲、表彰、学校教育以及各种祭祀仪式等方式，将王权主义的价值体系灌

---

① 新晃县侗族自治县公安局：《新晃侗族自治县公安志》，1992年内部版，第39页。
② 吴剑佩、陈整修，舒立淇纂：《溆浦县志》卷12，"武备志·警察"，1921年刊本。
③ 新晃县侗族自治县公安局：《新晃侗族自治县公安志》，1992年内部版，第40页。
④ 《致谢警察》，《大公报》（长沙）1917年6月24日。
⑤ 吕思勉：《中国制度史》，上海教育出版社2002年版，第332页。

输到人们的意识之中"① 的社会思想控制的目的。其主要是通过两大措施来进行的。

(一) 对正统思想的褒扬

自清初改土归流,将湘黔鄂渝桂省际毗连区纳入到国家全面直接治理始,各级政府便在城市大力倡导尊孔读经,宣讲圣谕,宣扬国家正统思想,正本清源,以消弭各族人民的反抗精神。早在康熙时期,清政府便根据儒家经典学说,制定颁布了以"教化为先""尚德缓刑""化民成俗"为主旨的"圣谕十六条",② 作为清代中国社会的基本行事准则,以加强国家对社会思想的控制。雍正为之作注、诠释发挥,撰为万余言的《圣谕广训》,颁行天下,并在各地遍设讲约所,要求地方官员广为宣讲传播。"每遇朔望两期,(州县) 务须率同教官佐贰杂职各员,亲至公所,齐集兵民,仅将圣谕广训,逐条讲解……选举诚实堪信,素无过犯之绅士,充为约正,值月分讲。"③ 规模较大市镇、乡村亦是如此。"直省各州县大乡大村人居稠密之处,俱设讲约之所,于举贡生员内拣选老成者一人为约正,再选朴实谨守者三四人以为值约,每月朔望齐集乡之耆老、里长及读书之人,宣读《圣谕广训》,详示开导,务使乡曲愚民共知,鼓舞向善";④ "训导苗顽,俾凶愚之性如内地人民知礼讲法"。⑤ 民国时期,国家则充分利用文教⑥、报纸等文宣形式大力宣扬其社会治理的政策、效果,以突出其正面形象和统治的法统正当性,并强调民众服从国家的社会正统思想。⑦

此外,国家还积极鼓励地方宗族制定族法族规,⑧ 充分利用地方宗族

---

① 刘泽华:《中国的王权主义》,上海人民出版社2000年版,第159页。
② 据《清世祖实录》(卷34,"康熙九年十月癸巳条")记载,圣谕十六条为:"敦孝悌以重人伦;笃宗族以昭雍睦;和乡党以息争讼;重农桑以足衣食;尚节俭以惜财用;隆学校以端士习;黜异端以崇正学;讲法律以敬愚顽;明礼让以厚风俗;务本业以定民志;训弟子以禁非为;息诬告以全良善;戒窝逃以免株连;完钱粮以省催科;联保甲以弭盗贼;解仇忿以重身命。"
③ (清) 田文镜:《钦颁州县事宜》,《宦海指南五种》,咸丰九年刻本,第8页。
④ 周振鹤:《圣谕广训:集解与研究》,上海书店2006年版,第512页。
⑤ 刘显世、谷正伦修,任可澄、杨恩元纂:《贵州通志》,"前事志二十",贵阳文通书局1948年铅印本,第6页。
⑥ 陈侠:《乡村小学如何进行社会宣传》,《乡村教育》1936年第1卷第6期。
⑦ 吴榆珍:《宣传及其影响于中国社会变化的讨论》,《社会学界》1930年第4期。
⑧ 李良品、李思睿:《明清时期西南民族地区宗族组织的结构、特点与作用》,《广西民族研究》2015年第1期。

力量宣扬"敦孝悌以重人伦,笃宗族以昭雍睦","尊祖敬宗"等思想,强调"上以明尊尊之道,下以明亲亲之道,旁以明老老幼幼、贤贤贵贵之道,神道敬而人道立"的人伦秩序和"禁诉讼""惩赌博""禁越四民之外""禁巫邪"等族法观念,① 借以强化地方社会思想的正统性。

同时,对于恪守正道之人或行为大加褒奖,如对"遵从礼制""恪守妇道"之节孝妇女给予敕建牌坊的社会礼遇。于是,在湘黔鄂渝桂省际毗连区城市便出现了数量众多的这类牌坊建筑物。例如永顺县有"贞女坊""烈妇坊"。② 溆浦有"徐氏贞孝坊""唐氏贞女坊"等坊表。③ 乾州有"诰封一品老夫人周母陈太老夫人之坊"(见图5.2)。同时各地还在县志、府志中专列"节烈""孝行"等名目,将她们符合封建礼教的节孝行为载入史册,并通过"例应请旌"的形式由官府对其恪守传统礼教的精神嘉奖来教化地方社会。至于那些践行传统礼制、符合统治者所标榜的社会秩序准则的表率人物,官方一般都要给予表彰或鼓励,并列入志乘"人物""善行""忠义"等名目。例如,会同县王典因品行端方、仁孝,"邑令于交骏以'姜被高风'表其庐"。④ 对于维护国家正统秩序而忠于或死于王事者则给予优抚。例如,在太平天国运动中,咸丰县"护守备周宗福、额外委沈光才、附生秦钟俊赴惠协戎营投效阵亡因殉……奉旨从优,照把总例给恤银一百两,并加增把总衔"。⑤ 这些措施和手段都是按照正统思想来规范社会行为,以达到强化地方社会思想控制、稳定地方社会秩序为目的的。

(二)大力打击异端思想和危害社会秩序的行为

在宣扬国家正统思想的同时,湘黔鄂渝桂省际毗连区各级政府还对危害地方社会秩序、妨碍国家政治统治的异端思想大加抑制或打击。清初伊始,政府便采取大兴文字狱,对"悖逆"和"违碍"国家和社会秩序的书籍通过检查、查禁和删改的措施来钳制社会思想。民国时期,国家则实行

---

① 咸丰县《严家祠堂碑刻》,载王晓宁《恩施自治州碑刻大观》,新华出版社2004年版,第144—155页。
② 胡履新修,张孔修纂:《永顺县志》卷10,"建置志·坊墓",1930年铅印本。
③ 吴剑佩、陈整修,舒立淇纂:《溆浦县志》卷6,"建置志·坊表",1921年刊本。
④ (清)孙炳煜修,黄世昌等纂:《会同县志》卷10,"人物志·孝友",光绪二年刻本。
⑤ (清)张梓修,张光杰纂:《咸丰县志》卷16,"人物志",同治四年刻本。

图 5.2　乾州节孝牌坊

资料来源：作者自拍。

严格书报检查制度，① 以消除异端思想对其统治和社会秩序稳定所产生的冲击。

为保证社会各阶层思想的纯正，对于那些违反国家礼制、扰乱社会秩序者，地方政府在对其采取法律制裁的同时，还在城厢繁华街巷处修建"申明亭"，张榜公告，警示世人。例如，湘西晃州直隶厅"申明亭"，"在东关内学署旁，系行人必经之地。道光二年通判俞克振捐廉建修"，"居民有不孝、不悌、犯盗、犯奸，一切为恶之人姓名，迹书于榜，悬挂亭中，以示劝惩而化愚顽也"。② 铜仁府城申明亭建于大成门左首。③ 本区

---

① 叶蓬:《训令邮件检查所主任方扩军以奉参谋部令嗣后焚毁反动书报杂志等须先检集十份呈部以便分送文》，《警备专刊》1930 年第 5 期。
② （清）俞克振修，梅峄纂:《晃州直隶厅志》卷 11，"公署"，道光五年刻本。
③ （清）喻勋修纂:《铜仁府志》卷 4，"学校上·府学"，光绪十五年刻本。

域其他城市亦有类似之场所。

民间信仰在近代及以前对湘黔鄂渝桂省际毗连区社会思想影响极大，并因地方不同而形成了青莲教、同善社、白莲教、一贯道、红灯教、归根道、万全道、应灵道、瑶池、五公道、西华堂、归根坛、文坛等一系列反动会道门等组织。① 这些地下社会组织还经常利用其组织力量和社会影响，将其信念施于世人。这极易造成地方社会思想的混乱，进而扰乱城乡的社会秩序，严重妨害了地方社会的稳定。为保证地方社会秩序的良序发展，清代和民国湘黔鄂渝桂省际毗连区各级地方政府一般都会厉行禁止、取缔的政策。例如，嘉庆五年，因清水教"愚人"，贵州麻哈州"有司捕之急"，致其"旋败亡"。余众遂潜入丹江、八寨、都匀等地，后被镇压。② 清政府还在咸同年间全面取缔、镇压了黔东的白莲教活动。③ 民国时期本区地方政府亦是如此。例如，贵州省制定了《加强查禁社会群众神权迷信办法》，要求全省严格"施行关于邪教邪说之查禁"，"各地如发现邪教邪说或道院有假借神权从事非法活动情事，应依照法律从严取缔，以遏乱萌"等。④

上述措施的贯彻施行，在很大程度上起到了社会思想的引导和警示作用，使民众归于国家和地方社会治理的正统思想轨道上来，从而在最大限度上达到了地方社会思想控制的目的。

三 官民结合：城市经济的管理模式

"城市化、城市现代化，都是一种经济现象，也是一种经济过程。"⑤ 因此城市的管理在某种程度而言即是城市的经济管理。其管理水平的高与低、好与坏直接关系着城市经济的发展和繁荣与否。作为城市经济管理的主要承担者——城市政府，应基于市场规律，综合运用经济杠杆、市场机

---

① 吴荣臻、吴曙光：《苗族通史》（四），民族出版社2007年版，第140—141页。
② 刘钟萌修，周恭寿纂：《麻江县志》卷14，"年纪下"，1938年铅印本。
③ 石阡县地方志编纂委员会：《石阡县志》，贵州人民出版社1992年版，第592页。
④ 《准内政部咨为各地如发现邪教邪说或道院有假托神权从事非法活动情事请依照加强查禁社会群众神权迷信办法从严取缔一案令》（贵州省政府训令：民三报六八号），《贵州省政府公报》1940年第8卷第101期。
⑤ ［英］K.巴顿：《城市经济学——理论与实践》，上海社会科学院城市经济研究室译，商务印书馆1984年版，第3页。

制和法律手段，根据现实经济的运行情况，对城市各种经济活动进行科学而有效的综合调控和管理，或将具体的经济事务交给经济实体或经济组织来执行、完成，从而最有效地发挥城市管理者的主导性作用。

在近代及以前，中国的国家政治建筑是筑构于农业经济基础上的，国家赋税收入的大部分来自于农业，城市工商经济长期不为国家和地方所重视或重视不够。政府在城市中所执行的经济管理职能最多的是税收，而具体的经济活动事项则一般由民间自行管理。自晚清始，随着国家近代化日益发展，社会经济结构开始发生重大变化，城市经济日益重要，国家经济管理的重心遂开始缓慢地由农村转向城市，城市的经济管理亦始由传统向近代的渐变。

（一）政府直接进行经济管理

在中国农业时代，政府较少关注城市工商业经济的发展，而将主要任务放诸于稳固地方政治秩序、田赋征收和社会思想控制等层面，对于城市工商业经济的发展与管理缺少积极主动的精神，也没有专门机构进行管理，且其经济管理的对象也仅局限于商税的征收和市场秩序的维护上。

1. 商税的征收。在清代，湘黔鄂渝桂省际毗连区城市发展还处于农业时代，除田赋及附加之外，政府在城市所征的工商税赋也仅限于手工业税、竹木税、盐税、牙税等少数项目上，通称为"杂税"或"杂项税科"，且数额不多。例如，城步县在"户部项下杂项税科"中征收"牛税银二两五钱（屠户出办）、盐税银三两五钱（淮商出办）、椒株桐漆钞银四两四分五丝二忽"，匠人"四年一班，每名纳银一两八钱"。[①] 会同县在"杂税"项下征收"班匠银"，"每班每名一两八钱，遇闰加银六钱，解司转解"，共计十一两八钱；船行"纳税银五钱五分"；花布麻纸行"纳税银一两二钱"；油蜡行"三帖，各纳税银一两"；豆麦行"纳税银七钱二分"；竹木行"纳税银九钱二分"；靛菸铁炭行"纳税银九钱二分"；罾鱼行"纳税银七钱"；黑油行"纳税银一两"；盐行"纳税银十二两"；米行"纳税银三两"；花布行"纳税银一两二钱"；猪糖牛皮行"纳税银四钱八

---

① （清）盛镒源等修，戴联璧等纂：《城步县志》卷2，"田赋志"，1930年据同治七年刻本重刊本。

分";土药行"纳税银三两"以及在洪江开征"牙行税"。① 其他城市亦大多如此。当历史的车轮驶入近代,湘黔鄂渝桂省际毗连区城市经济的近代性因素日益增长,出现了近代工矿业。近代企业税遂渐成为少数城市征收的税种之一。如黔阳县在20世纪40年代征收米厂、造纸等捐,年入5万元法币。② 这些税收虽随民国时期湘西、鄂西南等地近代工业的发展有所增加,尤其是抗战时期的辰溪、沅陵、恩施等近代工业较为集中的城市的工业税的增加。但这些标志着城市近代化发展程度的税种及其税额在湘黔鄂渝桂省际毗连区城市所占比重还很低,而且还很不普遍,多数城市税收依旧以传统工商业税为主。例如,1941年黔东沿河县征收营业税、屠宰税、营业牌照税、使用牌照税、宴席及娱乐税等,共计23114286元(法币)。③ 湘西龙山、桑植、城步、绥宁等城市也是如此。④ 这都说明了湘黔鄂渝桂省际毗连区的城市经济发展水平还不高。

除上述工商业正税外,自晚清始因国家财政恶化和政局持续动荡,晚清政府、北洋政府等旧政权和各地方势力为维系其统治,还在城市和较大的市镇大力推行厘金和各类杂捐加征。厘金制度自晚清建立以来,便因其"专恃接济"⑤ 国家和地方事业,而迅速在全国推广。湘黔两省"于开泰与湖南通道县界之流塘及黔阳之托口、玉屏与晃州之龙溪口各设一局","酌量抽取"厘金。⑥ 贵州石阡县亦根据贵州省厘金章程设立厘金分局。⑦ 湘西辰溪县则于1911年在南庄坪设厘卡,分百货厘、茶厘、竹木厘、茶厘加抽、烟酒厘加抽、进口煤加抽等,开征厘金。⑧ 厘金的开征极大地限制了城乡市场商品的流通,严重地阻碍了湘黔鄂渝桂省际毗连区城市商业贸易的发展,直至1931年南京国民政府才根据社会舆论和国家近代工商业发展需要和建立统一的国内市场的现实,取消了这一被社会冠以"不良

---

① (清)孙炳煜修,黄世昌等纂:《会同县志》卷3,"食货志",光绪二年刻本。
② 盛襄子:《湘西经济概观》,《湖南省银行经济季刊》1943年第3期。
③ 杨化育修,覃梦松纂:《沿河县志》卷8,"食货志",1943年铅印本。
④ 盛襄子:《湘西经济概观》,《湖南省银行经济季刊》1943年第3期。
⑤ 李鸿章:《李鸿章全集》(第一册),时代文艺出版社1998年版,第152页。
⑥ 贵州省文史研究馆点校:民国《贵州通志·前事志》(三)卷26,贵州人民出版社1987年点校本,第786页。
⑦ 石阡县地方志编纂委员会:《石阡县志》,贵州人民出版社1992年版,第319页。
⑧ 辰溪县志编纂委员会:《辰溪县志》,生活·读书·新知三联书店1994年版,第505页。

之税"或"恶税"的厘金制度。①

杂捐②也是近代中国的一项"恶税",其所征项目繁多。例如,彭水县所征杂捐有护送捐、牌照捐、红灯捐、舆马捐、草鞋捐、拍门捐、附加费、护商捐、地方统筹、过道捐、保商税以及各种"筹借"等各种名目。其所征数额一般都超过政府规定的正税数倍,有的地方甚至还采取税赋预征这一杀鸡取卵的强征方式。③ 以致当时人们将这一时期"杂税"征收乱象讽刺为"中华万税"。④ 这些通过暴力手段征敛而来的巨额捐税大多成为维持旧政权统治的经费或沦入那些贪官墨吏之手,供其奢侈糜烂的生活,只有极少数的"杂捐"投入到了城市各项事业建设之中,从而严重地侵蚀了近代以来城市工商业发展来自于国家和地方层面的资本积累,极大地制约了湘黔鄂渝桂省际毗连区区域市场和社会经济的发展。

2. 维持市场。在社会经济发展过程中,因湘黔鄂渝桂省际毗连区多民族社会关系复杂,为保证经济秩序和市场稳定,官府要经常介入市场,维持市场秩序。"苗民买卖……务须彼此公平,不得居奇昂价,除饬地方官严禁田亩易换什物以杜侵占盘剥外,该外委每遇场市之期,稽查弹压、毋许滋事。"⑤ 凤凰厅亦规定:"集场交易,令各屯弁亲往强压,不准市侩侵欺……并移镇协转各营汛,一体饬禁,以期边隅永臻安辑。"⑥

为维持市场秩序和保证政府税收,各地方政府还积极开展缉私活动,尤其是对私盐贩运的设卡缉拿。盐自古以来便是官营民生物资,严禁民间私自贩运售卖。清代和民国时期,国家亦严格执行"盐法",以稳定盐业运销市场,保证国家盐税的征收。为此湘黔鄂渝桂省际毗连区各地方便在各要道上设卡"盘查私盐"。例如,晃州在新塘、挂榜塘、新村塘、龙塘

---

① 贾士毅:《民国财政史》(上),上海书店1990年版,第429—432页。另参见王开玺《晚清政治史:数千年未有之变局》(下),东方出版社2016年版,第199—200页。

② "杂捐",是近代以来因国家、地方财政困难,地方政府为维持政权运转和各项"建设事业"的开展而强制征收的"恶税",与税收并无区别,但它并未通过国家正式的立法而取得正规税收的合法地位,本质上是不合法的。为标榜"杂捐"的"合法性",晚清民国时期一般将"捐""税"并称为"捐税"。

③ 彭水县志编纂委员会:《彭水县志》,四川人民出版社1998年版,第377、378页。

④ 文抄公:《中华万税》,《商友》(南昌)1947年第3期;通讯:《中华万税》,《新路周刊》1948年第15期。

⑤ (清)但湘良:《湖南苗防屯政考》卷12,"弁勇",台北成文出版社1968年影印本。

⑥ (清)侯晟、耿维中修,黄河清纂:《凤凰直隶厅续志》卷5,"屯防上",光绪十八年刻本。

坪等地共设 14 处卡所，以便"呈验稽查"。① 永顺县则在凤滩、五溪河、九道水"各建立查盐卡房一座"。② 这都在一定范围内有效地维持了湘黔鄂渝桂省际毗连区城市官营盐市场的运行秩序。

3. 颁布经济管理法律法规或条例。为加强经济管理和维护经济运行秩序，国家还颁布了一些相关法律法规或条例。例如，清政府规定："凡占据市行，与民争利"者，"定置重典"；"奸猾铺户动辄纠集党类，敛分齐行，名曰公议行规，定价值若干。少有贬价售卖者，同铺家探知，同声附和，罚备酒席，需索多金"；③ 严禁"集主名色"，"盘踞武断，抑勒摊街小贩，索取常规，复串合评之牙行侵分余利，甚至世世子孙据为世业，罔利病民"等。④ 民国时期，随着民族经济近代化的发展，国家对经济制度和法律法规作了进一步的完善，出台了《商业注册章程》《公司条例》《矿业条例》《工厂法》《营业税法》《印花税法》《破产法》《商业登记法》《所得税法》《使用牌照税法》《契税条例》《货物税条例》等一大批具有近代性的经济管理法律法规，以规范和管理国家和地方经济的发展和运行。⑤ 这些经济管理法规、条例在湘黔鄂渝桂省际毗连区城市亦得到了一定的贯彻实施，只是因受条件制约而有较大的局限。同时国家因地制宜地根据本区域特殊的民族特性，专门制定了"苗例"，⑥ 其中不乏有对侵犯"苗民"利益的不法"商民"惩治和保护"苗民"利益的规定。例如，乾隆九年湖南巡抚蒋溥在《酌议抚苗事宜三条则》中明确规定："内地民人俱纷纷搬住，或开铺贸易，或手艺营生，在驻扎之文武员弁方幸多民聚集，以免孤住苗穴之地。聚处即久，则与苗人买产借债，势不能免"，为杜绝双方纠纷，交易双方须"呈官验明，投税盖印之后，始准管业"，"若有侵占负赖，各许苗人诉官究追，官不得庇民曲折"。⑦ 对市场交易中官

---

① （清）张映蛟等修，俞克振等纂：《晃州厅志》卷17，"盐法"，道光五年修，1936年铅印本。
② 胡履新修，张孔修纂：《永顺县志》卷13，"食货志·盐政"，1930年铅印本。
③ （清）昆冈：《钦定大清会典事例》卷765，刑部，"户律市廛"，光绪二十五年重修本。
④ 《清雍正至乾隆年条奏》，户例，乾隆六年条例。
⑤ 石柏林：《民国时期经济法律体系及其作用初探》，《求索》1996年第2期。
⑥ "苗例"是经清政府认可的湘黔鄂渝桂省际毗连区各少数民族社会内部通行的习惯法的统称。参见苏亦工《明清律典与条例》，中国政法大学出版社2000年版，第87—89页。
⑦ 《宫中朱批奏折》，见中国第一历史档案馆编《清代档案史料丛编》第十四辑，中华书局1990年版，第164页。

府、商户等主体的经济行为亦有明确的规定。例如，禁止"各署中需用薪米等物，非抑价强买，即分厘不给"。①湖南城步县还颁发了《严禁派买教文》，规定："米粮、绸缎、竹木、茶酒、鱼肉、柴炭之类，不给一文，先行取用，责令当值行户送入，既送后累月经年，始行给价，仍是短亏。……自示之后，务宜尽改，前款一切购买，以官势压雇，一经察实，定即严参重究，决不姑宽，受害行匠饭店人等亦许据实呈控，以凭查明，分别究惩"。②商民交易求利，须"具有资材"。③至于市场中的"巢籴粮食、买卖布帛等项见钱交易，毋庸禁止"，④但"禁不许重利盘剥物产，恃横强占"等。⑤

对于违反市场管理者和发生商业纠纷时，官府还以仲裁者的身份审理相关的经济讼案。例如嘉庆年间宣恩县上筒坪有商人罗朝贵私开禾行者，为县令任国选查知，饬令取缔，并将该行判归禹王宫，收入以作僧食和香火之资。⑥利川县民聂清怀控告董习春隐匿寄存4锭银两一案，经县府查明，聂怀清曾欠董习春24串钱，包谷6石。于是，县令判决将董习春所隐匿4锭银两按时价1两银兑换1串300文，折成5.2串钱。因银不抵债，聂怀清仍需书写欠债期票，交董习春收领。⑦又如《讯袁善俊一案》，因涉及袁善俊、胡文浩、郭大文、万抚卿等人"买货借项二十二串八百有零"，在综合案情后，利川县衙判"万抚卿先代郭大文付袁善俊当价二十串，净找郭大文钱十六串文……万抚卿、郭大文、胡文浩每人各出钱一串文，作赔袁善俊今年之稞。郭大文当堂书立收清万抚卿当价押租字据。万抚卿亦

---

① 《高宗实录》卷169，《清实录》（十一册），中华书局1985年版，第150页。
② （清）贾构修，易文炳、向宗乾纂：《续增城步县志》，附石牍，书目文献出版社1992年版，第421—422页。日本藏中国罕见地方志丛刊。
③ 黔东南苗族侗族自治州地方志编纂委员会：《黔东南苗族侗族自治州志·文物志》，贵州人民出版社1992年版，第105页。
④ （清）但湘良纂：《湖南苗防屯政考》（二）卷3，台北成文出版社1968年影印本，第547—548页。
⑤ 乔新朝、李文彬、贺明辉搜集整理：《融水苗族埋岩古规》，广西民族出版社1994年版，第227页。
⑥ 王晓宁：《恩施自治州碑刻大观》，新华出版社2004年版，第126页。
⑦ （清）熊宾撰：《三邑治略》卷4，"堂判·讯聂怀清一案"，光绪二十九年刻本，第19—20页。

当堂书立拨付袁善俊当价,并找补郭大文钱项……各具结完案"。① 据《三邑治略》统计,仅利川县在县令熊宾任内所判商业纠纷案例就有近十起。本毗连区其他城市亦有数量较多的由官府裁定的上述类似判例。

此外,湘黔鄂渝桂省际毗连区还有一些州县将各级市场商民编入保甲烟户册以便于市场管理。"所有集场市镇外来营贸者,店主店伙,俱应一体编查,归入烟户册内注明。"②

(二)民间管理:客总、牙行、公约制度管理

在近代及以前,由于湘黔鄂渝桂省际毗连区大多数城市经济发展水平滞后,且因地理封闭,社会经济管理的理念和管理方法一般囿于传统。国家和地方虽然颁布了一系列经济管理的法规制度和规定,并在晚清民国时期也组建了政府主导的近代经济管理的机构,但受时代和条件的制约,本毗连区城市的经济管理仍以民间管理为主,尤其是市场秩序的维护、各类商事活动的管理。

1. 客总管理。土司时期,湘黔鄂渝桂省际毗连区市场一般由"舍把"或"头人"管理,坐商和交易者必须交付银两或实物方能入市交易。自明清始,大批客民移居湘黔鄂渝桂省际毗连区,从事工商业活动,为便于市场管理,各地方官府设立了"客总""场头"。例如,恩施"客民赶场作市,设有场头、客总"。③ 鹤峰"官设客总、场头以专责成"。④ "客总""场头"遂成为了本区域城乡市场管理的主体,其职责主要是维护市场秩序,"遇公办差,清理场市",使市场"安分守己";⑤ 并调解商品交易中的各种纠纷等。⑥ "客总"的设立,不仅有利于"清理市场",还有利于商贸往来债务纠纷的解决或规范。这在一定程度上保障了各级市场和工商业活动的正常运行。例如,乾隆年间,利川县为解决客商债务纠纷问题曾由客总纠众会商,并刊刻碑石。"兹因常德客民卯宗圣……及铺司货物约计

---

① (清)熊宾撰:《三邑治略》卷4,"堂判·讯袁善俊一案",光绪二十九年刻本,第4—5页。
② (清)陈惟模修,谭大勋纂:《长阳县志》卷1,"地理志·乡甲",同治五年刻本。
③ (清)张家槛修,朱寅赞纂:嘉庆《恩施县志》卷4,"风俗十八",嘉庆十三年刻本。
④ (清)吉钟颖修,洪先焘纂:《鹤峰州志》卷4,"营建志·街市",道光二年刻本。
⑤ 四川大学历史系、四川省档案馆:《清代乾嘉道巴县档案选编》(下),四川大学出版社1996年版,第238页。
⑥ 宣恩县志编纂委员会:《宣恩县志》,武汉工业大学出版社1995年版,第189页。

六百十余，向其修◇有数马，没矣。当时债主同场客，人俱皆齐集，将宗圣铺及所剩布匹等中细查检点，四分之本盘涉其三。有欲将本利而没收者，有亦欲照本多寡而均给者，众议纷纷不决，适有向正海、张秀国俟彼亲属到此再为议论，将此项布尺等暂交与客总段国义权为执掌，何期三载有余，卯姓并无音息。向正海、张秀国、段国义等系放债之人，转思堕◇◇◇无益复水还盆与瓜分而起手平，何若充分而息议将此项银两施舍本地（张王庙），永为香火资，犹恐难服众议，是以禀明县堂◇◇◇◇俱批允，故将宗圣◇◇◇◇◇◇外添三十两，共七十两。"①

2. 牙行管理。牙行是中国传统时期社会商品交换活动中起中介作用的组织。他们涉及行业宽，经营范围广，几乎遍及城市和乡场各行各业，是为城乡市场和经济运行的实际承担者和管理者之一。

清承明制，概由官府"例给官帖"设立牙行。②"凡城市乡村诸色牙行及船之埠头，并选有抵业人户充应，官给印信文簿……每月赴官查验。"③帖内注明牙人姓名、经营范围和地点；文簿则登载交易双方姓名、籍贯、货物数量等，以备查核。这样，牙行成为了湘黔鄂渝桂省际毗连区城市经济管理的官方代言人。凤凰厅，"但开集设场，或称经纪或号牙行"。④镇远则设有福义公（糖牙行）、新华号（纸牙行）等牙行。⑤恩施、来凤、咸丰等城市亦设有牙行。⑥

牙行除抽取佣金、为客商提供食宿、存放货物，代缴税金、介绍买（卖）主等综合服务外，还承担着代替官府进行相关市场管理的职能。据来凤百福司"卯洞油行碑"记载，为规范油业，制定了卯洞油行永定章程："从来牙行之设，原以上裕国课，下便商民，起日中之市，定贸易之规，是以汉镇等处大小埠头皆依牙行为依归，因地制宜，原以有益商贾，而便属民出场。卯洞地虽偏僻，三省连接，水陆总埠，土产桐油，肩挑背

---

① 王晓宁：《恩施自治州碑刻大观》，新华出版社2004年版，第141页。
② 《清圣祖实录》卷238，康熙四十八年六月庚子，台北华文书局1969年影印本。
③ （清）昆冈：《钦定大清会典事例》卷765，刑部，"户律市廛"，光绪二十五年重修本。
④ （清）潘曙修，杨盛芳纂：《凤凰厅志》卷11，"食货志"，乾隆二十三年刻本。
⑤ ［日］日本东亚同文会：《中国省别全志（贵州省）》，台北南天书局1988年影印本，第667页。
⑥ （清）松林修，何远鉴纂：《施南府志》卷12，"食货志·杂税"，同治十年刻本。

负，远近咸集，尤恐乡愚，有油上街出卖，防有枯脚、水渣等弊，为害客商，有亏成本。所以凭行经理稽查，消除弊端，定以桐油每篓七十五斤收领，用钱二十四文，不敢有二。会特刊板重碑，永定章程。日后恐有顶补，更换新帖，照规行为，永无加增，以昭平台税赋有着，而章程不朽矣。"①

3. 行业公约制度管理。随着清代以来地区传统商贸的发展，地域性和行业性的组织——会馆、公所、行帮，在清中期便开始普遍出现在了湘黔鄂渝桂省际毗连区城市。出于保护本行业免受外来者的竞争或同行间的争斗，规范行业秩序的目的，各会馆、行会一般都会出台本行业经营的章程。例如，锦屏木业"交易有行"，木商"上下交易皆归江行"。② 恩施线店招徒章程则规定："诸公同立章程概属尽善无如……年会期并盂兰超荐以及神前……殊觉入不敷出，是以公同议定，无论线店……者，务望遵守新章，以垂久远。所有公同议……后，入徒应出钱壹串文，入帮上机应出钱壹串文，学打线结正架应出钱壹串文，师徒仍照旧章。之后无论帮打以接正架，应出钱壹串文；接打机房钱应出入帮钱壹串文，如其不出，仍打一处，不准乱◇。"③ 本区其他城市工商业行会亦有类似之规定或章程。

4. 商会管理。晚清民国时期随着中国被纳入到世界资本主义市场，传统的经济发展与管理模式与时代潮流日益不符。为改变落后的传统工商业行会管理的模式，一些具有近代意识的工商业人士便在口岸城市组建了一种全新的工商业组织——商会。商会于1902年首先在上海应运而生，后逐渐普及至中东部众多城市。湘黔鄂渝桂省际毗连区的商会成立比较晚，直至民国初期才逐渐普及各城镇。④ 龙溪口、玉屏、青溪、镇远、施秉、黄平、德江等主要城镇大都在此期各自组建了商会组织。⑤ 随着商会的成立，城市的经济管理遂缓慢地从传统模式向近代演进。商会也逐渐成为与传统的行会、会馆并行的湘黔鄂渝桂省际毗连区城市经济管理主体之一。

---

① 王晓宁：《恩施自治州碑刻大观》，新华出版社2004年版，第140页。
② 贵州省地方志编纂委员会：《贵州省志·文物志》，贵州人民出版社2003年版，第318页。
③ 王晓宁：《恩施自治州碑刻大观》，新华出版社2004年版，第142页。
④ 徐鼎新：《旧中国商会溯源》，《工商史苑》1991年第3期。
⑤ ［日］日本东亚同文会：《中国省别全志（贵州省）》，台北南天书局1988年影印本，第615页。

首先，商会作为法人，在法律上规定了它不是一个任意性的组织，须"核准后方得设立"，属于商办的社团法人组织。① 它在组织上将本地各种工商业者通过履行入会手续、缴纳会费的方式纳入到城市工商业管理体系之中。

其次，商会以其所设商事纠纷裁判所、商品陈列所等专门机构为管理平台，及时处理各类商事纠纷、组织工商业调查（见表5.4）、传递各类工商业信息，从而保证并促进本地工商业经济的运行和发展。② 但受湘黔鄂渝桂省际毗连区经济发展水平总体滞后、经营管理理念落后等因素的制约，大多数城镇的经济管理仍需要通过传统的行会组织来解决，甚至有些城镇直至20世纪40年代因未组建同业公会或商会等经济组织，其经济活动多采用民间习惯而处于一种自然状态。③

表5.4　民国初期镇远商会国货原料输出经外贸加工输入调查表

类别		原有名称	产地	加工前价格	每年输出额	加工后名称	加工国名	加工后价值	每年输入额	每年加工增加数目
植物	食用	麦	各区	斗2.00	10000	饼干	各国	斤0.50	100	……
	工艺	棉	各区	斤0.40	4000	洋纱布	各国	斤1.20	12000	……
	工艺	麻	各区	斤0.50	10000	各种梯葛	各国	斤2.50	12500	……
	药用	山药	各区	斤0.10	1000	各种丹丸	各国	斤10.00	500	
动物	食用	鸡	各区	斤0.15	3000	罐头	各国	斤2.00	2000	
	药用	麝香	各区	两100	2000	各种药品	各国	斤2.00	800	
矿物	非金属	雄磺	各区	斤1.20	240	各种药品	各国	斤10.00	200	
		硫磺	各区	斤0.40	400	硫镪水	各国	斤5.00	500	
		硝	各区	斤1.00	1000	硫镪水	各国	斤5.00	150	

资料来源：毛石：《民国初期贵州进出口贸易概况》，《贵州文史丛刊》1990年第1期。

纵观清代以来湘黔鄂渝桂省际毗连区城市的经济管理，民间经济组织

---

① 虞和平：《近代商会的法人社团性质》，《历史研究》1990年第5期。
② [日]日本东亚同文会：《中国省别全志（贵州省）》，台北南天书局1988年影印本，第620—660页。
③ 贵州省政府秘书处：《黔政五年》，南京印书馆1943年编印，第66页。

在城市经济管理中始终扮演着重要的角色,是城市经济发展重要的稳定器和推动力之一。但随着19世纪末20世纪初湘黔鄂渝桂省际毗连区城市经济近代化转型的大幕徐徐开启,政府在城市经济管理活动中发挥的作用越来越大,民间经济组织在城市经济管理的职能日益弱化,其官民结合的城市经济管理模式亦逐渐由民间主导转向了官方主导。这顺应了近现代中国城市经济管理发展的历史趋势。当然,我们也必须看到,这段时期湘黔鄂渝桂省际毗连区城市经济管理近代化转型的趋向和力度还较弱,在许多领域依旧处于传统阶段。这与中东部发达地区城市的经济管理水平差距还很大。

综上所述,清代以来湘黔鄂渝桂省际毗连区城市所施行的各项社会控制与管理措施,既强化了国家在地方的控制和治理,又有利于城市社会的稳定和各项事业的发展与进步。但是因旧中国政府所采取的过严过密的社会管理控制措施,在一定程度上禁锢了本毗连区城市社会应有的发展活力而存在较大的社会弊端。

第二节 城市社会保障机制的演变

社会保障是指对公民在暂时或者永久性失去生产劳动能力以及由于各种原因导致生活困难时给予一定的物质帮助,以保障居民最基本的生产生活需要。一般而言,社会保障的主导者是政府,但在具体实施过程中,一些社会组织、社会精英和广大社会普通成员也会自发参与其中,从而形成了政府主导、多方参与的社会保障机制。其主要内容为灾害救济、仓储与各类慈善活动。这对于多灾、社会综合发展水平滞后的湘黔鄂渝桂省际毗连区来说,社会保障机制的建立无疑是为城市发展提供了一个安全阀,起到了维护政治良序、保障城市社会安全的作用。因此,历代中央和地方政府都较重视本区域社会保障机制的建设。

一 减灾赈济:城市灾害的救济

城市作为一种文明形态,它在发展过程中便不断地或多或少地排斥自然生态系统,并创造出了一种全新的"人化"环境。在这个全新的"人化"环境中,不仅聚居着大量的人口,还包括为人类发展所需而建立的数量众多的政治、经济、文化、社会等机构及其为其服务的市政设施和满足城市消费的各类资源。于是，城市在"人化"的进程中与自然生态环境便会经常发生碰撞，相互产生影响，[①] 使其成为了灾害的集中地。[②] 这样，灾害治理便成为了任何一个城市政府必须正视和承担的一项社会责任。

（一）城市主要的灾害类型

湘黔鄂渝桂省际毗连区地处中国西南高原山区，属亚热带季风气候区，自古以来便是水、旱等自然灾害的多发区。同时，城市因聚集大量人口和社会财富，而又会在特定时期成为战争、火灾等社会灾害的发生地。这些灾害及其所引发的时疫等次生灾害经常给城市带来灾难性的影响。下面仅对城市发展产生直接破坏性影响的水灾、火灾、时疫等灾害进行概述。

1. 水灾。水灾是湘黔鄂渝桂省际毗连区城市最常见的一种自然灾害。关于城市水灾的载录不绝于书。例如凤凰，"雍正四年，大水……河街当其冲，骤崩数十丈，损坏居民房舍甚多"。"乾隆二十五年，五月大雨，溪水骤入城；六月大水又入城，城外民房低者被淹。嘉庆二十五年八月，凤凰厅大水入城。"[③] 其他城市亦水患严重（见表5.5）。

表5.5 清代湘黔鄂渝桂省际毗连区部分城市重大水灾情形表

城市	被灾情形
芷江	乾隆二十九年四月，"大雨，西城崩圮数处；南城亦圮，河水暴涨。同治三年五月阴雨挟旬十五日，潕水暴涨，平地水深数尺……黄甲街、江西街、下圆头等处居民升屋以避；龙津桥梁尽被冲去，漂溺生灵数百，船户撑船入市。"
永顺	同治十二年六月，"县城水。自城西北泛溢本城，城垣被冲圮十丈有余，城内外水及屋檐，坏官廨民房无算，溺死20余人。"
古丈坪	光绪四年八月，"大水，厅城小溪桥、西关桥、万人桥等同时冲圮。光绪三十二年四月，古丈坪四山洪水而至，陡涨数丈，将教场并河边碾房屋宇一概淘洗而去，水涌西门，沿河一带几成泽国。"

---

① ［法］埃德加·莫兰：《社会学思考》，阎素伟译，上海人民出版社2001年版，转引自章友德《城市灾害学——一种社会学的视角》，上海大学出版社2004年版，第10页。
② 刁承泰：《试论环境地貌学的性质和应用》，《西南师范大学学报》（自然科学版）1988年第4期。
③ （清）黄应培修纂：《凤凰厅志》卷7，"风俗·附气候灾祥"，光绪七年据道光四年重刻本。

续表

城市	被灾情形
彭水	康熙三十八年六月,"大水及治事厅檐,官衙民舍皆漂没。乾隆二十五年七月,黔水泛涨入彭水城内,淹没市肆,水及衙署之屋檐。道光十年五月,黔水、郁水泛涨高数十丈,彭水官署尽淹没。"
酉阳	道光十年五月,"潭河泛涨,酉阳州场上市肆坍塌甚多。"
黔江	光绪二年五月,"大雨,西门外堤岸尽决,水溢城中街巷,后遂连年东徙,濒河民家数十皆为荡去。光绪四年四月,黔江县城中水深二三尺。光绪十三年,黔江蛟出城南洞塘,城内水深数尺,溺死城乡民数十人。"
思南	康熙三十五年,"大水入南门,十字街舟行。道光十年五月,大水至南门外至蛮夷司署大门;十一年五月,大水漂没城外民舍数百户。"
玉屏	乾隆元年四月,"大水,淹至城内三牌坊、北门、馆驿一带,民居尽皆推没。乾隆二十四年,再遭大水,馆驿被淹,北门外沿河民房推去十余户。"

资料来源:(清)赵沁修,田榕纂:《玉屏县志》卷1,"祥异",乾隆二十二年刻本;(清)夏修恕、周作楫修,萧琯、何廷熙纂:《思南府续志》卷1,"天文门·祥异",道光二十一刻本;(清)王麟飞等修纂:《增修酉阳直隶州总志》卷末,"祥异",同治二年刻本;(清)盛庆绂、吴秉慈修,盛一林纂:《芷江县志》卷58,"祥异",同治九年刻本;(清)董鸿勋修纂:《古丈坪厅志》卷12,"祥灾",光绪三十三年刻本;胡履新修,张孔修纂:《永顺县志》卷2,"地理志·灾祥附",1930年铅印本;彭水县志编纂委员会:《彭水县志》,四川人民出版社1998年版,第69、70页。

水灾不仅给湘黔鄂渝桂省际毗连区城市造成了惨重的经济损失和人员伤亡,还损毁了大量的城市基础设施和文明成果,严重地影响了城市居民的日常生产生活。

2. 火灾。湘黔鄂渝桂省际毗连区城市一般建于山间河谷地带,城内街区空间远不如平原城市平坦开阔,其街道蜿蜒逼仄,屋宇密集。加之本地盛产木材,自古以来城市居民便多以木架构作承重结构修建房屋,并附以木质门窗、壁板、檐枋,且室内多置木制家具。[①] 即史籍所言"屋宇连甍接栋,覆以板竹"。[②] 这在天干物燥时节,常因用火不慎或自燃等原因频发

[①] 魏挹澧、方咸孚、张玉坤:《湘西城镇与风土建筑》,天津大学出版社1995年版,第38—50页。

[②] (清)卞宝第、李瀚章等修,曾国荃、郭嵩焘等纂:《湖南通志》卷40,"风俗志",光绪十一年刻本。

火灾,且山谷风烈、街巷狭窄而易致火势蔓延,造成重大灾情。例如城步县,"康熙七年十二月二十二日,邑中火,从城东至城西共烧房屋二百余间"。"雍正丁巳,大街火,延及南门,转入县前。""乾隆丁卯,节孝祠大火,过东门延至关焚毁铺屋数百间。""嘉庆十六年十二月,中节街焚";"十七年、十九年、二十年西关外火焚三次"。"道光七年七月二十四日,教场延烧至上节街止";"十一年十二月廿六日,从教场至彭家团尽焚";"二十八年十二月,延烧铺屋百余间";"廿九年,火延烧教场坊一带铺户"。"咸丰三年教场延烧至中节街止。"① 沿河县城"咸丰五年,西岸火,全街几尽,惟城隍庙存"。光绪四年,"西岸火,由五台街温家起,延至中街汪家止";光绪十五年冬月二十日,"西岸火,由中街烟行起延至五会街止";光绪二十六年,"东岸火,由土地沟起延至黑巷子,又抵至坪上";光绪三十四年,"东岸火,由黑巷子延至土地沟"。1920年,"东岸河坝火,延烧上至观音岩,中至田家祠堂,下至廖家嘴"。1933年,"东岸河坝火,延烧上至场口,中至坪上,下至廖家嘴"。② 永顺等其他城市亦"多火灾"。③ 可见,频发的火灾对本区域城市的发展极具破坏性。

3. 时疫。时疫是指传染病大规模流行而引发的灾害,它直接威胁着人类的健康和生命安全,影响很大。"疫者,犹徭役之谓,大则一郡一城,小则一村一镇,比户传染。"④ 在1950年以前,湘黔鄂渝桂省际毗连区城市公共卫生环境状况总体很差,"秽屑乱掷""随处便溺、唾涕,污垢不除",污水时溢地表。⑤ 一般人家的居住环境亦很不讲究。"屋檐低矮","室很湫溢",空气流通不畅是为常态。⑥ 这为季节性疾疫流行提供了一个极佳的场所。故而在特定时节本区各城镇极易发生较为严重的疫情。"湘西一带,每届秋令,疾疫流行,死亡率亦高。"⑦ 由于近代及以前中国传统

---

① (清)盛镒源等修,戴联璧等纂:《城步县志》卷10,"祥异志",同治七年修1930年重刊本。
② 杨化育修,覃梦松纂:《沿河县志》卷18,"祥异",1943年铅印本。
③ 胡履新修,张孔修纂:《永顺县志》卷7,"建置志·城池",1930年铅印本。
④ 叶霖:《增订伤暑全书》,转引自张志斌《中国古代疫病流行年表》,福建科学技术出版社2007年版,第1—2页。
⑤ 吴鼎昌:《昴卫生工作》,《贵州卫生》1942年第1卷第1期。
⑥ 欧阳械:《记湘西的苗族》,《申报月刊》1943年复刊号。
⑦ 周振:《两年来卫生署医疗防疫队在湘西工作概况》,《边声月刊》1940年第1卷第4期。

社会对公共卫生的认知水平有限，每遇疫情大都未采取有效的隔离防护措施，致使疾疫流行范围较大。例如，咸丰三年黎平大疫，城内外流行"麻瘟"，死者甚众。同治元年，天柱县瘟疫大行，"十死八九"。同治三年，清江厅大疫流行，"疫病盈庭，尸埋满地"。同治四年，贵州全省大疫，荔波、天柱等城市均见大疫，"患疫之家十居七八"。其中天柱县"四境传染，合室呻吟，死者无算"。① 同治七年，芷江大疫，"死者甚众，十室九空，至有歇绝烟火者。城内皇榜坡一隅，半月之内瘟毙七十余人"。② 光绪二十八年，辰州大疫，"旬日之间，城乡皆遍"。道咸同光年间，融县、三江、沅陵、永绥、独山、铜仁、剑河等城市亦屡发大疫。③ 民国时期，湘黔鄂渝桂省际毗连区城市医疗卫生条件虽有一定的改善，但疾疫仍很流行。1920年湘西辰州、辰溪先后爆发瘟疫。④"民国廿七年，湘西霍乱流行，死亡甚惨。"⑤ 瘟疫大规模流行极易造成大量人口死亡或因病而丧失劳动能力。这在一定程度上制约了本毗连区城市发展和社会进步的"人"的因素的生产。

战争则是对湘黔鄂渝桂省际毗连区城市发展产生巨大破坏性的社会灾害，前文已有论述，兹不赘言。另外，还有旱灾、虫灾等灾害虽未对城市产生直接的破坏性影响，但对农业生产的破坏甚大。每当这类灾害发生且严重之时，便有大量食不果腹的乡村人口涌入城市以求得到城市社会的救济，使城市不堪重负而间接影响了城市社会的稳定。这也在一定程度上制约了城市的发展。

总之，频发的灾害对清代以来湘黔鄂渝桂省际毗连区城市发展的破坏性影响非常严重。为保障城市发展和社会的稳定，在政府的主导下，一般都会对受灾群体进行广泛的救济，并根据灾害类型而采取一些针对性的治理措施。

---

① 张剑光：《三千年疫情》，江西高校出版社1998年版，第517—522页。
② （清）盛庆绂、吴秉慈修，盛一林纂：《芷江县志》卷58，"祥异"，同治九年刻本。
③ 张剑光：《三千年疫情》，江西高校出版社1998年版，第517—522页。
④ 《辰州疫症又发现》，《湖南大公报》1920年8月6日；《辰溪时疫之流行》，《湖南大公报》1920年10月12日。
⑤ 周振：《两年来卫生署医疗防疫队在湘西工作概况》，《边声月刊》1940年第1卷第4期。

（二）灾害救济

众所周知，每当灾害发生之时，极易因社会救济不力而激发民变。为保证国家政治长治久安和社会稳定，各级政府一般都很重视灾害救济。其具体措施有赈济、抚恤、蠲免、缓征、借贷、调粟、安辑等诸方面，其中以赈济、抚恤、蠲免或缓征最为重要。

1. 赈济。赈济是通过以钱粮等物资形式给予灾民，满足其基本生活的一种临时救济措施。这对于灾中、灾后的城市社会来说，具有巨大的稳定作用。正基于此，历代政府都很重视赈济工作。例如安龙，乾隆三十五年全县大饥，南笼知府尽槖常平仓谷米长达四月有余，仓储槖尽。光绪十七年夏，安龙水灾，知府邹元吉槖谷18000余石救荒。1937年春，安龙频发水灾、风灾，受灾3130户，贵州省赈务会拨款9900元（法币），按大人每口1元、小孩每人5角的标准发放以赈灾民。① 秀山，同治八年夏"大饥，斗米钱五千有奇，知县杜瑞徵发常平仓谷四千石及银二千两赈之"。② 1921年夏，永顺县"大饥，知事曹仓请得华洋筹赈会洋五千圆，在城设平赈局及粥厂。又采买谷米杂粮数百石，按各保灾情支配"。③ 1936年，湖南省赈济委员会向会同县发放"火灾急赈"1000元的同时，还向溆浦、沅陵、绥宁、黔阳、辰溪、靖县、桑植、晃县、会同等县发放"匪灾急赈"36000元。④ 为保障灾民基本饮食，受灾城市或灾民集中之城市一般都会开办粥厂来赈济灾民。例如，秀山，乾隆六十年因"被苗难，民如城就食，日数百人。知县路云瞻设局赈恤之"。⑤ 1922年湘西乾城"筹得米约二百四十石"，开办粥厂，"男子在城外校场坪，妇女及小孩在城内马王庙，分别领餐。两厂给养共约七千人，聚散有时，极为安静"。⑥ 这些赈济活动在一定程度上保障了受灾城市或灾民聚集城市的社会稳定。

2. 抚恤。抚恤是指在灾害中亡故人员或遭到较大财产损失的家庭，给予他们或其家属一定的抚恤金。清政府规定："被灾之家……均酌量赈恤

---

① 安龙县志编纂委员会：《安龙县志》，贵州人民出版社1992年版，第573页。
② （清）王寿松等修，李稽勋等纂：《秀山县志》卷3，"官师志"，光绪十七年刻本。
③ 胡履新修，张孔修纂：《永顺县志》卷13，"食货志·赈蠲"，1930年铅印本。
④ 《湖南灾区之救济》，《中国国民党指导下之政治成绩统计》1936年第2期。
⑤ （清）王寿松等修，李稽勋等纂：《秀山县志》卷3，"官师志"，光绪十七年刻本。
⑥ 《乾城副将向天爵知事姚建猷呈报开办粥厂文》，《湘灾月刊》1922年5月。

安顿。"① 例如，康熙五十五年，思州大火，41 户居民房屋被焚毁，知府陈元给每户发放抚恤银一两。② 乾隆元年四月，玉屏县城大水，水淹所至，民居尽皆推没。知县张能后给予每户每间抚恤银六钱。乾隆二十四年，玉屏再遭大水，馆驿被淹，北门外沿河民房推去十余户。知县李永祺每户每间给银五钱。③ 为利于地方灾害抚恤工作的开展，乾隆四十一年清政府还制定了统一的抚恤标准：坍塌房屋维修费，瓦房每间一两五钱左右，草房八钱左右，淹毙人口每大口一两左右，小口减半。④ 国家和社会给予的抚恤救助，在一定限度内弥补了灾民的损失，有利于他们重建家园。至于那些无家属因灾而亡者或家贫无力葬者，则由政府或社会慈善机构提供墓地"以瘗贫不能葬者"，以示社会恩恤。⑤

3. 蠲免或缓征。蠲免则是将灾民的赋税、杂役等按被灾等级给予部分或全部的豁免。缓征即是根据规定，将被灾民众应征赋税暂缓待以后征收的一种灾害救济措施。这在客观上减轻了灾民的经济负担。蠲免或缓征虽在清代民国时期主要施行于乡村地区，但对城市却有着重要的间接影响，尤其是它能在很大程度缓解了被灾时期城市粮食供应短缺的问题，而具有重要的积极作用。

蠲免、缓征等灾害救济之策于清初即已行之。雍正八年"上谕着永顺一府秋粮二百八十两豁免一年"。⑥ 雍正十三年，"沅州切近黔省，闻难民聚集者竟至万人，且雇募大役赴黔运饷者又多。系沅州之民除已降者加增价值，用示恩恤外，朕念冀民、念公趋事倍于他处，着将沅州今年地丁钱粮全行蠲免。若有已征在官者抵明年应征之额赋"。⑦ 因各种灾害频发，国家对湘黔鄂渝桂省际毗连区的蠲免、缓征次数也很多。据不完全统计，在

---

① （清）托津等奉敕纂：《钦定大清会典事例》卷 217，见沈云龙主编《近代中国史料丛刊三编》，台北文海出版社 1985 年影印本。另参见李文海、夏明方主编《中国荒政全书》，第 2 辑第 1 卷，北京古籍出版社 2004 年版，第 757 页。

② 黔东南苗族侗族自治州地方志编纂委员会：《黔东南苗族侗族自治州志·民政志》，贵州人民出版社 2004 年版，第 127 页。

③ （清）赵沁修，田榕纂：《玉屏县志》卷 1，"祥异"，乾隆二十二年刻本。

④ 同治四年《户部则例》卷 84。转引自尚春霞《清代赋税法律制度研究（1644—1840）》，光明日报出版社 2011 年版，第 119 页。

⑤ （清）王复宗汇辑：《天柱县志》上卷，"公署·公馆官庄附"，康熙二十二年刻本。

⑥ 胡履新修，张孔修纂：《永顺县志》卷 13，"食货志·赈蠲"，1930 年铅印本。

⑦ （清）盛庆绂、吴秉慈修，盛一林纂：《芷江县志》卷 10，"蠲政"，同治九年刻本。

顺治至嘉庆年间清政府因灾蠲免、缓征芷江县钱粮等项共计36次。① 利川自乾隆元年设县之初五年时间内，先后蠲免五次赋额钱粮。② 民国建立后，国家在正常的政治秩序的前提下，也时常根据灾害情形实施蠲免缓征之策。例如，湘西溆浦、泸溪于1912年因灾分别蠲免田赋3493（银）元、2437元。③ 1935年因黔东、黔南等灾区"流离失所、哀鸿遍野"，为救济十余万难民，南京国民政府悉行蠲免"黔省（民国）二十四年份田赋"，"又命省军废弃向民间征粮之习惯"，以"减轻民食问题的严重性"。④ 本区域其他城市亦多有蠲免、缓征的赈济举措。这些措施的施行既有利于灾民重归乡里，减轻城市骤增的人口压力，又为受灾城市和乡村的灾后重建提供了条件，从而保障了湘黔鄂渝桂省际毗连区城市社会秩序的稳定。

赈济、抚恤、蠲免、缓征等救济政策和措施的施行，在很大程度上减轻了灾民的负担，对于灾民在灾后生产、生活的恢复、发展起到了最基本的保障作用。但不可置否的是，在灾害救济的过程中，受旧制度的制约还存在很多问题，尤其是在晚清以来国家财政困难程度不断加深的情况下，国家和地方的灾害救济活动常常顾此失彼，力有不逮，甚至因灾害救济不力而酿成民变。⑤

（三）城市灾害治理

作为灾害救济的延续，地方政府和民间社会一般都会根据灾害类型在灾后开展相关治理活动，以确保灾害再次降临时能保障城市的安全。

1. 水灾治理。为防范、治理水患，清代和民国时期的湘黔鄂渝桂省际毗连区主政者主要采取了两项措施：一是修筑城垣；二是修筑护城大堤和泄洪水渠。

城垣在传统时期不仅具有很强的军事护卫价值，而且还具备良好的防洪功能。因此，城垣在清代便根据国家规制而得到了普遍的修筑。但到民国时期，因城市规模的扩大和市政建设的需要，清代所修筑的城垣不断被拆除或破损，城垣遂逐渐失去了原有的防洪价值。但修建护城堤却一直是

---

① （清）盛庆绂、吴秉慈修，盛一林纂：《芷江县志》卷10，"蠲政"，同治九年刻本。
② （清）黄世崇纂修：《利川县志》卷7，"户役志·蠲恤"，光绪二十年刻本。
③ 《湖南省各县因灾蠲免田赋表》，《江苏省公报》1918年第1762期。
④ 泽溥：《中央蠲免贵州田赋一年》，《新黔》1935年第2期。
⑤ 侯晟、耿维中修，黄河清纂：《凤凰直隶厅续志》卷6，"剿抚"，光绪十八年刻本。

城市防控水灾的最主要的措施。

自城市兴起以来，人们就很重视城市堤防的兴建，湘黔鄂渝桂省际毗连区城市亦是如此。镇远，"卫城沿河低处，多遭水患，今将旧城加宽为堤"。① 石阡府城"商贾聚集，当夏秋雨大，江水涨发，市肆概在水中，店舍漂没。乾隆二十八年，（罗）文思到任，捐俸独修（堤），以防其患……无复如前泛溢矣。二十九年又修上堤"；"乾隆二十九年修石堎以护下堤"。② 芷江"临大江，黔水踵归，向无坚岸，城根渐为水啮。请于北龙洲下建石墩炮岸八十三丈，以杀水势"，后经勘估、领帑，"于乾隆四十六年八月兴修，阅七月工竣。自是沿江一带长堤屹立，固于金汤"。③ 城步县城亦"临江砌堤"。④ 黔江则在城郭"西而南砌石堤一百二十丈余"。⑤ 在不利于修筑堤坝的城市，则凿渠以泄洪水。来凤县城"西南及东隅，若沙坨坪、桐梓园、牛车坪等处"因洪水频仍"率多荒废，故有茅草滩之名。前令张董工开凿为渠三道。一引红崖溪水灌沙坨坪；一引龙峒桥水灌桐梓园；正西自伏虎峒导流，牛车坪得溉焉。自此乡城俱有水畦"，⑥ 化害为利。其他城市亦大多修建了护城堤或泄洪水渠。这都在一定程度上保障了城市居民生命财产的安全，为城市政治、经济、文化的发展提供了一个有效的安全屏障。

2. 火灾防控。城市火灾多与城市所处地理环境、建筑物材料、街道格局以及用火不慎等密切相关。因此，火灾的防控措施相比水灾而言更为繁琐。

首先是颁布或制定火灾防控法规或条文。为预防火灾或加强消防管理，历代政府都颁布了各种消防条例。其中清政府颁布的法规条文有《失火处分条例》《处分救火不力之地方官》《放火罪》《放火者罚》《抢火示罚》《失火放火刑》等。⑦ 民国时期，国家亦订定《扩充消防组织大纲》

---

① （清）鄂尔泰等修，靖道谟、杜诠纂：《贵州通志》卷5，"城池"，乾隆六年刻本，嘉庆补修本。
② （清）邱任伟修撰：《石阡府志》卷2，"舆地志·关梁"，光绪二年刻本。
③ （清）张官五修，龚琰纂，吴嗣仲等续修：《沅州府志》卷6，"城池"，同治十二年刻本。
④ （清）戴联璧等纂：《城步县志》卷2，"城池"，同治七年刻本。
⑤ （清）邵陆编纂：《酉阳州志》卷3，"黔江县修造堤桥记"，乾隆五十四年刻本。
⑥ （清）林翼池修，蒲又洪纂：《来凤县志》卷4，"食货志·水利"，乾隆二十一年刻本。
⑦ 王肇磊：《略论清代武汉火灾》，《武汉大学学报》（人文科学版）2010年第1期。

九条、《消防整顿设施具体办法》等法律。① 湘黔鄂渝桂省际毗连区民间也很重视火灾预防的重要性，并根据经验形成了防火乡规民约。湘西苗族《古老歌》云："天旱多日，日晒多天。柴草不准堆放家里，干草不能堆放楼上。灶房要扫清洁，火堂要扫干净。火燃必有人守，火熄才能离开……水缸要装满水，灶膛不准多柴。是人都要遵守，是众都要照办。"② 这些消防条例、规定和乡规民约，对于火灾的预防和施救都有着积极的作用。

其次是组建消防队伍、完善消防设施。在清代，湘黔鄂渝桂省际毗连区城市少有专门的消防队伍或组织，其城市的消防职责一般附属于巡城官兵或驻防兵弁。但在部分经济相对发达的城市则有官方或善堂组建的水龙会或水龙局，如永顺县城的水龙局等。③ 民国时期，本毗连区城市则根据消防管理规定大都组建专门的消防队或水龙救火队。④

湘黔鄂渝桂省际毗连区城市的消防设施在清代、民国时期相当简陋，多为鸣鼓、铜锣、火钩、水桶、水缸、长绳以及水龙等。例如，芷江"道光十五年七月十日午刻，黄甲街火，延烧上截街居民市肆数十家。知府吕恩湛修造水龙，畀往救之，始熄"。其所造水龙"回于库"，修整完善，以备火灾施救。⑤ 辰溪县城在1936年成立消防义勇队时，也仅购置了旧式水龙2台，水枪4支，火钩、火叉人手一把。⑥ 这些设施虽然简陋，但在城市消防救助上还是起到了一定的作用。

此外，受时代所限，人们对火灾频发的认识还缺乏科学的认知，常以风水、获罪于天等加以解释。于是湘黔鄂渝桂省际毗连区城市便都如同治理水灾时求助于龙王、杨泗等水神一样，奉祀火神。因此，各城市一般都建有火神庙。另外，人们还根据水火相克的"五行"理论，在城市中修建水星阁等建筑以克火灾。例如，永顺县城，因砖石堵塞北门，以致城中多火灾，咸丰九年知府彭庆钟"兼得其故，以为北与南配，北为坎、为水；

---

① 谷兆芬：《中国消防制度之检讨》，《警察月刊》1935年第3卷第12期。
② 张子伟、石寿贵：《湘西苗族古老歌话》，湖南师范大学出版社2012年版，第200—201页。
③ 胡履新修，张孔修纂：《永顺县志》卷7，"建置志·善堂"，1930年铅印本。
④ 贵州省地方志编纂委员会：《贵州省志·公安志》，贵州人民出版社2003年版，第46页。
⑤ （清）盛庆绂、吴秉慈修，盛一林纂：《芷江县志》卷58，"祥异"，同治九年刻本。
⑥ 辰溪县志编纂委员会：《辰溪县志》，生活·读书·新知三联书店1994年版，第229页。

南为离、为火，北门闭南门开，水不胜火，故灾。因建水星阁以克之"。①

3. 时疫医治。湘黔鄂渝桂省际毗连区自古以来便是"烟瘴"之地。频发的时疫不仅损害了居民的身体健康，而且还经常造成规模较大的群体性死亡事件，对城市的发展极具破坏性影响。为此，官方和医界都很重视时疫的医治工作，主要采取了以下措施。

（1）施药救治、隔离检查。每当时疫发生之时，官方和民间为控制瘟疫流行便积极"组织巡回医疗队，深入民间"开展施药救治工作，即便"交通闭塞之乡区，亦得享受医药之救济"。②对于染疫者或因灾染病者，地方政府和社会还设立专门或临时机构对其施药救治。③例如，1939年沅陵等县发生霍乱疫情，旋即沿湘黔公路和水道向四周传播，造成了湘西芷江、黔阳、常德等湖南41个县的大流行，至9月底共计传染霍乱患者31087人，虽通过接种治疗，但仍有1762人死亡。④1944年贵州爆发霍乱流行，为治疗、预防霍乱，贵州全省普遍注射了疫苗，除凯里、黎平、丹寨、镇宁、金沙、兴义、郎岱七县未报数据外，贵州全省共"注射霍乱疫苗者36678人"，"注射霍乱伤寒混合疫苗者"25698人；另外各防疫队注射霍乱疫苗或霍乱伤寒混合疫苗72060人；各检疫站注射疫苗251525人。⑤

隔离是阻断时疫流行的关键措施。为此，每届时疫，城市一般都会采用一些隔离措施，如清代设立的麻风院（村）。⑥随着民国时期社会对疫病科学认识的加深，每值时疫流行之际，各地便设立防疫站或检查站，以阻断疾疫的传播流行。例如，1939年间湖南沅陵、溆浦、芷江、黔阳、会同、泸溪、永顺、永绥、乾城、保靖、辰溪、晃县、麻阳、古丈、绥宁、大庸、凤凰等41县发生霍乱疫情。为有效阻隔疾疫流行，湖南省在沅陵、乾城、常德、长沙等城市设置12处检疫所。⑦乾城、沅陵、所里等城镇还

---

① 胡履新修，张孔修纂：《永顺县志》卷7，"建置志·城池"，1930年铅印本。
② 贵州省政府秘书处：《黔政五年》，南京印书馆1943年编印，第97页。
③ 吴泽霖：《定番县乡土教材调查报告》第9章，1939年未刊稿本，第34、35页。
④ 湖南省志编纂委员会：《湖南省志·医药卫生志》，湖南人民出版社1988年版，第155页。
⑤ 贵州省政府：《黔政概况》，贵州省政府秘书处1945年编印，第91页。
⑥ 石茂明：《石门坎麻风村访问记》，《贵州文史天地》1999年第2期。
⑦ 张维：《一年来的湖南卫生事业》，《湘政一年》，湖南省档案馆，全宗号22，案卷号1145。

专门设立了隔离医院,以"办理防疫事宜"。① 1942年黔东等地霍乱流行,贵州省在玉屏、独山、松坎等城镇亦设置了检疫处。②

（2）整治城市街巷公共环境卫生。屡经时疫肆虐,人们逐渐认识到了城市公共卫生建设的重要性,并日益重视街道卫生环境的整治和清洁。桂西北三江县城在民国时期曾"费银五千数百余元",全面整治市街马路,"路成,屋宇门面一新,无突出凹进之店铺,街道清洁,几无粉尘,流水沟通,毫无昔日肮脏臭气,其适合于卫生也。一若通都大邑然"。③ 其他城市则或设清道夫清扫街巷,④ 或开展卫生大扫除,⑤ 或动员民众清除垃圾、整理街道、疏通阴沟,⑥ 以保证城市环境的清洁卫生。

（3）卫生防疫宣传。卫生防疫宣传也是预防时疫的重要措施。清代人们对时疫发生的机理鲜少有科学的认识,也很少开展卫生防疫方面的宣传工作,尤其是在封闭落后的湘黔鄂渝桂省际毗连区。民国时期,随着近代疫病科学的发展,国家和社会日益重视卫生防疫的宣传工作。例如,贵州省各级政府和防疫机关专门制作了环境卫生手册,印制了关于房屋卫生、饮水改良、厕所管理和垃圾处理的"四程挂图"张贴于黔东、黔南城镇各处,并通过报纸、杂志、壁报、演出等形式向全省各族人民宣传卫生知识、健康理念和新的生活方式。⑦ 湖南则采取通过报刊登载防疫文章、印发卫生手册、张贴标语、卫生展览、卫生讲演和卫生教育等形式开展对湘西城乡民众的卫生防疫宣传工作。⑧ 鄂西南、渝东南、桂西北亦有此类卫生宣传工作的开展。

但在20世纪中叶以前受时代、观念落后、医学欠发达等多重因素的限制,国家和社会还无法根治时疫。于是,缺乏医学知识的人们便将希望

---

① 朱松华:《南京国民政府时期湖南防疫研究》,硕士学位论文,湖南科技大学,2011年。
② 王肇磊:《略论疾疫视域下的抗战时期贵州城市公共卫生建设》,《遵义师范学院学报》2012年第5期。
③ 魏任重修、姜玉笙纂:《三江县志》卷3,"市街马路",1946年铅印本。
④ 罗甸县志编纂委员会:《罗甸县志》,贵州人民出版社1994年版,第532页。
⑤ 古丈县志编纂委员会:《古丈县志》,巴蜀书社1989年版,第291页。
⑥ 怀化地区志编纂委员会:《怀化地区志》,生活·读书·新知三联书店1999年版,第2038页。
⑦ 李仕波:《抗战时期贵州医疗卫生事业发展及其历史影响》,《辽宁医学院学报》（社会科学版）2011年第2期。
⑧ 《湖南国民日报》1938年5月17日。

寄托于药王、痘神等神祇上。例如同治七年，芷江大疫，十室九空，城门皇榜坡一带"瘟毙七十余人。于是城乡士民建醮"等。①

总的来说，湘黔鄂渝桂省际毗连区城市的灾害治理自清代以来经国家和社会各阶层的共同努力，还是取得了一定的成效，在一定程度上保障了城市安全，也提高了城市防灾抗灾能力。但受制度和民众灾害意识等方面的限制，对灾害的预防、救济、治理等层面还存在诸多缺陷和不完善的地方，诸如"胥吏侵蚀中饱"②"怠忽从事之官员"仍旧很多。③ 从而削弱了灾害救济和治理的效果，城市灾害仍旧频繁、严重。由此可见，加强防灾治灾的制度建设和普及城镇居民灾害意识教育才是有效治理城市灾害的最佳路径。

二 备荒安民：仓储的建置与发展

所谓"仓储"，是指在中国传统社会里，国家为调节粮价、备荒赈恤而设置的粮仓，它是中国传统社会保障体系中的重要组成部分，也是维系国家和地方社会稳定的一个安全阀。故仓储制度便成为了中国传统时期城乡备荒救济的一项基本制度，长期为施政者所重视。

（一）清代湘黔鄂渝桂省际毗连区城镇仓储制的演变

仓储作为灾荒时节重要的社会稳定器之一，经历史演变，到清代时全国各地均建立起了较为完善的仓储体系。"各省则有常平仓，乡村则有社仓，市镇则有义仓，近边则有营仓……钜细有章，远迩一体"，④ 由官方直接经营或管理。⑤ 湘黔鄂渝桂省际毗连区亦然。

1. 常平仓、社仓、义仓等仓储的设置。湘黔鄂渝桂省际毗连区自明清渐次被全面纳入到国家直接治理的政经秩序后，国家和地方政府在城乡普遍设置了常平仓、社仓、义仓等仓储设施，建立并完善了地方城乡仓储

---

① （清）盛庆绂、吴秉慈修，盛一林纂：《芷江县志》卷58，"祥异"，同治九年刻本。
② 王韬：《弢园文录外编》，上海书店2002年版，第17页。
③ （清）盛庆绂、吴秉慈修，盛一林纂：《芷江县志》卷58，"祥异"，同治九年刻本。
④ 清高宗敕撰：《清朝文献通考》卷32，"市籴考"，考5143，（台北）新兴书局1963年影印本。
⑤ 乾隆《钦定大清会典》（卷12，"户部·仓庾""户部·积贮"，四库全书本）明确规定："凡直省常平仓皆州县官专司之，社仓、义仓建自商民，官为经理。"

制度。

常平仓，是中国传统社会为储粮备荒、调节粮价以保障官需民食供应而设置的粮仓。因其具有"治荒修废，赈民艰厄"①，以应"岁饥"的社会保障功能，而为"永制"。②清代亦因循传统在各府州县厅城广建常平仓。施南府仓"在东门城楼及圆通寺"；府库"在大堂西侧"；同知仓"向储咸丰常平仓"。恩施县常平仓"在县署左右，共二十六廒，共储谷一万八千石"。宣恩县常平仓在"县署仪门左，以大有庆丰年五字编号，共五廒。常平外仓在县署前十字街，以民安物阜长歌六字编号，凡六廒，原额设谷四千八百石整；又加充公租谷四百六十一石五斗，共五千二百六十一石五斗"。来凤县常平仓"在县署西，乾隆四年建，两座六廒，共储谷一千五百三十二石；收捐盐谷一百八十三石六斗。四十二年增二千三百一十六石四斗"。咸丰县常平仓"在县署内，以官清岁稔踊跃将新盈盍十一字编号，共十一廒。原额设谷四千石，附贮谷一千五百石，共五千五百石"。③桑植县常平仓"廒八间，在城西门内，编定天地黄宇宙洪日月字号"。④秀山县常平仓"八十一廒，在县署左，额贮谷二千石，加贮谷一万五千廿二石有奇"。⑤本毗连区其他城市亦设有贮谷较多的常平仓。

社仓，亦是传统中国社会救济和社会保障建设项目之一。清代以来，具有"济百姓之缓急"⑥功能的社仓也得到了地方社会的高度重视，并得以普遍建置。城步县有社仓六所，"西岩寺一所，今贮本息谷二千九百四十九石零五升六勺；灵应观一所，今贮本息谷一千三百五十一石七斗五升二合九勺；香花村一所，东北路，今贮本息谷五百八十七石八斗五升五合；沙枋村一所，西路，今贮本息谷七百六十五石三斗六升；大洲一所，西南路，今贮本息谷七百八十三石零六升一合四勺；县侧一所，附常平仓，今贮本息谷二千一百四十一石八斗四升二合一勺"。⑦麻哈州社仓在乾

---

① （南宋）马端临：《文献通考》卷61，《职官十五·提举》，中华书局1986年影印本。
② （南宋）李焘：《续资治通鉴长编》卷33，"太宗淳化三年六月辛卯"。
③ （清）松林修，何远鉴纂：《施南府志》卷5，"建置志·仓库"，同治十年刻本。
④ （清）周来贺纂修：《桑植县志》卷2，"建置·仓库"，同治十一年刻本。
⑤ （清）王寿松等修，李稽勋等纂：《秀山县志》卷4，"建置志"，光绪十七年刻本。
⑥ （清）李慈铭：《越缦堂日记·桃花圣解庵日记》丁集第二集，第89b页，光绪二年八月九日，广陵书社2004年影印本。
⑦ （清）盛镒源等修，戴联璧等纂：《城步县志》卷5，"积贮"，同治七年刻本。

隆时期积谷"五百零八石九斗有奇；四司设谷五百四十石三斗有奇"①。湘西永顺府属"社仓谷石历经官民陆续捐储。乾隆二十一年，抚宪陈宏谋奏准湖南社谷止有五、六、七百石之数。永顺、保靖、桑植等县借拨常平仓谷五百石，各于本处仓内拨作社本"。经此筹办，永顺县建有"本城社仓二间，储谷一千一百石四斗八升八合六勺"；保靖"本城社仓四间，储谷五百六十九石一斗四升零"；龙山"本城社仓三间，储谷五百九十四石七斗六升"；桑植县西门内社仓两间，"储谷八百七十二石四斗四升零"。②本毗连区其他城市社仓贮谷数额亦较多。

义仓，是以民间结社为基础的一种社会慈善形式，也是国家倡导推行的一种地方仓储制度。③清政府在湘黔鄂渝桂省际毗连区确立政治统治秩序后，也开展了义仓建设。例如，恩施县义仓"在城内圆通寺右，以怀保惠鲜四字编名，字仓为赈仓以备用，共储谷一千二百八十四石五斗。嗣因岁歉平粜秋收买进，除原数外得赢余谷三十八石六斗六升五合"。④古州厅义仓"十一间，旧址在厅署侧。原贮谷二千二百二十石，道光二十三年杨兆奎续捐谷一千七百石"；车寨义仓"道光二十三年里人共捐存谷一千三百石"。⑤施秉在城外盐桥、刘家庄、乾溪等地共设置了27处义仓，积谷"京斗四千零二十五石有奇"。⑥桑植县义仓"在常平仓后，道光二十六年邑令朱世熙奉文劝捐义谷，以备荒歉。是年共捐得谷六千一百七十六石，建仓七间，编列义字号中，中有一亭，额曰保泰亭"。⑦其他城市所设义仓之贮谷亦较多。

此外，湘黔鄂渝桂省际毗连区还有部分城市专门设置了赈济仓。恩施县赈济仓"在城内薛家巷，道光十七年职员康光远捐设产业九契，每年额收课谷九十四石五斗，课钱七十七千二百文"。⑧

常平仓、社仓、义仓等仓储的设置，形成了以常平仓为中心的三仓制

---

① 刘钟荫修，周恭寿纂：《麻江县志》卷10，"食货志·仓储"，1938年铅印本。
② （清）魏式曾增修，郭鉴襄增纂：《永顺府志》卷4，"仓储"，同治十二年刻本。
③ 吕洪业：《中国古代慈善简史》，中国社会科学出版社2014年版，第75页。
④ （清）松林修，何远鉴纂：《施南府志》卷5，"建置志·仓库"，同治十年刻本。
⑤ （清）余泽春修，余嵩庆纂：《古州厅志》卷3，"田赋志·积贮"，光绪十四年刻本。
⑥ 朱嗣元修，钱光国等纂：《施秉县志》卷1，"仓储"，1920年稿本。
⑦ （清）周来贺纂修：《桑植县志》卷2，"建置·仓库"，同治十一年刻本。
⑧ （清）松林修，何远鉴纂：《施南府志》卷5，"建置志·仓库"，同治十年刻本。

的地方仓储体系。它利用其所储存的仓谷，秉着"食为民天"的养民理念，通过平粜、赈济等方式，保障了城乡居民在凶荒时节的基本生活。① 这对于各类灾害频仍的湘黔鄂渝桂省际毗连区城市来说，"三仓"的建置便具有了重要的社会保障意义。

2. 仓储制度的衰微。道咸以降，湘黔鄂渝桂省际毗连区社会日渐动荡、灾害频发，本为赈济、保障社会稳定而设的常平仓、社仓、义仓等仓储，因战乱、挪用、提拨军粮、赈济等因素的影响，以及传统体制下的"仓储积弊日久且深"，使城镇仓谷亏空十分严重，② 甚至"无存"。③ 这样，湘黔鄂渝桂省际毗连区在清代前中期建立起来的仓储制度遂逐渐衰微。例如，湘西龙山县在南门、西门、土司城等建有17处社仓，"原贮社谷一千一百三十七石七斗六升一合。发寇之乱，多遭焚毁，现除详明无着外，实存本城西南两门、大喇坡脚两里社谷共六百八十五石三斗三升"，④ 亏空四百五十余石。石砫厅义仓，"乾隆二十九年官民报捐六百二十石。三十九年同知王縈绪详请变价解帮金川运粮夫价。今无存"。⑤ 其他城市常平仓、社仓、义仓所收储谷存量亦多锐减，甚至"无存"或"废"（见表5.6）。

表5.6　　　　　晚清时期黎平府属各城镇仓储存废情形简表

城市	仓储存废情况
开泰	"常平仓，在县署头门外，贮谷二万二千零五十五石六斗三升三合八勺，又捐溢谷一百七十石，军兴后均动用无存。义仓，康熙三十二年外所皆有，今废。"
锦屏	"常平仓，在本署，额存谷一万五千九百一十八石三斗三升七合四勺，又溢额谷九十六石，又捐输谷二石。军兴后均无存。"
古州	"常平仓，在厅署，额贮谷三万三千三百九十五石七斗二升……实贮谷二万六千二百八十一石七斗二升。军兴后无存。"社仓，"原贮谷一万零七百二十八石零七升二合三勺"，无存。义仓，"在厅署旁，原贮谷二千二百二十石……苗变仓圮，谷无存。"

---

① 朱浒：《食为民天：清代备荒仓储的政策演变与结构转换》，《史学月刊》2014年第4期。
② 葛士濬：《皇朝经世文续编》卷37，"户政14·仓储"，上海书局光绪二十四年石印本。
③ （清）姚念杨、吕懋恒修，赵斐哲纂：《益阳县志》卷6，"田赋志三·积储"，同治十三年刻本。
④ （清）符为霖修，刘沛纂：《龙山县志》卷4，"田赋志·社仓"，同治九年修，光绪四年重刻本。
⑤ （清）王槐龄纂修：《补辑石砫厅志》，田赋志第二，"仓储"，道光二十二年刻本。

续表

城市	仓储存废情况
下江	常平仓,"在厅署,原贮谷一万五千七百五十一石七斗。军兴后无存。"
永从	常平仓,"在学署前,共四十间,原贮谷一万六千八百一十石二斗三升。又溢额谷一百八十石。军兴后均无存"。社仓,"在常平仓间壁,贮谷一千五百五十四石二斗六升九合八勺,今无存。"
丙妹分县	常平仓,"在本署积贮谷四千八百五十五石五斗八升八合八勺。又溢额谷一十石。今均无存。"

资料来源:(清)俞渭修,陈瑜纂:《黎平府志》卷3上,"积储",光绪十八年刻本。

对于道咸以来的三仓仓储的式微,清政府在其谕旨中曾无奈地全面总结了导致仓储空虚的原因。"各直省州县设立常平社仓,国家承平,留以备凶荒之用,一旦有事,恃以为缓急之需。……近来军务繁兴,寇盗所至地方,每以粮尽被陷,推原其故,总由各州县恣意侵挪,忍令米粟空虚,遇变无所倚赖。"①

(二)民国时期城市的储政重建

民国建立后,国民政府鉴于晚清以来"储政渐遭破坏,各地公私积储谷,或为军队提用,或为土匪劫掠,或因管理不善,或因年久失修,以致倾圮无存者有之,存者亦多名不符实"的情况,②在清代"三仓"制度的基础上进行了重建。

民国前期,湘黔鄂渝桂省际毗连区城镇大体上沿袭了清代以来的仓储制度,但因国家政局多变,地方不靖,昔日"三仓"贮谷充盈的盛况经晚清、民初社会动荡早已不复存在。南京国民政府建立后,对传统仓储制度作了全面调整、改革和重建,并废除了"三仓"名称,代之以县、市、区、乡、镇、义仓等六类仓储。③湘黔鄂渝桂省际毗连区亦据此制定了本地方的仓储管理细则,着手地方仓储重建。在国家推动下,本区地方仓储得以逐渐恢复,各仓储谷数量也有所增加。据1936年湖南省对湘西部分

---

① 章开沅:《清通鉴(同治朝 光绪朝 宣统朝)》(4),岳麓书社2000年版,第61页。
② 张人价:《湖南之谷米》,长沙商务印书馆1936年版,第31页。
③ 内政部:《各地方仓储管理规则》,《国闻周报》1930年第7卷第5期。

县仓储积谷查核统计，泸溪县各类仓储积谷7366石，黔阳县积谷8900石，桑植县积谷4659石，古丈县则有贮谷3028石，① 凤凰县各类仓储亦有积谷7800石。② 另据相关研究，此期湘西各县的义仓所储存谷物量远高于湘中、湘东等地区。③ 黔东、黔南地区的仓储亦从晚清、民国前期的"空虚"中逐步恢复了过来。麻江县"民国以还，迭经事变，各区仓谷多为驻军提食，尤以民十三年滇军驻县，提供军食为多。二十五年县长拓泽忠派员盘验全县各仓，共实存谷京斗二千九百零二石二斗九升"。④ 1937年江口县各类仓储积谷为994石7斗8升7合；镇远县积谷数为602石1斗5升；三合县存储积谷数量为1754石1斗7升5合。⑤ 另据1939年不完全统计，印江县仓储积谷数量为7755石，松桃县积谷为5200石，思南县积谷达4400余石，永从县积谷数为3313石，岑巩、石阡、安龙、榕江四县贮谷分别为2593.92石、2442.85石、2254.68石、2018石，积谷在1000—2000石之间的县有清溪、玉屏、沿河、德江、婺川等，下江、铜仁、江口、贞丰、册亨等县的积谷则在600—1000石之间。⑥ 可见此期黔东、黔南的储政建设取得了很大的成绩。正如《黔政概况》所总结的那样：贵州自1936年始整理储政，清理积欠，各仓储积谷日渐充盈，到1944年全省各类积谷已达80万市石。⑦ 鄂西南、渝东南、桂西北等城乡各类仓储亦储藏有较大数量的存量谷物。

民国时期储政的建设，为此期湘黔鄂渝桂省际毗连区灾害放赈、平粜、接济军食等提供了较为充足的粮食储备。例如，1937年施秉县为接济荒歉，奉命发放粜米404石，购粜人口5954人。1939年，都匀军旅云集，为弥补米粮供应短缺，将1936年、1937年两个年度的积谷4000余市石办

---

① 《湖南省政府四月份行政报告（民政）》，《湖南省政府行政报告》1936年第4期。
② 湖南省政府秘书处第五科：《湖南省各县各类积谷储量之比率比较表》，《统计月刊》1937年第2卷第2、3期合刊。
③ 葛志文：《民国前中期湖南仓储研究》，硕士学位论文，湖南科技大学，2011年。
④ 刘钟荫修，周恭寿纂：《麻江县志》卷10，"食货志·仓储"，1938年铅印本。
⑤ 《1937年江口、镇远、三合三县积谷数量表》，贵州省档案馆藏档案，全宗号：M8，案卷号3421。
⑥ 国民政府主计处统计局：《贵州省统计资料汇编》，国民政府主计处统计局1942年编印，第219页。
⑦ 贵州省政府秘书处：《黔政概况》，贵州省政府秘书处1945年编印，第44页。

理平粜，以足军食。1940年，岑巩为平抑谷价出粜积谷177石8斗5升。1945年榕江县划拨500石仓储粮食用于赈灾，① 保证了湘黔鄂渝桂省际毗连区城乡在特定时期的基本粮食供应。由此可见，民国时期的储政建设还是较有成效的。

总的来说，仓储的建设，对于灾害频仍的湘黔鄂渝桂省际毗连区城市来说，无疑是发挥了巨大的社会保障作用，是清代以来本毗连区城市发展和社会稳定的安全阀门之一，并为后世城市的仓储建设提供了历史经验与借鉴。但我们也必须看到，民国时期湘黔鄂渝桂省际毗连区城市的储政建设也存在着贪污、② 变卖积谷、挪作他用③等诸多弊端。部分城市的仓储甚至还出现了"因管理不严，长期未加清理，保管动用，极其紊乱，监守自盗，官绅侵蚀，借贷不还，动用无账，以致有仓无谷，谷仓两无"的严重问题。④ 这些弊端和问题严重侵蚀了湘黔鄂渝桂省际毗连区城市仓储制度"安民固本"的社会保障功能。

三 济贫纾困：慈善活动的广泛开展

慈善活动在传统中国一般是由国家组织或民间自发开展的，其目的在于对生活困难的社会成员给予一定的物质帮助，以保障其基本的生存条件；或开展社会公益活动，帮扶弱者，以提升社会福祉，维护社会稳定，也起着社会稳定器的作用。鉴于慈善如此重要的社会保障功能，故历代社会各阶层都极力倡导并开展了各类慈善活动。

（一）官方主导、社会参与的慈善活动

清代及民国时期，由官方主导的慈善活动主要集中在育婴堂、养济院、泽漏园和官设义渡以及灾害救济等方面上，体现了中国传统的"慈幼""养老""恤贫""宽疾"的慈善思想。⑤

---

① 翟巍巍：《抗战时期贵州的灾荒赈济——以积谷为中心的考察》，硕士学位论文，贵州师范大学，2009年。
② 据辰溪《丹山日报》报道："本县积谷辄有恃任用，竟不归还，如前宪章姜萍、前田粮处长郑阵声非法动用之数，彼等卸职后，竟不归仓。"载辰溪县志编纂委员会编《辰溪县志》，生活·读书·新知三联书店1994年版，第477—478页。
③ 《各县清理积谷收支对照表》，贵州省档案馆藏档案，全宗号M8，案卷号3435。
④ 贵州省地方志编纂委员会：《贵州省志·粮食志》，贵州人民出版社1992年版，第46页。
⑤ （汉）郑玄注，（唐）贾公彦疏，《周礼注疏》卷10，"大司徒"，北京大学出版社1999年版，第261页。

1. 举办育婴堂。湘黔鄂渝桂省际毗连区育婴慈善活动源于清初康熙朝颁旨要求各地设立育婴堂。① 根据国家旨意，沅州知府于康熙五十五年在芷江县城县治西侧前塘巷修建了育婴堂，"给钱以资养家贫生女者"。② 但本区大多数城市直至雍乾时期才开始举办育婴堂。溆浦育婴堂"在旧县署西，清乾隆十年邑令朱有章倡建头门一栋，正屋一栋三间。道光十四年邑令龙光甸复修一栋三间，旁屋三间。民国初年雨圮于水，经事郭达聪、张呈甲复修"。③ 永顺府属各县亦在县城内修建了育婴堂。其中保靖县育婴堂在"西门内右街，六间"；桑植县育婴堂在"城西，三间"；永顺县育婴堂"八间"；龙山县育婴堂"九间"。④ 思南府育婴堂，"嘉庆九年知府周蔼联捐廉五百两，以二百一十五两购买罗家堡谢光辉地基并住宅五间，为育婴堂。余银二百八十五两为该堂公费，买契存卷，余银交知府项应遵接受承办"。⑤ 经过清代中期的发展，到晚清时，湘黔鄂渝桂省际毗连区城市育婴慈善事业更加普遍，并向市镇发展，如会同县洪江市育婴堂等。⑥ 诚如晚清湖南巡抚刘昆所言："盖育婴堂多设郡邑治所。"⑦ 育婴堂的广泛举办，在部分地区还形成了府、县结合的地方育婴堂体系。例如，古丈坪救婴局章程规定：如厅设育婴堂"不能养，再酌度情形妥为安置……或送赴（府城）辰州育婴堂"。⑧

民国时期，国家和地方政府也较重视育婴慈善事业。国民政府还专门制定了育婴条例，设立儿童保育机关，领养孤贫"童婴"，并责令各地社会部"直辖"管理。⑨ 根据国家制度安排，湘黔鄂渝桂省际毗连区各城市

---

① 叶舟：《清代常州城市与文化——江南地方文献的发掘及其再阐释》，博士学位论文，复旦大学，2007年。
② （清）盛庆绂、吴秉慈修，盛一林纂：《芷江县志》卷6，"育婴堂"，同治九年刻本。
③ 吴剑佩、陈整修，舒立洪纂：《溆浦县志》卷6，"建置志二·善堂"，1921年刊本。
④ （清）魏式曾增修，郭鉴襄增纂：《永顺府志》卷三，"养济院、育婴堂附"，同治十二年刻本。
⑤ （清）夏修恕、周作楫修，萧琯、何廷熙纂：《思南府续志》卷2，"公署·附府公所"，道光二十一年刻本。
⑥ （清）潘清：《洪江育婴小识》卷1，"识输助"，光绪十三年刻本。
⑦ （清）廖修立：《白果育婴堂志》卷4，"给育篇"，宣统元年木活字本，湖南图书馆藏。
⑧ （清）董鸿勋修纂：《古丈坪厅志》卷8，"通禀筹款设立救婴局"，光绪三十三年刻本。
⑨ 《指令：国民政府指令：第一四七二号（二十一年十月七日）》，《国民政府公报（南京1927）》1932年，洛字30号。

第五章 清代以来湘黔鄂渝桂省际毗连区城市的社会发展与变迁

亦设立了相应的"育婴育幼机关,领养育婴"。①

在湘黔鄂渝桂省际毗连区城市育婴慈善事业发展的过程中,随着以善堂为核心的民间社团慈善事业的拓展,它们也开始向官办育婴堂捐输钱粮、地产等,以充实育婴堂的日常开支。这在一定程度上增加了官方主导育婴堂运作的社会属性。

2. 兴办养济院、普济堂。举办养济院、普济堂的目的在于弘扬中华民族济贫救弱的传统美德。清政府为此特别规定:"境内鳏寡孤独、残疾无告之人,照额收养养济院。人多于额,则以额外收养,在地丁正项银米及耗羡下分别通支。"② 按此规定,湘黔鄂渝桂省际毗连区各地方一般都兴办了养济院、普济堂。溆浦县养济院"在东城外仲林桥东。清乾隆二年邑令刘之珏于藩库领银二十六两,建一栋三间"。③ 永顺县养济院在"东门外,六间;普济堂三间"。保靖县养济院在"北门外,五间"。桑植县养济院在"东门内,六间"。龙山县养济院有房屋三间。④ 思南养济院"在遵化门外,屋五间。雍正五年巡抚何世琪檄郡县修建,时署知府冯咏捡库赎镪十二两零,置草舍于北郭,复以旧赈田岁出谷五十九石,按月给食";普济堂在遵化门外,"屋十间,乾隆四年八月奉旨修建","无疾年老者住普济堂,废疾者住养济院,计男妇二十六名口。每口每月给谷四斗八升,盐、菜银一钱五分……按季申报"。⑤ 本区其他城市亦兴办了这一慈善机构。

民国前期湘黔鄂渝桂省际毗连区城市大体沿袭了前清的养济制度。例如,泸溪县养济院承袭清代制度,各项经费"每年还是由县政府发给"。⑥ 民国中期,随着近代民政思想的发展和民政制度的建立,国民政府将前代所举办养济院一律改为养老所。⑦ 后随民政事业的发展,本区城市又设立

---

① 《社会:贵州省政府训令:甲社三福字第三二七八号》,《贵州省政府公报》1944 年第 5 卷第 15 期。
② 光绪《钦定大清会典》,第 19、20 卷,"户部",四库全书本。
③ 吴剑佩、陈整修,舒立淇纂:《溆浦县志》卷 6,"建置志二·善堂",1921 年刊本。
④ (清)魏式曾增修,郭鉴襄增纂:《永顺府志》卷三,"养济院、育婴堂附",同治十二年刻本。
⑤ (清)夏修恕、周作楫修,萧琯、何廷熙纂:《思南府续志》卷 2,"公署·附府公所",道光二十一年刻本。
⑥ 泸溪县民政局:《泸溪县民政志(1912—1983)》,泸溪县民政局 1983 年内部版,第 15 页。
⑦ 《训令救济院为养济院改养老所已奉府议决照准文》,《工作报告》1930 年第 8 期。

了救济院。① 院内一般设有养老所、育婴所、残废教养所、施医所等分支机构。② 这样，救济院便将前代所举办的育婴、养老等事务概纳其中，而成为一个综合性的官办慈善组织。

3. 设渡架桥。湘黔鄂渝桂省际毗连区城市一般依山傍水而建，在交通落后的传统时期，人们常因山川阻隔出入城市不便。为解决人们出行困难的问题，城市官方还开展了设置义渡、架设桥梁等公共交通的慈善活动。例如，晃州渡"在（晃州）厅署南门外，额设渡船二只，渡夫四名，岁给工食银一十四两七钱四分一厘五毫。原编存留经费款项内实征银一十一两六钱三分一厘五毫零、补荒银三两一钱九厘五毫零。查补荒银本厅起运，由藩库内请领支发"。③ 龙山县在城东、城南分设东门河渡和接官厅渡两处官渡，"各设渡夫二名，每年由藩库给发工食银八两"。④ 黔东松桃厅则在城东、城南分设了水塘渡、牛角河渡两处官渡。⑤ 渝东南石砫厅金鲤渡，"官渡也，在城北。春夏操舟，秋冬为梁。厅城赴大江岸之路"。⑥ 其他城市亦多在城郊滨河适宜之处设有官渡。

除官设津渡外，官府还在城市内外水流平缓的江河溪渠上架设桥梁。思南府通济桥，"在南门外旧鼓楼街。康熙二十三年参将施应隆重建"。⑦ 松桃厅南门桥，"建自乾隆元年，厅主宋佑倡修石桥三洞，数年后圮。厅主顾复行修建，名曰镇固桥"；东门桥"建自乾隆四年，厅主宋佑倡修石桥三洞，后圮。……道光十四年，厅主徐铉重新拆建，穹隆壮固与南门桥相辉映"。⑧ 恩施县城振武桥，"在北门外。明宣德十年指挥孙本建，正统时指挥冯广修。国朝顺治中游击罗达修"。⑨ 其他城市官设之桥亦较普遍。

---

① 沿河土家族自治县民政局：《沿河土家族自治县民政志》，沿河土家族自治县民政局1990年内部版，第115页。
② 贵州锦屏县民政局：《锦屏县民政志（1915—2007）》，贵州锦屏县民政局2010年内部版，第119页。
③ （清）张映蛟等修，俞克振等纂：《晃州厅志》卷9，"津梁"，道光五年修，1936年铅印本。
④ （清）符为霖修，刘沛纂：《龙山县志》卷2，"津梁"，同治九年修，光绪四年重刻本。
⑤ （清）徐铉修，萧琯纂：《松桃厅志》卷5，"津梁"，道光十六年刻本。
⑥ （清）王槐龄纂修：《补辑石砫厅志》，建置志第五，"津梁"，道光二十三年刻本。
⑦ （清）夏修恕、周作楫修，萧琯、何廷熙纂：《思南府续志》卷2，"津梁"，道光二十一年刻本。
⑧ （清）徐铉修，萧琯纂：《松桃厅志》卷5，"津梁"，道光十六年刻本。
⑨ （清）张家橚修，朱寅赞纂：《恩施县志》卷1，"建置三·津梁"，嘉庆十三年刻本。

进入民国后，虽还有一些架桥设渡的慈善活动，但随着城市近代化的发展，这曾在清代湘黔鄂渝桂省际毗连区城市广泛开展的架桥设渡等慈善活动被纳入到了近代市政建设的范围而逐渐淡化。

此外，官方还设置了施药局、栖流所、及幼堂、[①] 漏泽园[②]等慈善机构，以满足当时社会弱势群体在急需之时的各项基本要求。

（二）社会慈善的重要力量：善堂

中国民间自古就有行善的传统，但在相当一段历史时期里，慈善一般都是个人行为，很少组织化。这或许与传统中国政府历来禁止民间结社有关。随着清代以来中国人口的急剧增加，使广大的湖区、草原和山地逐步得到了全面的开发。但却因过度垦殖而导致各种自然灾害频发，致使国人的人居环境不断恶化，加重了国家和社会救助的负担，有时还因救助不力而诱发社会秩序的动荡，甚至危及国家和地方的政治稳定。在国家举办各类救济活动中，官方看到了民间慈善力量的重要性，善堂、善会等慈善组织因此在一定范围内得到了官方的认可和社会的支持，登上了中国慈善事业的历史舞台。

根据笔者目及史料记载，湘黔鄂渝桂省际毗连区城市善堂、善会等慈善组织出现较晚，且各地数量不一（见表5.7），滞后于周边地区。

表5.7　　　　清代以来湘黔鄂渝桂省际毗连区部分城市善堂、

善会创建、发展的大致情形

城市	善（会）堂名	善堂、善会创建、发展概略
来凤	见义堂	嘉庆六年何文龙等倡建。同治八年知县尹文翰捐廉重建
溆浦	同善堂	在东门内，后废。咸丰八年知县郑本玉劝改建
	绍善堂	附育婴堂。清光绪六年彭继祖等捐资创设
	体仁堂	在大江口
永顺	同善堂	在学宫侧。同治五年知府舒龄、知县薛超文建
	同善社	设在旧学宫右文昌阁。1921年师范生袁子甄创办。近则龙家寨市外、塔卧市均设有事务所

[①]（清）夏修恕、周作楫修，萧琯、何廷熙纂：《思南府续志》卷2，"公署·附府公所"，道光二十一年刻本。

[②]（清）黄志璋纂修：《麻阳县志》卷3，"建置志"，康熙二十四年刻本。

续表

城市	善（会）堂名	善堂、善会创建、发展概略
会同	遂生堂	在县东佛塔寺右。咸丰十一年绅民捐建
	广生堂	在县东九瓣书院侧。咸丰七年捐建
婺川	施棺会	建于光绪年间，其善举一直持续到抗战时期
罗甸	广仁堂	建于道光年间
德江	怀德堂	

资料来源：（清）卞宝第、李瀚章等修，曾国荃、郭嵩焘等纂：《湖南通志》卷43，"建置志三·公所"，光绪十年刻本；吕调元、刘承恩修，张仲炘、杨承禧纂：《湖北通志》卷49，"经政七·善举"，1921年刊本；吴剑佩、陈整修，舒立淇纂：《溆浦县志》卷6，"善堂"，1921年刊本；胡履新修，张孔修纂：《永顺县志》卷7，"建置志·善堂"，1930年铅印本。《务川民政志》，务川县民政局编印1995年版，第193页；《罗甸县志》，贵州人民出版社1994年版，第200页；任震修，黎民怡纂：《德江县志》，建置志第二，1942年石印本。

善堂、善会作为一种公益性的社会慈善组织，自其组建始便积极开展了灾害救济、修路架桥、扶助贫弱等社会公益活动。例如，溆浦县同善堂经常举办"施丸药、棺木"等诸善事；绍善堂则"按月给款津贴"，使"贫家举子不能育者归其生母自养"；体仁堂"备置小划船数只，每大水时乱流拯溺，并收瘗死尸"。① 同时，善堂、善会还积极开展各类灾害救济活动。

（三）西方教会、传教士举办的慈善活动

湘黔鄂渝桂省际毗连区是西方传教士较早进入的地区，为接近广大各民族群众，并诱导他们加入基督教会，传播所谓的基督福音，西方教会和传教士也在本区城乡开展了一些收养弃婴、免费医疗等慈善活动。例如，在1848—1853年间，基督教天神会在定番、镇远、都匀开设了三座医馆，免费为病孩诊治。1886年，天主教会在安龙兴办了两所孤儿院，收养孤儿数十人。② 民国初期，美籍传教士白小姐在恩施东门创办诊所，免费收治婴孩。1924年美籍传教士在城郊购地建房设立福音堂（后改为福音道路德

---

① 吴剑佩、陈整修，舒立淇纂：《溆浦县志》卷6，"善堂"，1921年刊本。
② 贵州省地方志编纂委员会：《贵州省志·宗教志》，贵州民族出版社2007年版，第387—388页。

会），设育婴堂收养孤幼婴儿。① 铜仁②、册亨③等城市亦有西方传教士或教会开展的施医送药、收养弃婴等慈善事务。

此外，湘黔鄂渝桂省际毗连区城市还有数量极多的个人慈善活动。它在一定范围内弥补了国家和社会组织所开展慈善事业的不足。例如，永定县樊信贤"积善敦行"，"独建东门码头、虎溪诸桥，皆巨工，不辞瘁苦。时施棺舍衣，好行其德"；同邑熊世兴"以施棺助葬为德二十余年不倦"；胡宗浩设南门义渡；李光辉修老洞瓦桥；覃绳武"出千金育婴"；宋祚茂"觸千租救荒歉"；覃庆礼修城市道路；张廷光"平城内外街衢，为城隍神设祀田"等。④ 其他城市亦有相当数量的个人慈善活动。这在地方志记载中比比皆是。

在上述慈善事业开展的过程中，各慈善主体因其政治、经济、社会地位不同而分别承担了相应的责任，形成了"官民结合"的社会慈善体系。虽然各慈善主体所起的作用有大小之别，但却又是彼此关联、互为补充的，从而体现出了清代以来湘黔鄂渝桂省际毗连区城市慈善事业体系发展的层次性。政府是城市慈善制度的建立者和主要慈善活动的推动者，起着主导作用；城市善堂（会）以及西方教会等社会慈善团体则利用其社会地位和社会影响，各在其影响范围内有力地推动了本区域城市慈善事业的开展；而数量众多的个人慈善活动则是整个社会慈善事业的重要基础，是地方慈善事业发展的一个有力补充。这三个层次的慈善活动并不是彼此孤立的，而是通过一些特殊的"黏合剂"，即各类灾害，而结成一个有机的社会救助统一体。

综上所述，随着清代以来国家在采取政治、经济、军事、文教等手段强化地方治理的同时，还广泛开展了灾害治理、仓储建设和各类慈善活动，促进了湘黔鄂渝桂省际毗连区城市社会保障制度的发展，形成了以政府为主导，民间社会为补充的两者有机结合的社会保障体系。这在一定程度上保障了本毗连区城市的发展。当然，我们也应看到因制度建设滞后等因素的影响，这一官民结合的社会保障体系在建立、发展过程中受到了较

---

① 恩施市地方志编纂委员会：《恩施市志》，武汉工业大学出版社1996年版，第122页。
② 余太兴：《抗战时期的贵州慈善事业探析》，硕士学位论文，贵州师范大学，2008年。
③ 册亨县民政局：《册亨县民政志》，册亨县民政局1990年内部版，第78、79页。
④ 王树人修，侯昌铭纂：《永定县乡土志》上篇，卷2，1920年铅印本。

多的制约，并在一定程度上影响了湘黔鄂渝桂省际毗连区城市各类社会保障活动施行的成效。

第三节　清代以来城市"苗汉"交流与社会变迁

清代改土归流以来，在社会经济利益的驱动和湘黔鄂渝桂省际毗连区富饶的山林、土地资源的吸引下，大批中东部地区汉族移民不断移居于此。于是，国家和移民便逐渐在湘黔鄂渝桂省际毗连区构建了一幅全新而独特的人文地理面貌：苗汉杂处，① 从而改变了清代以前"苗多汉少"的社会族群结构，推动了汉族与各民族之间的经济、人文交流，并直接促进了当地社会生活习俗、生产方式等诸方面的内地化进程。这些变迁既是湘黔鄂渝桂省际毗连区社会生活的新景观，同时又为我们构建了一幅本区域城市社会自清代以来的发展变迁的新图景。

一　从苗多汉少、汉多苗少到苗汉错处：城市人口结构的演变

元明时期，湘黔鄂渝桂省际毗连区因"山箐峭深，地瘠寡利"，虽"自元以来，草昧渐辟"，但仍是"苗蛮盘绕"之地，直至明、清改土归流才渐始改变。② 但在清代以前，除国家在卫所派驻少量驻军外，本区域仍被视为汉人禁入的少数民族聚居地。其城市因人口民族属性的不同，结构大体分为"汉多苗少"和"苗多汉少"两种类型。前者一般为明代所设及至清初的卫所和熟苗区域国家所设各级治所；后者则以生苗区域的土司城和为朝廷所设置的"土州""土县"治所为主要。"汉多苗少"的城市人口结构类型即明末王士性所言："渐渐改流，置立郡邑，皆建于卫所之中，卫所为主，郡邑为客……卫所治军，郡邑治民。军即尺籍来役戍者，故卫所所治皆中国人。民即苗也。土无他民，止苗夷，然非一种，亦各异其俗。"③ 这些军屯性质的城镇便因国家政治、军事控制的需要而"皆中国

---

① 本章节所言"苗汉杂处"中的"苗"是一泛指概念，即包括苗族、仡佬、土家族等共同生活在湘黔鄂渝桂省际毗连区的各少数民族的总称，其内在含义与其他章节一致。
② （清）顾祖禹撰，贺次君、施和金点校：《读史方舆纪要》卷120，中华书局2005年版，第5243页。
③ （明）王士性：《广志绎》，中华书局1981年版，第133页。

人",其在城人口呈"汉多苗少"的结构。在此期本区域城市人口结构演变过程中,除少数卫所"军人"外,还有一部分来自汉族地区的"客人",因历史、族群以及社会生活的需要,逐渐"率成土著",且"族姓寝繁",故郡邑"客籍独少"。① 而此期国家间接治理的土司辖区,其城市、乡村却是以"苗民"为主体的独特的人口结构,即史籍所言之"苗多汉少"。例如,贵州归化厅属"新开之区,夷多汉少";都匀府治亦是"苗多汉少"等。②

清初,国家沿袭明代"汉不入境,苗不出峒"的治边策略,在汉苗毗邻区域设置关隘以限制汉苗的自由流动或迁徙。雍正湖广总督迈柱曾奏定:"苗与民为市,于分界地设市……不得越界出入。"③ 后随着西南地区改土归流的完成,湘黔鄂渝桂省际毗连区被纳入到国家的直接治理之中,大批汉族人口因山区的开发而源源移居到此,垦殖荒地,开发山林,发展工商业,部分汉人因生产经营的需要而定居在了城市。同时,部分少数民族亦因城市社会经济发展的吸引也由乡村移居城市。例如,乾隆间永绥厅止耳寨苗人石文魁弃农经商,"自往永绥各场,收买黄豆、包谷、米粮等项,运赴乾(州)、泸(溪)、辰(州)、常(德)销售"。经营十余年,"赢余治产,家至数十万"。④ 关于乡居"苗人"迁居城镇的情况,清代文献记录不多,但民国湘西文人沈从文在其作品中屡屡提到凤凰等湘西、黔东城镇有大量"苗人"由乡间迁往并定居的客观情况。⑤ 这样,经过清代以来"汉""苗"两族群的相向移动,致使湘黔鄂渝桂省际毗连区城乡人口结构开始发生了历史性的改变。贵州松桃厅,"户口自城内外及坡东坡西、乌罗、平头二司,共计汉民三万八千三百一十一户,男妇大小计十一万二千七十四名,编三百七十三甲,计三千八百七牌。坡东坡西平头司石岘卫共计苗民三百七十二寨,计四千四百四十八户,大小男妇计二万一千

---

① (清)爱必达:《黔南识略》卷23,"开泰县",乾隆十四年修刊本。
② (清)爱必达:《黔南识略》卷4,"归化通判"、卷8,"都匀府",乾隆十四年修刊本。
③ (清)赵尔巽等撰:《清史稿》卷289,"列传76·迈柱",中华书局1976年版,第10256页。
④ 石启贵:《湘西苗族实地调查报告》,湖南人民出版社2008年版,第12页。
⑤ 关于民国时期乡居"苗人"迁居城镇的情形,可参见沈从文著《凤凰往事》(江苏人民出版社2014年版,第238页)、《湘行散记》(北京十月文艺出版社2013年版,第95页)等。

二十一名","坡东坡西苗多汉少,石岘汉苗各半,平头司苗少汉多"。①本区域其他城市和乡村的人口结构亦发生了类似的变化。至乾隆时期,"苗汉错处"现象已较普遍(见表5.8)。

表5.8　　　　清代黔东、黔南地区"汉苗错处"大致情形

区域	"汉苗错处"大致情形
贵定	"县属汉苗错处,苗户九百四十有奇,男妇七千一百六十余名口。"
龙里	"汉庄一百六十有奇,苗民共计四十余寨。"
开州	"汉庄九百有奇,苗寨三百有奇。"
定番	"汉庄一千一百一十有奇,苗寨二千一百九十有奇,苗户五倍于汉民。"
大塘	"城乡汉苗错处,所属汉庄、苗寨共二百四十三寨。"
广顺	"汉庄苗寨编为十里十枝","里系汉苗错处,共汉庄六十有奇,苗寨一百六十有奇。枝尽属苗寨,共一百一十有奇。"
麻哈	"通属汉庄五,苗寨一百四十八,汉苗错处之寨九十有五。"
独山	"苗寨汉户俱已编入保甲,共计汉人三千九百零九户。"
凯里	"城中汉苗错处。"
荔波	"境内(汉民)共五百九十四户;村寨苗户一万八千一百零五户,汉民一千五百零三户。又城厢内外汉民七百六十五户,共计汉民二千二百六十八户,皆住山坡,不居苗寨。"
台拱	"城内汉民共四百三十七户,二千零七十二名口。苗寨共一百六十一,计九千八百九十一户。"
天柱	"汉苗村寨计三百三十八,共二万五千三百九十五户。"
思南	"汉庄一百九十一处,辖三土司。在城者(苗人)为随府办事司。"
铜仁	"铜仁省溪、提溪、乌罗、平头四土司,民苗杂处"。"原额户口民、苗、洞蛮三万九千一百二十四户。"
永从	"通属汉民苗民共一万一千六百四十八户。"

资料来源:(清)爱必达:《黔南识略》卷2、3、4、8、10、11、13、15、16、19、23,乾隆十四年修刊本;(清)严如熤:《苗疆风俗考》,《小方壶斋舆地丛钞》第8帙,光绪十七年(1891)上海著易堂铅印本。

---

① (清)爱必达:《黔南识略》卷20,"松桃直隶同知",乾隆十四年修刊本。

第五章 清代以来湘黔鄂渝桂省际毗连区城市的社会发展与变迁

湘西的民族人口结构的历史性巨变比黔东、黔南发生的要早一些。明代为了强化湘西民族地区的治理,鼓励和保护汉人移垦山林,在湘西一带修筑了数百公里的"边墙"。① 于是,"边墙"便成为了"民(汉)苗之限"。② "边墙"之内的各少数民族因与汉族联系密切而统称之为"熟苗","边墙"之外各少数民族则因与内地联系较少而为"生苗"。从整体上看,明代湘西"东、南、北三面周围七百余里,环列苗人二千余寨"。③ 辰州"民苗错居,各为寨栅以守"。④ 明亡清兴后,随着大批汉族人口迁居湘西,"汉苗错处"的民族构成得到了进一步的发展。"凡土司之新辟者,省民率挈孥以居,垦山为陇,列植相望",⑤ 破除了"苗地不许汉人往来"的禁令。⑥ 凤凰,"民苗地界犬牙交错"。永绥,"民苗混杂"。⑦ 永顺,"崇岗复岭,陡壁悬崖,接壤诸洞,又连汉地,苗土杂居"。⑧ 又云:"永顺隶楚极边,土人、汉人、苗民杂处,土人十分之四,汉人三分,苗民亦仅三分。"⑨ 龙山,"土苗杂处,间有外来民人附居落籍者,为客家……土苗蒸蒸向化,客民亦安分"。⑩ 乾州,"西北二面皆苗,东为民地",汉苗错杂居住。⑪

其他地区亦因清代以来区域经济的开发逐渐演化为了汉苗杂处的族群

---

① (清)严如熤:《苗疆风俗考》,载王锡祺辑《小方壶斋舆地丛钞》第8帙,光绪十七年上海著易堂铅印本。
② (清)和琳:《奏拟湖南苗疆善后章程六条》,载(清)但湘良撰《湖南苗防屯政考》卷3,台北成文出版社1968年影印本。
③ 佚名氏著,伍新福校点:《苗疆屯防实录》卷4,"湖南巡抚阿林保嘉庆十年十月十六日奏折",岳麓书社2012年版。另参见(清)卞宝第、李瀚章等修,曾国荃、郭嵩焘等纂《湖南通志》卷85,"武备八·苗防五",光绪十年刻本。
④ (清)顾炎武撰,黄坤、严佐之等主编:《顾炎武全集》(16),《天下郡国利病书》(5),上海古籍出版社2011年版,第2884页。
⑤ (清)璠珠等修,朱景英等纂:《沅州府志》卷24,"物产",乾隆二十二年刻本。
⑥ 中国第一历史档案馆:《清代档案史料丛编》第十四辑,"湖南巡抚蒋溥奏酌议抚苗事宜三条折,乾隆九年七月二十八日",中华书局1990年版。
⑦ 中国第一历史档案馆、中国人民大学清史研究所、贵州省档案馆:《清代前期苗民起义档案史料》(下),"姜晟等奏请清厘民苗地界及奖赏出力官员折",光明日报出版社1987年版,第463—464页。
⑧ 胡履新修,张孔修纂:《永顺县志》卷2,"地理志形势",1930年铅印本。
⑨ (清)黄德基修,关天申纂:《永顺县志》卷4,"风土志",乾隆五十八年刻本。
⑩ (清)魏式曾增修,郭鉴襄增纂:《永顺府志》卷10,"风俗",同治十二年刻本。
⑪ (清)严如熤:《苗防备览》卷1,"舆图",道光癸卯绍义堂重刻本。

结构。例如，渝东南秀山，汉人亦"与苗邻，附近居民易通交际"。①

由上述可见，湘黔鄂渝桂省际毗连区"汉苗错处"的人口结构在清代已成普遍现象。这初步改变了清改土归流前"环城外寸地皆苗"②的"汉多苗少"和生苗区"夷多汉少"的城市人口结构。诚如清人所言："中国湖南、四川、广西、云南、贵州五省境内，皆有苗民杂处。"③ 蓝鼎元则进一步指出："楚、蜀、滇、黔、两粤之间土民杂处，曰苗、曰瑶……皆苗蛮之种类也。"④ 这里必须说明的是，清代本区域"苗汉错处"的格局并非简单的汉族与苗、瑶等少数民族共同"错处"于一城一镇、一乡一里、一村一寨，它实际上存在着两种形式：一是汉族居民集聚于城市、集镇或乡场，同时部分苗、瑶等少数民族集聚的村寨在汉族聚居形式的影响下开始向集镇化演化，部分"苗人"亦因城镇的发展而定居于城市；二是在原少数民族为居住主体的区域内，汉族居民不断迁居于此，与"苗民"错落其间，在湘黔鄂渝桂省际毗连区城乡形成岛状分布的人文地理景观。两者共同演绎了清代本区域城镇人口发展的历史趋势，这在《黔南识略》等史籍中均有所反映。都匀县"苗有仲家、黑苗二种，向随汉民佃种，已归入汉民甲内一体管束"。⑤ 其他地区亦有类似发展趋势。即便是地处毗连区腹地"惟黑苗，未设土司管辖"的八寨厅，其全境八塘、二汛、十一堡交织错处着苗寨一百一十四处，其中近城者七十二寨。⑥

民国肇兴后，虽然湘黔鄂渝桂省际毗连区汉族人口继续增加，但以苗族为主体的各少数民族人口数量依然占有相当比重。据民国时期人类学学者陈国钧所调查的贵州苗夷地区统计，其苗夷人口约有400余万，占贵州

---

① （清）严如熤：《苗疆风俗考》，载王锡祺辑《小方壶斋舆地丛钞》第8帙，光绪十七年上海著易堂铅印本。
② （清）魏源撰，韩锡铎、孙文良点校：《圣武记》卷7，"乾隆湖贵征苗记"，中华书局1984年版，第314页。
③ （清）龚柴：《苗民考》，载王锡祺辑《小方壶斋舆地丛钞》第8帙，光绪十七年上海著易堂铅印本。
④ （清）蓝鼎元：《边省苗蛮事宜论》，载王锡祺辑《小方壶斋舆地丛钞》第8帙，光绪十七年上海著易堂铅印本。另参见（清）蓝鼎元撰《鹿洲初集》卷1，"书·论边省苗蛮事宜论书"，台北文海出版社1977年影印本。
⑤ （清）爱必达：《黔南识略》卷10，"都匀县"，乾隆十四年修刊本。
⑥ （清）爱必达：《黔南识略》卷9，"八寨同知"，乾隆十四年修刊本。

人口的40%以上，广泛分布于贵州六十个县，① 其中又以都柳江三合、都江、榕江、下江、永从五县，② 清水江都匀、麻江、炉山、施秉、丹江、剑河、锦屏、天柱、黄平、台拱十县，③ 北盘江贞丰、册亨、紫云、望谟、关岭、长寨、郎岱六县④等地区为主要聚居地。他们与汉族生活在一起，形成了"高山彝苗水仲家、仡佬住在石旮旯"，"苗家住山头、夷家住水头、客家（少数民族对汉族的称呼）住街头"的多民族聚居的分布格局。

湘西则为苗、土家、瑶、仡佬等民族主要聚居地。据当时中央大学教授杨成志调查，"湘西苗族，居湘西北者为苗、瑶、仡佬；在南部者为瑶、僮人。前者分布乾城、永绥、麻阳、古丈、保靖、泸溪等县，多系青苗、白苗、仡佬、红苗、花苗次之；后者分布辰、芷一带，人数较少"，与汉族杂居一处。⑤ 湘西苗人石宏规对此深有同感："湘西毗连黔蜀，民苗杂处，风俗强悍。"⑥ 其他地区"汉苗错处"的分布格局在此期亦有一定的发展。上述"汉苗错处"虽是在广域上呈现出的民族人口分布格局，但就具体城市来说也是一种常态。总之，湘黔鄂渝桂省际毗连区城市人口经此期汉、苗双向而普遍的互动交流，其多民族构成亦日益显著。"不但有汉人与苗人，夷人也有。"⑦

"汉苗错处"人口族群结构的形成、发展，对后世湘黔鄂渝桂省际毗连区城市多民族共居一城的人口结构产生了巨大影响。据统计，1988年印江县城总人口为17284人，其中土家族7388人、汉族7036人、苗族2860人，分别占县城总人口的42.7%、40.7%和16.5%。⑧ 1990年，新晃县城人口总数为20486人，其中汉族11383人，占总人口的55.56%；少数民族9103人，占总人口的44.43%。⑨ 本区其他城市人口的民族结构亦相类

---

① 陈国钧：《贵州苗夷族社会概况》，《东方杂志》1930年8月15日第27期第16号。
② 陈国钧：《都柳江苗夷的分布》，《贵州日报·社会研究》1942年5月20日第51期。
③ 陈国钧：《清水江苗夷的分布》，《贵州日报·社会研究》1942年7月31日第55期。
④ 陈国钧：《北盘江苗夷的分布》，《贵州日报·社会研究》1942年1月15日第42期。
⑤ 盛襄子：《湘西苗区之设治及其现状》，重庆独立出版社1943年版，第3页。
⑥ 同上。
⑦ 黑婴：《长寨素描》，《贵州日报》1945年5月15日。
⑧ 印江土家族苗族自治县志编纂委员会：《印江县志》，贵州人民出版社1992年版，第193页。
⑨ 新晃侗族自治县民族事务委员会：《新晃侗族自治县民族志》，贵州民族出版社1995年版，第19页。

似。这些变化都是以清代以来湘黔鄂渝桂省际毗连区城市人口结构"汉""苗"族群因城市的发展而持续不断地迁居城市为历史基础的。

总之，清代以来"汉苗错处"人口结构的发展变迁，在丰富湘黔鄂渝桂省际毗连区族际交流形态的同时，还为其城市发展提供了最重要的人的要素和相对先进的生产技术，并聚合了各类生产要素，有力地促进了本区域城乡社会经济的开发和文化教育事业的发展，进一步改变了原始封闭的状态，使城市发展水平有了较大的提升，并完全融入到了中国的城市体系之中，深刻地影响了清代以来湘黔鄂渝桂省际毗连区的城镇发展。但是，我们也应清醒地看到：虽然清代以来不断发展的"汉苗错处"族群结构，有力地促进了湘黔鄂渝桂省际毗连区各民族之间的联系，共同促进了区域社会经济的开发、文化的传播，推动了城市的发展，但受历史、地理、文化、民族等因素的限制，此期部分地区，汉族与各少数民族间仍存在着一定的"民族界限"。① 这在一定程度上滞碍了清代以来这些地方城市的发展。这也是当今我们在推进湘黔鄂渝桂省际毗连区城市化进程时所必须面对和解决的问题之一。即采取措施，倡导民族和谐、共生与融合的发展模式，为城市健康发展赋予其和谐的多民族特色提供新的动力。

二 "苗变汉""汉变苗"：两种形态的族际交流变迁

清代以来湘黔鄂渝桂省际毗连区城乡人文地理环境新景观最为明显的一大图式，就是在社会生活变迁过程中逐渐形成了我中有你、你中有我的各族际间的民族融合的局面，即史籍文献中的"苗变汉"与"汉变苗"。

（一）"苗变汉"形态下的族际交往变化

"苗变汉"主要是指清代以来湘黔鄂渝桂省际毗连区各少数民族在国家一体化程度不断加深的背景下通过习染汉族文化，并在生产、生活、习俗等层面展示出族际间的文化渐变过程。其表征则为经济层面的耕作农业、工商业，文化上的汉文典籍的阅读与学习，汉式服饰的传入等，其中最具代表性的事项则是改易为汉族姓氏。这一族际交流渐变的汉化过程，即历史文献所称之"向化"的过程。

"苗变汉"的族际交往变化始于何时，因史籍备载不详，无法考究，

---

① 刘千俊：《西南边陬中心的贵州》，《边疆半月刊》1937年第2卷第6期。

但在明代即已明显发生。据弘治《贵州图经新志》《黔记》、(万历)《贵州通志》记载,清平、平越、黄平、铜仁、思州等地方已出现了"苗民"渐习汉语、衣汉服、学汉艺的"汉化"现象。

清平卫:"本卫人皆江南迁谪",与夷民杂处,"仡佬……颇通汉语,衣制同汉人。……齐民曰杨黄,通汉语,衣近汉人……曰东苗;稍通汉语,曰夭家,衣稍类汉人"。

平越卫:"卫中军士多缙绅之裔……郊外之民乃苗、佬、仲家……近来渐革其旧,服役公庭,衣服言语稍如华人"。

黄平州:"夷也,渐化焉。"①

铜仁:"郡属各司,夷汉杂居,有土人、倭佬、苗人,种类不同,习俗各尚,迄今渐被华风,洒然变易。"②

播州、思州一带,各族"衣冠礼仪悉效中土"。③

清代湘黔鄂渝桂省际毗连区"苗变汉"的族际交往变迁更趋普遍。兹摘录相关史例枚举如下。

镇远,"昔称佩刀挟弩之风今久息矣。峒人即土人风俗与汉人同。妇女亦汉妆,惟足穿草履……婚葬俱循汉礼,耻居苗类"。④

黎平,"苗有六种,峒苗向化已久。男子耕凿诵读与汉民无异,其妇女汉装弓足者与汉人通婚。花衣苗、白衣苗、黑脚苗、水西苗近亦多薙发读书应试,惟妇女服饰仍习旧俗"。⑤

罗斛州,"苗惟仲家一种,有生熟之分。生苗风俗与汉人殊";"熟苗二百五十三寨,计一万六千一百三十一名口,向化生苗一百一十寨,计六千七百七十名口"。⑥

广顺,"土人一种,与军民通婚姻,岁时礼节无异汉人"。⑦

---

① (明)沈庠修,赵瓒纂:(弘治)《贵州图经新志》,贵州府县志辑(第1辑),巴蜀书社2006年版,第128—134页。
② 贵州省文史研究馆:《续黔南丛书》第一辑,中册,《黔记》(上),贵州人民出版社2012年版,第1207页。
③ (明)许一德等:(万历)《贵州通志》,书目文献出版社1991年版,第318页。
④ (清)爱必达:《黔南识略》卷12,"镇远府",乾隆十四年修刊本。
⑤ (清)爱必达:《黔南识略》卷21,"黎平府",乾隆十四年修刊本。
⑥ (清)爱必达:《黔南识略》卷3,"罗斛州判",乾隆十四年修刊本。
⑦ (清)爱必达:《黔南识略》卷3,"广顺州",乾隆十四年修刊本。

都匀，"黑伦佬男妇衣服悉类汉人，异于夭家。妇性勤于男，耕作之暇即务纺织，祀先拜跪，颇染华风"。① "苗有仲家、黑苗二种，向随汉民佃种，已归入汉民甲内一体管束。"②

安化，"旧有黑苗十寨，计一千五十余户。铜仁军需后存者仅四百余户。现皆薙发，衣冠言语与汉民略同"。③

开泰，"苗民无土司管辖，花衣苗近习汉俗，以耕凿诵读为事"。④

归化，"花苗又号宗地苗……通汉语"。⑤

都江，"新开之区俗陋民淳，向化日久，婚丧渐易夷风"。⑥

台拱，"内辖既久，蛮俗渐更。今男子多有汉装者"。⑦

清江，"洞苗习华风，编姓氏，妇女有改汉装者，多与军联姻"。⑧

松桃，"近城女苗间学汉人装饰。苗语难解而通汉语者亦众，弗通者则借通事传语"。⑨《松桃厅志》亦云：前明厅属各少数民族"饮食衣服居室有与汉民迥别者"，到清康乾时期，"风俗顿改，衣服饮食与汉不殊"。⑩

楚南，"苗人刀耕火种。……凡历属流官及开辟渐久之处，多与民地错综相接，亦仿民间耕作水田。有群山四塞中，列平原连阡累陌，宛如内地者"。⑪ 凤凰、道州等处，苗人习汉文典籍者日众，文化亦逐渐汉化。"从前凤凰营苗人有入学者，则讳其为苗。今道州诸处瑶童入学补廪，文理明顺而衣冠文雅，俨然儒者。"⑫ 瑶人居住房屋亦"多仿民家房舍建造"。⑬

可见，清代湘黔鄂渝桂省际毗连区各民族族际间交往中的"苗变汉"

---

① （清）爱必达：《黔南识略》卷8，"都匀府"，乾隆十四年修刊本。
② （清）爱必达：《黔南识略》卷10，"都匀县"，乾隆十四年修刊本。
③ （清）爱必达：《黔南识略》卷16，"安化县"，乾隆十四年修刊本。
④ （清）爱必达：《黔南识略》卷23，"开泰县"，乾隆十四年修刊本。
⑤ （清）爱必达：《黔南识略》卷4，"归化通判"，乾隆十四年修刊本。
⑥ （清）爱必达：《黔南识略》卷9，"都江通判"，乾隆十四年修刊本。
⑦ （清）爱必达：《黔南识略》卷13，"台拱同知"，乾隆十四年修刊本。
⑧ （清）爱必达：《黔南识略》卷13，"清江通判"，乾隆十四年修刊本。
⑨ （清）爱必达：《黔南识略》卷20，"松桃直隶同知"，乾隆十四年修刊本。
⑩ （清）徐铉修，萧琯纂：《松桃厅志》卷6，"苗蛮"，道光十六年刻本。
⑪ （清）段汝霖：《楚南苗志》卷5，"田土"，乾隆湖北巡抚采进本。
⑫ （清）段汝霖：《楚南苗志》卷5，"教养"，乾隆湖北巡抚采进本。
⑬ （清）段汝霖：《楚南苗志》卷6，"室庐"，乾隆湖北巡抚采进本。

的现象已很普遍，曾居于此地的清代地理学者龚柴对这一族际交流趋势印象十分深刻："熟苗"因其"已归王化"，"与内地汉人大同小异"。① 西方学者亦对本区域"苗变汉"的族际变迁进行了学术考察："我们必须记住：明清时期该地区（即沅江流域）人口像云贵与岭南西部一样，还只有部分汉化。"②

民国时期，湘黔鄂渝桂省际毗连区"苗变汉"的族际交流在清代基础上又取得了相当的进展。例如，永顺"苗峒六十四寨，近以同化日久，痕迹渐泯。惟全县人口二十一万，就中土著人民约占十分之三四，其余汉人均系来自江西。同化熟苗……永郡所属龙山……有苗峒三十二寨，桑植三十八寨，大庸有瑶洞（似为峒）十四寨。据近年调查，龙山苗民为数本少，自改土归流后即已同化，桑植、大庸之苗寨均已废弃，同为齐民"。③

保靖，"苗峒一百一十七寨，今已渐同化"。④

古丈苗民"多系熟苗，早已同化，而苗胞又以吴、龙、廖、石、麻五姓为真苗"，其"服饰大抵与汉民无多差异"。⑤

沅陵所属苗胞在清代"尚未全部同化，无论男女，皆系草履赤足，耕种山地，每遇集场，则肩挑负贩，络绎于市，衣食住行，均极简陋，崇神拜鬼……迄后转入民国，苗民同化日速，情形改观，沅苗大都同化，据省府民二九年调查，沅陵已无苗胞矣"。⑥

辰溪苗瑶"起居饮食类省民"。⑦

溆浦"七姓瑶胞"，虽僻居深山穷谷，自成部落，但其"风习亦多汉化"。⑧

乾城，苗峒一百一十四寨，"在清时红苗号称犵獠。据民二八年秋调查，该县苗胞占全县人口之百分之三十，其数为三万二千三百人，其中男

---

① （清）龚柴：《苗民考》，载王锡祺辑《小方壶斋舆地丛钞》第 8 帙，光绪十七年上海著易堂铅印本。
② ［美］施坚雅主编：《中华帝国晚期的城市》，叶光庭等译，中华书局 2002 年版，第 12 页。
③ 盛襄子：《湘西苗区之设治及其现状》，重庆独立出版社 1943 年版，第 13 页。
④ 同上书，第 14 页。
⑤ 同上书，第 16、17 页。
⑥ 同上书，第 20 页。
⑦ 同上书，第 21 页。
⑧ 同上书，第 22 页。

为一万七千一百人,女为一万五千二百人,多数已渐同化"。①

城步苗瑶,"惟横岭之各小部,余均已向化。一切礼制,均从汉俗,明知为苗,不能呼蛮,足见以苗蛮为耻。目下语言,无论老幼,均兼习普通话,习俗亦多改变。骤遇之,不知其为苗裔。惟与之久处,见其部落家庭间,仍多用土语。近则读书识字者较增,可为苗族进化之征"。②

贵州永从、下江、丙妹,广西三江、融县等地区"从废清末世至民国的这百几十年中,汉人的经济势力浸渐,侵入他们的混沌世界后,他们的社会内部也跟着起了变化"。③

根据苗人装束、生产活动、婚姻、社会习俗等层面不断与汉族"合璧"的历史现象,民国学者将这部分苗族称之为"半汉化苗族"。④ 随着湘黔鄂渝桂省际毗连区"苗变汉"进程的加快,以至于有部分地区"苗人"到民国时期已完全"汉化"了。例如思南"自改土归流后,涵濡清朝二百数十年之雅化",今"阖属蒸黎全系汉族,并无杂居之苗,此亦文明之大进步也"。⑤ 婺川全县亦"均系汉族,无苗夷杂居"。⑥ 这并不是说这些地区的"苗民"作为一个族群消失了,而是因其生产、生活和习俗等完全汉化,与汉族别无二致,但他们的人类学特征依然显示为"苗人"或其他少数民族族群。

据上所述,大致可以清晰地看出影响湘黔鄂渝桂省际毗连区"苗变汉"的各因素间存在着渐进的关系。首先是"苗人"生产方式的改变。即"苗人"向"汉式"农业耕作方式以及工商业转变,继而略通汉语,读汉文典籍,然后向"习汉俗"这一关键性的一步过渡,诸如男子着汉服、薙发、读书、应试,女子"汉装弓足"、与汉人通婚,最后再迈出具有决定意义的一步,即改易汉姓。这在清代以来三百年间的潜移默化的"汉化"下,通过"苗人"社会内部的变化,使本区域相当一部分"苗人"完成了"苗变汉"的这一具有人类学意义上的族群蝶变过程,也即史书所谓之

---

① 盛襄子:《湘西苗区之设治及其现状》,重庆独立出版社1943年版,第31页。
② 曾继梧等:《湖南各县调查笔记》(下),1931年铅印本,第131页。
③ 魏鼎勋:《广西融罗苗疆谈丛》,《新中华》1936年第4卷第16期。
④ 刘骧:《苗族状况概略》,《京报副刊》1924年第16期。
⑤ 马震昆修,陈文燨纂:《思南县志稿》卷1,"地理志·风俗",1920年未刊本。
⑥ 贵阳市档案馆:《抗战时期黔境印象》,贵州人民出版社2008年版,第147页。

"生苗"转化为"熟苗","熟苗"继而转变为"省民"的程式化进程。这里必须说明的是,清代以来湘黔鄂渝桂省际毗连区"苗变汉"首先发生在城市及其近城"苗人"村寨,后渐向其他区域扩展。在"苗变汉"的过程中,还有部分区域因受地理、交通、经济等条件的制约"汉化"程度还很低,尤其是"生苗"核心区。据民国学者张肖梅统计,1937年贵州清水江流域的苗、侗人口仍占总人口的80%以上,有的县甚至几乎全部为苗族和侗族。他们仍处于"刀耕火种"的较原始的状态。[①]

湘黔鄂渝桂省际毗连区"苗变汉"的族际间变迁的动因主要来自于国家行政力量和苗汉族际间的经济交往。清雍正以前,本区域大多为土司控制地,直至雍乾时期国家采取剿、抚相济的方式,[②] 将湘黔鄂渝桂省际毗连区完全纳入到国家直接管理体系之中。这一时期也是"苗变汉"的重要阶段。自此,苗人"归化"日益普遍。例如,雍正七年,清江北岸"苗稽首听命,尽出所藏",南岸以外白衣苗虽"居处僻远,亦闻风向化,相率来归"。[③] 雍正九年,生苗来牛、定旦沿都柳江一带各苗寨"皆抒诚向化"。[④] 为更好地治理这些地区,国家在此设府置县立厅、驻防军队,这为汉族移民的迁入和增加提供了各项安全保障,促进了湘黔鄂渝桂省际毗连区"苗多汉少"的人口结构向"汉苗错处"的转变。同时,本着"教化日深,皆可渐为汉民""化生苗为熟苗,化熟苗为良善"的原则,[⑤] 清政府还广设书院、义学,"使苗民子弟就学读书,使学汉语、识汉字""熏陶于礼仪",以渐王化。[⑥] 苗人改易姓氏也是清政府在湘黔鄂渝桂省际毗连区实施"苗变汉"的重要措施。苗人改易汉姓始于唐宋时期或更早一些。自明代实施改土归流后,朝廷便通过行政手段为本区域有名无姓的苗民定立

[①] 张肖梅:《贵州经济》,中国国民经济研究所1939年编印,第D8—9页。
[②] 《平苗纪略》[(清)方显撰,同治十二年武昌郡廨刊刻本,第4页]云:"需先抚后剿,剿平之后,仍归于抚耳。"
[③] 《朱批谕旨·鄂尔泰奏折》第九涵第六册,贵州省图书馆藏,第53—57页。
[④] (清)鄂尔泰:《剿抚滚踪各寨情形折》,《清代前期苗民起义档案史料》(上),光明日报出版社1987年版,第69—71页。
[⑤] (清)蓝鼎元:《鹿洲初集》卷1,"书·论边省苗蛮事宜论书",台北文海出版社1977年影印本。
[⑥] 刘世显、谷正伦修,任可澄、杨恩元纂:民国《贵州通志》卷40,《前事志》,贵州人民出版社1991年版,第761页。

汉族姓氏。后随着苗人首领出现在国家政治舞台，他们首先易为汉姓，并带动了其所领部族姓氏的更改。17世纪中叶以来，清政府采取"官为立姓""照祖先造册"以及自愿等方式，将相当一部分苗人姓氏改为汉族姓氏。① 这本是国家意志行为，但却在岁月长河中逐渐沉淀为一种自觉的文化行为。② 此外，国家还在城乡仿汉例实施"编户齐民"，"造报户口清册，编立保甲"。③ 这都极大地促进了清代湘黔鄂渝桂省际毗连区"苗"变"汉"的族际交流。民国时期，国家在本区域继续实行"开化"政策，在政治、经济、交通、文教等领域促进本地区与内地一体化进程的发展，试图"合汉满蒙回藏苗而成一大国族"，以构建"以汉族文化为中心的民族社会"。④ 为此，各级政府纷纷采取措施发展地方社会经济、交通、文化事业，力图通过广泛的社会变革实现民族同化。例如，贵州省政府根据对黔东、黔南各民族的生活、宗教、工艺、习俗等层面的广泛而全面的社会调查，先后颁布了"民族地区习俗改良办法""劝导边胞改良服装住宅"⑤ "贵州省各级新生活促进会同化苗胞计划大纲""贵州省各级土族民族同化工作纲要"⑥ 等法规，以指导黔东、黔南地区的民族工作。于是，安龙等县便根据国家民族政策，极力改良一切民族风俗习惯，"与汉族同化"，并要求少数民族"讲汉话着汉装"。⑦ 上述措施虽在一定程度违背了各少数民族意愿，但却加快了湘黔鄂渝桂省际毗连区城乡"苗变汉"的历史进程。

经济交流亦是湘黔鄂渝桂省际毗连区"苗变汉"渐变的重要推动力。一般而言，凡经济发展活跃，族际交流也较频繁。促成"苗变汉"的经济因素自清代以来随着湘黔鄂渝桂省际毗连区山林经济的开发与商业贸易的发展不断沉淀、加深。例如，清代清水江一带，"汉民错处其间，历年久

---

① 伍新福：《苗族姓氏考》，《五溪》2005年第5、6期。
② 林芊：《明清时期贵州民族地区社会历史发展研究——以清水江为中心、历史地理的视角》，知识产权出版社2012年版，第74页。
③ 《云贵总督鄂尔泰奏报审讯抗阻官兵建营仲苗暨川贩汉奸情由折（附件）》，载中国第一历史档案馆编《雍正朝汉文朱批奏折汇编》（第8册第507号），江苏古籍出版社1989年版，第701页。
④ 张凤岐：《西南边疆建设与民族调查》，《时事月报》1937年第17卷第1期。
⑤ 杨森：《贵州边胞风习写真》，贵州省政府边胞文化研究会1947年版，第1—114页。
⑥ 朱映占：《抗战时期西南边疆的国族构建研究》，《思想战线》2014年第6期。
⑦ 安龙县志编纂委员会：《安龙县志》，贵州人民出版社1992年版，第183页。

远，苗产尽为汉有，苗民无土可依，皆围绕汉户所居，承佃客民田土耕种，昔日之苗寨今尽变为汉寨矣"。① 湘西凤凰在清代"向以汉人入山为厉禁，以是锢塞"。"今则海宇大通，汉苗往来交易，并择交通便利之处，开设墟场，定期集聚，贸迁有无，以是语言互通，苗民嫁汉者日多，惜汉人嫁苗者甚少，仍未竟同化之功。衣服亦渐改易。苗胞无文字，富裕之家亦知送子弟入学，娴习汉人礼教，苗胞陋习，多已废弃，能随时演进，两族感情，日趋融合。"② 湘黔鄂渝桂省际毗连区因"商贾贸迁，往来频繁"，使"今日湘西苗族的物质文化，大多已受汉族的同化"。③ 上述史实为我们展示了一条"苗变汉"的历史轨迹：湘黔鄂渝桂省际毗连区经济的开发不断刺激汉族移民的到来，汉族移民人口的增加和经济活动范围的扩大又在广度和深度上架起了他们与各少数民族间沟通的桥梁，且随着交流的扩大与频繁，更在时空上引起了湘黔鄂渝桂省际毗连区社会生产、生活和地方文化的变迁，最后达成了"苗变汉"的族际间的融合。这对清代以来湘黔鄂渝桂省际毗连区城市的发展来说，其影响无疑是深刻的。

（二）"汉变苗"形态下的族际交往变化

"苗变汉"是一种顺应国家主流文化变迁的顺向渐变。但在湘黔鄂渝桂省际毗连区受社会发展水平和地理格局以及人文环境的影响还存在着一种反向的族际渐变现象，即所谓的"汉变苗"。它是汉族移民深入到湘黔鄂渝桂省际毗连区后，出于生产、社会和人文环境的需要而主动适应当地少数民族社会生活，并最终完全融入到了少数民族族群，蜕变为土著居民的一种人类学行为。

"汉变苗"在清代以前即已存在。明代征西南苗变时，部分湖广官兵"肃清后不思还乡，赘苗妇为室，遂家焉。数百年来，男子服饰与汉人同，妇女仍守古风，服饰饮食犹然苗派，实则汉种也"。④ 明天启年间，刑部右侍郎邹元标奏称："黔患不尽在苗，其为道路梗者，苗十之

---

① （清）罗绕典：《黔南职方纪略》卷6，"镇远府"，成文出版社1974年据道光二十七年刻本影印，第176页。
② 盛襄子：《湘西苗区之设治及其现状》，重庆独立出版社1943年版，第24页。
③ 凌纯声、芮逸夫：《湘西苗族调查报告》，商务印书馆1947年版，第54页。
④ 中国人民政治协商会议邵阳市委员会文史资料研究委员会：《邵阳文史》1995年第23辑，第206页。

三耳。……有浙江、江西、川、湖流离及市鱼盐瓜果为生者窜入其中，久之化而为苗。"①

入清以后，随着西南山地开发的进一步深入和改土归流的完成，吸引了大批汉族移民来此谋生、定居。其中一些汉族移民因商贸、通婚、距离家乡遥远等原因而随乡入俗，融入到了湘黔鄂渝桂省际毗连区各少数民族社会之中。

铜仁府，"查汉民之黠者多来自江右，抱布贸丝游历苗寨。始则贷其赢余而厚取息，继则准折土地庐舍以为值，苗亦犹乎人耳。至并其衣食而尽夺之。几何不起而为寇也。若夫与苗渐狎而诡为苗语苗装，以通姻者，俗谓之蛮苗"。②

松桃，"城市乡场蜀楚江西商民居多，年久便为土著"，"又有汉人变于苗者，曰蛮苗"。③

开泰，"县属昔皆军籍，明初开辟之时，分兵驻寨以居。大曰卫，小曰所、曰屯、曰堡，各居要害。后渐立家室，族姓寖繁，率成土著，故县属客民独少"。④

都匀府、平越州，"宋家（苗），本中国之裔"。⑤

古丈苗民"施、杨、彭、张、洪诸姓多系外边汉人入赘同化者"。⑥ 民国《湖南地理志》亦云："苗姓吴、龙、石、麻、廖五姓，为真苗。其杨、施、彭、张、洪诸姓，乃外民入赘，习其俗久，遂成族类。"⑦ 一些史料还枚举了江西等省汉人移居湘黔鄂渝桂省际毗连区"就化"的具体事例。例如，明清之际，江西难民迁居会同，"以种山为食，子孙与苗民通婚姻，积久接受苗化，遂成苗之变种"。⑧ 另据《贵州黄平王家牌王氏族谱》记

---

① 《熹宗实录》卷14，转引自谢贵安编《明实录类纂》（湖北史料卷），武汉出版社1991年版，第1019页。
② （清）爱必达：《黔南识略》卷19，"铜仁府"，乾隆十四年修刊本。
③ （清）爱必达：《黔南识略》卷20，"松桃直隶同知"，乾隆十四年修刊本。
④ 贵州省文史研究馆：《续黔南丛书》第2辑（上），《黔南识略·黔南职方纪略》，贵州人民出版社2012年版，第214页。
⑤ （清）郝大成修，王师泰等纂：（乾隆）《开泰县志》，贵州府县志辑，第19辑，巴蜀书社2006年版，第121页。
⑥ 盛襄子：《湘西苗区之设治及其现状》，重庆独立出版社1943年版，第16页。
⑦ 傅角今：《湖南地理志》，武昌亚新地学社1933年版，第21页。
⑧ 盛襄子：《湘西苗区之设治及其现状》，重庆独立出版社1943年版，第51页。

载:"汉籍的王倒犁及其后裔,由于世代与苗族互为姻亲,王家牌王氏在语言、服饰和生活习惯已经苗化。"① 天柱龙氏亦因久居"夷地",渐染苗地风俗,"变汉语而侏离,易冠裳而左衽",其子孙后裔遂渐化为苗族或侗族。② 湘西靖州部分丁氏族人因其先祖由四川成都府迁居于苗、侗聚居区,并与之世代通婚,完全融入到了当地社会生活文化之中,"自视为苗民"等。③

关于湘黔鄂渝桂省际毗连区"汉民变苗"的族际交流现象,相关文献亦有记载:"其地有汉民变苗者,大约多江楚之人。戆迁熟习,渐结亲串,日久相沿,浸成异俗,清江南北岸皆有之,所称'熟苗',多半此类。"凡"家不祀神,只取所宰牛角,悬诸厅壁。其有'天地君亲师'神位者,则皆汉民变苗之属"。④

检阅史籍,还可以发现不少苗人家族在追溯族源家世时,往往与内地拉上关系。例如,锦屏平秋苗人吴、黄两姓族谱皆称本族源自江西吉安,后西迁经湘西靖州、贵州天柱,移居锦屏九寨。⑤ 居于锦屏乌下江的龙、吴、欧三姓族人先祖则分别从江西吉安、永兴迁居至此。⑥ 台江反排苗人亦从江西经贵州榕江、剑河,迁到台江巫脚等。⑦ 这都反映了这批"苗化"的汉族移民的族群记忆中仍残留着某种原乡文化依归心态的历史印迹。对此,民国学者曾对"汉变苗"这一族群的"族群认同"心理活动的人类学现象作了较深入的观察和历史总结:"原籍赣鄂湘住民,虽其祖若父有数百年之历史,现仍称原籍省县,雅不愿以籍隶贵州,其原因不过贵州素为苗夷所居,称贵州籍,即为苗夷后裔也。"⑧ 这种对原乡的文化皈依心态,在客观上证实了确有相当部分内地汉族移民后裔融合于湘黔鄂渝桂省际毗

---

① 《贵州黄平王家牌王氏族谱》,2006年印刷本,第9页。
② 《天柱龙氏六公宗谱》,转引自李斌等著《清代清水江流域社会变迁研究》,贵州民族出版社2016年版,第27页。
③ 冯思雨:《走出书斋、亲历田野:湖南怀化苗寨暑期调查记》,https://www.thepaper.cn/newsDetail_forward_2366940。
④ (清)徐家干著,吴一文校注:《苗疆闻见录》,贵州人民出版社1997年版,第163页。
⑤ 傅安辉、余达忠:《九寨民俗》,贵州人民出版社1997年版,第101—106页。
⑥ 吴谋高:《丁达村志》,未刊稿,凯里市图书馆藏。
⑦ 全国人民代表大会民族委员会办公室:《贵州省台江县苗族的家族》(贵州、湖南少数民族社会历史调查组调查资料之四),1958年编印,第4页。
⑧ 刘千俊:《西南边陬中心的贵州》,《边疆半月刊》1937年第2卷第6期。

连区苗、土家、侗、布依等少数民族中的历史真实。当然，清代湘黔鄂渝桂省际毗连区"汉变苗"的案例随着雍乾时期及以后国家"王化"的深入比前代要少得多，毕竟经过清代前中期大规模开发与治理，无论"生苗"还是"熟苗"，全都被纳入在国家的强力治理及汉文化的影响之下，而逐渐发展成为"敦礼教"的"声名文物之区"。① 于是，"汉变苗"在清中后期及民国时期的族际变迁中逐渐变少，人们对之谈论更多的是"苗变汉"，而少有"汉变苗"。

综上所述，清代以来湘黔鄂渝桂省际毗连区"苗""汉"族际交流的历史图景，是一个不断向国家政治和社会主流文化靠拢的过程，其主要动力来源于国家层面的政治意图和区域社会发展的经济与文化需要，并最终通过"苗变汉"和"汉变苗"两种形态的族际交流变迁而体现出来。总的来说，"苗""汉"族际交流、互补与融合，在城乡发展、社会进步等层面整合各具民族特色的文化生态的同时，也在很大程度上打破了"汉""苗"间的民族界限和湘黔鄂渝桂省际毗连区与内地间在地理、人文上的封闭状态，加强了与内地的联系，有力地促进了清代以来本区域城镇与乡村的内地化发展。

三 从边城到内地：城市与内地社会交流的加深

湘黔鄂渝桂省际毗连区在历史上曾长期属于国家羁縻治理的民族区域，号为"从古化外之域"，② 其对于大一统的中原王朝来说在区域政治上处于一种高度"自治"的状态。为有效管理这一民族地区，自汉代拉开中央王朝对大西南内地化经略的序幕始，历代王朝不断通过政治、军事、经济等手段，在保持各少数民族内政与经济结构不变的情况下对湘黔鄂渝桂省际毗连区进行了"纳贡的征收"。③ 直至元代在西南实施"比于内地"的赋役制度和土司制度，并设置"边州""边郡"，才有限度地强化了国家对本区域的经营和控制力度。后经过明、清两代的努力，"边州""边郡"逐渐演化成为与内地行省所辖一致的同级政区，扩大了湘黔鄂渝桂

---

① （清）刘岱修，艾茂、谢庭薰纂：《独山州志》卷3，"地理志·风俗"，乾隆三十四年刻本。
② （清）爱必达：《黔南识略》卷9，"都江通判"，乾隆十四年修刊本。
③ 尤中：《中国西南民族史》，云南人民出版社1985年版，第143—144页。

省际毗连区城市与内地的交流，推动了当地城市政治、经济、文化等全方位的由"边"到"内"的历史进程。①

（一）与内地交通的一体化

随着国家将湘黔鄂渝桂省际毗连区纳入到国家发展的整体的框架之中，为便于地方社会的治理，自元明时期大规模修建与内地联系的交通驿道始，经清代治理和民国时期"边地建设"的努力，湘黔鄂渝桂省际毗连区城市与内地间的水、陆交通都得到了很大的改善，形成了本区域城市联系较为紧密的交通网络，并成为了国家城市交通网络的一个有机组成部分。

湘黔鄂渝桂省际毗连区因高山耸峙、河流湍急自古便是交通闭塞之区。②自元代由国家大规模开辟驿道始到清代，中央力量渐次抵达并完全控制了西南地区，驿路也缓慢延伸到了这个封闭的世界。例如，雍正时期鄂尔泰在经略西南时，便奏请"开路改驿"，并筑成了湘黔、滇黔两条驿道，是为由北京经豫、鄂，湘西常德、沅州，西去镇远、贵阳，直抵云南曲靖、昆明的官马南路的一部分。③经过清代建设，湘黔鄂渝桂省际毗连区建成了川黔、黔桂、湘黔和滇黔四大驿路干线。④同时，各府州县厅亦兴修了众多的支线驿道以通连四大干线。例如，湘西建有沅陵通王村、永顺、龙山，至鄂西南来凤；王村至保靖、花垣至秀山；辰溪到麻阳、凤凰，抵贵州铜仁；湘潭经宝庆、武冈、绥宁至靖州、黔南锦屏；绥宁经通道至广西三江等驿道（见图5.3）。到清代中期，湘黔鄂渝桂省际毗连区初步建成了以各城市为节点的驿路网络，并成为以北京为中心的全国驿道交通网的一个有机部分，起着沟通湖广与云南地区的作用。

清代中央和地方政府在开辟驿路交通时，还在湘黔鄂渝桂省际毗连区利于舟楫的河段发展了水运交通。雍正八年，鄂尔泰主持开凿清水江，使

---

① 方国瑜、缪鸾和：《云南郡县制度两千年》，载《方国瑜文集》（第一辑），云南教育出版社2001年版，第31—42页。
② 何福伟：《清代贵州商品经济史研究》，中国经济出版社2007年版，第20页。
③ 陈鸿彝：《中华交通史话》，中华书局1992年版，第250页。
④ 贵州省档案馆、贵州社会科学编辑部、贵州历史文献研究会、贵州省人口学会：《贵州近代经济史资料选辑》第二卷（上），四川社会科学院出版社1987年版，第825页。

相距1000余里的湘西黔阳与黔南都匀间的水路得以全线贯通；疏通镇阳江，使黔东南玉屏等县城的航运与湘西水道融为一体，并成为长江水运网的一个组成部分。① 水路的开通，进一步便利了湘黔鄂渝桂省际毗连区城镇与外界的联系。天柱县，"鸬鹚、小江、江东三渡通楚省靖州、会同"。黄平州，"顺治十六年，疏滩凿石以通楚运。舣舟衔尾而上，集于城下"。② 甚至有的城镇对外交通可循沅江干支流直达其下游的常德、长江中游的岳阳、汉口等大中城市。例如，龙山县里耶镇，逆水西上可至四川酉阳、秀山，沿酉水而下，经保靖、永顺、古丈、沅陵，入沅江，直通常德、汉口等。③

民国时期，随着现代交通事业的发展，湘黔鄂渝桂省际毗连区的陆路交通也得到了进一步的改善，其主要表现为省际公路的修筑。在民国前期本地区少有近代公路。随着时代进步，湘黔鄂渝桂省际毗连区各县首先在城市和规模较大的市镇修建了马路。20世纪20—40年代，本区省际公路建设因国防战备、社会经济发展的需要得到了较快的发展，尤其是抗战时期。为建设大后方交通，支撑全民抗战，在国民政府交通部的统筹下，经过各省"分别兴筑"，到20世纪40年代中期，建成了以贵阳为中心的西南公路干线网。其范围为："东起长沙，西迄昆明，南抵柳州，北达重庆，更以川湘路川段路线为其辅助线，总长三千四百余里，跨湘、桂、川、滇、黔五省。"④ 沅陵、辰溪、镇远、铜仁、龙里、贵定、酉阳、秀山等主要城镇亦大多处于川黔公路、湘黔公路、黔桂公路和川湘公路等干线及其支线节点上。⑤ 此外，途经湘黔鄂渝桂省际毗连区的黔桂、湘黔等铁路亦在规划或兴建之中。⑥ 本毗连区的城市航空事业在此期也有一定的发展。⑦

---

① 任红、陈陆、张春平：《图说水利名人》，中国水利水电出版社2015年版，第261、262页。
② （清）爱必达：《黔南识略》卷15，"天柱县""黄平州"，乾隆十四年修刊本。
③ 中国人民政治协商会议龙山县委员会文史资料研究委员会：《龙山文史资料》1986年第2辑，第155页。
④ 交通部公路总局西南公路工务局：《西南公路史料》，交通部公路总局西南公路工务局1944年编印，第2页。
⑤ 张肖梅：《贵州经济》，中国国民经济研究所1939年编印，第E81页。
⑥ 朱子爽：《国民党交通政策》，国民图书出版社1943年版，第101页。
⑦ 张肖梅：《贵州经济》，中国国民经济研究所1939年编印，第E81页。

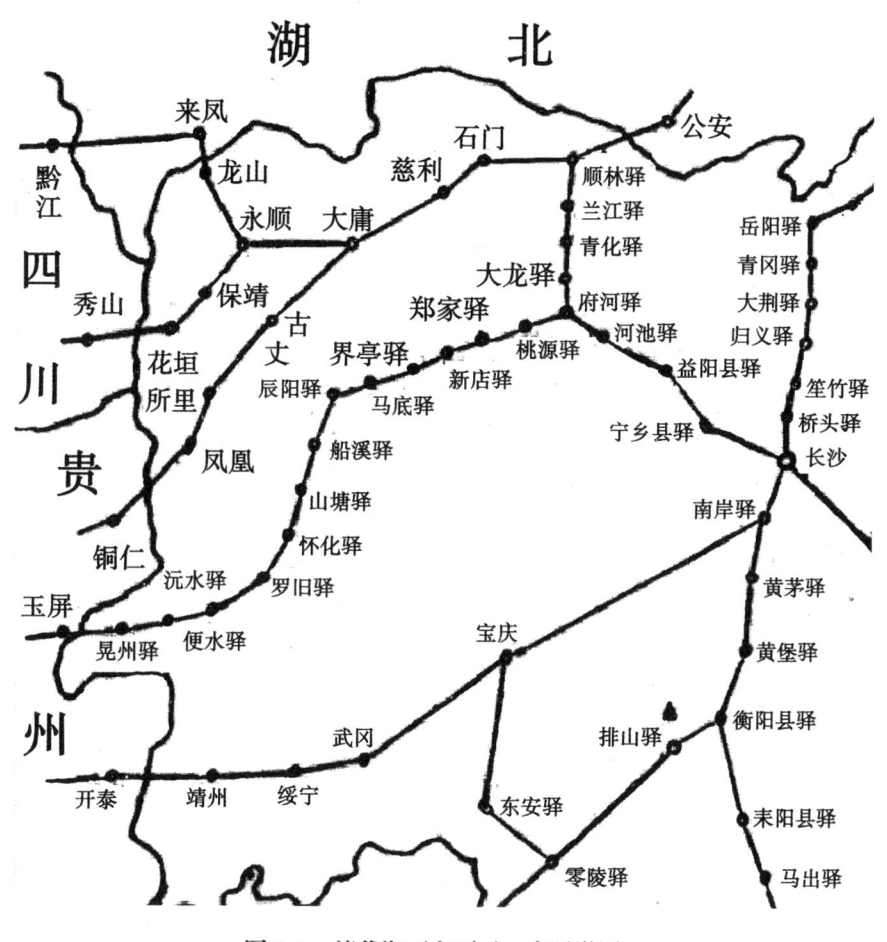

图 5.3　清代湘西主要干、支驿道图

资料来源：湖南省地方志编纂委员会：《湖南省志·邮电志》，湖南出版社 1995 年版，第 20 页。

但水运除少部分河段发展了近代轮运外，① 大多数通航河段依然主要依靠帆船，进步不很明显。②

---

① 曾继梧等：《湖南各县调查笔记》（上），1931 年铅印本，第 4 页。
② 夏鹤鸣、廖国平：《贵州航运史（古、近代部分）》，人民交通出版社 1993 年版，第 159—162 页。

清代民国时期，陆路和水运交通的开辟与发展，不仅使湘黔鄂渝桂省际毗连区城市与全国的联系更为紧密，而且还极大地便利了本区域各城镇间及与外界的交通。例如镇远府："城东门阀接大桥；桥东基压壁，缘崖南，逆溪而东出，为趋湖南驿路，下则舟之去沅、晃偏桥者，篙缆所必经"，① 与内地交通联为一体。

湘黔鄂渝桂省际毗连区城市与内地交通一体化的发展，对于本区域城乡内地化发展具有极为显著的推动作用。它不仅缩短了湘黔鄂渝桂省际毗连区城乡各族人民与内地的地理、经济、文化距离，而且还拉近了彼此间的情感距离，尤其是在抗战时期本毗连区城乡各民族与国家意识的契合达到了一个前所未有的高度。即湘黔鄂渝桂省际毗连区各民族在近代交通修筑中所展现出的前所未有的"精神联系"和"国民凝聚力"。例如，1942年为抢修黔桂铁路贵州段，沿途大量征调了苗族、布依族最集中的麻江、丹寨、三都、都匀、平塘、荔波、独山等县民工，其中仅在第一期工程中四次征调的平塘、荔波、独山民工"达120000人次之多"，且他们"基本上是义务劳动"。② 这便是湘黔鄂渝桂省际毗连区城市与内地交通一体化的意义所在："实为沟通中央各省与边疆同胞间之精神联系。"③ 各民族此期所表现出来的"国民凝聚力"及其国家精神是"全世界任何民族所不及"，西人亦为之赞叹不已。④ 但我们必须承认，在当时的条件下，湘黔鄂渝桂省际毗连区城乡交通的改善还是很有限的，各类交通设施和交通工具也很简陋，道路和航道也因频发的天灾人祸而时常中断，"交通很不方便"。⑤ 这在一定程度上制约了本区域城市与内地交通一体化的发展。这也是后世促进湘黔鄂渝桂省际毗连区城市发展及其与内地城市一体化发展所急需解决的主要问题之一。

---

① 贵州省文史研究馆古籍整理委员会：《贵州通志·舆地志·风土志》，贵州大学出版社2010年版，第259页。

② 张庆泗：《忆黔桂铁路黔段修筑征工》，载中国人民政治协商会议西南地区文史资料协作会议编《抗战时期西南的交通》，云南人民出版社1992年版，第396—397页。

③ 《京滇周游记》（一），《大公报》1937年4月13日。

④ 浦光宗：《滇缅公路》，载中国人民政治协商会议西南地区文史资料协作会议编《抗战时期西南的交通》，云南人民出版社1992年版，第114页。

⑤ 中国少数民族社会历史调查资料丛刊·云南省编辑组：《四川广西云南彝族社会历史调查》，云南人民出版社1987年版，第260页。

（二）与内地经济联系日趋紧密

自清代湘黔鄂渝桂省际毗连区被完全纳入到中央直接管理以来，国家通过设府置县建厅、驻军、开辟水陆交通，加大了治理力度，促进了本区行政、交通与内地一体化的进一步发展。这同时也为湘黔鄂渝桂省际毗连区城乡经济发展与内地的联系日趋紧密提供了必要的政治、交通条件。随着清初以来西南地区的开发和区域社会经济的发展，湘黔鄂渝桂省际毗连区城市与内地在经济层面的联系也日益密切、广泛。例如，永绥，"鱼盐布匹一切食用之物，皆取给于内地"。① 芷江"上下舟楫少停蚁泊，凡油、豆、米、谷、煤、铁之属，皆集于此路，为滇黔所必经，行客信宿"。② 洪江，"水程巨镇也。其繁嚣与浦市埒。上通黔蜀，下接吴楚。估客帆樯往来如织"。③ 贵州镇远因"水路上阻，诸葛洞之塞，止可到此。故舟车辐凑，货物聚集"，④ 为湘黔货物中转中心。松桃，"商贾来松厅者，蜀之盐楚之布，其大较也"。⑤ 三合县城，"位于黔桂之交，水陆互市。在昔南越以财物役属；蜀贾以蒟酱窃市，皆会集而交易于此"。⑥ 经雍正时期"凿江开道，从古化外之域，今为水陆之通庄"。⑦ 城市经济日益繁盛，"四时风帆上下，商贾往来，为黔南商埠之重心焉"。⑧ 黎平府"苗妇勤于纺织"，致使近府邻省贸易者纷沓而来，为清代黔东南省际贸易重镇。⑨

在湘黔鄂渝桂省际毗连区城市与内地商贸物流交流不断加深的进程中，本区特有的诸如桐油、木材、山货等农林特产扮演着极为重要的沟联内外经济联系的角色。例如桐油，作为晚清、民国时期湘黔鄂渝桂省际毗连区重要的出口商品之一，其在1937年以前一般外销至汉口、上海后，再转销至海外市场。松桃，"地产桐茶二树，除给用外以其余运出辰常，

---

① （清）周玉衡修，杨瑞珍纂：《永绥直隶厅志》卷1，"地理门"，同治七年刻本。
② （清）盛庆绂、吴秉慈修，盛一林纂：《芷江县志》卷5，"市集"，同治九年刻本。
③ （清）刘书年：《刘贵阳遗稿》卷3，《黔行日记》，紫江朱氏据原稿印行，第36页。
④ （清）陈鼎：《黔游记》，载中国西南文献丛书编委会编《西南稀见丛书文献》（5），兰州大学出版社2004年版，第199页。
⑤ （清）徐铉修，萧琯纂：《松桃厅志》卷6，"风俗"，道光十六年刻本。
⑥ 胡鬻修撰：《三合县志略》卷9，"营建略"，1940年铅印本。
⑦ （清）爱必达：《黔南识略》卷9，"都江通判"，乾隆十四年修刊本。
⑧ 胡鬻修撰：《三合县志略》卷5，"水道"，1940年铅印本。
⑨ （清）罗绕典：《黔南职方纪略》卷6，"黎平府"，成文出版社1974年据道光二十七年刻本影印，第157页。

而桐油为甚"。① 本毗连区油市执牛耳者为湘西洪江，则是湘西和黔东桐油转运汉口、上海的中转贸易中心（见图5.4）。1937年以后，因处于长江航路和珠江航路上的上海、汉口、广州等中心城市的沦陷，使湘黔鄂渝桂省际毗连区所产桐油被迫转经贵阳、昆明等地，运销欧美市场。又如，黔东、黔南所产山货"五棓子销德国；猪毛、牛羊杂皮，平时销上海、汉口为大宗，现时销两广、云南为大宗，香港、欧美次之；药材均为生货，销四川加工制炒后，销往国内各埠"。② 可见，桐油、农林特产的长途贸易架起了一座沟通湘黔鄂渝桂省际毗连区城市与中国其他区域城市经济联系的桥梁。两者之间的经济关系随着这些经贸往来的深入而更加密切。其城市因之成为了长江流域、珠江流域和国内城市市场体系中不可或缺的一分子。

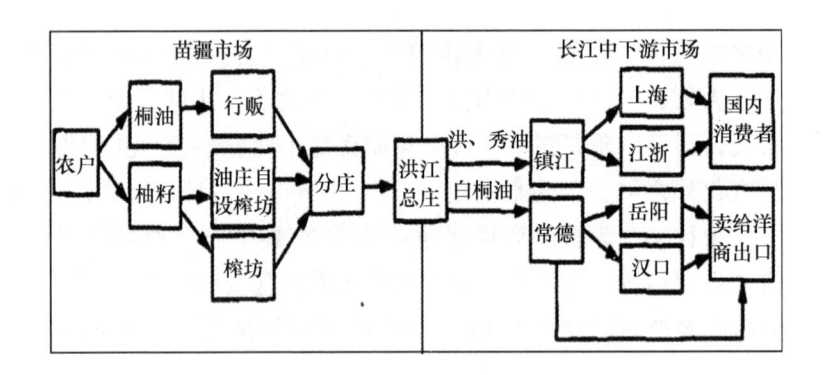

图5.4 近代洪江桐油贸易市场结构图

资料来源：尹红群：《湖南传统商路》，湖南师范大学出版社2010年版，第238页。

近代以来，随着湘黔鄂渝桂省际毗连区与内地经济联系纽带的不断加强，兴起于沿海、沿江开埠口岸城市的近代工业文明也在各城市落地生根、开花发芽，并建立起了一定数量的近代工矿企业。抗战时期，又有相当部分的中东部近代工矿企业西迁到了湘黔鄂渝桂省际毗连区城市。它们带来了内地近代工业文明先进的管理和生产技术以及大量具有较高素质的产业工人和管理者，极大地促进了本区域近代工业的发展，有力地推动了

---

① （清）徐铉修，萧琯纂：《松桃厅志》卷6，"风俗"，道光十六年刻本。
② 国民经济研究所：《贵州之山货业》，国民经济研究所1939年印行，第8页。

当地城市与西南边疆工业经济、金融等行业的共生性融合,①使湘黔鄂渝桂省际毗连区城市的社会生产水平有了一个质的飞跃,缩小了与其他区域经济发展的差距,近代工业的内地化特征日益显见,加快了本区域城市与国内经济一体化的运行。这在很大程度上改变了以往毗连区各城市社会经济发展的封闭与离散的状态。②与此同时,随着湘黔鄂渝桂省际毗连区城市近代工业的发展,其生产、销售等环节与国家市场的结合亦更加紧密,成为大西南区域市场乃至全国市场的一个重要的商品生产与销售的地方市场。

湘黔鄂渝桂省际毗连区城市与内地经济联系的密切关系还可以从一种经济文化现象加以解读,即一些城镇因经济相对发达而被时人冠之以"小南京""小汉口""小上海"的称谓。湘西大庸,"澧水流域的城市,除津、澧外,没有赶得上大庸的。她几乎是上游货物集散地,输出品多半是油类果品(桐油、菜油、茶油、梓油、柚子、柑橘),输入的则不外是棉花及工业制造物",人称"小南京"。③泸溪县浦市,地处沅江中游水陆要津,在清代和民国时期经济繁盛时,"五里长街,万家灯火,商贾往来,舟楫蚁拥",系湘西名镇,有"小南京"之雅称。④新晃县龙溪古镇,居黔楚走廊要冲,往来商旅不绝,与沅陵、洪江并称沅水上游三大商埠,素有"小汉口"的美誉。⑤鄂西南宣恩县沙道沟镇在抗战时期商号林立、市场繁荣,时人誉之为"小上海"。⑥此外,镇远、黔阳、辰溪、麻江下司、台江三门塘以及龙山里耶、隆头镇等城镇亦因与内地交流频繁、商贸繁盛而获得了象征繁华和富裕的"小上海""小汉口"和"小南京"的名号。⑦透过"小南京""小汉口""小上海"等称呼的表象,其实质是湘黔鄂渝桂省际毗连区城镇与内地在经济联系上存在着极为密切的关系。这不仅是

---

① 陈征平:《近代西南边疆民族地区内地化进程研究》,人民出版社2016年版,第176—217页。
② 陈征平:《经济一体化、民族主义与抗战时期西南近代工业的内敛化》,《思想战线》2011年第4期。
③ 不污:《大庸素描》,《兑泽校刊》1941年第1期。
④ 姚本奎:《沅水盘瓠文化游览》,中国文史出版社2002年版,第107页。
⑤ 万里:《湖湘文化辞典》(8),湖南人民出版社2011年版,第578页。
⑥ 中国人民政治协商会议湖北省宣恩县委员会文史资料委员会:《宣恩文史资料》(民族经济专辑)1988年第3辑,第82—84页。
⑦ 李生江:《辰河汤汤》,中国文史出版社2014年版,第8页。

一个客观的历史写照,而且还体现出了湘黔鄂渝桂省际毗连区经济发展的"内地化"趋向。

(三) 城市文化发展的内地化

湘黔鄂渝桂省际毗连区在明清以前长期处于国家边地,被中原王朝视为"未开化"的"蛮荒之地"。又因地理环境和国家政治力量不逮的制约,国家和地方长期奉行"汉不入山,蛮不出峒"的民族隔绝禁令,[①] 使中原文化与湘黔鄂渝桂省际毗连区民族文化畛域现象十分突出。自清初国家统一以来,国家为"树统一之基",极力将中原文明移植于这一所谓的"蛮夷之区"。[②] 其具体措施便是大力倡导、施行儒家的"教化"之法,即"以王权(或中央)为中心的政治系统,通过宣讲、表彰、学校教育以及各种祭祀仪式等方式,将王权主义的价值体系灌入人们的意识之中"。[③] 为此,清代各级政府在湘黔鄂渝桂省际毗连区城市大力举办儒学、书院和义学等国家"教化"机构,并派遣了人数众多的饱学儒家经典的教谕、训导等文教官员以及邀请内地饱学之士,通过宣扬圣谕和儒家思想与中原文化、教导各族子弟,有力地促进了本区域城市与内地的文化交流及其内地化发展。例如,雍正八年,贵州八寨厅建义学,延请贵阳府廪贡刘朝弼任教,培养出了张德音、莫嘉泽、莫让三等"学问精纯"者。[④] 鉴于"书籍罕至"的境况,贵州学政洪亮吉(江苏阳湖人)从江浙等地为黔东、黔南各府书院购置了《十三经》《资治通鉴》《通典》《二十二史》《文献通考》《文苑英华》《昭明文选》《玉海》等大批书籍。贵州巡抚贺长龄(湖南善化人)则刊刻了《钦定春秋左传读本》《诗书精义会钞》(陆锡璞)、《礼记精义钞略》《左传义法举要》(方望溪)、《课士直解》(陈文恭)、《日知录》(顾炎武)、《浙嗳存愚》(李立侯)、《劝学纂言》(贺长龄)等书籍,并颁行于贵州各府州县厅。[⑤] 这都极大地促进了湘黔鄂渝桂省际毗连区儒学在城市与乡村的传播和文化教育内地化的发展。

儒学的传播与教化,使清代湘黔鄂渝桂省际毗连区城市通过国家向边

[①] (清)松林修,何远鉴纂:《施南府志》卷29,"艺文志",同治十年刻本。
[②] 吕思勉:《中国制度史》,上海教育出版社2002年版,第332页。
[③] 刘泽华:《中国的王权主义》,上海人民出版社2000年版,第159页。
[④] 刘显世、谷正伦修,任可澄、杨恩元纂:《贵州通志》,"人物志五",贵阳文通书局1948年铅印本。
[⑤] 黄万机:《客籍文人与贵州文化》,贵州人民出版社1992年版,第31—34页。

疆少数民族地区延伸的一个重要而有效的"手段"而获得了"一个文明化进程",① 到达了"不劳一人蛮自通",民族畛域胥化而使"苗人""慕华风"的效果,② 极大地改变了清代以来湘黔鄂渝桂省际毗连区城乡的文化面貌。关于本毗连区人文"向化""教化""圣化"的记载,在地方官员的奏折中亦屡见不鲜。例如,乾隆云贵总督张允随奏称:"贵州一省,……近年以来,涵濡圣化,颇觉恭顺。"③ 岳钟琪亦在条陈中说:"苗民既知向化,即与齐民无异,令该管流官一体编入保甲。"④ 鄂尔泰在上奏"招抚生苗向化请归附版图事"时,说:"今赖圣主声教所播,讫于遐荒,即此化外野彝,莫不喁喁内向,所称唯德动无,无远弗届。"⑤ 地方志相关记述也比比皆是。荔波,"侗人遂知向化",⑥ "今且渐驯"。⑦ 施南府,"圣圣相承重熙累洽无微不彻,而苗顽之负固者,皆回心向化。"⑧

经过与内地的文化交流,使清代号为文化"遐荒"之地⑨的湘黔鄂渝桂省际毗连区城市迅速内地"儒学"化,并融入到了国家文化发展的统一进程之中。

民国时期,随着新式教育在湘黔鄂渝桂省际毗连区城市的渐次普及与发展,其文化亦不断进步,但与内地仍存在着很大的差距。为弥补这一差距,各级政府"已注意苗民文化事业",⑩并作了巨大的努力。例如,1935年贵州省专门拟批了"抚绥苗夷议案",提出了"推广教育"的方策。

---

① [美]约翰·E.赫尔曼(John E. Herman):《帝国势力深入西南:清初对土司制度的改革》,于晓燕译,陆韧《现代西方学术视野中的中国西南边疆史》,云南大学出版社2007年版,第178—216页。
② 方国瑜:《云南史料丛刊》第二卷,云南大学出版社1998年版,第216页。
③ 方国瑜:《云南史料丛刊》第八卷,云南大学出版社2001年版,第717页。
④ 《清世宗实录》卷66,《清实录》(7),中华书局1985年版,第1004页。
⑤ 中国第一历史档案馆:《雍正朝汉文朱批奏折汇编》第10册,江苏古籍出版社1989年版,第80页。
⑥ (清)金鉷等监修:(雍正)《广西通志》卷93,"庆远府·荔波县",文渊阁四库全书影印本。
⑦ (清)金鉷等监修:(雍正)《广西通志》卷32,"风俗·庆远府·荔波县",文渊阁四库全书影印本。
⑧ (清)松林修,何远鉴纂:《施南府志》,王如珽"施南府志序",同治十年刻本。
⑨ 王艳:《请设学校疏》,转引自吴荣臻、吴曙光编《苗族通史》(二),民族出版社2007年版,第462页。
⑩ 《永绥县解除屯租诉愿团宣言》,石启贵:《湘西苗族实地调查报告》,湖南人民出版社1986年版,第66页。

"拟先由苗民教育，师资训练入手。各县只需择其苗民之在高小毕业，或有相当资格，能说苗语者，不分性别，招足一班，或四十人，或六十人，设所训练。毕业以后，择其相当地址，分设义务学校若干处，或加强迫使其尽受教育，明其礼仪，改其服装，渐同汉化。"① 国家还在文化层面实施民族平等政策，尤其是将过去歧称湘黔鄂渝桂省际毗连区民族以虫、兽、鸟偏旁者一律改为"亻"旁，或改用同音假借字。② 这在国家民族平等观念的层面上初步消除了国家与社会的文化歧见，使其在文化上获得了平等地位，便利了湘黔鄂渝桂省际毗连区文化与内地的交流。同时，国家还设立了西南文化促进会，派员赴往湘黔鄂渝桂省际毗连区，"宣传中央德意，唤醒各族同胞，进而促进其文化，改善其生活，俾与国内各民族同趋文明进化"，成绩广获社会"同情赞许"。③ 在此背景下，贵州下江等城市甚至还开展了"汉话运动"。下江县"苗夷同处，方言庞杂，既妨碍民族之团结，复碍县政之推进，该县长现拟积极统一国语，使之同化。自属融合民族意识，增进行政效率之要图"。④ 此外，政府和学术界还广泛开展了民族文化调查活动，这既加深了国家和社会对湘黔鄂渝桂省际毗连区文化内地化发展状况的了解，又为本区域文化发展与内地的交流提供了一个外望的窗口。

虽然国民政府在湘黔鄂渝桂省际毗连区城市推行文化内地化措施困难重重，发展亦较缓慢，但仍取得了一定的成效。正如时人所评介的那样：国家"竭力扩充边教，依据其习惯、语言、信仰另编科书，又征求苗夷文字合以国音字母，饬各边地学校注意传讲引导，现均有逐渐改良之概"。⑤ 这都充分说明了湘黔鄂渝桂省际毗连区文化内地化的发展在此期还是有了

---

① 《抚绥苗夷议案》，贵州省档案馆：《民国贵州省民政厅档案卷宗》，卷宗号：M8—1—602[1]、[2]卷。
② 《商讨修正西南少数民族虫、兽偏旁命名谈话记录》，贵州省档案馆：《民国贵州省民政厅档案卷宗》，卷宗号：M8—1—6038[4]卷。
③ 《西南夷族文化促进会南京总会函》，四川省档案馆：《民国四川省民政厅档案卷宗》，卷宗号：54—1349[6]卷。
④ 《下江县汉话运动实施计划》，贵州省档案馆：《民国贵州省民政厅档案卷宗》，卷宗号：M8—1—6024[5]卷。
⑤ 《1938年潞西设治局西南边区民族调查表》，云南省档案馆：《民国云南省民政厅档案卷宗》，卷宗号：11—8—10卷。

第五章　清代以来湘黔鄂渝桂省际毗连区城市的社会发展与变迁

较大的进展。

经过传统的儒家教化和新式教育的推广，湘黔鄂渝桂省际毗连区城镇人文面貌发生了巨大的变化，"宛如中州"①"渐拟中州"②"渐比中州""渐被华风"③"不减内地"④的民族人文畛域胥化与文化内地化趋向自清代以来渐成了一种历史的必然趋势，并最终达成了"其所在方所虽异而制度则同"的内地化效果。⑤

综上所述，自清初以降，国家在将湘黔鄂渝桂省际毗连区全面纳入到直接管理的政治秩序的过程中，通过设治、驻军、兴学，建立起了完备的地方军政管理和教化系统，进而逐渐推进并完成了城市在地方政治、交通、经济、文化等层面上的国家一体化进程。在这个进程中，大批汉族移民从中东部地区迁入湘黔鄂渝桂省际毗连区各大小城镇和广大乡村，与其他民族"杂错一处"，经过数百年的族际交流，"汉苗畛域"渐泯，汉化亦成为湘黔鄂渝桂省际毗连区城乡民族发展的主要趋势，尤其是城镇。这种城市社会意象的内地化，其实质虽然是"处于从属""弱势"的湘黔鄂渝桂省际毗连区少数民族为中原汉族"强势民族群体"所不断吸纳与同化的过程，⑥但其结果却是为我国民族地区社会进步提供了一个民族平等和谐共处、共同发展的样本，值得其他民族地区借鉴。

四　因时而化：城市的社会变迁

自清代以来，大量汉族移民迁居于此。他们的到来一方面为湘黔鄂渝桂省际毗连区城市的发展聚合、补充了关键的人的要素，并转化成为一股重要的内在推动力；另一方面却又使本区域城市社会群体日益复杂，逐渐形成了"五方杂处"或"汉苗错处"的社会人文景观。湘黔鄂渝桂省际毗

---

① （清）刘岱修，艾茂、谢庭薰纂：《独山州志》卷3，"地理志"，乾隆三十四年刻本。
② （明）许一德等：（万历）《贵州通志》卷17，"石阡府"，书目文献出版社1990年影印本。
③ （明）许一德等：（万历）《贵州通志》卷17，"铜仁府"，书目文献出版社1990年影印本。
④ （清）林博：《古州杂记》，载劳亦安辑《古今游记丛钞》卷40，"贵州省"，上海中华书局1936年再版，第24页。
⑤ （明）赵廷瑞修，马理纂：《陕西通志》卷37，"土地五·建置沿革"，嘉靖二十一年刻本，《西北稀见方志》。
⑥ 陈庆德：《经济人类学》，人民出版社2001年版，第445页。

连区城市社会遂随此变化而发生了巨大的改变。

(一) 居民衣食住行等日常社会生活的变迁

日常生活是一种"百姓日用而不自知"的社会行为,涵盖了人们习以为常的人类最基本的物质生活方式——衣、食、住、行等各个层面。它又因社会群体的不同、文化的差异而各具特色,为世人呈现出直观而富有地域性和民族性的特征。

1. 服饰。服饰既是一种彰显个人身份和社会地位的象征,又是一个族群区别于其他族群所特有的一种外在文化符号。在历史演变过程中,各民族服饰的发展演变与其生活区域的纺织原料、气候环境、生活习惯、审美观念等都有着极为密切的关系。它使各民族的服饰蕴涵了包括制作原料、纺织工艺、印染工艺、方法、图案纹样、色彩表现、饰品工艺等文化因素,使之在外观和审美上直接体现出了民族特质。因此,民族服饰因特质的巨大差异而缤彩纷呈。

湘黔鄂渝桂省际毗连区民族众多,除汉族外,还有苗、布依、侗、土家等数十个少数民族。他们的服饰虽经过清代以来汉化的影响,但其传统特征仍旧显著,且彼此间的差别也很大。例如苗族,"男子之服装,殆皆为中国化,但尚有固有之风可见。衣服为单幅之长衣,右衽,袖长覆手端,工作时常将袖折起。裾长殆达足上。衣服之原料有麻布,有棉布。其色或为白色,或染成灰、绀等色。带则用扁平之棉带,常在后方作结,而长垂其两端。其用围裙与日本同。腰间着短裤,足上裹脚带。所谓'红苗''青苗'者,实汉族依其衣服之颜色所予与之名称也。……女子之衣服,各苗均尚存古风"。① 土家族人喜欢穿青蓝色衣服,衣料多为自织、自染的土布——"家机布"。土家男女一年四季头上都缠戴着黑色或白色的头帕,俗称"蛮头帕子"。② 布依族则"椎髻长簪,银环贯耳,项挂银圈,以多为荣,短衣长裙,色帷青蓝,红绿花饰为缘饰。裙以清布十余幅为细褶,镶边,委地数寸,腰以宽长带数围结于后,带垂若翅"。③ 侗族,"女

---

① [日] 鸟居龙藏:《苗族调查报告》,"国立"编译馆译,上海商务印书馆1936年版,第255—256页。
② 肖放:《荆山楚水的民俗与旅游》(湖北卷),旅游教育出版社1995年版,第165页。
③ (清) 李其昌修纂:《南笼府志》卷2,"地理志·苗类",乾隆二十九年刻本。

人鬟发散绾，插木梳于额上。……长裙短裤，或有裙无裤"；① "富者以金银作连环耳坠，织锦为衣，系双带结于胸前，刺绣一方以银钱饰之，长裤短裙，数日必淅水沃发"；② 男子"衣与汉人同"。③ 本区域的其他民族服饰亦有其典型的民族风格。

不仅各民族间的服饰差异大，而且同一民族内不同的群体因其居住生活环境差异，他们的服饰亦有较大的区别。例如苗族女子服装，白苗"女子之衣服与黑苗虽无差异，但大部为白色之麻布或棉布所制成，右衽，缠有褶襞之短裙；工作时则用围裙"（见图5.5）。青苗女子"着青色之半体衣，一如其所名所示，腰间缠多褶襞之短裙，上挂围布数枚"（见图5.6）。黑苗"女子之衣服色黑，为筒袖之半体衣，右衽，下亦缠一黑色而有褶襞之短裙"（见图5.7）。花苗女子"着筒袖之半体衣，而缠短裙；但贵州郎岱及安顺附近者则稍有所异。住郎岱附近者之衣服系以麻布制成之筒袖半体衣，其上着短衣，皆右衽。裙长则殆达足部，而挂围布。住于安

图5.5　白苗服饰
资料来源：均采自陈浩编纂《蛮苗图说》，插图，日本早稻田大学图书馆藏。

图5.6　青苗服饰
资料来源：均采自陈浩编纂《蛮苗图说》，插图，日本早稻田大学图书馆藏。

---

① （清）李宗昉：《黔记》卷3，道光十四年刻本。
② （清）爱必达：《黔南识略》卷21，"黎平府"，乾隆十四年修刊本。
③ （清）俞渭修，陈瑜纂：《黎平府志》卷2，"地理志第二（下）·苗蛮"光绪十八年刻本。

图5.7 黑苗服饰
资料来源：均采自陈浩编纂《蛮苗图说》，插图，日本早稻田大学图书馆藏。

图5.8 花苗服饰
资料来源：均采自陈浩编纂《蛮苗图说》，插图，日本早稻田大学图书馆藏。

顺者，与其他稍异其风。衣服为绀色棉布筒袖之长衣，达于足部，而右衽。或亦有长衣，表面再着白色麻布之半体衣，而各挂白色麻制之围布。无论举行仪式时或平时，其衣服皆为长袖半体衣与长裙，而绣以美丽之花纹。以其着如是之衣服，固有'花苗'之称"（图5.8）。打铁苗"女子之衣服为绀色半体衣，右衽，下部着褶襞最多之短裙，上部系围布，胸与背部各挂一美丽有花之四角形小布"。① 此外，湘黔鄂渝桂省际毗连区布依等其他民族女子服饰亦因居住地不同而有明显的内部差异。②

服饰作为一种民族文化现象，它总是随着纺织工艺的技术进步、文化的发展与时代审美观念的演变而变迁。清代以来，随着汉族移民的到来和汉服饰文化的进入以及近代新式服饰的引进与传播，湘黔鄂渝桂省际毗连区各民族服饰亦因时代变迁逐渐"汉化"或趋"近代化"。这种变化首先发生在经济、文化交流频繁的城市。这种"汉化"现象在清代即已十分普遍。近代以来，随着服饰的近代改良和趋新的影响，湘黔鄂渝桂省际毗连

---

① ［日］鸟居龙藏：《苗族调查报告》，"国立"编译馆译，上海商务印书馆1936年版，第255—256页。关于苗族服饰内部差异性，参见伍新福《苗族史研究》，中国文史出版社2006年版，第277—294页。

② 贵州地方志编纂委员会：《贵州省志·民族志》（上），贵州民族出版社2001年版，第209页。

区城镇居民服饰的近代化趋向亦较明显。"近于苗汉人杂居处亦有喜戴帽子者",但"身着衣服,概系短装,对襟少而满襟多。每件衣服照例扣五颗为普通。衣袖长而袖口小,亦有袖口放大的。下摆喜宽,过腰喜大",大体仍沿袭着传统。而城镇"一班青年好奇者,在胸前、袖口衣领处滚边绣花,色彩鲜丽。民国以来,较为进化,对此滚边绣花衣服,似少见之。裤子短大,疏松异常。近有剪发,习汉装,穿长衫套马褂者。但为数较少,不上百分之一"。① 城镇接受新式教育的少数民族青年人的服饰"改穿上装,中式长衫"的"国服化"现象日益突出。② 例如,民国时期石阡县城部分侗族中青年受革新思想的影响"渐改穿中山装"。③ 甚至有城镇苗族女性在其所缝制服饰上绣上了"共和"二字。④ 又如城居瑶族,"男子虽衣服破烂,却与汉族穷人相仿佛……帽顶有圆孔,名曰'缩包巾',与道士之帽颇相类似。喜踏草鞋,其着布鞋不袜者,系得之于汉人。女子服装,下身着大花裤,胫缠清布,脚穿极细致之草鞋,并套花布于足背,俗名'靴筒子'。上衣长蔽膝,腰缚青带,头上满结发辫,缠以清布,并满头插带尺许之银钩挂。此为近二十年来之进化装饰,从前瑶人,多不着裤,只系裙一条耳"。⑤ 可见,湘黔鄂渝桂省际毗连区城镇居民服饰经清代以来数百年来民族间的服饰文化交流已发生了较大的改变。在这一历史变迁中,各族人民在顺应时代潮流,增加新的服饰文化内容的同时,也在很大程度上保存了他们自己的民族服饰传统,从而在服饰文化层面延续了本区域城镇的民族特性。

2. 饮食。人们的饮食习惯往往与其居住、生活的自然人文环境、物产等因素密切相关。清代改土归流以前,湘黔鄂渝桂省际毗连区农业生产大多处于一种粗放而落后的农业状态。"郡地多山、少田、土寒、水冷,树艺无法,稻谷不蕃。土、苗穷幽跻险,攘剔烧,以艺黍、稷、

---

① 石启贵:《湘西苗族实地调查报告》,湖南人民出版社1986年版,第121—122页。
② 苗族简史编写组:《苗族简史》,贵州民族出版社1985年版,第316页。
③ 石阡县地方志编纂委员会:《石阡县志》,贵州人民出版社1992年版,第131页。
④ 张胜兰:《苗族服饰与苗族自我认同意识——以清朝至民国时期的苗族改装运动为中心》,《民族学刊》2014年第5期。
⑤ 傅角今:《湖南地理志》,武昌亚新地学社1933年版,第26页。

菽、粟。民食所资，杂粮为多。"①《保靖县志》亦云："山多田少，刀耕火种。"② 其饮食也较简单，"食以小米、糁子为主"或"日食杂粮……稻谷甚少"。③ 改土归流后，随着汉族移民将玉米、红薯等美洲高产农作物引入本地区，并扩大了稻谷的种植，从而改变了湘黔鄂渝桂省际毗连区的农业种植结构。"包谷，土名玉米，杂粮中所产最广。"④ 沅州府"列殖相望，种植玉米"。⑤ 红薯亦有大面积的种植，成为"民赖以佐食"的粮食。⑥

随着粮食作物种植结构的改变，居民的饮食结构亦发生了较大的变化。杂粮、甘薯、芋魁、⑦玉米⑧取代了小米、糁子而成为湘黔鄂渝桂省际毗连区城乡民众日常饮食的主要来源。这种饮食结构一直延续到民国及以后相当长一段时期。据民国时期民族学家石启贵调查，湘黔鄂渝桂省际毗连区各族人民"吃净米饭者十分之三；吃米兼食杂粮者，十分之五；吃杂粮兼食野菜蕨葛者，十分之二"。杂粮"以高粱、小米、包谷为主要，荞麦、薯、豆副之"。⑨

一般而言，湘黔鄂渝桂省际毗连区城镇居民的饮食"多以大米为主食"。⑩ 尤其是在汉化程度较深的地方，"居城市者，贫富皆饭稻。其米精密，极利养生"。⑪ 其饮食习惯与南方稻作区汉人"习俗大略皆同"。⑫ 另据《松桃厅志》记载："城市（饮食）日惟两餐，乡村力作始用午饭。酒以米造，淡酽不同。惟岁时伏腊婚嫁宴会用之，未常日需也。大抵富者不营膏粱，贫者自甘蔬粝、野蕨、园韭、田芋、山薯取供，杯盏不嫌淡素，

---

① （清）张天如修，顾奎光纂：《永顺府志》卷10，"风俗"，乾隆二十八年刻本。
② （清）林继钦等修，袁祖绥纂：《保靖县志》卷3，"食货志"，同治十年刻本。
③ （清）张天如修，顾奎光纂：《永顺府志》卷10，"物产"，乾隆二十八年刻本。
④ 同上。
⑤ （清）瑭珠等修，朱景英等纂：《沅州府志》卷12，"物产"，乾隆二十二年刻本。
⑥ （清）陈玉恒修，庄绳武纂：《巴陵县志》卷12，"风俗"，嘉庆九年刻本。
⑦ （清）符为霖，刘沛纂：《龙山县志》卷11，"风俗·饮食"，同治九年修，光绪四年重刻本。
⑧ （清）周来贺纂修：《桑植县志》卷2，"风土"，同治十一年刻本。
⑨ 石启贵：《湘西苗族实地调查报告》，湖南人民出版社1986年版，第131页。
⑩ 册亨县地方志编纂委员会：《册亨县志》，贵州人民出版社2002年版，第163页。
⑪ （清）符为霖，刘沛纂：《龙山县志》卷11，"风俗·饮食"，同治九年修，光绪四年重刻本。
⑫ （明）谢东山修，张道纂：《贵州通志》卷3，"风俗"，嘉靖三十四年刻本。

割鸡烹鲤即可速食。"① 后随清代中期以后区域经济的进一步开发，人们的饮食来源日益丰富。城市居民饮食不仅仅满足于果腹，开始讲究菜品的色香味。菜品的烹制，苗乡"平日香料，是用桂皮"；湘黔鄂渝桂省际毗连区城镇则盛行"厨师办菜"模式，即"采购胡椒、花椒、丁香、白果、肉桂、酱油、料酒、腐乳、糖醋、味精等项"，以增加菜品的鲜美肥厚。② 至于那些富裕人家的饮食，则有"珍错满前，无椒芥，不下箸者"。③ 但总的来说，湘黔鄂渝桂省际毗连区城乡普通民众的"平日生活，多系素食。因过年节，或待人客宴会时，普通以食鸡、鸭为珍品。……其他鹅、鸽、鱼、虾、鳖、鳝、鸥、鸟之类，间有所食，均不足以为贵也"。④ 同时，饮酒逐渐成为当时社会普遍的一种饮食习惯。这一习惯的形成与美洲高产粮食作物的引进和稻谷的广泛种植是密不可分的。这些粮食作物在增加粮食供应的同时，也成为了湘黔鄂渝桂省际毗连区酿酒的主要原材料。例如，永绥包谷"岁共出万余石，苗乡自食，并缩酒卖甚众"。⑤《桑植县志》亦云："包谷……兼以作酒，能贩给他境。"⑥ 其他城乡居民一般都会自酿"包谷酒""米酒"。到清中后期，饮酒逐渐因社会交往的需要成为了湘黔鄂渝桂省际毗连区城乡各族人民在日常生活中待人接物的一种礼仪和饮食习惯。例如"咂酒"（见图5.9），又"名重阳酒，以九月贮米于瓮而成……以草塞瓶颈，临饮，注水平口，以通节小竹，插草内吸之，视水容若干，征饮量。苗人富者以多酿此为胜，是杂酒之名"。⑦ 可见其饮法颇有情趣和特色，并成为了土家人特有的一种饮食文化。其他各族亦有本民族特色的饮酒仪式。

20世纪中叶以前，湘黔鄂渝桂省际毗连区城市居民的日常饮食变化最著者当属抗战时期。1937—1945年，中东部人口大量迁居大后方的同时，也将中东部城市的饮食风尚带到了湘黔鄂渝桂省际毗连区城镇。例如在芷

---

① （清）徐铉修，萧琯纂：《松桃厅志》卷6，"风俗"，道光十六年刻本。
② 石启贵：《湘西苗族实地调查报告》，湖南人民出版社1986年版，第128页。
③ （清）徐珂：《清稗类钞》第13册，"饮食类"，中华书局1986年版，第6244页。
④ 石启贵：《湘西苗族实地调查报告》，湖南人民出版社1986年版，第128页。
⑤ （清）周玉衡修，杨瑞珍纂：《永绥直隶厅志》卷2，"食货门"，同治七年刻本。
⑥ （清）周来贺纂修：《桑植县志》卷2，"风土"，同治十一年刻本。
⑦ （清）李宗昉：《黔记》卷1，道光十四年刻本。

图 5.9　土家族咂酒

资料来源：http://dxtna.blog.sohu.com/182497114.html。

江，城内大世界酒楼、天津饭店、无锡酒店、长沙酒家、成渝川菜馆、冠生园、清溪面馆分立大街两旁，为人们带来了新的烹饪方法，并融入到了传统的芷江饮食风味，丰富了芷江城市居民的饮食结构和饮食文化。[①] 又如贞丰县城，"尤以广东式的香肠及烧腊卤菜，令人津津乐道"。[②] 这些新的"特殊口味"在迎合来自五湖四海的人们的味蕾的同时，也使湘黔鄂渝桂省际毗连区城镇饮食日益丰富。[③] 这些变化在抗战时期其他城市亦较为普遍。这些变化在传统饮食的基础上，增加了新的饮食内容，丰富了湘黔鄂渝桂省际毗连区城镇的饮食结构。这一暂时性的改变随着抗战胜利后中东部人口回归其故乡，各城镇的饮食在总体上又重归于传统，其独特的饮食习惯一直延续至今。

总而言之，湘黔鄂渝桂省际毗连区城乡饮食习惯因农业种植结构的优化而出现了较大的变化。这些变化经过数百年的沉淀又凝结成为了本区域

---

① 芷江县地方志编纂委员会：《芷江县志》，生活·读书·新知三联书店1993年版，第317页。
② 丁丁：《到边远农村去》，载贵阳市档案馆编《抗战时期黔境印象》，贵州人民出版社2008年版，第389页。
③ 戴明贤：《一个人的安顺》，人民出版社2004年版，第13页。

独特的饮食习俗,并丰富了湘黔鄂渝桂省际毗连区城镇饮食文化的内容。同时,因山川阻隔,各民族因其所居住的自然地理条件和物产的不同,结合其千百年来的生活习惯,其饮食习惯彼此间也存在着很大的差异。① 同时,我们必须看到在20世纪中叶以前,湘黔鄂渝桂省际毗连区虽然物产富饶,但耕地面积少,加之经济欠发达,与周边地区相比,人们的饮食来源还是比较有限的,还不很丰富,大部分城镇人口的日常饮食还是比较单一的,"饮食亦尚节俭",② 即使是"富庶人家……并无骄奢状况"。③

3. 居住。关于湘黔鄂渝桂省际毗连区城市民居的文献描述较多。例如独山州,明代"虽无城,而夹街楼房连属,俱用瓦盖,复无茅栏牛圈之陋也";④ 清时"屋舍比连,绣壤交错,望万家之灯火,数百家之仓籍,富庶之乡,宛如中州"。⑤ 辰州府"治屋宇连甍接栋,覆以板竹"。⑥ 洪江镇"庐烟数千",⑦ "连屋层楼,栉比而居,俨然西南一都会"。⑧ 浦市"列肆喧嚣,为舟航辐辏之所"。⑨ 龙溪口亦是"市廛稠密,为水程巨镇"。⑩ 普通民居因其在城镇中所处地理位置不同而有较大差别。具体而言,湘黔鄂渝桂省际毗连区各城镇临河街居房屋一般建为"一半着陆,一半在水"的吊脚楼(见图5.10)。⑪ 负山街衢建筑则"依山而栖,结屋如巢",⑫ 多为两层或三层的木构楼房(见图5.11)。

湘黔鄂渝桂省际毗连区城镇民居住房结构以"吊脚楼"式居多。本区域森林密布、秀竹遍野,其中不乏高大通直的建筑良材。各族人民便充分

---

① 陈爱平:《湖南风土文化》,湖南教育出版社1998年版,第191—196页。
② 曾继梧等:《湖南各县调查笔记》(下),1931年铅印本,第155页。
③ 刘少埔:《边区社会概述》,《边声月刊》1940年第1卷第6期。
④ (明)徐霞客:《黔游日记》卷12,1924年按庼影山房刊本校印本,第7页。
⑤ (清)刘岱修,艾茂、谢庭薰纂:《独山州志》卷3,"地理志",乾隆三十四年刻本。
⑥ (清)卞宝第、李瀚章等修,曾国荃、郭嵩焘等纂:《湖南通志》卷40,"风俗志",光绪十一年刻本。
⑦ (清)魏德晥纂修,觉罗隆恩续修,汪尚友续纂:《直隶靖州志》卷13,"艺文志",道光十七年刻本。
⑧ 《洪江育婴小识》,转引自周秋光《湖南慈善史》,岳麓书社2010年版,第290页。
⑨ (清)刘书年:《刘贵阳遗稿》卷3,《黔行日记》,紫江朱氏据原稿印行,第34页。
⑩ 同上书,第41页。
⑪ 沈从文:《边城》,译林出版社2017年版,第11页。
⑫ (清)蔡宗建修,龚传坤纂:《镇远府志》卷5,"山川志",贵州省图书馆1965年据乾隆刻本影印。

图 5.10　凤凰沿护城河民居

资料来源：魏挹澧等：《湘西城镇与风土建筑》，天津大学出版社 1995 年版，插图。

图 5.11　贵州省雷山县城苗族居屋与街景

资料来源：麻勇斌：《贵州苗族建筑文化活体解析》，贵州人民出版社 2005 年版，第 22 页。

利用其山林盛产优良的竹木建材营造房屋,根据其建筑技术和建筑审美观念分别修建了各具民族风格的民居建筑物。例如,从普通民居的房屋内部结构来看,苗族传统民居结构较为简单,有全平式和倒凹形两种形态,其建筑有"三柱四瓜、五柱四瓜、五柱六瓜"等样式。① 建筑格局通常为长方形或正方形两种。建筑材料"以木竹为大宗","下层有用石墙或土墙者,上层墙壁,系木板装制或竹杆编成,盖屋通常用瓦,或杉树皮;产竹之地,剖竹代瓦,历久不坏,且甚美观"。② 土家族民居一般采用"吊脚楼"的传统居屋风格。但其房屋功能为调适城市生活而演化成纯居住型和商铺住宅型两种形式。这与乡村有着明显的不同,但在外形和建造法上与乡村则是一致的。③ 侗族、布依族、瑶族等民居亦在建筑外形和内部装饰等细节上存在着较大的民族差别。④

虽然湘黔鄂渝桂省际毗连区城镇民居因民族不同而风格各异,但自清初以来随着汉族人口大量迁居于此,受汉式建筑的影响,不少住城各少数民族民居风格也出现汉族民居建筑的文化元素,例如苗族民居的"美人靠"。它从造型到安放位置的选取,都和汉式徽派民居的方式相一致。⑤

当然,汉族风格或汉化的民居在湘黔鄂渝桂省际毗连区城市中占有很大的比例,其中以汉式四合院最为典型。四合院俗称"窨子屋"(见图5.12),四面均用砖墙匡围,两侧山墙高出屋脊0.8—1.5米,山墙分为2—4重檐,飞檐翘角,青瓦盖面,俗称"风火墙"。内建木质结构小青瓦房屋,设正房、厢房、客厅、客房、门楼(厅)等,正房、客厅多居中而建,厢房、客房、厨房等多顺墙而建。中为天井,以卵石或料石嵌砌而成。⑥ 四合院一般为官绅及富商等人的居所,如镇远县城的谭公馆(系清

---

① 向轼:《族群性的承变:苗疆边缘秀山苗族的生活》,人民出版社2016年版,第188页。
② 曹经沅:《贵州省苗民概况》,贵州省人民政府1937年编印,第18页。
③ 柳肃:《湘西民居》,中国建筑工业出版社2007年版,第122—124页。
④ 肖琼、李克建、杨昳:《中国西南少数民族文化要略》,四川人民出版社2011年版,第85—97页。
⑤ 麻勇斌:《贵州苗族建筑文化活体解析》,贵州人民出版社2005年版,第215页。
⑥ 黔东南苗族侗族自治地方志编纂委员会:《黔东南苗族侗族自治州志·城建环保志》,贵州人民出版社2005年版,第22页。

代云贵总督谭钧培私人宅院)、① 怀化林豫泰住宅、靖州"傅家窨子"②等。四合院民居建筑在湘黔鄂渝桂省际毗连区城市的数量因其社会富裕程度不同而有差异。例如，黎平县城在1950年以前有四合院70余幢，约占民居建筑面积的30%。③ 沅陵县城清泰巷、铁炉巷等街巷在抗战前仍保存有结构完整的"窨子屋"170栋，建筑面积45868平方米。④ 而居城汉族平民则多以小青瓦屋面、两面坡倒水、柱枋穿斗式结构的瓦房为居所。大多数瓦房山墙相连无间隔（见图5.11）。此类房屋在黔东南城镇中所占比例在50%—80%之间。⑤

图5.12　泸溪县城四合院遗址

资料来源：《泸溪概况》，http://www.lxx.gov.cn/lxgk/lsyg/201704/t20170429_422725.html。

---

① 贵州省地方志编纂委员会：《贵州省志·文物志》，贵州人民出版社2003年版，第234—235页。
② 湖南省地方志编纂委员会：《湖南省志·建设志（城乡建设）》，湖南出版社1997年版，第595页。
③ 黔东南苗族侗族自治州地方志编纂委员会：《黔东南苗族侗族自治州志·城建环保志》，贵州人民出版社2005年版，第22页。
④ 沅陵县地方志编纂委员会：《沅陵县志》，中国社会科学出版社1993年版，第425页。
⑤ 黔东南苗族侗族自治州地方志编纂委员会：《黔东南苗族侗族自治州志·城建环保志》，贵州人民出版社2005年版，第22页。

第五章　清代以来湘黔鄂渝桂省际毗连区城市的社会发展与变迁

在湘黔鄂渝桂省际毗连区城镇中，还有一类引人注目的民居形式——会馆。它们一般都较宏阔，且造型、布局较为讲究，是为所在城镇标志性建筑之一。例如，湘西洪江在清代共建有黄州、江西等大小会馆25处，共有房屋1075间，其中始建于康熙十五年的江西会馆规模最大。会馆前临象山，脉发老鸦坡，势若盘龙，经四次扩建，有崇门、正殿、客厅、财神殿、观音阁、花厅、戏台，各类房屋共400余间。① 这些会馆建筑大多以各省汉式建筑为蓝本，如从江县会馆所建的高近戏台（见图5.13）。

图5.13　黔东南从江县高近戏台
资料来源：张晓松：《苗侗之乡：黔东南文化考察》，四川人民出版社2002年版，第123页。

近代以来，随着西式建筑风格进入中国中东部沿海、沿江开埠口岸城市，后逐渐向湘黔鄂渝桂省际毗连区等内地城镇扩散，并首先运用于基督教堂的建造。例如，1932年美国传教士在凤凰县城修建了天主堂，采用西式的建筑结构，大量使用建筑五金、玻璃、橡胶、地毯等新式材料。镇远等城市也修建了天主教堂（见图5.14）。基督（天主）教堂的修建不仅打

---

① 湖南省地方志编纂委员会：《湖南省志·建设志（城乡建设）》，湖南出版社1997年版，第594页。

破了千百年来湘黔鄂渝桂省际毗连区城市民居建筑所沿用的传统的"吊脚楼"式的木结构建筑风格，而且还培训出了一批新式建筑工匠。自此以后，本地一些富商官绅因西式建筑气派也纷纷仿造西式小洋楼，并逐渐推广到城内各个街衢。① 这些西式建筑的出现，在为城市建筑风格增加异域色彩的同时，也促进了湘黔鄂渝桂省际毗连区城市建筑风格西化的发展。但此期西式建筑还只是当地城镇的一些点缀而已。抗战时期，大后方开展了大规模的市政建设活动，西式建筑更多地出现在了湘黔鄂渝桂省际毗连区城市，其城市民居风格遂为之一变，甚至出现了多层的"洋房"。② 沅陵，"八年的抗战，赐予了沅陵的繁荣，战前那狭窄的凹凸不平的街巷，现在已改成宽大的三合土马路了。两旁低矮的房屋，也焕然一新，变成两层三层的洋房了"。③ 辰溪县城在抗战时期引入西方建筑艺术，城内一些殷实人家也仿学西洋建筑样式翻新改建了住所。④ 甚至偏僻的黔南边区仅有数百户人家的小县城册亨亦建有一栋"新式的洋楼"。⑤ 这些西式建筑为古老的传统城市披上了些许现代的色彩。当然，抗战时期湘黔鄂渝桂省际毗连区城镇的民居建筑大多仍沿袭着传统风貌。这里还必须指出的是，湘黔鄂渝桂省际毗连区城镇民居建筑虽随着清代以来人口、经济、社会的变化而不断更新，但直至20世纪中叶城市中的大多数民居和黄平县城一样仍多是"矮小简陋"，砖木结构的住房，⑥ 甚至在城郊或城市偏僻处还有许多低矮的"土墙茅舍"。⑦

总之，湘黔鄂渝桂省际毗连区城市民居随着清代以来社会的发展而不断向前演进，各民族建筑在延续传统的同时，其风格也吸收了一些汉式建筑文化因子，并出现了西式建筑形式。诸多建筑风格荟萃一城，为城市增添了一道道美丽的花边，并真实地再现了湘黔鄂渝桂省际毗连区城市民居建筑风格的时代变迁。这也为后世本区域城市民居在延续传统的基础上向

---

① 郑佳明、陈宏：《湖南城市史》，湖南人民出版社2013年版，第382页。
② 都匀市史志编纂委员会：《都匀市志》（下），贵州人民出版社1999年版，第929页。
③ 修衡生：《湘西的重镇——沅陵》，《正中儿童》1946年第17期。
④ 辰溪县志编纂委员会：《辰溪县志》，生活·读书·新知三联书店1994年版，第557页。
⑤ 贵阳市档案馆：《抗战期间黔境印象》，贵州人民出版社2008年版，第339页。
⑥ 黄平县地方志编纂委员会：《黄平县志》，贵州人民出版社1993年版，第310页。
⑦ 沅陵县地方志编纂委员会：《沅陵县志》，中国社会科学出版社1993年版，第421页。

第五章　清代以来湘黔鄂渝桂省际毗连区城市的社会发展与变迁 ◆

图 5.14　镇远天主堂

资料来源：《镇远：舞阳河的华丽转弯》，载 http://blog.sina.com.cn/s/blog_9e5642700101cmbp.html。

近代继续演进作了历史铺垫。

4. 出行。传统时期，湘黔鄂渝桂省际毗连区城镇居民的出行因受地理条件、交通及其工具的限制大多依靠步行，远足则以畜力和帆船为主要出行工具。轿、马一般为富裕人家出行所使用。① 例如，黔东镇远县城设有轿行，分二人抬、三人抬、四人抬、六人抬等轿子类别以及二人抬的滑竿；马行则出租马匹，以供行旅使用。② 洪江等湘西城镇亦有轿行之设。③ 在滨河之区，城镇居民则依靠"舟行"。例如，沅水流域"凡有河道可通舟行"者，"如保靖、永绥、乾城等县城"，"营此业（运船）者亦多。乾

---

① 石启贵：《湘西苗族实地调查报告》，湖南人民出版社1986年版，第9页。
② ［日］日本东亚同文会：《中国省别全志（贵州省）》，台北南天书局1988年影印本，第168—169页。
③ 湖南省地方志编纂委员会：《湖南省志·建设志（城乡建设）》，湖南出版社1997年版，第301页。

城之大小兴寨、坪朗、三角岩、茶油坪、乱石滩等寨民,凡有半数专以行船营生",① 服务于沿河城镇居民。

进入近代后,随着近代交通工具的引进,湘黔鄂渝桂省际毗连区城镇居民的出行方式始由传统缓慢走向近代。首先是汽车的引入。20世纪二三十年代,随着城市的发展和公路的修筑,逐渐形成了以长沙、贵阳、重庆等城市为中心、联系湘黔鄂渝桂省际毗连区各主要城市的区域公路网络。部分城市市内交通也因街道拓宽和整修得到了较大改善。汽车随之出现在了部分城市及县际、省际公路上,日益成为人们出行的重要工具。② 为便于人们出行,湘黔鄂渝桂省际毗连区沿公路干线的龙里、贵定、马场坪、炉山、重安、黄平、施秉、镇远、三穗、玉屏等主要城镇一般都修建有汽车站。③ 少数城市还开通了城区公共汽车。④ 抗战时期许多从中东部沦陷区流亡到大后方的人士便是通过湘黔、川黔、黔桂等公路运输抵达的。有的人还将其乘坐汽车途经湘黔鄂渝桂省际毗连区的经历详载于旅途见闻之中:"我们一长列车辆循着公路西进,一种新的希望和新的喜悦使得我增加了无穷的勇气。此行虽则带着冒险性,但由一个旧的环境变换到一个新的环境,越是愉快的。"⑤ 类似记载还有很多,此不赘述。当然,此期湘黔鄂渝桂省际毗连区城市的汽车运输主要承担着军运和货运的功能,其客运和市区公共交通的职能在20世纪50年代以后才因城市现代交通的内在需要而得到了普遍的发展。

其次是近代轮运的出现。近代以来,湘黔鄂渝桂省际毗连区轮运事业因沅水中游干流航道浅且水情复杂仅在沅陵、辰溪等少数城市略有建设。例如,1938年"(南京国民政府)交通部及西南运输处借用民生公司吃水最浅之民宁轮船,试航该(常德至沅陵)线,上水只驶二十二小时,下水十小时又三刻,安全迅速,开以往之新记录。自此次试航成功以后,常沅间轮船源源增航,至今不断,且沅陵辰溪航线,亦继起开航,湘西水运,

---

① 石启贵:《湘西苗族实地调查报告》,湖南人民出版社1986年版,第8页。
② 张肖梅:《贵州经济》,中国国民经济研究所1939年,第E44页。
③ 林辛:《贵州近代交通史略(1840—1949)》,贵州人民出版社1985年版,第112页。
④ 恩施市地方志编纂委员会:《恩施市志》,武汉工业大学出版社1996年版,第7页。
⑤ 枫人:《湘川道上》,《边声月刊》1940年第1卷第6期。

愈增繁盛"。① 其他区域城镇则仍依靠传统帆船进行运输。

此外，湘黔鄂渝桂省际毗连区铁路和航空运输在抗战时期也得到了一定的发展，从而增加了部分城市居民出行的选择。

虽然湘黔鄂渝桂省际毗连区城镇的近代交通在20世纪20—40年代取得了较大进步，初步改变了当地城镇居民传统的出行方式，但因这些近代交通工具数量还很少，大多数人的出行还得依赖"两条粗壮的腿"。② 尽管如此，近代交通的出现标志着城市在市政建设和社会生活等层面已悄然发生了历史性的变化，并促进了湘黔鄂渝桂省际毗连区城市现代因素的积累和发展。

综上所述，随着清代以来区域社会的时代变迁，人们的衣食住行等因循社会发展规律而发生了巨大改变。湘黔鄂渝桂省际毗连区各少数民族"饮食衣服居室有与汉民迥别者"，经数百年的变迁，其"风俗顿改，衣服饮食与汉不殊"，③ 甚至"居处（亦）与汉人同"。④ 城市社会生活遂因"汉化"的发展而使汉文化根植其中。尤其是抗战时期，"下江人像一股劲风，破门窗而入，带进众多的新事物，全方位地冲击了小城（安顺）的传统生活方式"，⑤ 极大地促进了湘黔鄂渝桂省际毗连区城市社会生活的近代化变迁。当然，在这一历史变迁的进程中，本区域城市依然保存了大量的少数民族的社会文化因子和社会生活风俗和习惯。它使各民族和谐共处的城市焕发出多民族文化荟萃的异彩，谱写出了湘黔鄂渝桂省际毗连区汉族与各少数民族共同推进城市社会生活变迁的华丽乐章。

（二）城市社会风俗的演变

社会风俗就像一面镜子，它不仅可以直观地反映出社会的真实存在，而且还是展示社会面貌的一个窗口。通过它，人们可以获得区域社会历史与现实状貌的直接印象和认识，进而了解区域社会的本质及其特征。⑥ 因此，我们便可以充分利用这个窗口来对清代以来湘黔鄂渝桂省际毗连区城

---

① 王洸：《水道运输学》，商务印书馆1945年版，第121页。
② 欧阳械：《记湘西的苗族》，《申报月刊》1943年复刊号。
③ （清）徐铉修，萧琯纂：《松桃厅志》卷6，"苗蛮"，道光十六年刻本。
④ （清）顾炎武：《肇域志》卷46，上海古籍出版社2004年版。
⑤ 戴明贤：《一个人的安顺》，人民出版社2004年版，第13页。
⑥ 王守恩：《不可忽视社会风俗史研究》，《光明日报》1999年5月28日第7版。

市社会发展变迁的状况进行历史的考察。

1. 节令习俗。节令习俗作为城市居民节日喜庆生活最重要的组成部分，历来为人们所重视。它经过长期的历史演变而固化，形成了各具地方特色的风俗习惯，并为人们所喜爱。

湘黔鄂渝桂省际毗连区不仅民族众多，而且传统节日也较多。苗族有苗年、春节、花山节、姊妹节、爬坡节、种棉节、四月八、龙船节、芦笙节、吃新节等节日；布依族有春节、雅蛔节、二月二土地节、三月三、清明节、四月八、端午节、六月六、七月半、吃新节、九月九、牛王节等节日；侗族有春节、侗年、二月二、祭牛节、尝新节、九月节等节日；土家族主要节日有赶年、春节、春社、清明节、四月八、端午节、六月六、吃新节、七月半、娃娃节等,① 呈现出节令习俗多样化的特征（见表5.9）。

表5.9　　湘黔鄂渝桂省际毗连区城乡各民族主要传统节日一览表

节名	别称	盛行民族	举办时间	流行区域	活动内容
花山节	踩花山、踩山、跳场、跳花	苗族	各地不同，有夏历正月初一至初六；有五、六、八月下旬不等	贵州中部苗区	举行踩花山仪式，有男女对歌、跳芦笙舞及斗牛、爬花杆等活动
三月三	仙歌节、地蚕会、花炮节	壮、苗、布依、侗、瑶、畲、仡佬、仫佬	夏历三月初三	壮、苗、布依等少数民族地区	对歌、赶街、迎客、挑葱、讨篮、扫寨、祭神、祭祖、吃团结酒、跳竹竿等
姊妹节	吃姊妹饭	苗族	节期各不相同	贵州清水江流域一带	吃姊妹饭、跳芦笙、踩鼓、唱歌、斗牛、赛马等
爬坡节	爬山节	苗族	节期各不相同	施秉、雷山、麻江、凯里	爬山、跳芦笙、斗雀、对歌、赛马等
四月八	牛王节	苗、壮、布依、侗、水、仫佬	夏历四月初八日	施秉、雷山、麻江、凯里	有爬山、对歌、给牛洗澡和吃糯米饭的习俗

---

① 贵州地方志编纂委员会：《贵州省志·民族志》（上），贵州民族出版社2001年版，第140—143、221—223、347—348、424—426页。

第五章　清代以来湘黔鄂渝桂省际毗连区城市的社会发展与变迁

续表

节名	别称	盛行民族	举办时间	流行区域	活动内容
龙船节	龙舟节	苗族	夏历五月初五，或五月十六、二十四、二十七日	黔东南和湘西地区	有赛龙舟、斗牛、跑马、踩鼓和游方等活动
吃新节	尝新节	苗、布依、瑶、侗	夏历六、七月间新谷登场时举行	黔东南和湘西地区	以新米饭贡祭祖先，并办斗牛、赛马、拔河、斗雀、跳芦笙等活动
芦笙节	芦笙会	苗族	春节之后，春耕之前，也有在夏历九月举办者	黔东南	跳芦笙、对歌、赛马、拔河等
苗年		苗族	夏历九、十月或十一月卯日或丑日	黔东南、广西大庙山地区	祭祖、开财门、敬年神、访亲友、跳芦笙舞、跳月、踩花山、斗牛、赛马等

资料来源：夏征农：《辞海·语词分册》（下），上海辞书出版社2003年版，第1598—1599页。

上述城乡民俗节日均极具地方民族特色。例如龙船节，据记载，清水江苗民"好斗龙舟，岁以五月二十日为端节，竞渡于清江宽深之处，其舟以整木刳成，长五六丈，前安龙头，后置凤尾，中能容二三十人，短桡激水，行走如飞"。① 其时清水江两岸号子声、锣鼓声、礼炮声、歌声、欢呼声此起彼伏，江岸呈现出一派欢乐景象，节日期间还有斗牛、赛马、对歌、赛球、斗雀等活动，热闹非凡。② 乾隆《镇远府志》亦云："苗人于五月二十五日亦作龙舟戏……是日极其粉饰。女人富者盛装锦衣、项圈、大耳环，与男子好看者答话，唱歌酬和，已而同语，语到深处，即由订婚，甚至有当时背去者。"③ 又如芦笙节，"苗俗，每岁孟春月，男女各丽

---

① （清）徐家干著，吴一文校注：《苗疆闻见录》，贵州人民出版社1997年版，第171页。
② 政协施秉县文史资料研究委员会施秉县民族事务委员会：《施秉县文史资料》第4辑（少数民族专辑），第72页。
③ （清）蔡宗建修，龚传坤纂：《镇远府志》卷9，"风俗志"，贵州省图书馆1965年据乾隆刻本影印。

服，相率跳月。男吹芦笙于前以为导，女振铎于后以为应，连袂把臂，盘旋宛转，各有行列，终日不乱。暮则挈所私归，谑浪笑歌，比晓乃散。……唯红苗为甚，每至立春日，择男女之丽者扮各故事以迎于市为乐"。① 其他节令亦多如此盛大热闹。②

各节令习俗多与汉族习俗"相异"，③ 且各民族亦各不尽相同。"边胞的节令，有与汉族相异者，亦有相同者"。"正月间最隆重的节令，以汉族习俗而说，当推元旦、上九、元宵三节为最。而苗夷则不尽然，除已经汉化者在模仿而外，大都倾重于正月初三日到十六日这段期间的跳花。他们跳花的日期，各地不一致。……边胞过年的习俗，亦若汉人，不过是过年的期间不一定而已。炉山、雷山的苗胞，过'小年'大半在旧历九月，过'大年'在旧历十月初旬。因为这些地方的苗胞，仍存有以'十月为岁首'的古风。""花苗、青苗十二月三十日过小年，元旦仅在家中休息"等。④

湘黔鄂渝桂省际毗连区异彩纷呈的节令习俗自清代以来随着国家一体化程度的加深，汉族节日亦为各族所接受，尤其是城镇。例如端午节吃粽子、喝雄黄酒、门窗插艾草和菖蒲，中秋节吃月饼等在各城镇中也极为普遍。⑤ 汉族节庆习俗的融入，在丰富城市节令习俗生活的同时，也为湘黔鄂渝桂省际毗连区民俗文化增添了新的元素，深化了各民族文化的交流与融合。

2. 婚俗。婚姻是人类社会两性结合的基本制度和形式，承担着"上以事宗庙""下以继后世"的社会与家庭的功能，⑥ 而备受人们所重视。婚姻习俗是伴随着两性伦理道德的进化而产生的，并和地域人群及其文化传统紧密地结合在一起，具有明显的民族特征。

---

① 陈鼎：《黔游记》，中国西南文献丛书编委会：《西南稀见丛书文献》（5），兰州大学出版社2004年版，第216—217页。
② 杨昌儒、陈玉平：《贵州世居民族节日民俗研究》，民族出版社2009年版，第227页。
③ （清）卞宝第、李瀚章等修，曾国荃、郭嵩焘等纂：《湖南通志》卷40，"风俗志·苗俗"，光绪十一年刻本。
④ 杨森：《贵州边胞风习写真》，贵州省政府边胞文化研究会1947年印行，第51—52页。
⑤ 杨昌儒、陈玉平：《贵州世居民族节日民俗研究》，民族出版社2009年版，第227页。
⑥ 陈澔：《礼记集说》，中国书店1994年版，第499页。

苗族，恋爱自由，盛行"摇马郎"的风俗。① 其婚姻有"无同姓不婚之嫌，然同族亦不相婚配。……其婚嫁，亦由父母主婚，媒妁相通，以酒肉牛只财物为聘。嫁之日，无轿马鼓吹之迎，无合卺花烛之礼。……富厚之家，择女美者，令子牵其臂，名曰抢亲。则女不更许人，而后挽人议财礼。其处女有与人私通者，父母不禁，以为人爱其美。……翁有悦子妇者，则收为己妻，而为其子另娶。兄弟故，则收其妻"等习尚。②

侗族在传统时期多盛行"姑舅表婚"，俗称"还娘头"或"转娘头"。《渠阳蛮俗》云："靖州之地，姑表之婚，他人取之，必贿男（舅）家，否则争，甚则仇杀。"③ 贵州黎平府侗人"姑之女必须还嫁舅家，名曰转亲"。④ 另据李宗昉《黔记》记载："姑之女必适舅之子，聘礼不能措则取偿于子孙。倘外氏无相当子孙抑或无子，姑有女必重赂于舅，谓之'外甥钱'，其女方许别配。若无钱贿赂舅，终身不敢嫁也。"⑤

布依族在清代盛行"丢花包"（又称"打糠包"）自由选择的婚姻缔结风气。据《贵州通志》载：仲家"于孟春跳月，用彩布编为小球，谓之花球，视所欢者掷之，奔而不禁"。⑥ 布依族称之为"郎绍郎冒"（亦称"赶表""浪哨"）。但择偶有着严格的限制，即同宗、同姓、同寨者不许"浪哨"，不得越界。婚媾奉行同宗不婚、忌讳辈分不等、不落夫家等习俗。⑦

土家族相对其他民族而言，有"歌为媒"的自由婚恋习俗。在改土归流前"道途相遇，不分男女，以歌声为'奸淫'之媒"的现象极为普遍。⑧ 改土归流后，融合汉族婚俗习惯，在"歌为媒"的基础上逐渐形成了具有土家族民族特色的求婚、定亲、拜年、送吉期、娶亲的婚俗习惯。在整个婚姻仪轨中亦有约定俗成的习惯，如"祭祖宗""开脸""哭

---

① 贵阳市档案馆：《抗战时期黔境印象》，贵州人民出版社2008年版，第15—17页。
② 胡朴安：《中华全国风俗志》（上），河北人民出版社1988年版，第195页。
③ （南宋）洪迈：《容斋随笔》，湖北辞书出版社1997年版，第121页。
④ （清）俞渭修，陈瑜纂：《黎平府志》卷2，"地理志第二（下）·苗蛮"，光绪十八年刻本。
⑤ （清）李宗昉：《黔记》卷3，道光十四年刻本。
⑥ （清）鄂尔泰等修，靖道谟、杜诠纂：《贵州通志》卷7，"苗蛮"，乾隆六年刻本，嘉庆补修本。
⑦ 何光渝、何昕：《贵州社会六百年》，贵州人民出版社2014年版，第136—137页。
⑧ 张天如修，顾奎光纂：《永顺府志》卷11，"檄示·革土司积弊略（袁承宠）"，乾隆二十八年刻本。

嫁""陪十姊妹"与"陪十兄弟""回神""回门""见大小"等。①

瑶族,"婚娶,聘物以铜与盐。至端午,约于山上相携而归,名拖亲。拖亲之后年生子,引妻携酒,归见妇家,名出面"等。②

各民族婚俗虽有很大的差异,但随着清代以来汉族移民的大量到来,以及汉族与各少数民族间交流的扩大,湘黔鄂渝桂省际毗连区社会汉化程度日益加深,其婚俗亦在悄然间发生了深刻的变化。

首先,城乡各少数民族逐渐打破了族际畛域之界限而与汉族通婚。据《苗防备览》记载,是时汉人"娶苗妇者日众……苗来内地探亲与汉人无异,或佣亲家"。③黎平峒苗"其妇女汉装弓足者,与汉人通姻"。④天柱峒苗与客民"彼此联为婚媾"亦较普遍。⑤随着各民族的不断融合,民族间的通婚现象也日益普遍。即便清政府曾为防范苗乱而一度采取了禁止苗汉通婚的政策,但仍旧未能阻止汉人"多与苗人联婚",其"大干例禁"者时有人在。⑥抗战时期汉族与各少数民族间的通婚现象更为普遍。据记载,贵州炉山、黄平两县"汉苗通婚者日多",且"已有汉族女子嫁给苗族男子者"。⑦像施秉驻军军人迎娶苗女的"苗汉通婚"的佳话在当时城镇中亦时有耳闻。⑧据相关学者在研究抗战时期城镇族际通婚事例时,发现湘黔鄂渝桂省际毗连区城镇族际通婚范围比较大,大批"外地郎"与本地少数民族姑娘结婚,"下江人"纷纷高攀上了"内江人"的婚姻现象亦较为常见。⑨族际通婚的出现与扩大在促进湘黔鄂渝桂省际毗连区城乡各民族交往的同时,也深化了民族间的交流与融合,尽管族际通婚在当时还受到较多的民族界限的制约。

---

① 彭恩、吴建勤:《从清朝鄂西土家族文人竹枝词看土家族婚俗》,《涪陵师范学院学报》2006年第6期。

② 胡朴安:《中华全国风俗志》(上),河北人民出版社1988年版,第191页。

③ (清)严如煜:《苗防备览》卷20,"艺文中",道光癸卯绍义堂重刻本。

④ (清)爱必达:《黔南识略》卷21,"黎平府",乾隆十四年修刊本。

⑤ (清)罗绕典:《黔南职方纪略》卷6,"镇远府",成文出版社1974年据道光二十七年刻本影印,第178页。

⑥ (清)周玉衡修,杨瑞珍纂:《永绥直隶厅志》卷1,"地理门·苗峒",同治七年刻本。

⑦ 吴鼎昌:《黔东巡视纪要(二)》,《大公报》(重庆)1942年4月30日。

⑧ 蒋苏:《从洪江到贵阳》,《中央日报》(贵阳)1938年1月21日。

⑨ 忻平:《试论抗战时期内迁及其对后方社会的影响》,《华东师范大学学报》(哲学社会科学版)1990年第2期。

第五章　清代以来湘黔鄂渝桂省际毗连区城市的社会发展与变迁

其次，各少数民族婚俗增加了汉族婚俗中的部分仪轨，并引入了西式婚礼。"今日（湘西）苗中婚俗，沾儒汉化，已改旧俗。男女相悦，归告父母，先由男家央媒向女家说亲，一次不成再说二次，有的要说至三、四次方能说合。如女家已有允意"，即有媒人"初定"，之后再行"过礼"（即纳采之意）"讨红庚""合选吉期""娶亲"等仪式，① 几与汉族婚俗相同。贵州黔东南仲家、峒苗等族群"冠婚丧祭均与汉人无异"，② "婚丧俱循汉礼"等。③ 近代以后，西式婚礼亦随着欧风东渐进入到了湘黔鄂渝桂省际毗连区城市。最先引入西方婚俗的是那些因西方传教士传教而改奉基督教、天主教的"苗民"。例如他们订婚时，"要先暗示神父，允可后再行"。④ 婚礼一般在教堂举行，且有牧师或长老主持，唱赞美诗，祈祷，诵读圣经，并行"配茶"仪式。⑤ 对于那些接受了西式教育的一部分人来说，他们为追求时尚还在其婚姻仪轨上增加了"证婚"的环节。"证婚"，"此惟新式之文明结婚者有此种参加人。旧式结婚者无之，似殆以介绍之媒妁即为证婚人欤"。⑥ 20世纪三四十年代，大批被"西风欧雨"熏陶的上海、南京、武汉等中东部人口暂居湘黔鄂渝桂省际毗连区城市，西式婚俗的影响因他们的到来得到了进一步的扩大。近代西方婚俗虽有所发展，但极为有限。这主要是来自于各族民众对于传统的固守与坚持，认为："近世中外公认旧式婚姻结婚后之爱情度如热天……新式婚姻结婚后之爱情度如冷天……旧式婚姻有相当长处。"⑦ 故而近代湘黔鄂渝桂省际毗连区城乡各民族婚姻习俗仍"多崇周制"。⑧

上述事例说明了清代以来湘黔鄂渝桂省际毗连区因民族的多样化，其婚姻习俗亦有很大的差异，并随时代的变迁与民族交流、发展而不断演

---

① 凌纯声、芮逸夫：《湘西苗族调查报告》，商务印书馆1947年版，第95—98页。
② 胡翯修撰：《三合县志略》卷41，"民族略·民族"，1940年铅印本。
③ （清）爱必达：《黔南识略》卷12，"镇远府"，乾隆十四年修刊本。
④ 江钟岷修，陈廷棻、陈楷纂：《平坝县志》，"民生志·婚丧"，贵阳文通书局1932年铅印本，第388页。
⑤ 吴荣臻、吴曙光：《苗族通史》（五），民族出版社2007年版，第653—654页。
⑥ 江钟岷修，陈廷棻、陈楷纂：《平坝县志》，"民生志·婚丧"，贵阳文通书局1932年铅印本，第152页。
⑦ 同上。
⑧ 贵阳市档案馆：《抗战时期黔境印象》，贵州人民出版社2008年版，第147页。

变。它为我们部分展示了清代以来湘黔鄂渝桂省际毗连区城乡婚姻习俗的形式和历史变迁的场景，为人们了解、研究这一时期本区域城市社会从传统走向现代的历史进程中的具体状况提供了一个管窥的窗口。

3. 丧葬习俗。丧葬习俗是人类社会特有的习俗文化现象。① 它是指安葬和悼念逝者时所必须遵循的一整套礼仪制度。② 其仪轨大体分为停灵、报丧、吊唁、殡殓、服丧、堪舆、择期、出殡、下葬等仪式，但因地理、人文因素的影响，丧葬习俗也存在着明显的地区和人文差异。湘黔鄂渝桂省际毗连区地域辽阔且因山川阻隔、民族众多，其人文发展路径不同而形成了差异较大的丧葬习俗，区域民族特征显著。

苗族丧葬习俗繁琐而隆重，大体分为临终焚化"落气钱"、浴身换装、"上柳床"；"斗鬼农"，请苗觋作法，请逝者放生魂，留五谷于子孙；堪舆择葬；殡殓，点香烛祭之；设孝堂，开吊；晚唱孝歌，"打绕棺"；猪羊祭；"辩死理"（俗称"舅辈闹火把"）；出丧镰刀钩门；取闹抬丧酒；下葬；"吐昂喜响"（为寻亡、安亡之意）；仙娘送饭；陪葬寄葬；接亡烧包；点灯守坟等环节。③

侗族对待正常死亡者也有一整套繁琐的丧葬礼仪。其丧事环节大体有：鸣放"落气炮"，焚化"落气钱"，并向亲友报丧；停尸，为死者洗理更衣，取逝者门齿一颗，以示寿亡，以纸覆面，设"神龛"，架"梦床"；入棺，鸣放三响铁炮或纸炮以告众；吊丧，期间晚辈戴孝，腰间系一根朝左搓成的草绳，为逝者上祭，逝者子孙守灵；卜葬、出殡；下葬；"扶山"，即下葬后次日，族人和亲戚女眷携带香烛供品，拜墓等。④

布依族在民族文化发展的过程中也逐渐形成了本民族的丧葬习俗。据康熙《贵州通志·苗蛮》记载：贵阳、都匀、镇宁、普安一带布依族聚居区，"丧，则屠牛召戚友，以大瓮贮酒，执牛角灌饮，醉或至于相杀。主人不食肉，止啖鱼虾。葬用棺，以伞盖墓上。期年而火之，祭用枯鱼"。⑤

---

① 陈立明：《西藏民俗》，五洲传播出版社2017年版，第78页。
② 芳园：《国学知识一本全》，天津人民出版社2015年版，第336页。
③ 石启贵：《湘西民族实地调查报告》，湖南人民出版社1986年版，第144—151页。
④ 贵州民族事务委员会：《侗族文化大观》，贵州人民出版社2016年版，第75—79页。
⑤ （清）鄂尔泰等修，靖道谟、杜诠纂：《贵州通志》卷7，"苗蛮"，乾隆六年刻本，嘉庆补修本。

《黔书》亦有"屠牛""贮酒""召亲友""习阴阳家言""棺葬""以伞覆盖""火之","不上冢"的丧葬习俗的记载。① 后随着时代的变迁,布依族的丧葬习俗固化为"做戛""吃素""饮老人酒""延鬼师""置鬼床""陪灵""坎牛刀"等程仪。②

土家族的丧葬习俗受汉文化影响较大,其丧葬仪轨在固守自己丧葬文化特质的同时,亦吸收了汉文化中佛、道的祭祀、悼念程式。据道光《思南府续志》记载:土家族人逝后,其戚友号哭,以柏叶浴身,穿寿衣,"召阴阳先生为亡者导魂……开路"。③ 通知亲戚以报丧;开吊,请道士为死者超度"打忏",即人们所熟悉之"打绕棺"或"破地狱";堪舆、"买井""点主"、择吉日安葬;请"土老师"到坟前举办"谢坟"仪式。每个环节都较完整、隆重,且具有严格的程序。④

此外,湘黔鄂渝桂省际毗连区的瑶族、仡佬等民族也有自己独特的丧葬习俗。

湘黔鄂渝桂省际毗连区地域广袤,山川阻隔,且地区间因民族、人文传统的不同,不仅使各民族的丧葬习俗有着显著的差异,而且还使同一民族内部亦因地区不同,其丧葬习俗无论是在葬礼程序,还是各环节仪轨细节上也都有一些较明显的差别(见表5.10)。

表5.10　　　　**湘黔毗连区部分苗族丧葬习俗的地区差异情形**

地区	丧葬习俗大致情形
保靖	"丧葬方面,人死以筊卜之,随其所卜之处,掘窟三四尺,然后镶以木板,置尸其中,以土封之,后三日邀亲戚饮。应丧之日,家人哭泣,亲友以物吊,主人则椎牛设饮,谓之送哭。"

---

① (清)田雯:《黔书》,载中国西南文献丛书编委会《西南稀见丛书文献》(5),兰州大学出版社2004年版,第319—336页。
② (清)黄元操:《贵州苗夷丛考》,载中国西南文献丛书编委会《西南稀见丛书文献》(15),兰州大学出版社2004年版,第120—122页。
③ (清)夏修恕、周作楫修,萧琯、何廷熙纂:《思南府续志》卷2,"地理志·风俗",道光二十一年刻本。
④ 贵州地方志编纂委员会:《贵州省志·民族志》(上),贵州民族出版社2001年版,第422—423页。

续表

地区	丧葬习俗大致情形
凤凰	"丧葬之礼,古无衣裘棺椁及衰绖服之制,人死以筊卜之,随其所卜之处,掘窀四尺以木镶之,置尸其中,用土封之,逾三日,宰牲覆墓,亲友吊之,丧主宰牲设饮,人环墓,谓之送哭。贫者三日即葬,不选时日,名曰撞三。"
绥宁	"人死,择吉日安葬,如遇八月,好歹不葬,有八月不葬之习俗,甚至有将灵柩停放山坡茅棚,七、八、九年未葬者,此陋俗也。"
城步	"丧葬多遵旧儒礼。城区与中二下六各乡,喜制大棺木,高达五六尺。尸入棺不封盖。出殡时,底盖分扛,久成习惯。即棺小者亦然,以夸荣耀……至出殡抬倒丧,仅限于前御所遗族王、吕等姓,其意以倒抬棺木,尸首得顾乡之意。"
靖县	"丧礼与各处略同。惟死者之子孙,丧终仍缠白布于头,垂两尺于背,非三年不释也。"
松桃	"苗人死,枕半尸于火铺,就其足□二木竿建于瓦,名曰升天。殓用棺,悲哭终月,亲戚来吊,富者助以牛、酒,贫者酒、米。将死者所遗衣服装像,击锣鼓群相歌舞,名调鼓,卜地延苗巫,掷鸡子以定吉凶,谓之鸡卦。亦有用木节劈为二片而占者,名曰爆木卦。葬毕以土培坟,其形长。"

资料来源:盛襄子:《湘西苗区之设治及其现状》,重庆独立出版社1943年版,第14—58页;曾继梧:《湖南各县调查笔记》(下),1931年铅印本,第131—190页;刘显世、谷正伦修,任可澄、杨恩元纂:《贵州通志》,"土民志三",贵阳书局1948年铅印本,第51页。

清代以来随着区域社会的发展,汉族大量迁居湘黔鄂渝桂省际毗连区,与各少数民族杂居在一起,共同开发这一富饶山林。在这一历史进程中,汉民族不仅把先进的生产方式带到了长期为中原王朝所称谓的"蛮荒之地",而且还将汉民族的丧葬仪轨习俗带到了湘黔鄂渝桂省际毗连区城乡。于是,各城乡各少数民族随着文化交流的扩大和加深或多或少吸纳了汉民族的部分丧葬文化。尤其是对于那些汉化程度较深的各居城民族来说,其丧葬习俗"亦若汉人之繁文缛节,并有其自然之程序"。[①] 例如仲家丧俗,其仪轨与汉俗相同者多达十处:(1)死人气绝后口水与汉俗同;(2)为死者沐浴换服,与汉同;(3)尸停堂屋之状,与汉俗同;(4)择日升吊及发丧,与汉俗同;(5)停尸禁忌,与汉俗同;(6)入殓穿孝服,用棺木,与汉俗同;(7)开吊,亲友助丧,与汉俗同;(8)发丧时棺木

---

① 吴泽霖、陈国钧:《贵州苗夷社会研究》,民族出版社2004年版,第265页。

情形，与汉俗同；（9）开路，孝子随跪拜，引路者，散发"路票"，亲友执香上山，与汉俗同；（10）请风水先生勘定坟地，埋葬念咒诸情，与汉俗同。①"峒人婚丧俱循汉礼"，"风俗与汉人同"。②

湘黔鄂渝桂省际毗连区丧葬习俗不仅吸收了汉民族的部分仪轨，而且还因近代社会风尚的变迁，其丧葬习俗亦有新的变化。尤其是"有心世道者之急于变革"者，③使延续了数千年的传统丧葬习俗受到了挑战。自民国始，一种全新的丧葬仪式——追悼会传入了湘黔鄂渝桂省际毗连区城镇。④例如，1923年岑巩县城各机关、学校为剿匪牺牲的人员十余人"开会追悼"，后公葬于城南金钟山阴。⑤

总的来说，湘黔鄂渝桂省际毗连区城乡因地域、文化的差异而葬俗不同，但随着社会变迁不断向广度、深度演变，其丧葬习俗亦发生了一些新的变化。这主要体现于湘黔鄂渝桂省际毗连区各族人民在固守本民族传统，保持其民族性和区域性的同时，也吸纳了一些汉族和西方的文化因子。

4. 生产习俗的变迁。湘黔鄂渝桂省际毗连区的生产习俗自清代以来三百余年的时间里也发生了深刻的变化。清前中期，汉族移民带来了先进的生产方式，使这个封闭的世界迅速走出了原始刀耕火种的农业模式，向中原、两湖地区的先进农业靠拢。黄平"平原沃址，人多力于耕稼，衣食颇足"。⑥随着湘黔鄂渝桂省际毗连区的全面开发，各地商人纷纷在城镇开设会馆，经营贸易，使本区域城镇和近城乡里的商业意识日渐浓厚。例如，黎平"本境向少集场，苗民多入城贸易"。⑦思南府商贸"最盛，有水道通舟楫，货物俱集，而人文亦可观"。⑧镇远，"地狭民聚，梯航交驰，黔

---

① 陈国钧：《仲家的丧俗》，《社会研究》1921年第28期。
② 刘显世、谷正伦修，任可澄、杨恩元纂：《贵州通志》，"土民志六"，贵阳文通书局1948年铅印本，第70页。
③ （清）刘祖宪修，何思贵纂：《安平县志》卷5，"风俗志"，道光七年刻本。
④ 李伟：《民国时期贵州丧葬习俗的变化》，《中国民族博览》2016年第7期。
⑤ 蔡仁辉纂修：《岑巩县志》卷5，"前事志"，1946年油印本。
⑥ 许一德等：（万历）《贵州通志》卷13，"黄平所"，书目文献出版社1990年影印本。
⑦ （清）俞渭修，陈瑜纂：《黎平府志》卷2，"地理志·城池"光绪十八年刻本。
⑧ 陈鼎：《黔游记》，中国西南文献丛书编委会：《西南稀见丛书文献》（5），兰州大学出版社2004年版，第234页。

中有驿，州县惟此最繁"。① 铜仁，"郡居辰常，上游舟楫往来，商贾互集，渐比中州"。② 沈从文在《忆湘西过年》中亦深刻描画了"家住对河的年轻苗族女人，也挑着豆豉萝卜丝担子上街叫卖"的城市意象。③ 随着生产方式向"崇商"的改变，湘黔鄂渝桂省际毗连区也出现了一些巨商大贾。乾隆间永绥厅止耳寨苗人石文魁"生性聪敏，书算俱能"，弃农经商，"自往永绥各场，收买黄豆、包谷、米粮等项，运赴乾（州）、泸（溪）、辰（州）、常（德）销售"。经营十余年，"赢余治产，家至数十万"。④ 进入近代后，随着近代物质文明的传入，湘黔鄂渝桂省际毗连区城镇逐渐兴办了近代工矿业、近代交通，并引入了新的商业模式，城市在不知不觉中踏进了近代社会的门槛。尽管上述城市物质文明的近代化水平还很低，但还是在一定程度上改变了湘黔鄂渝桂省际毗连区城市传统的生产习俗，使其"不但有着中世纪的情调，也有着二十世纪流线型的新画影"。⑤

社会生产的发展与变迁对湘黔鄂渝桂省际毗连区城市居民的职业选择也产生了较大的影响，尤其是近代经济模式引入之后，城市居民的职业随着社会经济的近代化发展、变迁更趋多样化，居民职业的近代化特征亦日益明显。例如，黔东、黔南城市居民除传统的纺织、木器、卷烟、成衣、银饰、石器、榨油、百货、摊贩等职业外，还较普遍地出现了修理汽车机器钟表和在企业进行生产的工人、各行业经理、医院医师、工程师、测绘员、记者、报务员、运输司机、新式教师、律师、法官以及会计、出纳等近代金融工作者。⑥ 还有不少"苗人"进城从事这些新式工作。例如，沈从文曾在文集中刻意描绘了一位头上"盘成一饼的青布包头"，"宽脸大身材的苗人"验关员的形象。⑦ 其他城市居民的职业亦发生了类似的变化。

此外，湘黔鄂渝桂省际毗连区城乡居民的宗教信仰与祭祀自清代以来也随着时代的迁延而缓慢地发生着深刻的变化。近代以前，湘黔鄂渝桂省

---

① （清）爱必达：《黔南识略》卷14，乾隆十四年修刊本。
② （明）许一德等：（万历）《贵州通志》卷17，"铜仁府"，书目文献出版社1990年影印本。
③ 沈从文：《凤凰往事》，江苏人民出版社2014年版，第238页。
④ 石启贵：《湘西苗族实地调查报告》，湖南人民出版社2008年版，第12页。
⑤ 黑婴：《长寨素描》，《贵州日报》1945年5月15日。
⑥ 《民国时期档案·镇远县民政部督导报告表》，黔东南州档案馆档案，全宗号1，目录号1，案卷号67。
⑦ 沈从文：《湘行散记》，北京十月文艺出版社2013年版，第95页。

际毗连区城镇民众一贯信奉佛教、道教，盛行祖先崇拜和自然崇拜，故而城乡多建有寺庙道观，以供信众拜祭。例如，松桃"自城市迄乡村，皆有庙宇，士民祈禳各因其事以时致祭"。① 其他城镇亦是如此。但自近代以来随着西方宗教势力的强力楔入，西方传教士凭借"治外法权"，利用各族人民对旧中国政府对其压迫的不满，在湘黔鄂渝桂省际毗连区城镇广建教堂，吸纳人们皈依基督教会。据1950年统计，贵州有中国籍教牧人员513人，其中牧师23人，传道216人，长老、执事274人。其中黔东、黔南各县教徒在100人以上者有都匀、惠水、平塘、黄平、沿河、镇远等县；100人以下的县有玉屏、思南、贵定、龙里、独山、紫云、台江、晴隆、石阡等地。② 湘西等其他城乡居民的宗教信仰亦发生了类似的变化。③

综上所述，随着清代以来湘黔鄂渝桂省际毗连区的开发与发展，其社会业态亦随时代变迁而发生了巨大的变化。在这一历史进程中，随着新的文明元素的到来，在改变这个封闭的世界落后状态的同时，也有力地促进了当地城市社会面貌向多样化发展，并推动了湘黔鄂渝桂省际毗连区城市社会从传统向近代缓慢迈进。诚如沈从文感言："这地方（凤凰）到今日此时……一切皆以一种迅速的姿态在改变，在进步。同时这种进步，也就正消灭到过去一切。"④

---

① （清）徐铉修，萧琯纂：《松桃厅志》卷6，"风俗"，道光十六年刻本。
② http://www.gzmw.gov.cn/index.php?a=show&c=index&catid=161&id=7620&m=content。
③ 廖运兰：《近代基督教在湖南述略》，《邵阳师专学报》1994年第3期。
④ 沈从文：《湘行散记》，北京十月文艺出版社2013年版，第300页。

第六章　清代以来湘黔鄂渝桂省际毗连区城市发展的动力机制与制约因素

影响城市发展的因素很多，按要素讲，既有政治的、经济的因素，又有人口、环境的原因，还有文化、社会等层面的影响，具体到湘黔鄂渝桂省际毗连区城市发展而言，国家、移民、多样的民族共同推动了清代以来本区城市的发展与变迁。但受闭塞的山区地理环境、社会发展落后、乡村贫困等因素的影响，又使其城市发展受到了很大的制约。这样，湘黔鄂渝桂省际毗连区城市便在清代以来动力机制和制约因素的矛盾运动中曲折向前发展。

第一节　城市发展的动力机制

城市在发展的历史进程中，因其作为国家和地区地理、政治、经济、军事、交通等的战略支点，汇集了促进城市发展所需的各类生产、消费、流通等要素，进而形成了城市发展的动力机制。各地区又因具有相对独立的地理、政治、经济、社会与人文环境，使其动力机制又存在着显著的差异，湘黔鄂渝桂省际毗连区城市亦是如此。

一　政治：城市发展的主导力量

在城市文明发展的进程中，"向内聚合"的"社会权力"发挥着至关重要的作用。[1] 它随着国家政治的出现和强化对区域城市的发展，"从形式

---

[1] 何一民：《近代中国城市发展与社会变迁（1840—1949年）》，科学出版社2004年版，第49页。

第六章　清代以来湘黔鄂渝桂省际毗连区城市发展的动力机制与制约因素

到内容"都起到了决定性的影响。① 湘黔鄂渝桂省际毗连区因其地理、政治、经济、人文、民族的特殊性，其城市发展的内动力长期不足，城市发展水平亦长期滞后于汉民族地区。随着元明清三代中央将整个西南地区渐次纳入到国家的直接治理之中，湘黔鄂渝桂省际毗连区城市才开始走上了相对较快的城市发展之路，尤其是清代在元明两朝的基础上施行统一的政治、经济治理之后。这样，湘黔鄂渝桂省际毗连区城市便主要依靠国家政治力量的推动逐渐形成了具有典型性的区域城市的发展格局。

（一）城市治理与内地行政制度的归一

众所周知，中国城市发展在很大程度上秉承着政治优先的基本原则，即城市的发展程度与其政治行政地位等级密切相关，呈正比关系，具体到区域城市发展则有着一定的内在差异。湘黔鄂渝桂省际毗连区城市在清代以前其城市数量虽有一定的发展，但城市规模一般较小，且地理分布偏重于熟苗区域而不均衡，并以军镇形式体现出来。清代通过改土归流完成了国家政治一统，出于地方治理和区域社会发展的需要，清政府在湘黔鄂渝桂省际毗连区通过设府置县立厅，修城池、建衙署及其附属设施等措施，使城市得到了快速发展。民国在此基础上进行了全面的县政改革，进一步促进了本地区城市与内地的行政治理的归一。这为湘黔鄂渝桂省际毗连区城市的发展奠定了最基本的政治基础。

1. 清代改土归流、省卫入县政策的施行。清朝作为少数民族建立的中央王朝，较少有"内华夏外夷狄"的政治观念。自清初以来国家便很注重民族地区的政治统一，具体到湘黔鄂渝桂省际毗连区则是国家强力贯彻执行了改土归流的政策，将长期游离于国家直接管控之外、"高度区域自治"的本区土司辖地及其城市全面纳入到了国家治理体系之中，具体措施大体如下：

（1）废土司、设郡县。西南土司制度自元代施行以来，经过明代的发展，逐渐建立起了一套"内边区"和"外边区"的分层管理的边疆政区体制。② 湘黔鄂渝桂省际毗连区虽为"内边区"的一个有机组成部分，但因

---

① ［美］刘易斯·芒福德：《城市发展史——起源、演变和前景》，宋俊岭、倪文彦译，中国建筑工业出版社2005年版，第26—27页。

② https：//baike.baidu.com/item/%E5%9C%9F%E5%8F%B8%E5%88%B6%E5%BA%A6/1394679？fr=aladdin。

国家直接控制的力量缺失或不足，元、明两朝始终都面临着土司分裂势力制造的危害国家政治统一的威胁，经常引发严重的社会危机，如明代的"奢安之乱"①"思州黄姓土司之乱"②等。鉴于土司制度严重威胁国家治权的统一，且土司间互相攻伐不已而导致地方政治与社会不靖的严峻局面，明政府便着手施行了改土归流政策，如将思南宣慰司、思州宣慰司以"仇杀谋乱"为名改流，分置为思州和思南府，将其地析分为四州八府。③

明清易代后，清政府为彻底改变湘黔鄂渝桂省际毗连区"土人知有土官而不知有国法久矣"④的状况，在明朝基础上继续强力实施"改土归流"政策，以求得"军民相得以安"⑤的地方政治局面，消弭土司制度危害国家统一的"天地间之缺陷"，⑥最终实现"变夷为夏"，"以等齐民"⑦的国家政治统一的目的。例如在黔南，雍正二年清政府用兵广顺州和定番州，开启了黔东、黔南大规模改土归流的大幕。经过十年左右的军事征伐，至雍正十一年，"辟地二三千里，几当贵州全省之半"，⑧中央完全控制了贵州"生苗"地区，先后设置了清江厅、台拱厅、古州厅、都江厅、丹江厅和八寨厅，分别隶属镇远府、黎平府和都匀府；并裁革了麻哈、石阡、龙里、凯里、平州等安抚司、长官司和婺川土百户等土司，其地分属石阡府、婺川县、炉山县、松桃厅等府州县厅。⑨其他地区亦在清初进行了改土归流（见表6.1）。这样，湘黔鄂渝桂省际毗连区原土司辖地和广袤的生苗地区经过清初改土归流成为了中央朝廷直接控制、全面管理的府州县厅行政区。"湖北之施南，湖南之永顺，四川之宁远，广西之泗城，

---

① 庞思纯：《明末"奢安之乱"中的贵阳保卫战》，《贵州日报》2017年2月24日。
② 蓝武：《元明时期上思州黄姓土司之乱与王朝中央之治策探析》，《贵州学院学报》2014年第3期。
③ 王强：《明代西南地区改土归流研究》，硕士学位论文，浙江大学，2010年。
④ （清）鄂尔泰、尹继善等修纂：《云南通志》，"艺文志·筹边第二疏（蔡毓荣）"，乾隆元年刻本。
⑤ （清）鄂尔泰：《分别流土考成疏》，载贺长龄、盛康辑《清朝经世文正续编》（第2册）卷86，"兵政十七"，广陵书社2011年版，第303页。
⑥ 戴名世：《戴南山全集纪红苗事》，时还书屋1918年木活字印本。
⑦ 中国第一档案馆藏：《朱批奏折》（民族事务类），卷宗号：第1729号。
⑧ （清）魏源撰，韩锡铎、孙文良点校：《圣武记》卷7，"雍正西南夷改流记"（下），中华书局1984年版，第292页。
⑨ 余宏模：《试论清代雍正时期贵州的改土归流》，《贵州民族研究》1997年第3期。

云南之东川，贵州之古州、威宁等府州县，先后建置，渐成内地"；①"蛮悉改流，苗亦归化"。②

表6.1　　　　清代湘鄂川毗连区改土归流设置府州县厅情形表

所属省	原土司辖地	改流时间	所设州、县	所属府（州）
湖南省	五寨长官司	康熙四十六年	凤凰直隶厅	
	永顺军民宣慰使司，南渭州、土知州，施溶州、土知州，施溶长官司，腊惹洞长官司，驴迟洞长官司	雍正七年	永顺县	永顺府
	白崖洞长官司，上溪州、土知州	雍正七年	龙山县	
	田家洞长官司	雍正七年	古丈县	
	保靖军民宣慰使司，大喇巡检司，土巡检	雍正七年	保靖县	
	桑植宣慰使司、上峒长官司、下峒巡检司，土巡检	雍正七年	桑植县	
	茅冈长官司	雍正七年	澧州直隶厅	澧州直隶厅
湖北省	施南宣抚使司、忠建宣抚使司、忠峒安抚使司、高罗安抚使司、木册长官使司	雍正十三年	宣恩县	施南府
	东乡五路安抚使司	雍正十三年	恩施县	
	忠路安抚使司	雍正十三年	利川县	
	金峒安抚使司、龙潭安抚使司、唐崖宣慰使司	雍正十三年	咸丰县	
	散毛宣抚使司、大旺安抚使司、东流蛮彝长官司、腊壁蛮彝长官司	雍正十三年	来凤县	
	容美宣慰使司	雍正十三年	鹤峰直隶厅	鹤峰直隶厅

①《民政部奏各省土司拟请改设流官折》，《政治官报》第1216号，宣统三年二月二十二日，第42册，第342页。

②赵尔巽撰：《清史稿》卷512，"土司一·湖广"，中华书局1977年版，第14206页。

续表

所属省	原土司辖地	改流时间	所设州、县	所属府（州）
四川省	酉阳宣抚司	雍正十三年	酉阳县	重庆府
	石耶洞长官司、平茶洞长官司、邑梅洞长官司、地坝副长官司	雍正十三年	秀山县	
	石砫宣慰司	乾隆二十六年	石砫直隶厅	石砫直隶厅

资料来源：傅林祥、林涓等：《中国行政区划通史》（清代卷），复旦大学出版社2013年版，第342—343、355—356、459—490页。

经过改土归流，湘黔鄂渝桂省际毗连区大部分土司辖区由中央委派的流官管理，但仍有少数边远地区的土司保留下来，由国家任命"土官"治理，土司制度得以残留。民国时期为了进一步强化湘黔鄂渝桂省际毗连区的治理，对那些残留的土司继续采取"改土归流"政策，基本消除了旧土司对地方政治建置的影响，形成了以城市为中心具有传统国家性质的地方政治管理制度。

在改土归流的同时，清政府还在明代、清初卫所制度的基础上，通过"省卫入县"的方式，将湘黔鄂渝桂省际毗连区国家所设部分卫所改置为府、州、县、厅的治所，[①] 而成为地方政治、经济、军事、文化中心，进而形成了完整的政治、军事、城市管理一元化的地方行政制度，[②] 完成了国家对本区域城市的全面控制和管理，达到了国家政治统一的目的。

清代国家再统，中央政府便根据政治地理形势在湘黔鄂渝桂省际毗连区设置了各级行政治所，并在治所修筑城池、建府衙、设屯卫，以靖地方；编户齐民，以施统一的政治、社会管理和控制。正如云贵总督张允随上疏所言："苗、倮种类虽殊，皆具人心。如果抚驭得宜，自不至激成事变。臣严饬……文武，毋许私收滥派，并禁胥役滋扰。至苗民为乱，往往由汉奸勾结。臣饬有司稽察捕治。"[③] 正是清代实行了统一的政治治理模

[①] 如前文所述，清政府在黔东、黔南地区以偏桥卫改置施秉县、以镇远卫改置镇远县、清平卫改设清平县、平溪卫改设玉屏县、清浪卫改设清溪县、天柱所改置天柱县、新添卫裁卫并县为贵定县、龙里卫改置为龙里县、设置松桃直隶厅等；湘西乾州军民所则改置为乾州厅、凤凰营改置为凤凰厅等。

[②] 嘉庆《重修大清一统志》卷499，"贵州统部·建置沿革"，四部丛刊本。

[③] 赵尔巽撰：《清史稿》卷307，"张允随传"，中华书局1977年版，第10557页。

式，湘黔鄂渝桂省际毗连区才在国家政权的强力推动下，实施移民实边政策，以充实人口，开发山林资源；厉行儒学教育，建立统一的文教制度，以促进城乡与内地的文化教育的一致性发展；组建与内地一体的各级城市管理机构，以保证城市社会秩序的稳定。① 这都是以城市为中心的。总之，清代国家"改土归流"政策的施行，打破了清代改土归流以前湘黔鄂渝桂省际毗连区城市封闭的政治地理状态。这在促进国家政治统一的同时，也促使其城市政治结构和城市行政体系、社会经济、文教事业、城市建设与管理等各个层面逐渐趋向内地化，从而促进了湘黔鄂渝桂省际毗连区城市与内地的政治、经济、文化的一体化发展和水平的提高，顺应了本区域城市发展的历史潮流。这些发展都是以清代改土归流为政治基础的。

2. 国民政府施行的城乡社会的同化治略。民国肇兴，在沿袭清代民族治理政策的基础上，除在政治上努力消除地方军阀割据，极力维护国家行政统一采取诸项行动外，国民政府还积极开展了以"同化治略"为核心的边政建设。经过数十年的努力，到20世纪三四十年代，国家对湘黔鄂渝桂省际毗连区社会的"同化治略"取得了相当的成效。

民国建政后，国家开始有意识地运用西方的民族学和近代民族国家理论指导中国民族地区的民族工作，制定了较为全面的民族政策。即在"中华民国人民一律平等，无种族、阶级、宗教之区别"的前提下，国家扶持民族自治，发展边疆民族地区经济、交通、文化、教育，尊重边疆各民族的风俗习惯和宗教信仰等。② 这些政策和规定为《中华民国约法》《中华民国训政时期约法》《中华民国宪法》所沿用，③ 上升为国家法律，成为指导国家处理湘黔鄂渝桂省际毗连区民族问题的最高指导方针，为本区在政治上继续保持与国家一致提供了根本保证。在这一政治前提下，近代中国的"国族理论"逐渐形成，即"民族主义就是国族主义"，并成为国家

---

① 李良品、李思睿：《改土归流：国家权力在西南民族地区乡村社会的扩张》，《青海民族研究》2015年第2期。
② 中国第二历史档案馆：《中华民国史档案资料汇编》（第二辑），江苏古籍出版社1991年版，第104—106页。
③ 李国栋：《民国政府民族政策的特点及其基本走向》，《烟台大学学报》（哲学社会科学版）2008年第4期。

边疆治理的行动指南。① 国民政府为确保"政治保障之平等"原则的施行，② 动用政治、经济、军事、文化等手段在各民族地区实施并强化了"弱控制、强改造"的"同化方略"，③ 使"各种各族，一律平等待遇，默使同化"。④ 为此，湘黔鄂渝桂省际毗连区各级政府主要采取了推行国族教育、风俗同化改革等措施。

为强化各族人民的国族认同，湘黔鄂渝桂省际毗连区各地方主政者都加强了本地区的国族教育。例如，杨森在主黔时期，大力倡导汉苗同源、边胞"共同进化"的思想，特别指出"中华民国境内只有一个国族"，"西南的苗族夷族"等"国内各宗支族"，俱为国族之"边胞"。⑤ 他们"虽称谓不同，实无所轩轾，皆同居中华领域，同属中华国民"。⑥ "凡我中华国族……同心同意，一齐向好的方向走"，"共同进化"，⑦ 最终实现"任何宗支族一律平等，并享受宪法上赋予的一切权利"，"实现大一统"。⑧ 以此为理论指导，杨森等民国政要在湘黔鄂渝桂省际毗连区积极开展了广泛的边胞国族教育，并取得了较大成绩。据记载，杨森"在黔石门坎曾派员参加英人所办之苗塾学校，并保送苗胞二人入中央军校；嗣复派员到宁远昭觉寺等处宣化夷民……（其）司令部附设苗人同化学校二所，实施同化教育……学生达二百余人，进行颇为顺利。……并制定军队实施同化苗夷计划，已令职军各部凡驻地接近苗夷，须实施短期苗夷同化教育"。⑨ 蒋介石驻跸贵阳期间，亦曾筹款创办了苗夷省立小学和培养师资的青岩国师，以强化湘黔鄂渝桂省际毗连区少数民族的国族观念。⑩ 抗战全

---

① 孙中山：《孙中山全集》第九卷，中华书局1986年版，第278页。
② 《民国贵州省民政厅档案》，贵州省档案馆藏，卷宗号：第M8—1—6025［8］卷。
③ 张剑源：《治边西南：历史经验与当代启示》，《法律与社会科学》2014年第13卷第2辑。
④ 《民国贵州省民政厅档案》，贵州省档案馆藏，卷宗号：第M8—1—6025［7］卷。
⑤ 杨森：《促进边胞文化运动之意义：杨主席在边胞文化研究会座谈会》，《杨主席言论选集》第1集，贵阳西南印刷所1946年版，第273页。
⑥ 曹经沅：《贵州苗民概括》，贵州省政府民政厅1937年编印，第1—3页。
⑦ 杨森：《促进边胞文化运动之意义：杨主席在边胞文化研究会座谈会》，《杨主席言论选集》第1集，贵阳西南印刷所1946年版，第273—276页。
⑧ 杨森：《边铎月刊发刊词》，《杨主席言论选集》第1集，贵阳西南印刷所1946年版，第350—354页。
⑨ 陈国钧：《贵州省的苗族教育》，吴泽霖、陈国钧：《贵州苗夷社会研究》，民族出版社2004年版，第40页。
⑩ 张慧真：《教育与族群认同——贵州石门坎苗族的个案研究（1900—1949）》，民族出版社2009年版，第104页。

面爆发后,面对亡国亡种的危难之际,南京国民政府为凝聚国人抗日决心,通过宣传动员、教育广大民众,不断推动湘黔鄂渝桂省际毗连区各民族的国族认同,强调中华民族为不可分割的"整体性结构",[1]谋求国内各民族的"密切团结,成一强固有力之国族",[2]国家采取了诸如民族自治、发展交通和经济、发布"改服令"等措施。下以"改服令"实施为例说明之。在推进民族地区国家和国族认同的过程中,早在民国初期,国家即已颁布了"改服令":"查方令政见共和,五族一家,无论满蒙回夷,自应同一服制。所属夷族……均须一律改成汉装……如有不遵,即是玩法,定即从严处治。切切此令。"[3] 1929年贵州省炉山县政府亦下令苗女改服汉装。[4]广西三江县为规划民族同化,本着不承认少数民族存在的精神,规定侗族"应一律改用汉服",并成立改良风俗委员会,专职推进"民族同化工作"。[5] 20世纪三四十年代,湘黔鄂渝桂省际毗连区各级地方政府进一步强制推行了民族同化的"改服"工作。1935年贵州省第十区专署奉示批准了"抚绥苗夷议案",并实施了"明其礼仪,改其服装,渐同汉化"的治略。[6] 1937年榕江县"强迫当地侗族改汉装"。[7] 1939年安龙县提出"一切(少数民族)风俗习惯极力改良,与汉族同化",强迫各民族人民"讲汉话着汉装"。[8]荔波县亦下专文,强令瑶族改服汉装。[9]杨森主持黔政时,亦"注意改着服装,汉苗通婚及婚丧语言等事"。[10]在国家强制

---

[1] 万钰莹、张健:《整合与动员的深层困境:南京国民政府国族构建政策析论》,《广西社会科学》2017年第1期。

[2] 周平:《中国边疆治理研究》,经济科学出版社2011年版,第64页。

[3] 刘琪:《命以载史》,世界图书出版社2011年版,第74页。

[4] 李文海:《民国时期社会调查丛编·二编·少数民族卷》(下),福建教育出版社2014年版,第700页。

[5] 高翠莲:《清末民国时期中华民族自决进程研究》,中央民族大学出版社2007年版,第251页。

[6] 《民国贵州省民政厅档案》,贵州省档案馆藏,卷宗号:第M8—1—602 [1] 卷。

[7] 万钰莹、张健:《整合与动员的深层困境:南京国民政府国族构建政策析论》,《广西社会科学》2017年第1期。

[8] 安龙县志编纂委员会:《安龙县志》,贵州人民出版社1992年版,第183页。

[9] 彭兆荣、牟小磊、刘朝晖:《文化特例——黔南瑶麓社区的人类学研究》,贵州人民出版社1997年版,第256页。

[10] 陈国钧:《贵州省的苗族教育》,吴泽霖、陈国钧:《贵州苗夷社会研究》,民族出版社2004年版,第40页。

下的改服工作在当时是取得了相当进展的。例如，炉山县"苗女改汉服者最多，今常见头部未改而全身已易汉式衫裤者"。① 其他地区，"已有多数县份，纷纷改装，改装后之边胞，穿着合时，行动轻便，与普通一般人士，举目相同，毫无两样"。② 即如杨森所言："遵蒋主席手令、内政部订颁之倡导民间善良习俗实施办法，并颁布劝导黔民改良服装（见图6.1、图6.2）、住宅图说外，曾通饬各县查报土著民族之生活风习，附以照片，借觇对照改装前后之得失，及推行移风易俗之进度，以收观摩之效，以作改进之资。积之日久"，成效甚巨。③

图6.1 改装前的石门坎苗族服饰

资料来源：《民国苗族最高文化区石门坎的上色老照片》，载http://www.ilishi.net/html/200911/25903.html。

---

① 李文海：《民国时期社会调查丛编·二编·少数民族卷》（下），福建教育出版社2014年版，第700页。
② 杨森：《贵州边胞风习写真》，贵州省政府边胞文化研究会1947年印行，第23页。
③ 同上书，"序言"。

第六章　清代以来湘黔鄂渝桂省际毗连区城市发展的动力机制与制约因素 ◆

图6.2　改装后的石门坎苗族服饰

资料来源：《民国苗族最高文化区石门坎的上色老照片》，载 http://www.ilishi.net/html/200911/25903.html。

此外，为进一步推进民族平等、国族认同工作，国民政府还努力消除民族歧见，"厘定失当称谓"，将原称呼湘黔鄂渝桂省际毗连区"獞、猺、獌、狇、猓、猡等皆从犬"等带有民族歧视的称谓，"重加厘定，代以人旁；或另拟适当之偏旁或替字。一洗从前之错误，而符民族平等之宗旨"。① 当然，这一措施是国民政府以"清剿"代替"羁縻"，以"同化"辅助"清剿"，消除西南民族特质为前提的，最终达到国家完全教化的政治目的。②

妨害湘黔鄂渝桂省际毗连区各族"国族认同"最大的根源在于本区域社会经济发展的滞后。为此，自民国建政以来便将"振兴实业""免除苛杂""劝导体恤"等能促进城乡社会经济发展的措施作为"抚绥苗夷"的

---

① 杨森：《贵州边胞风习写真》，贵州省政府边胞文化研究会1947年印行，第10页。
② 安龙县志编纂委员会：《安龙县志》，贵州人民出版社1992年版，第183页。

关键治略。① 在20世纪30年代中期以前，虽受社会进步程度、地理、民族、历史和地方政治不靖等多重因素的影响，但国家和地方还是在本区部分城市兴办了近代工矿业，兴修了一定数量的省级、县级公路，并开展了整理街巷等市政建设活动，其城市经济近代化亦在一定范围内取得了些许进展。但与此期周边区域相比发展还相当缓慢。抗战全面爆发后，随着国府西迁、人员西进、部分中东部企业迁驻湘黔鄂渝桂省际毗连区，国民政府从国家层面在各城市广泛开展了近代交通、工矿业、农业等方面的建设，提升了本区近代经济的发展水平，是为湘黔鄂渝桂省际毗连区城市近代社会经济发展的一个黄金时期。正如时人所评价的那样："廿四年以后，中央力量逐渐到达，继以"七七事变"发生，全面抗战开始，本省政治封锁之环境始被打破，其时沿江沿海……各种技术人才与有关工矿之一切设备亦均逐渐西移，贵州处于大后方，为西南重镇之一，故转地而来者非常之多，此为工矿建设之绝好机会。同时战事范围日益扩大，长期支持，必赖后方资源之大量开发与夫民生必需品之大量生产，方克增强力量安定人心，此又为促成本省工矿踏入建设途径之一。"② 城市经济的发展在进一步改变了湘黔鄂渝桂省际毗连区城市封闭落后的状况，为城市的近代化发展奠定一定的物质基础的同时，也为本区域民族的国家和国族认同创造了一定的经济条件。

总之，正是"这种从社会中产生但又自居于社会之上"的国家政治力量"在秩序的范围内"的强力楔入，③ 使湘黔鄂渝桂省际毗连区城市发展因国家政治一统而成为国家城市体系的一部分。这在为本区域城市发展提供稳定而统一的政治局面的同时，也极大地促进了各个城市内涵式的发展。

（二）国家动用各类资源营建城市，促进了湘黔鄂渝桂省际毗连区城市数量的增加和城市行政体系的发展。清代以来，国家介入湘黔鄂渝桂省际毗连区城市发展最直接、最直观的表现，即是在原土司辖地和生苗地区

---

① 《民国贵州省民政厅档案》，贵州省档案馆藏，卷宗号：第M8—1—602［2］卷。
② 何辑五：《十年来贵州经济建设》，南京印书馆1947年印行，第56页。
③ 《马克思恩格斯选集》第4卷，人民出版社2012年版，第187页。

第六章　清代以来湘黔鄂渝桂省际毗连区城市发展的动力机制与制约因素

新设治所,①并动用国家资源修筑古丈坪、保靖、龙山、定番、荔波等数十座城池,②促进了本毗连区城市数量的增长。同时,在湘黔鄂渝桂省际毗连区由改土归流转向政治治理的过程中,国家不断通过行政手段合理地配置政治力量,调整县级行政区划,尤其是清代和民国时期,国家对本区插花地带的调整与县的整合,使本区域城市在数量增长的同时,也使城市的地理分布格局不断趋于平衡,进而形成了这一时期湘黔鄂渝桂省际毗连区城市的行政体系。但因国家长期秉承地方行政管理的传统和受当时社会条件的制约,湘黔鄂渝桂省际毗连区城市未能形成像西藏、内蒙古等少数民族聚居区那样的一个以省会城市为中心相对单一的省级城市行政体系,而是分属湘、黔、川、鄂、桂等省,分别形成了以所属省份的省会城市为核心的区域城市行政体系。在这个独特的行政体系构架之下,湘黔鄂渝桂省际毗连区各城市又因历史、社会、经济发展的特殊性与彼此间的地域相关性和民族同源性,与其所属省份其他区域城市又存在着较大差别。出于政治和现实的考虑,清王朝和国民政府在湘黔鄂渝桂省际毗连区都实施了特殊的政治措施。这为20世纪中后期本区域民族自治州(市)、县的形成、发展奠定了基础。21世纪初,为改变湘黔鄂渝桂省际毗连区城乡发展的落后状况,国家制定了《中国农村扶贫开发纲要(2011—2020年)》,并批复了《武陵山片区区域发展与扶贫攻坚规划(2011—2020年)》等纲领性文件,并在武陵山和苗岭片区建立起了促进城市发展的跨省协调机制。这在行政上突破了过去制约城市发展的行政框架,有利于弥补本区域城市行政体系发展的缺陷,从而促进了湘黔鄂渝桂省际毗连区城市的发展。

为保障湘黔鄂渝桂省际毗连区城市的发展,自清代以来国家还实施了派驻官员、驻扎军队、设立巡检与保甲、实施"苗例"、建场市③、办企

---

①　在改土归流的过程中,国家新设地方行政机构直接管控原土司辖地,使区域城市数量增多。其中鄂西南城市数量从明代的2座增加到6座。川东南则由明代4座城市增加至清中期的5座。

②　参见(清)卞宝第、李瀚章等修,曾国荃、郭嵩焘等纂:《湖南省志》卷41、42,"城池",光绪十一年刻本;(清)鄂尔泰等修,靖道谟、杜诠纂:《贵州通志》卷5,"城池",乾隆六年刻本,嘉庆补修本。

③　据乾隆古州总兵韩勋奏疏记载:"向无市廛,近今兴立场市,各寨苗民商贩俱按期交易称便,并无强买强卖,军苗实属乐业。"载《清实录·高宗实录》卷105,乾隆四年十一月二十九日,中华书局1986年影印本,第581页。

业、发展交通、兴学校、易风俗、促同化等措施，强化了城市的治理，使其城市治理与内地趋向一致，促进了湘黔鄂渝桂省际毗连区城市的发展。

关于湘黔鄂渝桂省际毗连区的城市发展与国家政权之间的关系，诚如清代方志所言："古属苗区，今则狉狉獉獉，均为赤子。昔震以威，今柔以德，时势固不相侔。顾其间设堡设碉所以弹压而周防之者大要。扼吭据脊，断其率然之势，使不能狡焉。思逞以故，相地设堡，星罗碁布至严密焉，则夫城郭司卫。"① 即国家政治力量主导了湘黔鄂渝桂省际毗连区城市的发展。

综上所述，正是清代以来国家政治力量的进入与强化，直接推动了湘黔鄂渝桂省际毗连区城市的发展，使之真正成为中国城市发展的一个有机组成部分，并与内地城市发展逐渐融为一体。这在根本上开始改变了过去湘黔鄂渝桂省际毗连区城市发展封闭落后的状态。

二 移民：推动城市发展的重要外部推动力

人口是推动区域城市发展的关键要素。清代以前，除毗邻汉族的部分熟苗区域稍早得到开发，人口数量较多外，湘黔鄂渝桂省际毗连区其他地方还是一个山川锁闭、草莽丛生、人烟稀少的"蛮荒之地"。其城市因自然环境、经济条件不佳而数量少、规模小，且在历史时期多扮演着军事要塞的角色。例如，台拱"建城设兵，以镇抚之。且上为丹江声援，下为清江犄角，而施秉、镇远之藩篱以固"。② 如果城市仅承担单一的军事控制功能，这在清代以来湘黔鄂渝桂省际毗连区不断融合于祖国大家庭的历史进程中，显然是不能承担起带动区域社会经济全面发展的重任，也不符合本区域城市发展的历史逻辑和趋向。要解决这一问题，就需要国家和社会增加湘黔鄂渝桂省际毗连区城市的"人"的生产。但长期以来，湘黔鄂渝桂省际毗连区各民族人口生产数量有限，无法从区域内部有效解决这个问题。于是，自清初以来至20世纪中叶数百年间，因清代改土归流和抗战爆发，直接导致了大量中东部人口源源不断地迁居至广阔的湘黔鄂渝桂省

---

① （清）徐铉修，萧琯纂：《松桃厅志》卷2，"地理门"，道光十六年刻本。
② （清）鄂尔泰等修，靖道谟、杜诠纂：《贵州通志》卷24，"武备·师旅考"，乾隆六年刻本，嘉庆补修本。

际毗连区。这为本区域的经济开发与城市发展提供了十分宝贵的人口资源。这样，外来移民便在不自觉中充当了一股推动湘黔鄂渝桂省际毗连区城市发展的重要的外部力量。

移民迁居湘黔鄂渝桂省际毗连区城乡在明代已较为普遍。徐霞客在游记中曾记述道：独山"署篆所属皆客户，余所主者江西南昌人"。① 自清初伊始，出于国家政治和区域开发的考虑，清政府更是多次颁布了鼓励移民垦殖的政策；鼓励湘黔鄂渝桂省际毗连区各级官吏，招徕"各处逃亡人民，不论原籍何处"，编入保甲，使之安居乐业。② 划拨本地无主荒地以资垦种，官给印信执照，准为永业。③ 于是，人多地狭的中原、江浙、湖广、江西、广东等省区农民、手工业者和商人不远千里纷纷迁居湘黔鄂渝桂省际毗连区，或垦殖山林、荒地，或居城从事工商业经济活动，而成为推动清代本区域城市社会经济发展的主要动力因素之一。黔东、黔南，"至贵阳南北大路，居民皆新经招集"。④ 镇远，"地狭民聚，梯航交驰，黔中有驿，州县惟此最繁"。⑤ 其"居民皆江楚流寓"。⑥ 都匀府、黎平府以及兴义府安龙县等地汉族移民在当地人口中亦占有相当的比例。⑦ 湘西永绥厅城本孤悬于武陵山腹地，城外为苗寨所环绕，后随移民不断涌入，其中"附郭原野，客民占据日广"。⑧ 鄂西南咸丰，"阖邑新收民数"18364户，男妇大小共计101761丁口。⑨ 恩施"土著流寓男妇大小"，计337000丁口。⑩ 贵州清水江沿岸城镇则是"商贾络绎于道"，"牙坪、王寨、卦治三处，商旅几数十万"。⑪ 铜仁，"郡居辰常，上游舟楫往来，商贾互集，渐比中州"，⑫ 有力地促进了湘黔鄂渝桂省际毗连区城市工商业的发展。

---

① （明）徐霞客：《黔游日记》卷12，1924年按廎影山房刊本校印本，第7页。
② 《清世祖实录》卷25，台北华文书局1969年影印本，第5—8页。
③ 《清世祖实录》卷43，台北华文书局1969年影印本，第17—18页。
④ 《清圣祖实录》卷95，中华书局1985年影印本，第1194页。
⑤ （清）爱必达：《黔南识略》卷14，乾隆十四年修刊本。
⑥ （清）爱必达：《黔南识略》卷12，乾隆十四年修刊本。
⑦ 邹逸麟：《中国历史人文地理》，科学出版社2001年版，第173页。
⑧ 石宏规：《湘西苗族考察记》，1934年长沙铅印本。
⑨ （清）张梓修，张光杰纂：《咸丰县志》卷8，"食货志·户口"，同治四年刻本。
⑩ （清）多寿修，罗凌汉纂：《恩施县志》卷6，"食货志·户口"，同治三年麟溪书院刻本。
⑪ （清）爱必达：《黔南识略》卷21，"黎平府"，乾隆十四年修刊本。
⑫ （明）许一德等：(万历)《贵州通志》卷17，"铜仁府"，书目文献出版社1990年影印本。

由于外来移民数量众多，为区别土著和"苗人"，清代湘黔鄂渝桂省际毗连区各府州县厅地方志对移民便有了一个专门的称呼："客民"，有的地方还对"客民"作了较为详尽的人口统计（见表6.2、表6.3）。爱必达亦在《黔南识略》中专门统计了"住居城市乡场"客民数。"住居城市乡场及隔属买当苗人田土客民一千九百七十三户，并住居城市乡场买当苗民全庄田土客民及佃户，共四千四百五十五户。"①

表6.2　　乾隆二十五年永顺府属各县土著、苗民、客民户口统计

类别	户口	永顺	保靖	龙山	桑植	合计
土著	户	20346	7952	9982	8031	46311
	口	113765	34497	50555	21219	220036
苗民	户	4686	3227	1364	163	9440
	口	25133	12386	7155	536	45210
客民	户	9155	1418	7071	12547	30191
	口	46123	5552	37407	30837	119919
合计	户	34187	12597	18417	20741	85942
	口	185021	52435	95117	52592	385165

资料来源：（清）魏式曾增修，郭鉴襄增纂：《永顺府志》卷4，"户口"，同治十二年刻本。

表6.3　　清代中期黔东、黔南部分州县客民数量统计表

州县	客户（户）	州县	客户（户）	州县	客户（户）
长寨厅	340	定番州	1318	广顺州	2000
贵定县	1137	大塘州判	865	罗斛州	542
松桃县	857	册亨县	526	贞丰州	5432
黎平府	9915				

资料来源：罗绕典：《黔南职方纪略》卷1，"贵阳府"，成文出版社1974年据道光二十七年刻本影印，第15—28页；嘉庆《重修大清一统志》，"松桃厅"，四部丛刊本；（清）张瑛修，邹汉勋、朱逢甲纂：《兴义府志》卷25，"赋役志·户口"，咸丰四年刻本；（清）俞渭修，陈瑜纂：《黎平府志》卷3，"食货志·户口"，光绪十八年刻本。

① （清）爱必达：《黔南识略》卷1，"总叙"，乾隆十四年修刊本。

第六章　清代以来湘黔鄂渝桂省际毗连区城市发展的动力机制与制约因素

自明清兴起的移居湘黔鄂渝桂省际毗连区的移民潮一直持续到民国时期，尤以抗战时期最为突出，这直接促进了本区域城市人口数量的增长。例如，洪江在乾隆时便已是"庐烟数千"①的"西南一都会"。②嘉庆二十一年，辰溪县城有897户，5119人，其中客籍131户，439人。③石砫厅城也是"人烟辐辏"之地。④台拱厅在清乾隆间"城内汉民四百三十七户，两千零七十名口"。⑤荔波县"城厢内外汉民七百六十五户"。⑥抗战时期是为湘黔鄂渝桂省际毗连区城市人口急剧增长的一个阶段，其规模远超此前的增长水平。例如，长寨县城在抗战时期"人口是在一天天地激增着，不但有汉人与苗人，夷人也有，从全中国各个角落里来的人，不但有着中世纪的情调，也有着二十世纪流线型的新画影"。⑦镇远在抗战期间城内约有10万人，"中央机关设办事处于此者甚多"，其往来者"多半是异乡之客"。⑧都匀城市人口亦因中东部人口的大量迁入，由1937年的1万余人，⑨增加到1945年的9万余人。⑩铜仁城区郊外人口因抗战时期人口的持续流入，到1943年时已增至"近十万"。⑪湘西辰溪县城人口在抗战时期也骤增至近10万人。⑫洪江人口则从4万增至10万人。新晃县城亦由几千人激增至4万余人。⑬鄂西南恩施，"近日来因武汉撤退，省府西迁"，人口激增至15万人，⑭使"这个偏塞的山城也在闹着人口问题，南门到北门二里路，这小小的城圈，人塞得满满的。每家客店都是客满"，

---

① （清）魏德畹纂修，觉罗隆恩续修，汪尚友续纂：《直隶靖州志》卷13，"艺文志"，道光十七年刻本。
② 《洪江育婴小识》，转引自周秋光《湖南慈善史》，岳麓书社2010年版，第290页。
③ 辰溪县志编纂委员会：《辰溪县志》，生活·读书·新知三联书店1994年版，第112页。
④ （清）王槐龄纂修：《补辑石砫厅志》，建置志第五，"市街"，道光二十三年刻本。
⑤ （清）爱必达：《黔南识略》卷13，"台拱同知"，乾隆十四年修刊本。
⑥ 何光渝、何昕：《贵州社会六百年》，贵州人民出版社2014年版，第365页。
⑦ 黑婴：《长寨素描》，《贵州日报》1945年5月15日。
⑧ 李显：《镇远行》，《西南公路》1941年第174期。
⑨ 贵州师范大学地理系：《贵州省地理》，贵州人民出版社1990年版，第237页。
⑩ 蓝东兴：《我们都是贵州人——贵州移民心态剖析》，贵州民族出版社2000年版，第51页。
⑪ 李瑾：《初抵黔东》，《战干月刊》1943年第204期。
⑫ 辰溪县志编纂委员会：《辰溪县志》，生活·读书·新知三联书店1994年版，第556页。
⑬ 郑佳明、陈宏：《湖南城市史》，湖南人民出版社2013年版，第406、407页。
⑭ 中国人民政治协商会议恩施市文史资料委员会、中共恩施市委统战部：《恩施文史资料·恩施文史资料统战专辑》，1997年第8辑，第51、56页。

热闹异常。① 其他城市的人口数量亦在抗战时期因中东部移民的到来也有一定的增长。

伴随着这些来自社会生产力发展水平较高地区的移民的到来，他们也为湘黔鄂渝桂省际毗连区带来了先进的生产技术、文化和趋新的社会思想观念。这"对于经济的影响甚大"。② 例如，清代汉族的农耕技术因移民的传入，使湘黔鄂渝桂省际毗连区由落后的"刀耕火种"的原始农业生产阶段逐渐发展到封建农业生产阶段，农业生产面貌迅速改观。由"昔日禽兽窠巢"变为"今皆膏腴之所"。③ 一些农业条件较好的地方，如偏桥、平越，其"田畴衍沃不殊内地"，④ "几于中州"。⑤ 抗战时期，随着近代农业技术和农场制的引入，湘黔鄂渝桂省际毗连区还出现了近代农场。⑥ 农业的发展与进步，为本区域城市的发展提供了一定数量的粮食、原材料供应，部分满足了城市工商业所需的市场。汉地的手工业技术也随着移民传入到本区各个角落。"客民之贸易者、手艺者，邻省临府接踵而来"。⑦ 道光十八年，婺川县署理知县陈文衡在县城设纺织局，延聘外地技术人才，"教习"本县男女织工。⑧ 还有相当数量的移民从事开矿、冶金及其相关行业。⑨ 抗战时期，大批近代工业西迁，在湘黔鄂渝桂省际毗连区设厂采矿，为其城镇带来了先进的工业生产技术。新式知识分子的到来又为本区域各族人民带来了最新的思想和科学文化知识，进一步开启了各族人民的心智，开阔了湘黔鄂渝桂省际毗连区人民的视野，提高了他们认识世界的水

---

① 章一梁：《今日的恩施》，《全民抗战》1939年第54期。
② 胡鉴民：《人口变迁与社会变迁》，《民国丛书》第一编第19辑，上海书店1989年版，第81页。
③ 《山羊隘沿革纪略》，载鹤峰县委统战部编《容美土司史料汇编》，1983年内部版，第492页。
④ （清）鄂尔泰等修，靖道谟、杜诠纂：《贵州通志》卷7，"苗蛮"，乾隆六年刻本，嘉庆补修本。
⑤ （清）瞿鸿锡修，贺绪蕃纂：光绪《平越直隶州志》，贵州府志辑第22辑，巴蜀书社2006年版，第591页。
⑥ 《交通银行遵义办事处（1933—1949年）》（遵义市档案馆藏，全宗号：4）载有"兴华农场"。另参见陆和健《抗战时期西北农垦事业的发展》，《民国档案》2005年第2期。
⑦ （清）罗绕典：《黔南职方纪略》卷6，"黎平府"，成文出版社1974年据道光二十七年刻本影印，第157页。
⑧ （清）夏修恕、周作楫修，萧琯、何廷熙纂：《思南府续志》卷2，"公署"，道光二十一年刻本。
⑨ 邹逸麟：《中国历史人文地理》，科学出版社2001年版，第173页。

第六章　清代以来湘黔鄂渝桂省际毗连区城市发展的动力机制与制约因素

平，并培养了一批城市建设者。城市民居建筑风格也因汉族的房屋建筑模式的植入而发生了一定的改观。"夹街楼房连属，俱用瓦盖，复无茅栏牛圈之陋"成为了湘黔鄂渝桂省际毗连区城市建筑的常态。①

有些住城移民还积极参与城市各项市政建设。如乾隆十二年迁居鄂西南宣恩县城的安徽休宁商人宋文奇，捐资铺砌了县城石板路，开凿了五条水沟。道光元年，宋宏尧（宋文奇之子）与唐开洋等人再次捐资续修了县城水沟。②乾隆年间，江西儒商刘九龄见恩施县万寿宫前街巷道路难行，捐资整修以便行人。③又如溆浦水府庙，"在西城外，祀旌阳令许逊。一名万寿宫，万历二年建。清乾隆甲子江西客民重修"。④本区其他城市亦有类似"客民"主持或参与街道、桥梁、沟渠、公共场所等市政建设活动。他们对其所迁居的城市发展起到了重要作用。

另外，汉族移民的到来不仅增加了湘黔鄂渝桂省际毗连区城市人口数量，而且还改变了本区域城市人口的族群结构，并在潜移默化间促进了清代以来湘黔鄂渝桂省际毗连区社会生产和城市的发展与变迁，增加了城市形态的多样性。城市景观和发展态势也因外来汉族人口的增加而发生了巨大改变。例如，清代独山州城"屋舍比连，绣壤交错，望万家之灯火，数百家之仓籍"。⑤沅州府城西门外"万瓦鳞鳞，甕蔽成拱，行人往来肩摩踵接"。⑥到20世纪三四十年代，湘黔鄂渝桂省际毗连区部分城市因近代工矿业人口的迁入和近代工矿业的发展而披上了近代城市发展的彩衣。都匀、龙里、贵定、麻江、黄平、镇远等城市"工业渐渐兴起"，以至于"夜静附近的机器马达声，打破了黑夜中旅客的寂寥"。⑦甚至一些邻近城市的乡村也渐有了一丝近代工业化的气息，以致时人写下了"每当夜深人静，恒听见轧轧轧的声响，俨然是身临工业化的乡村"等富有诗意的文

---

① （明）徐霞客：《黔游日记》卷12，1924年按廈影山房刊本校印本，第7页。
② （清）王庭桢等修，雷春沼等纂：《施南府志续编》卷2，"续建置志·津梁"，光绪十一年刻本。
③ 王晓宁：《恩施自治州碑刻大观》，新华出版社2004年版，第97页。
④ 吴剑佩、陈整修，舒立淇纂：《溆浦县志》卷5，"坛庙"，1921年刊本。
⑤ （清）刘岱修，艾茂、谢庭薰纂：《独山州志》卷3，"地理志"，乾隆三十四年刻本。
⑥ （清）刘书年：《刘贵阳遗稿》卷3，《黔行日记》，紫江朱氏据原稿印行，第39页。
⑦ 李显：《镇远行》，《西南公路》1941年第174期。

字。① 市政建设亦因外来人口的迅速增加而得到了较普遍的开展，城市面貌改观较大，尤其是那些地处交通要道，外来人口增加迅猛的镇远、都匀、大庸、晃县等城市，其"屋宇整齐，行商云集"，②"一切建设已粲然大备"，③ 各项事业"颇有进步"。④ 城市近代化因素不断彰显。⑤ 城市意象遂一改过去"冷静，生活的安闲"的状态，⑥ 呈现出"现代姿态"，⑦ 使其"不但有着中世纪的情调，也有着二十世纪流线型的新画影"。⑧ 可见，大批移民的到来对湘黔鄂渝桂省际毗连区城市发展来说其影响几乎是全方位的。正如《威宁苗族百年实录》所述：威宁在外来人口的示范和推动下，"在20世纪30年代至40年代，苗族社会从单一农业自给自足经济，开始走向多种职业的教育、医药、手工业、商贸服务和进入政界活动的多种经济、社会模式"，⑨ 威宁的城市发展格局和趋向遂发生了历史性的变迁，是为湘黔鄂渝桂省际毗连区城市因外来移民的推动而发生巨变的一个缩影。

上述论述充分说明了外来移民是清代以来促进湘黔鄂渝桂省际毗连区城市发展的主要推动力之一。民国时期贵州主政者亦深刻体会到了"沿江沿海……各种技术人才"西移，对当地社会经济、文化教育发展所产生的巨大推动力和历史作用，并将他们视为"促成本省工矿踏入建设途径之一"。⑩ 正是这些人数众多的移民的到来，极大地促进了湘黔鄂渝桂省际毗连区城市社会、经济、文化、市政等各项建设事业的发展，并丰富了她的人文色彩。

三 交通：城市发展的推进剂

城市是人口及其为之服务的各类资源的聚合之地，它需要便捷的交通条件，以便将各类资源及时地汇集起来，满足城市发展的需要。故交通运

---

① 不污：《大庸素描》，《兑泽校刊》1941年第1期。
② 贵阳市档案馆：《抗战期间黔境印象》，贵州人民出版社2008年版，第145页。
③ 同上书，第378页。
④ 同上书，第114—122页。
⑤ 都匀市史志编纂委员会：《都匀市志》（下），贵州人民出版社1999年版，第960—969页。
⑥ 杨恒新：《活跃的建始》，《黄埔》1941年第2期。
⑦ 贵阳市档案馆：《抗战时期黔境印象》，贵州人民出版社2008年版，第493页。
⑧ 黑婴：《长寨素描》，《贵州日报》1945年5月15日。
⑨ 《威宁苗族百年实录》编委会：《威宁苗族百年实录》，贵州民族出版社2006年版，第24页。
⑩ 何辑五：《十年来贵州经济建设》，南京印书馆1947年印行，第56页。

输的发达与否直接关系着一座城市的兴衰成败。综考古今中外城市发展史，几乎没有一座地理封闭、交通运输条件不佳的城市能够真正很好地发展起来的。相反，那些具有优越的交通区位和交通发达的城市一般都能得到很好的发展。由此可见，交通是城市发展的重要推进剂。

湘黔鄂渝桂省际毗连区"向称山国，道路崎岖，交通梗阻"。① 长期以来仅依靠数量不多且崎岖逼仄，人称"鸟道"② 的驿道和沅水、都柳江、清水江、乌江等数条部分河段能通航的河流来进行本区域城市间及与外界城市和城乡间的沟通联系。交通不便在很大程度上制约了湘黔鄂渝桂省际毗连区城市的发展，致使城市规模、发展水平等都落后于其周边地区，更遑论中东部地区的中原、长江中下游、珠江三角洲等区域的城市了。

清初以来，国家出于政治统一和"边政"建设的需要，通过改土归流、设立治所、修筑城池等方式，将湘黔鄂渝桂省际毗连区全面纳入到了国家一统的政治秩序之中，并积极开展了陆路和航道方面的建设工作。

（一）陆路交通的拓展

受地理和政治环境的影响，湘黔鄂渝桂省际毗连区城市长期远离于国家主要路网之外。后随着国家地方治理能力的强化，使以驿路为主干的陆路交通延伸到了云贵高原东缘的湘黔鄂渝桂省际毗连区城市。其中湖广通往边陲云南的西南官道，从湖北荆州，经洞庭，过常德、沅陵、晃州入贵州，历平溪（今玉屏）、镇远、偏桥（今施秉）、麻江、黄平、新添（今贵定），至贵阳，再经黔西南，由普定进入云南。这条官马大道自元朝开辟以来，经明代完善，并在湘黔鄂渝桂省际毗连区部分地区修筑了支路，初步形成了依托西南官马大道，以省城（湖南长沙、贵州贵阳等）为中心的驿路交通网。③

清代在统一国家的过程中，进一步完善了湘黔鄂渝桂省际毗连区以驿道为主体的陆路交通网。雍正五年，为满足军需物资的运输，鄂尔泰请疏开路改驿，④ 修筑了从贵阳至湘西的湘黔驿道，将黔东、湘西与内地连接

---

① 钱春祺：《贵州之工业建设与金融》，《贵州企业公司成立三周年纪念特刊》，1942年，第3页。
② （清）张澍：《续黔书》卷1，朝间刻本。
③ 李斌：《清代清水江流域社会变迁研究》，贵州民族出版社2016年版，第52页。
④ （清）吴振棫：《黔语》卷下，"改驿"，咸丰四年刻本。

起来，其中贵州段共设 11 驿，245 公里。① 贵州"六厅"② 新设后，清政府又先后兴筑了镇远至丙妹、施秉至丙妹（经台拱、清江、古州、下江四厅）、都匀经八寨至丹江、丹江至台拱、清平经凯里至丹江、八寨经都江至古州、清江至天柱等八条驿道，共设 139 座驿铺，长 2018 公里。③ 这些驿道与后来新设驿道形成了湘黔鄂渝桂省际毗连区的交通网络（见表 6.4），并通过湘黔、川黔、湘鄂、川鄂、滇黔、黔桂等主干驿道与外界建立起了较为密切的交通联系。

表 6.4　　　　　　　　清末湘黔鄂渝桂省际毗连区驿道一览表　　　　　　　　单位：华里

主驿道	分驿路	里程	主驿道	分驿路	里程
湘黔线	晃州至省溪	120	黔桂线	募役司至贞丰	130
	万山司至铜仁	70		贞丰至兴义（南笼）	120
	铜仁至麻阳（水驿）	120		丙妹至下江	90
	晃州至玉屏	65		怀远至丙妹	300
	玉屏至清溪	42.8		榕江至都江	186
	清溪至镇远	77.6		都江至三合	90
	镇远至施秉	49.2		三合至八寨	70
	施秉经黄平至炉山	108.4		八寨至都匀	90
	炉山经贵定至龙里	191.5		经麻哈至贵定	190
	松桃至三家桥	345	川黔线	龚滩至沿河	180
	常德至辰溪（水驿）	520		沿河至德江	180
	辰溪至沅州	240		德江至思南	120
	晃州至玉屏	57.4		思南至龙泉	170
	铜仁经麻阳、凤凰、乾州、永绥、保靖、永顺至辰州	760		酉阳至平越	48

① 黔东南苗族侗族自治州地方志编纂委员会：《黔东南苗族侗族自治州志·交通志》，贵州人民出版社 2000 年版，第 113 页。

② "六厅"是指清政府在黔东南、黔南生苗地区所设立的都江厅、古州厅、丹江厅、台拱厅、清江厅和八寨厅。

③ 林芊：《贵州近代交通史略（1840—1949）》，贵州人民出版社 1985 年版，第 1—11 页。

续表

主驿道	分驿路	里程	主驿道	分驿路	里程
湘黔线	城步至绥宁	120	川鄂线	咸丰至黔江	100
	绥宁至靖州至会同	205		黔江至龚滩	440
	会同至洪江至黔阳	200		巴东至施南	385
	黔阳经芷江至晃州	240		施南至咸丰	240

资料来源：[日] 日本东亚同文会：《中国省别全志（贵州省）》，台北南天书局 1988 年影印本，第 196—299 页；[日] 日本东亚同文会：《中国省别全志（湖南省）》，台北南天书局 1988 年影印本，第 427—477 页；[日] 日本东亚同文会：《中国省别全志（四川省）》，台北南天书局 1988 年影印本，第 546—556 页；[日] 日本东亚同文会：《中国省别全志（湖北省）》，台北南天书局 1988 年影印本，第 430 页；林芊：《贵州近代交通史略（1840—1949）》，贵州人民出版社 1985 年版，第 14—15 页。

民国时期，随着近代陆路交通工具的引进和近代交通的发展，国民政府修建了湘黔、川湘、黔桂等干线公路。这几条省际交通干道将湘黔鄂渝桂省际毗连区主要城镇连接在一起（见表 6.5），并与湘、黔、川、鄂、桂等省区的区域公路交通网络连为一体，成为国家近代公路交通网的一个有机组成部分。

表 6.5　民国时期湘黔鄂渝桂省际毗连区公路干线及其沿线主要城镇一览表

公路名	沿途主要城镇
湘黔公路	龙里、贵定、马场坪、甘耙哨、炉山、重安江、黄平、施秉、镇远、三穗、玉屏、鲇鱼铺、晃县、芷江、辰溪、沅陵、桃源
川湘公路	彭水、黔江、秀山、茶洞、永绥、乾城、泸溪、沅陵
黔桂公路	甘耙哨、陆家桥、都匀、墨充、独山、上司、下司、南寨、营上、广西六寨、南丹、柳州

资料来源：林芊：《贵州近代交通史略（1840—1949）》，贵州人民出版社 1985 年版，第 137—145 页；王立显：《四川公路交通史》（上），四川人民出版社 1989 年版，第 198 页；何一民：《抗战时期西南大后方城市发展变迁研究》，重庆出版社 2015 年版，第 735 页。

在修建湘黔、黔桂等省际公路主干线的同时，为加强湘黔鄂渝桂省际毗连区城市间及其与广大乡镇的联系，国家和地方还修建了大量的与干道相衔接的支线公路和县乡道路。例如，贵州在黔东、黔南地区修建了玉松路（玉屏至松桃，144公里）、遵思路（遵义至思南，211公里）、陆三路（陆家桥至三都，105公里）、贵惠路（贵阳至惠水，55公里）、穗靖路（三穗至湖南靖县，136公里）、沙八路（晴隆至黔桂交界的八渡，266公里）、兴安路（兴义至安龙，60公里）、安紫路（安顺至紫云县城，80余公里）、德煎路（德江至煎茶溪，20公里）、紫望路（紫云至望谟）紫云段（70公里）、贵广路（贵筑至广顺，47公里）等支线公路和县乡公路。① 湘西地区亦在此期修建了通车里程较长的公路支线和县乡道路。② 它们和湘黔、黔桂、川湘、川鄂等省际交通主干线连成一体，便利了各城市之间和城乡的物质交流和人员往来，起到了直接推动湘黔鄂渝桂省际毗连区城市发展的作用。

同时，国民政府还在旧驿路基础上开展了湘黔鄂渝桂省际毗连区的驿路运输。其中在黔东、黔南开通了筑镇线（贵阳至镇远）、筑六线（贵阳至广西六寨）、筑三线（贵阳至三合）、筑金县（贵阳至金城江）、遵思线（遵义至思南）和八都线（八寨至都匀）等六条驿路运输线，共计1498公里。③

此外，铁路也在民国时期取得了一定的进展，即黔桂铁路在抗战时期延伸至了黔南独山县城。

陆路交通的发展，极大地便利了城市及其市场网络中的商品流通和人员往来，密切了城市间的联系，并扩大了城市与外界的交往，直接推动了湘黔鄂渝桂省际毗连区城市的发展。

（二）航道的疏通与延伸

湘黔鄂渝桂省际毗连区地区虽然河流众多，但能通航的水道并不多，仅沅水、清水江、都柳江、乌江等少数河流的部分河段具有较好的通航条件，但却受河流水文环境易变的影响，时常发生阻塞航道的情况。为了增加通往外界的孔道，除大力发展陆路交通外，清代以来国家和地方还在湘黔鄂渝桂省际毗连区进行了航道的疏通与延伸工程的建设活动。例如，在

---

① 林芊：《贵州近代交通史略（1840—1949）》，贵州人民出版社1985年版，第29—30、149—162页。
② 《湘省修筑公路状况》，《工商半月刊》1935年第9期。
③ 林芊：《贵州近代交通史略（1840—1949）》，贵州人民出版社1985年版，第26页。

湘西沅江河段，顺治时贵州巡抚卞三元组织平越、偏桥、黄平、兴隆等卫营兵及民工千余人，重开潕阳河诸葛洞段，"浚月河，筑水坝"，使潕阳河航道由镇远向上延伸了180里，直抵黄平州。① 雍正七年云贵总督鄂尔泰与贵州巡抚"题请开浚自都匀府至湖广黔阳县（清水江河道），总一千二十余里，遄行无阻"。② 雍正十二年，贵州总督尹继善疏浚了清水江支流巴拉河施洞口至欧家寨的航道。③ 乾隆及以后，国家和地方对清水江航道亦屡有疏浚，"以资挽运而济商民"。④ 嘉庆十二年，三脚屯商人胡德金捐巨资，说服众商整治了都柳江河道等。⑤

民国肇兴后，湘黔鄂渝桂省际毗连区地方也屡次疏浚乌江、清水江等航道。例如，贵州工商业家华之鸿出资五万两白银，倡议开凿乌江航道。贵州省商会会长徐屏臣主持开凿了乌江部分险滩，并疏通支流石阡至修文的黄沙河段，经三年努力完成了工程量的80%。⑥ 潕水、都柳江、清水江以及沅江干支流等具有通航条件的河流在民国时期也得到了进一步的整治，从而便利了湘黔鄂渝桂省际毗连区城市与外界联系的水上运输。⑦

近代以来，随着航道的疏浚和航运条件的改善，近代航运业在湘黔鄂渝桂省际毗连区也有所发展。在部分适于轮船航行的河段，一些城市开通了固定的班轮线路。例如，湖南在沅江流域开辟了沅陵到长沙的航线。"轮船可往来之地，计溯湘流而上，可抵湘潭衡州；沿湘而下，至靖港；由靖港可入宁乡；由乔口可入益阳；由常德可至桃源沅陵等地。"⑧ 又如，1938年"（南京国民政府）交通部及西南运输处借用民生公司吃水最浅之

---

① （清）鄂尔泰等修：《八旗通志》，"卞三元传"。转引自何仁仲编《贵州通史》第3卷，当代中国出版社2003年版，第209—210页。

② 窦全曾修，陈矩纂：《都匀县志稿》卷4，"沅江"，1925年铅印本，第17页。

③ 李斌等：《清代清水江流域社会变迁研究》，贵州民族出版社2016年版，第55—56页。

④ 贵州省文史研究馆点校：《贵州通志·前事志》卷20，贵州人民出版社1987年点校本，第317页。

⑤ 《都柳江航道在贵州开发史上的历史作用有哪些》，http://news.sina.com.cn/c/2006-08-21/shtml。

⑥ 《贵州日报》1982年1月7日第3版。另参见平刚《故绅华之鸿事实清册》，《贵州档案》1991年第4期。

⑦ 夏鹤鸣、廖国平：《贵州航运史（古、近代部分）》，人民交通出版社1993年版，第175—177页。

⑧ 曾继梧等：《湖南各县调查笔记》（上），1931年铅印本，第4页。

民宁轮船,试航该(常德至沅陵)线,上水只驶二十二小时,下水十小时又三刻,安全迅速,开以往之新记录。自此次试航成功以后,常沅间轮船源源增航,至今不断,且沅陵辰溪航线,亦继起开航,湘西水运,愈增繁盛"。① 1942年,国民政府以陪都重庆为中心,开通了川湘航路:顺江而下至涪陵,入黔江,经彭水、龚滩至龙潭,转陆运,再入酉水,转沅江、湘江,直抵湘南重镇衡阳。据1944年统计,此水陆联运交通线的起运货物为64735吨,运量合计10305996吨公里,其中轮运1967822吨公里,木船运输5393161吨公里,汽车运输2472680吨公里,伕运470333吨公里。②

沅江、清水江、都柳江、乌江等航道的疏浚及延伸,为本区丰富的物产输往汉口、重庆、上海等中心城市,并运回所需的食盐、洋纱、杂货等物资,提供了便利条件。③ 晃县为"湘西之门户,湘黔两省交通之枢纽,循沅江而下,可抵桃源常德",下达沪汉。④ 镇远"水运东通沅江可直走武汉三镇"。⑤ 松桃"与川湘毗连,是黔东的门户","水运有河流会渚于长江,船舶直达常(德)、(武)汉,输出以桐油、木材、五棓子、柑橘为大宗,输入以棉纱、布帛、杂货为多"。⑥ 由此可见,沅江、清水江、都柳江等航道的疏浚及延伸,在加强湘黔鄂渝桂省际毗连区城镇与中东部中心城市联系的同时,还在商品贸易、物资生产、人员往来和社会生活等层面促进了城市的发展。但与陆路交通对湘黔鄂渝桂省际毗连区城市的推动相比,航道的疏通与拓展对于城市发展的影响范围相对较小,且主要囿于沅水、清水江、都柳江等中下游能通航的河段,而那些地处武陵山、苗岭腹地、不通舟楫的城镇则几乎完全依靠陆路交通来进行彼此间及其与外界的联系。

此外,湘黔鄂渝桂省际毗连区航空事业也在民国时期得到了一定

---

① 王洸:《水道运输学》,商务印书馆1945年版,第121页。
② 交通部统计处:《中华民国三十三年交通部统计年报》,交通部统计处1946年版,第171页。
③ 夏鹤鸣、廖国平:《贵州航运史(古、近代部分)》,人民交通出版社1993年版,第159—162页。
④ 贵阳市档案馆:《抗战时期黔境印象》,贵州人民出版社2008年版,第511页。
⑤ 同上书,第526页。
⑥ 同上书,第516页。

的发展。① 但对其城市来说,它的推动作用还是相当有限的,且主要侧重于军事用途。

(三)交通对城市发展的推动

众所周知,交通是连接城市的重要纽带,是物资交流、人员往来的孔道和城市发展的主要动力源之一。它对城市生产要素的流动与集中、城镇体系的发展都有着决定性的影响。正如德国人文地理学家 F. 拉采尔所说:"交通是城市形成的力。"②

首先,交通直接促进了城市的发展。交通对清代以来湘黔鄂渝桂省际毗连区城市发展的影响几乎是全方位的,其主要体现于以下几个方面。一是促进了湘黔鄂渝桂省际毗连区城市布局的优化。清代以前,湘黔鄂渝桂省际毗连区尤其是生苗区域,几无城市可言,在清初国家城市版图上是为一片空白之区(见图6.3)。随着清代改土归流的完成和清水江、都柳江航道的疏浚,清政府在这一当时中国城市版图空白区上沿清水江及支流航道设置了"清江、丹江、八寨及古州、都江诸厅",③ 从而优化了湘黔鄂渝桂省际毗连区城市发展的空间格局。

二是为城市发展聚合了各类生产、消费要素。例如,位于都江、寨蒿、平永三江之汇的榕江县城,清初辟为粤盐入口的主要口岸。民国初年除粤盐外,日本等国商品源源上运,至榕江港转输黎平、都江、三合等地。城内上下河街有较大商号十余家。出口以木材及林产品为大宗,为流域木材集散中心。1931年木材贸易总额近百万元,仅次于锦屏居贵州全省第二位。粮食也是该港进出口的大宗,由都江、平永、太极镇等地集运至此,再运往广西。过境船舶常达千艘左右,年吞吐量五、六千吨。④ 交通在促进转输贸易发展、集聚各类生产、消费要素的同时,又引入了先进交通工具这一促进城市再生产的生产要素。晚清以来,随着近代公路在湘黔鄂渝桂省际毗连区城市的发展、延伸,汽车及其汽车维

---

① 黔东、黔南在抗战时期修筑了三穗、独山、思南、黄平、天柱等机场。参见《贵州省统计年鉴·战时贡献》,第6页,贵州省档案馆,全宗号60,案卷号6241—6401。
② 陆大道:《区位论及区域研究方法》,科学出版社1988年版,第28页。
③ 刘钟荫修,周恭寿纂:《麻江县志》卷14,"年纪下",1938年铅印本,第12页。
④ 《都柳江航道在贵州开发史上的历史作用有哪些》,http://news.sina.com.cn/c/2006-08-21/shtml。

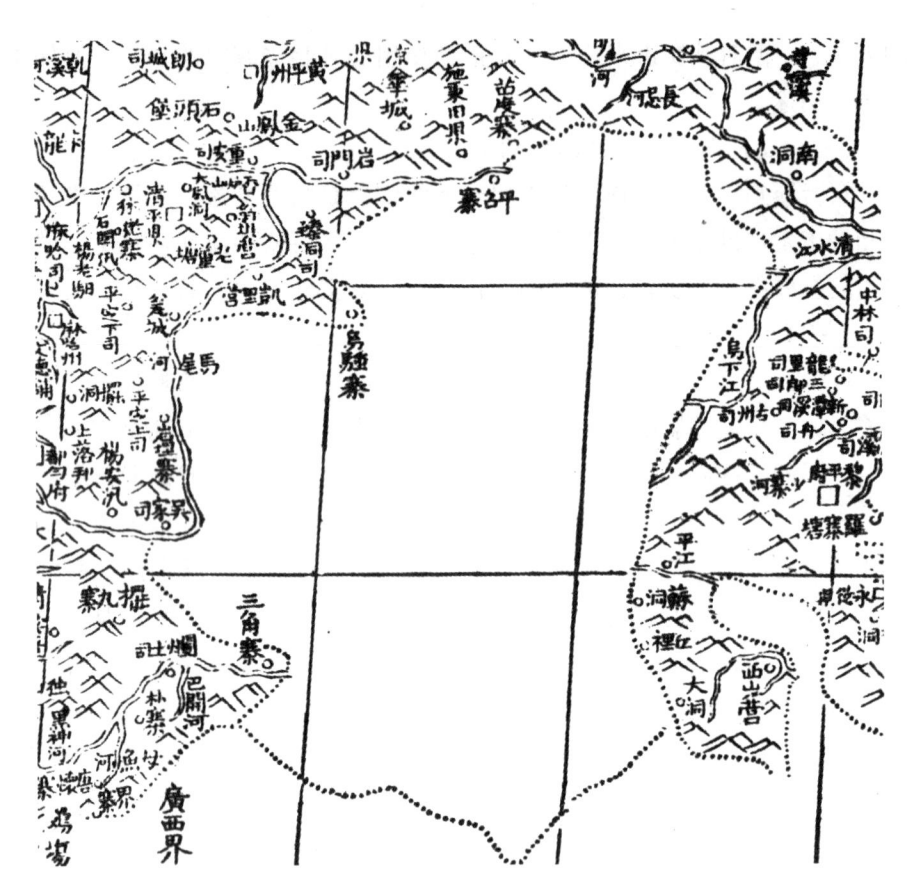

图 6.3 康熙《皇舆全览图》上一片空白的黔东南生苗区

资料来源：据康熙《皇舆全览图》（福华德 1941 年据康熙五十八年铜印版影印，第 33 页）绘制。

修设备也开始进入本区沿线城市，一改过去城市居民出行靠步行、肩舆、畜力等落后的传统交通方式和无机器设备的落后状态。其中惠水、黄平、独山、松坎等汽车修理厂或保养站从湖南、香港等地购买了一批车床、刨床、钻床、铣床等先进的汽车维修机械和工具。① 又如抗战时期许多中东部内迁工人、技术人员亦因交通的进步，许多都在"铁公机"（指铁路、公路和飞机场）部门工作。② 这些具有近代工业高素质的工人和

---

① 林芊：《贵州近代交通史略（1840—1949）》，贵州人民出版社 1985 年版，第 115—126 页。
② 同上书，第 129 页。

第六章　清代以来湘黔鄂渝桂省际毗连区城市发展的动力机制与制约因素　◆

技术人员以及近代交通设施因交通进步的到来，为湘黔鄂渝桂省际毗连区城市在抗战时期的发展注入了"人"和"物"的生产要素，从而促进了城市的发展。

　　三是完善了城市的基础设施。交通及其附属设施作为城市重要的基础设施是城市建设的重要内容。它对城市功能的发展与演变具有举足轻重的作用。故而，各城市均较重视交通及其附属设施的建设，尤其是码头、车站等。黔南三合县城因都柳江航道的开辟，而成为都柳江沿线城市对外交流的主要港口城市之一。为便于人员往来、商品交流，三合县在都柳江岸边修建"有上、下两码头。上码头称江头半月，盖石砌俨如新月；下码头称江头渔火，盖夜阑人静，渔父烛火捕鱼"。1928年，因对外贸易的发展，将上、下两码头改造联成一体，码头岸线长约200米。黔桂公路未通前，三合港为黔桂两省交通的主要口岸。[①] 镇远在潕阳河左、右两岸修建了11座码头，其岸线长达270余米，为镇远所产大米、土特产和百货、进出口物资的转运码头。铜仁在西门、便水门、后水门、中南门、下南门外修建了五处码头，年吞吐量达1万多吨。思南则建造了食盐、米粮专用码头，并附设仓库。[②] 码头的修建，极大地完善了这些港口城市的基础设施。陆路交通的作用亦是如此。近代以来，公路沿线的都匀、独山、墨冲、下司、安龙、惠水、屯脚、麻江、八寨、三合等城镇，一般都修建了车站、汽车维修站，并设有汽车运输公司。[③] 此外，三穗、天柱、独山、思南、黄平等城市还修建了机场。[④] 总之，码头、车站、机场等交通及其附属设施的修建，在一定程度上完善了湘黔鄂渝桂省际毗连区城市的基础设施，提升了城市的发展水平。

　　其次，交通推动了湘黔鄂渝桂省际毗连区城市规模与体系的发展。交通的进步与完善，聚合了推动城市发展的诸要素。这些要素在聚合的过程中便以交通为指向逐渐突破传统城市城垣的限制而向城郊发展，促进了湘

---

① 《都柳江航道在贵州开发史上的历史作用有哪些》，http://news.sina.com.cn/c/2006-08-21/shtml。
② 夏鹤鸣、廖国平：《贵州航运史（古、近代部分）》，人民交通出版社1993年版，第179—180页。
③ 林芊：《贵州近代交通史略（1840—1949）》，贵州人民出版社1985年版，第119—120页。
④ 《贵州省统计年鉴·战时贡献》，第6页，贵州省档案馆，全宗号60，案卷号6241—6401。

黔鄂渝桂省际毗连区城市规模的扩大。镇远，"所有她的精华，都荟萃在（湘黔）公路的两旁。在酷热、喧嚣和沉闷交织而成的氛围中，新的建筑物如雨后春笋般的起来。……这些建筑物，因适应事实的需要，沿着公路，尽量地、不断地在向西扩展之中，将一个带状的长街，拉得更长了"。① 晃县是"湘省最西的一个边城"，② 其"茶楼酒肆，饭馆旅舍"，不断沿公路向外拓展，"俱以现代姿态出现于路侧"。③ 本区域其他公路沿线的城市亦在近代陆路交通发展的推动下或多或少地沿公路上下拓展，扩大了城市发展的范围。滨河码头的修建则进一步扩大了湘黔鄂渝桂省际毗连区滨江沿河城市的经济规模和用地规模。

同时，交通还是湘黔鄂渝桂省际毗连区区域城市体系形成与发展的纽带。清代以来，湘黔鄂渝桂省际毗连区城市通过彼此间的交通联系，根据城市交通区位的不同，形成了以中心城市为核心，具有一定层级的城市体系。据前文所述，湘黔鄂渝桂省际毗连区自清代以来就已形成了水陆两大交通网络。这两大交通网络经过历史时期的发展，逐渐融合在一起，形成合力共同推动了湘黔鄂渝桂省际毗连区城市体系的发展，最终形成了分别以重庆、贵阳、长沙、武汉为中心的区域城市体系（见表6.6）。

表6.6　民国时期西南湘黔鄂渝桂省际毗连区区域城市体系

中心城市	中心城市	主要城镇	联系纽带
重庆* 贵阳* 长沙* 武汉*	镇远 常德*	武陵、沅陵、桃源、辰溪、芷江、麻阳、怀化、晃县、玉屏、岑巩、三穗、江口、石阡、松桃、铜仁等	湘黔、秀玉公路；沅江、清水江航道
	遵义* 涪陵*	秀山、彭水、黔江、沿河、务川、德江、印江、思南、酉阳、永绥（花垣）、所里（吉首）、保靖、古丈、沅陵、永顺等	川湘、遵思、遵秀公路；乌江、酉水航道
	万州*	石砫、恩施、利川、长阳、五峰、鹤峰、宣恩、咸丰、龙山等	川鄂公路；长江航道

---

① 贵阳市档案馆：《抗战时期黔境印象》，贵州人民出版社2008年版，第531—532页。
② 同上书，第500页。
③ 同上书，第493页。

第六章　清代以来湘黔鄂渝桂省际毗连区城市发展的动力机制与制约因素

续表

中心城市	中心城市	主要城镇	联系纽带
重庆* 贵阳* 长沙* 武汉*	都匀	三都、榕江、从江、甘粑哨、陆家桥、墨充、独山、上司、下司、南寨、营上等	黔桂公路；都柳江航道

注：带*号城市，均不属湘黔鄂渝桂省际毗连区城市。

资料来源：《四川省民政厅》，四川省档案馆，全宗号54，目录号7，案卷号9922，第74页；《湘黔公路上的艰难故事一个接一个》，《潇湘晨报》2015年7月4日；奇无、兵孙：《长期抗战内西南通海孔道一要埠：遵义经济调查》，《四川经济月刊》1938年第5期；陈鸿佑：《下川东的六大特用作物》，《四川经济季刊》1946年第3卷第2期；徐萌祥：《从来凤到重庆》，《旅行杂志》1946年第2期；叶弈颐：《从沅陵到贵阳》，《国讯》1939年第11期；胡士俊、彭治平：《各地动态》，《经济新闻》1944年第42期；傅润华、汤约生：《陪都商业年鉴·物产》第9编，文信书局1945年版，第32—33页；《抗战四年来之贵州》，贵州省公路管理局编印，1941年12月印行，第165页；夏鹤鸣、廖国平：《贵州航运史（古、近代部分）》，人民交通出版社1993年版，第8页。

由上可见，陆路交通和航运是推动湘黔鄂渝桂省际毗连区城市发展的两个层面，因时代、地区的不同，其作用大小有异。总的来说，湘黔鄂渝桂省际毗连区的交通虽然经过清代以来数百年的发展，但依然还很落后，即便是在晚清、民国近代交通发展较为迅速的时期，湘黔鄂渝桂省际毗连区的近代交通运输与其他区域相比还处于一个较低的水平，对区域市场的需求、商品流通、人员往来、城乡发展的拉力还是较有限的。因此，在正面评价交通进步对城市发展及其早期现代化巨大推动作用的同时，我们不能过高地评估交通对此期湘黔鄂渝桂省际毗连区城市发展的作用。这是因为交通只有和其他因素综合发挥其效能，才能使其推动城市发展的量能最大化。但自清代以来至20世纪中叶，湘黔鄂渝桂省际毗连区城市在政治、经济、人口、社会等层面虽然取得了较大的发展，但却仍处于一种由落后向先进追赶的态势，落后于周边区域的城市发展。可见，交通对湘黔鄂渝桂省际毗连区城市发展的推力还是不足的。正如帕金斯所言："二十世纪的工业化和铁路改变了中国城市化的方式，但只是部分地改变了城乡关系。"① 另外，我们在分析交通发展对湘黔鄂渝桂省际毗连区城市和区域社会发展推力不足的问题的同时，还必须看到清代以来区域交通的进步在国家政治经济层面所呈现出来的巨大的历史意义。即湘黔鄂渝桂省际毗连区城市之间及其与内地城市间的水陆交通的发展，以及所架构起来与内地城市之间广泛联系的桥梁，不仅在于经济、文化、人员等双向流动的层面上，而且还在政治层面上保证了国家以上率下的行政联系的有效性和时效性，而成为一种强化国家存在，政治、经济、文化等高度一体化的工具。它为湘黔鄂渝桂省际毗连区城市与内地有形的、物质的联系构架了一座座超越空间的心理桥梁，促进了本区域城市与乡村各个阶层的国家认同的发展。

综上所述，湘黔鄂渝桂省际毗连区城市自清代以来的发展主要来自于国家政治、移民大量的迁入和交通的进步等所形成的合力推动。但在这一过程中，这些动力机制因湘黔鄂渝桂省际毗连区地理环境、社会的动荡、乡村的落后等诸多不利因素的制约而未能充分发挥出其量能，使其城市发展相对有限。这与此期中国中东部区域的城市发展动力机制所获得的巨大成效形成了鲜明的对比。

第二节　城市发展的制约因素

从纵向历时态看，自清代以来至 20 世纪中叶，湘黔鄂渝桂省际毗连区城市有了较大的发展；然而从横向比较看，其城市的发展还存在着很大的时代、地域局限性，仍落后于中东部和周边区域城市。这主要体现于其城市规模普遍较小，经济、文化、市政建设等发展滞后、水平低，城市体系发展的碎片化特征显著，域内未形成一个或几个在各个方面都有巨大影响的核心城市来带动整个区域城市与乡村的发展。这主要是因为湘黔鄂渝桂省际毗连区自清代以来还存在着许多制约城市发展的因素，既有自然条件，又有社会经济因素；既有内部原因，又有外来影响。这诸多制约因素在特定的历史地理环境下形成了一股强大的迟滞城市发展的阻力。它不仅

---

① ［美］德·希·帕金斯：《中国农业的发展（1368—1968）》，宋海文等译，伍丹戈校，上海译文出版社 1984 年版，第 186 页。

制约湘黔鄂渝桂省际毗连区城市发展，而且还部分抵消了本区域城市艰难积累的内外推动力。

一 地理环境：制约城市发展的主要因素

湘黔鄂渝桂省际毗连区城市发展的历史虽源远流长，但独特而封闭的高原地理环境严重地制约了区域社会生产力的发展，使其既无法内生出能促进城市发展的足够的内动力，也极大地限制了外部推力进入本地区，致使湘黔鄂渝桂省际毗连区城市的发展长期相对缓慢而滞后。

（一）高原、山地的地势地貌对城市发展的负面影响巨大

城市既是人类文明的产物，也是人类文明发展的载体。它的形成与发展往往和地理环境紧密相连。即管子所言："圣人处国者，必于不倾之地，而择地形之肥饶者"；[①]"凡立国都，非于大山之下，必于广川之上"；"高勿近旱而水用足，下勿近水而沟防省"。[②] 中国传统城市的发展一般都遵循这一"因天材、就地利"的建城思想和原则。这也是城市发展最基本的地理环境要求。湘黔鄂渝桂省际毗连区地属雨热同期的亚热带季风气候，域内高原山地广阔，平均海拔高度在1000米左右，海拔在800米以上的地方占全境约70%，平原面积狭小，地形地貌复杂多样，以千沟万壑为主要地理景观的喀斯特地貌最为典型。受沅水、清水江、都柳江、清江、乌江等众多河流的切割，地形较为破碎。这一复杂多样的高原、山地的地势地貌环境对于湘黔鄂渝桂省际毗连区城市的建设与发展来说有着天然的巨大负面影响。

首先，山区高原地域广阔，平原面积狭小，使城市可资建设用地少，不利于城市规模的扩展。就湘黔鄂渝桂省际毗连区全域而言，其地势高下不平，号为"山国"。其中适于城市建设的山间河谷台地和盆地不多，且面积一般较为狭小，致使可资城市建设和发展的平畴之地严重不足，限制了城市空间的拓展。为突破城市规模化发展的地理瓶颈，湘黔鄂渝桂省际毗连区城市不得不倚山建城，或"城建岩疆，地居险要，山延川脉"[③]

[①] 黎翔凤撰，梁运华整理：《管子校注》（下），中华书局2004年版，第1050页。
[②] 黎翔凤撰，梁运华整理：《管子校注》（上），中华书局2004年版，第83页。
[③] （清）徐铉修，萧琯纂：《松桃厅志》卷4，"形胜"，道光十六年刻本。

"四面高峰层叠"①；或以"低洼巨壑填平以作街市"，②来获得城市发展的有限空间。多数城市因此形成了"设于大山谷底或高地上"的"山城"景观（见图6.4）。③ 这在地理空间上严重制约了城市内部功能格局的发展和城市规模的扩大。

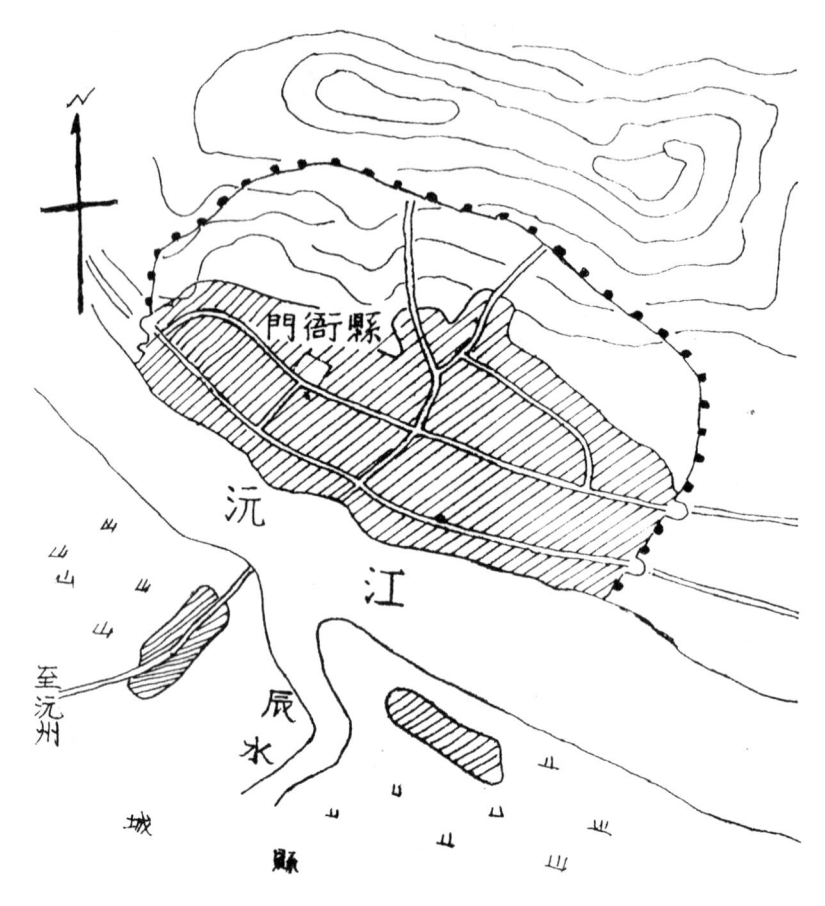

图6.4 泸溪县城及其地形图

资料来源：[日]日本东亚同文会：《中国省别全志（湖南省）》，台北南天书局1988年影印本，第137页。

---

① （清）董鸿勋修纂：《古丈坪厅志》卷2，"舆图上"，光绪三十三年刻本。
② 建航旬刊编辑部：《贵阳指南》，贵阳文通书局1938年版，第31页。
③ 丁颖：《西南各省公路沿线之农业概观》，《农声月刊》1941年第222期。

第六章　清代以来湘黔鄂渝桂省际毗连区城市发展的动力机制与制约因素

其次，湘黔鄂渝桂省际毗连区属破碎性的高原山地，千沟万壑的喀斯特地貌，造成城市之间、城市与市场联系的交通建设的困难。例如，近代修建的横贯湘川毗连区的湘川公路，因山岭阻隔而困难重重。"湘川线自桃源经沅陵，绕保靖而至里耶司……路线所经山岭重叠"，且因本区"地瘠民贫，对于一切材料及工人食米采办运输，均极为困难"，而"建设更属不易"。① 多数公路或修于"傍山岩"，或建在"临深渊"之处，且因施工困难，"限于人力财力"，公路修筑极为简陋，路基宽窄不一，且路基不甚坚固，如遇雨季，则坍塌不已，交通受阻。② 近代公路修建尚且如此艰难，可以想见清代国家和地方如果想修筑彼此联系和通往外界的陆路交通是何等的困难。至于那些公路沿线之外的大部分地区的人们依然只能循众多的"羊肠小道"穿越崇山峻岭与外界联系。这也难怪人们将交通滞后的湘黔鄂渝桂省际毗连区称呼为"山国"了。③ 其城市也因此被唤为"山城"或"边城"。虽然清代以来国家和社会大力开展了水、陆交通建设，湘黔鄂渝桂省际毗连区城市内外交通亦得到了较大的发展和改善，但与周边区域城市的交通发展状况及其对城市发展的推动相比还是显得相当落后。当毗邻湘西的洞庭湖平原地区自近代以来利用近代轮运、铁路、公路的发展，域内城市的规模、经济、市政建设等各个方面因交通的近代化和与外界联系的便利性，迅速由传统走向现代的时候，④ 大多数湘黔鄂渝桂省际毗连区城市却因"对外交通的困难，造成了经济上的孤立和闭塞，而内部交通的困难，更形成了小区域的闭守经济。各小区域之间各各相独立，失去调节的作用。甚至此县与彼县之间……经济上绝少联系"。⑤ 这使湘黔鄂渝桂省际毗连区城市之间的"往来商品也非常有限"，⑥ 城市近代化成果也仅限于少数交通相对发达的城市。这极大地削弱了湘黔鄂渝桂省际毗连区城市及其市场体系的发育、成长，从而在交通、经济层面上制约了

---

① 《湘川黔滇公路展筑与改善》，《道路月刊》1936年第50卷第1号。
② 王坪：《纵横于千山万水间的西南公路》，《中学生》1944年第78期。
③ 仇元：《交通束缚下之贵州农产品贸易》，《新经济半月刊》1940年第3卷第11期。
④ 郑佳明、陈宏：《湖南城市史》，湖南人民出版社2013年版，第290—388页。
⑤ 梁期：《贵州交通与贵州经济》，《人生服务月刊》1944年第2期。
⑥ 《民族问题五种丛书》贵州省编辑组：《苗族社会历史调查》（二），贵州民族出版社1987年版，第27页。

城市规模的发展。这也是造成本区域城市规模整体偏小、经济体系不健全的重要原因之一。

同时,城市"山城"的地理形态也制约了城市街衢格局和城市功能要素的布局与发展。城市狭小的地理空间致使湘黔鄂渝桂省际毗连区城市街道普遍狭窄(见图6.5),不利于人员往来、商品流通;同时,有限的城市空间只能容纳极为有限的促进城市发展的要素,并极大地制约了城市功能结构的分区布局与完善。可见,高原山地这一闭塞的地理环境便成为了制约湘黔鄂渝桂省际毗连区城市发展最主要的因素之一。

图6.5 黔阳古城老街巷

资料来源:作者自拍。

第六章 清代以来湘黔鄂渝桂省际毗连区城市发展的动力机制与制约因素

再次,高原山地的地理环境造就了高原山地辽阔,"稀少平原"的土地资源构成,① 致使湘黔鄂渝桂省际毗连区可耕地数量少且较为贫瘠,无法为本区域城市人口的聚合与规模的扩大生产、提供足够的粮食和工商业发展所需的原材料。湘黔"黔阳之安江,以至芷江、晃县,而达黔边之玉屏,中间除榆树湾至芷江较多岗陵外,大概均为高山地带"。"构成本地带之岩石"主要为红岩和石灰岩。土壤一般为"棕红""棕黄"或"棕黑色","土质无论其风化程度如何,均极为疏松"而"欠肥沃"。农田面积"概小",湘西"最大者不过千亩数百亩耳";黔东"最广者亦不过数百亩耳"。② 湘黔鄂渝桂省际毗连区不仅少有大块连片的可耕地,而且耕地总量亦严重不足。据统计,清嘉庆时期湘西共有耕地2461252亩,其中辰州府801012亩、沅州府690903亩、永顺府107819亩、靖州695073亩、凤凰厅61131亩、乾州厅10635亩、永绥厅54237亩、晃州厅40442亩。这些府州县厅的耕地总量却不及毗邻常德一府的3057203亩和澧州一州的2897293亩的耕地数。③ 其他地区的耕地面积亦因地理环境的制约而严重不足。这样,因高原山区所造就的贫瘠土壤和农业用地数量少的耕地条件,加之高原山地不利于农业生产的气候条件,在先天上制约了湘黔鄂渝桂省际毗连区农业的发展,使地域广阔的土地实际承载力很低,只能为城市发展提供"非常有限"的粮食、工商业原材料,④ 而无法供养更多的城市人口。这最终在"人"和"物"的两个层面制约了湘黔鄂渝桂省际毗连区城市的发展,使其只能维持在一个较低的水平上。

(二)频发的自然灾害严重地制约了城市的发展

湘黔鄂渝桂省际毗连区是我国自然灾害多发地区,主要自然灾害有水、旱、泥石流等及其引发的各类次生灾害。例如水灾,顺治元年五月,岑巩大水,"街市可以行舟,竟日乃止,洒架两溪,民田冲决成河者四百五十亩";印江洪水淹没东门坝。⑤ 康熙二十三年五月,泸溪、辰州、沅陵

---

① 杨德惠:《贵州公路近况》,《道路月刊》1933年第42卷第2号。
② 丁颖:《西南各省公路沿线之农业概观》,《农声月刊》1941年第222期。
③ 梁方仲:《中国历代户口、田地、田赋统计》,上海人民出版社1980年版,第406—407页。
④ 《民族问题五种丛书》贵州省编辑组:《苗族社会历史调查》(二),贵州民族出版社1987年版,第27页。
⑤ 《中国气象灾害大典·贵州卷》编委会:《中国气象灾害大典·贵州卷》,气象出版社2006年版,第73页。

"大雨经旬，水涨入城，舟行人市，屋宇倾倒，男、妇依山避之"。① 本区其他城市亦常有水灾发生，且频度较高。黔东玉屏，"虽蕞尔邑，为黔门户，扼楚咽喉，形势据其冲要。而滨城大江每多水患，明天顺二年、隆庆三年、天启元年屡被冲决。国朝康熙二十七年、五十九年，乾隆元年、二十一年、四十四年，历遭洪流，民居荡析。近者值雨泽浸多，水辄至中衢，余承乏久之"。② 频发的水灾，不仅造成了大量的人员伤亡，还损毁了大量的城市基础设施。如雍正八年五月，靖州大水，"城外东南西等门及江东房屋店铺，淹冲殆尽，城内水深丈余，死亡损失无算"。③ 此外，洪水或强降水还时常引发山崩、泥石流等破坏性灾害。例如，咸丰九年，溆浦柳溪山忽崩塌，洪水暴涨，"漂没田庐民居甚多"等。④

旱灾也是湘黔鄂渝桂省际毗连区经常遭受的自然灾害。例如，顺治五年，泸溪、沅陵，秋大旱；辰州入秋大旱，饥疫大作，"饿死及病死者极众"。⑤ 嘉庆二十五年，石阡、铜仁大旱，大饥，毙者枕籍于道；凯里旱荒；天柱大旱，年底米每斗银八钱五分等。⑥ 多发的旱灾常常造成农业的大量减产，极大地弱化了农业对城市农产品的供给，从而影响了城市的发展。

湘黔鄂渝桂省际毗连区自古以来便是"瘴疠"之地，境内时常爆发瘟疫、霍乱等烈性传染病。每当瘟疫流行之时，一般都会造成大量人口的非正式死亡或丧失劳动能力。例如，1939年黔东铜仁县瘟疫流行，人口的死亡率"平均约占百分之三十"。⑦ 1942年思南县霍乱大爆发，死者数以千计。⑧ 这样，频发的疾疫灾害便制约了这些城市人口的再生产和人口规模的扩大。

---

① 《中国气象灾害大典·湖南卷》编委会：《中国气象灾害大典·湖南卷》，气象出版社2006年版，第40页。

② （清）张澍：《续黔书》卷1，第4页，朝间刻本。

③ 《中国气象灾害大典·湖南卷》编委会：《中国气象灾害大典·湖南卷》，气象出版社2006年版，第44页。

④ 同上书，第432页。

⑤ 《中国气象灾害大典·湖南卷》编委会：《中国气象灾害大典·湖南卷》，气象出版社2006年版，第153页。

⑥ 《中国气象灾害大典·贵州卷》编委会：《中国气象灾害大典·贵州卷》，气象出版社2006年版，第23页。

⑦ 贵州省档案馆：《贵州档案史料》，贵州省档案馆1988年内部版，第48页。

⑧ 王肇磊：《略论疾疫视域下的抗战时期贵州城市公共卫生建设》，《遵义师范学院学报》2012年第5期。

总之，上述频发的各类自然灾害及其次生灾害有的给城市造成直接的巨大损失，如水灾、疾疫等；有的则给城市间接带来了较大的负面影响，如旱灾等。① 这都极大地制约了湘黔鄂渝桂省际毗连区城市的发展，使原本基础薄弱的城市发展因"人"和"物"的损失而更加艰难，进一步拉大了本区域城市与周边的洞庭湖平原、成都平原和滇中盆地等区域城市发展的差距，更遑论与中东部地区城市相比了。

（三）地处中国城市发展的边缘地带，远离国家政治、经济中心，又是造成城市发展落后的一个重要原因

清代以来湘黔鄂渝桂省际毗连区城市在数量和发展水平上都有较大的提高，但因高原山地的层层阻隔，使其远离国家的政治、经济、文化中心，是为当时中国城市发展的边缘地带。尽管湘黔鄂渝桂省际毗连区对外交通自清代以来有了较大的改善，但受地理环境的制约其与外界的联系依旧很艰困，即便是与周边邻近且距离不远的贵阳、长沙、重庆等中心城市的联系也是如此。例如，距离贵阳最近的湘黔鄂渝桂省际毗连区城市龙里与其仅有37公里的路程，② 在民国时期乘坐汽车也要花费三个多小时。③ 惠水县城（清为定番州）与省会贵阳也只有55公里的距离，是黔南城市中通往贵阳的"交通最便利者"，也因道路"逶迤山侧"，"驱驾绝迹"，④ 长期以来在"贵阳人们心海中，是留下荒凉、古老的一个缩影"和"一个渺远的边城"。⑤ "荒凉""古老""渺远"和"边城"等词汇真实再现了当时湘黔鄂渝桂省际毗连区城市在国家、社会印象中的"距离"是何等的辽远。这也难怪当时的人们将因交通阻塞的湘黔鄂渝桂省际毗连区称之为"内地的边疆"或"遐荒之地"⑥或"内地的边缘"⑦或"边陲"。⑧ 其城

---

① 关于湘黔鄂渝桂省际毗连区各类自然灾害及其次生灾害频发问题，详参《中国气象灾害大典·湖南卷》《中国气象灾害大典·贵州卷》《中国气象灾害大典·湖北卷》《中国气象灾害大典·四川卷》，气象出版社2006年版及各地方志。
② 冬野：《龙里：一个朴素的古城》，《贵州日报》1945年8月30日。
③ 庆修：《沪渝纪程之七》，《旅行杂志》1944年第18卷第8期。
④ 李菲：《惠水一瞥》，《贵州日报》1943年1月22日。
⑤ 程漠：《我歌唱定番》，贵阳《中央日报》1939年7月4日。
⑥ 中国第一历史档案馆：《雍正朝汉文朱批奏折汇编》第10册，江苏古籍出版社1989年版，第80页。
⑦ 曹大明、黄柏权：《内地的边缘：武陵山区区域特征述论》，《北方民族大学学报》2014年第6期。
⑧ 贵州省罗甸县志编委会：《罗甸县志》，贵州人民出版社1994年版，第70页。

市也多被冠称为"边城"的"雅号"。即使是在抗战时期交通有了较大的改善，主政者仍习惯地将湘黔鄂渝桂省际毗连区城乡各民族一概称呼为"边胞"。① 这些史料真实地反映出了湘黔鄂渝桂省际毗连区城市在其所属省份中所处的一种边缘化的境地。这使得本区域城市与中原及周边城市的"往来不甚密切，彼此间的社会距离，仍然相当遥远"。② 这种在地理和社会心理上的疏远感又增加了湘黔鄂渝桂省际毗连区城市在当时中国城市体系中的边缘化属性。城市发展的边缘化属性又加大了吸引外部推力的难度。这在湘黔鄂渝桂省际毗连区内生动力严重不足的情形下，其城市发展与中国中东部城市及其周边区域城市因获得更多的外力助持而发展迅速相比便显得更加滞后了。这也难怪当时社会对湘黔鄂渝桂省际毗连区城市因边缘性落后所作出的中肯评价："所见人文物质若和交通便利各省比较，相差之度，似乎要落后五十年甚或一百年。"③

正是因为湘黔鄂渝桂省际毗连区城市地处僻远，交通闭塞落后，人流物流困难，远离国家政治、经济、文化、交通中心，居于中国城市体系的边缘区域，致使本区域各类城市发展非常缓慢，且对腹地的辐射、带动与吸纳作用有限，没有形成功能分工明确，且层级分明的完整的城市体系，仍是一个由各个相对独立而封闭的地方城市结成较为松散的区域城市结合体。这都根源于湘黔鄂渝桂省际毗连区城市所处的高原山地的地理环境。

二 内耗纷争：阻碍了城市发展内动力的积累、发展

城市发展需要一个稳定和谐的内部环境，以便培育、积累政治、经济、文化等各个方面的内在推动力。自清代以来国家将湘黔鄂渝桂省际毗连区全面纳入到国家政治、经济、文化一体化的进程中，但因其民族成分、阶层和社会利益关系的复杂性，其社会在特定条件下常常发生严重的内耗与纷争，甚至导致严重的流血事件，从而恶化了湘黔鄂渝桂省际毗连区城市内动力发展的内部社会环境。

清代以前，湘黔鄂渝桂省际毗连区是以少数民族为主体族群的。改

---

① 杨森：《贵州边胞风习写真》，贵州省政府边胞文化研究会1947年印行，第1页。
② 吴泽霖：《贵州仲家生活的一角——食俗》，载吴泽霖、陈国钧《贵州苗夷社会研究》，民族出版社2004年版，第123页。
③ 苓生：《举一废百话榕江》，《新生》1935年第4期。

土归流后,清政府在本地区建立起了稳固的政治统治,汉族移民亦纷纷迁居于此,与各民族杂居在一起。"松(桃)地苗蛮率以寨计。有与汉民分寨而居者,有自相毗连至数十寨不等者。"① 黔东、黔南逐渐形成了"生苗在南,汉人在北,而熟苗居其中间"的族群地理分布总体格局。② 其他地区亦是"汉苗错处"。这种民族杂居错处的情形直至民国时期依然如故。"今(民国)之间,常有数种民族杂处,望衡对宇,而言语风俗各殊。"③

在"汉""苗"民族杂居错处局面形成、发展的过程中,地方社会因政治、经济、文化等诸多因素的利益诉求不同而经常引发各种各样的族群分歧或矛盾。贵州仲家"大都集族而居,与汉族的往来不甚密切……歧异的地方仍然至为明显"。④ 湘西亦因交通梗阻,"不但少与汉人接近联络,以厚情谊,即同族中之山前山后,距离而居,言语各异,风气各殊,造成不同之环境",⑤ 经常发生各式各样的矛盾,"一语不合,争斗立起"。⑥ 尤其是湘黔鄂渝桂省际毗连区各族群因地理、经济利益诉求的不同或矛盾持续激化之时,便因政治、经济、文化、建设等问题的刺激而使民族之间"互相歧视形成畛域",⑦ 造成严重的社会内耗问题。例如,雍正改土归流时,"黔民避苗内徙络绎于途,土著忧扰惊"。⑧ "贵州黎平有赖峒、高峒,皆生苗。有汉人往贾,为所杀。官差旂牌吏目往问之,不服,亦皆为其所杀。"⑨ 清《归庄集》亦载:"自靖州洪江驿而西,至晃州驿、鲶鱼坡诸处,……城郭丘墟,人烟断绝,暴骨如莽;又其地苗僚杂处,耕者皆持矛盾弩矢自卫。"⑩ 蓝鼎元也在文集中提到:"'苗'与汉民有睚眦,辄乘夜率众环其屋,焚而屠之",而"苗人"自己"白昼出乡井五里则惴惴忧其

---

① (清)徐铉修,萧琯纂:《松桃厅志》卷6,"苗蛮",道光十六年刻本。
② (清)赵尔巽撰:《清史稿》卷290,"杨明时传",中华书局1977年版,第10267页。
③ 刘介:《苗荒小纪》,上海商务印书馆1928年版,第1页。
④ 吴泽霖:《贵州仲家生活的一角——食俗》,载吴泽霖、陈国钧《贵州苗夷社会研究》,民族出版社2004年版,第123页。
⑤ 石启贵:《湘西苗族实地调查报告》,湖南人民出版社1986年版,第7—8页。
⑥ 《酉阳苗族调查》,《川边季刊》1935年第1卷第2期。
⑦ 石启贵:《湘西苗族实地调查报告》,湖南人民出版社1986年版,第665页。
⑧ (清)王寿松等修,李稽勋等纂:《秀山县志》卷3,"官师志第二",光绪十七年刻本。
⑨ (清)刘献廷:《广阳杂记》卷3,中华书局1997年版,第163页。
⑩ (清)归庄:《归庄集》卷7,"黄孝子传",中华书局1962年版,第410页。

不还。是以亦畏汉民"。① 不少正常的经济开发活动也因族群矛盾而陷入停顿。贵州水城万佛银铅厂，在清乾隆年间"开采极盛，后以苗乱而停顿"。② 同治时期，陈际台在秀山开办水银工场，"未数年成富室"。"酉阳人争其利，械斗残杀，并有死亡，际台坐是下狱，连讼累年，竟破其家。……至今采丹者不及其十一，以此亦颇相安云"。③ 清人对此种情形极为深恶痛绝。湘黔鄂渝桂省际毗连区"僻在边隅，肆行不法，扰害地方，剽掠行旅；且彼此互相仇杀，争夺不休，而所辖苗蛮尤复任意残害，罪恶多端，不可悉数"。④

当族群矛盾、纷争达到极点时，还会激化成严重的战争行为，并导致城市设施的大量损毁，中断城市的正常发展进程。例如，嘉庆六年二月松桃苗民起义，白老寅等聚集山林，数日间"烧掠汉民一十八寨"。⑤ 八寨，"咸丰五年被叛苗攻陷，民居官舍焚毁无余，并堕其城而不居，荒芜者十六载。自始建至被陷百有余年，其中有无修理，求其故实无复之者。盖城陷之后，遗老尽矣"。"城内住户咸丰以前计千余家。肃清后流亡归复者不满百家……迄今休养生息者已六十年，城中亦只四百家。"⑥ 三合县各衙署与民房在"咸同之役早经灰烬"。⑦ 民国时期，湘黔鄂渝桂省际毗连区先后发生了周西成与李燊为争夺地盘的黔东之战、国民党军围剿中国工农红军、湘西屯革军起义等战事。这都给本区域城市发展造成了巨大的损失。例如，1924年川军熊克武部过境湘西，与湖南地方军队在保靖发生了一场恶战，使保靖城内"各项主要建设皆受军事影响毁掉了"，就连学校也被军人"点上一把火烧尽了"。⑧

此外，湘黔鄂渝桂省际毗连区因中央和地方控制力量的不足，境内还存在着数量较多的土匪，是清代、民国时期中国为数不多的匪患集中地。

---

① （清）蓝鼎元：《鹿洲初集》卷1，"书·论边省苗蛮事宜论书"，台北文海出版社1977年影印本。
② 何辑五：《十年来贵州经济建设》，南京印书馆1947年编印，第167页。
③ （清）王寿松等修，李稽勋等纂：《秀山县志》卷12，光绪十七年刻本。
④ 《清世宗实录》卷64，载《清实录》（7），中华书局1985年版，第986页。
⑤ （清）徐铉修，萧琯纂：《松桃厅志》卷28，"说"，道光十六年刻本。
⑥ 郭辅相修，王世鑫等纂：《八寨县志稿》卷3，"城垣"，1931年刊本。
⑦ 胡蒿修撰：《三合县志略》卷10，"公廨"，1940年铅印本。
⑧ 沈从文：《湘行散记》，北京十月文艺出版社2013年版，第142页。

第六章　清代以来湘黔鄂渝桂省际毗连区城市发展的动力机制与制约因素

例如，印江、沿河等县屡遭"神匪"蹂躏，"地方财物已被劫掠殆尽"。① 都匀、兴仁两地"盗匪每恃为遁逃多于此，裹协良民肆行抢掳"。② 民国时期定番、平舟、大塘、贵定等县亦存在着数量较多的匪患。③ 湘西匪患的破坏性影响更甚于黔东、黔南。④ 例如，1929 年 4 月"八百土匪把一个大城（芷江县城）团团围住，在城外各处放火"，将城郊市街"烧去了七百栋房屋"。⑤ 严重的匪患给地方的社会稳定和经济发展造成了极大的破坏，加剧了城市发展的内耗，恶化了城市发展的内部环境，制约了城市动力机制的培育与发展，从而严重地阻碍了湘黔鄂渝桂省际毗连区城市的进步。

族群矛盾、战争、匪患等不仅恶化了湘黔鄂渝桂省际毗连区的民族、社会关系，损毁了城市发展所积累的文明成果，而且还极大地阻碍了本区域城市与外界互通有无的商贸流通与人员的往来，限制了外部推动力的进入，恶化了城市发展的内、外部环境。黔省"上下两游夷苗各匪，接踵窜扰，道路阻塞，远方商贾，裹足不前，即本省所产水银等物，亦不能往来销售"。⑥ 都柳江、清水江数以百计"苗船"不能出境，湘桂船舶不敢"上行"，"官民自黔之楚之粤，皆迂道远行，不得取直道由苗地过"。⑦

总之，严重的内耗纷争在很大程度上耗费了清代以来湘黔鄂渝桂省际毗连区由国家、社会致力发展起来的城市文明成果，极大地制约了城市发展内动力的培育和发展，致使内动力严重不足，最终不得不依靠外部推力来促进城市的发展，却又在一定程度上制约了外部推力的进入。对湘黔鄂渝桂省际毗连区这一严重内耗阻碍城市发展的历史现象，湘西学者亦有极为中肯的批评："我想起我生长那个小小山城（即凤凰县城）两世纪以来

---

① 《贵州省建设厅：本厅工作报告案》（1935 年 8 月），贵州省档案馆档案，全宗号 M60，目录号 1，案卷号 446（1）。
② 《贵州省建设厅：本厅工作报告案》（1935 年 10 月），贵州省档案馆档案，全宗号 M60，目录号 1，案卷号 446（2）。
③ 《贵州省建设厅：本厅工作报告案》（1935 年 11 月），贵州省档案馆档案，全宗号 M60，目录号 1，案卷号 446（2）。
④ 彭夏欢：《民国时期湘西匪患研究》，硕士学位论文，吉首大学，2017 年。
⑤ 沈从文：《凤凰》，二十一世纪出版社 2014 年版，第 38 页。
⑥ 清代钞档：同治十年十一月二十四日，贵州巡抚曾璧光奏。转引自彭泽益《中国近代手工业史》第一卷，生活·读书·新知三联书店 1957 年版，第 599 页。
⑦ 马国君：《平苗纪略研究》，贵州人民出版社 2008 年版，第 117 页。

的种种过去。因武力武器在手而如何作成一种自足自恃情绪,情绪扩张头脑即如何逐渐失去作用,因此给人的苦难和本身的苦难。想起整个国家近三十年来的变迁,也无不由此而起,在变迁中我那家乡和其他地方青年的生和死,每因这生死交替于每一片土地上流的无辜的血,这血泊更如何增加了明白进步举足的困难。"①

三 乡村落后:无法为城市发展提供足够的推动力

城市的发展,需要农村提高生产效率,扩大农副产品的商业化生产,为城市提供基本的粮食供应和工商业发展所需的原材料与市场,同时将农村的过剩人口转移至城市从事工商业、运输业以及各类服务业,以促进城市的再发展。两者只有形成良好的人口、经济循环,才能保证城市有序的发展和繁荣。费孝通先生对乡村推动城市发展的作用及两者间的关系曾作过深刻的阐述:近代中国乡村和都市是一体的,其关系具有相成、相克的两面性。乡村发展的好与坏往往与其域内城市发展水平的高与低存在着密切的关系。②美国学者彭慕兰通过对18世纪以前的中国江南和欧洲英格兰农业发展的研究,亦得出了中国和世界凡城市较发达者,其腹地乡村经济与社会的商业化程度亦较高的结论。③ 由此可见,乡村的进步是推动城市发展的一个重要阶梯和内动力源泉。

但是,湘黔鄂渝桂省际毗连区地处西南高原山地,农业发展的基础极为薄弱,自古以来便是农业欠发达的地区。其表现主要有四:

一是传统农业生产极为落后。湘黔鄂渝桂省际毗连区自清代以来虽有汉族移民带来了一些较为先进的传统农业生产技术,农业也有较大的进步,但受高原山区农业地理条件的制约,总体上仍旧很落后。例如,湘西农民垦山为业,修筑梯田,然高原山地所"开成之田亩,面积狭小,犁田耙土,需工又多……不适容牛转旋",多以人力耕作。同时,田亩距离河流、溪水较远,"无法利用天然水、车水灌溉",也只能依靠简陋且效率低

---

① 沈从文:《湘行散记》,北京十月文艺出版社2013年版,第28页。
② 费孝通:《乡村·市镇·都会》,费孝通:《乡土中国·生育制度·乡土重建》,商务印书馆2017年版,第353—354页。
③ [美]彭慕兰:《大分流:欧洲,中国及现代世界经济的发展》,史建云译,江苏人民出版社2003年版,第64—100页。

第六章　清代以来湘黔鄂渝桂省际毗连区城市发展的动力机制与制约因素

下的戽斗进行灌溉。① 渝东南彭水亦是"生产方法不良，出产不多"。② 其他地区的农业发展水平亦相类似，生产技术也很落后。甚至到了民国时期湘黔鄂渝桂省际毗连区还普遍存在"用锹锄掘地耕耘"，耕作绝少施肥，用剪刀"一穗一穗的将禾剪下"等"原始的""笨拙的生产技术和生产工具"来进行生产的农业业态。③ 至于那些处于"刀耕火种"的原始农业阶段的地方，其生产技术则更为落后。农业生产技术的落后自然无法满足山地农业持续有效开发的需要，也无法促进农业商品化的发展，致使湘黔鄂渝桂省际毗连区农业生产"一切落后于汉人"地区。④

不仅湘黔鄂渝桂省际毗连区农业生产技术落后，而且农作物种植品种也相对单一，一般以麦、水稻、玉米（称玉蜀黍、包谷）、菜籽、蚕豆等为主。⑤ 例如，秀山"大部分（耕地）业已利用，且多数用作水田种植水稻，其余山地，则栽种玉蜀黍与甘薯为大宗。玉蜀黍地中又以混栽大豆之情形最为普遍"。水田冬季时，"一部用以种植油菜，一部用以点播胡豆、豌豆用作菜蔬"。⑥ 桂西北在民国时期"玉蜀黍、山芋、高粱仍然为主要的作物"。⑦ 其他地方的农作物种植品种单一的情形亦大抵如此。在耕地面积狭小、耕作技术难以提高的前提下，湘黔鄂渝桂省际毗连区人民为提高单位耕地面积产出率虽因地制宜摸索出了"稻—猎""农林间作""稻—渔"等适宜高原山地的耕作模式，⑧ 但各类农产品的总产量较低，仅能满足农民的基本消费。据1940年鄂湘川黔边区绥靖主任公署对第六清剿区各县⑨的农产调查统计，全区20县共生产稻谷7584705石、麦658422石、豆

---

① 石启贵：《湘西苗族实地调查报告》，湖南人民出版社1986年版，第77—78页。
② 必青：《彭水县经济概况》，《四川经济月刊》1938年第9卷第3期。
③ 魏鼎勋：《广西融罗苗疆谈丛》，《新中华》1936年第4卷第17期。
④ 石启贵：《湘西苗族实地调查报告》，湖南人民出版社1986年版，第77—81页。
⑤ 丁颖：《西南各省公路沿线之农业概观》，《农声月刊》1941年第222期。
⑥ 陈泓佑：《秀山县农业概况》，《四川经济季刊》1945年第2卷第1期。
⑦ 魏鼎勋：《广西融罗苗疆谈丛》，《新中华》1936年第4卷第17期。
⑧ 林芊：《明清时期贵州民族地区社会历史发展研究——以清水江为中心、历史地理的视角》，知识产权出版社2012年版，第136—145页。
⑨ 鄂湘川黔边区绥靖主任公署所属第六清剿区各县分别为沿河、印江、铜仁、思南、江口、石阡、玉屏、岑巩、清溪、镇远、天柱、三穗、锦屏、剑河、省溪、后坪、正安、婺川、德江和凤冈，除正安和凤冈外均属湘黔鄂渝毗连区。

214139石、黍2930991石、棉26623石、蔴3948石、丝400石。① 其所产粮食基本不能自给，甚至还需从外地输入部分米粮，②"普通人想一餐米一餐杂粮也不容易"。③ 农村几乎没有自产余粮供给湘黔鄂渝桂省际毗连区城市增量人口的消费，从而制约了城市人口规模的发展。另外，湘黔鄂渝桂省际毗连区传统农业以生产粮食为主的生产模式，也限制了经济作物的生产，即便有一定的棉、麻等经济作物的生产，但被落后的乡村手工业消费后，其市场供应量便所剩无几，远不能满足城市工商业发展对农业原材料的基本需求，而不得不依靠外界输入。④ 这样，落后的农村社会生产力便在经济层面上制约了湘黔鄂渝桂省际毗连区城市工商业的发展。

二是建立在传统农业基础上的乡村工商业落后。虽然自清代以来湘黔鄂渝桂省际毗连区城乡工商业比以前有了较大的发展，但因农业生产的落后和乡村的贫困，致使广大地区社会经济的发展水平远滞后于周边地区。例如镇远手工业，"夫施（秉）之苗布仅足自给；偏（桥）竹席不能行远，其又何足以言工哉？"即便本区较为普遍的苗布生产，亦是自给有余，而供应市场严重不足。乡村商业活动亦不活跃。"自油盐布疋而外，虽一草履之细、一鸡卵之微，无不垄断穴穿而致焉。"⑤ 原始的商业形态在湘黔鄂渝桂省际毗连区广大乡村还很普遍，尤其是"离城市远些和很荒僻的地方"，直到20世纪30年代"还保存着物物交换的形式。他们剩余换出的多是自然产物和农产物，如冬菇、木耳、竹荪、五蓓子、兽皮、蓝靛、棉花、芝麻、茶叶、蜂蜜和鱼之类，而需用的是盐、糖、米、铜、铁和其他日用必需品的器具。钱虽早已流通。可是对他们并不能引起多大的作用，只是当做一种装饰品看待而已"。⑥ 可见，湘黔鄂渝桂省际毗连区乡村工商业的落后也极大地制约了联系乡村和城市的镇市的发展。

---

① 刘少墉：《边区社会概述（续四）》，《边声月刊》1940年第1卷第6期。
② 傅角今：《湖南地理志》，武昌亚新地学社1933年版，第515—516页。
③ 魏鼎勋：《广西融罗苗疆谈丛》，《新中华》1936年第4卷第17期。
④ 贵阳市档案馆：《抗战时期黔境印象》，贵州人民出版社2008年版，第516页。
⑤ （清）蔡宗建修，龚传坤纂：《镇远府志》卷9，"风俗志"，贵州省图书馆1965年据乾隆刻本影印。
⑥ 魏鼎勋：《广西融罗苗疆谈丛》，《新中华》1936年第4卷第17期。

第六章　清代以来湘黔鄂渝桂省际毗连区城市发展的动力机制与制约因素

三是作为乡村与城市联系的纽带——镇市，发展滞后。市镇作为乡村联系城市的经济纽带，其数量的多少、繁荣程度都与乡村社会经济发展状况密切相关，是乡村社会向外展示的一个窗口。清代以来，湘黔鄂渝桂省际毗连区经过数百年的开发、建设，原荒蛮之地渐因人口聚集、商业贸易的发展而兴起了许多市镇或集场。据地方志记载统计，清末湘西沅陵县有市镇（集场）46 处、① 溆浦县 17 处、② 黔阳县 7 处、③ 会同县 17 处、④ 古丈坪 8 处、⑤ 麻阳县 5 处、⑥ 芷江县 4 处、⑦ 绥宁县 10 处、⑧ 龙山县 20 处、⑨ 保靖县 15 处、⑩ 乾州厅 8 处、⑪ 永绥厅 11 处、⑫ 靖州 13 处。⑬ 相对而言，湘西的经济发展水平在本区域要相对高一些，然市镇数量依然不多，这与当时中国市镇发达地区的江南不可同日而语，也远少于毗邻的长江中下游地区。⑭ 虽然有些市镇因桐油、林木贸易而兴盛一时，但总体而言，湘黔鄂渝桂省际毗连区广大乡村集（镇）市的经济状况还是相当落后的。例如，渝东南秀山县平凯镇，仅距离县城五里，其交通较为便利，"为秀山县内唯一大商场"，长期以"二七墟场"的形式满足周边乡村的

---

① （清）守忠等修，许光曙纂：《沅陵县志》卷 8，"里社"，同治十二年刻本。
② （清）齐德五修纂：《溆浦县志》卷 5，"疆域"，同治十二年刻本。
③ （清）陈鸿作等修，易燮尧等纂：《黔阳县志》卷 3，"市镇"，同治十三年刻本。
④ （清）孙炳煜修，黄世昌等纂：《会同县志》卷 2，"建置志·市镇"，光绪二年刻本。
⑤ （清）董鸿勋修纂：《古丈坪厅志》卷 8，"建置五·市场纪略"，光绪三十三年刻本。
⑥ （清）姜钟琇、吴兆熙等修，刘士光、王振玉纂：《麻阳县志》卷 1，"疆域·市镇"，同治十三年刻本。
⑦ （清）盛庆绂、吴秉慈修，盛一林纂：《芷江县志》卷 5，"市镇"，同治九年刻本。
⑧ （清）方傅质修，龙凤翥纂：《绥宁县志》卷 5，"疆域"，同治六年刻本。
⑨ （清）符为霖修，刘沛纂：《龙山县志》卷 1，"地舆志·墟市"，同治九年修，光绪四年重刻本。
⑩ （清）林继钦等修，袁祖绥纂：《保靖县志》卷 2，"舆地志·市场"，同治十年刻本。
⑪ （清）林书勋修，蒋琦溥纂：《乾州厅志》卷 2，"疆里·集场"，同治十一年刻本，光绪三年续修本。
⑫ （清）董鸿勋修纂：《永绥厅志》卷 15，"食货门三·商业·各场市商业情形"，宣统元年铅印本。
⑬ （清）吴起凤修，劳铭勋纂：《靖州直隶州志》卷 1，"地理志·街市"，光绪五年刻本。
⑭ 任放：《明清长江中游市镇经济研究》，武汉大学出版社 2003 年版，第 96—118 页。另参见丁长清、慈鸿飞《中国农业现代化之路——近代中国农业结构、商品经济与农村市场》，商务印书馆 2000 年版，第 396—402 页；蒋家秋《明清贵州中小城镇经济研究》，硕士学位论文，云南大学，2016 年。

基本贸易需求，即便在经济快速发展的抗战时期也没有形成固定的集市。①其他地区乡村集镇的贸易形式亦以定期"墟市"为主，市镇经济发展极为有限。这与江南地区、两湖平原以及华北地区的集（镇）市的发展水平相比，存在着相当大的差距。②

四是传统农业生产的落后、工商业的欠发达和市镇（集）发展的滞后，致使湘黔鄂渝桂省际毗连区广大乡村社会经济长期处于一种落后、贫穷的状态。关于本区域乡村贫穷落后的状况，各种史籍文献载录颇多。例如，凤凰、永绥、乾州三厅改土归流后，"苗众转致失业，贫难无度者日多"。③石阡"地瘠民贫由来久矣"。④"施（秉）偏（桥）地瘠民穷，素乏千金之蓄，即有之，亦安土重迁"。⑤从江县"加勉乡与附近各个乡寨一样，因为生产水平低，人民生活较苦，出产不多"。⑥进入近代以后，随着中国被纳入到西方资本主义世界殖民经济体系之中，湘黔鄂渝桂省际毗连区是其最低层的一环，饱受西方殖民经济的盘剥。这进一步加剧了本区域乡村的贫困。时人对此亦深有痛感："至于一般现状若和二十年前相比较，深觉人民困苦有加无减"；⑦"农村经济大都凋敝不堪"。⑧甚至有些县，如从江、三合的"乡下人，长到十七八岁的姑娘，穷得没有裤子穿"。⑨

总之，湘黔鄂渝桂省际毗连区"地瘠民贫，产业衰弱，益以天灾匪祸之摧残，生产力更形薄弱"，农村经济难以维系，"亟应设法救济"。⑩这

---

① 陈泓佑：《秀山县农业概况》，《四川经济季刊》1945年第2卷第1期。
② 方行、经君健、魏金玉：《清代经济史》（中），经济日报出版社2000年版，第1055—1157页。
③ （清）佚名氏著，伍新福校点：《苗疆屯防实录》卷4，"苗疆善后章程"，岳麓书社2012年版。
④ 《石阡物产记》，载国家图书馆分馆编《清代边疆史料抄稿本汇编》第37册，线装书局2003年版，第448页。
⑤ （清）蔡宗建修，龚传坤纂：《镇远府志》卷9，"风俗志"，贵州省图书馆1965年据乾隆刻本影印。
⑥ 《民族问题五种丛书》贵州省编辑组：《苗族社会历史调查》（二），贵州民族出版社1987年版，第27页。
⑦ 苓生：《举一废百话榕江》，《新生》1935年第4期。
⑧ 梁期：《贵州交通与贵州经济》，《人生服务月刊》1944年第2期。
⑨ 明玲：《烟毒弥漫的贵州》，《时事新闻》1949年第26期。
⑩ 《民国时期档案·贵州省建设厅》，贵州省档案馆档案，全宗号M60，目录号1，案卷号446（2）。

样，乡村因贫困与落后为城市发展提供的粮食、工商业原材料也就"非常有限"了,[①] 也无法为城市工商业发展提供有效的市场支持，进而与城市发展形成了明显的二元对立关系，使城市失去了来自农村的推力。这在根本上制约了湘黔鄂渝桂省际毗连区城市的发展。

综上所述，湘黔鄂渝桂省际毗连区城市自清代以来，甚至自其诞生以来，便在动力机制和制约因素相互交错的矛盾运动中艰难前行。总体而言，湘黔鄂渝桂省际毗连区城市发展的内生动力因其所处地理环境、社会经济发展水平、人口再生产、交通建设、国家政策等因素在特定时代背景下无法正常成长、融合成为一股股强大的内生力量。这是长期制约湘黔鄂渝桂省际毗连区城市发展的根本原因。故而湘黔鄂渝桂省际毗连区城市自清代以来因国家力量的强力介入，将其纳入到国家统一的政治、经济、城市体系之中才在真正意义上获得了长足的发展。抗战时期亦因国民政府大力进行大西南建设和来自中东部的移民、近现代工矿企业和现代文教事业的多重推动，才使城市获得了一个发展的"黄金时期"。但随着"抗战建国"热潮的褪去，湘黔鄂渝桂省际毗连区城市复因国家与社会、内力与外力、地理与民族、中心与边缘、城与乡等矛盾问题未能得到根本解决而重归于"乱、穷、愚"。[②] 因此，当今湘黔鄂渝桂省际毗连区城市要想在新时代获得快速发展，就必须加强本区域促进城市发展内生动力的培育；同时还要积极引进外部推动力，通过现代交通、物流等纽带，结合本地区城市鲜明的民族特色，将内生动力和外部推力有机地整合在一起，共同促进城市的发展。这才是促进湘黔鄂渝桂省际毗连区城市发展、实现城市化的应有之道。

---

① 《民族问题五种丛书》贵州省编辑组:《苗族社会历史调查》(二)，贵州民族出版社1987年版，第27页。
② 李震一:《湖南的西北角》，宇宙书局1947年印行，第12页。

第七章　清代以来湘黔鄂渝桂省际毗连区城市发展的基本特征

湘黔鄂渝桂省际毗连区自清代以来至近代的城市发展历程，如同中国其他区域城市一样，既体现出了中国城市发展从传统走向现代的一般共性，同时又彰显出了区域性城市的典型性的基本特征。

第一节　城市发展的滞后性

湘黔鄂渝桂省际毗连区城市受自然人文地理环境、社会经济发展水平的制约，其发展一直很缓慢，虽在历史纵向上有了很大的进步，但置于全国城市发展的格局中进行横向比较，就会发现其城市发展水平一直滞后于周边的四川盆地、两湖平原和滇中盆地等区域城市。其滞后几乎是全方位的，尤其是在彰显城市发展水平的城市规模、经济发展水平、市政建设等基本层面上。

首先是城市规模小，城市规模化发展严重滞后。受城市地理环境、社会经济发展水平等因素的制约，湘黔鄂渝桂省际毗连区城市规模一般都比较小。在传统城墙时代，本区域城市多囿于城垣之内，即便有突破城墙限制的也只是那些拥有通航之利的城市在城墙外滨河之处修建码头，形成河街，如沅水、清水江、都柳江等河流沿岸的沅陵、辰溪、泸溪、镇远、黎平、榕江、三合等少数城市。因此，在界定城墙时代城市规模时，便可以城垣长度作为衡量城市规模大小的标尺。综考城墙时代湘黔鄂渝桂省际毗连区城市城垣的周长，大多在五里以下。其中城垣周长在5里及以上者15

第七章 清代以来湘黔鄂渝桂省际毗连区城市发展的基本特征

座,5里以下者51座,余者无城垣。① 可见,本区域城市的城垣长度普遍比较短。这意味着城市的用地规模比较小。例如,清代湖南永顺府城的城区面积仅为0.5平方公里,② 远低于同期湖南其他同级城市1.38平方公里的用地规模水平。鄂西南施南府城恩施的城区面积在晚清也只有0.5平方公里,③ 也远低于同期湖北其他府级城市用地规模的1.75平方公里。本区域其他城市亦大抵如此。何凡能、葛全胜、郑景云等学者在探讨清代中国城市城墙长度与城市规模关系问题时,运用现代地理测绘技术对各行省所属府州县厅城的用地规模进行了分析研究,亦得出了清代湘黔鄂渝桂省际毗连区城市的规模发展在当时也是比较落后的结论。④ 近代以后,湘黔鄂渝桂省际毗连区城市因公路和市政等建设的需要,其规模比清代有所扩大,尤其是部分沿省际公路干线城市或拆毁城墙修建马路或街巷,或沿公路向外拓展、延长形成新的街衢,如永顺、乾州、恩施、镇远等城市。但本区域大多数城市的用地规模仍在1平方公里以下。其中永顺县城建成区由清代的0.5平方公里扩大至0.7平方公里。⑤ 乾州(今吉首)城市建成区到1947年也仅增至0.5平方公里。⑥ 恩施县城则由清代的0.5平方公里扩展到抗战时期的0.8平方公里,⑦ 城市用地规模拓展不多。城市用地规模小及其拓展缓慢,加之城市经济的吸附力较弱,极大地限制了湘黔鄂渝桂省际毗连区城市人口的增长,城市人口规模亦不大,大多数城市人口在25000人以下。⑧ 即便在抗战时期镇远、辰溪、沅陵、恩施等少数次区域中心城市人口因中东部地区沦陷,外来人口短时集聚而激增外,有的甚至达到了10万人以上的规模,但在当时大后方城市中其城市人口发展亦较滞后。随着暂居湘黔鄂渝桂省际毗连区城市的中东部人口在抗战胜利后纷纷东归故里,这些城市人口数量便急剧减少,大致重归了20世纪30年代

---

① 据清代相关省志、府志、州志、县志、厅志相关记载统计而得。
② 永顺县地方志编纂委员会:《永顺县志》,湖南出版社1995年版,第355页。
③ 恩施市地方志编纂委员会:《恩施市志》,武汉工业大学出版社1996年版,第332—334页。
④ 何凡能、葛全胜、郑景云:《中国清代城镇用地面积估算及其比较》,《地理学报》2002年第6期。
⑤ 永顺县地方志编纂委员会:《永顺县志》,湖南出版社1995年版,第355页。
⑥ 吉首市志编纂委员会:《吉首市志》,湖南出版社1996年版,第371页。
⑦ 恩施市地方志编纂委员会:《恩施市志》,武汉工业大学出版社1996年版,第332—334页。
⑧ 侯杨方:《中国人口史》(民国时期),复旦大学出版社2001年版,第480—482页。

初的水平。除恩施、镇远、铜仁、都匀、沅陵、辰溪等少数城市外，其他大多数城市的人口规模则处于更低的水平。如黔东思州"附郭居民不满百家"。① 册亨则是"二百户矮屋，凑成一个小小的城市"。② 甚至还有数百人的县级城市。③ 这些城市如果按照城市人口标准是远不够资格的，甚至远低于江南大部分市镇的建置标准。城市用地规模小、人口数量有限，这极大地制约了湘黔鄂渝桂省际毗连区城市自清代以来的规模化发展，其发展水平也因此大大落后于周边区域的城市。

其次是城市社会经济发展水平落后。清代以来，湘黔鄂渝桂省际毗连区随着区域经济的开发、社会生产力的进步，城市经济发展水平也得到了一定的提升，但与其他先进地区相比还很落后。例如，松桃厅"女工不养蚕，地亦不出棉，棉皆取资湖南，量买以供纺织，布阔而㡇。取足衣著不能买。余则绩麻为线索，备缝纫之用，且以刺履，针黹简朴"。"工役无奇巧，木石土陶缝人等项各以其技食力，工资亦简，欲求细致须招自楚南。"④ "（松桃厅）维正之供，不足当他省大县十之一。"⑤ 又云："（湘黔鄂渝桂省际毗连区）延袤虽千百余里，实不及中州一大县，镏铢丝粟曾无裨于工供"，⑥ "赋税所入不敌内地一大县"，⑦ 经济非常落后。其城市因此长期被人们视为"穷山深箐"之地。⑧ 尽管经过清代二百余年的内地化发展，湘黔鄂渝桂省际毗连区城市的社会经济发展水平与内地差距也有所缩小，"渐呈繁荣之势"。⑨ 但自近代以来，随着中国近代工矿业、商业和交通在中东部城市和西部部分区域的快速发展，湘黔鄂渝桂省际毗连区城市

---

① （清）罗绕典：《黔南职方纪略》卷6，"思州府"，成文出版社1974年据道光二十七年刻本影印，第181页。
② 贵阳市档案馆：《抗战时期黔境印象》，贵州人民出版社2008年版，第339页。
③ 朱偰：《黔游日记》，《东方杂志》1944年第40卷第12期。
④ （清）徐铉修，萧琯纂：《松桃厅志》卷6，"风俗"，道光十六年刻本。
⑤ （清）徐铉修，萧琯纂：《松桃厅志》卷14，"蠲恤"，道光十六年刻本。
⑥ （清）顾炎武撰：《天下郡国利病书（云南贵州备录）》（8），"总舆图记"，上海书店1935年版。
⑦ 贵州省文史研究馆：《续黔南丛书》第2辑（上），《黔南识略·黔南职方纪略》，贵州人民出版社1992年版，第15页。
⑧ （清）田雯：《黔记》，载《黔书·续黔书·黔记·黔语》，贵州人民出版社1992年版，第16页。
⑨ 李忠清：《中国西南边疆的社会经济：1250—1850》，林文勋、秦树才译，人民出版社2012年版，第58、324页。

第七章 清代以来湘黔鄂渝桂省际毗连区城市发展的基本特征

的发展水平与中东部地区和西部部分区域城市的差距又迅速拉开,显得相当落后。民国学者张肖梅等人曾对本区域20世纪30年代的城市经济发展的落后状况作过总体的客观评价:"黔省之制造业,几乎全部停滞于手工业时代",且又"以贵阳为最盛"。① 包括黔东、黔南在内的整个贵州城市"根本没有现代的工业"。② 可见,当东南沿海、长江中下游以及云南滇中和四川盆地城市的近代工矿业在抗战前快速发展之时,湘黔鄂渝桂省际毗连区城市的工矿业仍还不很发达。即便经过抗战时期的大力建设,其落后状态依然没有得到根本改观。除恩施、辰溪、沅陵、芷江、会同、晃县、贵定、镇远、铜仁、锦屏、天柱、麻江等少数城市建立起了一定数量的近代工矿企业或工场外,其他多数城市依然处于传统手工业阶段,"全无此类工厂"。③ 总的来说,湘黔鄂渝桂省际毗连区因"农矿工商均未发展为独立之规模",其经济事业"自来较逊于他省",④ 也远落后于毗邻的贵阳、遵义、常德、宜昌、万州、涪陵等城市。例如遵义,在抗战前即已建立起了德泰、燧明、义昌三家火柴厂。抗战时期,从外省迁入了新华橡胶厂和第41、42兵工厂,并组建了贵州丝织厂、遵义水电厂、遵义酒精厂、大兴面粉厂等近代企业。⑤ 贵阳新建现代工矿企业数量则更多。即便沅陵、会同、辰溪、恩施等湘西、鄂西南少数城市工矿业因中东部工矿业的迁入和本地工业的兴办而有较大的进步,但仍落后于大后方四川盆地和滇中盆地的城市发展水平。即使如此,湘黔鄂渝桂省际毗连区城市近代工业化的进步也只是短暂的,在其内在属性上看仍是一个落后的表现。与近代工矿业发展相比,其城市商业则更显落后。大部分城市仍保留着"日中为市,交易而退"的传统集市贸易的商业形态。⑥ 据《黔政五年》记载,抗战时期黔东、黔南仍有十多个偏僻县城尚无现代商业可言,依旧延续着传统的商贸形式。而与黔东毗邻的遵义商业却在此时发展迅速,成为"商务繁

---

① 张肖梅:《贵州经济》,中国国民经济所1939年发行,第K1、A26页。
② 贵州省人民政府财政经济委员会:《贵州财经资料汇编》,1950年内部版,第59页。
③ 林兴黔:《贵州工业发展史略》,四川社会科学院出版社1988年版,第371页。
④ 《贵州建设协会宣言》,《贵州建设月刊》1946年创刊号。
⑤ 方步安、闵廷均:《抗战时期黔北工商业发展探究》,《铜仁学院学报》2008年第6期。
⑥ 王肇磊:《抗战时期贵州城市发展特点》,《贵州文史丛刊》2013年第1期。

盛"之所。"黔省市场，除贵阳外，前以黔西南之安顺县居第二位……（现）遵邑遂而代其地位矣。"① 遵义因工商业逐渐发达，现代商业形态——百货公司也出现在了城市商业街衢。② 总之，湘黔鄂渝桂省际毗连区城市社会经济在清代至民国时期的发展是很落后的，以至于时人为之悲叹不已："僻处边陲，交通梗阻，百业不振，经济落后"，③ "工商业之难于发展，更无论矣！"④

这一时期湘黔鄂渝桂省际毗连区城市社会经济发展的滞后状况还可从部分城市的街巷景观管窥一斑。例如，独山"房屋多为旧式"，矮小狭窄。⑤ 黄平县城中在抗战时期"欲觅一完整之屋宇俱无"。⑥ 即便社会经济相对发达的湘西芷江县城，在抗战时期"资本有一万元以上的商店，总共不过三家而已。其他的都类似上海的小摊与小纸烟店。说到顾客，真是寥若晨星，所以除了少数几家以外，大半的老板店夥，都是整天的呆坐着，充满了惆怅与无聊"。⑦

再次是城市的市政基础设施建设严重不足。清代湘黔鄂渝桂省际毗连区城市基础设施的建设主要集中于城墙、给排水设施、堤防以及码头等少数方面。进入民国以后，城市的市政建设又增加了街灯、公园、汽车站等新的内容。但受历史、社会条件的制约，这些市政设施的建设依然严重不足，湘黔鄂渝桂省际毗连区城市的外观也给人一种"幽暗古老的色调"和异常简陋的感觉。⑧ 城市卫生状况也因市政建设滞后和不足而很差。恩施县城污水横流，垃圾随街乱倒，卫生状况极差，时常引发霍乱、疟疾等疾疫灾害。⑨ 来凤县城街巷狭弯而曲折，街道路面坑坑洼洼，雨天泥泞难

---

① 奇无、兵孙：《长期抗战内西南通海孔道—要埠——遵义经济调查》，《四川经济月刊》1938年第8卷第5期。
② 何仁仲：《贵州通史》，当代中国出版社2002年版，第343页。
③ 胡嘉诏：《贵州省之经济建设》，《实业部月刊》1937年第2卷第2期。
④ 胡嘉诏：《一年来之贵州省建设》，《中国建设》1937年第15卷第1期。
⑤ 张琴南：《入川纪行》，《旅行杂志》1936年第6期。
⑥ 陈志雄：《湘黔滇旅行记》，《旅行杂志》1938年第11期。
⑦ 彭照龙：《湘西通讯：蜕变中的芷江》，《礼拜日周刊》1939年第1期。
⑧ 庸生：《从川东到鄂西》，《文史杂志》1944年第4卷第3、4期。
⑨ 恩施市地方志编纂委员会：《恩施市志》，武汉工业大学出版社1996年版，第332—333页。

第七章　清代以来湘黔鄂渝桂省际毗连区城市发展的基本特征

行。① 沅陵县城街道虽铺以碎石，但仍是"凹凸不平"，路幅窄小。② 松桃、紫云、施秉、丹江、剑河、台江等城市自清代至民国时期亦因市政建设落后、城市卫生状况不佳而导致各类疾疫非常流行，并给湘黔鄂渝桂省际毗连区城市乡村社会经常造成很大的破坏性影响。③

此外，湘黔鄂渝桂省际毗连区的人口城市化率也很低。据20世纪40年代末不完全统计，1947年炉山县城区人口总计1842人，其所占全县人口比例仅为1.81%。④ 1949年1月岑巩县城区人口数为1858人，占全县人口比重也只有2.54%。⑤ 天柱县1949年5月城区人口共计2725人，其城市人口比率仅占全县人口的2.10%。⑥ 其他城市除少数城市外的人口城市化率亦大抵如此。城市人口所占比例低充分说明了湘黔鄂渝桂省际毗连区的城市化发展还处于一个相当低的水平上，其城市化发展道路还很漫长。

对于湘黔鄂渝桂省际毗连区城市的发展水平，虽然学术界还未从整体上对其进行考察、评估，但亦有学者对毗连区部分区域城市的发展状况有过明确的结论。民国湘西文人沈从文在描述自己家乡凤凰县城的发展状况时，曾对湘西城市发展的"拒他性"所导致的落后作了深刻的反思："湘西到今日，生产、建设、教育、文化，在比较之下，事事都显得落后"，即人们"一般议论常认为是'地瘠民贫'"。⑦ 美国学者施坚雅亦曾对沅江流域的城市发展作过中肯的评论："中国人在长江中游定居最晚的一个亚区是沅江流域，城市建设落后，直至中世纪，几乎没有什么进展。"⑧ 在考

---

① 来凤县县志编纂委员会：《来凤县志》，湖北人民出版社1990年版，第181页。
② ［日］日本东亚同文会：《中国省别全志（湖南省）》，台北南天书局1988年影印本，第130页。
③ 贵州省地方志编纂委员会：《贵州省志·民族志》，贵州民族出版社1988年版，第88页。
④ 《炉山县县政概况报告（1947年）》，黔东南州档案馆藏：民国时期档案，全宗号1，目录号1，案卷号82。
⑤ 《岑巩县户籍统计月报表（1949年）》，黔东南州档案馆藏：民国时期档案，全宗号1，目录号1，案卷号122。
⑥ 《天柱县户籍统计月报表（1949年）》，黔东南州档案馆藏：民国时期档案，全宗号1，目录号1，案卷号123。
⑦ 沈从文：《湘行散记·湘西》，人民文学出版社2017年版，第104页。
⑧ ［美］施坚雅主编：《中华帝国晚期的城市》，叶光庭等译，中华书局2002年版，"导言"，第11—12页。

察沅江流域城市设置数量和发展问题时，施坚雅又将沅江流域城市发展滞后作了进一步研究和解释：沅江流域在公元221年有县治8个，在221—589年的三个半世纪里只增加了3个，在589—1289年的7个世纪中增加了8个，在1289—1911年间又增建了16个，达到35个。而同期，湘江流域县治数为45个，汉水流域有县治40个，赣江流域则高达69个，长江中游走廊地带也有64个县治。由此可见，沅江流域是长江中游地区五大亚区中城市化发展水平最落后的一个。对此，施氏进一步强调："我们必须记住：明清时期该地区（即沅江流域）人口像云贵与岭南西部一样，还只有部分汉化。"① 沅江流域作为湘黔鄂渝桂省际毗连区城市化发展水平最高的区域尚且如此，至于其他地区的城市发展水平则更显落后。

第二节　城市发展的地区差异性

任何城市的发展总是要依托一个特定的区域地理环境，并在其发展历程中逐渐因适应地理环境的变化而沉淀出显著的地域性特征。即使同一区域内的城市也会因其所处的地理人文环境和演化路径的不同，经历史的沉淀而呈现出明显不同特征的人文地理差异性。

湘黔鄂渝桂省际毗连区地处云贵高原东缘，全域因山川纵横而形成了诸多次级地理单元，主要有武陵山区和苗岭两大地理核心区及其边缘地区。这些区域在地理上与汉族地区的距离有近有远。在靠近汉族区域的地区和城市因与汉族和内地交往历史较早，区域开发和城市发展亦领先于其他地区；反之，那些远离汉族地区而深居高原腹里的地区则开发的较晚，其城市发展亦稍显滞后。这样湘黔鄂渝桂省际毗连区及其城市便因发展进程的不同出现了较为显著的地域差异。明清以来，为了便于区分湘黔鄂渝桂省际毗连区社会发展的地区差异性，国家和社会将靠近汉族地区，且与汉族交往较深，社会经济发展水平相对较高的地区称之为"熟苗"；反之则为"生苗"。为维护国家和地方政治生态的稳固性，明代还在湘黔边界修筑了北起古丈县喜鹊营南至凤凰县亭子关长达数百里的"边墙"（见图

---

① ［美］施坚雅主编：《中华帝国晚期的城市》，叶光庭等译，中华书局2002年版，第12页。

7.1)。"苗族有生熟之分,其边墙旧址,自亭子关起,东北绕浪中江至盛华哨,过长坪,转北,过牛岩芦塘,至高楼哨德胜营,再北至木林湾溪,绕乾州城镇溪所,又西北至良章营喜鹊营止。其居边墙以外者为生苗,在边墙之内,与汉族杂居,或佃耕汉族之地,供赋当差,与内地人民无异

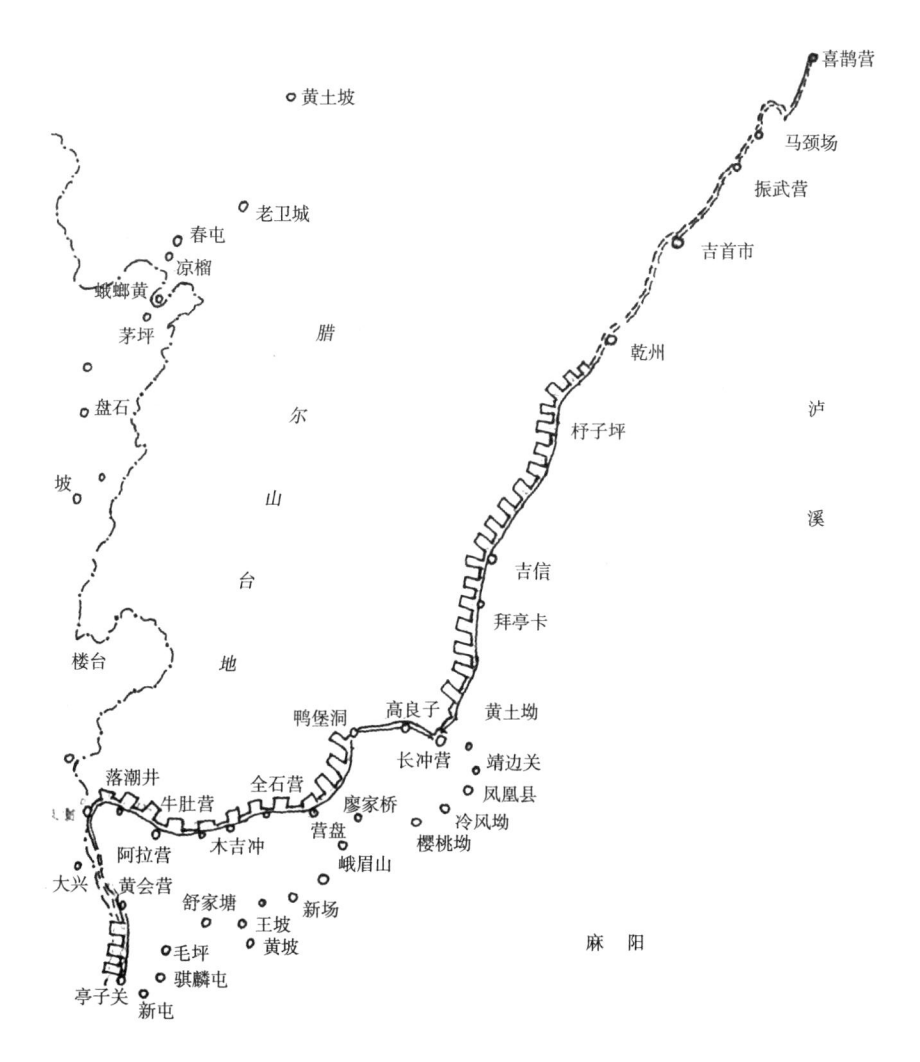

图 7.1 南方长城——湘西边墙

资料来源:http://news.163.com/18/0210/10/DA9C4U7F000187UE.html。

者,则为熟苗。"① 边墙遂成为了明代"生苗"与"熟苗"区隔的一道人文地理景观带。"边墙"内外的区域社会发展状况与内涵后为清代国家和社会所继承。② 但两者的地理分界线却与明代有所不同。清代"熟苗"与"生苗"大致以洪江、都匀府以东、黎平府西南一线为分界线。③ 这条作为"熟苗"与"生苗"划分的人文地理分界线在有清一代官方语境中一直未曾改变过。④

根据清代"熟苗"区和"生苗"区的自然人文地理分界线,我们可以发现,熟苗区不仅靠近汉族地区,而且地理多属于海拔高度相对不高的低山地带,其所临江河在帆船时代一般都具有较好的通航条件。而生苗区则大多深居于云贵高原内部,域内山高谷深,大小河流因落差大、水流湍急而多不利于通航。这直接导致了熟苗区城市发展的地理条件要优于生苗区的城市,进而在城市发展上出现了较为显著的地区差异性。

首先,熟苗区城市发展起步早,生苗区城市发展相对较晚。据地方志记载,处于熟苗区的大庸、沅陵、泸溪、辰溪、芷江、黔阳、会同、靖州、城步、通道、绥宁、溆浦、麻阳、怀远、融县等城市因靠近汉民族地区而得先开发之机,社会经济得到较快的发展,至迟于明代便因国家行政建制和社会经济发展的需要而设置为经制府州县厅,建立了各级行政治所,⑤ 并修建了护卫城市安全的城垣和护城河。而生苗区虽然也有部分城市在明代即已建置,但多数地区仍属于土司辖区,即便有些地方也建筑了城池,但其大多是以土司城和军事据点(卫城、所城)的形式而存在的。这些地区具有真正意义上的传统城市的建置却是在清初大规模的改土归流、省卫(所)入(州)县之后才开始的,如贵州生苗地区八寨厅、丹江

---

① (清)徐珂:《清稗类钞》第四册,"种族类",中华书局1984年版,第1923页。
② 赵月耀:《论清代湘西苗疆的"边墙贸易"政策》,《怀化学院学报》2009年第9期。
③ 林芊:《明清时期贵州民族地区社会历史发展研究——以清水江为中心、历史地理的视角》,知识产权出版社2012年版,第7页。根据这一界限的划分,湘西的大庸、沅陵、泸溪、辰溪、芷江、黔阳、会同、靖州、城步、通道、绥宁、溆浦、麻阳,以及广西的怀远(今三江)、融县(今融水)等地区为"熟苗"地区,其他区域可视为"生苗"区。
④ 袁翔珠:《清政府对苗疆生态环境的保护》,社会科学文献出版社2013年版,第10页。
⑤ 周宏伟:《湖南政区沿革》,湖南师范大学出版社2009年版,第133—138页;雷坚:《广西建置沿革考录》,广西人民出版社1996年版,第122、246页。

厅、清江厅、古州厅、都江厅、台拱厅等"新疆六厅"①和湘西、黔东、鄂西南交界的武陵山区永绥厅、凤凰厅、乾州厅②、古丈坪厅、松桃厅、晃州厅、鹤峰州、咸丰县、利川县、来凤县、宣恩县③等州县厅的设置。甚至还有的城市迟至民国时期才始设立，如贵州雷山县（初设为雷山局）。④

其次，城市发展水平因地理区位不同而差异较大。一般而言，传统时期同一区域城市建置的早、晚与其所在区域的社会经济发展水平有着较为密切的关系，即城市建置早的发展水平一般要高于建置较晚的。据民国时期学术界的民族区域考察研究，熟苗区城市的社会经济发展水平在当时显然比生苗区要高一些。例如，在近代工业快速发展的抗战时期，位于熟苗区的辰溪、沅陵、会同、黔阳等四个城市就建有湘西电厂、湖南纺纱厂、中和炼油厂、湖南第一玻璃厂、光耀电灯厂等较大规模的近代企业24家。⑤而在黔东、黔南生苗区都匀、龙里和黔桂铁路沿线的独山等15个城市到1941年也仅有麻尾酒精厂、都匀铅印厂、汽车修理厂、（龙里）中国机械制造厂、黔中机器厂、辎重兵学校附设机械厂、平越汽车修理厂等七家具有一定规模的近代企业。⑥在城市文化教育方面亦是如此。湘西熟苗区的城市文化教育水平在整体上要优于生苗区域。⑦

除熟苗区与生苗区的城市发展水平所具有的地区差别外，就整个湘黔鄂渝桂省际毗连区而言，其城市发展因交通地理区位的不同也存在着显著的差异。总体而言，那些位于公路、水运以及自近代以来新建铁路等交通孔道沿线的城市要比远离交通干线城市的发展水平高一些。⑧

此外，湘黔鄂渝桂省际毗连区城市发展的地区差别性还体现在各城市的社会风俗习惯等诸多层面，相关内容详参前文所述。

---

① 卢树鑫：《清代"新疆六厅"建置考》，《贵州民族研究》2015年第9期。
② 彭春芳：《明清时期湘西苗疆"边墙"研究》，硕士学位论文，广西师范大学，2010年。
③ 吴荣臻、吴曙光：《苗族通史》（二），民族出版社2007年版，第386、459页。
④ 傅林祥、郑宝恒：《中国行政区划通史（中华民国卷）》，复旦大学出版社2007年版，第334页。
⑤ 沅陵中国农民银行：《湘西各县经济概况》，《西南实业通讯》1944年第9卷第6期。
⑥ 丁道谦：《黔桂铁路贵州段沿线各县经济概述》，《企光特刊》1941年第2卷第4、5期。
⑦ 张婷：《清代湘西苗疆教育研究》，硕士学位论文，吉首大学，2012年。
⑧ 贵州省银行经济研究处：《贵州各县经济金融概况》，《励行月刊》1947年第3卷第1期。

总而言之，湘黔鄂渝桂省际毗连区城市发展的地区差异性是经过长期的历史沉淀而形成的，且这一特性一直持续于今。这对当今湘黔鄂渝桂省际毗连区城市建设来说，既是一个历史包袱，又是一个宝贵的财富。只有努力发展，提升城市发展水平，逐渐消弭城市之间及其与其他区域城市社会经济发展水平的差异，走共同发展之路，并保留城市"纯地理环境"和人文景观的差异性，以凸显城市地域特色，才能真正促进湘黔鄂渝桂省际毗连区城市及其特质的健康发展。

第三节 城市发展的民族性

受族群、经济、文化、地理环境等诸多因素的影响，城市在其发展的历史进程中总是呈现出显著的区域民族"异质化"特征。这一特征是经过长期的历史文化变迁凝练而成的，并蕴涵于城市意象之中，进而形成自己的城市特质。湘黔鄂渝桂省际毗连区城市的发展亦是如此。

湘黔鄂渝桂省际毗连区城市自清代以来因汉族人口的聚集、经济要素的聚合、交通的发展而取得了较长足的进步。城市人口的族群构成也逐渐演化成了"汉苗错处"的人口结构，但这并没有从根本上改变本区域城市发展的民族性，反而因汉民族的加入增强了湘黔鄂渝桂省际毗连区城市民族多样性的特征。这与中国其他民族区域城市发展有着较大的区别。综考本区域城市的发展历史，她们作为本区域内三十多个民族文明千百年来创造、融合的产物，犹如大海中一座座矗立于海平面之上的岛屿，其基座和根系却深植于广阔而绵厚的多民族文明汇集的海洋之中。如八寨"塞山为城，周围约万余家。大多数俱系黑苗"。① 这便赋予了湘黔鄂渝桂省际毗连区鲜明的民族特性。

湘黔鄂渝桂省际毗连区城市发展的民族特性首先表现为民族的多样性。众所周知，城市发展的民族特性的外在表现首先体现在民族人口的分布与数量上。湘黔鄂渝桂省际毗连区民族成分复杂，除汉族外，还有苗、侗、水、布依、彝、瑶、土家等三十多个少数民族。其中苗、土家、侗、

---

① 余生：《苗疆谈虎记》，《游戏杂志》1915 年第 30 期。

布依、仡佬、水、瑶等九个民族为世居少数民族。① 这些民族因其发展历史不同而分布有异。苗族作为湘黔鄂渝桂省际毗连区世居的主体民族之一，在本区各县都有广泛的分布，其聚居地主要位于天柱、锦屏、黎平、台江、雷山、炉山（今凯里）、黄平、丹寨、麻江、松桃、铜仁、印江、石阡、镇远、岑巩、玉屏、施秉、剑河、三穗、榕江、从江、都匀、惠水、贵定、龙里、安龙、紫云、贞丰、册亨、望谟、融水、花垣、凤凰、古丈、吉首、泸溪、保靖、永顺、龙山、麻阳、沅陵、新晃、芷江、酉阳、彭水、黔江、秀山、来凤、宣恩、咸丰、利川、鹤峰、恩施等县；在绥宁、城步、会同、洪江、三江、婺川等地亦有较多的分布，且散居于其他民族之中。② 土家族则世居于湘鄂渝三省市毗邻的永顺、龙山、保靖、桑植、大庸、古丈、泸溪、吉首、花垣、凤凰、来凤、鹤峰、宣恩、利川、恩施、酉阳、秀山、石砫、黔江等地。③ 侗族主要居住于都匀、独山、荔波、松桃、铜仁、石阡、玉屏、岑巩、镇远、三穗、剑河、天柱、锦屏、从江、榕江、晃县、芷江、城步、绥宁、通道、靖州、会同、黔阳、三江和融水等地区。④ 布依族则聚居于罗甸、望谟、独山、荔波、贵定、龙里、平塘、安龙、贞丰、册亨、紫云和铜仁等县。⑤ 仡佬族以贵州婺川、道真和石阡三地为主要聚居地。⑥ 水族则主要聚居于三都、荔波、都匀、独山、榕江、黎平、麻江、从江等县。⑦ 瑶族与其他民族不同，呈点状分布于黔东南、黔南、黔西南等16个县，并与其他民族杂居在一起。⑧ 此外，其他少数民族亦在本区域形成了小聚居大杂居的民族分布格局。他们亦或多或少地生活于湘黔鄂渝桂省际毗连区大小城市之中。

---

① 《武陵山片区基本情况》，http：//www. seac. gov. cn/art/2012/3/16/art_ 6491_ 179361. html。
② 吴荣臻、吴曙光：《苗族通史》（一），民族出版社2007年版，第41—43页。
③ 国家民委《民族问题五种丛书》编辑委员会：《中国民族问题资料·档案集成——〈民族问题五种丛书〉及其档案汇编》第2辑第14卷，《土家族简史》，中央民族大学出版社2005年版，第361页。
④ 姚丽娟、石开忠：《侗族地区的社会变迁》，中央民族大学出版社2005年版，第1页。
⑤ 李艳峰、曾亮：《中国南方古代僚人源流史》，云南大学出版社2016年版，第340—341页。
⑥ 钟金贵：《仡佬族民俗文化研究》，民族出版社2012年版，第17页。
⑦ 中国科学院民族研究所：《水族简史合编·第一章》（初稿），中国科学院民族研究所1963年编印，第1页。
⑧ 王文光、朱映占、赵永忠：《中国西南民族通史》（下），云南大学出版社2015年版，第317页。

◆ 清代以来湘黔鄂渝桂省际毗连区城市发展研究

湘黔鄂渝桂省际毗连区不仅民族类别多，而且人口众多。自明清改土归流以来，本区域人口的族群结构虽因汉族移民的迁入发生了较大的变化，但就总体人口结构而言，清代民国时期，湘黔鄂渝桂省际毗连区人口族群结构依然是以少数民族为主体的。这与当代本区域城乡的人口结构有着显著的不同。据20世纪初人口调查统计，贵州苗夷区约有400余万苗夷居民，占全省人口总数的约40%。① 另据当时贵州省政府估计，苗夷人口比例占全省人口的三分之一以上。另据《中外地理大全》估计，贵州苗夷区少数民族约占当时贵州总人口1121.64万人的四分之三，汉族人口仅占四分之一而已。② 其中仅苗民人口就有200万人以上。③ 这些少数民族主要集聚于黔东、黔南地区。据贵州省政府民政厅1937年报告：贵州少数民族"以东南两路为最多，西路次之，北路最少。就现在八行政区督察区而言，则七、八两区最多，④ 一、二、三、四等区次之，五、六两区最少"。⑤ 台拱、丹江、下江、施秉、炉山、永从、定番、罗甸、荔波、贞丰、册亨、贵定、广顺、大塘、三合、长寨等县"皆为苗夷弱小民族麕集之所"，"汉民稀少之区"。⑥ 湘西"黔凤永保绥五县实为苗族聚居之中心，总数不下四十万人，计乾城人口83623人，苗民占十分之三，为32300人。……凤凰人口150124人，苗占十分之六，为81848人。……永绥苗民73773人。古丈苗民15000人，仡佬占500人。保靖苗民26189人。……泸溪苗民5974人。……芷江有僮民7503人。……绥宁有苗民19000人"。⑦ 由此可见，少数民族直至近代依然是湘黔鄂渝桂省际毗连区城乡的主体

---

① 吴泽霖、陈国钧：《贵州苗夷社会研究》，民族出版社2004年版，第3页。
② 陶覆恭、杨文询：《中外地理大全》（上），中华书局1928年版。转引自何光渝、何昕《贵州社会六百年》，贵州人民出版社2014年版，第367页。
③ 游建西：《近代贵州苗族社会的文化变迁》，贵州人民出版社1997年版，第2页。
④ 1936年贵州省"仿照江西省并区之例"，将行政督察区重新划分为八区。其中第七区辖镇远、黄平、施秉、青溪、三穗、岑巩、台拱、剑河、天柱、炉山、余庆、瓮安、平越等13县；第八区辖独山、黎平、榕江、锦屏、永从、下江、都匀、平舟、荔波、八寨、丹江、三合、都江、麻江等14县，除余庆、瓮安、平越等县因民族与文化差异外，其他各县均属湘黔鄂渝桂省际毗连区。参见贵州省地方志编纂委员会《贵州省志·地理志》（上），贵州人民出版社1985年版，第87页。
⑤ 曹经沅：《贵州省苗民概况》书林书局1937年编印。载国民政府主计处《贵州省统计资料汇编》，1942年编印。
⑥ 张肖梅：《贵州经济》，中国国民经济研究所1939年编印，第A1页。
⑦ 盛襄子：《湘西经济概观》，《湖南省银行经济季刊》1943年第1卷第2期。

第七章 清代以来湘黔鄂渝桂省际毗连区城市发展的基本特征

民族。

各少数民族不仅世居在广袤的山野乡村，还有相当数量的人口居住于湘黔鄂渝桂省际毗连区各城镇。例如，天柱县城，"自龙井以西至南门为苗城，由南门以东至龙井为民城，民苗各为修葺"。① 台拱厅城"苗民依山而栖，结屋如巢"于"城西南"的台雄山，而形成了"苗民"聚居区。② 又如近代湘西凤凰县镇筸古城，其人口结构则是"苗人占三分之一，外来迁入汉人占三分之二混合居住的"。③ 其他城镇亦有相当数量的少数民族聚居其间，直至当代。据统计，来凤县城1982年有少数民族2899人，约占县城人口总数的20%。④ 1988年，印江县城总人口为17284人，其中土家族7388人、苗族2860人，分别占县城总人口的42.7%、16.5%。⑤ 1990年，新晃县城少数民族人口为9103人，占全城总人口数（20486人）的44.43%。⑥

湘黔鄂渝桂省际毗连区城市人口的发展自清代以来虽有较大的变迁，但其多民族的人口结构一直延续至今。这与同一时期宁夏、内蒙古、西藏、南疆等民族区域城市相对"单一"的民族人口构成还是有较大的区别。这样，湘黔鄂渝桂省际毗连区城市的多民族聚居的民族构成便从民族人口构成内涵的角度彰显出本区域城市发展内在特质。

其次是民族的多样性赋予了湘黔鄂渝桂省际毗连区城市丰富的民族文化特质。城市作为文化荟萃的重要场所，在其发展的过程中，便不自觉地成为了民族文化发展的蓄水池，并通过物质、精神的外溢而呈现出区域城市所独有的文化特质。苗、土家、布依等三十多个少数民族不仅居住于广袤的湘黔鄂渝桂省际毗连区乡村，也大量生活于城镇之中，与汉民族同居一城，共同创造出了本区域城市发展所独有的社会人文特征。同时，湘黔鄂渝桂省际毗连区城市分布于万山之中，长期以来各族人民与外界联系艰

---

① 王复宗汇辑：《天柱县志》上卷，"城池"，康熙二十二年刻本。
② （清）蔡宗建修，龚传坤纂：《镇远府志》卷5，"山川志"，贵州省图书馆1965年据乾隆刻本影印。
③ 沈从文：《凤凰集》，江苏教育出版社2005年版，第36页。
④ 来凤县县志编纂委员会：《来凤志》，湖北人民出版社1990年版，第48页。
⑤ 印江土家族苗族自治县编纂委员会：《印江县志》，贵州人民出版社1992年版，第193页。
⑥ 新晃侗族自治县民族事务委员会：《新晃侗族自治县民族志》，贵州民族出版社1995年版，第19页。

困，文化传承多于文化传播，许多古老的民族文化习俗相对较少地受到来自外来文化的影响而在历史的长河中沉淀下来，并以城市为载体形成了许许多多彼此分割的"文化孤岛"。① 它们不仅没有因外来文化的影响而失去本民族特有的人文秉性，相反却因外来文化的到来而更彰显出了湘黔鄂渝桂省际毗连区城市各民族丰富的文化内涵。

在城市物质文化层面上，湘黔鄂渝桂省际毗连区各民族受特定的地理环境影响，分别凝结出了自己的民族智慧、审美观念和生产工艺。例如民族手工业，苗族的刺绣、挑花、银饰制作（见图7.2），布依族的编织，侗族的铜鼓制作，苗族、布依族、瑶族、仡佬族的蜡染等。又如城市建筑形式，湘黔鄂渝桂省际毗连区各民族在设计、修建各类建筑之时都要恪守人与自然和谐相依的总体思想。无论是苗家吊脚楼，还是侗族民居以及其他民族的房屋，都是因地、循势来建造的，且一般都是负阴抱阳，靠山面水，以干栏式的房屋形式普遍存在于湘黔鄂渝桂省际毗连区各个城市之中，如沱江之畔的凤凰城（见图7.3）、响河岸边的乾州城等。② 这类干栏式的建筑又因民族文化差异而产生变体，成为其民族文化在建筑形式上的一种外在表现形态。其中侗族、瑶族、布依族常将房屋建造于斜坡上而形成"矮脚楼"或"半边楼"等结构，以适应湘黔鄂渝桂省际毗连区高下不平的山城地势地貌，并最大限度地利用城区有限的土地资源。③ 在一些不适宜修建"干栏式"建筑的城市，则充分利用多石的自然条件，用石材修建各类建筑。例如，婺川县城在"城南、西、北三方面的高坡上，各筑有碉寨，纯系石垛，坚固异常"，其中城西碉寨"规模宏敞，能容千多人，有卧室、有厨房、有仓库、有牛马间，有通道通水井，井上又有高碉"。④ 但总的来说，湘黔鄂渝桂省际毗连区城市建筑无论是何种样式，其材料都来源于当地所产的木材、石材，由天然而人工，体现出了本区各民族纯正而自然的美感，并与城市融为一体，宛若天成。这充分体现出了湘黔鄂渝

---

① 申满秀：《贵州历史与文化》，西南交通大学出版社2015年版，第136页。
② 肖湘东、陈伟志：《湘西民族建筑外部空间造型与地形关系》，《山西建筑》2007年第6期。
③ 周国茂：《贵州民俗》，甘肃人民出版社2003年版，第101—102页。
④ 贵阳市档案馆：《抗战时期黔境印象》，贵州人民出版社2008年版，第146页。

图 7.2　精美的黔东南苗族银头饰

资料来源:《黔东南苗族银饰》,《光明日报》2016年7月22日。

图 7.3　湘西凤凰古城"干栏式"建筑群

资料来源:http://www.huitu.com/photo/show/20170707/202738624020.html。

桂省际毗连区城市山地民族建筑文化的特征。① 其城市建筑亦因民族建筑习惯、风格和建筑材料来源差异而呈现出不同的民族区域特征。此外，本区各城居民族的衣、食、住、行、用等方面也在很大程度上沿袭并秉承着他们的风俗习惯和传统。这在物质文明层面上更赋予了湘黔鄂渝桂省际毗连区城市的浓烈的民族特性。

总的来说，湘黔鄂渝桂省际毗连区城市在其发展的过程中虽然有来自汉族文化及其汉化的影响，但因地域环境的相对封闭，各民族文化在物质层面经千百年的不断沉淀积累，使湘黔鄂渝桂省际毗连区城市发展的物质层面至少在20世纪中叶以前仍然保存着民族"原生态"的特质，即便近代有些"现代"因素传入城市，但也大多依然因循于传统。即便有所变化，但它们依然固守着其民族的传统文化之根。

在城市精神层面，湘黔鄂渝桂省际毗连区各民族在历史长河中随着社会生产力的发展和进步，苗族、土家族、侗族、布依族等民族的原生文化不断积累沉淀，最终凝结而成了本民族的文化之根，并深扎于其所聚居的城市文脉之中，在精神层面赋予了湘黔鄂渝桂省际毗连区城市的民族特征。例如，土家族、苗族的山歌、情歌，侗族大歌盛行于本区域各城乡，有歌舞之乡的美誉。"苗年""椎牛""芦笙会""采花山""摇马郎""铜鼓之乡"、蜡染、各族服饰等经历史的沉淀而成为了湘黔鄂渝桂省际毗连区城市一串串富含民族内涵的精神文化符号。这些文化符号虽因民族、地域的不同而有差异，但它们的文化之根却深扎于这块多民族的沃土之中，带有鲜明的民族特色，即各民族在此高原山地上共生共融，以城市为载体逐渐融合为具有显著地域趋向的显性文化特质。这些带有湘黔鄂渝桂省际毗连区民族特质的文化随着社会的发展而被大众广泛接受和认可。例如，沈从文在《边城》《湘西》等一系列文学著作中将湘西如诗如画的精神文化内涵以家乡的情怀、文学的形式介绍给了世界，湘西凤凰等城市的"边城"印象也因此深深烙进了国人脑海之中，成为永恒的历史记忆。黔东正安、剑河等城市在民国时期亦被人们称之为"边城"。②"边城印象"也因之成为了湘黔鄂渝桂省际毗连区城市一张靓丽的文化名片。湘黔鄂渝桂省

---

① 罗田汉:《庇护——中国少数民族居住文化》，北京出版社2000年版，第72页。
② 贵阳市档案馆:《抗战时期黔境印象》，贵州人民出版社2008年版，第177、239、521页。

第七章　清代以来湘黔鄂渝桂省际毗连区城市发展的基本特征

际毗连区城市的精神文化所拥有的共性和特质，正如学人所评论的那样："黔北、黔东南，会感觉到沈从文先生笔下的湘西小景与黔景的神似。其时沈公从小在黔境走亲戚，泥泞路上，淳朴乡风，在他写来，湘景亦似黔景。"①"亲戚"一词既在细微之处体现出了湘黔鄂渝桂省际毗连区城市文化的区域民族差异性，却又在文化之根上指出了这个区域城市文化发展的历史共性。可见，湘黔鄂渝桂省际毗连区城市是苗、土家、侗、瑶、布依等三十多个民族共同的"精神家园"。

总之，湘黔鄂渝桂省际毗连区城市的民族特质不仅表现在纯的物质层面和精神层面上，而且还因这两者深烙于"人"的身上，以内涵和外在的表现形式最终形成了城市发展独特的社会人文景观。这种由多民族共同创造出的城市人文景观因其民族文化的多样性而有别于西藏、内蒙古、宁夏、南疆等民族地区的城市，并丰富了中国城市发展的内容。

除上述特征外，湘黔鄂渝桂省际毗连区城市发展还存在着较为鲜明的阶段性特征。

上述特征既赋予了湘黔鄂渝桂省际毗连区城市发展的鲜明特色，又指出了本区域城市发展的趋向和需解决问题的根本所在。即湘黔鄂渝桂省际毗连区城市发展需以民族、地理差异性为依归，发掘并结合本区域的优势，采取得力有效的措施，以经济发展为基础，以交通为导向，结合城市发展的历史特征，消除制约城市发展的不利因素，不断提升城市发展水平，开创出一条具有民族区域自身特色的城市化发展之路。这已成为了当代湘黔鄂渝桂省际毗连区各城市主政者的共识，如利用城市独特的民族、文化特色，结合秀美的山川，开发旅游产品，发展城市旅游业，带动城市全面发展，已然是成绩斐然，即是明证。

---

①　陈泽渊：《抗战中的贵州与贵州的觉醒》，载贵阳市档案馆《抗战时期黔境印象》，贵州人民出版社2008年版，"序"，第1页。

结　　语

本课题之研究，以湘黔鄂渝桂省际毗连区为视域着重探讨了自清代以来至 20 世纪中叶本区域城市发展与社会变迁的状况，其中包含了笔者对关于湘黔鄂渝桂省际毗连区城市发展历史脉络、内涵及其动力机制等的认识与理解，也涵盖了对清代以来湘黔鄂渝桂省际毗连区城市发展与内地之间的关系及其城市与社会变迁在国家政治、经济、文化、交通等一体化进程的背景下所发生的现象作出的历史解读。本意是想通过对湘黔鄂渝桂省际毗连区城市发展研究为我国少数民族地区相关问题的探究提供一个实证案例，探讨在一定社会、历史、地理背景下区域城市发展与变迁的真实状貌。正是基于本课题研究历程，我们获得了如下的一些基本认识。

第一，国家认同与政治一统是区域城市发展的最基本的前提。湘黔鄂渝桂省际毗连区城市发展自清代以来便是国家在实施国家统一和国家认同政策之下获得的一个与内地城市发展日趋达成均质化的历史过程，即人们常说的"内化"。清代以前，湘黔鄂渝桂省际毗连区大部分地区游离于中央王权直接控制范围之外，政治高度"区域自治"，经济、社会、文化相对封闭、落后，长期被视为蛮荒之地，城市发展极为滞后。随着清王朝定鼎中原，在完成统一国家的进程中，清政府在边疆民族地区实施了"治国莫重于治边"的国家战略，在吸收明代"蛮夷而用中国之法"的治边经验基础上，① 在西南少数民族地区采取军事、政治、经济、交通、文化相结合的策略，即施行改土归流、鼓励移民、开通与内地交通和文教"儒化"等政策，将湘黔鄂渝桂省际毗连区完全纳入到了国家统一的政治、经济、

---

① 《策断三首》，载（明）冯琦编纂《经济类编》（十四），卷69，"边塞类二·御夷二"，页 54 下—55 上，台北成文出版社 1968 年版，第 7895 页。

文化秩序之中；并针对本区多民族聚居的特点专门制定了"苗例"，从行政制度和法律制度上以及经济、文化层面完成了清代以前国家治理湘黔鄂渝桂省际毗连区从"无法"到"有法"的华丽转身。湘黔鄂渝桂省际毗连区因此在政治、军事、法律、文化、经济意义上成为了清代及其以后国家政治行政体系中的一个无法分割的有机组成部分。政治的统一为城市发展提供了一个十分有利的大环境。在国家政权力量的强力介入之下，清政府在湘黔鄂渝桂省际毗连区设置了数十个国家经制府州县厅等地方行政机构，尤其是生苗地区"新厅"的设置，并在这些行政治所修建或重修了城垣和各级衙署、坛庙、街巷、堤防、码头、关市等各类市政设施。这不仅增加了湘黔鄂渝桂省际毗连区城市的数量，亦使城市在地理空间分布格局上更趋合理，而且还在政治、军事的基础上增加并强化了城市的经济、文教、交通等功能，提升了城市发展水平。这为湘黔鄂渝桂省际毗连区城市的发展脉络与发展格局及其后世的演变奠定了政治、历史基础。民国时期国家以近代国族理论积极开展了民族边地的县政建设，在清代基础上进一步强化了中央与地方之间的关系和国家治理民族地方的能力。同时，国家通过修筑驿道、公路、铁路，发展航运，兴办航空等方式，使湘黔鄂渝桂省际毗连区城市交通得到了较大改善，城市间的联络日益密切，并和中国中东部地区及其周边地区的城市建立起了更为广泛的政治、经济、文化联系。湘黔鄂渝桂省际毗连区城市的发展遂在政治的主导下成为了中国城市发展体系的一个有机组成部分。在湘黔鄂渝桂省际毗连区城市发展的过程中，汉文化随着国家政治一统的深化在城市的影响日益扩大，经国家和各级地方政府大力倡导，各民族在物质生产和社会生活以及习俗方面都发生了"汉化"或部分"汉化"现象，且日益广泛。受汉文化的影响，国家认同也获得了湘黔鄂渝桂省际毗连区各族人民的一致赞同。这在晚清时期本区域各族人民为抵御外敌入侵提供了大量的人力和物力，[①] 和在抗战时期举各族之全力支持抗击日本侵略者，"卫我乡帮"等都得到历史的证实。[②]

[①] 饶佳丰：《清代苗兵军事征调略述》，《学理论》2013年第18期。

[②] 关于抗战时期各族人民积极投身于救亡图存的各项运动事例很多，其中以湘西苗人为主体的"革屯军"改编为国民革命军暂编第6师，参与抗日战争大小战役十余次最为著名。参见陈理、彭武麟主编《中国近代民族史研究文选》（中册），社会科学文献出版社2013年版，第842—858页。

这都表明了湘黔鄂渝桂省际毗连区各族人民对于维护中华民族国家主权的高度认同。① 这样，国人身份便因国家政治的主导超越了各民族的差别与畛域，并融合成为中华民族一分子。正是基于国家身份的认同，湘黔鄂渝桂省际毗连区各族人民亦完全融合于中华民族的大家庭之中了，并彼此依靠，共同努力，有力地促进了本区域社会经济的发展与进步，城市亦因此得到了发展。所有这些都是以国家政治一统为基础的。

第二，促进城市发展的外部动力机制作用显著。湘黔鄂渝桂省际毗连区在清代以前主要处于一种内生性的发展状态之中，受地理、社会、经济等诸般不利条件的制约发展极为缓慢，城市发展水平远远落后于其周边地区，基本上处于一种"蛮荒"状态。清代以来随着国家力量的楔入，中央政权在湘黔鄂渝桂省际毗连区设立治所，修筑城市，开展各项建设，极大地促进了城市的发展。于是，湘黔鄂渝桂省际毗连区城市的地理空间分布格局日趋合理，城市功能结构日益完善，城市发展完全融入到了中国城市发展体系之中。抗战时期，国民政府西迁，大批中东部人口、工矿企业在国家主导下纷纷迁入大后方，这不仅为湘黔鄂渝桂省际毗连区城市的近代化发展提供了极为重要的"物"的保障，而且还为城市发展带来了拥有宝贵的生产技术、近代城市建设管理经验以及城市建设与发展所急需的人力资源，从而极大地促进了城市在城市功能、城市建设与管理、城市文教事业等各个层面的快速发展。这一时期亦被学术界称之为湘黔鄂渝桂省际毗连区城市发展的黄金时期。除国家层面的外部动力机制外，湘黔鄂渝桂省际毗连区城市的发展还得利于内地移民的持续推动。自清代以来中国中东部地区移民因西南山区的开发而源源不断迁居于此，广泛从事于工商业、农业等经济活动，并将中东部地区先进的生产技术、文化教育等带到了这块热土，他们从民间的层面在不自觉中为湘黔鄂渝桂省际毗连区城市的内地化发展提供了十分宝贵的"人"的条件，有力地促进了本区域社会经济的开发、发展和城市的进步。

正是来自国家和社会两个层面的外部动力机制的推动，才在很大程度上弥补了湘黔鄂渝桂省际毗连区城市发展内生动力严重不足的问题，使城市发展水平有了较大提高，城市的内地化特征亦日趋显著。

---

① 陈征平：《近代西南边疆民族地区内地化进程研究》，人民出版社2016年版，第372—415页。

第三，城市发展日趋内地化。清代以来随着湘黔鄂渝桂省际毗连区全面纳入到国家一统的政治格局之中、汉族移民的到来、儒家思想文化的传播和经济的开发，湘黔鄂渝桂省际毗连区城市在政治、经济、军事、文化、教育、社会生活等各个方面不断向内地化发展，其路径因时代不同而有差异。这具体反映在清代国家政权在强调政治控制下顺应社会潮流追求国家版图的大一统的历史现实；采取了诸如改土归流、文教"儒化"、鼓励移民、发展交通等措施积极开展对西南边疆城市的内地化经营；体现了封建王朝对湘黔鄂渝桂省际毗连区城市所实施的政治、经济、文化、思想等层面的单向控制等各个层面。在这一宏阔的历史背景下，"苗变汉"成为了清代湘黔鄂渝桂省际毗连区城市社会发展的主流。民国则不然，由于国家政体已从封建时期"家天下"的政治特色而转向近代"民主政体"的形式，加之国家对孙中山五族共和思想的践行，迫使国民政府各级政权机关为适应与"民国政体"相调适的变化，在治理形式上逐渐摒弃了过去封建政权对少数民族政治高压以及民族歧视等错误的"治边之法"，以谋求构建新的民族边疆城市治理模式。各级政府为此采取了积极开展民族教育、施行边政、县政建设、发展经济、兴办市政，并推进边疆各族人民的国家与国族意识的认同，使湘黔鄂渝桂省际毗连区城市社会发展的内地化趋向不断向广度和深度方向发展，最终在各族人民对中华民族国家达成一致认同的基础上，推进了与内地城市在政治、经济、文化、社会、交通等各方面的均质化发展，其成效较为显著。但在清代、民国时期国家推进湘黔鄂渝桂省际毗连区城市内地化发展的过程中，由于对本区少数民族风俗习惯、社会经济发展状况等情形关注、理解不够，以及一些地方官员为追求政绩、忽略了民族间的差异而采取了过于强制的行政手段推行汉化，也带来了诸多负面影响，如在力图消除汉民族与湘黔鄂渝桂省际毗连区各民族文化差异的同时，因过于"强制"而造成了某些民众对政府情感的疏离和畏难情绪。这在一定程度上制约了本区域城市内地化的发展。当然，清代以来湘黔鄂渝桂省际毗连区城市的内地化发展因地理环境、历史、社会发展水平、民族差异等诸种因素的制约使其与内地城市之间还存在着较广泛的实质性差距，且这种差距又以内地优于湘黔鄂渝桂省际毗连区城市的态势而普遍存在。① 这种差距的存在却又在很大程度上保留了本区域城市发展的特质，为后世湘黔鄂渝桂省际毗连区城市化的特色发展提供了条件。

第四，城市的发展水平有了较大的提升，但还有相当长的路程要走。湘黔鄂渝桂省际毗连区城市自清代以来随着内地化进程的加快，其发展水平亦比以前有了较大的提升。这主要表现在城市数量的增加、区域城市分布趋向均衡、城市经济功能不断加强、市政设施日渐改善以及城市文化教育日益进步等各个方面，尤其是城市之间及其与外界联通的交通的发展与进步，使湘黔鄂渝桂省际毗连区城市最终与我国城市体系完全融为一体。在这一历史变迁进程中，湘黔鄂渝桂省际毗连区城市发展逐渐由封闭状态走向了开放，城市意象亦始由传统渐向近代发展、变迁，出现了以近代工矿业、电报、电话、近代航运、公路、铁路以及航空事业、新式学校、新闻报刊等为标志的近代因素，并随着时代的进步而日益普遍。这也标志着湘黔鄂渝桂省际毗连区城市走上了由传统向现代转型之路。当然，我们通过分析湘黔鄂渝桂省际毗连区城市各个历史阶段的发展状况，对其水平亦有了一个清醒的认识，即本毗连区城市发展水平虽然自清代以来得到了较大的提升，但因落后的生产方式所导致的社会经济发展水平滞后、封闭的地理环境、城市发展的起点较低等诸多因素的制约，而长期处于一个较低的水平。即便是清代以来至民国时期本区域城市发展有了长足的进步，但其发展水平与中东部地区城市及其毗邻的四川、云南等地区的城市相比仍处于相当滞后的状态。诚如时人所论："所见人文物质若和交通便利各省比较，相差之度，似乎要落后五十年甚或一百年。"② 可见，湘黔鄂渝桂省际毗连区城市发展还有相当长的一段路要走。

综上所述，湘黔鄂渝桂省际毗连区城市自清代以来的发展历程，如同中国其他区域城市，既彰显了本区域城市发展的典型个性，又体现出了中国城市发展的一般共性，并与当时中国城市发展的整体进程密切相关。其所呈现出来的时代性、区域性同样也是自清代以来至20世纪中叶中国城市发展的一个历史缩影。

---

① 刘泽华：《中国传统政治哲学与社会整合》，中国社会科学出版社2000年版，第153—154页。
② 苓生：《举一废百话榕江》，《新生》1935年第4期。

参考文献

一 史料、文献

（一）志书

（明）洪价修，钟添纂：《思南府志》，上海古籍书店据宁波天一阁藏嘉靖刻本影印。

（明）茅元仪：《武备志》，天启年间刻本。

（明）沈庠修，赵瓒纂：（弘治）《贵州图经新志》，贵州府县志辑，巴蜀书社2006年版。

（明）谢东山修，张道纂：《贵州通志》，嘉靖三十四年刻本。

（明）徐学谟：《湖广总志》，万历十九年刻本。

（明）许一德等：（万历）《贵州通志》，书目文献出版社1990年版。

（明）薛刚纂修：《嘉靖湖广图经志书》，书目文献出版社1991年影印本。

（明）赵廷瑞修，马理纂：《陕西通志》，嘉靖二十一年刻本，《西北稀见方志》。

（清）卞宝第、李瀚章等修，曾国荃、郭嵩焘等纂：《湖南省志》，光绪十一年刻本。

（清）蔡宗建修，龚传坤纂：《镇远府志》，乾隆五十四年刻本。

（清）曹抡彬等修纂：《雅州府志》，乾隆四年刻本。

（清）长庚、厉祥官修，陈鸿渐纂：《续修鹤峰州志》，光绪二十五年刻本。

（清）常明等修，杨芳灿等撰：《四川通志》，嘉庆二十一年重修本。

（清）陈鸿作等修，易燮尧等纂：《黔阳县志》，同治十三年刻本。

（清）陈玉恒修，庄绳武纂：《巴陵县志》，嘉庆九年刻本。

（清）戴联璧等纂：《城步县志》，同治七年刻本。

（清）董鸿勋修纂：《古丈坪厅志》，光绪三十三年刻本。

（清）董鸿勋修纂：《永绥厅志》，宣统元年铅印本。

（清）段汝霖：《楚南苗志》，乾隆湖北巡抚采进本。

（清）段汝霖撰，伍新福校点：《楚南苗志》，岳麓书社2008年版。

（清）多寿修纂：《恩施县志》，同治三年麟溪书院刻本。

（清）鄂尔泰等修，靖道谟、杜诠纂：《贵州通志》，乾隆六年刻本，嘉庆补修本。

（清）鄂尔泰修，尹继善等纂：《云南通志》，乾隆元年刻本。

（清）方傅质修，龙凤翥纂：《绥宁县志》，同治六年刻本。

（清）符为霖修，刘沛纂：《龙山县志》，同治九年修，光绪四年重刻本。

（清）顾炎武：《肇域志》，上海古籍出版社2004年版。

（清）郭树馨、刘锡九修，黄榜元纂：《兴宁县志》，光绪元年刻本。

（清）郝大成修，王师泰等纂：（乾隆）《开泰县志》，贵州府县志辑，巴蜀书社2006年版。

（清）侯晟、耿维中修，黄河清纂：《凤凰直隶厅续志》，光绪十八年刻本。

（清）胡章纂修：《清江志》，乾隆五十五年刻本。

（清）黄德基修，关天申纂：《永顺县志》，乾隆五十八年刻本。

（清）黄乐之、平翰等修，郑珍、莫友芝纂：《遵义府志》，道光二十一年刻本。

（清）黄世崇纂修：《利川县志》，光绪二十年刻本。

（清）黄应培修，孙钧铨、黄元复纂：《凤凰厅志》，道光四年刻本。

（清）黄志璋纂修：《麻阳县志》，康熙二十四年刻本。

（清）吉钟颖修，洪先焘纂：《鹤峰州志》，道光二年刻本。

（清）姜大定修，褚维垣纂：《安福县志》，同治八年刻本。

（清）姜钟琇、吴兆熙等修，刘士光、王振玉纂：《麻阳县志》，同治十三年刻本。

（清）蒋琛修纂：《思州府志》，康熙六十一年刻本。

（清）缴继祖修，洪际清纂：《龙山县志》，嘉庆二十三年刻本。

（清）金德荣修，熊国夏、王师麟纂：《永定县志》，道光三年刻本。

（清）金鉷等监修：（雍正）《广西通志》，文渊阁四库全书影印本。

（清）金台修，但明伦纂：《广顺州志》，道光二十七年广阳书院刻本。
（清）敬文等修，徐如澍纂：《铜仁府志》，道光四年刻本。
（清）瞿鸿锡修，贺绪蕃纂：《平越直隶州志》，光绪三十三年刻本。
（清）李其昌修纂：《南笼府志》，乾隆二十九年刻本。
（清）李台修，王孚镛纂：《黄平州志》，嘉庆六年刻本。
（清）李勖修，何远鉴、张钧纂：《来凤县志》，同治五年刻本。
（清）廖修立：《白果育婴堂志》，宣统元年木活字本，湖南图书馆藏。
（清）林继钦、龚南金修，袁祖绶纂：《保靖县志》，同治十年刻本。
（清）林佩纶等修，杨树琪等纂：《续修天柱县志》，光绪二十九年刻本。
（清）林书勋修，蒋琦溥纂：《乾州厅志》，同治十一年刻本，光绪三年续修本。
（清）林翼池修，蒲又洪纂：《来凤县志》，乾隆二十一年刻本。
（清）刘岱修，艾茂、谢庭薰纂：《独山州志》，乾隆三十四年刻本。
（清）刘祖宪修，何思贵纂：《安平县志》，道光七年刻本。
（清）穆彰阿、潘锡恩等纂修：嘉庆《重修大清一统志》，四部丛刊本。
（清）年法尧修，夏文炳纂：《定番州志》，康熙五十七年稿本。
（清）聂光銮等修，王柏心等纂：《宜昌府志》，同治三年刻本。
（清）潘曙修，杨盛芳纂：《凤凰厅志》，乾隆二十三年刻本。
（清）齐德五修纂：《溆浦县志》，同治十二年刻本。
（清）庆绥修，罗云阶、谢馨槐、杨彬元纂：《郴州直隶州乡土志》，光绪三十三年抄本。
（清）邱任伟修撰：《石阡府志》，光绪二年刻本。
（清）邵陆编纂：《酉阳州志》，乾隆五十四年刻本。
（清）盛庆绂、吴秉慈修，盛一林纂：《芷江县志》，同治九年刻本。
（清）守忠等修，许光曙纂：《沅陵县志》，同治十二年刻本。
（清）松林修，何远鉴纂：《施南府志》，同治十年刻本。
（清）苏忠廷修，董成烈纂：《荔波县志》，光绪元年刻本。
（清）孙炳煜修，黄世昌等纂：《会同县志》，光绪二年刻本。
（清）谭震修纂：《桃源县志》，道光三年刻本。
（清）璿珠等修，朱景英等纂：《沅州府志》，乾隆二十二年刻本。
（清）陶文彬纂：《彭水县志》，康熙四十九年刻本。

（清）王复宗修纂：《天柱县志》，康熙二十二年刻本。
（清）王槐龄纂修：《补辑石砫厅志》，道光二十三年刻本。
（清）王麟飞等修纂：《增修酉阳直隶州总志》，同治二年刻本。
（清）王寿松等修，李稽勋等纂：《秀山县志》，光绪十七年刻本。
（清）王庭桢等修，雷春沼等纂：《施南府志续编》，光绪十一年刻本。
（清）王协梦修，罗德坤纂：《施南府志》，道光十七年刻本。
（清）卫既齐修，薛载德等纂：《贵州通志》，康熙二十六年刻本。
（清）魏德畹纂修，觉罗隆恩续修，汪尚友续纂：《直隶靖州志》，道光十七年刻本。
（清）魏式曾增修，郭鉴襄增纂：《永顺府志》，同治十二年刻本。
（清）吴念椿等修，程寿昌等纂：《续云梦县志略》，光绪九年刻本。
（清）吴起凤修，劳铭勋纂：《靖州直隶州志》，光绪五年刻本。
（清）席绍葆修纂：《辰州府志》，乾隆三十年刻本。
（清）夏修恕、周作楫修，萧琯、何廷熙纂：《思南府续志》，道光二十一年刻本。
（清）谢圣纶辑，古永继点校：《滇黔志略点校》，贵州人民出版社2008年版。
（清）徐铉修，萧琯纂：《松桃厅志》，道光十六年刻本。
（清）徐会云修纂：《辰溪县志》，道光元年刻本。
（清）鄢翼明纂修：《辰州府志》卷7，康熙五年刻本。
（清）姚念杨、吕懋恒修，赵斐哲纂：《益阳县志》，同治十三年刻本。
（清）余泽春修，余嵩庆纂：《古州厅志》，光绪十四年刻本。
（清）俞渭修，陈瑜纂：《黎平府志》，光绪十八年刻本。
（清）喻勋修纂：《铜仁府志》，光绪十五年刻本。
（清）袁景晖修纂：《建始县志》，道光二十二年刻本。
（清）张扶翼编纂：《黔阳县志》，雍正十一年刻本。
（清）张官五修，龚琰纂，吴嗣仲等续修：《沅州府志》，同治十二年刻本。
（清）张家榴修，朱寅赞纂：《恩施县志》，嘉庆十三年刻本。
（清）张天如修，顾奎光纂：《永顺府志》，乾隆二十八年刻本。
（清）张映蛟修，俞克振纂：《晃州直隶厅志》，道光五年刻本，民国二十五年铅印本。

（清）张梓修，张光杰纂：《咸丰县志》，同治四年刻本。

（清）赵沁修，田榕纂：《玉屏县志》，乾隆二十二年刻本。

（清）郑逢元纂：《平溪卫志书》，康熙十二年刻本。

（清）郑士范修纂：《印江县志》，道光十七年修，民国二十四年石印重印本。

（清）周来贺纂修：《桑植县志》，同治十一年刻本。

（清）周玉衡修，杨瑞珍纂：《永绥直隶厅志》，同治七年刻本。

（清）朱黼修纂：《清浪卫志略》，康熙二十三年刻本。

（清）朱崧修纂：乾隆《泸溪县志》，乾隆十六年刻本。

（清）朱偓修，陈昭谋纂：《郴州总志》，嘉庆二十五年刻本。

（清）朱希白等修，沈用增纂：《孝感县志》，光绪九年刻本。

《凤凰县建设志》编纂委员会：《凤凰县建设志》，中国建筑工业出版社1993年版。

《贵州省志》编委会：《贵州省志·有色金属工业志》，贵州人民出版社2002年版。

《通道侗族自治县概况》编写组：《通道侗族自治县概况》，湖南人民出版社1986年版。

安龙县志编纂委员会：《安龙县志》，贵州人民出版社1992年版。

蔡仁辉纂修：《岑巩县志》，1946年油印本。

册亨县地方志编纂委员会：《册亨县志》，贵州人民出版社2002年版。

册亨县民政局：《册亨县民政志》，册亨县民政局1990年内部版。

岑巩县志编纂委员会：《岑巩县志》，贵州人民出版社1993年版。

辰溪县志编纂委员会：《辰溪县志》，生活·读书·新知三联书店1994年版。

城步苗族自治县志编纂委员会：《城步县志》，湖南出版社1996年版。

都匀市史志编纂委员会：《都匀市志》，贵州人民出版社1999年版。

窦全曾修，陈矩纂：《都匀县志稿》，1925年铅印本。

恩施市地方志编纂委员会：《恩施市志》，武汉工业大学出版社1996年版。

凤凰县志编纂委员会：《凤凰县志》，湖南人民出版社1988年版。

傅角今：《湖南地理志》，武昌亚新地学社1933年版。

傅熊湘纂：《醴陵乡土志》，1926年铅印本。

古丈县志编纂委员会：《古丈县志》，巴蜀书社1989年版。

贵定县采访处：《贵定县志稿》，1919年钞呈本。

贵州地方志编纂委员会：《贵州省志·民族志》，贵州民族出版社2001年版。

贵州锦屏县民政局：《锦屏县民政志（1915—2007）》，贵州锦屏县民政局2010年内部版。

贵州省地方志编纂委员会：《贵州省志·城市建设志》，方志出版社1998年版。

贵州省地方志编纂委员会：《贵州省志·地理志》，贵州人民出版社1985年版。

贵州省地方志编纂委员会：《贵州省志·公安志》，贵州人民出版社2003年版。

贵州省地方志编纂委员会：《贵州省志·教育志》，贵州人民出版社1990年版。

贵州省地方志编纂委员会：《贵州省志·粮食志》，贵州人民出版社1992年版。

贵州省地方志编纂委员会：《贵州省志·文物志》，贵州人民出版社2003年版。

贵州省地方志编纂委员会：《贵州省志·宗教志》，贵州民族出版社2007年版。

贵州省文史研究馆点校：民国《贵州通志·前事志》，贵州人民出版社1987年点校本。

贵州省文史研究馆古籍整理委员会：《贵州通志·舆地志·风土志》，贵州大学出版社2010年版。

郭辅相修，王世鑫等纂：《八寨县志稿》，1931年刊本。

洪江市志编纂委员会：《洪江市志》，生活·读书·新知三联书店1994年版。

侯祖畲修，吕寅东纂：《夏口县志》，1920年刻本。

胡鬯修撰：《三合县志略》，1940年铅印本。

胡履新修，张孔修纂：《永顺县志》，1930年铅印本。

胡朴安：《中华全国风俗志》，河北人民出版社1988年版。

湖北省地方志编纂委员会：《湖北省志·政权》，湖北人民出版社1996年版。

湖北省志·金融志编纂委员会：《湖北省金融志》，1985年油印本。

湖南省地方志编纂委员会：《湖南省志·工业矿产志》（机械工业），湖南出版社1992年版。

湖南省地方志编纂委员会：《湖南省志·建设志》（城乡建设），湖南出版社1997年版。

湖南省地方志编纂委员会：《湖南省志·贸易志》，湖南出版社1990年版。

湖南省地方志编纂委员会：《湖南省志·宗教志》，湖南人民出版社1990年版。

湖南省志编纂委员会：《湖南省志·医药卫生志》，湖南人民出版社1988年版。

怀化地区交通志编纂委员会：《怀化地区交通志》，中州古籍出版社1991年版。

怀化地区志编纂委员会：《怀化地区志》，生活·读书·新知三联书店1999年版。

怀化市志编纂委员会：《怀化市志》，生活·读书·新知三联书店1994年版。

黄平县地方志编纂委员会：《黄平县志》，贵州人民出版社1993年版。

黄永堂点校：《贵州通志·艺文志》，贵州人民出版社1989年版。

吉首市志编纂委员会：《吉首市志》，湖南出版社1996年版。

江口县志编纂委员会：《江口县志》，贵州人民出版社1994年版。

江钟岷修，陈廷荣、陈楷纂：《平坝县志》，贵阳文通书局1932年铅印本。

靖州苗族侗族自治县建设局：《靖州城乡建设志》，1989年内部版。

来凤县志编纂委员会：《来凤县志》，湖北人民出版社1990年版。

黎平县志编纂委员会：《黎平县志》，巴蜀书社1989年版。

利川民族志编纂委员会：《利川民族志》，四川民族出版社1991年版。

刘世显、谷正伦修，任可澄、杨恩元纂：民国《贵州通志》，贵州人民出版社1991年版。

刘显世、谷正伦修，任可澄、杨恩元纂：《贵州通志》，贵阳文通书局

1948年铅印本。

刘钟荫修，周恭寿纂：《麻江县志》，1938年铅印本。

龙山县修志办公室：《龙山县志》，1985年内部版。

泸溪县民政局：《泸溪县民政志（1912—1983）》，泸溪县民政局1983年内部版。

泸溪县志编纂委员会：《泸溪县志》，社会科学文献出版社1993年版。

吕调元、刘承恩修，张仲炘、杨承禧纂：《湖北通志》，1921年湖北公署刻本。

罗甸县志编纂委员会：《罗甸县志》，贵州人民出版社1994年版。

罗骏超撰：《册亨县乡土志略》，1936年刊本。

马震昆修，陈文燨纂：《思南县志稿》，1920年钞本。

彭水县志编纂委员会：《彭水县志》，四川人民出版社1998年版。

黔东南苗族侗族自治州地方志编纂委员会：《黔东南苗族侗族自治州志·城建环保志》，贵州人民出版社2005年版。

黔东南苗族侗族自治州地方志编纂委员会：《黔东南苗族侗族自治州志·交通志》，贵州人民出版社2000年版。

黔东南苗族侗族自治州地方志编纂委员会：《黔东南苗族侗族自治州志·民政志》，贵州人民出版社2004年版。

黔阳县地方志编纂委员会：《黔阳县志》，中国文史出版社1991年版。

任震修，黎民怡纂：《德江县志》，启明石印局1942年石印本。

石阡县地方志编纂委员会：《石阡县志》，贵州人民出版社1992年版。

实业部国际贸易局：《中国实业志：湖南省》第七编，实业部国际贸易局1935年印行。

台北"国史馆"：《中华民国史地理志（初稿）》，台北"国史馆"1980年版。

王华裔修纂：《独山县志》，1915年稿本。

王树人修，侯昌铭纂：《永定县乡土志》，1920年铅印本。

魏任重修，姜玉笙纂：《三江县志》，1946年铅印本。

吴剑佩、陈整修，舒立淇纂：《溆浦县志》，1921年刊本。

吴谋高：《丁达村志》，未刊稿，凯里市图书馆藏。

五峰土家族自治县地方志编纂委员会：《五峰县志》，中国城市出版社

1994年版。

咸丰县志编纂委员会:《咸丰县志》,武汉大学出版社1990年版。

湘西土家族苗族自治州地方志编纂委员会:《湘西土家族苗族自治州志》,湖南人民出版社1999年版。

湘西土家族苗族自治州民族事务委员会:《湘西土家族苗族自治州志·民族志》,湖南人民出版社1999年版。

新晃侗族自治县民族事务委员会:《新晃侗族自治县民族志》,贵州民族出版社1995年版。

新晃县侗族自治县公安局:《新晃侗族自治县公安志》,1992年内部版。

熊中根:《湘西土家族苗族自治州民族中学志》,黄山书社1996年版。

秀山土家族苗族自治县志编纂委员会:《秀山县志》,中华书局2001年版。

宣恩县志编纂委员会:《宣恩县志》,武汉工业大学出版社1995年版。

沿河土家族自治县民政局:《沿河土家族自治县民政志》,沿河县民政局1990年内部版。

沿河土家族苗族自治县志编纂委员会:《沿河县志》,贵州人民出版社1993年版。

杨化育修,覃梦松纂:《沿河县志》,1943年铅印本。

印江土家族苗族自治县志编纂委员会:《印江土家族苗族自治县志》,贵州人民出版社1992年版。

永顺县地方志编纂委员会:《永顺县志》,湖南出版社1995年版。

酉阳县志编纂委员会:《酉阳县志》,重庆出版社2002年版。

沅陵县地方志编纂委员会:《沅陵县志》,中国社会科学出版社1993年版。

芷江县地方志编纂委员会:《芷江县志》,生活·读书·新知三联书店1993年版。

周国华修,冯翰先纂:《石阡县志》,贵州省图书馆1965年据石阡县档案馆藏民国稿本复制。

朱嗣元修,钱光国等纂:《施秉县志》,1920年稿本。

朱之洪修,向楚纂:《巴县志》,1943年重印本。

(二) 正史、实录

(北宋)欧阳修,宋祁撰:《新唐书》,中华书局1975年版。

（北宋）司马光：《资治通鉴》卷15，中华书局1992年版。

（东汉）班固撰，（唐）颜师古注：《汉书》，中州古籍出版社1991年影印本。

（西汉）司马迁：《史记》，线装书局2006年版。

（后晋）刘昫等：《旧唐书》，吉林人民出版社1995年版。

（晋）常璩撰，刘琳校注：《华阳国志校注》，巴蜀书社1984年版。

（晋）陈寿撰，（宋）裴松之注：《三国志》，岳麓书社1990年版。

（梁）萧子显：《南齐书》，中华书局1972年版。

（明）宋濂等撰：《元史》，中华书局1976年版。

（明）王圻纂辑：《续文献通考》，现代出版社1986年版。

（南朝宋）范晔撰，（唐）李贤等注：《后汉书》，中华书局1965年版。

（南宋）李焘撰：《续资治通鉴长编》，中华书局1985年版。

（南宋）李心传撰：《建炎以来系年要录》，中华书局2013年版。

（南宋）马端临：《文献通考》，中华书局1986年影印本。

（唐）房玄龄撰，耿相新、康华校：《晋书》，中州古籍出版社1996年版。

（唐）魏徵等撰：《隋书》，中华书局1973年版。

（元）脱脱等撰：《宋史》，中华书局1977年版。

（清）谷应泰撰：《明史纪事本末》，中华书局1977年版。

（清）昆冈：《钦定大清会典事例》，光绪二十五年重修本。

（清）刘锦藻撰：《清朝续文献通考》，上海商务印书馆1955年版。

（清）佚名氏著，伍新福校点：《苗疆屯防实录》，岳麓书社2012年版。

（清）永瑢等辑：《四库全书书目》，中华书局1965年版。

（清）张廷玉撰：《明史》，岳麓书社1996年版。

《明太祖实录》，台北"中央研究院"历史语言研究所1962年校点本。

《清圣祖实录》，台北华文书局1969年影印本。

《清实录》，中华书局1985年版。

《清世祖实录》，台北华文书局1969年影印本。

光绪《钦定大清会典》，《四库全书》本。

光绪《钦定大清会典则例》，新文丰出版公司1976年据清光绪二十五年刻本影印。

乾隆《钦定大清会典》，《四库全书》本。

清高宗敕撰：《清朝文献通考》，（台北）新兴书局1963年影印本。
赵尔巽撰：《清史稿》，中华书局1976、1977年版。

（三）文集、文编、笔记

（北宋）洪适：《隶释》，上海涵芬楼据固安刘氏藏明万历刊本影印。

（北宋）曾公亮等撰：《武经总要前集》，四库全书本。

（东汉）郑玄注，（唐）贾公彦疏，《周礼注疏》，北京大学出版社1999年版。

（明）曹学佺：《蜀中广记》，四库全书本。

（明）冯琦编纂：《经济类编》（十四），台北成文出版社1968年版。

（明）郭子章：《黔记》，巴蜀书社2006年版。

（明）郭子章：《黔记》，万历三十六年刻本。

（明）李时勉：《古廉文集》，台北商务印书馆1969年影印本。

（明）宋濂撰：《宋学士文集》，商务印书馆1937年版。

（明）王士性：《广志绎》，中华书局1981年版。

（明）王士性撰，周振鹤点校：《五岳游草·广志绎》，中华书局2006年版。

（明）谢肇淛：《五杂俎》，台北伟文图书出版社1977年版。

（明）徐霞客：《黔游日记》，民国甲子按廈影山房刊本校印本。

（明）薛瑄：《薛瑄全集》（上），山西人民出版社1990年版。

（南宋）范成大：《范成大笔记六种》，中华书局2002年版。

（南宋）洪迈：《容斋随笔》，湖北辞书出版社1997年版。

（南宋）陆游：《老学庵笔记》，青岛出版社2002年版。

（南宋）王象之：《舆地纪胜》，江苏广陵古籍刊印社1991年版。

（清）爱必达：《黔南识略》，乾隆十四年修刊本。

（清）戴名世：《戴南山全集纪红苗事》，时还书屋1918年木活字印本。

（清）但湘良：《湖南苗防屯政考》，成文出版社1968年影印本。

（清）方显撰：《平苗纪略》，同治十二年武昌郡廨刊刻本。

（清）葛士浚：《皇朝经世文续编》，上海书局光绪二十四年石印本。

（清）顾炎武：《天下郡国利病书（云南贵州备录)》（8），上海书店1935年版。

（清）顾炎武撰，黄坤、严佐之等主编：《顾炎武全集》（16），《天下郡国利病书》（5），上海古籍出版社 2011 年版。

（清）顾祖禹撰，贺次君、施和金点校：《读史方舆纪要》，中华书局 2005 年版。

（清）归庄：《归庄集》，中华书局 1962 年版。

（清）贺长龄、盛康辑：《清朝经世文正续编》第 2 册，广陵书社 2011 年版。

（清）贺长龄辑：《皇朝经世文编》，中西书局光绪二十五年石印本。

（清）胡先容：《楚黔防苗》，同治四年刻本。

（清）蓝鼎元：《鹿洲初集》，台北文海出版社 1977 年影印本。

（清）李慈铭：《越缦堂日记·桃花圣解庵日记》，丁集第二集，广陵书社 2004 年影印本。

（清）李鸿章：《李鸿章全集》，时代文艺出版社 1998 年版。

（清）李宗昉：《黔记》，道光十四年刻本。

（清）凌扬藻：《蠡勺篇》，同治二年伍氏粤雅堂刻岭南遗书本。

（清）刘书年：《刘贵阳遗稿》，紫江朱氏据原稿印行。

（清）刘献廷：《广阳杂记》，中华书局 1997 年版。

（清）罗绕典：《黔南职方纪略》，成文出版社 1974 年据道光二十七年刻本影印。

（清）潘清：《洪江育婴小识》，光绪十三年刻本。

（清）求自强斋主人：《皇朝经济文编》，光绪二十七年刊刻本。

（清）田文镜：《钦颁州县事宜》，《宦海指南五种》，咸丰九年刻本。

（清）王韬：《弢园文录外编》，上海书店 2002 年版。

（清）王锡祺辑：《小方壶斋舆地丛钞》，光绪十七年（1891）上海著易堂铅印本。

（清）魏源：《魏源全集》，岳麓书社 2004 年版。

（清）魏源撰，韩锡铎、孙文良点校：《圣武记》，中华书局 1984 年版。

（清）吴振棫：《黔语》，咸丰四年刻本。

（清）熊宾撰：《三邑治略》，光绪二十九年刻本。

（清）徐家干著，吴一文校注：《苗疆闻见录》，贵州人民出版社 1997 年版。

（清）徐珂撰：《清稗类钞》，中华书局1984、1986、2003年版。

（清）严如熤：《苗防备览》，道光癸卯绍义堂重刻本。

（清）詹应甲撰：《赐绮堂集》，《续修四库全书》编纂委员会编：《续修四库全书》，上海古籍出版社2002年版。

（清）张澍：《续黔书》，朝间刻本。

（清）张之洞著，苑书义等主编：《张之洞全集》，河北人民出版社1998年版。

（清）赵申乔：《赵恭毅公（申乔）剩稿》，台北文海出版社1966年影印本。

贵州省文史研究馆：《续黔南丛书》第1辑，《黔记》，贵州人民出版社2012年版。

贵州省文史研究馆：《续黔南丛书》第2辑，《黔南识略·黔南职方纪略》，贵州人民出版社1992年版。

劳亦安辑：《古今游记丛钞》，上海中华书局1936年版。

刘介：《苗荒小纪》，上海商务印书馆1928年版。

黔南丛书：《黔书·续黔书·黔记·黔语》，贵州人民出版社1992年版。

石宏规：《湘西苗族考察记》，1934年长沙铅印本。

孙中山：《孙中山全集》第九卷，中华书局1986年版。

曾继梧等：《湖南各县调查笔记》（上、下），1931年铅印本。

（四）史料汇编

《教务教案档》第六辑（二），（台北）"中央研究院"近代史研究所1980年编印。

《民族问题五种丛书》贵州省编辑组：《苗族社会历史调查》，贵州民族出版社1987年版。

《中国少数民族社会历史调查资料丛刊》修订编辑委员会四川省编辑组编：《四川彝族历史调查资料、档案资料选编》，四川省社会科学院出版社1987年版。

陈真：《中国近代工业史资料》第3辑，生活·读书·新知三联书店1961年版。

陈真、姚洛合：《中国近代工业史资料》（第一辑），生活·读书·新知三联书店1957年版。

刀永明：《中国傣族史料辑要》，云南民族出版社1989年版。

丁尚固修，刘增礼纂：《台拱县文献纪要》，1919年石印本。

丁世良：《中国地方志民俗资料汇编》（西南卷下），书目文献出版社1991年版。

方国瑜：《云南史料丛刊》第八卷，云南大学出版社2001年版。

方国瑜：《云南史料丛刊》第二卷，云南大学出版社1998年版。

广西壮族自治区第二图书馆：《广西自然灾害史料》，1978年内部版。

贵州省档案馆：《贵州档案史料》，贵州省档案馆1988年内部版。

贵州省档案馆、贵州社会科学编辑部、贵州历史文献研究会、贵州省人口学会：《贵州近代经济史资料选辑》第二卷，四川社会科学院出版社1987年版。

贵州省教育科学研究所：《贵州少数民族教育研究资料集》，贵州省教育科学研究所1984年编。

贵州省人民政府财政经济委员会：《贵州财经资料汇编》，1950年内部版。

贵州省邮电管理局史志办公室：《贵州省邮电志资料汇编》（第一分册·电信部分1887—1949），1987年版。

国家图书馆分馆编：《清代边疆史料抄稿本汇编》第34、37册，线装书局2003年版。

国民政府主计处统计局：《贵州省统计资料汇编》，国民政府主计处统计局1942年编印。

鹤峰县委统战部：《容美土司史料汇编》，1983年内部版。

湖南省少数民族古籍办公室编：《湖南地方志少数民族史料》，岳麓书社1992年版。

交通部公路总局西南公路工务局：《西南公路史料》，交通部公路总局西南公路工务局1944年编印。

李世家：《玉屏县志资料》，1944年版。

李文海：《民国时期社会调查丛编·二编·少数民族卷》，福建教育出版社2014年版。

彭泽益：《中国近代手工业史》第一卷，生活·读书·新知三联书店1957年版。

彭泽益：《中国近代手工业史资料》第二册，生活·读书·新知三联书店1957年版。

全国人民代表大会民族委员会办公室：《贵州省台江县苗族的家族》（贵州、湖南少数民族社会历史调查组调查资料之四），1958年编印。

上海市工商业联合会、复旦大学历史系：《上海总商会组织史资料汇编》，上海古籍出版社2004年版。

沈云龙：《近代中国史料丛刊三编》，台北文海出版社1985年影印本。

沈云龙：《近代中国史料丛刊续辑》第88辑，台北文海出版社1974年印行。

王铁崖：《中外旧约章汇编》第1册，生活·读书·新知三联书店1957年版。

吴泽霖：《定番县乡土教材调查报告》，1939年未刊稿本。

谢贵安：《明实录之类纂》（湖北史料卷），武汉出版社1991年版。

新晃侗族自治县文史资料研究委员会：《工商史料》（民国时期），1986年铅印本。

杨洪涛、杨瑞仁：《沈从文研究资料》，天津人民出版社2006年版。

杨一凡、刘笃学：《中国古代地方法律文献》甲编，第9册，世界图书出版公司2006年版。

曾兆祥：《湖北近代经济贸易史料选辑》（4），湖北省志贸易志编辑室1986年。

章有义：《中国近代农业史资料》第3辑，生活·读书·新知三联书店1957年版。

赵之恒标点：《大清十朝圣训》（2），台北文海出版社1965年版。

政协雷山县文史资料委员会：《雷山县文史资料选辑》第1辑，1989年。

政协施策县文史资料研究委员会施策县民族事务委员会：《施秉县文史资料》第4辑（少数民族专辑），1989年。

政协湘西自治州文史资料研究委员会：《湘西文史资料》第22、23辑（合刊），1991年。

中国第二历史档案馆：《中华民国史档案资料汇编》（第二辑），江苏古籍出版社1991年版。

中国第二历史档案馆：《中华民国史档案资料汇编》第五辑第二编"财政

经济"(十),江苏古籍出版社1997年版。

中国第二历史档案馆:《中华民国史档案资料汇编》第五辑第二编·教育(一),凤凰出版社1997年版。

中国第二历史档案馆:《中华民国史档案资料汇编》第五辑第一编·教育,江苏古籍出版社1994年版。

中国第二历史档案馆:《中华民国史档案资料汇编》第五辑第一编·政治(二),江苏古籍出版社1994年版。

中国第一历史档案馆:《清代档案史料丛编》第十四辑,中华书局1990年版。

中国第一历史档案馆:《雍正朝汉文朱批奏折汇编》(10),江苏古籍出版社1989年版。

中国第一历史档案馆、中国人民大学清史研究所、贵州省档案馆:《清代前期苗民起义档案史料》,光明日报出版社1987年版。

中国科学院民族研究所贵州少数民族社会历史调查组、贵州分院民族研究所:《〈清实录〉贵州资料辑要》,贵州人民出版社1964年版。

中国人民政治协商会议湖南省辰溪县委员会文史资料委员会:《辰溪文史》第5、6辑,1990年。

中国人民政治协商会议贵州省贵阳市委员会文史资料研究委员会:《贵阳文史资料选辑》第6辑,1982年。

中国人民政治协商会议贵州省委员会文史资料研究委员会:《贵州文史资料选辑》(第33辑),1996年。

中国人民政治协商会议贵州省委员会文史资料研究委员会:《贵州文史资料选辑》第7辑,贵州人民出版社1981年版。

中国人民政治协商会议湖北省宣恩县委员会文史资料委员会:《宣恩文史资料》(民族经济专辑)第3辑,1988年。

中国人民政治协商会议龙山县委员会文史资料研究委员会:《龙山文史资料》第2辑,1986年。

中国人民政治协商会议西南地区文史资料协作会议:《抗战时期西南的交通》,云南人民出版社1992年版。

中国人民政治协商会议湘西土家族苗族自治州委员会文史资料研究委员会:《湘西文史资料》第14、15合辑,1989年。

中国西南文献丛书编委会：《西南稀见丛书文献》，兰州大学出版社2004年版。

（五）报纸、民国杂志

A. 报纸

《大公报》（长沙）1917年6月24日、1947年6月10日。

《大公报》（重庆）1942年4月30日。

《大公报》1937年4月13日。

《恩施日报》2015年7月16日、2015年8月27日。

《光明日报》1999年5月28日、2001年9月11日。

《贵州民族报》2015年8月25日。

《贵州日报·社会研究》1942年1月15日、1942年5月20日、1942年7月31日。

《贵州日报》1943年1月22日、1945年5月3日、1945年5月15日、1945年8月30日、1945年10月29日、1982年1月7日、2017年2月24日。

《贵州日报》2016年4月26日。

《湖南大公报》1920年8月6日、1920年10月12日。

《湖南国民日报》1938年5月17日。

《湖南日报》2015年5月9日。

《人民日报》2014年4月13日。

《申报》1938年7月12日。

《武汉日报》（宜昌版）1947年4月7日。

《西南日报》1939年1月1日。

《湘报》1898年3月8日。

《潇湘晨报》2008年12月23日。

《政治官报》第1216号，宣统三年二月二十二日，第42册。

《中国社会科学报》2012年4月27日。

《中央日报》（贵阳）1938年1月21日、1939年7月4日。

B. 民国杂志

《边疆半月刊》1937年。

《边疆服务》1943年。

《边声月刊》1940年。

《川边季刊》1935年。

《道路月刊》1933年、1936年。

《地理专刊》1946年。

《东方杂志》1930年、1938年、1944年。

《兑泽校刊》1941年。

《工商半月刊》1935年。

《工商调查通讯》1943年。

《工作报告》1930年。

《广州市市政公报》1931年。

《贵阳市政》1942年。

《贵州建设月刊》1946年。

《贵州教育》1942年。

《贵州经济建设月刊》1947年。

《贵州民意月刊》1948年。

《贵州企业公司成立三周年纪念特刊》1942年。

《贵州省政府公报》1930年、1940年、1944年。

《贵州卫生》1942年。

《国民政府公报（南京1927）》1932年。

《国闻周报》1928年、1930年。

《汉口商业月刊》1934年、1935年。

《湖南教育月刊》1940年。

《湖南教育杂志》1925年。

《湖南经济》1948年。

《湖南省银行经济季刊》1943年。

《湖南省银行月刊》1931年

《湖南省政府行政报告》1936年。

《黄埔》1941年。

《建设月刊》1946年。

《江苏省公报》1918年。

《交行通信》1932年。
《教育杂志》1924年。
《京报副刊》1924年。
《警备专刊》1930年。
《警察月刊》1935年。
《礼拜日周刊》1939年。
《励行月刊》1947年。
《路政》1933年。
《旅行杂志》1936年、1938年、1941年、1944年、1946年。
《贸易》1936年。
《明治报》1924年。
《农声月刊》1941年。
《企光特刊》1941年。
《前途杂志》1936年。
《全民抗战》1939年。
《人生服务月刊》1944年。
《山东建设月刊》1933年。
《商友》（南昌）1947年。
《社会教育辅导》1945年。
《社会评论》（长沙）1948年。
《社会学界》1930年。
《社会研究》1921年。
《申报月刊》1943年。
《时事月报》1937年。
《实业部月刊》1937年。
《实业杂志》1922年。
《收音期刊》1935年。
《四川教育通讯》1948年。
《四川经济季刊》1945年。
《四川经济月刊》1938年、1945年。
《四川县训》1935年。

《四川月报》1934 年。
《四路军月刊》1936 年。
《统计月刊》1937 年。
《图书季刊》1944 年、1947 年。
《文史杂志》1944 年。
《西南边疆》1938 年。
《西南公路》1941 年、1943 年。
《西南旅行杂志》1936 年。
《西南实业通讯》1944 年、1946 年。
《乡村教育》1936 年。
《湘灾月刊》1922 年。
《新工商》1943 年。
《新湖北季刊》1941 年。
《新经济半月刊》1940 年。
《新路周刊》1948 年。
《新民族》1939 年。
《新黔》1935 年。
《新生》1935 年。
《新市政》1943 年。
《新中华》1936 年。
《燕京学报》1933 年。
《游戏杂志》1915 年。
《战干月刊》1943 年。
《正中儿童》1946 年。
《中国工业》1945 年。
《中国建设（上海）》1948 年。
《中国建设》1937 年。
《中国经济评论》1936 年。
《中华基督教会全国总会公报》1949 年。
《中学生》1944 年。
《珠江报》1949 年。

《资源委员会月刊》1940年。

(六) 其他

(清) 无名氏:《苗蛮图说》,清代彩绘本。

《贵州黄平王家牌王氏族谱》,2006年印刷本。

《湖南省银行代办县库各县库存比较表》(1940年底),《湖南省银行统计提要》1942年。

《湖南灾区之救济》,《中国国民党指导下之政治成绩统计》1936年第2期。

《印江大事记》,印江土家族苗族自治县档案馆编印。

《中国考古学年鉴 (2004)》,文物出版社2005年版。

交通部统计处:《中华民国三十三年交通部统计年报》,交通部统计处1946年版。

铁道部经济丛书:《湘滇线云贵段附近各县经济调查报告书》,铁道部业务司、财务司调查科1930年编印。

王沿津:《中国县银行年鉴》(1948年),台北文海出版社1977年影印本。

http://baike.baidu.com/view/636123.htm?fr=ala0_1_1。

http://news.sina.com.cn/c/2006-08-21/shtml。

http://www.360doc.com/content/17/0523/14。

http://www.gzmw.gov.cn/index.php?a=show&c=index&catid=161&id=7620&m=content。

http://www.onegreen.net/maps/HTML/48075.html。

http://www.seac.gov.cn/art/2012/3/16/art_6491_179361.html。

https://baike.baidu.com/item/%E5%9C%9F%E5%8F%B8%E5%88%B6%E5%BA%A6/1394679?fr=aladdin。

二 档案

《1937年江口、镇远、三合三县积谷数量表》,贵州省档案馆藏档案,全宗号:M8,案卷号3421。

《1938年潞西设治局西南边区民族调查表》,云南省档案馆,《民国云南省民政厅档案卷宗》，卷宗号：11—8—10 卷。

《各县清理积谷收支对照表》，贵州省档案馆藏档案，全宗号：M8，案卷号：3435。

《工矿调整处中南处关于改组迁湘西工厂联合会事项》（1942—1943 年），第 1 辑（上册），中国第二历史档案馆藏，卷宗号：八一九/4001。

《贵州省统计年鉴·战时贡献》，贵州省档案馆，全宗号：M60，案卷号：6241—6401。

《贵州银行》（1912 年 2 月—1949 年 10 月），贵州省档案馆藏，全宗号：M56。

《交通银行遵义办事处（民国二十二年—三十八年）》，遵义市档案馆，全宗号：4。

《民国贵州省民政厅档案》，贵州省档案馆藏，卷宗号：第 M8—1—602［1］、M8—1—602［2］、M8—1—6024［5］、M8—1—6025［7］、M8—1—6025［8］、M8—1—6038［4］卷。

《民国时期档案》，黔东南州档案馆档案，全宗号 1，目录号 1，案卷号 37—350。

《民国时期贵州省建设厅档案》，贵州省档案馆档案，全宗号：M60，目录号 1，案卷号 45—446（2）。

《西南夷族文化促进会南京总会函》，四川省档案馆，《民国四川省民政厅档案卷宗》，卷宗号：54—1349［6］卷。

《朱批谕旨·鄂尔泰奏折》，第九涵第六册，贵州省图书馆。

《朱批奏折》（民族事务类），中国第一档案馆，卷宗号：第 1729 号。

《奏为今昔不同请施南府同知移驻利川汪家营地方以资巡缉事》，光绪十六年三月十六日，中国第一历史档案馆《宫中档》，全宗号：04—01—12—0547—116。

交通银行总管理处：《交通银行总处通告》（1945 年 1 月），青岛市档案馆，全宗号：B0040，案卷号：00106。

张维：《一年来的湖南卫生事业》，《湘政一年》，湖南省档案馆，全宗号：22，案卷号：1145。

三 著作

（一）中文原著

（明）郭子章著，伍孝成等编校：《〈黔记·舆图志〉考释》，贵州人民出版社2012年版。

（明）郭子章著，杨曾辉编校：《〈黔记·诸夷〉考释》，贵州人民出版社2013年版。

《贵州六百年经济史》编辑委员会：《贵州六百年经济史》，贵州人民出版社1998年版。

《贵州通史》编委会：《贵州通史》，当代中国出版社2003年版。

《通道侗族自治县概况》编写组：《通道侗族自治县概况》，湖南人民出版社1986年版。

《威宁苗族百年实录》编委会：《威宁苗族百年实录》，贵州民族出版社2006年版。

《湘西苗族》编写组编：《湘西苗族》，吉首大学学报编辑委员会1982年版。

《中国气象灾害大典·贵州卷》编委会：《中国气象灾害大典·贵州卷》，气象出版社2006年版。

《中国气象灾害大典·湖北卷》编委会：《中国气象灾害大典·湖北卷》，气象出版社2006年版。

《中国气象灾害大典·湖南卷》编委会：《中国气象灾害大典·湖南卷》，气象出版社2006年版。

《中国气象灾害大典·四川卷》编委会：《中国气象灾害大典·四川卷》，气象出版社2006年版。

蔡禾：《城市社会学：理论与视野》，中山大学出版社2003年版。

曹洪涛：《中国近现代城市的发展》，北京经济学院出版社1994年版。

曹经沅：《贵州省保甲概况》，贵州省政府民政厅1937年编印。

曹经沅：《贵州省苗民概况》，书林书局1937年编印。

曹树基：《中国人口史》（清时期），复旦大学出版社2001年版。

柴焕波：《武陵山区古代文化概论》，岳麓书社2004年版。

陈冰伯:《今日之县政》,同文图书印刷公司 1933 年版。
陈谷嘉、邓洪波:《中国书院制度研究》,浙江教育出版社 1997 年版。
陈澔:《礼记集说》,中国书店 1994 年版。
陈鸿彝:《中华交通史话》,中华书局 1992 年版。
陈理、彭武麟:《中国近代民族史研究文选》,社会科学文献出版社 2013 年版。
陈立明:《西藏民俗》,五洲传播出版社 2017 年版。
陈庆德:《经济人类学》,人民出版社 2001 年版。
陈先枢、黄启昌:《长沙经贸史记》,湖南文艺出版社 1997 年版。
陈新立:《清代鄂西南山区的社会经济与环境变迁》,中华书局 2018 年版。
陈爱平:《湖南风土文化》,湖南教育出版社 1998 年版。
陈征平:《近代西南边疆民族地区内地化进程研究》,人民出版社 2016 年版。
陈正祥:《中国文化地理》,生活·读书·新知三联书店 1983 年版。
戴明贤:《一个人的安顺》,人民出版社 2004 年版。
戴一峰:《区域性经济发展与社会变迁:以近代福建地区为中心》,岳麓书社 2004 年版。
邓辉:《土家族区域的考古文化》,中央民族大学出版社 1999 年版。
丁长清、慈鸿飞:《中国农业现代化之路——近代中国农业结构、商品经济与农村市场》,商务印书馆 2000 年版。
丁道谦:《贵州经济地理》,重庆商务印书馆 1946 年版。
董鉴泓:《城市规划历史与理论研究》,同济大学出版社 1999 年版。
董修甲:《市政问题讨论大纲》,青年协会书局 1929 年版。
鄂容安等撰,李致忠点校:《鄂尔泰年谱》,中华书局 1993 年版。
樊树志:《江南市镇:传统的变革》,复旦大学出版社 2005 年版。
范同寿:《贵州简史》,贵州人民出版社 1991 年版。
方国瑜:《方国瑜文集》,云南教育出版社 2001 年版。
方培元:《楚俗研究》第 3 集,湖北美术出版社 1999 年版。
方铁:《西南通史》,中州古籍出版社 2003 年版。
方行、经君健、魏金玉:《清代经济史》,经济日报出版社 2000 年版。
芳园:《国学知识一本全》,天津人民出版社 2015 年版。

费孝通：《乡土中国·生育制度·乡土重建》，商务印书馆 2017 年版。

傅安辉、余达忠：《九寨民俗》，贵州人民出版社 1997 年版。

傅林祥、林涓等：《中国行政区划通史》（清代卷），复旦大学出版社 2013 年版。

傅林祥、郑宝恒：《中国行政区划通史（中华民国卷）》，复旦大学出版社 2007 年版。

傅润华、汤约生：《陪都商业年鉴·物产》，文信书局 1945 年版。

高翠莲：《清末民国时期中华民族自决进程研究》，中央民族大学出版社 2007 年版。

葛剑雄：《中国移民史》，福建人民出版社 1997 年版。

顾朝林：《中国城市地理》，商务印书馆 1999 年版。

广西壮族自治区委党史研究室：《广西抗日战争时期人口伤亡和财产损失》，中共党史出版社 2014 年版。

贵阳市档案馆：《抗战期间黔境印象》，贵州人民出版社 2008 年版。

贵州金融学会、贵州钱币学会、中国人民银行贵州省分行金融研究所：《贵州金融货币史论丛》，《银行与经济》编辑部 1989 年出版。

贵州民族事务委员会：《侗族文化大观》，贵州人民出版社 2016 年版。

贵州省公路管理局：《抗战四年来之贵州公路》，贵州省公路管理局 1941 年编印。

贵州省邮电管理局：《贵州邮电事业的成就》，1960 年内部版。

贵州省政府教育厅：《贵州省边地教育推行方案》，贵州省政府教育厅 1941 年 12 月编印。

贵州省政府教育厅编审室：《贵州省教育统计》，贵州省政府教育厅编审室 1942 年编印。

贵州省政府秘书处：《贵州省政府县参观团工作报告书》，贵州省政府秘书处 1947 年编印。

贵州省政府秘书处：《黔政概况》，贵州省政府秘书处 1945 年编印。

贵州省政府秘书处：《黔政五年》，南京印书馆 1943 年编印。

贵州师范大学地理系：《贵州省地理》，贵州人民出版社 1990 年版。

国家民委《民族问题五种丛书》编辑委员会：《土家族简史》，中央民族大学出版社 2005 年版。

国民经济研究所:《贵州之山货业》,国民经济研究所1939年印行。
何福伟:《清代贵州商品经济史研究》,中国经济出版社2007年版。
何光渝、何昕:《贵州社会六百年》,贵州人民出版社2014年版。
何辑五:《贵州政坛忆往》,中外图书出版社1982年版。
何辑五:《十年来贵州经济建设》,南京印书馆1947年编印。
何仁仲:《贵州通史》,当代中国出版社2002年版。
何仁仲:《贵州通史》,当代中国出版社2003年版。
何耀华:《云南通史》,中国社会科学出版社2011年版。
何一民:《从农业时代到工业时代:中国城市发展研究》,巴蜀书社2009年版。
何一民:《近代中国城市发展与社会变迁(1840—1949年)》,科学出版社2004年版。
何一民:《中国西部农牧地区城市历史变迁研究》,四川大学出版社2015年版。
赫曦滢:《历史的解构与城市的想象》,社会科学文献出版社2015年版。
侯杨方:《中国人口史》(民国时期),复旦大学出版社2001年版。
胡鉴民:《人口变迁与社会变迁》,《民国丛书》第一编第19辑,上海书店1989年版。
湖北教育厅编审委员会:《民国二十二年湖北教育概况统计》,汉口新昌印书馆1934年版。
湖南省委党史研究室:《湖南省抗日战争时期人口伤亡和财产损失》,中共党史出版社2015年版。
黄才贵:《影印在老照片上的文化:鸟居龙藏博士的贵州人类学研究》,贵州民族出版社2000年版。
黄瓴:《城市空间文化结构研究:以西南地域城市为例》,东南大学出版社2011年版。
黄万机:《客籍文人与贵州文化》,贵州人民出版社1992年版。
贾大泉、陈世松:《四川通史》,四川人民出版社1970年版。
贾士毅:《民国财政史》(上),上海书店1990年版。
江沛、秦熠、刘晖:《中华民国史专题史·城市化进程研究》,南京大学出版社2015年版。

江应梁：《西南边疆民族论丛》，珠海大学 1948 年版。

姜宏业：《中国地方银行史》，湖南出版社 1991 年版。

姜进：《都市文化中的现代中国》，华东师范大学出版社 2007 年版。

亢亮、亢羽：《风水与城市》，百花文艺出版社 1999 年版。

蓝东兴：《我们都是贵州人——贵州移民心态剖析》，贵州人民出版社 2000 年版。

雷坚：《广西建置沿革考录》，广西人民出版社 1996 年版。

黎翔凤撰，梁运华整理：《管子校注》，中华书局 2004 年版。

李斌：《清代清水江流域社会变迁研究》，贵州民族出版社 2016 年版。

李长莉、左玉河：《近代中国城市与乡村》，社会科学文献出版社 2006 年版。

李干：《土家族经济史》，陕西人民出版社 1998 年版。

李干、周祉征、李倩：《土家经济史》，陕西人民教育出版社 1996 年版。

李平凡、颜勇：《贵州世居民族迁徙史》，贵州人民出版社 2011 年版。

李绍良：《榕江乡土教材》，1943 年未刊本。

李生江：《辰河汤汤》，中国文史出版社 2014 年版。

李文海、夏明方主编：《中国荒政全书》第 2 辑第 1 卷，北京古籍出版社 2004 年版。

李旭：《西南地区城市历史发展研究》，东南大学出版社 2011 年版。

李艳峰、曾亮：《中国南方古代僚人源流史》，云南大学出版社 2016 年版。

李震一：《湖南的西北角》，宇宙书局 1947 年印行。

梁方仲：《中国历代户口、田地、田赋统计》，上海人民出版社 1980 年版。

梁聚五：《苗彝民族发展史》（草稿），1950 年，中国国家图书馆藏。

梁思成：《中国建筑史》，生活·读书·新知三联书店 2011 年版。

林惠祥：《中国民族史》（下编），上海书店 2012 年版。

林芊：《明清时期贵州民族地区社会历史发展研究——以清水江为中心、历史地理的视角》，知识产权出版社 2012 年版。

林芊：《明清时期贵州民族地区社会历史发展研究》，知识产权出版社 2013 年版。

林辛：《贵州近代交通史略（1840—1949）》，贵州人民出版社 1985 年版。

林兴黔：《贵州工业发展史略》，四川社会科学院出版社 1988 年版。

凌纯声、芮逸夫：《湘西苗族调查报告》，商务印书馆1947年版。
刘国武：《抗战时期湖南的现代化》，甘肃人民出版社2006年版。
刘海岩：《空间与社会：近代天津城市的演变》，天津社会科学院出版社2003年版。
刘鹤：《抗战时期湘西现代化进程研究》，光明日报出版社2012年版。
刘琪：《命以载史》，世界图书出版社2011年版。
刘泱泱：《湖南通史》（近代卷），湖南出版社1994年版。
刘禹东、邵彧双：《中国县市概况》，中国人事出版社1998年版。
刘泽华：《中国传统政治哲学与社会整合》，中国社会科学出版社2000年版。
刘泽华：《中国的王权主义》，上海人民出版社2000年版。
柳肃：《湘西民居》，中国建筑工业出版社2007年版。
龙先琼：《近代湘西开发史研究——以区域史为视角》，民族出版社2014年版。
陆大道：《区位论及区域研究方法》，科学出版社1988年版。
陆韧：《现代西方学术视野中的中国西南边疆史》，云南大学出版社2007年版。
陆韧、凌永忠：《元明清西南边疆特殊政区研究》，人民出版社2013年版。
吕洪业：《中国古代慈善简史》，中国社会科学出版社2014年版。
吕思勉：《中国制度史》，上海教育出版社2002年版。
罗澍伟：《近代天津城市史》，中国社会科学出版社1993年版。
罗田汉：《庇护——中国少数民族居住文化》，北京出版社2000年版。
罗贤佑：《元代民族史》，社会科学文献出版社2007年版。
罗运胜：《明清时期沅水流域经济发展与社会变迁》，社会科学文献出版社2016年版。
麻勇斌：《贵州苗族建筑文化活体解析》，贵州人民出版社2005年版。
马大正：《热点问题冷思考：中国边疆研究十讲》，上海辞书出版社2013年版。
马大正：《中国边疆经略史》，中州古籍出版社2000年版。
马敏、朱英：《传统与近代的二重变奏——晚清苏州商会个案研究》，巴蜀书社1993年版。

马正林:《中国城市历史地理》,山东教育出版社1999年版。

毛况生:《中国人口》(湖南分册),中国财政经济出版社1987年版。

苗族简史编写组:《苗族简史》,贵州民族出版社1985年版。

内政部方域司:《中华民国行政区域简表》(11版),商务印书馆1947年版。

倪鹏飞:《新型城镇化理论与政策框架》,广东经济出版社2015年版。

潘志成:《清代贵州苗疆的法律控制与地域秩序》,九州出版社2013年版。

潘治富:《中国人口》(贵州分册),中国财政经济出版社1988年版。

彭武麟:《中国近代国家转型与民族关系之建构》,中央民族大学出版社2017年版。

彭兆荣、牟小磊、刘朝晖:《文化特例——黔南瑶麓社区的人类学研究》,贵州人民出版社1997年版。

皮明庥:《近代武汉城市史》,中国社会科学出版社1993年版。

蒲孝荣:《四川政区沿革与治地今释》,四川人民出版社1986年版。

齐霁:《中国共产党禁毒史》,中共党史出版社2013年版。

祁庆富:《清代少数民族图册研究》,中央民族大学出版社2012年版。

邱纪凤:《民国年间苗族论文集滇黔边境苗胞教育之研究》,贵州民族研究所1983年编。

曲晓范:《近代东北城市的历史变迁》,东北师范大学出版社2001年版。

屈原:《楚辞》,蓝天出版社1998年版。

任放:《明清长江中游市镇经济研究》,武汉大学出版社2003年版。

任红、陈陆、张春平:《图说水利名人》,中国水利水电出版社2015年版。

任银睦:《青岛早期城市现代化研究》,生活·读书·新知三联书店2007年版。

上海商业储蓄银行:《汉口之桐油与桐油业》,上海商业储蓄银行1932年编印。

尚春霞:《清代赋税法律制度研究(1644—1840)》,光明日报出版社2011年版。

申满秀:《贵州历史与文化》,西南交通大学出版社2015年版。

沈从文:《边城》,译林出版社2017年版。

沈从文:《凤凰》,二十一世纪出版社2014年版。

沈从文:《凤凰集》,江苏教育出版社2005年版。
沈从文:《凤凰往事》,江苏人民出版社2014年版。
沈从文:《湘西散记》,北京十月文艺出版社2016年版。
沈从文:《湘行散记·湘西》,人民文学出版社2017年版。
盛朗西:《中国书院制度》,上海中华书局1934年版。
盛襄子:《湘西苗区之设治及其现状》,重庆独立出版社1943年版。
石朝江:《苗学通论》,贵州民族出版社2008年版。
石启贵:《湘西苗族实地调查报告》,湖南人民出版社1986年版。
史明正:《走向近代化的北京城》,北京大学出版社1995年版。
四川大学历史系、四川省档案馆:《清代乾嘉道巴县档案选编》,四川大学出版社1996年版。
苏智良、赵长青:《禁毒全书》,中国民主法制出版社1998年版。
孙喆:《康雍乾时期舆图绘制与疆域形成研究》,中国人民大学出版社2003年版。
谭必友:《清代湘西苗疆多民族社区的近代重构》,民族出版社2007年版。
谭其骧:《中国历史地图册》(2、5、6),中国地图出版社1996年版。
陶覆恭、杨文询:《中外地理大全》,中华书局1928年版。
万里:《湖湘文化辞典》(8),湖南人民出版社2011年版。
王成敬:《四川东南山地区之经济地理与经济建设》,四川省银行经济研究处1944年。
王洸:《水道运输学》,商务印书馆1945年版。
王国荣:《历代名臣奏议选注》,岳麓书社2012年版。
王开玺:《晚清政治史:数千年未有之变局》(下),东方出版社2016年版。
王卫平:《明清时期江南城市史研究:以苏州为中心》,人民出版社1999年版。
王文光、朱映占、赵永忠:《中国西南民族通史》,云南大学出版社2015年版。
王晓梅:《日本学者西南少数民族研究综述》,贵州大学出版社2017年版。
王晓宁:《恩施自治州碑刻大观》,新华出版社2004年版。
王肇磊:《传统与现代:清代湖北城市发展与社会变迁研究》,中国社会科学出版社 2014 年版。

隗瀛涛：《近代重庆城市史》，四川大学出版社 1991 年版。

隗瀛涛：《中国近代城市不同类型综合研究》，四川大学出版社 1998 年版。

魏光奇：《官治与自治——20 世纪上半期的中国县制》，商务印书馆 2004 年版。

魏挹澧、方咸孚、张玉坤：《湘西城镇与风土建筑》，天津大学出版社 1995 年版。

温春来：《从"异域"到"旧疆"：宋至清贵州西北部地区的制度、开发与认同》，生活·读书·新知三联书店 2008 年版。

吴承明：《中国的现代化：市场与社会》，生活·读书·新知三联书店 2001 年版。

吴起著，张铁慧译注：《吴起兵法》，新疆青少年出版社 2009 年版。

吴荣臻、吴曙光：《苗族通史》（一、二、三、四、五），民族出版社 2007 年版。

吴世勇：《沈从文年谱》，天津人民出版社 2006 年版。

吴泽霖、陈国钧：《贵州苗夷社会研究》，贵阳文通书局 1942 年版。

吴泽霖、陈国钧：《贵州苗夷社会研究》，民族出版社 2004 年版。

伍新福：《湖南通史》（古代卷），湖南出版社 1994 年版。

伍新福：《苗族历史探考》，贵州民族出版社 1992 年版。

伍新福：《中国苗族通史》，贵州民族出版社 1999 年版。

夏鹤鸣、廖国平：《贵州航运史（古、近代部分）》，人民交通出版社 1993 年版。

向尚等：《西南旅行杂写》，上海中华书局 1937 年版。

向轼：《族群性的承变：苗疆边缘秀山苗族的生活》，人民出版社 2016 年版。

肖放：《荆山楚水的民俗与旅游》（湖北卷），旅游教育出版社 1995 年版。

肖琼、李克建、杨昳：《中国西南少数民族文化要略》，四川人民出版社 2011 年版。

谢本书：《近代昆明城市史》，云南大学出版社 1997 年版。

谢本书：《谢本书学术文选》，云南大学出版社 2014 年版。

忻平：《现代化进程中的上海人及其社会生活（1927—1937）》，上海大学出版社 2009 年版。

熊理然：《中国西部城市群落空间重构及其核心支撑研究》，人民出版社 2010 年版。

熊明安等：《四川教育史稿》，四川教育出版社 1993 年版。

徐旭阳：《湖北国统区和沦陷区社会研究》，社会科学文献出版社 2007 年版。

薛绍铭：《黔滇川旅行记》，中华书局 1938 年版。

荀子著，王威威译注：《荀子译注》，上海三联书店 2014 年版。

杨昌儒、陈玉平：《贵州世居民族节日民俗研究》，民族出版社 2009 年版。

杨开宇、廖唯一：《贵州资本主义的产生与发展》，贵州人民出版社 1982 年版。

杨培德：《苗学研究：国际人类学与民族学联合会第 16 届世界大会"苗学论坛"专集》（5），贵州民族出版社 2009 年版。

杨森：《贵州边胞风习写真》，贵州省政府边胞文化研究会 1947 年印行。

杨森：《建设贵州之理论与实践》，贵州省政府秘书处 1946 年印行。

杨森：《杨主席言论选集》第 1 集，贵阳西南印刷所 1946 年版。

杨学琛：《清代民族史》，社会科学文献出版社 2007 年版。

姚本奎：《沅水盘瓠文化游览》，中国文史出版社 2002 年版。

姚丽娟、石开忠：《侗族地区的社会变迁》，中央民族大学出版社 2005 年版。

尹红群：《湖南传统商路》，湖南师范大学出版社 2010 年版。

尤中：《中国西南的古代民族》（续编），云南人民出版社 1989 年版。

尤中：《中国西南民族史》，云南人民出版社 1985 年版。

游建西：《近代贵州苗族社会的文化变迁（1895—1945）》，贵州人民出版社 1997 年版。

游俊、冷志明、丁建军：《中国连片特困区发展报告：连片特困区城镇化进程、路径与趋势（2014—2015）》，社会科学文献出版社 2015 年版。

游俊、李汉林：《湖南少数民族史》，民族出版社 2001 年版。

余琪：《转型期上海城市居住空间的生产及形态演进》，东南大学出版社 2011 年版。

袁翔珠：《清政府对苗疆生态环境的保护》，社会科学文献出版社 2013

年版。

张海林：《苏州早期城市现代化研究》，南京大学出版社1999年版。

张鸿雁：《侵入与接替——城市社会结构变迁新论》，东南大学出版社2000年版。

张慧真：《教育与族群认同——贵州石门坎苗族的个案研究（1900—1949）》，民族出版社2009年版。

张剑光：《三千年疫情》，江西高校出版社1998年版。

张瑾：《权力、冲突与变革：1926—1937年重庆城市现代化研究》，重庆出版社2003年版。

张朋园：《中国现代化的区域研究——湖南省（1860—1916）》，台北"中央研究院"近代史研究所1984年版。

张人价：《湖南之谷米》，长沙商务印书馆1936年版。

张肖梅：《贵州经济》，中国国民经济研究所1939年印行。

张学强：《明清多元文化教育研究》，民族出版社2006年版。

张勇：《历史时期西南区域民族地理观研究》，中国文史出版社2014年版。

张志斌：《中国古代疫病流行年表》，福建科学技术出版社2007年版。

张志强：《东北近代史与城市史研究》，社会科学文献出版社2013年版。

张志强：《重新讲述蒙元史》，生活·读书·新知三联书店2016年版。

张中奎：《改土归流与苗疆再造》，中国社会科学出版社2012年版。

张中奎：《西南民族研究》，中国社会科学出版社2016年版。

张忠民：《艰难的变迁——近代中国公司制度研究》，上海社会科学院出版社2002年版。

张仲礼、熊月之：《东南沿海城市与中国近代化》，上海人民出版社1996年版。

张仲礼、熊月之、沈祖炜：《长江沿江城市与中国近代化》，上海人民出版社2002年版。

张仲礼、熊月之、沈祖炜：《中国近代城市发展与社会经济》，上海社会科学院出版社1999年版。

张子伟、石寿贵：《湘西苗族古老歌话》，湖南师范大学出版社2012年版。

章开沅：《清通鉴（同治朝 光绪朝 宣统朝）》（4），岳麓书社2000年版。

章立明、马雪峰、苏敏：《社会文化人类学的中国化与学科化》，知识产权出版社2014年版。

章友德：《城市灾害学——一种社会学的视角》，上海大学出版社2004年版。

赵冈：《中国城市发展史论集》，北京新星出版社2006年版。

赵翔：《毒品问题研究——从全球视角看贵州毒品问题》，中国人民公安大学出版社2005年版。

郑佳明、陈宏：《湖南城市史》，湖南人民出版社2013年版。

中国航空建设协会贵州分会《建航旬刊》编辑部：《贵阳指南》，贵州文通书局1938年版。

中国科学院民族研究所：《水族简史合编》（初稿），中国科学院民族研究所1963年编印。

中国人民政治协商会议湖北省委员会：《辛亥首义回忆录》，湖北人民出版社1979年版。

中国少数民族社会历史调查资料丛刊·云南省编辑组：《四川广西云南彝族社会历史调查》，云南人民出版社1987年版。

中国社会科学院法学研究所、法制史研究室：《中国警察制度简论》，群众出版社1985年版。

中国戏曲志编纂委员会：《中国戏曲志·湖南卷》，文化艺术出版社1990年版。

中华书局辞海编辑所：《辞海》第1分册（词语部分·下），中华书局1961年版。

中央民族大学历史文化学院：《民族史研究》，民族出版社2007年版。

钟金贵：《仡佬族民俗文化研究》，民族出版社2012年版。

重庆市委党史研究室：《重庆市抗日战争时期人口伤亡和财产损失》，中共党史出版社2014年版。

周国茂：《贵州民俗》，甘肃人民出版社2003年版。

周宏伟：《湖南政区沿革》，湖南师范大学出版社2009年版。

周平：《中国边疆治理研究》，经济科学出版社2011年版，第64页。

周秋光：《湖南慈善史》，岳麓书社2010年版。

周勇：《重庆：一个内陆城市的崛起》，重庆出版社1989年版。

周振鹤：《圣谕广训：集解与研究》，上海书店 2006 年版。
周正云、周炜：《湖南近现代法律制度》，湖南人民出版社 2012 年版。
朱圣钟：《区域经济与空间过程——土家族地区历史经济地理规律探索》，科学出版社 2015 年版。
朱世学：《鄂西古建筑文化研究》，新华出版社 2004 年版。
朱子爽：《国民党交通政策》，国民图书出版社 1943 年版。
邹逸麟：《中国历史人文地理》，科学出版社 2001 年版。

（二）外文译著

《马克思恩格斯全集》第 46 卷，人民出版社 1979 年版。
《马克思恩格斯选集》第 2 卷，人民出版社 1972 年版。
《马克思恩格斯选集》第 4 卷，人民出版社 2012 年版。
中华续行委办会调查特委会编：《中华归主》，蔡咏春等译，中国社会科学出版社 2007 年版。
李忠清：《中国西南边疆的社会经济：1250—1850》，林文勋、秦树才译，人民出版社 2012 年版。
［德］费迪南·冯·李希霍芬：《李希霍芬中国旅行记》，李岩、王彦会译，商务印书馆 2016 年版。
［德］黑格尔：《历史哲学》，王造时译，上海书店 2006 年版。
［法］埃德加·莫兰：《社会学思考》，阎素伟译，上海人民出版社 2001 年版。
［法］高尔迪埃、维亚尔：《早期传教士彝族考察报告》，贵州大学出版社 2011 年版。
［法］萨维纳：《苗族史》，立人译，贵州大学出版社 2009 年版。
［美］德·希·帕金斯：《中国农业的发展（1368—1968）》，宋海文等译，伍丹戈校，上海译文出版社 1984 年版。
［美］费正清：《美国与中国》，张理京译，世界知识出版社 2000 年版。
［美］刘易斯·芒福德：《城市发展史——起源、演变和前景》，宋俊岭、倪文彦译，中国建筑工业出版社 2005 年版。
［美］罗威廉：《汉口：一个中国城市的商业和社会（1796—1889）》，江溶、鲁西奇译，中国人民大学出版社 2005 年版。

［美］罗兹·墨菲：《上海：现代中国的钥匙》，上海社会科学院历史研究院编译，上海人民出版社1986年版。

［美］彭慕兰：《大分流：欧洲，中国及现代世界经济的发展》，史建云译，江苏人民出版社2003年版。

［美］施坚雅：《中华帝国晚期的城市》，叶光庭译，中华书局2000年版。

［美］施坚雅主编：《中华帝国晚期的城市》，叶光庭等译，中华书局2002年版。

［美］施坚雅著，史建云、徐秀丽译，虞和平校：《中国农村的市场和社会结构》，中国社会科学出版社1998年版。

［日］薄井由：《东亚同文书院大旅行研究》，上海书店2001年版。

［日］鸟居龙藏：《苗族调查报告》，"国立"编译馆译，上海商务印书馆1936年版。

［日］斯波义信：《中国都市史》，北京大学出版社2013年版。

［意］马可·波罗口述，［意］鲁斯蒂谦诺笔录，余前帆译注：《马可波罗游记》，中国古籍出版社2009年版。

［英］K. 巴顿：《城市经济学——理论与实践》，上海社会科学院城市经济研究室译，商务印书馆1984年版。

［英］埃利奥特肯德尔辑：《伯格里日记》，东人达译，贵州毕节地区民族事务委员会1991年。

［英］塞缪尔·克拉克、塞姆·柏格理：《在中国的西南部落中》，贵州大学出版社2009年版。

（三）外文资料与论著

Burnett, H. W., Report of the Mission to China of the Blackburn Chamber of Commerce 1896 – 7, Nabu Press, 1989.

Castells, M., The Urban Question: A Marxist Approach (translated from the French by Sheridan, A), London: Edward Arnold. 1977.

C. Pat Giersch, "A Motley Throng: Social Change on Southwest China's Early Modern Frongtier, 1700 – 1880", *The Journal of Asian Studies*, Vol. 60, No. 1, 2001.

Du. Halde, Decription de l'empire de la Chine et la Tartarie Chinois.

John K. Fairbank（费正清），China' Response to the West：A Documentary Survey，HUP，1954.

John K. Fairbank（费正清），Resarch Guide for China's Response to the West：A Documentary Survey，1839－1923，HUP，1954.

J. Denlker，Les races et les peoples de la terre，1900.

Lefebvre，H.，Space，Difference，Everyday Life，London：Routledge，1999.

Lefebvre，H.，"Reflections on the Politics of Space"，in R. Peet（ed.）. Radical Geography Chicago，Maaroufa Press，1977.

Philadelphia：China Inland Mission；London：Morgan & Scott，1911.

Samuel Pollard and Frank J. Dymond. The Story of the Miao. London：Henry Hooks，1919.

《Commercial Reports from Her Majesty's Consuls in China》（《通商各口岸英国领事商务报告》）1878—1880年、1887年，汉口。

［美］Dai，Yincong，"The Rore of the South-western Frontier under the Qing，1640－1800"，Ph. D. Dissertation，University of Washington，1996.

［美］Smith，Kent Klark，Ch'ing policy and the development of Southwest China：Aspects of Ortai's Governor-Generalship，1726－1731，Ph. D. diss. Yale university，1970.

［日］日本东亚同文会：《中国省别全志（湖北省）》，台北南天书局1988年影印本。

［日］日本东亚同文会：《中国省别全志（贵州省）》，台北南天书局1988年影印本。

［日］日本东亚同文会：《中国省别全志（湖南省）》，台北南天书局1988年影印本。

［日］日本东亚同文会：《中国省别全志（四川省）》，台北南天书局1988年影印本。

［日］山田良辅：《印度支那及中国之番人》，《番情研究会志》1899年第1号。

［日］神田正雄：《广西省综览》，东京海外社1939年版。

［日］神田正雄：《湖南省综览》，东京海外社1937年版。

［日］神田正雄：《四川省综览》，东京海外社1936年版。

［日］伊东忠太著，村松伸、伊东佑信解说：《伊东忠太见闻野帖（清国）》，东京柏书房1990年版。

［日］伊能嘉矩：《苗族一斑》，《人类学杂志》（东京）第17卷第193号。

［英］贝伯（Baber），Travels and Researches in Westen Chi-m，1882.

［英］布罗姆汤（Brormton），A Visit to the Miao-tsze Tribes of South China，1881.

［英］普莱费尔（Playfair），The Miaotze Of Kweichow and Yunan from Chinese Description，1876.

［英］塞缪尔·克拉克（Samuel R. Clarke），Among the tribes in south-west China, London.

四　论文

敖以深：《乌江航运开发与区域社会变迁》，《贵州社会科学》2014年第3期。

敖以深：《跃进与畸变：抗战时期贵州工业的非常态发展》，《贵州大学学报》（社会科学版）2015年第5期。

蔡云辉：《论近代中国城乡关系与城市化发展的低速缓进》，《社会科学辑刊》2004年第2期。

曹大明、黄柏权：《内地的边缘：武陵山区区域特征述论》，《北方民族大学学报》2014年第6期。

曹端波：《国家、市场与西南：明清时期的西南政策与"古苗疆走廊"市场体系》，《贵州大学学报》（社会科学版）2013年第1期。

曹端波：《货币、土地与族群：清水江流域的生计模式与地域社会》，《北方民族大学学报》（哲学社会科学版）2016年第2期。

曹国成：《湘西苗族地区经济发展缓慢的原因及对策》，《民族论坛》1993年第2期。

曹军：《我国民族地区城市体系分析》，《中央民族大学学报》（哲学社会科学版）1990年第6期。

陈晨：《书院与清代边疆文化治理的走向》，《贵州民族研究》2018年第3期。

陈学文：《明清时期湖州府市镇经济的发展》，《浙江学刊》1989 年第 4 期。

陈征平：《经济一体化、民族主义与抗战时期西南近代工业的内敛化》，《思想战线》2011 年第 4 期。

成一农：《清代的城市规模与行政等级》，《扬州大学》（人文科学版）2007 年第 3 期。

戴鞍钢：《近代上海与长江流域商路变迁》，《近代史研究》1996 年第 4 期。

单强：《近代江南乡镇市场研究》，《近代史研究》1998 年第 6 期。

邓必海：《试论湘西民族集镇的形成和发展》，《吉首大学学报》（社会科学版）1986 年第 3 期。

刁承泰：《试论环境地貌学的性质和应用》，《西南师范大学学报》（自然科学版）1988 年第 4 期。

范松：《试论明至清前期黔中城镇的发展与特点》，《贵州文史丛刊》2012 年第 2 期。

方步安、闵廷均：《抗战时期黔北工商业发展探究》，《铜仁学院学报》2008 年第 6 期。

方铁：《清雍正朝改土归流的原因、策略与效用》，《河北学刊》2012 年第 3 期。

宫玉松：《中国近代人口城市化研究》，《中国人口科学》1989 年第 6 期。

古永继：《清代外来移民对黔东南苗疆习俗变化的影响》，《西南边疆民族研究》2014 年第 2 期。

古永继：《元明清时期贵州地区的外来移民》，《贵州民族研究》2003 年第 1 期。

顾朴光：《抗战时期贵州工矿业的发展》，《贵州民族学院学报》（社会科学版）1999 年第 3 期。

郭松义：《农民进城和我国早期城市化：历史的追溯和思考》，《浙江学刊》2011 年 3 期。

郭松义：《清代的贵州古州屯田》，《清史研究》1991 年第 1 期。

郭松义：《清代湘西苗区屯田》，《民族研究》1992 年第 2 期。

何凡能、葛全胜、郑景云：《中国清代城市用地规模面积估算及其比较》，

《地理学报》2002 年第 6 期。

何磊：《明清驿道开辟与贵州的国家化进程——以"偏桥卫"为例》，《怀化学院学报》2018 年第 7 期。

何罗娜、汤芸：《〈百苗图〉：近代中国早期民族志》，《民族学刊》2010 年第 1 期。

何一民：《20 世纪后期中国近代城市史研究的理论探索》，《西南交通大学学报》（社会科学版）2000 年第 1 期。

何一民：《近代中国城市早期现代化的特点与外力的影响》，《西南民族学院学报》（哲学社会科学版）2000 年第 1 期。

何一民：《族性与边疆性：新疆城市发展的特点》，《民族学刊》2015 年第 2 期。

何一民、李朝贵：《晚清贵州鸦片问题初探》，《贵州社会科学》1989 年第 8 期。

胡兴东：《清代民族法中的"苗例"之考释》，《思想战线》2004 年第 6 期。

黄国信：《"苗例"：清王朝湖南新开苗疆地区的法律制度安排与运作实践》，《清史研究》2011 年第 3 期。

黄佳熙：《湘西苗疆汉人风俗习惯差异及原因——以〈苗防备览〉为研究对象》，《民族论坛》2015 年第 8 期。

暨爱民：《抗战时期湘西民族地区教育的历史考察》，《民族教育研究》2003 年第 1 期。

暨爱民：《以"墙"为"界"：清代湘西苗疆"边墙体系"与"民"、"苗"区隔》，《中央民族大学学报》（哲学社会科学版）2017 年第 3 期。

焦书乾：《论我国中南、西南民族地区城市的历史演变》，《中南民族学院学报》（哲学社会科学版）1990 年第 3 期。

孔宁：《资源委员会在贵州的活动》，《贵州社会科学》1997 年第 5 期。

蓝武：《元明时期上思州黄姓土司之乱与王朝中央之治策探析》，《贵州学院学报》2014 年第 3 期。

蓝勇：《明清时期西南地区城镇分布的地理演变》，《中国历史地理论丛》1995 年第 1 期。

蓝勇：《唐宋时期西南地区城镇分布演变研究》，《中国历史地理论丛》

1993年第4期。

李伯重：《中国全国市场的形成（1500—1840）》，《清华大学学报》（哲学社会科学版）1999年第4期。

李大旗：《清代湘西"改土归流"后的筑城活动与居民生活的变迁——从湘西地方志中几篇筑城记入手》，《长江师范学院学报》2015年第3期。

李国栋：《民国政府民族政策的特点及其基本走向》，《烟台大学学报》（哲学社会科学版）2008年第4期。

李堃生：《民国时期黔江的油桐业》，《黔江文史》1990年第5期。

李良品：《历史时期贵州集市形成路径的类型学分析》，《长江师范学院学报》2009年第6期。

李良品：《民国时期贵州的场期制度及成因》，《贵州社会科学》2009年第4期。

李良品：《明清以来西南民族地区集市习俗及成因——以贵州省为例》，《中南民族大学学报》（人文社会科学版）2011年第2期。

李良品、李思睿：《改土归流：国家权力在西南民族地区乡村社会的扩张》，《青海民族研究》2015年第2期。

李良品、李思睿：《明清时期西南民族地区宗族组织的结构、特点与作用》，《广西民族研究》2015年第1期。

李瑞生：《民国时期湘西报刊出版钩沉》，《吉首大学学报》（社会科学版）2002年第4期。

李世瑜：《试论清雍正王朝改土归流的原因和目的》，《北京大学学报》（哲学社会科学版）1984年第3期。

李仕波：《抗战时期贵州医疗卫生事业发展及其历史影响》，《辽宁医学院学报》（社会科学版）2011年第2期。

李堂印：《清乾隆至民国时期秀山商业流通领域面貌》，《秀山文史资料》1988年第4辑。

李万青：《文化名人在湘西》，《档案时空》1994年第6期。

李伟：《民国时期贵州丧葬习俗的变化》，《中国民族博览》2016年第7期。

廖峰：《从百死千难中得来的"良知学"——王阳明的为政与讲学》，《贵州大学学报》（社会科学版）2015年第6期。

廖运兰：《近代基督教在湖南述略》，《邵阳师专学报》1994 年第 3 期。

林建增：《清朝前期完善贵州省建置、开辟苗疆及其影响》，《贵州民族研究》1992 年第 2 期。

林满江：《清末本国之替代进口鸦片（1858—1906）——近代中国"进口替代"个案研究之一》，（台北）《"中央研究院"近代史研究所集刊》第 9 期，1980 年 7 月。

林时九：《湘西吉首发现窖藏铜钱》，《考古》1986 年第 1 期。

林星：《西风东渐与民初福州城市的近代化》，《党史研究与教学》2001 年第 5 期。

刘芳：《人类学苗族研究百年脉络简溯》，《广西民族研究》2008 年第 1 期。

刘国武、李朝辉：《抗战时期的湘西工业区》，《衡阳师范学院学报》2015 年第 4 期。

刘怀玉：《历史唯物主义的空间化解释》，《河北学刊》2005 年第 3 期。

刘维奇：《中国城镇化功能与城乡关系的演变》，《兰州学刊》2014 年第 5 期。

卢树鑫：《清代"新疆六厅"建置考》，《贵州民族研究》2015 年第 9 期。

陆和健：《抗战时期西北农垦事业的发展》，《民国档案》2005 年第 2 期。

罗鸿瑛：《我国古代关于市场管理的法律规定》，《现代法学》1989 年第 1 期。

罗康隆：《"苗疆六厅"初探》，《中南民族学院学报》（哲学社会科学版）1988 年第 5 期。

马国君：《略论清代对贵州苗疆"生界"的经营及影响》，《三峡论坛》2011 年第 4 期。

马国君：《清水江流域林木生产的社会控制研究》，《人文世界》2011 年第 1 期。

马国君、张振兴：《近二十年来"百苗图"研究文献综述》，《中央民族大学学报》（哲学社会科学版）2011 年第 4 期。

马慧琴：《二元结构遗患难消》，《生产力研究》2003 年第 4 期。

蒙默：《试释〈太平寰宇记〉所载黔州"控临番十五种落"》，《贵州民族研究》2014 年第 11 期。

牛锦红：《民国时期（1927—1937 年）城市规划机制探析》，《城乡规划》2011 年第 9 期。

潘洪钢：《清代乾隆朝贵州苗区的屯政》，《贵州文史丛刊》1987 年第 4 期。

潘洪钢：《清代湘西苗族地区屯田的兴起及性质》，《吉首大学学报》（社会科学版）1986 年第 2 期。

潘洪钢：《清黔湘苗区屯政之比较》，《贵州社会科学》1985 年第 2 期。

裴赞芬：《近代河北城市化试论》，《河北师范大学学报》（哲学社会科学版）1998 年第 4 期。

彭恩、吴建勤：《从清朝鄂西土家族文人竹枝词看土家族婚俗》，《涪陵师范学院学报》2006 年第 6 期。

皮明庥：《武汉近代警务之始》，《武汉文史资料》2009 年第 10 期。

平刚：《故绅华之鸿事实清册》，《贵州档案》1991 年第 4 期。

任云兰、张利民：《"明清以来区域发展与现代化进程"国际学术研讨会综述》，《中国经济史研究》2010 年第 2 期。

邵侃：《历史时期西南民族地区自然灾害的时空分布和发展态势》，《云南社会科学》2015 年第 2 期。

石柏林：《民国时期经济法律体系及其作用初探》，《求索》1996 年第 2 期。

石邦彦：《清代湘西苗区的商业市场》，《民族论坛》1988 年第 4 期。

石邦彦：《清代湘西苗区的手工业》，《中南民族学院学报》（哲学社会科学版）1994 年第 1 期。

石邦彦：《清代湘西苗区军事建筑设施考》，《民族论坛》1990 年第 1 期。

石建中：《"百苗图"——苗族的历史画卷》，《民族论坛》1994 年第 4 期。

石伶亚：《近代苗疆商事习惯法研究——基于湘鄂渝黔边区集市贸易的考察》，《史学月刊》2013 年第 4 期。

石茂明：《石门坎麻风村访问记》，《贵州文史天地》1999 年第 2 期。

石小川：《论苗族习惯法的四重特质——以清代湘西苗疆为例》，《铜仁学院学报》2017 年第 11 期。

石忆邵：《中国集贸市场的历史发展与地理分布》，《地理研究》1999 年第 3 期。

谭必友：《19世纪民族地方志描述视角的变迁——以乾隆、道光、光绪本〈凤凰厅志〉比较研究为例》，《贵州民族研究》2005年第1期。

谭清宣：《民国时期渝东南民族地区桐油生产贸易与区域经济的发展》，《农业考古》2014年第4期。

谭玉秀、范立君：《改革开放以来多元视角下的中国城市近代化研究》，《理论月刊》2013年第11期。

汤芸、张原、张建：《从明代贵州的卫所城镇看贵州城市体系的形成机理》，《西南民族大学学报》（人文社会科学版）2009年第10期。

唐正芒：《抗战时期的高校西迁述论》，《云梦学刊》2002年第5期。

滕建华：《近代中国城乡经济结构失衡的历史原因》，《北方论丛》2003年第1期。

田荆贵：《湘西自治州历史沿革考略》，《吉首大学学报》（社会科学版）1986年第2期。

通讯：《花垣边城镇发现史前洞穴遗址》，《民族论坛》2011年第21期。

涂文学：《二十世纪中国城市化与城市现代化论略》，《江汉大学学报》（社会科学版）2011年第5期。

涂文学：《中国近代城市化与城市近代化论略》，《江汉论坛》1996年第1期。

万红：《试论清水江木材集市的历史变迁》，《古今农业》2005年第2期。

万钰莹、张健：《整合与动员的深层困境：南京国民政府国族构建政策析论》，《广西社会科学》2017年第1期。

汪洋：《抗战时期内迁恩施学校的艰难处境探析》，《理论月刊》2016年第2期。

王朝辉：《试论近代湘西市镇化的发展——清末至民国年间的王村桐油贸易与港口勃兴》，《吉首大学学报》（社会科学版）1996年第2期。

王承尧、秦加生：《油桐生产在湘西少数民族经济中的历史地位及其作用》，《中南民族学院学报》（哲学社会科学版）1985年第1期。

王笛：《近代长江上游城市系统与市场结构》，《近代史研究》1991年第6期。

王礼刚：《贵州省各地市州城市化水平综合评价——基于主成分、聚类和GIS分析方法》，《西北民族大学学报》（哲学社会科学版）2011年第

2 期。

王瑞成:《近世转型时期的城市化——中国城市史学基本问题初探》,《史学理论研究》1996 年第 4 期。

王缨:《鄂尔泰与西南的改土归流》,《清史研究》1995 年第 2 期。

王肇磊:《近代武陵山民族地区城市布局、形态与功能结构研究》,《城市史研究》2016 年第 35 辑。

王肇磊:《抗战时期贵州城市发展特点》,《贵州文史丛刊》2013 年第 1 期。

王肇磊:《抗战时期黔东南民族地区城市发展特点略论》,《江汉大学学报》(社会科学版) 2014 年第 6 期。

王肇磊:《略论清代武汉火灾》,《武汉大学学报》(人文科学版) 2010 年第 1 期。

王肇磊:《略论疾疫视域下的抗战时期贵州城市公共卫生建设》,《遵义师范学院学报》2012 年第 5 期。

王肇磊:《略论抗战时期贵州城市体系的变迁》,《城市史研究》2014 年第 30 辑。

王肇磊:《论民国时期武陵山区城市数量、规模与体系的变迁》,《城市史研究》2018 年第 38 辑。

王肇磊:《清代鄂西南民族地区城市分布、形态与规模略论》,《中华文化论坛》2015 年第 2 期。

王肇磊:《清代鄂西南民族地区城镇基本特点分析》,《贵州民族研究》2010 年第 8 期。

隗瀛涛、田永秀:《近代四川城乡关系析论》,《中华文化论坛》2003 年第 2 期。

隗瀛涛、谢放:《近代中国区域城市研究的初步构想》,《天津社会科学》1992 年第 1 期。

魏冬冬:《明清贵州诸驿沿线生态状况及研究述评》,《贵阳学院学报》(社会科学版) 2016 年第 3 期。

魏铭静:《19 世纪湘西苗疆民族教育体系的构建》,《中南民族大学学报》(人文社会科学版) 2009 年第 1 期。

吴茂霖、王令红、张银运、张森水:《贵州桐梓发现的古人类化石及其文化遗物》,《古脊椎动物与古人类》1975 年第 1 期。

吴松弟:《港口——腹地和中国现代化的空间进程》,《河北学刊》2004 年第 3 期。

吴曦云:《边城凤凰的历史文化》,《民族论坛》1994 年第 3 期。

吴曦云:《边墙与湘西苗疆》,《中南民族学院学报》(哲学社会科学版) 1993 年第 6 期。

吴晓美:《明清苗疆治理与边疆商业城镇的形成》,《中州学刊》2018 年第 3 期。

伍孝成:《清代边墙与湘西苗疆开发》,《吉首大学学报》(社会科学版) 2009 年第 1 期。

伍新福:《苗族姓氏考》,《五溪》2005 年第 5、6 期。

伍新福:《明代湘黔边"苗疆""堡哨""边墙"考》,《贵州民族研究》2001 年第 3 期。

伍新福:《试论清代"屯政"对湘西苗族社会发展的影响》,《民族研究》1983 年第 3 期。

武廷海:《区域:城市文化研究的新视野》,《城市规划》2000 年第 11 期。

萧蒙:《浅谈清代苗疆地区的法律概况》,《法制博览》2016 年第 20 期。

肖良武:《20 世纪 30 年代贵州农村集市研究——以贵定为例》,《贵阳学院学报》(社会科学版) 2011 年第 4 期。

肖湘东、陈伟志:《湘西民族建筑外部空间造型与地形关系》,《山西建筑》2007 年第 6 期。

谢本书:《近代时期西南地区近代化问题的历史考察》,《云南学术探索》1997 年第 1 期。

谢本书:《中国近代城市的发展与近代化历程》,《城市史研究》1990 年第 3 辑。

忻平:《试论抗战时期内迁及其对后方社会的影响》,《华东师范大学学报》(哲学社会科学版) 1990 年第 2 期。

行龙:《近代中国城市化特征》,《清史研究》1999 年第 4 期。

熊晓辉:《清代湘西地区改土归流考》,《重庆三峡大学学报》2011 年第 6 期。

徐鼎新:《旧中国商会溯源》,《工商史苑》1991 年第 3 期。

徐建生：《民国初年经济政策的背景与起步》，《民国档案》1998年第2期。

杨安华：《论清代湘西山区的经济开发》，《古今农业》2003年第3期。

杨胜勇：《生态环境对明清时期苗族经济的制约》，《中央民族大学学报》2001年第3期。

杨志强、张旭：《前近代时期的族群边界与认同——对清代"苗疆"社会中"非苗化"现象的思考》，《贵州大学学报》（社会科学版）2011年第5期。

余宏模：《清代雍正时期对贵州苗疆的开辟》，《贵州民族研究》1997年第2期。

余宏模：《试论清代雍正时期贵州的改土归流》，《贵州民族研究》1997年第3期。

虞和平：《近代商会的法人社团性质》，《历史研究》1990年第5期。

张富杰：《论贵州城市体系与城市化发展》，《岭南学刊》2007年第6期。

张衡：《试论两宋时期湘西沅水流域城市的形成与发展》，《求索》2006年第7期。

张剑源：《治边西南：历史经验与当代启示》，《法律与社会科学》2014年第2辑。

张捷夫：《论改土归流的进步作用》，《清史论丛》1980年第2辑。

张九洲：《论近代中国的"自开商埠"》，《河南大学学报》（社会科学版）1996年第1期。

张轲风：《大西南与小西南：抗战大后方战略主导下的西南空间分层》，《中国历史地理论丛》2012年第1期。

张轲风：《历史时期"西南"区域观及其范围演变》，《云南师范大学学报》（哲学社会科学版）2010年第5期。

张轲风：《民初地域政治视野下的"西南"概念》，《文山学院学报》2015年第2期。

张胜兰：《苗族服饰与苗族自我认同意识——以清朝至民国时期的苗族改装运动为中心》，《民族学刊》2014年第5期。

张晓辉：《中国近代城市化的发展与动因研究——以镇集高度发达的广东为例》，《学术研究》2002年第3期。

张晓燕、暨爱民：《国家在场：地方治理视野下清代湘西苗疆之集场交易》，《贵州民族研究》2018 年第 6 期。

张新民：《清水江流域的经营开发与木材采运活动》，《贵州民族大学学报》（哲学社会科学版）2016 年第 5 期。

张应强：《从卦治〈奕世永遵〉石刻看清代中后期的清水江木材贸易》，《中国社会经济史研究》2002 年第 3 期。

张应强：《区域开发与清水江下游村落社会结构——以〈永定江规〉碑的讨论为中心》，《原生态民族文化学刊》2009 年第 3 期。

张应强：《通道与走廊："湖南苗疆"的开发与人群互动》，《广西民族大学学报》（哲学社会科学版）2014 年第 3 期。

张园园：《论油桐种植中的政府力量——以民国时期湘西保靖县为例》，《法制与社会》2014 年第 6 期。

赵树冈：《边地、边民与边界的型构：从清代湖南苗疆到民国湘西苗族》，《民族研究》2018 年第 1 期。

赵月耀：《论清代湘西苗疆的"边墙贸易"政策》，《怀化学院学报》2009 年第 9 期。

郑忠：《论近代中国条约口岸城市发展特征——与非条约口岸城市之比较》，《江海学刊》2001 年第 4 期。

钟翀、方毓琦等：《宋代以来常州城中的"厢"——城市厢坊制的平面格局及演变研究之一》，《杭州师范大学学报》（社会科学版）2016 年第 1 期。

朱浒：《食为民天：清代备荒仓储的政策演变与结构转换》，《史学月刊》2014 年第 4 期。

朱晴晴：《清代清水江下游的"会"与地方社会结构》，《开放时代》2011 年第 7 期。

朱圣钟：吴宏岐：《明清鄂西南民族地区聚落的发展演变及其影响因素》，《中国历史地理论丛》1999 年第 4 期。

朱映占：《抗战时期西南边疆的国族构建研究》，《思想战线》2014 年第 6 期。

［日］真水康树：《清代"直隶厅"与"散厅"的"定制"化及其明代起源》，《北京大学学报》（哲学社会科学版）1996 年第 3 期。

白林文:《清代贵州"苗疆六厅"治理研究》,博士学位论文,华中师范大学,2016年。

冯阳:《基于统计分析的武陵山区县域城镇化发展水平与发展策略研究》,硕士学位论文,吉首大学,2015年。

葛志文:《民国前中期湖南仓储研究》,硕士学位论文,湖南科技大学,2011年。

贺乐:《改土归流后永顺府市镇经济发展研究》,硕士学位论文,吉首大学,2014年。

洪云:《西方传教士与近代贵州(1861—1949)》,博士学位论文,浙江大学,2013年。

蒋家秋:《明清贵州中小城镇经济研究》,硕士学位论文,云南大学,2016年。

李艳林:《重构与变迁——近代云南城市发展研究(1856—1945)》,博士学位论文,厦门大学,2008年。

李媛:《清代中期湘西"苗疆禁例"研究》,硕士学位论文,吉首大学,2017年。

林月辉:《三峡地区城镇时空演变研究》,硕士学位论文,华中师范大学,2013年。

刘鹤:《抗战时期湘西现代化进程研究》,博士学位论文,湖南师范大学,2009年。

潘志成:《清代贵州苗疆的法律控制与地域秩序》,博士学位论文,西南政法大学,2010年。

彭春芳:《明清时期湘西苗疆"边墙"研究》,硕士学位论文,广西师范大学,2010年。

彭夏欢:《民国时期湘西匪患研究》,硕士学位论文,吉首大学,2017年。

宋祖顺:《晚清民国时期土家族地区商业地理的初步研究》,博士学位论文,西南大学,2017年。

王昌:《论抗战时期内迁学校对湘西社会的历史影响》,硕士学位论文,吉首大学,2012年。

王强:《明代西南地区改土归流研究》,硕士学位论文,浙江大学,

2010年。

王玉清:《多民族多宗教地区基督新教的传播学解读——基于近现代贵州石门坎与青岩的比较》,硕士学位论文,贵州大学,2010年。

叶舟:《清代常州城市与文化——江南地方文献的发掘及其再阐释》,博士学位论文,复旦大学,2007年。

余翰武:《沅水中上游传统集镇商贸空间研究》,学位论文,华南理工大学,2015年。

余太兴:《抗战时期的贵州慈善事业探析》,硕士学位论文,贵州师范大学,2008年。

曾思思:《清代湘西苗疆书院及其现代启示》,硕士学位论文,华中师范大学,2018年。

翟巍巍:《抗战时期贵州的灾荒赈济——以积谷为中心的考察》,硕士学位论文,贵州师范大学,2009年。

张衡:《湘西沅水流域城市起源与发展研究》,硕士学位论文,湖南师范大学,2003年。

张婷:《清代湘西苗疆教育研究》,硕士学位论文,吉首大学,2012年。

章睿:《湖南沅水流域传统集镇空间结构研究》,硕士学位论文,湖南大学,2012年。

朱圣钟:《鄂湘渝黔土家族地区历史经济地理研究》,博士学位论文,陕西师范大学,2002年。

朱松华:《南京国民政府时期湖南防疫研究》,硕士学位论文,湖南科技大学,2011年。

后　　记

本书是在我承担的国家社科基金项目《清代以来西南苗疆城市发展研究（17世纪中叶—20世纪中叶）》结题成果基础上修改而成。我的研究成果最终能以书的形式公开出版，心中甚为激动。

回想自己的学术生涯，其中惊喜、充实、快乐、紧张、酸楚……五味杂陈。作为一位地方高校的普通科研工作者想在学术上有所建树，只能负重前行。在师长朋友的支持与鼓励下，我数度申请国家社科基金项目，最终于2016年被批准立项。这便成为我努力登攀的学术高峰。为能按时顺利结项，在2016—2019年四年间，我的大部分时间都是在图书馆、档案馆、办公室、书房和田野考察中度过的。武汉和鄂渝湘黔桂省际毗连区的七月流火、数九寒冬，往往使人想要逃离，去寻求舒适安逸的所在，然而我一旦沉浸于那些浩如烟海的典籍文献、城市古迹之中，与古人展开心灵对话，外界的各种扰烦便可忽计。我小心谨慎地从那些饱含着前人智慧、文明的书章中体味古人先贤建设家乡和国家的高尚情怀，努力将其贯于研究之中。我日复一日地仔细查阅、整理资料，将相关文献一字一句录入电脑。当一部40余万字的著作初步成型的时候，那种愉悦感是其他肤浅俗气的快乐所无法比拟的。尤其是当研究成果顺利结题，并被鉴定为"良好"时，其不负韶华之感才使压在心头上的千钧重担得以卸去。回溯这一"痛并快乐着"的研究历程，似乎时光过得飞快，唯一留下的可视痕迹便是存留于电脑中的几十万字的读书笔记和收录的数百册的电子文献以及摆在书桌上的结题书稿打印本。然对比自己以前的拙劣论著，我自觉研究能力、水平、方法和思维都有了很大的提升，这也许是唯一可以自慰于心的。

这里需要说明的是，在本课题的研究过程中，王思琪参与了相关外文资料的翻译整理和部分章节文字的撰写工作，为本课题研究的顺利进行做出了应有的贡献。

首先，我要感谢我的博士生导师何一民教授。何老师一直致力于中国城市史研究，其学术造诣可谓高山仰止。他治学严谨，为人正直诚挚，且对学生关怀备至。本课题自申报始，他便在题目的审定、申报书的撰写与修改，尽心尽力。最令人叹服者，乃是他思维之敏捷，学识之渊博，历史、未来与世界之研究视野，令愚钝如我者往往醍醐灌顶、茅塞顿开。自2011年9月我居于汉上，虽与恩师分隔荆山蜀水，但仍借城市史研究学术会议之际，聆听其谆谆教诲，汲取研究的智慧。这才是本课题顺利结项的福源。

其次，我要感谢社科基金结题评审专家提出的中肯宝贵的评价和修改建议，这些意见对我进一步完善研究、丰富相关内容有莫大的助益，并成为促进我学术工作砥砺前行的动力；我还要感谢同门艾智科博士、付志刚博士以及湖北社科院的路彩霞博士、天津社科院任吉东研究员和课题组成员对课题申报工作的帮助；也要感谢贵州省档案馆、黔东南苗族侗族自治州档案馆、恩施土家族苗族自治州档案馆、镇远县博物馆等单位提供查阅资料的方便。

当然本项目从立项到结项，离不开江汉大学科研处、武汉研究院及其城市研究中心给予的大力支持；中国社会科学出版社的郭鹏编辑亦对本课题的出版倾注了大量心血，在此一并表示衷心的感谢！

最后要特别感谢是我的妻子贺新枝女士为家庭的付出，是她承担了所有的家庭日常事务，无怨无悔，在背后默默地给了我世间最深沉、最温暖、最无私的爱；懂事的女儿亦我学术生涯进步的阶梯和动力，她大学毕业、申请出国留学的各个环节从未让我操心半分。对此我作为一个丈夫、一个父亲深感愧疚，并对她们的无私付出表示深深的感谢！

王肇磊

2020年3月20日于知音湖畔陋室